ミラノ ヴェ

と湖水地

North I

RADICE ANGIOLETT

地球の歩き方 編集室

NORTH ITALY CONTENTS

16 特集1

美術館と博物館の宝庫、スフォルツァ城案内

ミケランジェロ晩年の傑作

ロンダニーニのピエタを
見に行こう

20 特集2

ヴェネツィアのワインバー

バカリをめぐる夕暮れ

140 特集

ロンバルディア州で新発見！

ミラノっ子のアルペンリゾート
ボルミオへ

小特集

50　4つのミラノの邸宅博物館

55　ブレラ絵画館

188　カナル・グランデ

202　ドゥカーレ宮殿

211　アカデミア美術館

283　夏の風物詩
　　　アレーナの野外オペラ

296　ブレンタ川沿いにヴィッラを訪ねる
　　　イル・ブルキェッロツアー

ボルツァーノから足を延ばして

342　レノン鉄道に乗ってピラミデを見に行こう！
　　　リットゥナー・ホルンからドロミテを眺める

344　ドロミテの展望台
　　　アルペ・ディ・シウジの休日

345　カティナッチョ連峰の山小屋
　　　ヴァエル小屋へ

基本情報	歩き方の使い方………………………………………6
	ジェネラル インフォメーション………………………10

23 ミラノとロンバルディア州

ロンバルディア州の魅力……………25

ミラノ…………………………26
ミラノはこんな町……………………32
ミラノに着いたら……………………33
ミラノの交通…………………………38
ミラノのエンターテインメント………40

ミラノ エリア・インデックス………42

ルート1 ドゥオーモ周辺
（ミラノ中心部）……………………44

ルート2 ブレラ絵画館周辺
（旧市街北部）………………………53

ルート3 『最後の晩餐』から スフォルツァ城周辺 🏛
（旧市街西部）………………………61

ルート4 旧マッジョーレ病院付近
（旧市街南東部）……………………67

ミラノのレストラン………………73
グルメレストラン……………………73
地域別レストラン紹介………………74
ミラノの食、流行はナニ？…………76
ミラノのB級グルメ…………………81
ミラノのジェラテリア………………82
ミラノのカフェ………………………83

ミラノでショッピング……………84
スプマンテをおみやげに……………84
エノテカ………………………………85
北イタリアの名物お菓子を日本へ……86
パスティチェリア……………………87
ミラネーゼのように暮らしたい………88
ミラノの誇るブランドストリートを歩く……90
ちょっとカジュアルなドゥオーモ周辺……92
アウトレットへ………………………94

ミラノのホテル……………………95
ミラノの注目ホテル…………………95
中央駅周辺……………………………96
チェントロ地区………………………100
そのほかの地区とユースホステルなど……102

ミラノからの日帰りの旅
モンツァ………………………………104

ロンバルディア州
ベルガモ………………………………106
ブレーシャ🏛…………………………113
クレモナ………………………………118
マントヴァ🏛…………………………123
理想の都市 サッビオネータ🏛………132
パヴィア………………………………134
壮大、豪奢なる パヴィア修道院………138

ロンバルディア州で新発見！
ミラノっ子のアルペンリゾート
ボルミオへ！…………………………140

145 湖水地方

コモ湖…………………………148
コモ……………………………………149
コモ湖畔の町…………………………153
ベッラージオ………………………153
トレメッツォ………………………154
メナッジョ／チェルノッビオ………155

マッジョーレ湖………………156
ストレーザ……………………………157
ボッロメオ諸島………………………158
ロカルノ………………………………160
パッランツァ…………………………161

オルタ湖…………………………162
オルタ・サン・ジュリオ………………162

ルガーノ湖………………………164
ルガーノ／カンピオーネ・ディタリア……164

ガルダ湖…………………………166
デセンツァーノ・デル・ガルダ………167
シルミオーネ…………………………168
ガルドーネ・リヴィエラ………………169

※🏛のマークは、ユネスコの世界遺産に登録された物件

3

171 ヴェネツィアとヴェネト州

ヴェネト州の魅力……173
ヴェネツィア 🏛 **174**
ヴェネツィアはこんな町……180
ヴェネツィアに着いたら……181
ヴェネツィアの交通……184

ヴェネツィア エリア・インデックス……192

ルート1 サン・マルコ広場……**194**

ルート2 サン・マルコ広場〜
アカデミア美術館〜
サルーテ教会にかけて…**208**

ルート3 メルチェリエ通り〜
リアルト地区にかけて…**218**

ルート4 スキアヴォーニ河岸〜
カステッロ地区にかけて……**224**

ルート5 サン・ポーロ地区〜
大運河にかけて……**232**

ヴェネツィア周辺の島巡り……**240**
ヴェネツィアのレストラン……247
グルメレストラン……247
プランツォ（ランチ）を楽しむ……248
地域別レストラン紹介……250
ヴェネツィアのカフェ、ジェラテリア……254
ヴェネツィアでショッピング……255
ヴェネツィアらしいおみやげ……255
ヴェネツィアのお菓子やパスタをおみやげに……257
ヴェネツィアングラス……258
ヴェネツィアのブランドショップ……260
ヴェネツィアのホテル……264
ヴェネツィアを代表する高級ホテル……264
ヴェネツィアの注目ホテル……265
サン・マルコ周辺……266
サンタ・ルチア駅周辺……268
そのほかの地区とホステルなど……270

ヴェネト州
ヴェローナ 🏛……272
パドヴァ 🏛……286
ヴィチェンツァ 🏛……298
バッサーノ・デル・グラッパ……304

307 ドロミテ山塊 🏛

ドロミテの四季……308
ドロミテ山塊を歩く……310
ドロミテ山塊西側ルート……312
ボルツァーノからオルティセイまで
ドロミテ山塊東側ルート……317
ドッビアーコからトレ・チーメ・
ディ・ラヴァレードまで
コルティナ・ダンペッツォ……321

ドロミテ地方観光のコツ……325
読者の歩いたドロミテ……326

329 トレンティーノ=アルト・アディジェ州 フリウリ=ヴェネツィア・ジュリア州

トレンティーノ=アルト・アディジェ州と
フリウリ=ヴェネツィア・ジュリア州の魅力
……330

**トレンティーノ=
アルト・アディジェ州**

トレント……332
ボルツァーノ／ボーツェン……336
ボルツァーノから足を延ばして
　レノン鉄道に乗って……342
　アルペ・ディ・シウジの休日……344
　カティナッチョ連峰の山小屋ヴェエル小屋へ……345
メラーノ……346
ブレッサノーネ／ブリクセン……350

**フリウリ=
ヴェネツィア・ジュリア州**

ウーディネ……353

トリエステ……357

361 旅の準備と技術

北イタリアを知ろう!·····················362
北イタリアの世界遺産·····················364
旅の準備
　旅の必需品·····························368
　日本で情報を入手する·················370
　旅のお金·······························371

日本からのアクセス·····················372
イタリアに着いたら·····················373
イタリア国内の交通·····················374
　列車·····································374
　長距離バス(プルマン)·················377
　レンタカー·····························378
総合インフォメーション·················380
　電話·····································380
　郵便·····································381
　両替について···························382
ホテルに関するすべて·················384
　イタリアの宿泊施設···················384
注目　「地球の歩き方」おすすめ!
　得するホテル予約·····················386
　イタリア ホテル事情·················391
北イタリアで食べる·····················392
　飲食店の種類とT·P·O·················392
　メニューの構成と注文の仕方·········394
　北イタリア メニュー·ア·ラ·カルト····396
北イタリアでショッピング·············400
　タックスフリー(免税)ショッピング····401

旅のイタリア語·························402
北イタリアを安全快適に旅するために·····409
　トラブルに遭ってしまったら···········412
イタリアをたつ·························413
読者の体験の宝庫!
旅の伝言板·····························414
建築·美術用語解説·····················417

418 索引·マップインデックス

北イタリアのお役立ちコラム

ミラノのショッピング·エリア·············42
ブレーシャの世界遺産　サンタ·ジュリア博物館···116
クレモナのバイオリン·····················121
ゴンドラ·································199
ヴェネツィア共和国の共和制···············200
ヴェネツィア共和国の総督(ドージェ)·········203
聖ウルスラの物語·························215
スクオーラ·······························237
井戸(ポッツォ)···························238
アンドレア·パッラーディオ大通り···········298
マルモラーダ山···························315
ヴェネツィアのアクア·アルタ·············363

History & Art

ベルガモ生まれの作曲家、ドニゼッティ·········106
銃産業で栄えたブレーシャの町···············113
嫁入り道具のひとつだったクレモナの町·········118
数多の芸術家の足跡が残る、マントヴァ·········123
ミラノと歴史をともにしたパヴィア···········134
パドヴァの聖人、サンタントニオ·············286
大司教座とウーディネ·····················354
変遷の町、トリエステ·····················359

出発前に必ずお読みください!　旅のトラブルと安全情報···409

5

歩き方の使い方

本書で用いられる記号・略号

本文中および地図中に出てくる記号で、**①**はツーリストインフォメーション（観光案内所）を表します。その他のマークは、以下のとおりです。

都市名見出し
掲載都市名と地図上の位置を示しています。

世界遺産に登録されている町、物件については 🏛 マーク、または 🏛 マークを付けています。
本書収録地域の世界遺産一覧は→P.364

○○への行き方
鉄道による移動を優先し、目的地までの移動方法を紹介しています。

①のデータ
その町のツーリスト・インフォメーションのデータを掲載しています。

○○の歩き方
その町の見どころの巡り方の一例を掲載しています。

Columnと History & Art
知っていたら楽しく、町や見どころをより深く理解できる歴史や情報を短くまとめました。

●郵便番号　35100

パドヴァへの行き方

🚆 電車で
●ヴェネツィアから
S.L.駅
　　↓ 鉄道fs EScity R
　　　26分～42分
パドヴァ
●ミラノから
中央駅
　　↓ 鉄道fs EScity RV
　　　2時間3分～3時間
パドヴァ

🚌 バスで
●ヴェネツィアから
ローマ広場
　　↓ SITA社、ACTV社
　　　40分～2時間
パドヴァ
※SITA社 アウトストラーダ経由、ほぼ30分間隔の運行
※ACTV社 リヴィエラ・デル・ブレンタ経由、25～55分間隔の運行

①パドヴァ駅の①
🏠 Stazione fs
☎ 049-8752077
🕐 9:00～19:00
㊡ 9:00～12:30
🚫 1/1、1/6、5/1、12/25
📍 地図A2
ホテル案内、両替も可。駅を出て、駅前に向かい出る。

パドヴァの歩き方
◆スクロヴェーニ礼拝堂　　　　P.286
◆市立博物館　　　　　　　　　P.287
◆エレミターニ教会　　　　　　P.287
◆エルベ広場と
　シニョーリ広場周辺
　○ジョーネ宮　　　　　　　　P.288
　○洗礼堂　　　　　　　　　　P.289
　○パドヴァ大学　　　　　　　P.288
◆サンタントニオ聖堂　　　　　P.290

パドヴァ

P.15 B3
Padova

パダナ平野の中に位置する芸術都市

サンタントニオ聖堂とガッタメラータ騎馬像

活気あふれる商業と工業の中心地。パダナ平野と東方を結ぶ重要な拠点として、文化と芸術の中心となっている。

ローマ皇帝ティトゥス（40～81年頃）の伝説の生まれた地であり、12～13世紀の都市国家の時代には、歴史の渦に巻き込まれたが、この時代は宗教的文化、芸術が充実したときでもあった。

1222年に大学が設置され、アルプスを越えてやってきた学生やダンテ、ペトラルカなどの一流の教授を受け入れた。この頃、ラジョーネ宮、サンタントニオ聖堂、エレミターニ教会が建てられ、スクロヴェーニ礼拝堂のジョットのフレスコ画が描かれた。

1405年にヴェネツィアの支配下に置かれた。15世紀には、ドナテッロやマンテーニャが活躍し、近隣の町をおさえ芸術、文化の中心だったが、その後はヴェネツィアにその座を譲った。

現在のパドヴァは、郊外に大きく広がり、農業の中心地として、また服飾、繊維、食品業などの工業が主要な産業となっている。世界的な見本市が開かれることでも有名だ。

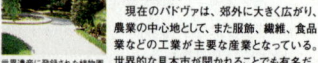
世界遺産に登録された植物園

History & Art
パドヴァの聖人、サンタントニオ

イタリアでも聖地として名高い、サンタントニオ聖堂。数百年の抗争の続いた13世紀の初め、平和を築いた、ポルトガル・リスボン出身フランチェスコ会の修道士の聖アントニオ・ディ・パドヴァの歿もなく建設された聖堂だ。
聖堂周辺にはロウソクをはじめ、宗教儀式に用いるさまざまな品を売る商店が軒を連ね日本の門前町の様相だ。広場には聖地巡礼の団体のにぎやかな姿、内部では熱心に祈りを捧げる人々の姿が紛れ込む。
生活のよりどころである宗教というものを実感、再認識させてくれる場だ。

284

表記について

見どころなどの固有名詞については、原則として欧文はイタリア語表記とし、カタカナ表記はできる限り原音に近い物を基本としていますが、日本で広く普及している表記がある場合はそちらを用いた物もあります。

地図の略号

H **YH** ＝ホテル、ユースホステルなど　**R**＝レストラン　**S**＝ショップ　**①**＝観光案内所　**†**＝教会　**♀**＝バス停
🚄＝イタリア鉄道駅　**◆**＝空港　**M**＝地下鉄駅　**🚕**＝タクシー　**V**＝ヴァポレット乗り場　**P**＝駐車場
✉＝郵便局　**●**＝見どころ施設　**●**＝そのほかの施設　**WC**＝トイレ　**✚**＝病院　**■**＝公園・緑地
P＝ピッツェリア　**P**＝バカリ　**C**＝カフェ・バール、軽食　**B**＝B級グルメ　**G**＝ジェラテリア　**P**＝パスティチェリア

本書使用のイタリア語略称

V.	= Via	通り	C.po	= Campo	広場	Lungo~	= ~沿いの道	
V.le	= Viale	大通り	P.te	= Ponte	橋	Staz	= Stazione	駅
C.so	= Corso	大通り	P.ta	= Porta	門	Ferr.	= Ferrovia	鉄道
P.za	= Piazza	広場	Pal.	= Palazzo	宮殿	Funic.	= Funicolare	ケーブルカー
P.le	= Piazzale	広場	Fond.	= Fondamenta		Gall.	= Galleria	美術・絵画館
P.tta	= Piazzetta	小広場			運河沿いの道	Naz.	= Nazionale	国立

絵画館は必訪　`MAP` P.285 A2

市立博物館 ★★
Musei Civici Eremitani　　ムゼイ・チヴィチ・エレミターニ

スクロヴェーニ礼拝堂に隣接する博物館。1階には、ローマ時代の考古品が展示される。2階は、絵画館Pinacotecaおよびボッタチン博物館Museo Bottacinになっている。ボッタチン博物館には、4万点に及ぶ貨幣、メダルや家具、彫刻などを展示。

必見なのは絵画館で、1300〜1700年代のヴェネツィア派の作品が多数収蔵されている。重要な作品は、ジョットの板絵に描かれた「十字架刑」Crocifisso、ジョヴァンニ・ベッリーニ「若き評議員」Giovane Senatore、ジョルジョーネ「白鳥のレダ」Leda col cigno、「牧神の風景」Scena pastorale、ティツィアーノの「神話の光景」Scene mitologicheなど。

ジョルジョーネ派の作といわれる「白鳥のレダ」

パドヴァの市立博物館の収蔵品は見事

14世紀のフレスコ画が残る　`MAP` P.285 A2

エレミターニ教会 ★★
Eremitani　　エレミターニ

ロマネスク・ゴシック様式で、1276年に建造が始まり、1306年にフラ・ジョヴァンニ・デッリ・エレミターニによって完成された。木製の美しい天井、外側の柱廊が見事。1944年に空爆を受け、戦後修復された。

内部は大きな1身廊で、三弁模様の木の天井で飾られ、14〜16世紀の墓碑と彫刻が多く残る。ヤコポ・ダ・カラーラの墓Jacopo da Carrara（左側）には、ペトラルカのラテン語の詩句が刻まれている。右側は、ウベルティーノ・ダ・カラーラの墓。どちらも1300年代のもの。

右側、奥のオヴェターリ礼拝堂Cappella Ovetariには、マンテーニャなどのフレスコ画が残る。爆撃により消失したものもあるが、祭壇裏手の「聖母被昇天」Assunta、「聖クリストフォロの殉教」Martirio di S. Cristoforoはマンテーニャの作。祭壇飾り壁のテラコッタ「聖母子と聖人」Madonna col Bambino e Santiは、N.ピッツォロの作。

聖堂内陣の「聖アゴスティーノの生涯」Storie di S. Agostinoおよび内陣内のフレスコ画は1300年代のもの。

礼拝堂は第二次世界大戦の空襲による被害が痛々しい。「聖クリストフォロの殉教」は、若き日のマンテーニャの傑作

287

■市立博物館
スクロヴェーニ礼拝堂と同様。

■エレミターニ教会
🏠 Piazza Eremitani 9
☎ 049-8756410
🕐 8:15〜18:30
🚫 木10:00〜13:00
　　16:15〜19:00

戦後修復されたエレミターニ教会

NAVIGATOR

町はいくつもの広場を中心に構成され、広場と広場をボルティコが結んでいる。市場の立つ広場をのぞき、歴史を感じさせる風情ある石畳の小路を行くのも楽しい。

✉ **スクロヴェーニ礼拝堂へは切符売場から**
スクロヴェーニ礼拝堂の入口はすっきり礼拝堂にあると勘違いしてしまいましたが、入口には切符売場脇の博物館ありました。礼拝堂前の門は常時閉められています。
（愛知県　西口昭雄 '08）['11]

本文見出し
名称は、和文・欧文で表されています。欧文横のルビは、できる限りイタリア語の発音に近く振っています。見どころ脇の ★ の数は歩き方が選んだおすすめ度と比例します。`MAP` は地図上で位置を表示。

DATA
🏠住所、☎電話番号、🕐開いている時間、🚫閉まっている日、料金

NAVIGATOR
観光のポイントを移動する際のルートの説明およびそのルート上に現れる注意すべき観光・歴史などのスポット説明をしています。

✉
読者や地球の歩き方・特派員などの生の声（もちろん調査済み）が新鮮な情報として登場しています。

ミラノ、ヴェネツィアのエリア別解説

本書は、ミラノを4つのエリア、ヴェネツィアを5つのエリアに区分して説明しています。

見どころ
各エリア内で、どうしても見ておきたい物を3〜8点に絞って取り上げました。中でも★の数が多い物ほど、歴史的、文化的な重要度が高い物となります。

マップ
主要な見どころを写真と解説で紹介し、地図上に番号も振りました。エリアによっては、この番号順に見学するとうまく観光ルートができあがります。添付のページ番号は、本文で詳しい紹介記事が掲載されているページです。

レストラン

❌ バグッタ　　　　　　　　Map P.30 B2

Bagutta

90年以上続く地元客に人気のミラノの老舗レストラン。店内に足を踏み入れるとすぐ目に入るたくさんのユニークな絵画は、過去にここで食事をしていった数多の芸術家たちによるものだ。メニューはシンプルでクラシック。ボリュームも満点だ。ワゴンに乗って運ばれてくるドルチェも美味と評判。

できれば予約
- 🏠 Via Bagutta 14
- ☎ 02-76002767
- 🕐 12:30〜22:30
- 休 ⽇
- 料 €45〜60(コペルト€5)
- C A.D.J.M.V.
- 交 M1線San Babila駅より徒歩4分

ショップ

ラ・リナシェンテ　[デパート]　Map P.30 B1

La Rinascente

- ●イタリアのデパートで
ゆっくりショッピング
ショッピングの町ミラノを象徴するかのような充実の品揃え。衣類、コスメ、香水、雑貨などおみやげ品が見つかるはず。

- 🏠 Piazza del Duomo
- ☎ 02-8852
- 🕐 9:30〜22:00
- 休 無休（夏季一部⽇）
- C A.D.J.M.V.
- 交 M1・3線Duomo駅から徒歩1分

ホテル

★★ サン・フランチェスコ　Map P.27 A4

Hotel San Francisco

地下鉄駅近くの便利な場所にあるホテル。料金に十分見合ったサービスと雰囲気。中庭があり、心地よいときが過ごせでした。（東京都　小笠原あゆみ　'09）['14]
URL www.hotel-sanfrancisco.it

- 🏠 Viale Lombardia 55
- ☎ 02-2360302
- Fax 02-26680377
- SS €40/120　TS €45/210
- SB €45/270
- 室 31室　朝食込み W-F
- C A.D.J.M.V.
- 交 M1・2線Loreto駅から徒歩5分

●レストランの略号

料＝レストランでの一般的な予算。特に高価な料理を注文せず、普通に食事をしたときの目安。( )内の〜%はサービス料。コペルトは席料、パーネはパン代を指します。イタリア特有の物ですが、近年付加する店は少なくなりました。いずれも定食料金には含まれているのが一般的。定食はmenu turistico、menu completoなどを指し、各店により皿数は異なります。

日本語メニュー ＝日本語メニューあり
要予約 ＝予約してください
できれば予約 ＝予約をおすすめします

| レストランピクト案内 | ❌高級店 | ❌中級店 | 🍴庶民的な店 | 🅿ピッツェリア | 🍴バカリ | 🅱B級グルメ | 🍨ジェラテリア | ☕カフェ |

●ホテルの略号

YH＝ユースホステル

読者割引はホテル側から提供のあった物です。予約時またはチェックインの際にご確認ください（→P.9）。

Low＝ローシーズン

High＝ハイシーズン

※各料金で、€60／80とあるのは、ローシーズン／ハイシーズン、または部屋の差異などによる料金の違いを示します。€は通貨ユーロ

URL＝ウェブサイトのアドレス

e-mail＝問い合わせメールの宛先

D＝ドミトリー

S＝シャワー共同シングル料金

T＝シャワー共同ツインまたはダブル料金

3＝シャワー共同トリプル料金

4＝シャワー共同4人部屋料金

SS＝シャワー付きシングル料金

SB＝シャワーまたはバス付きシングル料金

TS＝シャワー付きツイン料金

TB＝シャワーまたはバス付きツインまたはダブル料金

3B＝シャワーまたはバス付きトリプル料金

4B＝シャワーまたはバス付き4人部屋料金

SU＝スイート　US＝ジュニアスイート

W-F＝Wi-Fi利用可

※TおよびTBのツインは、リクエストによって、ツインをダブルにすることができる場合もあります。希望がある場合は、予約時に確認またはリクエストすることをおすすめします

料＝ユースなどでの諸料金

室＝総客室数

※本書では、ホテル名の前に★印でカテゴリーを示しておきました。ホテルの分類については、旅の技術編「ホテルに関するすべて」の章P.384をご参照ください

●共通の略号

- 🏠＝住所
- ☎＝電話
- Fax＝ファクス
- 🕐＝営業時間
- 休＝定休日
- C＝使用できるカード
- A＝アメリカン・エキスプレス
- D＝ダイナースカード
- J＝JCBカード
- M＝MasterCard
- V＝VISA

カフェ、バール、ジェラテリアなどは、クレジットカードの表示があっても、カウンターでの飲食など、少額の場合は使用できない場合があります。

交＝最寄りの見どころや駅からの徒歩、あるいはバス、地下鉄、タクシーなどの利用方法について表示してあります。

読者の皆様へのお願い

少数の読者の方からですが、ごくたまに割引の適用が受けられなかったという投稿があります。そのようなホテルについては今後の掲載に注意をしていきたいと思います。そこでお願いなのですが、読者の皆様で掲載ホテルやレストランを利用した方で、納得できない料金の請求やサービスを受けた方は、編集部まで投稿にてお知らせいただきたいと思います。あとに続く旅行者のためにも、掲載ホテルなどを利用した読者の皆様のご感想をお待ちしております。新しい投稿には必ず、地図の添付をお願いいたします。写真付きも大歓迎です。　　　　（編集部　'16）

■本書の特徴

本書は、北イタリアを旅行される方を対象に、現地でいろいろな旅を楽しめるよう、各エリアの説明、エリアごとの歩き方、見どころの解説、レストラン、ショップ、ホテル情報などを掲載しています。また、毎年データの追跡調査を実施し、読者の皆さんからの投稿を参考にして、改訂時には新投稿の差し替えをしています。

■掲載情報のご利用にあたって

編集部では、できるだけ最新で正確な情報を掲載するように努めていますが、現地の規則や手続きなどがしばしば変更されたり、またその解釈に見解の相違が生じることもあります。このような理由に基づく場合、または弊社に重大な過失がない場合は、本書を利用して生じた損失や不都合などについて、弊社は責任を負いかねますのでご了承ください。また、本書をお使いいただく際は、掲載されている情報やアドバイスがご自身の状況や立場に適しているか、すべてご自身の責任でご判断のうえでご利用ください。

■現地取材および調査時期

本書は2015年12月の取材データに基づいて作られています。"具体的ですぐ役立つ情報"を編集のモットーにしておりますが、時間の経過とともに内容に多少のズレが出てきます。ホテルは年に1～2回の料金改訂があることも含め、本書に記載されているデータはあくまでもひとつの目安として考えてご利用ください。より新しい情報が必要なときには、各地のツーリストインフォメーションへ直接問い合わせてください。

■発行後の情報の更新と訂正について

本書に掲載している情報で、発行後に変更された物につきましては、「地球の歩き方ホームページ」の『ガイドブック更新情報掲示板』で、可能な限り最新のデータに更新しています（ホテル・レストラン料金の変更は除く）。旅立つ前に、ぜひ最新情報をご確認ください。URL support.arukikata.co.jp

■投稿記事について

投稿記事は、多少主観的になっても体験者の印象、評価などをそのまま載せるほうが、ホテルを選ぶ目安ともなりますので、原文にできるだけ忠実に掲載してあります。投稿記事のあとに、（東京都　○○太郎　'15）とあるのは、投稿者の旅行した年を表しています。しかし、ホテルなどの料金は毎年追跡調査を行い新しいデータに変えてあります。その場合は氏名でカッコを閉じ、（東京都　○○太郎　'15）['16]というように表示しデータの調査結果および新年度設定料金を入れてあります。

●ホテルの読者割引について

　編集部では、読者のみなさまの便宜をはかり、掲載したホテルと話し合い、本書持参の旅行者に宿泊の割引をお願いしてあります。同意を得たホテルについてはホテルの記事内に 読者割引 と明示してあります。

　予約時に確認のうえチェックインの際に、下記のイタリア語の文章と本書の該当ページを提示してください。なお、本書は海外ではGlobe-Trotter Travel Guideという名称で認知されています。なお、この割引は、2015年12月の調査で同意された物で、予告なしに廃止されることもありますので、直接ホテルに確認のうえ、利用してください。またこの割引は、旅行会社やホテル予約サイトなど第三者を介して予約した場合は無効となります。ホテル独自のほかの割引との併用もできませんので、ご注意ください。

　確実に割引を受けるためには予約時にファクスやe-mailなどでその旨を送付し、チェックインに際し、再確認することをおすすめします。

　ホテルの値段で、シングル（€40/50）と示してあるのは、オフシーズンとハイシーズンまたは部屋による差異を表します。

　おおむね、ハイシーズンは、4月から10月、ローシーズンは、11月末から2月頃までを指しますが、各ホテルおよび町による差異がありますので、ホテルごとの記述をチェックしてください。

　見本市や祭りなどの期間は季節を問わずハイシーズンとなります。

Spettabile Direttore,
la scritta 読者割引 accanto al nome del Suo hotel indica, come da accordi preventivi, la Vostra disponibilità a concedere uno sconto ai lettori della nostra guida. Pertanto Le saremmo grati se volesse applicare una riduzione al conto del possessore della presente Globe-Trotter Travel Guide. Grazie

イタリアの基本情報

▶旅のイタリア語
→P.402

国 旗
緑、白、赤の縦縞の三色旗

正式国名
イタリア共和国
Repubblica Italiana

国 歌
マメリの賛歌Inno di Mameli

面 積
30万1328㎢(日本の約80%)

人 口
6082万696人(2011年12月31日現在)

首 都
ローマRoma

元 首
セルジョ・マッタレッラ大統領

政 体
共和制

民族構成
ラテン系イタリア人

宗 教
カトリック(95%)

言 語
イタリア語
　地方により少しずつ異なる方言があり、また、国境に近い町では2ヵ国語を話す。

通貨と為替レート

€

▶旅のお金
→P.371

通貨はEU単一通貨ユーロ。通貨単位はユーロ€ (euro)とセント¢(イタリア語読みはチェンテージモcentesimo/複数形はチェンテージミcentesimi)1€ ＝¢100、1€＝￥129.70(2016年2月20日現在)。紙幣は€500、€200、€100、€50、€20、€10、€5。硬貨は€2、€1、¢50、¢20、¢10、¢5、¢2、¢1。

€1硬貨　€2硬貨　€5紙幣　€10紙幣

表面は数字とヨーロッパ地図の入った、EU共通デザイン。裏面はコロッセオなど、イタリア独自のデザイン

€20紙幣　€50紙幣

新デザイン登場
　'13年5月より、新5ユーロ札の図柄が刷新され、紙幣のデザインが順次数年かけて変更される。新紙幣は透かし部分にギリシア神話の王女「エウロペ」の顔と左上にドラギECB(欧州中央銀行)総裁のサインが入る。新紙幣全体のデザインは URL //eumag.jpで検索可。

€100紙幣　€200紙幣　€500紙幣

1セント硬貨　2セント硬貨　5セント硬貨　10セント硬貨　20セント硬貨　50セント硬貨

電話のかけ方

☎

▶電話のかけ方、携帯電話紛失時の連絡先
→P.380

日本からイタリアへかける場合

国際電話会社の番号		国際電話識別番号	イタリアの国番号	相手先の電話番号
001 (KDDI) ※1		**010**	**39**	**02-1234567**
0033 (NTTコミュニケーションズ) ※1	+	※2	+	(最初の0も入れる)※5
0061 (ソフトバンクテレコム) ※1				
005345 (au携帯) ※2				
009130 (NTTドコモ携帯) ※3				
0046 (ソフトバンク携帯) ※4				

※1 「マイライン」の国際区分に登録している場合は不要。詳細は URL www.myline.org/
※2 auは、005345をダイヤルしなくてもかけられる。
※3 NTTドコモは事前登録が必要。009130をダイヤルしなくてもかけられる。
※4 ソフトバンクは0046をダイヤルしなくてもかけられる。
※5 0からダイヤル。(ミラノは02〜、ヴェネツィアは041〜など)

入出国

ビザ
観光目的での滞在の場合、90日まで不要。
パスポート
入国に際しては、原則としてパスポートの有効残存期間が90日以上必要。**出入国カードの記入の必要はない。**

▶税関関連の情報
→P.413

日本からのフライト時間

日本からミラノまでのフライトは直行便で約12時間。ヨーロッパ系航空会社なら、ヨーロッパ各地からの乗り継ぎでも当日内にミラノに入れる便がある。

▶北イタリアへ
→P.372

気候

南北に細長く、温暖で四季がはっきりしている。日本の気候と似ており、ミラノ、ヴェネツィアと東京の気温は年間を通してほぼ同じ。夏は雨が少なく乾燥し、冬にやや雨が多い。梅雨はない。北イタリアでは冬はかなり冷える。緯度が高いので、夏は夜遅くまで明るい。

北イタリアと東京の気温と降水量

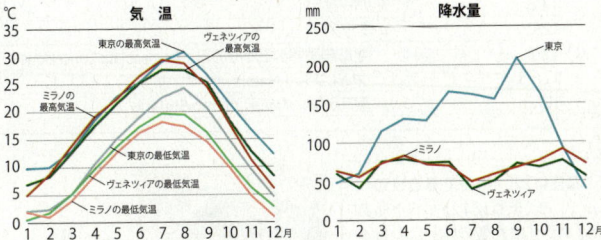

▶北イタリアの気候
→P.362

時差とサマータイム

日本との時差は−8時間。イタリアの10:00が日本では18:00となる。サマータイム実施時は−7時間の差になる。

サマータイムの実施期間は3月の最終日曜から10月の最終土曜まで。ただし、変更される年もある。

ビジネスアワー

以下は一般的な営業時間の目安。商店やレストランなどは、店や都市によって異なる。
銀行
月～金曜の8:30～13:30、15:00～16:00。祝日の前日は昼までで終了する場合もある。銀行の外側や駅などのクレジットカード対応のキャッシュディスペンサーは24時間利用可能。
デパート、ブランド店
10:00～20:00頃。ミラノ、ヴェネツィアなどの一大観光都市を中心に、デパートやブランド店などでは昼休みなしで、日曜も営業する店が多い。
一般商店
10:00～13:00、16:00～20:00頃。日曜と祝祭日のほか、夏は土曜の午後、冬は月曜午後を休業とする場合も多い。昼休みなしで通して営業する店も増えてきた。
レストラン
昼食12:00～15:00頃、夕食19:00～24:00頃。

▶北イタリアで食べる
→P.392

イタリアから日本へかける場合

| 国際電話識別番号 00 | + | 日本の国番号 81 | + | 市外局番と携帯電話の最初の0は取る ×× | + | 相手先の電話番号 1234-5678 |

▶現地での電話のかけ方
イタリアでは市外局番と市内局番の区分はない、どこにかけるときでも0からダイヤルする。

祝祭日
（おもな祝祭日）

▶北イタリア各地の
おもな伝統行事
→P.362

キリスト教に関する祝日が多い。年によって異なる移動祝祭日（※印）や各都市の守護聖人の祝日（★印）にも注意。

1月	1/1		元日　Capodanno
	1/6		御公現の祝日　Epifania
	3/27（'16）、4/16（'17）※		復活祭　Pasqua
4月	3/28（'16）、4/17（'17）※		復活祭の翌日の月曜　Pasquetta
	4/25		イタリア解放記念日　Anniversario della Liberazione d'Italia
	4/25	★	ヴェネツィア
5月	5/1		メーデー　Festa del Lavoro
	6/2		共和国建国記念日　Festa della Repubblica
6月	6/24	★	フィレンツェ、ジェノヴァ、トリノ
	6/29	★	ローマ
7月	7/15	★	パレルモ
8月	8/15		聖母被昇天祭　Ferragosto
9月	9/19	★	ナポリ
10月	10/4	★	ボローニャ
11月	11/1		諸聖人の日　Tutti Santi
	12/6	★	バーリ
	12/7	★	ミラノ
12月	12/8		聖母無原罪の御宿りの日　Immacolata Concezione
	12/25		クリスマス　Natale
	12/26		聖ステファノの日　Santo Stefano

電圧とプラグ

電圧は220ボルトで周波数50ヘルツ。ごくまれに125ボルトもある。プラグは丸型のCタイプ。日本国内用の電化製品はそのままでは使えないので、変圧器が必要。

プラグはCタイプ。変圧機内蔵の電化製品ならプラグ変換アダプターを差せば使える

ビデオ／DVD方式

イタリアのテレビ・ビデオ方式（PAL方式）は日本（NTSC方式）とは異なるので、一般的な日本国内用ビデオデッキやDVDプレーヤーでは再生できない。

DVDは、パソコンやPAL互換機能、リージョンフリーのついたDVDプレーヤーなら再生可能。ソフト購入時に確認を。

チップ

レストランやホテルなどの料金には、ほとんどサービス料が含まれているので、必ずしもチップ（伊語でmanciaマンチャ）は必要ではない。快いサービスを受けたときや通常以上の手間を取らせたときなどには、以下の相場を参考にしてみよう。
タクシー
　料金の10%程度。
レストラン
　料理代金に含まれる場合がほとんど。

別計算の場合も、勘定書きには含まれている。店の格により7〜15%程度。
ホテル
　ポーターやルームサービスに対して、€1〜5程度。
トイレ
　係員が一律に徴収する場合や、机にお皿を置いて任意にとする場合がある。入口のゲートに指定料金を投入する無人タイプもある。€0.70〜1程度。

飲料水

イタリアの水道水は日本とは異なり、石灰分が多い硬水。そのまま飲むこともできるが、体調が不安な人はミネラルウォーターを。レストランやバールではミネラルウォーターを注文するのが普通。

ガス入りCon gasとガスなしSenza gasがある。500㎖がスーパーで€0.30〜0.80、バールで€0.50〜2程度。

※本項目データはイタリア政府観光局、外務省、気象庁などの資料を基にしています。

郵 便

▶郵便→P.381

郵便局は中央郵便局と小規模の郵便局の2種があり、営業時間や取り扱い業務（金融、小包など）が異なる場合がある。切手は、郵便局のほか、TのマークのタバッキTabacchi（たばこ屋）で購入でき、ポストも日本同様に各所に設置されている。
中央郵便局の営業時間は月～金曜8:00～19:00。そのほかの郵便局は月～金曜8:00～14:00、土・日曜休み（一部都市により異なる）。
郵便料金
日本への航空便（ポスタ・プリオリタリア）は、はがきや20gまでの封書は€2.30。

タバッキは各所にある

税 金

TAX

▶タックスフリー（免税）ショッピング→P.401

ほとんどの商品にIVAと呼ばれる付加価値税が10～22％かかっている。EU以外の居住者は、1店舗€154.94以上の買い物をし、所定の手続きをすれば、手数料などを引いた税金が還付されるシステムがある。買い物をするときや帰国時には、忘れずに手続きをしよう。

ブランド店では簡単に免税手続をしてくれる

安全とトラブル

▶安全快適に旅するために→P.409
▶トラブルに遭ってしまったら→P.412

地下鉄やバスなどの公共交通機関内でのスリ、町なかでは子供や乳飲み子を連れたスリ集団などの被害の報告が多い。力ずくで金品を奪うことは少なく、各個人の注意により未然に防ぐことができると思われる。
警察署 113
消防署 115

駅構内では気を引き締めよう

年齢制限

▶レンタカーの貸出し条件→P.378

レンタカー会社では、21～25歳以上で運転歴が1年以上、または60～65歳以下などの年齢制限を設けている場合もある。
また数は多くないが、一部の博物館や美術館では、学生や26歳以下、60～65歳以上の場合に割引が受けられることもある。

度量衡

長さはセンチ、メートル、重さはグラム、キロで日本と同じ。食料品店などで表示されるettoエットは100グラムのこと。

その他

▶ミラノ市滞在税→P.103
▶ヴェネツィア市滞在税→P.271

※滞在税は、宿泊料とともにカード払いできる場合も多い。心配なら最初に確認を。

禁煙法の施行
2005年1月10日より、「禁煙法」が施行され、美術館、博物館、映画館、列車および、レストラン、バールなどを含め、すべての屋内、公共の場での喫煙は禁止。違反者には、罰金が課せられる。
滞在税
'11年より、イタリアの一部の都市での宿泊に滞在税が課されることとなった。各自治体により、呼び方、対象宿泊施設、金額、時期、期間などは異なる。ホテルのランク、時期などにより1泊につき、ひとり€1から5程度。チェックアウトの際に直接ホテルへ支払うのが一般的。
滞在税が課される町はホテル掲載ページに税額などを記載。今後変更される可能性あり。

北イタリア

凡例

- 高速自動車道路
- 主要幹線道路
- 幹線道路
- 鉄道
- ✈ 空港
- 州境
- 国境

N

0　40　80Km

スイス
SVIZZERA

ロンバルディア州
Lombardia

Sóndrio

ルガーノ湖
Lago di Lugano
P.164

マッジョーレ湖
Lago Maggiore
P.156

コモ湖
Lago di Como
P.148

Varese

オルタ湖
Lago d'Orta
P.162

ストレーザ
Stresa
P.157

コモ
Como
P.149

Lecco

ベルガモ
Bergamo
P.106

イセオ湖
Lago d'Iseo

Iseo

Courmayeur

アオスタ
Aosta

St-Vincent

ヴァッレ・ダオスタ州
Valle d'Aosta

Biella

ノヴァーラ
Novara

ヴィジェーヴァノ
Vigevano

Vercelli

ミラノ
Milano
P.26

モンツァ
Monza
P.104

ブレーシャ
Bréscia
P.113

ローディ
Lodi

Ivrea

Susa

トリノ
Torino

パヴィア修道院
P.138

パヴィア
Pavia
P.134

クレモナ
Cremona
P.118

Sestriere

Asti

Voghera

ピアチェンツァ
Piacenza

ピエモンテ州
Piemonte

アレッサンドリア
Alessandria

Alba

リグーリア州
Liguria

Borgo Val
di Taro

クーネオ
Cúneo

ジェノヴァ
Genova

Savona

Chiávari

フランス
FRANCIA

Albenga

ジェノヴァ湾
Golfo di Genova

Carrara

ラ・スペッツィア
La Spézia

Massa

インペリア
Impéria

Ventimíglia

Viaréggio

モナコ
MONACO

サン・レモ
San Remo

リグーリア海
Mare Lígure

リヴォルノ
Livorno

3　　　4

オーストリア
AUSTRIA

メラーノ
●Merano
P.346

ブレッサノーネ
●Bressanone
P.350

ドッビアーコ
●Dobbiaco
P.317

ボルミオ
●Bórmio
P.140

ボルツァーノ
ボルツァーノ
Bolzano
P.336

オルティセイ
Ortisei P.316

カナツェイ
●Canazei
P.314

コルティナ・ダンペッツォ
●Cortina d'Ampezzo
P.321

A

スロヴェニア
SLOVENIA

トレンティーノ=アルト・アディジェ州
Trentino-AltoAdige

マドンナ・ティ・カンピーリオ
Madonna
di Campíglio

Édolo

ベッルーノ
Belluno

フリウリ=ヴェネツィア・
ジュリア州
Friuli-Venézia Giúlia

トレント
Trento
P.332

Rovereto

バッサーノ・デル・グラッパ
Bassano del Grappa
P.304

Pordenone

ウーディネ
●Udine
P.353

ガルドーネ・リヴィエラ
Gardone Riviera P.169

Treviso

アクイレイア
Aquileia

グラード
Grado

トリエステ
Trieste
P.357

ガルダ湖
L.di Garda
P.166

シルミオーネ
Sirmione P.168

ヴィチェンツァ
Vicenza
P.298

メストレ
Mestre

ヴェネツィア
Venezia
P.174

B

クロアチア
CROAZIA

ヴェローナ
Verona
P.272

ヴェネト州
Veneto

パドヴァ
Pádova
P.286

キオッジャ
Chioggia

マントヴァ
Mántova
P.123

Rovigo

アディジェ川
Adige

サッビオネータ
Sabbioneta
P.132

ポー川
Po

パルマ
Parma

フェッラーラ
Ferrara

レッジョ
Réggio
nell'Emília

モデナ
Módena

エミリア・ロマーニャ州
Emilia-Romagna

アドリア海
Mare Adriatico

ボローニャ
Bologna

ラヴェンナ
Ravenna

Forlì

リミニ
Rimini

Casena

ペーザロ
Pésaro

C

Pistóia

Prato

サン・マリノ共和国
SAN MARINO

ルッカ
Lucca

ピサ
Pisa

アルノ川
Arno

フィレンツェ
Firenze

アンコーナ
Ancona

ウルビーノ
Urbino

トスカーナ州
Toscana

シエナ
Siena

アレッツォ
Arezzo

マルケ州
Marche

15

3　　　4

ミケランジェロ晩年の傑作
ロンダニーニのピエタを見に行こう

フィラレーテ門。ルネッサンス時代に建造、20世紀に再建された

ミラノのシンボル、**スフォルツァ城**(→P.65)。ミラノの中心のドゥオーモから華やかなショッピング街を進むと、すぐにスフォルツァ城の正面を飾る堂々とした**フィラレーテの塔** Torre del Filaretoが見えてくる。スフォルツァ城は要塞として建てられ、その後一部取り壊された時代があったものの、傭兵隊長であり、後にルネッサンスのパトロンとなったフランチェスコ・スフォルツァ(ミラノの領主ヴィスコンティ家のビアンカ・マリアと結婚してミラノ大公になる)の時代に修復された。続くルドヴィーコ・イル・モーロの時代にはここで宮廷文化が花開き、ヨーロッパ有数の規模と豪華絢爛さを誇ったという。

16世紀にミラノ公国が滅びた後は、スペイン、オーストリア、フランスの軍の駐屯地として利用され、イタリア統一後の19世紀末に、ルーカ・ベルトラミが修復を施し、美術・博物館、研究の場としてミラノ市民の手に戻され、現在の姿となった。かつての1/4の大きさとはいえ、ほぼ200m四方に広がる城は広大で、地下1階、地上3階に10以上の美術・博物館などがおかれている。

『ロンダニーニのピエタ』を見るだけなら、奥のカフェでお茶をしても30分あればいい。城全体を見るならかなりの駆け足でも2時間、じっくり見学するなら半日以上が必要だ。

ライトアップされた武器の中庭。入場無料の庭園は、ミラノっ子の散歩道。ここだけでも訪れたい

季節の植栽も美しい公爵の中庭。2階の博物館へ向かう通路からは広場が見下ろせる

新設された、おしゃれなガラス張りのカフェ。見学途中にひと休み

ロンダニーニのピエタ美術館

Museo Pietà Rondanini-Michelangelo

ロンダニーニのピエタ美術館。ピエタを360°から眺められる印象的な空間

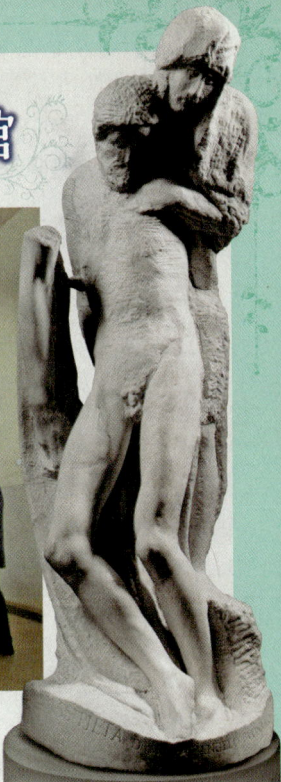

ノミの痕跡が荒々しい表面から「未完の作品」、または信心深かった彼が晩年に心血を注いだ完成像、と研究者の意見が分かれている

武器の中庭に面したピエタ美術館入口。切符売り場も併設

2015年、入口から武器の中庭に入った左奥に「ロンダニーニのピエタ博物館」がオープンした。「ピエタPietà」とはイタリア語で「哀れみ」の意味で、ピエタ像そのものを指すことも多く、イエスの亡骸を抱いて悲しむマリアの姿は多くの美術作品で目にするものだ。ミケランジェロも4体を残しており、とりわけ最初に手がけたローマのサン・ピエトロ大聖堂の『ピエタ像』のマリアは若々しく、その高貴さと洗練された美しさには明解な「慈悲」が表現されている。ミケランジェロ25歳頃の作品である。

一方、ミケランジェロが89歳で死ぬ間際まで手がけた『ロンダニーニのピエタ』はみすぼらしく、苦悩と悲しみにあふれている。素早く作品を仕上げた彼としては珍しく、愛着深く10年以上もの間手元に置き、手をかけていたといわれている。

像に向かって左のつややかで異質な腕は最初の構想で彫られたもので、その後天に上るように背後からイエスを抱くマリアの姿を以前の彫像の上に彫り重ねたのだった。青年ミケランジェロによるピエタと作者自身が死を意識したであろう老年のピエタ。その対比は人生の深淵と彼の人生を物語るようでもあり、心に迫るものがある。

若きミケランジェロ（25歳）の傑作『ピエタ』（ローマのサン・ピエトロ大聖堂蔵）とは、まるで異なるロンダニーニのピエタ

見る角度により、（左）イエスを天に引き上げるマリア、（右）悲しみのマリアを慰撫し背負うイエス

17

中央はミラノの領主、ベルボナ・ヴィスコンティの霊廟彫刻。B.カンピョーネの傑作

ミラノを飾った彫像とダ・ヴィンチの空間

古代美術館
Museo d'Arte Antica

手前の切符売り場から、中世ミラノの城門を抜けて展示室へ

切符売り場から続くのは古代美術館。スフォルツァ家やスペイン時代のフレスコ画が残る部屋に古代から中世、ルネッサンスの彫刻約2000点を展示。当時の宮廷文化の花開いた豪華な居城としての面影を見ることもできる。とりわけ、第8室板張りの間Sala delle Asseはイル・ルドヴィーコに招かれたレオナルド・ダ・ヴィンチによる設計で、天井と壁面に彼自身による巨大な桑の木が描かれている。ナポレオンの時代に壁は塗りつぶされ厩として利用されていた場所だったが、近年に発見され、2015年のミラノEXPOに合わせて修復・復元されて公開された。内部は暗くやや見づらいが、モニターで鮮明に室内360度の装飾を見ることができる。地に根を張り、枝をからませて空へと伸びる巨木の絵の下に立つと、その壮大さに圧倒される。これはスフォルツァ領を支えるミラノ公爵イル・モーロへの賛歌といわれている。

広い城内には、ほかにも下記のような美術・博物館がおかれている。傑作揃いの絵画館、ミラノデザインを手軽に知ることができる家具と木工彫刻博物館、音楽好きには楽器博物館、陶磁器やカトラリーなどテーブル周りに興味があるなら装飾芸術博物館など、自分の興味に合わせて見学しよう。

聖アンブロージョを讃える、16世紀のミラノのゴンフォーネ(都市国家の旗)

武器庫
Armeria

中世から18世紀の武具を展示。

ミラノの町なかにあった、ルネッサンス時代の「メディチ銀行の門」

家具と木工彫刻博物館
Museo dei Mobili e delle Sculture Lignee

15世紀末〜20世紀の家具を展示。イタリア・モダンデザインの家具など、デザインの町ミラノとその暮らしを知ることができる。

宮廷時代の家具から、第2次世界大戦後のイタリア・モダンデザインの家具が並ぶ。近代家具のこれだけの展示はイタリアでもほかではあまり見られない

装飾芸術美術館
Museo delle Arti Decorative

ジノリ、マイセン、セーブルなどの陶磁器、ガラス、タペストリー、銀細工、象牙細工など11〜18世紀の工芸品を展示。

おもに貴族からの寄贈による、中世から20世紀のイタリアのみならず世界中からの陶磁器やカトラリーが並ぶ

絵画館
Pinacoteca

ヴィンチェンツォ・フォッパ『書物を持つ聖母』は、絵画館の至宝

　ミラノの至宝と呼ぶべき美術館。時間がなければここだけでも見学したい。ゴシックから18世紀のヴェネツィア派まで約1500点を収蔵。展示は200作品以上にのぼる。ロンバルディアで活躍した画家からイタリア・ルネッサンスの傑作まで、その量と質にはため息。作品についての詳細はP.66参照。

アンドレア・マンテーニャ『栄光の聖母子、聖人と天使』

15世紀のフレスコ画『グリセルダの物語』が一面に描かれたグリセルダの部屋。パルマのロッカビアンカ城からオリジナルに忠実に移設したもの

楽器博物館
Museo degli Strumenti Musicali

　ナターレ・ガッリーニが収集したヨーロッパでも屈指の規模の楽器を展示。「グアルネッリ」のバイオリンはじめ、装飾細工が施されたビオラやギター、スピネットなど。

繊細に装飾された楽器類は通路にも並ぶ。
※閉館時間より早めに退出が促されるので、時間に余裕をもって出かけよう

考古学博物館
先史・原始時代
Museo Archeologico
Sezione Preistoria e Protostoria

　紀元前3000年の石器時代から紀元前1世紀のロンバルディア州からの発掘品を展示。

考古学博物館
古代エジプト
Museo Archeologico
Sezione Egizia

　ミイラや石棺、碑文をはじめ、イタリア人研究者による発掘品を展示。

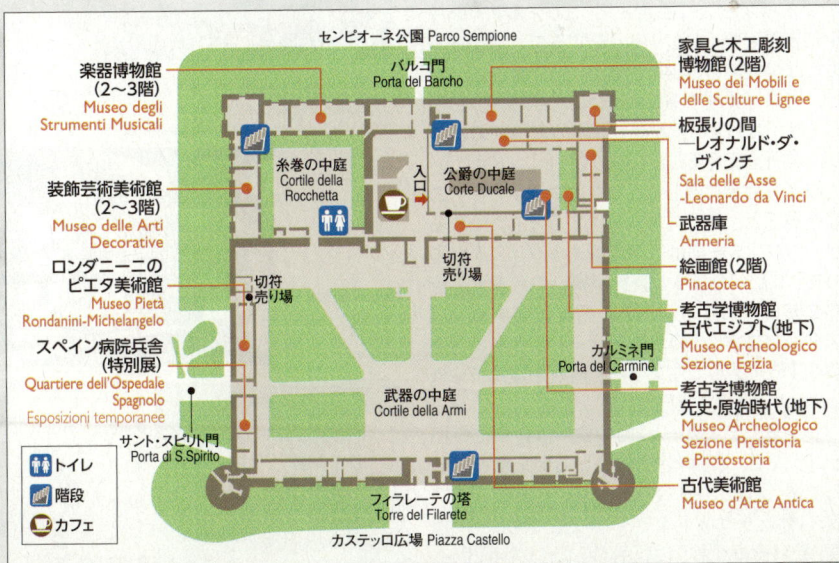

センピオーネ公園 Parco Sempione

楽器博物館
（2〜3階）
Museo degli
Strumenti Musicali

バルコ門
Porta del Barcho

家具と木工彫刻
博物館（2階）
Museo dei Mobili e
delle Sculture Lignee

板張りの間
—レオナルド・ダ・
ヴィンチ
Sala delle Asse
-Leonardo da Vinci

入口
公爵の中庭
Corte Ducale

糸巻の中庭
Cortile della
Rocchetta

装飾芸術美術館
（2〜3階）
Museo delle Arti
Decorative

武器庫
Armeria

ロンダニーニの
ピエタ美術館
Museo Pietà
Rondanini-Michelangelo

切符
売り場

切符
売り場

絵画館（2階）
Pinacoteca

考古学博物館
古代エジプト（地下）
Museo Archeologico
Sezione Egizia

スペイン病院兵舎
（特別展）
Quartiere dell'Ospedale
Spagnolo
Esposizioni temporanee

カルミネ門
Porta del Carmine

考古学博物館
先史・原始時代（地下）
Museo Archeologico
Sezione Preistoria
e Protostoria

サント・スピリト門
Porta di S.Spirito

武器の中庭
Cortile della Armi

古代美術館
Museo d'Arte Antica

トイレ
階段
カフェ

フィラレーテの塔
Torre del Filarete

カステッロ広場 Piazza Castello

バカリをめぐる夕暮れ

ヴェドーヴァ店内。観光客やグループ客はテーブル席に案内されることが多い

ヴェドーヴァ（→P.253）の店頭。薄暗い路地の奥、暖かい光に満ちたバカリ

ヴェネツィア名物、スタンディング形式の居酒屋**バカリ**Bacari。入口にカウンターがあり、そこに種類豊富なおつまみが並んでいるのが定番スタイル。立ち飲みが主流だが、奥にテーブル席がある店も多い。昼間も営業しているが、やっぱりにぎわいは夕方から。人気店では店から人がはみ出すほどの盛況ぶりだ。

ヴェネツィアっ子にとっては、カウンターのおつまみから1〜2品選んで、グラスワイン片手に友達と軽くおしゃべりをする場。仕事帰りまたは夕食前の軽いアペリティーヴォ（食前酒）で、さほど長居することはない。飲み足りなかったり、おしゃべりが足りなかったら別のバカリに場所を変えることも珍しくない。

チケット（おつまみ）のお供は、ヴェネツィアならではのプロセッコProsecco（弱発泡の白ワイン。右）かスプリッツSpritz（アペロールとプロセッコを合わせた食前酒。左）できまり

ワイン片手に楽しそうなヴェネツィアっ子の姿を見ると、私たち観光客もトライしたくなるが、カウンター前はほぼ常連やイタリア人が占めてしまい、ちょっと肩身が狭いのも事実。そんな時はバカリのテーブル席がおすすめ。パスタやセコンド、簡単なデザート類がある店も多く、テーブルで注文すると料理を運んでくれるのはレストランと同じ。

チケットは1個€1でわかりやすいアル・ティモン（→P.21）のカウンター

ランチ、ディナーと2回の食事は胃袋に負担という人や、夜は軽くおいしいものを食べて飲んで過ごしたい人にもピッタリ。立ち飲みでグラス1杯とチケットを軽く1〜2品で€8〜10程度、軽い食事がわりに利用するなら1人€20〜。

典型的なバカリのたたずまい。樽をテーブルにして、外で飲むのもオツなもの、オステリア・アル・ポンテ（MP.177 B3）にて

チケット案内

　チケットCicchettoとは、バカリでサービスされるヴェネツィアの伝統的なおつまみのこと。魚介類を中心に、カナッペ状や楊枝に刺したもの、小皿に盛られたものなどさまざま。ここではテーブルでサービスされたお皿から料理を見てみよう。

　取り上げたのは、サン・マルコ広場近くのアチュゲータ（下記参照）のもの。一般的にはアンティパスト・ミストAntipasto Mistoなどと呼ばれる。

チケット8種のお味見
Degustazione 8 Cicchetti (Aciugheta €18〜)

❶肉団子
Polpetto

小さく作ったハンバーグのトマトソース煮。平らにして油で揚げたものもある。意外な気もするが、チケットの定番のひとつ

❷ペペロナータ
Peperonata

イタリアではおなじみの、赤や黄色の大型ピーマンやナスなどのトマト煮。肉厚の果肉が甘く、優しい味わい

❸小イワシのマリネ
Alici marinate

新鮮な小イワシをレモン汁や酢に漬けたマリネ。ヴェネツィアの伝統的な保存食のひとつ。骨まで柔らかく、酸味が食欲をそそる

❹魚のサラダ
Insalata di Pesce

ゆでたスズキの身をほぐしてゆでたジャガイモと合わせて、オリーブ油と塩、パセリで調味

❺イカのサラダ
Insalata di Calamaro

イカをゆでてセロリと合わせたサラダ。オリーブ油、塩で調味

❻サルデ・イン・サオール
Sarde in Saor

天ぷらのような衣をつけて揚げた（または素揚げ）イワシを甘酢に漬けたマリネ。炒めたたっぷりの玉ねぎ、松の実、レーズンが入る。これも伝統的な保存食のひとつ

❼バッカラ・マンテカート alla Veneziana
Baccala mantecato alla Veneziana

干タラを戻して、水と牛乳で煮、オリーブ油とともにペースト状にし、パセリとニンニクで風味をつけたもの。ポレンタに添えたりパンにカナッペのようにのせることも多い

❽タコのサラダ
Insalata di Polpo

ゆでたタコとトマトなどのサラダ

❾ゆで卵の アンチョビのせ
Uova soda e Acciughe

※料理の内容、価格などは季節などにより変更されます

🍷 アチュゲータ
🍴 Aciugheta

　サン・マルコ広場裏、飲食店が集中する小さな広場にあるバカリ兼オステリア兼ピッツェリア。開放的な雰囲気と長い営業時間で利用しやすい。3種類のチケットとセコンド（魚または肉）の定食€19.50もあり。

🏠 Campo Santi Filippo e Giacomo, Castello 4357
☎ 041-5224292　🕐 10:00〜23:00　休 一部の㊗
予 €20〜　地 P.177 B3

🍷 アル・ティモン
🍴 Al Timon

　駅からも近いゲットー・ヌオーヴォ広場の裏手、小さな運河沿いにあるバカリ兼ステーキハウス。飲食に運河に浮かぶ船が利用できるのもおもしろい。地元の若者でいつも激混み。チケットは、どれでもひとつ€1と安い。

🏠 Fondamenta ormesini, Sistiere Cannaregio 2754
🕐 18:00〜翌1:00　休 一部の㊗
予 チケットは1個€1、食事は€20〜　地 P.174 A2

バカリのおすすめ料理

バカリのテーブル席で味わえるおすすめ料理は、ヴェネツィアのスペチャリテ!!

menu
魚介類のサラダ
インサラータ・ディ・ペッシェ
Insalata di Pesce

🍷 サン・バルトロメオ　€13
San Bartolomeo

ゆでた魚介類（エビ、イカ、ムール貝など）とセロリ、トマトなどのサラダ。オリーブ油と塩で味付けしてある。レモンを絞って。

menu
魚介類の盛り合わせ
セレツィオーニ・ミスト・ディ・マーレ
Selezioni misto di Mare

🍷 アッラ・ヴェドーヴァ　€12
alla Vedova

タコ、シャコ、サーモン、スズキ、イカなどを軽くボイルした盛り合わせ。オリーブ油、レモン、塩、パセリで調味。

menu
イカスミのスパゲッティ
スパゲッティ・アル・ネーロ・ディ・セッピエ
Spaghetti al nero di Seppie

🍷 アッラ・ヴェドーヴァ　€12
alla Vedova

甲イカのスミとトマトソースで作ったイカスミのソースのスパゲッティ。海の香りとコクのある味わい。

menu
魚介類のミックス・グリル
グリリアータ・ミスト・ディ・マーレ
Grigliata misto di Mare

🍷 サン・バルトロメオ　€18
San Bartolomeo

舌ヒラメ、エビ、サーモン、イカなどのミックスグリル。白いのは、ヴェネツィア定番の付け合わせのポレンタ。ポレンタはトウモロコシ粉の種類により、白や黄色がある。

menu
魚介類のミックスフライ、ポレンタ添え
フリット・ミスト・ディ・マーレ・コン・ポレンタ
Fritto misto di Mare con Polenta

🍷 サン・バルトロメオ　€15
San Bartolomeo

イタリア料理としておなじみの魚介類の揚げ物。エビgamberetti、小イカtotani、小魚pescioliniなどに軽く小麦粉をまぶして揚げたもの。

menu
手長エビのスパゲッティ
スパゲッティ・アッラ・ブーサラ
Spaghetti alla Busara

🍷 アッラ・ヴェドーヴァ　€12
alla Vedova

アカザエビ（スカンピ）とトマトソースであえたスパゲッティ。ニンニクと唐辛子がきいた風味豊かな1品。ヴェネツィアの伝統的料理のひとつ。

※サン・バルトロメオについては（→P.253）、ヴェドーヴァについては（→P.253）参照

A VITTORIO EMANUELE II. I MILANESI

ミラノと
ロンバルディア州

Milano e Lombardia

スイス
SVIZZERA

ドイツ
チェコ
スロバキア
ハンガリー
スイス
ロンバルディア州
オーストリア
フランス
スロヴェニア
クロアチア
リグリア海
コルシカ島
(仏領)
ボスニア
ヘルツェゴビナ
モンテネグロ
アドリア海
ローマ
ティレニア海
アルバニア
サルデーニャ島
地中海
イタリア共和国
シチリア島
イオニア海
チュニジア

サンモリッツ
St.Moritz

リヴィーニョ
Livigno

ベルニナ山 ▲

ボルミオ
Bórmio
P.140

ロカルノ
Locarno
P.160

ソンドリオ
Sóndrio

ティラーノ
Tirano

ストレーザ
Stresa P.157

マッジョーレ湖
P.156

キアーヴェンナ

キューリコ
Cólico

コモ湖
P.148

ベッラージオ
Bellagio
P.153

トレンティーノ＝
アルト・アディジェ州

オルタ湖
P.162

コモ
Como

ヴァレーゼ
Varese

レッコ
Lecco

コモ
Como
P.149

ガルダ湖
P.166

Riva d. Garda

ベルガモ
Bérgamo
P.106

ロンバルディア州
Lombardia

イセオ湖

ガルドーネ・リヴィエラ
Gardone Riv.
P.169

ヴェネト州

モンツァ
Monza
P.104

ブレーシャ
Bréscia
P.113

シルミオーネ
Sirmione
P.168

ヴィチェンツァ
Vicenza

ノヴァーラ
Novara

ミラノ
Milano
P.26

ヴィジェーヴァノ
Vigevano

パヴィア修道院
P.138

ローディ
Lodi

ヴェローナ
Verona

パヴィア
Pavia
P.134

クレモナ
Cremona
P.118

マントヴァ
Mántova
P.123

ピアチェンツァ
Piacenza

ポー川

サッビオネータ
Sabbioneta
P.132

ボローニャ
Bologna

リグーリア海

ロンバルディア州の魅力

●面積 ：23,834㎢
●人口 ：997万3400人
●州都 ：ミラノ
●行政区：
ベルガモ県、ブレーシャ県、コモ県、クレモナ県、マントヴァ県、ミラノ県、他

◆起伏が緩やかな美しき丘陵地帯

ヨーロッパアルプスの裾野から広がるロンバルディア州は、湖水地方を代表するふたつの湖を東西の境界線にもつ風光明媚な州。南にはイタリアを代表する大河、ポー川がパダーナ平野をゆったりと流れる。イタリアの州のなかでは最大の人口を誇り、州内の半数近い人々が州都のあるミラノ県に集中している。地形的には、山間部、丘陵部、平野部と区分される。スタンダールは、丘陵地帯であるブリアンツァ地方を「野山の緑と豊穣の恵み、見渡す限り果てしなく続く地平線よ！」と詠じた。おいしい空気と美しい木立、山からの風とどこまでも続く青空。ロンバルディア州の田舎は、とても美しい。平野部は、イタリアの工場といわれ、国内総生産の30％近くを産出する工業地帯だ。従事者は少ないものの、豊富な水量と近代的な灌漑設備のもと、農業も盛ん。米、ワイン、飼料がおもな農産物。また、牛の飼育数も多く、乳製品の加工業がミラノの近郊で盛んである。

風光明媚なコモ湖畔

イタリア最大の消費都市、ミラノ

◆複雑な歴史と見事な建造物

紀元前4世紀頃には古代ローマの属州として、歴史に登場するロンバルディア州。3世紀末には、ミラノが西ローマ帝国の首都になる。その後ロンゴバルド族、フランク族の封建体制の後、11世紀には自治都市の時代になる。14～15世紀には、ヴィスコンティ家とスフォルツァ家によって、君主制度がひかれた。その後のミラノ公国の時代には、ヴェネツィア、スイス、サヴォイア家によって征服され、ナポレオンの時代を経て、イタリア王国の首都としてミラノは脚光を浴び、イタリアの独立運動の中心都市となっていった。

この複雑な歴史に呼応するように、さまざまな建造物が州内に残る。ローマ時代の建造物は、ミラノ、ブレーシャ、シルミオーネなどに。フランスでは、ロマネスク様式として発展した中世初期の建築様式は、ここではロンバルディア様式となって確立され、コモ、クレモナ、パヴィア、ブレーシャには、その傑作が残る。13～15世紀に発展したゴシック様式を代表する建造物が、ミラノのドゥオーモ。ルネッサンス建築としては、パヴィア僧院やベルガモのコッレオーニ礼拝堂が挙げられる。現在のミラノ市街の美しい景観を作り出している、18世紀の新古典様式の館や邸宅も鑑賞に値する。

ロンバルディア様式の教会

Lombardia

1 | **2**

Viale Certosa

Via Alserio

Viale Renato Serra

V.le R.A. Colombo

Via Luigi Pacvariati

V. Privata Nicola

P.za Firenze

Via Mac Mahon

Via Principe Eugenio

V. Ammiraglio Caracciolo

V. Generale Govone

V.le Jacopino

P.za Perego

Via Candiani

Via Cenisio

Via G.G. Lombardo

Cenisio M

P.za Coriolano

Cimitero Monumentale

Via G. Pepe

A

Portello M

Gerusalemme

Gelsomina

P.102 H

Via Paolo Sarpi

Domodossola M

Monumentale
Staz. Porta Garibaldi F.S.

Porta Garibaldi (駅)
トレニタリア

M

ヴォルタ門
P.ta Volta

ガリバルディ門
P.ta Garibaldi

Tre Torri M

見本市会場
Fiera Campionaria

Proccacini

Moscova M

Amendola Fiera M

Arco d. Pace
平和の門

アレーナ
Arena

Castello Sforzesco
スフォルツァ城

Parco Sempione
センピオーネ公園

サン・シンプリチャーノ教会
S. Simpliciano

サン・マルコ教会
S. Marco

Buonarroti M

B

De Angeli M

Wagner M

Pagano M

Cadorna
F.N.M. M

Cairoli M

Conciliazione M

Staz. Fierrovie Nord Milano
ミラノ北（ノルド）駅

S. Maria d. Grazie
サンタ・マリア・デッレ・グラツィエ教会
最後の晩餐

Cordusio M

Pinacoteca Ambrosiana
アンブロジアーナ絵画館

レオナルド・ダ・ヴィンチ記念
国立科学技術博物館
Museo Naz. Scienza e Tecnologia

サン・セバスティアーノ教会
S. Sebastiano

S. Ambrogio M
サンタンブロージョ聖堂
S. Ambrogio

カトリック大学
Università Cattolica

S. Agostino M

ツーリング・クラブ・イタリア
T.C.I.

サン・ロレンツォ・マッジョーレ教会
S. Lorenzo Maggiore

C

サンテウストルジョ教会
S. Eustorgio

ティチネーゼ門
Arco di P.ta Ticinese

トレニタリア
ポルタ・ジェノヴァ駅
Staz. P.ta Genova F.S.

Porta Genova F.S. M

P.28-29ミラノ中心部

ナヴィリオ地区

マドニーナ
Madonina

アル・ポンテ・
ディ・フェール

P.za XXIV Maggio
5月24日広場

26

1 | **2**

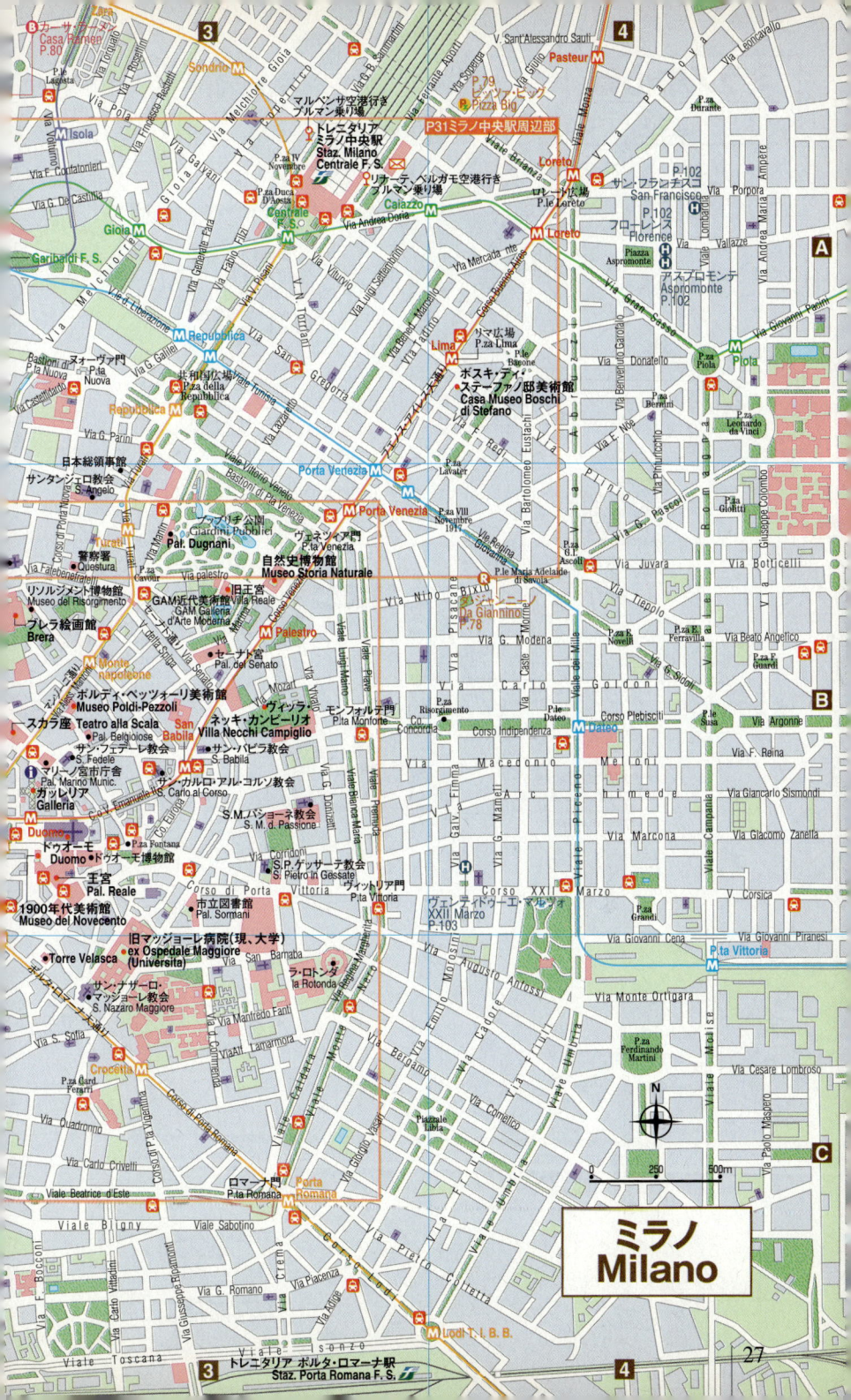

ミラノ
Milano

Casa Ramen
P.80

P.79 ピッツァ・ビッグ
Pizza Big

P31ミラノ中央駅周辺部

トレニタリア
ミラノ中央駅
Staz. Milano
Centrale F.S.

リナーテ、ベルガモ空港行き
プルマン乗り場

マルペンサ空港行き
プルマン乗り場

Isola
Sondrio M

Gioia M

Garibaldi F.S.

Centrale
F.S.

Calazzo

Loreto
P.le Loreto

サン・フランチェスコ
San Francisco P.102

フローレンス
Florence P.102

アスプロモンテ
Aspromonte
P.102

Piola

Lima
リマ広場
P.za Lima

ボスキ・ディ・
ステーファノ邸美術館
Casa Museo Boschi
di Stefano

Repubblica M

Repubblica

日本総領事館
サンタンジェロ教会
S. Angelo

Porta Venezia

Porta Venezia

ブレラ公園
Giardini Pubblici
Pal. Dugnani

自然史博物館
Museo Storia Naturale

ヴェネツィア門
P.ta Venezia

Tricatti
警察署
Questura

リソルジメント博物館
Museo del Risorgimento

ブレラ絵画館
Brera

GAM近代美術館
GAM Galleria
d'Arte Moderna
旧王宮
Villa Reale

Palestro

Monte
napoleone

ポルディ・ペッツォーリ美術館
Museo Poldi-Pezzoli

スカラ座
Teatro alla Scala

サン・フェデーレ教会
S. Fedele

マリーノ宮市庁舎
Pal. Marino Munic.

ガッレリア
Galleria

Duomo

ドゥオーモ
Duomo

王宮
Pal. Reale

1900年代美術館
Museo del Novecento

Torre Velasca

サン・ナザーロ教会
S. Nazaro Maggiore

セナート宮
Pal. del Senato

ヴィッラ・
ネッキ・カンピーリオ
Villa Necchi Campiglio

サン・バビラ教会
San Babila

サン・カルロ・アル・コルソ教会
S. Carlo al Corso

S.M.パッシオーネ教会
S. M. d. Passione

S.P.ジェッサーテ教会
S. Pietro in Gessate

ヴィットリア門
P.ta Vittoria

市立図書館
Pal. Sormani

旧マッジョーレ病院(現、大学)
ex Ospedale Maggiore
(Universita)

ラ・ロトンダ
La Rotonda

Crocetta

Corso XXII Marzo

XXII Marzo
P.103

P.ta Vittoria

Da Giannino
P.78

Dateo

ロマーナ門
P.ta Romana

Porta
Romana

トレニタリア ポルタ・ロマーナ駅
Staz. Porta Romana F.S.

Lodi T.I., B.B.

27

ミラノ中心部

0 200 400m
N

A

B

C

サン・シンプリチャーノ教会
S. Simpliciano P.59

センピオーネ公園
Parco Sempione P.66

市立水族館
Acquario Civico

Piccolo Teatro

Teatro Fossati

Largo V. Alpini

アルテ宮
Pal. dell'Arte

P.za Sempione

Viale Goethe

Viale Gadio

Viale Elvezia

Viale Emilio Alemagna

Viale Milton

P.za Tommaseo

P.za Giovine Italia

P.za Conciliazione

博物館入口 P.65
スフォルツァ城
Castello Sforzesco

スフォルツァ城博物館
Musei del Castello P.66

Piazza Castello

カステッロ広場

Lanza M

Cairoli M

ミラノ北（ノルド）駅
Staz. Ferrovie Nord Milano
（マルペンサ・エクスプレス駅）

P.le L. Cadorna

Cadorna F.N.M M

アウトストラーデ社
Autostradale

Largo Cairoli

Foro Buonaparte

Conciliazione M

ボッカッチォ通り Via Boccaccio

サンタ・マリア・
デッレ・グラツィエ教会
P.63 S. Maria d. Grazie

『最後の晩餐』
P.62 Cenacolo Vinciano

マジェンタ門
P.ta Magenta

マジェンタ大通り
Corso Magenta

リッタ宮
Pal. Litta

Co. Magenta

サン・マウリツィオ教会 P.65
San Maurizio

考古学博物館
Museo Archeologico

旧モナッジョーレ
修道院
ex Monastero
Maggiore

マルケージ
Marchesi P.87

P.za Meravigli

P.za d. Affari

P.za Edison

アンブロジアーナ絵画館
Pinacoteca Ambrosiana P.69

サン・セバスティアーノ教会
S. Sebastiano

サンタン
ブロージョ聖堂
S. Ambrogio P.64

カトリック大学
Universita Cattolica

サン・ジョルジュ教会
S. Giorgio

レオナルド・ダ・ヴィンチ
記念国立科学技術博物館
Museo Naz.
Scienza e Tecnologia P.63

S. Ambrogio M

トリノ通り P.68

ビッラ
Billa

Largo Carrobbio

エノテカ・ロンキ
Enoteca Ronchi

S. Agostino M

Piazza Resistenza Partigiana

クッキ
Cucchi P.87

サン・ロレンツォ・
マッジョーレ教会
S. Lorenzo Maggiore P.70

P.le Gen. Cantore

ジェノヴァ門
Porta Genova

アル・ポルト P.77
Al Porto

Corso di Porta Ticinese

Via Molino delle Armi

トレニタリア
ポルタ・ジェノヴァ駅
Staz. P.ta Genova F.S.

Porta
Genova F.S. M

サンテウストルジョ教会
S. Eustorgio P.70

P.za S. Eustorgio

ティチネーゼ門
Arco di P.ta Ticinese

ラ・プレミアータ
La Premiata

ナヴィリオ運河 P.71
Alzaia naviglio Grande

5月24日広場
P.za XXIV Maggio

Via Montebello

M Turati

Via Solferino

Via S. Marco

P.85
ノンブラティヴ・ヴァン
N'ombra de vin

Via Marsala

Corso di Porta Nuova

V. De Marchi

警察署
Questura

P.101
カヴール
Cavour **H**

P.za
Cavour

Via Fatebenefratelli

Via dell' Annunciata

リソルジメント博物館
Museo del Risorgimento

クサーニ宮
Pal. Cusani

Via Fiori Chiari

ブレラ絵画館
Brera
P.54

Via Borgonuovo

Via Pontaccio

サン・
ジュゼッペ教会
S. Giuseppe

Via Verdi

マンゾーニの家
Casa di Manzoni

ポルディ・
ペッツォーリ
美術館
Museo Poldi-Pezzoli
P.50, 52

スカラ座
Teatro alla
Scala
P.49

オメノーニの家
Casa d. Omenoni

スカラ広場
Piazza
della Scala
P.49

クレリチ宮
Pal. Clerici
P.75

マリーノ宮市庁舎
Pal. Marino Munic.

サン・
フェデーレ教会
S. Fedele

P.za
S. Fedele

Montenapoleone **M**

バガッティ・ヴァルセッキ博物館
Museo Bagatti Valsecchi
P.50

Via Manzoni

Via Montenapoleone

Via della Spiga

Via S. Spirito

Via S. Andrea

ドルチェ&ガッバーナ
Dolce&Gabbana
P.91

ボルサリーノ
Borsalino **S**

デ・ソトヴァ・
de Padova
P.88

セーナト宮
Pal. del Senato

Via Senato

M Palestro

GAM近代美術館
GAM Galleria d'Arte Moderna
P.60

旧王宮
Villa Reale
P.59

P.60

自然史博物館
Museo Storia Naturale

ブッブリチ公園
Giardini Pubblici
P.59

ドゥニャーニ宮
Pal. Dugnani
映画博物館
P.59

Via Palestro

Corso Venezia

M Porta Venezia

ヴェネツィア門
P.ta Venezia

P.za Duse

A

Via Cappuccini

Via Mozart

ヴィッラ・ネッキ・カンピーリオ
Villa Necchi Campiglio
P.51

モンフォルテ門
P.ta Monforte

Via V.S. Damiano

Corso Monforte

サン・バビラ教会
S. Babila

サン・カルロ・アル・コルソ教会
S. Carlo al Corso

M San Babila

バスティアネッロ
Bastianello
P.83

Piazza
S. Babila

V. Borgogna

Via Durini

S.M.パッシオーネ教会
S. M. d. Passione

Via Mascagni

Via Corridoni

S.P.ゲッサーテ教会
S. Pietro in Gessate

ヴィットリア門
P.ta Vittoria

B

P.87
タヴェッジャ
Taveggia

Largo
Augusto

Via C. Battisti

Corso di Porta Vittoria

l Cordusio

メルカンティ広場
P.za dei Mercanti
P.48

クラッコ
Cracco
P.73

ペック/エノテカ
Peck
P.85,89

Piazza
Missori
P.83

M Duomo

V.エマヌエーレ2世のガッレリア
Galleria Vittorio Emanuele II
P.48

ドゥオーモ
Duomo
P.45

P.za del
Duomo

1900年代美術館
Museo del Novecento
P.47

王宮
Pal. Reale
P.47

ドゥオーモ博物館
Grande Museo
del Duomo

大司教館
Pal. Arciv.

P.za
Fontana

V. Verziere

P.za S.
Stefano

P.za
Diaz

サン・サティロ教会
S. Satiro
P.68

Via Albricci

V. S. Antonio

Via Larga

Via Mazzini

Via Torino

市立図書館
Pal. Sormani

Via Manara

Via Freguglia

Via Podgora

Via Fontana

Via Besana

M Missori

P.30ドゥオーモ広場周辺部

Torre Velasca

旧マッジョーレ病院
カ・グランダ（現、大学）
ex- Ospedale Maggiore/Ca'Granda
(Università)
P.72

Via Festa del Perdono

Via San Barnaba

ラ・ロトンダ
la Rotonda

C

Viale Regina Margherita

ツーリング・クラブ・イタリア
T.C.I.

P.101
ズーリゴ
Zurigo

サン・ナザーロ・マッジョーレ教会
S. Nazaro Maggiore
P.72

Corso di Porta Romana

P.za
Umanitaria

Via Manfredo Fanti

Via Pace

Via Commenda

Via Lamarmora

Corso di P.ta Romana

Corso Italia

Via S. Sofia

P.102
カナダ
Canada

Crocetta

P.za Card.
Ferrari

Via Giuseppe Mercalli

サンタ・マリア・プレッソ・
サン・チェルソ教会
S. Maria presso S. Celso
P.71

Via Quadronno

Via Carlo Crivelli

Via S. Martino

Viale Bianca Maria

Viale Premuda

Viale Majno

Porta
Vigentina

Viale Filippetti

ポルタ・ロマーナ
Porta
Romana
M

Via Carlo Botta

Via Giorgio Vasari

3 **4**

Viale Beatrice d'Este

29

リソルジメント博物館・
Museo del Risorgimento

P.83
チーニョ・ネロ
Cigno Nero

セーナ通り Via Senato
V. della Spiga

プレラ絵画館
Brera
P.54

Via Borgonuovo
Via d. Giardin

アルマーニ/ヴィア・マンゾーニ31
Armani/Via Manzoni 31 P.92

アルマーニ
Armani P.74,P.83

P.101
マンゾーニ
Manzoni

P.91
ジェイ・ピー・トッズ
J.P.Tod's

A

プレラ通り
P.54

Via Brera

P.95
ブルガリ
Bvlgari

グランド・ホテル・エ・デ・ミラン
Grand Hotel
et de Milan

ドン・カルロ
Don Carlos
P.74

Via Monte di Pieta

P.50
バガッティ・ヴァルセッキ博物館
Museo Bagatti Valsecchi

Via S.Spirito

Via Gesù

フォーシーズンズ
Four Seasons
P.100

P.91
プラダ
Prada

Moptenapoleone

イル・サルマイオ
Il Salumaio
P.74

P.91
ミュウミュウ
Miu Miu

Via S. Andrea

P.91
モスキーノ
Moschino

Via Aless. Manzoni

サン・ジュゼッペ教会
S. Giuseppe

Via Verdi

ブチェラッティ
Buccellati

カルティエ
Cartier

P.83
カフェ・コーヴァ
Café Cova

Via Monte Napoleone

モンクレール
Moncler
P.91

P.50,52
ボルディ・ペッツォーリ美術館
Museo Poldi-Pezzoli

ヴェルサーチ
Gianni Versace

グッチ
Gucci P.90

P.90

ミッソーニ
Missoni P.74

P.49
スカラ座
Teatro alla Scala

P.49
マンゾーニの家
Casa di Manzoni

V. Morone

Pal. Belgioiose

エトロ
Etro P.90

プラダ
Prada P.90

ボッテガ・ヴェネタ
Bottega Veneta

ジョルジオ・アルマーニ
Giorgio Armani P.75

ペーパームーン
Paper Moon

Via Bagutti

バグッタ
Bagutta
P.74

アルマーニ
P.90

P.49
スカラ広場
Piazza
della Scala

P.49
オメノーニの家
Casa d. Omenoni

P.90
V. Verri

ラ・ペルラ
La Perla
P.90

フェラガモ
Salvatore Ferragamo

モンクレール
Moncler P.91

ルイ・ヴィトン
Louis Vuitton
P.90

ブルガリ
Bvlgari P.90

Piazza
S. Babila

マリーノ宮市庁舎
Pal. MarinoMunic.

サン・フェデーレ教会
S. Fedele

Corso Matteotti

Sant'Ambroeus
P.83

サンタンブロース

P.92
ボッジ
Boggi

San Babila

B

グロム
Grom
P.82

P.81
スポンティーニ
Pizzeria Spontini

P.82
チョコラーティ イタリアーニ
Cioccolati Italiani

Via S.Pietro all'Orto

サン・カルロ・アル・コルソ教会
S. Carlo al Corso

ディーゼル
Disel

バーパ・フランチェスコ
Papa Francesco
P.75

Via
S. Fedele

P.81
ルイーニ
Luini

Via S. Paolo

Via Agnello

P.92
マックス・マーラ
Max Mara

P.93
ジェオックス
Geox P.93

キコ
Kiko P.93

V. エマヌエーレ2世の
ガッレリア
Galleria Vittorio Emanuele II
P.48

ザ・グレイ
The Gray
P.100

マックス・エ・コー
Max&Co. P.92

P.92
フルラ
Furla

C.o V. Emanuele II
V.エマヌエーレII世大通り

ベネトン
Benetton

P.93
ミラン・メガストアー
Milan Megastore

Via Mengoni

パーク・
ハイアット・ミラノ
Park Hyatt Milano

Vun
P.74 P.100

Via S. Raffaele

イル・メルカート・
デル・ドゥオーモ
Il Mercato del Duomo
P.75

デ・サンティス
De Santis
P.81

Co. Europa

ユーヴェントス・
ストアー
Juventus Store

P.89
エクセルシオール
Excelsior

Via Mercanti

Duomo

ラ・リナシェンテ
La Rinascente
P.89

メルカンティ広場
P.za dei Mercanti
P.48

P.za
Beccaria

Via Beccaria

P.za
Fontana

P.101
スターホテルズ・ローザ・グラン
Starhotels Rosa Grand

M

ドゥオーモ広場
P.za del Duomo

ドゥオーモ
Duomo
P.45

Via Durini

1900年代美術館
Museo del Novecento
P.47

ドゥオーモ博物館
Grande Museo del Duomo
P.46

大司教館
Pal. Arciv.

Largo
Augusto

Via Mazzini

王宮
Pal. Reale
P.47

V. Verziere

P.75
サルド
Sardò

C

P.za
Diaz

N

ブラーチェ・エ・リゾッティ
Brace e Risotti
P.75

Via Merlo

P.za S.
Stefano

Via Larga

Via S. Antonio

Via Bergamini

Via Franc. Storza

Piazza
Missori

M Missori

V. Albricci

ドゥオーモ広場周辺部

旧マッジョーレ病院
／カ・グランダ (現、大学)
ex- Ospedale Maggiore/Ca'Granda(Università)
P.72

Via Festa d. Perdono

0　　　100　　　200m

ミラノ中央駅周辺のホテル、レストラン、ショップ

Loreto

Via Paganini
Via Piccinni
Via Monteverdi
Via Spontini
Via Bartolomeo Eustachi

P.le Bacone

0   250   500m

Santissimo Redentore

Corso Buenos Aires
Via Mercadante
Via Casati

P.81
スポンティーニ
Spontini

P.51
ボスキ・ディ・ステーファノ邸美術館
Casa Museo Boschi di Stefano

Via F. Redi
Via Plinio
Via Regina Giovanna

P.za Lavater

P.za VIII Novembre 1917

P.82
ラ・ボッテガ・デル・ジェラート
La Bottega del Gelato

ドーリア・グランド・ホテル
Doria Grand Hotel
P.97

リマ広場
P.za Lima

Lima

Via S. Gregorio
Via Benedetto Marcello
Via Domenico

Caiazzo

ソペルガ
Soperga
P.98

フリエンノ・マニャンノ
Frijenno Magnanno
P.79

ジャスト・インディア
Just India
P.78

フェニス・アイレス大通り

P.99
アウロラ
Aurora

P.82
サルトーリ
Sartori

スターホテル・アンダーソン
Starhotel Anderson
P.97

アンドレオーラ
Andreola
P.98

Porta Venezia

ヴェネツィア門
P.ta Venezia

Porta Venezia

空港行き
プルマン乗り場

P.za Luigi di Savoia

プント・シンプリー
Punto Simply
P.89

ネットゥーノ
Nettuno
P.99

マルツェッラ
Marzuzzella
P.79

P.ta Venezia

トレニタリア ミラノ中央駅
Staz. Milano Centrale F. S.

スターホテルズ・エコー
Starhotels Echo
P.97

ミケランジェロ
Michelangelo
P.97

ジェラート・ジュスト
Gelato Giusto
P.82

Via Lecco

サポーリ&ディントルニ
Sapori&Dintorni
P.99 P.89

オステリー・グランデ
Ostello Bello Grande
P.99

Via Luigi Settembrini
Via M. Macch

メディオラヌム
Mediolanum
P.98

ダ・オリオ
Da Ilio
P.78

ジョイア
Joia
P.73

アダ
Ada
P.99

V. N. Torriani

カヴァリーニ
Cavallini
P.78

サンピ
Sanpi
P.98

Via Lazzaretto

セントラル・ステーション
Central Station
P.99

Centrale F.S. M

フローラ
Flora
P.98

コロンビア
Colombia
P.98

ビッラ
Billa
P.99

Via Lazzaro Palazzi
Via Tadino
Via Tunisia

P.za IV Novembre

P.za Duca d'Aosta

S. Agostino
エクセルシオール・ホテル・ガリア
Excelsior Hotel Gallia
P.96

アトランティック
Atlantic
P.98

Via Carlo Tenca
Via V. Pisani

Giardini Pubblici
ブップリチ公園

Via Melchiorre Gioia
Via Galvani

イル・タヴォリーノ
Il Tavolino
P.79

オステリア・デル・トレーノ
Osteria del Treno
P.78

Via Fabio Filzi

ザ・ウェスティン・パラス
The Westin Palace
P.96

ラ・ターナ・デル・ルポ
La Tana del Lupo
P.78

Pal. Dugnani

Via Generale Fara

共和国広場
P.za della Repubblica

Via Vittorio Veneto
Viale Tunisia
Viale Vittorio Veneto

Via Manin

Repubblica

Via G. Galilei

Repubblica

Via Turati

Via Fincenso Restelli

Gioia

Viale della Liberazione

プリンチペ・ディ・サヴォイア
Principe di Savoia
P.96

日本総領事館

Parini

Via Turati

Turati

Via Melchiorre Gioia

Via Appiani

サンタンジェロ教会
S. Angelo

Via Voltumo
Via G. De Castilia

Isola

V. Bertoni

Corso di Porta Nuova
Via della Moscova

ヌオーヴァ門
P.ta Nuova

Corso di Porta Nuova

アーバン・ブレラ
Urban Brera
P.103

P.88
ハイ・テック
High-Tech

Bastioni di P.ta Nuova
Via Castelfidardo

P.za Mirabello

P.85
エノテカ・コッティ
Enoteca Cotti

Via P. Borsieri

P.80
トラットリア・デッレ・ランゲ
Trattoria delle Langhe

Garibaldi F. S.

Corso Como

V.le Monte Grappa

Via San Marco

Via della Moscova

C

トレニタリア
ポルタ・ガリバルディ駅
Staz. Porta Garibaldi F. S.

ディエチ・コルソ・コモ
10 Corso Como
P.88

ガリバルディ門
P.ta Garibaldi

リストランテ・アリーチェ
Ristorante Alice P.80

Via Solferino

Via San Marco

Via Cola da Montano

Via G. Pepe

カーサ・デッラ・ジョーヴァネ
Casa della Giovane
P.103

ディエチ・コルソ・xxV
Aprile

イータリー
Eataly P.87

Corso Garibaldi
Viale Crispi

パニーノ・ジュスト
Panino Giusto
P.81

Moscova

リゴロ
Rigolo
P.80

Via Statuto
Via Palermo
Via Solferino

サン・シンプリチャーノ教会
S. Simpliciano

Viale Brianza
Viale Andrea Doria

※この地図だけ方角が異なっています。ご使用の際はご注意ください。

■ガッレリアの❶
🏠 Galleria Vittorio
　 Emanuele Ⅱ
　 （スカラ広場との角）
☎ 02-88455555
🕐 9:00～19:00
　 ㊏　 9:00～18:00
　 ㊐㊗10:00～18:00
🚫 1/1、12/25
🗺 P.29 B3

■中央郵便局
🏠 Via della Posta 4
☎ 02-8056430
🕐 8:30～19:00
　 ㊏8:30～12:00
🚫 ㊐
🗺 P.26 B2、P.28 B2

新登場　バイク・シェアリング

　bikeMiという自転車シェアリングがミラノ交通局により実施されている。ドゥオーモ広場をはじめ、市内各所にスタンドがあり、身近なスタンドから利用し、目的地近くのスタンドへ乗り捨てできるので、上手に利用すればミラノの足として便利になるはず。
　利用に際しては、事前に下記URLやドゥオーモ広場地下の市内交通ATMの事務所などで手続きをする必要がある。手続きには、登録料：1日€4.50、1週間€9、1年間€36が必要。自転車は①通常の自転車Bici Tradizionaleと②電動アシスト自転車Bici Elettricaの2種があり、①の料金は最初の30分間は無料。以降30分ごとに€0.50。②は最初の30分€0.25、以降30分毎に€0.50、€1、€2（計2時間で€3.75）。1回の利用は最大2時間まで（3回以上時間を超えると使用禁止、罰金となるので注意）。クレジットカードM.V.のみ利用可能。受付後、スタンドのマップをくれるので、それを見て計画的に利用しよう。
　より詳しい情報はURL
www.bikemi.com

📧 **乗ってみたよ**

　受付の際にメールアドレス、携帯電話の番号を聞かれ、数字4桁のパスワードも決めます。精算はカードのみ。スタンドでパスワードを入力すると自転車の番号が表示されるので、それを利用します。返却するときは空いた場所に入れるだけでOKです。申し込みも簡単で自転車自体はかなり乗りやすいですが、バイクや車が疾走する道路を走る勇気はありませんでした。夏のバカンス時の人や車がグーンと少ない時期ならいいかも。（東京都　臆病者　'10）

ミラノはこんな町

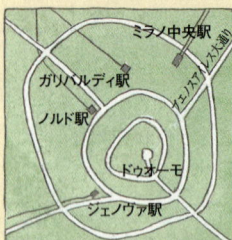

①ミラノの中心は、町の象徴ともいえるドゥオーモ。ドゥオーモをぐるりと取り囲んで幾重にも環状道路が走っている。地図を眺めると、同心円状にしだいに拡張・発展していったこの町の歴史がよくわかる。主要列車の発着するミラノ中央駅は、ドゥオーモから2.5kmほど北東に位置することも知っておこう。

②続いてかつての城壁の名残の門を見つけてみよう。北にガリバルディ門、南にティチネーゼ門、西のマジェンタ門、北東のヴェネツィア門など。当時の面影を感じさせてくれる地名とともに、現在でもいくつかの門は姿をとどめている。また戦前には、この外側の円に沿ってナヴィリオと呼ばれる運河が流れていた。

③この一番内側、直径2kmほどの楕円の環状道路の内側に見どころがギッシリ詰まっている。徒歩で十分回ることができるかつての城壁の近くには、スフォルツァ城やレオナルド・ダ・ヴィンチの『最後の晩餐』のあるサンタ・マリア・デッレ・グラツィエ教会、サンタンブロージョ聖堂などが残る。ショッピングに欠かせない、モンテ・ナポレオーネ通りはドゥオーモから5分ほどだ。

●実践的 ミラノの歩き方

　観光客が一番利用する中央駅は中心街からはやや離れているので、地下鉄3線（M3）の利用がよい。ミラノの町には縦横に地下鉄路線が張り巡らされているので、観光やショッピングの際の移動に便利な存在だ。

　さて、大きな町を言い表すとき、ローマのバロック、フィレンツェのルネッサンスなどと、常に形容される。しかし、ミラノの町は古代ローマから初期キリスト教時代、ゴシック、ルネッサンス、さらにモードやファッションの流行の発進地などのさまざまな顔をもつ。町並みを抜け、角を曲がると新たな発見があるのがミラノを歩く楽しみのひとつでもある。

　地下鉄は最小限に利用し、歩けるだけ歩いてみる、これがミラノを知る一番の早道だ。

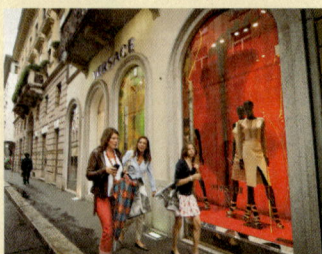
イタリアを代表するショップが並ぶ、
モンテ・ナポレオーネ通り

ミラノに着いたら

空港から市内へ、
中央駅、長距離バス

飛行機利用なら、ミラノの玄関口はマルペンサ空港とリナーテ空港だ。雪をかぶったヨーロッパ・アルプスを見下ろし、れんが色に赤く染まる北イタリアの町並みが間近に見え始めたら、間もなく到着だ。日本からの直行便は約12～13時間でマルペンサ空港へ到着する。リナーテ空港はヨーロッパ線および国内線中心の発着だ。

●マルペンサ空港 Aeroporto di Malpensa(MXP)
（→P.373)

便名とターンテーブルの番号を確認！

北イタリアのハブ空港を目指し続けられていた拡張工事はほぼ終了し、降り注ぐ自然光が気持ちよい真新しい空港だ。ターミナルは到着と出発のふたつの建物に分かれ、1階に各施設が集中している。飛行機を降りると、バスや徒歩、モノレールで移動して、**入国審査Immigrazione**へと向かう。乗り換えの場合はTransitoの表示に従う。

入国審査の窓口はEUと NOT EUに分かれているので日本人はNOT EUに並ぼう。審査はいたって簡単で、入国スタンプを押してもらうと終了だ。人の流れに沿って進むと、ターンテーブルが並ぶ**荷物受け取り所**だ。頭上の電光掲示板で乗ってきた便名を確認して荷物を受け取ろう。このあたりには、両替所、ATM／CD、トイレなどもある。出口そばには、税関があるので、必要があれば申告しよう。

荷物受け取り所を出ると、**到着ロビー**だ。両替所をはじめ、バール、郵便局、レンタカーや大手ホテルのカウンター、売店、市内へのバスの切符売り場などがある。空港を出ると、正面が市内へのプルマン乗り場だ。

最近多いのが同種のキャリーの取り違え。
目印をつけておこう

●マルペンサ空港から市内へ

市内への交通手段はプルマンと鉄道（2路線）、タクシーだ。タクシー乗り場は空港出口の正面にある。プルマンは中央駅、鉄道はスフォルツァ城近くのミラノ北駅（カドルナ駅）と中央駅に到着する。宿泊場所によって、交通手段を選ぼう。また、いずれも発車前に車内やホーム入口の自動刻印機で時間の刻印をすることを忘れずに。

ミラノへの行き方

🚃 電車で

●ローマから
　　　鉄道 fs FRECCIAROSSA
　　　…2時間55分～3時間20分
　↓
ミラノ

●ヴェネツィアから
　　　鉄道 fs FRECCIABIANCA
　　　…2時間35分
　↓
ミラノ

●フィレンツェから
　　　鉄道 fs FRECCIAROSSA
　　　…1時間40分
　↓
ミラノ

✈ 飛行機で

●ローマから
　↓　　………約1時間
ミラノ

■マルペンサ空港
Aeroporto di Malpensa
☎02-232323
●市街北西約46km。
※日本からの直行便利用で所要約12～13時間
URL www.milanomalpensa-airport.com

■リナーテ空港
Aeroporto di Linate(LIN)
☎02-232323
●市街南東約10km。
URL www.milanolinate-air
port.com

✉マルペンサ　エクスプレス
電車なので渋滞を心配することなく、時間どおり約30分で空港からミラノ北駅に到着。料金€12。車内は広く、荷物の置き場所にも困りませんでした。帰国の際、利用したタクシーは「空港まで€90で行くよ」と言っていました。でも、次回も快適なマルペンサ・エクスプレスを利用すると思います。
　　　　　（山崎典子 '12）['14]
※空港～中央駅間も運行。

✉空港からのプルマン
空港の4番出口を出ると「セントラル、セントラル」と叫んでいるお兄さんがいるので、間違わない。　　（HIROKI-H '12）

中央駅周辺の移動
マルペンサ空港からのプルマンが到着する側（西側）は小規模なホテルが多く、数も少なめ。反対側（東側）へは、バスを降りたらすぐに駅構内に入って移動しよう。切符売り場の前を通り、真っすぐ進めばすぐに到着。最短距離のうえ、きれいな床なので、駅の外側を歩くよりスーツケースの車輪の進みも軽やか。

■**Autostradale社**
☎02-33910794
URL www.autostradale.com

■**Air Pullman社**
☎02-58583185
URL www.malpensashuttle.com

■**Terravision社**
URL www.terravision.eu

■**マルペンサ・エクスプレス**
☎02-72494949
URL www.trenord.it
URL www.trenitalia.com

■**ATM AIR BUS**
☎02-48607607
URL www.atm.it

✉ **空港行き**
　プルマン乗り場
　駅正面に向かって右側がリナーテ空港、ベルガモ空港行き。左側がマルペンサ空港行きとなりました。乗り場近くで行き先を叫んでいるので、間違える心配はなくなりました。マルペンサまで€8でした。
（神奈川県　Verdi　'15）

✉ **知ってる!?**
　マルペンサ・エクスプレスを運行する私鉄ノルド線は現在trenitaliaの傘下になりました。イタリア中にバス（プルマン）網を巡らすSITA社も同様です。　（鉄子の部屋　'13）

■**警察　Questura**
🏠 Via Fatebenefratelli 11
☎ 02-62261、内線327
🗺 P.27 B3、P.29 A3

①マルペンサ空港←→中央駅のプルマン

　空港のほぼ正面（出口4　Uscita4）から中央駅脇のPiazza Ⅳ Novembre（中央駅を正面に見て左側）まで約50分。3社が運行しており、テッラヴィジョン社が€5〜8、アウトストラダーレ社とエア・プルマン社が€8〜10（2〜12歳€5）、往復€14〜16。空港発1：20〜翌0：15、中央駅発3：45〜翌0：15で時間帯によって約15〜35分間隔の運行。切符はバス乗車口で係員が販売。空港では出口右側の切符売り場、中央駅では駅構内の売店でも販売。

マルペンサ空港とミラノ中央駅を結ぶプルマン

②マルペンサ空港←→ミラノ中央駅の列車

　マルペンサ空港と中央駅間の列車はマルペンサ・エクスプレスMalpensa Expressが運行。2系統あり、ノルド・カドルナ駅Nord Cadorna（私鉄FN線ミラノ北駅Stazione Milano Nord、地下鉄1線カドルナ駅と連絡）発空港行き、fs線ミラノ中央駅発空港行きがある。空港発5：26〜翌1：30、中央駅発4：12〜23：52。

定刻着が安心なマルペンサ・エクスプレス

ほぼ10〜20分間隔の運行、所要約52分。途中、ポルタ・ガリバルディ駅などに停車。一部ノルド・カドルナ駅で乗り換えが必要な便があるので、これは避けよう。ミラノ中央駅ではほぼ3番線ホームからの発車。空港ではターミナル1の地下駅から。料金：中央駅、カドルナ駅までいずれも€12。切符はマルペンサ・エクスプレスの空港駅、ノルド・カドルナ駅、またはfs線の切符売り場や自動券売機で。マルペンサ・エクスプレスのホームページ（左記参照）からも購入可。

荷物置き場が充実の、マルペンサ・エクスプレスの車両

市内から空港へ

どこで降りるの?
　マルペンサ空港行きのプルマンは、まずターミナル2（おもに格安航空Easy Jetやチャーター便が発着）に停車。一般利用者は次（終点）のターミナル1で下車しよう。

プルマンの行き先確認を
　中央駅のプルマン乗り場は2ヵ所。駅に向かって左側がマルペンサ空港行き、右側がリナーテ空港行きとベルガモ空港行き。プルマンの行き先を確認して乗り込もう。

空港を間違えないで!
　ヨーロッパ各都市間やイタリア国内を飛行機での移動を予定している人はリナーテ空港を利用することが多い。間違えないように。

時間に余裕をもって
　バスの運行会社はいずれも「所要50分」としているが、渋滞にはまると1時間以上かかることもある。フライト時間に余裕をもって利用しよう。

●リナーテ空港から市内へ

プルマンや市バスが中央駅へ、市バスATMの73番が町の中心のサン・バビラ広場へ運行している。切符の購入は、①は車内で、②は空港内の切符売り場やタバッキで事前に購入を。

①リナーテ空港←→中央駅

市バスATM社とAir pullman社との共同でAir Bus Linateを運行。切符は車内で購入可。空港から中央駅脇のルイジ・ディ・サヴォイア広場Piazza Luigi di Savoiaまで所要約25分。空港発6：30〜23：30、中央駅発6：00〜23：00で約30分間隔の運行。料金€5（2〜12歳€2.50）。

②リナーテ空港←→サン・バビラ広場

市バスATM社の73番が空港からドゥオーモ広場東のサン・バビラ広場まで30〜45分。空港発6：05〜翌1：00、広場発5：35〜翌0：35、約10分間隔の運行。X73 diretto（直通）は、月〜金曜の7：00〜20：00に約30分間隔の運行、所要約25分。料金はいずれも€1.50。

●マルペンサ空港←→リナーテ空港

ふたつの空港を直接結ぶプルマンをAir Pullman社が運行している。所要約70分、料金€13（2〜12歳€6.50）。ただし、1日約5便の運行なので、中央駅での乗り換えが便利だ。

●固定料金のタクシー利用で市内へ

マルペンサ空港から市内へは固定料金Tariffe Fisseが適用されている。心配なら利用する前に料金を確認しよう。車内にも掲示がある。また、ホテルでも予約してくれる。

マルペンサ空港からミラノ市内€90、マルペンサ空港からミラノ・フィエラ（見本市会場）€65、マルペンサ空港からリナーテ空港€105、逆コースも同様料金。

8人まで乗車できるミニバンなどでの送迎サービスを実施しているところもある。事前予約が必要で、マルペンサ空港から市内までふたりで€80、リナーテ空港から市内までふたりで€35など。トランクがあると、通常のタクシーではふたりくらいしか乗車できないので、人数が多いときには便利。

マルペンサ、リナーテに続くもうひとつの空港Bergamo（BGY）

おもに格安航空会社が利用しているのがベルガモのオリオ・アル・セリオ空港Aeroporto Orio al Serio。ミラノ・中央駅までプルマン便が運行している。

Air pullman社のオリオ・シャトルOrio Shuttle便（空港発4：25〜22：20、中央駅発3：15（土3：40、日4：25）〜22：45）、所要約50分。見本

市開催時には会場Fiera Rho行きも運行、€4。テッラヴィジョン社はCologno経由で所要60分、€5。いずれも約30分間隔の運行。

オリオ・シャトル
URL www.orioshuttle.com
テッラヴィジョン社
URL www.terravision.eu

✉ リナーテ空港からのバス
リナーテ空港で中央駅への乗り場は6番出口から出た道路を挟んだ向かい側。
（大阪府　かな　'10）

両替　Cambio
●銀行の営業時間
月曜から金曜まで、一般的な営業時間は、8：30〜13：30頃。午後、1時間ほど営業する銀行もある。
●自動両替機
リナーテ、マルペンサの両空港、中央駅両替所がある。近年は自動両替機は少なくなりつつあり、キャッシング可能なATM機が主流だ。
●カードでキャッシング
24時間利用可能の自動現金支払い機ATMが銀行の表側をはじめ駅や繁華街など各所に設けられ、クレジットカードで現金を引き出すのも便利だ。

■タクシーRADIO TAXI
☎ 02-6969、02-8585
■タクシーの送迎サービス
URL www.milanotaxi.it
（予約可）
☎ 02-3554192
（予約約8:00〜20:00）

空港行きプルマンは価格破壊!?
以前に比べると高騰!!。でも、ホームページやパンフレットに掲載されている料金より実際は安い。同じ場所からほぼ20分おきに3社が運行しているので、競争が激しい模様……。

✉ 空港からのプルマンバス
バスが中央駅に到着するとすぐに数人の男性がカートを持って近づいて来ます。バスのトランクを開けて荷物を取り出し、カートに乗せて運搬料金を要求してきます。不要なら断固断りましょう。（KD　'14）

✉ リナーテ空港の
タクシーカウンター
リナーテ空港でタクシー案内カウンターを利用しました。カウンターだから安心と思って、料金を聞くと「市内まで€45」とのこと。高いと思いましたが、「一律料金だ」ということで時差ボケもあり、そのまま乗車。地元の人によると、リナーテ空港から市内までは€20もかからないとか。案内カウンターにはご注意を。
（神奈川県　リョウチャン　'13）

✉ 中央駅地下のスーパー
奥のほうにお総菜売り場があり、量り売りなので少量でも購入でき、助かりました。
（神奈川県　Verdi　'15）

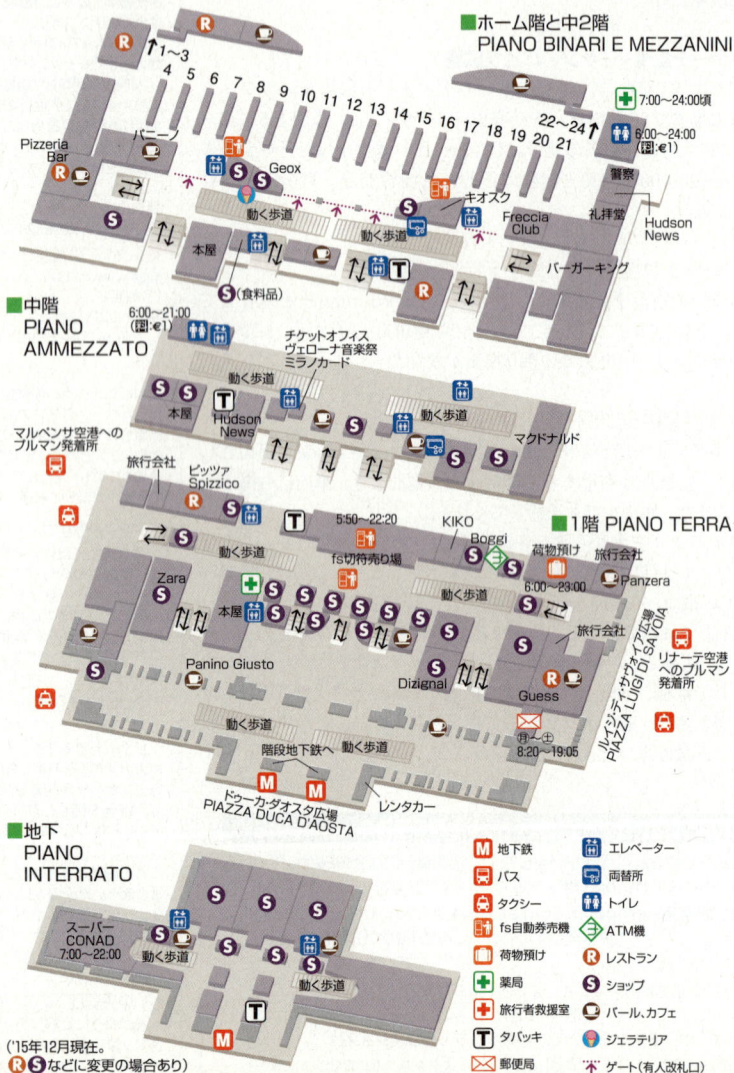

改札ゲート出現

ミラノ中央駅のホーム階入口に有人の改札ゲートが設置された。係員に切符を提示して、ホームに入り、乗車。いつも混雑していたホーム階は人が少なくなり、移動もスムーズに。21番線脇にあった❶は閉鎖中。

●中央駅

ミラノには10を超えるfs線の駅があるが、幹線列車がおもに停車するのは中央駅Milano Centraleだ。駅は1912～1931年にかけて建てられた重厚で巨大な建物。長期にわたる改修工事がほぼ終了し、歴史的たたずまいを残し近代的な駅に生まれ変わった。行き止まり式の駅なので、車両の先頭に向かって進めば出口だ。列車が発着する2階から緩やかなスロープの動く歩道で中2階、1階、

ミラノ中央駅は自動券売機も充実。
親切そうに近づいて来る人物に注意しよう

半地下を結んだ4階建て。各階のコンコースに鉄道切符の自動券売機、各種売店がある。2階のホームを背にした左、階段を上ると薬局がある。中2階は店舗、1階奥に切符売り場と荷物預け、正面(1階と半地下から)地下鉄へ連絡している。

地下にはスーパーもオープン。切符売り場近くには鉄道切符の自動券売機も多く設置してある。タクシー乗り場は駅舎の左右、各空港行きのプルマン乗り場近くにある。ホーム階からはエレベーターで1階へ下り、切符売り場を越えた出口から出るとやや近道だ。

動く歩道が便利なミラノ中央駅

● 長距離バス

地下鉄1線のランプニャーノ駅上にバスターミナルがある。湖水地方、トリノやアオスタ行き、国際路線のバルセロナ行きなども発着。乗り場手前に切符売り場があり、発車時刻や料金などの情報も得られる。季節や行き先によっては前日までに予約が必要な便もある。国内はおもにアウトストラダーレAutostradale社、国際線はユーロラインEuroline社が運行。

アウトストラダーレ社のプルマン予約はURLやカステッロ広場の事務所でも可能(→P.40)。

各地へのプルマンが発着するバスターミナル

■ 薬局
開 6:00〜20:00頃
休 無休
※中央駅構内2階と1階にあり

■ ミラノ中央駅荷物預け
開 6:00〜23:00
料 5時間まで　　　　　€6
　　6〜12時間　1時間ごとに
　　　　　　　　　　€0.90
　　13時間以上　1時間ごとに
　　　　　　　　　　€0.40
※ビニール製の手提げ袋の類い、食品の入ったバッグは一切受け付けないので注意

工事が終わり美しく
生まれ変わったミラノ中央駅

便利な中央駅
各階におしゃれなブティックがある中央駅。トイレは21番線ホーム脇と1階にあり。中2階通路のチケットオフィスTICKETMIではヴェローナのアレーナ音楽祭の切符なども販売。モニターで席を確認して選べる。

タクシー乗り場
タクシー乗り場は駅の西側と東側にある。空港からのプルマンを下車したら、歩道を駅正面方向に進むとすぐにタクシー乗り場がある。

ミラノにも登場 オープンデッキの赤い観光バスCitysightseeing Milano

バスは一年中運行

ミラノの町を周遊する観光バス。乗り降り自由で日本語のイヤフォンガイド付き。コースは3種類で、各所要90分、10:00頃〜18:30頃に約30〜90分間隔での運行。
コースA　カステッロ→カドルナ→最後の晩餐→サンタンブロージョ→ナヴィリ運河→バジリケ公園→旧マッジョーレ病院→ドゥオーモ→スカラ座→マニン→モスコヴァ
コースB　カステッロ→トリエンナーレ→ガリバルディ→コルソ・コモ→レプッブリカ広場→中央駅→ブエノス・アイレス大通り→ヴェネツィア門→サン・バビラ→ドゥオーモ→スカラ座→ブレラ
コースC　カステッロ→水族館→ガリバルディ→記念墓地→センピオーネ→MICO会議場→フィエラ・

ミラノ→ロット→競馬場→サン・シーロ→ロット→音楽家の家コンチリアツィオーネ→センピオーネ公園

● 運行間隔　いずれも所要1時間30分
コースA　圓〜㊍30分ごと、㊎〜㊐60分ごと
コースB　45分ごと
コースC　90分ごと
料 A+B+C　48時間券€25(5〜15歳€10)
　　　　　　1日券€22(€10)

このほか、「最後の晩餐」、ドゥオーモ、サン・シーロスタジアムなどの入場券とセットになった割引券もあり。
※出発地はVia Cusani 18。カステッロ広場前のカイロリ広場Piazza CairoliとVia Cusaniの角
申し込み、詳細は
URL www.milano.city-sightseeing.it

■市内交通ATMの❶
ATM Point
開⑧～⊕ 7:45～19:15
☎ 02-48607607
URL www.atm.it
※地下鉄の中央駅、ドゥオー
モ駅、カドルナ駅などの地
下通路内。1日券、1週間券、
定期券なども販売

✉ **地下鉄切符購入時に**
　観光客が自販機に手間取っ
ていると、親切そうに近寄って
きて、小銭を失敬するような
輩が多くいました。紙幣を入
れると、狙われやすい模様。小
銭を用意して、速やかに購入
できるよう心がけよう。
（神奈川県　WWJD '12）
　自動券売機で購入しようと
したら、女性が買い方を教え
てくれました。€10紙幣を言
われたとおりに入れて購入す
ると、気付かぬうちにお釣りの
札をとられてしまいました。警
察は同様の被害に遭った人で
順番待ちで諦めました。気を
つけましょう！（だーさん '14）

ミラノの交通

市内交通

●市内交通

　地下鉄、バス、トラム（市電）、フィロブスと呼ばれるトロリーバス、鉄道などが走り、交通網は充実している。観光客が使いこなすのに便利なのが地下鉄だ。朝6：00頃から24：00頃まで運行している。

　地下鉄メトロポリターナMetropolitanaは3線あり、1

2015年に美しく整備されたミラノ中央駅の地下道。
地下鉄と中央駅の行き来が便利になった

線（赤）、2線（緑）、3線（黄色）、5線（紫）に色分けされて表示されている。わかりやすく、おもな観光ポイントもカバーされている。

地下鉄3線の車内。
懐中物に注意！

ミラノ地下鉄路線図

- ━●━ 1線 Linea metropolitana 1 (M1)
- ━●━ 2線 Linea metropolitana 2 (M2)
- ━●━ 3線 Linea metropolitana 3 (M3)
- ━●━ 5線 Linea metropolitana 5 (M5)
- ━○━ S線 Linee ferroviarie suburbane

🚆 イタリア鉄道fs線連絡駅
🅿 駐車場
🚕 タクシー乗り場
🚌 バス乗り場

MARIANO COMENSE
CAMNAGO LENTATE
SARONNO
SEVESO
BRUZZANO
COMASINA
均一料金ここまで
BIGNAMI
PONALE
BICOCCA
GA'GRANDA
ISTRIA
MARCHE

AFFORI F.N.
🅿 QUARTO OGGIARO
AFFORI CENTRO
DERGANO
🅿 MACIACHINI
ZARA

VARESE GALLARATE
NOVARA
RHO Fieramilano［ロー］
均一料金ここまで
RHO
PERO
🅿 MOLINO DORINO
🅿 S. LEONARDO
BONOLA
CERTOSA
VALLAPIZZONE
LANCETTI
ISOLA
GIOIA
SONDRIC

DOMODOSSOLA FN
GERUSALEMME
MONUMENTALE
BOVISA POLITECNICO
🚕🚌

URUGUAY
🅿 LAMPUGNANO
Q.T.8
TRE TORRI
CENISIO
MOSCOVA［モスコーヴァ］

GARIBALDI F.S.［ガリバルディ］🚆
CENTRALE F.S.［チェントラーレ］🚆
(fs線ガリバルディ駅、（ミラノ中央駅）
モンテナーレ経由

SAN SIRO Ippodromo
SEGESTA
PORTELLO
LOTTO Fieramilanocity［ロット］🚕🚌
（サン・シーロ競馬場）
AMENDOLA［アメンドラ］🚕
（見本市会場）
BUONARROTI［ブオナローティ］🚕
（見本市会場）
PAGANO
CONCILIAZIONE

SAN SIRO Stadio［サンシーロ］
TURATI
MONTE-NAPOLEONE
LANZA［ランツァ］🚕
（スフォルツァ城、
センピオーネ公園、
ブレラ美術館）
CAIROLI［カイローリ］🚕
（スフォルツァ城、
センピオーネ公園）
CORDUSIO🚕
［コルドゥージオ］
（中央郵便局、
アンブロジアーナ絵画館）

DE ANGELI
WAGNER
🅿 BANDE NERE
GAMBARA
🚕 INGANNI
PRIMATICCIO
BISCEGLIE［ビシェリエ］🅿

CADORNA F.N.M［カドルナ］🚆🚕
（私鉄ノルド駅、スフォルツァ城、
S.M.デッレ・グラツィエ教会）
S.AMBROGIO［サンタンブロージョ］🚕
（科学技術博物館、サンタンブロージョ教会）
S.AGOSTINO［サンタゴスティーノ］🚕
（ソラーリ公園）
P.TA GENOVA FS［ポルタ・ジェノヴァ駅］🚆🚕
（fs線ポルタ・ジェノヴァ駅）

CORSICO
S.CRISTOFORD
均一料金ここまで
FAMAGOSTA🅿🚌
ROMOLO🅿🚌

ALBAIRATE
ASSAGO Milanofiori Forum
ASSAGO Milanofiori Nord
ABBIATEGRASSO Chiesa Rossa
［アッビアーテグラッソ］

●切符の購入

切符は、地下鉄構内の切符売り場、券売機、新聞売り場、ATM表示のあるバール、タバッキなどで販売。24時間券、48時間券などは地下鉄の中央駅、ドゥオーモ駅内のATM Point、主要地下鉄駅などの切符売り場、キオスクなどで販売。券売機は壊れていることも多いので、切符売り場などでの購入がおすすめ。

切符売り場での購入がおすすめ

●乗り方

地下鉄、バス、トラム、フィロブス、市内鉄道などの切符は共通で75分有効。時間内なら、何度でも乗り換えができる。ただし、地下鉄は乗り継ぎは可能だが、一度改札を出たら無効になる。

色分けされた地下鉄の自動改札

改札はローマなどと同様自動改札で、入口の自動改札口に切符を入れると、改札口が開く仕組みだ。1日券などの場合も、改札ごとに自動改札に入れよう。一部の駅では出る際も切符が必要。(→P.45)

地下鉄入口を示すMマーク

ミラノの終電情報

ミラノの地下鉄の始発は朝の6時、終電は24時頃だ。1線のみ終電以降深夜バスの運行がある。(24:00～翌6:00頃)

オペラなどで遅くなっても、すぐ駅に向かえば地下鉄に間に合う。深夜バス、終電を利用する場合は、事前に確認を。

市内交通の切符

■1回券(90分有効、時間内なら乗り換え可。ただし地下鉄は1回の乗車)
Biglietto Ordinario／ビリエット・オルディナリオ　　€1.50
■4回券 Biglietto 4 Viaggi (Bi4)／ビリエット・クアトロ・ヴィアッジ(ビ・クアトロ)　　€6
■夜間券 Biglietto Serale／ビリエット・セラーレ 週末限定で20:00～深夜便に何度でも利用可能 €3
■10回券 Carnet／カルネ　　€13.80
■24時間券 Abbonamento Giornaliero／アッボナメント・ジョルナリエーロ　　€4.50
■48時間券 Abbonamento Bigiornaliero／アッボナメント・ビジョルナリエーロ　　€8.25
※係員によりスーツケースなどの大型荷物Colloの切符€1.50を請求される場合あり

✉ 地下鉄切符と出札

券売機の故障がよくあるので、キオスクで購入しました。何枚かまとめて購入しておくと、購入の手間が省けて便利です。地下鉄を出る際、切符が必要な場合がありました。切符は改札を出るまでなくさないように。　(ヒロくん '14)

クリスマス前はお得に移動

クリスマス前は多くの人が町へ繰り出すのは日本もミラノも同じ。環境のため車の通行を減らすため、毎年12/7～12/24頃はバスや地下鉄の切符が割引となる。'15年は1回券で同日何度でも利用可。特別な切符が発行される年もあるが、'15年は通常切符と同様で特に記載はなし。この期間旅する場合は、切符売り場で聞いてみよう。

SARONNO
CHIASSO
LECCO
SEREGNO
SESTO 1° MAGGIO FS [セスト]
MONZA
SESTO RONDÒ
均一料金ここまで
SESTO MARELLI
GRECO BICOCCA
VILLA S. GIOVANNI
PRECOTTO
GORLA
TURRO
ROVERETO
OSPEDALE SAN RAFFAELE
PASTEUR
LORETO [ロレート]
PIOLA
CAIAZZO
UDINE
REPUBBLICA [レプッブリカ]
LIMA [リーマ]
(ブエノス・アイレス大通り)
P.TA VENEZIA [ポルタ・ヴェネツィア]
(ブエノス・アイレス大通り、トゥニジア通り)
LAMBRATE FS [ランブラーテ]
(fs線ランブラーテ駅)
CIMIANO
DATEO
PALESTRO [パレストロ]
(ブップリチ公園)
SAN BABILA [サン・バビラ]
(リナーテ空港行73バス)
MISSORI [ミッソーリ]
DUOMO [ドゥオーモ]
(ガッレリア、スカラ座)
CROCETTA
P.TA ROMANA
P.TA VITTORIA
SEGRATE
PIOLTELLO
TREVIGLIO
均一料金ここまで
LODI TIBB
PORTA ROMANA FS
BRENTA
CORVETTO
PORTO DI MARE
S.DONATO [サンドナート]
ROGOREDO F. S.
均一料金ここまで
PAVIA
LODI

GESSATE [ジェッサーテ]
CASCINA ANTONIETTA
GORGONZOLA
VILLA POMPEA
BUSSERO
CASCINA DE' PECCHI
COLOGNO NORD [コローニョ・ノルド]
VILLA FIORITA
COLOGNO CENTRO
CERNUSCO S.N.
COLOGNO SUD
CASCINA BURRONA
VIMODRONE
均一料金ここまで
CASCINA GOBBA
CRESCENZAGO

オペラの殿堂スカラ座内部

ミラノのエンターテインメント

●サッカー情報

常にセリエAの上位をキープするACミランMILANとインテルINTERの2チームが本拠地をおくミラノ。セリエAはホーム・アウェイ方式なので、ほかの町に比べ試合を観戦できる可能性が高い。ふたつのチームが対戦するミラノ・ダービーに巡り合わせたら、町の熱気は最高潮だ。日程が合わず試合を観戦できなくても、このふたつのホームスタジアムのサン・シーロ競技場はガイド付きで見学可能。グラウンドから更衣室まで普段は非公開の場所まで見学できる。また、2チームの輝かしい歴史を一堂に展示した博物館があり、優勝カップ、ユニホームなどを身近で見物できる。

熱戦が繰り広げられる
サン・シーロ競技場

サン・シーロ
競技場の
選手ロッカー
ルーム（更衣室）

サン・シーロ競技場　San Siro/G.Meazza

行き方 地下鉄M5線の終始点駅のサン・シーロ・スタディオ駅SAN SIRO Stadio下車すぐ。SAN SIROとつく駅はふたつあり、ひとつ前の駅SAN SIRO Ippodromoは競馬場なので間違えないように。または、ドゥオーモ広場横のVia G.Mazziniからトラム16番San Siro行きで約30分、終点下車すぐ。またはLotto駅そばからバス49番で終点Via Capecelato下車。ミラン対インテル戦のみ、ロットからナベッタNavetta特別バス便が運行。

競技場と博物館のガイド付き見学
STADIUM & MUSEUM TOURS

ガイド付き見学は通常所要約30分。ピッチ、VIPルーム、インタビュージーンなどの見学。曜日により、日本語でのガイドあり。
営 9:30〜18:00（入場〜17:00）
　（試合日は変更あり）
　（ゲート14 Cancello14から入場）
休 試合のない日、日以外の試合日
料 €17（14歳以下65歳以上€12）、博物館のみ€7（€5）
ツアーは1時間に1回程度。
URL www.sansiro.net
住 Via Piccolomini 5
☎ 02-4042432

巨大なサン・シーロ競技場

●スカラ座

ミラノを語るときに忘れてならないのが、世界的にも有名なオペラの殿堂スカラ座Teatro alla Scalaだ。スカラ座の初日は毎年、ミラノの守護聖人・サンタンブロージョの祝日12月7日。この日は着飾った人々で劇場は埋まり、イタリア全土にもその華やかさが放送される。オペラシーズンは冬季と決まっていたが、近年は夏の一時期を除き、オペラのほか、バレエ、コンサートなど多くの演目がかけられている。

スカラ座の切符購入方法

✉ 天井桟敷席の購入法

　まず、当日の朝10:30頃劇場に出かけてリストに名前を記入。再び18:00に出かけると名前の順に当日券の購入用紙が受け取れ、切符を購入しました。私の番号は120番台(150くらいまで)だったので、天井桟敷の一番端で、舞台の見えない場所はありましたが、椅子もあり、乗り出して見ても他人の迷惑にならない場所でした。たった€12でスカラ座の舞台を鑑賞できて、ラッキーでした。朝7:00頃から並ぶ人もいるそうです。　　　　　　　　(東京都　トラ子　'06)

✉ バルコニー席は!?

　インターネットでバルコニー席を2席予約しました。カード決済すると1週間くらいで切符が送付されました。バルコニー席は区切られたバルコニーのなかに椅子が5つくらい並び、同じバルコニー内でも椅子の場所によって料金が違います。バルコニーの場所(舞台に対する角度)によっては舞台が見えづらく、また後ろの椅子席では立たないと見えない場合もあります。バルコニー席より高いですが、余裕があれば平土間席をおすすめします。
　　　　　　　　　　　(東京都　山田俊二　'10)

✉ お役立ち情報

　3月初めに10日間ミラノに旅行し、スカラ座でオペラ2演目、バレエ、コンサートを鑑賞しました。切符はスカラ座のホームページから予約。2〜4週間で自宅に送られてきました。オペラの人気演目は、予約開始直後に平土間がなくなりましたが、2時間後に再挑戦したところ、空席が出て予約できました。バレエは1列目のA列が取れましたが、実際に座ったらダンサーの足元が見えませんでした。足元までしっかり見たい人は4列目以降がよさそうです。コートのクローク預けは必須ではなく、座席への持ち込み可能です。私は、入場後袋に入れて、座席の下に入れて置きました。

　観客は比較的年配の夫婦が多く、服装は黒のドレスやジャケットが圧倒的。赤や白を着たら、かなり目立つと思います。平土間の席は前方から緩やかなスロープで、日本のように階段ではありません。前に大きい男性が座ったら舞台が見えにくいかもしれませんので、通路脇の席がおすすめです。聴衆のマナーは非常によく、おしゃべりや咳払いはほとんどありませんでした。マナーに注意が必要です。
　　　　　　　　　　　(ローマのお姉さん　'14)

● 市内ツアー

　「最後の晩餐」見学が確約されているツアーが人気。数社が催行している。ザーニ社のコースはドゥオーモ→ガッレリア→スカラ座と博物館→スフォルツァ城→「最後の晩餐」→平和の門→アレーナ(外観のみ)→記念墓地。9:30スタートで所要3時間30分、料金€75。ヴェディタリア社は「最後の晩餐」のみの見学で、所要45分、€38。出発時間は日により異なりスフォルツァ城門前11:30〜12:00発。いずれも 休 1/1、5/1、8/15、12/25と4/10、5/29など市内車両通行規制のある日。申し込みは、各社の `URL`、ホテル、直接営業所で。

■ **スカラ座切符売り場**
　ドゥオーモの正面右側から下る地下鉄通路内。空席状況を調べられるモニターも設置。
🕐 12:00〜18:00
休 ⽇、一部の㊗
料 オペラ€250〜11
　(シーズン初日€2000〜)
　バレエ€127〜11
C A.D.J.M.V.
Fax、インターネットによる予約および案内
☎ 02-861893
URL www.teatroallascala.org

「最後の晩餐」(→P.62)攻略法

✉ 『最後の晩餐』鑑賞ツアー

　コースはドゥオーモ→ガッレリア→スカラ座と博物館の1時間30分くらいはバスに乗らず歩き回るので、老人および子連れにはちょっと大変かも。その後はバスに乗って回ります。利用したのが大雨の日だったのですが、時間を無駄にすることなく『最後の晩餐』も見られて満足でした。1人€55でしたが、3人目は割引で€45でした。　　　　　(神奈川県　斎藤健一　'10)

✉ Web予約

　Web予約では、会員登録が必要です。不定期に更新されるので、まめにチェックして更新されたらすぐに予約がおすすめです。'14年5月時点ではイタリア語のみでしたが、グーグル翻訳すれば大体意味がわかり、会員登録できました。予約できると、バーコード入りのページが表示されるので、印刷して窓口に出すと切符を発行してくれます。オーディオ

ガイドは日本語もあるので、ぜひレンタルを。鑑賞の参考になりました。　　　　　　(匿名希望　'14)

✉ マメにチェックしてみよう

　ネットでは3ヵ月先まで予約できますが、すべての見学時間をいっせいに発売するわけではなく、ときどき追加されます。マメにチェックしていると、意外な時間を予約することができます。(レオ　'13)

✉ 当日にゴー

　8:20に現地窓口で「Do you hava a ticket?」と尋ねてみると、9:00の回がありました。日本のGW中でしたが、イタリアでは平日の朝だったからか、9時の回は結局10人ほどしかいませんでした。学生時代に見たときはくすんだ絵という印象でしたが、今回はとても鮮やかな絵になっていました。ただ、ガイドの人が英語でひたすらしゃべっていて、もう少し静かにじっくり見たかったな。　　　　　(匿名希望　'15)

エリア・インデックス

1 ドゥオーモ周辺 (ミラノ中心部) P.44

ミラノ観光の中心地。観光初日にまず出かけたいエリアだ。ミラノの象徴であるドゥオーモ、町の歴史を刻むヴィットリオ・エマヌエーレⅡ世のガッレリア、オペラの殿堂スカラ座、そして世界に名立たるショッピング・ストリートのモンテ・ナポレオーネ通りが続く。華やかなミラノが凝縮した場所であり、この町の過去と現在が交錯する場でもある。見どころは多いが、エリアはコンパクトに収まっている。

3 『最後の晩餐』からスフォルツァ城周辺 P.61

『最後の晩餐』ばかりが注目されがちだが、ミラノの歴史の証人ともいうべきエリア。ロンバルディア・ロマネスク様式のサンタンブロージョ聖堂は、4世紀にキリスト教を公認する「ミラノ勅令」の発布により司教となった聖人が創始した教会。ルネッサンス様式の壮大なスフォルツァ城は、ヴィスコンティ家とスフォルツァ家の下、ミラノがヨーロッパでも有数の豊かさを誇った時代の遺産だ。

2 ブレラ絵画館周辺 P.53

イタリアでも有数の収蔵品の量と質を誇るブレラ美術館を中心とした地域。イタリア絵画の潮流を知るためには必訪の場所だ。このエリアはドゥオーモから少し離れるだけだが、ブレラ美術館を除けば観光客の姿はめっきり少なくなる。美術館前のブレラ通りや、木々が茂るプップリチ公園周辺は、日曜日になると家族連れの姿も多く、普段着のミラノっ子の生活が垣間見られる界隈でもある。

4 旧マッジョーレ病院付近 P.67

ドゥオーモから南へ下るにつれ、庶民的な風情を見せる界隈だ。かつての司教館であったアンブロジアーナ絵画館、初期キリスト教の痕跡を残すサン・ロレンツォ・マッジョーレ教会、ルネッサンス建築の旧マッジョーレ病院（現在は大学）などが点在する。ナヴィリオ運河周辺は古きよきミラノの風情を残し、現在はバーやクラブ、レストランなどが多く、ミラノっ子のナイトスポットとしても人気の地域。

ミラノのショッピング・エリア　*column*

モンテ・ナポレオーネ通り周辺

モンテ・ナポレオーネ通りと東側のスピーガ通り、そしてこのふたつの通りを結ぶサンタンドレア通り。この3つの通りがミラノを代表する高級ショッピング・ゾーン。ここには世界中のブランドが集まっているといっても過言ではない。買い物する人、ウインドーショッピングに余念のない人でいつもにぎやか。ミラノ・コレクションの時期にはファッション関係者が繰り出すので、世界各地からのファッション・ピープルをウォッチするのも楽しい。

世界的なブランドのディスプレーは眺めるだけでも十分楽しい。グッチにて

ヴィットリオ・エマヌエーレⅡ世大通り

ドゥオーモ正面左からモンテ・ナポレオーネ通り方向へ続く通り。車の乗り入れが制限された広い通りの左右には、デパートや有名ブランドをはじめ、世界的に人気の手頃なカジュアル系ブランドZARA、H&M、ベネトンなどの大型店が軒を並べる。若者や観光客に人気のエリア。オープンカフェやバールが軒を連ね、昼夜ともにたいへんなにぎわいを見せる。

ブエノス・アイレス大通り

町の東側、ポルタ・ヴェネツィアからロレート広場までの長い通りに、大小さまざまな店舗が並ぶ。ひと昔前は危険な界隈といわれたこともあったが、周辺一帯が都市整備の下に生まれ変わり、新しい店舗が続々進出している。若者向きの、手頃なカジュアルウエアの店が多い。月に1度程度（不定期）、日曜は歩行者天国となり、食べ物や雑貨の屋台、簡易遊園地も登場して、まるでお祭りのよう。

トリノ通り

ドゥオーモから南西へ向かう通り。週末は人とぶつからずには歩けないほどに、人があふれるにぎやかな通り。スポーツ用品やスポーツウエアの大型店舗、スーパー、元気のいい若者向けファッションショップ、割引のある化粧品店などがズラリと並ぶ。通りから続く路地に入ると、手頃なレストランが多い。

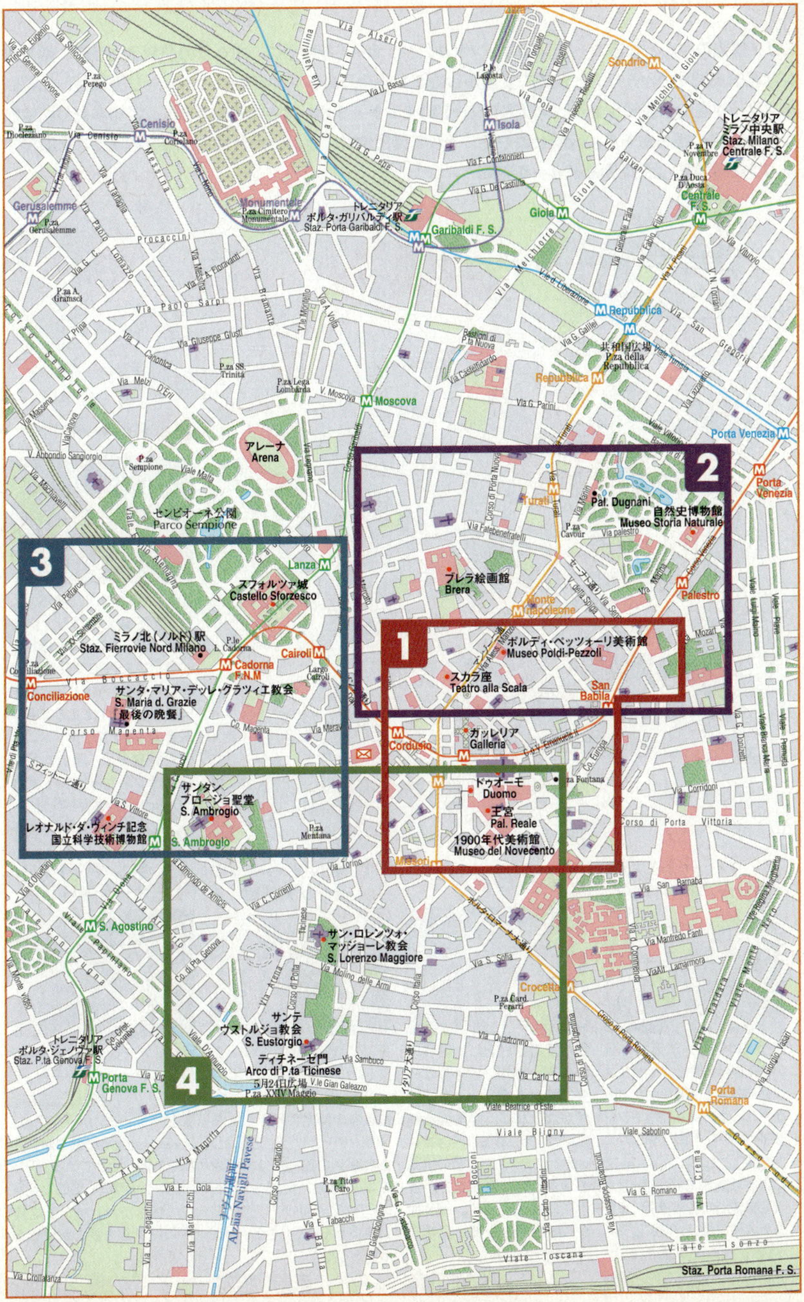

1
2
3
4
トレニタリア
ミラノ中央駅
Staz. Milano Centrale F. S.
トレニタリア
ポルタ・ガリバルディ駅
Staz. Porta Garibaldi F. S.
Garibaldi F. S.
Gioia
Sondrio
Isola
Centrale F. S.
Repubblica
共和国広場
P.za della Repubblica
Porta Venezia
Moscova
Cenisio
Gerusalemme
Monumentale
アレーナ
Arena
センピオーネ公園
Parco Sempione
Lanza
スフォルツァ城
Castello Sforzesco
ミラノ北（ノルド）駅
Staz. Fierrovie Nord Milano
Cadorna F.N.M.
Cairoli
Conciliazione
サンタ・マリア・デッレ・グラツィエ教会
S. Maria d. Grazie
「最後の晩餐」
Pal. Dugnani
自然史博物館
Museo Storia Naturale
Turati
Palestro
ブレラ絵画館
Brera
Montenapoleone
ポルディ・ペッツォーリ美術館
Museo Poldi-Pezzoli
スカラ座
Teatro alla Scala
San Babila
ガッレリア
Galleria
Cordusio
ドゥオーモ
Duomo
王宮
Pal. Reale
1900年代美術館
Museo del Novecento
Missori
サンタンブロージョ聖堂
S. Ambrogio
レオナルド・ダ・ヴィンチ記念
国立科学技術博物館
S. Ambrogio
S. Agostino
サン・ロレンツォ・マッジョーレ教会
S. Lorenzo Maggiore
サンテウストルジョ教会
S. Eustorgio
ティチネーゼ門
Arco di P.ta Ticinese
5月24日広場
P.za XXIV Maggio
トレニタリア
ポルタ・ジェノヴァ駅
Staz. P.ta Genova F. S.
Porta Genova F. S.
Crocetta
Porta Romana
Staz. Porta Romana F. S.

1.ドゥオーモ周辺 ミラノ中心部
Intorno al Duomo

ミラノ観光の中心となるコース。町のシンボル、ドゥオーモを中心に、オペラの殿堂スカラ座、華やかな雰囲気を残すガッレリア、貴族の生活がしのばれる趣のあるポルディ・ペッツォーリ美術館、お買い物フリーク垂涎の高級ショッピングストリートのモンテ・ナポレオーネ通りが続く。このあたりにはかつての貴族の館も数多く、伝統と華やぎ、そして庶民的なにぎわいが混在し、現在のミラノを象徴するような界隈だ。(所要時間 約4〜5時間)

地 P.30 A〜C

地図上の表記

- サン・ジュゼッペ教会 S. Giuseppe
- マンゾーニの家 P.49 Casa di Manzoni
- ④ ポルディ・ペッツォーリ美術館 Museo Poldi-Pezzoli P.50.52
- ⑤ モンテ・ナポレオーネ通り Via Monte Napoleone P.52
- サン・アンドレア
- サン・ダミアーノ
- スカラ座 Teatro alla Scala P.49
- ③ オメノーニの家 P.49 Casa d. Omenoni
- スカラ広場 P.49 Piazza della Scala
- クレリチ宮 Pal. Clerici
- Pal. Belgioioso
- サン・フェデーレ教会 S. Fedele
- サン・バビラ教会 S. Babila
- Piazza S. Babila
- ② V.エマヌエーレⅡ世のガッレリア Galleria Vittorio Emanuele II P.48
- マリーノ宮 市庁舎 Pal. Marino Munic.
- Corso Matteotti
- San Babila
- Cordusio
- サン・カルロ・アル・コルソ教会 S. Carlo al Corso
- 階段入口
- エレベーター入口
- ① ドゥオーモ Piazza del Duomo
- メルカンティ広場 Piazza Mercanti
- 切符売り場
- P.za Fontana
- 大司教館 Pal. Arciv.
- Co. Europa
- サン・サティロ教会 S. Satiro
- 1900年代美術館 Museo del Novecento P.47
- ドゥオーモ P.45
- ドゥオーモ博物館 入口 Grande Museo del Duomo P.46
- Largo Augusto
- サン・セバスティアーノ教会 S. Sebastiano
- 王宮 Pal. Reale P.47
- P.za Diaz
- P.za S. Stefano
- V. Verziere
- Piazza Missori
- V. Albricci
- Missori

① ドゥオーモ

ミラノのシンボルである、イタリアで最大のゴシック建築。ステンドグラスからの光が差し込む内部は荘厳な雰囲気に満ち、頂きにはミラノっ子の心のよりどころである黄金のマリア像、マドンニーナが鎮座する。晴れた日の屋上テラスから望む町並みやアルプスの眺めも鮮烈。

★★★ P.45

② ヴィットリオ・エマヌエーレⅡ世のガッレリア

ガラスのアーチが天井を覆い、床には鮮やかなモザイクが紋様を描く、華やかなアーケード。歴史ある高級カフェが並ぶ様子から、「ミラノの応接間」とも呼ばれる。時代によって店舗も様変わりし、現在は流行の先端を行くシックな店舗が並び、時にはファッションショーも開催される。

★★ P.48

③ スカラ座

オペラの殿堂として世界的に名高い劇場。できれば一夜、舞台を楽しみたい。時間がなければ、付属博物館を訪ねよう。ヴェルディをはじめ、ロッシーニなどの遺品のほか、舞台衣装などが展示されている。また、博物館からは劇場の一部が見学できるのもうれしい。

★★ P.49

④ ポルディ・ペッツォーリ美術館

貴族で美術収集家であったジャン・ジャコモ・ポルディ・ペッツォーリのコレクションを彼自身の邸宅に展示した美術館。ゆったりとし洗練された雰囲気の館内には絵画や彫刻のほか、食器や時計、レースなども並び、19世紀の貴族の暮らしぶりもうかがえる貴重な場だ。

★★ P.50/52

⑤ モンテ・ナポレオーネ通り

イタリアを代表する一大高級ファッションストリート。それほど広くない通りの左右に有名ブティックが軒を連ね、道行く人とともに華やかな雰囲気を醸し出している。ショッピングの場としてのみ注目されがちだが、かつては貴族の館が建ち並んだ歴史ある場所だ。

★ P.52

MAP P.44、P.30 B・C1

ドゥオーモ
Duomo

★★★

ドゥオーモ

ミラノのシンボル、ドゥオーモ

ミラノの代名詞ともいうべき、壮大なゴシック様式の大聖堂。頂には、マドンニーナMadonninaと呼ばれる黄金の聖母を抱き、高さ108.5m、奥行き157m、面積1万1700平方メートルの大きさを誇る。光によって、ピンクや紫に変化する大理石、2245体の彫刻、天空を突き刺す135本の尖塔……とまるでレース細工のような繊細さをも併せもち、その威容は見る者を圧倒する。

1386年、ミラノの領主ヴィスコンティ家のジャン・ガレアッツォの「ローマのサン・ピエトロ大聖堂に次ぐ大聖堂を建築する」という夢の実現のために着工された。ロンバルディア人、フランス人、ドイツ人の指揮の下で工事は進められ、1800年代にはナポレオンの指揮下にファサードが、1887年に尖塔が完成。実に500年の歳月がかけられた。

さて、堂々とした正面を飾るのは、20世紀に造られた5枚

ドゥオーモ屋上から眺めたドゥオーモ広場

のブロンズ製の扉。左から第1番目の扉は、コンスタンティヌス大帝が、キリスト教の信仰の自由を認めた『ミラノ勅令』、ミネルヴィ作。2番目は、ミラノの守護聖人である『聖アンブロージョの生涯』、カスティリオーニ作。3番目の中央大扉は、豪華なゴシック様式で描かれた『聖母マリアの生涯』、ポリアーギ作。4番目は、『ミラノの中世の歴史』、ロンバルディとペッシーナ作。5番目は、『ドゥオーモの歴史』、ミングツツィ作となっている。

正面扉には「聖母マリアの生涯」が描かれる

ドゥオーモ広場への行き方

M 地下鉄で
●ドゥオーモ広場へは、地下鉄M1・3線、ドゥオーモDuomo下車

地下鉄出口に注意
ドゥオーモ駅をはじめとするいくつかの駅では出口で切符を改札機に入れる、日本同様のシステムに変更された。下車まで切符はなくさないように。順次、各駅に設置の見込み。

NAVIGATOR

ルート1はドゥオーモから出発。まずは広いドゥオーモ広場から、ドゥオーモの雄姿を眺めてみよう。時間があればV.エマヌエーレⅡ世のガッレリアの入口と交わるアーケードを抜けて、メルカンティ広場へ向かおう。特徴のある見どころではないが、ミラノの町では珍しい中世の面影が残る広場だ。再び道を戻り、ガッレリアを散策。途中左右に通路は広がるが、コースは真っすぐ進む。ガッレリアを抜けると、左側にスカラ座の建つスカラ広場だ。そのままスカラ座を左に見て歩けば、間もなく右側に瀟洒なポルディ・ペッツォーリ美術館がある。モンテ・ナポレオーネ通りは日をあらためて買い物がてらに出かけるなら、ポルディ・ペッツォーリ美術館見学後はスカラ座まで戻り、**ルート2**(→P.53)を続けてもよい。

✉ 切符売り場
ドゥオーモの切符売り場は正面の左右にありますが、左側が比較的すいてます。
（埼玉県 SATOMI '15）

✉ シニアはお得
屋上へ上るエレベーターは65歳以上だと半額になります。私たちのときは証明する物は必要なく、自己申告でOKでした。
（広島県 伊崎英子 '14）

繊細な尖塔が屋根を飾る

■ドゥオーモ
内部
開 8:00〜19:00
休 12/25、12/26
料 €2(ドゥオーモ博物館と共通)
※夏季は催事により時間短縮の場合あり
屋上テラス
開 9:00〜19:00
　夏季の金⊕ 9:00〜21:30
休 5/1、12/25
料 エレベーター€13、階段€8
6〜12歳€7または4(要証明書)
共通券 ドゥオーモ、洗礼堂、考古学エリア、ドゥオーモ博物館、テラスに共通
エレベーター€15(Duomo Pass A)、階段€11(Duomo Pass B)(3日間有効)
※テラスのオーディオガイド€5(日本語あり)
※切符売り場はドゥオーモに向かって正面左右側。閉場1時間前まで
●内部見学は入口で服装チェックとセキュリティチェックがあり、ノースリーブ、ミニスカート、短パンなどは入場不可。荷物は開けさせられる場合があるので、係員の指示に従おう。
●屋上への入口は3ヵ所ある。ドゥオーモの正面に向かって左に進み、中ほどに階段用入口、そのさらに先にエレベーター用入口がある。右側にもエレベーター用入口が新設された。

■ドゥオーモ博物館
Grande Museo del Duomo
開 9:30〜19:30
　⊛ 14:30〜19:30
　⊛⊕ 9:30〜22:30
休 一部の⊛
料 €2(ドゥオーモと共通)
※入口は王宮中庭左

●内部

　堂々たる柱に支えられ、大きなアーチが幾重も連なる内部は、5身廊で構成され、ステンドグラスから差し込む光が、神秘的かつ荘厳な雰囲気を醸し出している。

5身廊のドゥオーモ内部

　内陣にある、16世紀のペッレグリーニの意匠による高さ68mの円蓋には、バロック風の4つのアーチがそびえている。その奥の中央祭壇の下を、くるみの木で彫られた堂々とした合唱席Coroが取り囲んでいる。

　翼廊右側には、ミケランジェロの影響を受けた、アレッツォ出身のL.レオーニ作によるジャン・ジャコモ・メディチの墓Tomba di Gian Giacomo。

　翼廊左には、トリブルツィオの手になる13世紀のブロンズ製大燭台il Candelabro Trivulzio in Bronzoがある。これは、当時のフランス芸術の粋を集めたものだといわれている。

　身廊右側のふたつ目の柱の間には、ヴェローナ産の大理石に12聖人を描いた12世紀のレリーフが飾られている。

　中央祭壇の下には、1584年に死去した大司教カルロ・ボッロメオの遺骨を祀った地下礼拝堂があり、隣の宝物庫Tesoroには、14〜17世紀の銀製の聖具や象牙製品が並べられている。後陣の左右にある聖具室Sagrestiaの扉はドゥオーモ最古の彫刻で飾られている。

中央祭壇の下には地下礼拝堂

　正面入口近くの階段を下ると、ドゥオーモの前身である、サン・テクラ教会S.Teclaの洗礼堂がある。聖アンブロージョが建立し、聖アゴスティーノの洗礼が行われた。

ドゥオーモの歴史を語る

MAP P.44、P.30 C1

ドゥオーモ博物館
Grande Museo del Duomo　グランデ・ムゼオ・デル・ドゥオーモ

ミラノの守護聖人、聖アンブロージョ

　ミラノが誇るドゥオーモの歴史や成り立ちを知る博物館。かつては宝物庫に置かれていた宗教儀式に用いられた貴重な金や象牙細工、タペストリーをはじめ、ドゥオーモを飾っていた彫像、ステンドグラスなどを間近に見ることができる。このほか、16世紀に製作された精密なドゥオーモの木製模型やドゥオーモの頂点に置かれる「マドニーナ像」の原形モデルなど。

ドゥオーモを飾ったステンドグラス

46

ミラノの歴史を一堂に

`MAP P.44、P.30 C1`

王宮
Palazzo Reale

パラッツォ・レアーレ

ネオクラシック様式の王宮

ドゥオーモを背にした左側、堂々としたネオクラシック様式の建物が王宮だ。ミラノの歴史を語るときに欠かせない場であり、中世にはすでにこの場所にミラノの行政組織がおかれていたという。ミラノの領主であったトッリアーニ家、ヴィスコンティ家、スフォルツァ家によりその役割はより重要な物となった。

　現在見られる建築は18世紀にG.ピエルマリーニが改築したもの。フランス支配の時代にはナポレオン家のマリア・テレーザ、続いてイタリア王サヴォイア家のフェルディナンド1世が住居とした。内部は当時の芸術家の粋を集めた絵画や彫刻、調度で飾られていたが、1943年に第二次世界大戦の爆撃により多大な損傷を被った。近年の約20年に及ぶ修復により、当時のすばらしい装飾が一部よみがえった。現在はドゥオーモ博物館や王宮博物館Museo della Reggia、一部に1900年代美術館Museo del Novecentoなどがおかれている。

ミラノの芸術を知る

`MAP P.30 C1`

1900年代美術館
Museo del Novecento

ムゼオ・デル・ノヴェチェント

G.ペッリッツァの『第4階級』。第4階級とは、プロレタリア＝無産者、労働者のこと。彼らの士気を高めたという作品

王宮に隣接するアレンガリオ宮に2010年12月にオープンした美術館。内部は近代的に改装され、ミラノ市に寄贈されたおもにイタリアの20世紀絵画・彫刻を中心に展示。さほど広くないが、時代ごとの傑作が見やすくレイアウトされ、また、戦後の復興とともに活発となったミラノの芸術活動の変遷や当時の芸術的嗜好を知るのに最適な場だ。Livello 0にはG.ペッリッツァの『第4階級』、Livello 1 ピカソ、モジリアーニ、ボッチョーニ、モランディなど。Loggiaにはデ・キリコの絵画と彫刻。Livello 2はマルティーニをはじめ、ミラノを中心に活躍した画家たちと、マリーノ・マリーニ。Livello 3は、20世紀のイタリアのモダンアートを代表するルーチョ・フォンターナを展示。

近未来的なエントランス。王宮前の広場と地下鉄通路から続いている

■王宮
⌂ Piazza del Duomo 12
☎ 02-860165
※催事のみ一部公開

✉ ドゥオーモは
　大きな荷物禁止
　大きな荷物を持っての入場はできません。ホテルや荷物預けに荷物を置いて行きましょう。私は入ることができませんでした。　　　（KD '14）

✉ いつ行く?ドゥオーモ
　朝はすいていますが、ファサードは逆光となり写真は暗くなります。でも中に入ると、ちょうどステンドグラスの向こうから光が当たってきれいでした。夕方、ファサードに光が当たっているときにもう一度行きましたが輝くような美しさでした。外観だけなら、午後からの観光がおすすめです。
　　　（和歌山県　吉岡利枝子 '13）

✉ 夕日がきれい
　地元の人に「ドゥオーモの屋上からの夕日がきれい」と言われたので、陽が沈む頃に上がりました。塔と塔の間に沈む夕日がとてもきれいでした。
　　　（ヒロくん '14）

■1900年代美術館
⌂ Palazzo dell'Arengario,
　Piazza Duomo
☎ 02-88444061
🕐 9:30～19:30
　月14:30～19:30
　木土9:30～22:30
💰 €5、65歳以上€3
※切符にはゴムがつけられ、首から下げて入場。

天井に広がる、前衛的な『ネオンの構造』。ドゥオーモ広場からも一部眺めることができる

レストランからのドゥオーモ広場の眺め。レストランのみの利用可。ひとり€50～

ミラノ

ルート1 ● ドゥオーモ周辺（ミラノ中心部）

47

見事な床モザイク

中世の面影を残す

メルカンティ広場 ⭐

Piazza Mercanti

ピアッツァ・メルカンティ

中世ミラノの雰囲気を残すメルカンティ広場

石畳の広場を赤れんがの建物が取り巻く広場。ミラノでもとりわけにぎやかなこの界隈で、切り取られたように静けさと中世のたたずまいを残した印象的な一角だ。13世紀に建てられた旧裁判所、飾り窓と柱廊が目を引く16世紀のジュレコンスルティ宮Palazzo Giureconsulti、白と黒の模様を描く14世紀のオシイ家の回廊Loggia degli Osii、17世紀の王立学校Palazzo delle Scuole Palatineなどが並ぶ。19世紀には大規模な改築、1990年代後半の敷石の張り替えなど、時代ごとに手を加えられてきたが昔ながらの風情は今も息づいている。

ミラノっ子の社交場

ヴィットリオ・エマヌエーレⅡ世のガッレリア ⭐⭐

Galleria Vittorio Emanuele Ⅱ

ガッレリア・ヴィットリオ・エマヌエーレ・セコンド

ドゥオーモ広場とスカラ広場を結ぶアーケード。単に「ガッレリア」とも呼ばれる。

ガラスの天井が美しい

鉄とガラスを使い、1865年から12年もの歳月を経て、メンゴーニによって完成された。見事な床のモザイク、光の差し込むガラスの天井、漆喰のレリーフなど、新バロック様式と新ルネッサンス様式の混ざり合った独特な建造物となっている。中央十字路の頭上の4枚のフレスコ画は、ミラノから見た東西南北にある、アメリカ、中国、アフリカ、北ヨーロッパを象徴的に描いたもの。

ここは何よりもミラノっ子にとって、伝統、華やぎ、そして開放感が混在する特別な社交場だ。

頭上のフレスコ画にも注目

トラムが行き交う

MAP P.44、P.30 B1

スカラ広場
Piazza della Scala

ピアッツァ・デッラ・スカーラ ⭐

中央に立つのはルネッサンスの天才ダ・ヴィンチ像。ガッレリア出口右側のマリーノ宮Palazzo Marinoは、洗練された色彩感覚にあふれ、ルーベンスが称賛した建物だ。正面玄関からは回廊が続く中庭を見られる。近くには16世紀の宮廷彫刻師レオーネ・レオーニの家、通称オメノーニの家Casa degli Omenoniがある。8人の巨人オメノーニに支えられたユニークな建物だ。

ひと休みに最適な広場

オペラの殿堂

MAP P.44、P.30 B1

スカラ座
Teatro alla Scala

テアトロ・アッラ・スカーラ ⭐⭐

砂色をしたネオクラシック様式の建物が世界のオペラの殿堂として名高いスカラ座だ。シャンデリアからの光が真紅のビロードの施された客席を照らし、華やかで大がかりな舞台では、観客を魅了するオペラやバレエが上演される。

1778年にピエルマリーニの設計によって建設され、かつてのサンタ・マリア・スカラ教会の跡地に建てられたことからこの名前がつけられた。2階には、スカラ座博物館Museo Teatrale alla Scalaがあり、スカラ座と音楽芸術の歴史の展示場となっている。ミラノとのかかわりの深いヴェルディをはじめとする作曲家の胸像や肖像画、ゆかりの品やスカラ座で初演された初版楽譜などの他、舞台衣装も飾られている。

オペラの殿堂、スカラ座

マンゾーニの遺品を展示

MAP P.44、P.30 B1

マンゾーニの家
Casa del Manzoni / Museo Manzoniano

カーサ・デル・マンゾーニ／ムゼオ・マンゾニアーノ

イタリアを代表する小説家のひとりであり、イタリア統一運動の指導者であったアレッサンドロ・マンゾーニの記念館。資料や遺品などを展示。スカラ広場からモンテ・ナポレオーネ通りへと続く、マンゾーニの名を冠したアレッサンドロ・マンゾーニ通りVia Alessandro Manzoniにはかつての貴族の館が連なり、昔日のミラノをしのばせる。

マンゾーニの家

若き日のマンゾーニの肖像

■オメノーニの家
地 P.44、P.30 B1

マリーノ宮の裏の小道を入った左側にある巨人に支えられたユニークな建物、オメノーニの家

■スカラ座博物館
住 Piazza Scala / Largo Ghiringhelli 1
博物館入口は劇場に向かって左側奥
☎ 02-88797473
開 9:00〜12:30
　13:30〜17:30
　入場は閉場30分前まで
休 1/1、復活祭の㊐、5/1、8/15、12/7、12/24午後、12/25、12/26、12/31午後
料 €7、学生、65歳以上€5
交 M1・3線Duomo
●リハーサルや公演のない日の9:00〜12:00、13:30〜13:45には劇場内部の見学可能。

✉ スカラ座博物館
　入館料の支払いにクレジットカードが利用できます。
　　　　　　（匿名希望　'12）

✉ 夜のスカラ座
　夜のライトアップされたスカラ座もすてきでした。忙しくて昼間に行けなかったら、夜もおすすめです。
　　　（東京都　増田芽衣　'09）

✉ スカラ座へ行くなら
　スカラ座でオペラなどを鑑賞するなら、徒歩圏内のホテルがいいです。深夜の地下鉄はちょっと薄気味悪くて使う気になりません。タクシーも劇場前にはあまり停まっていませんでした。
　　　（滋賀県　一石　'14）

■マンゾーニの家
住 Via Gerolamo Morone 1
☎ 02-86460403
開 ㊋〜㊎10:00〜18:00
　㊏14:00〜18:00
休 ㊊㊗
料 無料

豊かなミラネーゼの生活が宿る
4つのミラノの邸宅博物館

1800年代前半から1900年代後半、経済発展を遂げたミラノの町では資産家や貴族たちがその財力にものをいわせ、自らの邸宅をその趣味趣向に合わせて飾りつけた。趣味のよさとその豪華な調度で知られる貴族の館、ポルディ・ペッツォーリ美術館、ルネッサンス回帰を目指したバガッティ兄弟によるバガッティ・ヴァルセッキ博物館、建築家 P.ポルタルッピによる近代的な合理性と当時の豊かさを具現したヴィッラ・ネッキ・カンピーリオ邸、当時を代表する「未来派」、「ノヴェチェント」など近代絵画で家中を埋め尽くしたステファーノ邸。

いずれも建築、室内装飾のみならず、置かれた家具やそのたたずまいは、当主こだわりの美意識に貫かれた空間であり、また今にも、主人が現れそうな生活感が現在も残された稀有な美術・博物館だ。

■ポルディ・ペッツォーリ
美術館(→P.52)
Museo Poldi Pezzoli
日本語オーディオガイドあり
(入場料に含む)
※共通券Casa Museo Card
ポルディ・ペッツォーリ美
術館、ヴィッラ・ネッキ・
カンピーリオ、バガッティ・
ヴァルセッキ美術館と共
通。€15、6ヵ月有効。

■バガッティ・
ヴァルセッキ博物館
Museo Bagatti
Valsecchi
住 Via Santo Spirito 10/
Via Gesù 5
☎ 02-76006132
開 13:00～17:45
休 月祝
料 €9、水 (祝を除く) €4、
学生、65歳以上€6、3館
共通券€15
地 P.30 A2
交 M1線S.Babila、M3線
Montenapoleone
日本語オーディオガイドあり
(入場料に含む)

ポルディ・ペッツォーリ美術館

Museo Poldi Pezzoli

貴族ジャン・ジャコモ・ポルディ・ペッツォーリ (1822～1879) の死後2年たってから開設。ジャンが収集した輝かしいコレクションの数々はヨーロッパでも指折りもの。1300年代から1800年代の彫刻、絵画、武具、ガラス、時計、陶器、布地など。まさに貴族の生活の息吹を感じさせる。第2次世界大戦の爆撃により建物は損傷されたが、ジャンが息を引き取った母の彫像が飾られた書斎Gabinetto Dante は近年復元され、当時のままのよう。

ジャンはここで過ごすことを好んだという。当主の思いの詰まった書斎

バガッティ・ヴァルセッキ博物館

Museo Bagatti Valsecchi

貴族であったヴァルセッキ兄弟により、1880年代にネオ・ルネッサンス様式に改装された。ルネッサンス回帰への熱情は今も、私たちを15世紀へとタイムスリップさせてくれるようだ。調度、ジョヴァンニ・ベッリーニの祭壇画をはじめとする絵画、武具などのコレクションはもとより、洗面台、歩行器やオマルなど子供たちの生活用品もあり、楽しませてくれる。

祖父から受け継いだ武具のコレクションがズラリと並ぶ廊下

ヴィッラ・ネッキ・カンピーリオ

Villa Necchi Campiglio

緑に囲まれた
ヴィッラ・ネッ
キ・カンピー
リオ邸の大理
石のプール

　ミシン製造で財をなした実業家のミラノ滞在の際の別邸として、1932〜1935年にかけて建設された。広い庭にプールやテニスコートがある豪邸だ。階段をはじめ、大扉、各所に置かれた彫刻や絵画などにスタイリッシュな当時の豊かな生活が存分に感じられる。バスルーム、キッチンをはじめ、クローゼットにはグッチのバッグやドレスなど当時のままの生活が残る。

'50年代のインテリア
と骨董、彫刻、絵画
で飾られたサローネ

ボスキ・ディ・ステーファノ邸美術館

Casa Museo Boschi di Stefano

　ここで暮らしたアントニオ・ボスキとマリエーダ・ディ・ステーファノの夫妻が収集した膨大な**近代絵画**を、彼らが暮らした集合住宅のほぼワンフロアーを占めて展示。戦後の経済発展期は、ミラノの芸術活動が活発になった時代でもあった。間取りや雰囲気などにイタリア映画でよく見られる現代的な生活が感じられる。モランディ、キリコ、カンピーリをはじめとする見応えのあるコレクションは、ドゥオーモ広場の1900年代美術館にも一部展示されている。

生活感と美意識を感じ
させる室内。派手さは
ないが上質な空間

■ヴィッラ・ネッキ・
カンピーリオ
Villa Necchi Campiglio
住 Via Mozart 14
☎ 02-76340121
開 10:00〜18:00(最終入場
17:15)
休 月火祝
料 €10、3館共通券€15(ガ
イド付き見学のみ)、15人
ごと約30分間隔のスター
ト、庭園のみは無料
※内部撮影禁止。撮影のため
には別途写真券Biglietto
fotografico€3が必要
地 P.29 A4
交 M1線 Palestro,S.Babila
※プール横にガラス張りのカ
フェ兼レストランがオープ
ン(開は美術館と同じ)

✉ 32年ぶりのミラノ
　タクシーはチップが廃止に
なったのでしょうか?少し多め
に渡すと、どの運転手さんも
おつりを用意しようとしました。
チップをあげるとすごく喜んで
いました。32年前、ローマでチ
ップを渡さずに降りようとして、
ものすごい剣幕で怒鳴られた
記憶が鮮明でしたので、変わ
りようにビックリしました。また、
ホテルの部屋の枕チップも受
けとらなかったので、3日目から
置くのをやめました。
　　　　　(匿名希望　'11)
　ミラノのタクシーは日本の感
覚で利用できます。チップや
追加料金も要求されないこと
がほとんど。
　　　　　(編集部　'11)['14]

✉ ガイド付きで、
理解度アップ
　ガイドツアー(英・伊語)で
回りますが、簡単な日本語の
解説リーフレットもあり。1階は
玄関、図書館、居間、サンル
ーム、ダイニング、その準備
室。2階は寝室&バスルームが
3室、廊下にはクローゼットや
召使のロッカーなど。ミラノの
別邸の息遣いが聞こえるよう
でした。プール脇にカフェがあ
り、最後にプールサイドでカフ
ェが飲めて最高でした。
　　　　　(サンパウロ　'15)

■ボスキ・ディ・
ステーファノ邸美術館
Casa Museo
Boschi di Stefano
住 Via G.Jan 15、
3階(2°Piano)
☎ 02-20240568
開 10:00〜18:00
休 月、1/1、5/1、8/15、
12/25
料 無料　地 P.31 A2
交 M1線 Lima

■ポルディ・
　ペッツォーリ美術館

住 Via Alessandro Manzoni 12
☎ 02-796334
開 10:00～18:00
　（入場17:30まで）
休 ⊛、1/1、復活祭の⽇、
　4/25、5/1、8/15、11/1、
　12/8、12/25、12/26
料 €10
　11～18歳、65歳以上、学
　生€7
　共通券€15（P.50）
※切符売り場でのクレジット
　カードの利用可。入場料に
　オーディオガイド利用料も
　含まれる。ただし、利用の
　際にはパスポートなどの身
　分証明書が必要

かつての貴族の邸宅を利用した
美術館。カフェもオープン

✉ **写真OK**

　スカラ座博物館、ポルディ・
ペッツォーリ美術館、スフォ
ルツァ城博物館は、ノーフラ
ッシュなら撮影可能でした。
さすが、芸術の国だと感じま
した。（大阪府　H.T.　'15）
　多くの美術・博物館でもノ
ーフラッシュあるいは別途写
真券の購入で撮影ができるよ
うになってきました。
　ポルディ・ペッツォーリ美
術館ではオーディオガイドに
日本語がありますが、説明を
聞ける展示品は限られていま
した。（大阪府　H.T.　'15）

■スピーガ通り
地 P.44、P.30 A2
■サンタンドレア通り
地 P.44、P.30 A2

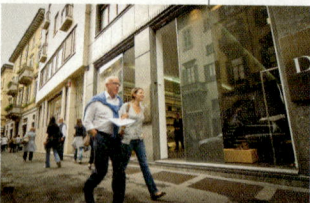

貴族の生活が伝わる

MAP P.44、P.30 A1

ポルディ・ペッツォーリ美術館 ★★

Museo Poldi-Pezzoli

ムゼオ・ポルディ・ペッツォーリ

『若い貴婦人の肖像』ボッライウォーロ作

　ミラノの貴族、ジャン・ジャコモ・ポルディ・ペッツォーリの個人収集品を彼の私邸に展示した、静かで落ち着いた美術館。

　24室に分かれた室内には、16世紀のペルシア絨毯、17世紀のフランドルのゴブラン織、16～19世紀の日時計を含むさまざまな時計のコレクション、金銀製品、ガラス、ブロンズ、家具や武具と多岐にわたる豊富なコレクションが展示されている。

　注目すべきは、ポッライウォーロ作『若い貴婦人の肖像』Ritratto di Donna、ボッティチェッリの『聖母子』Madonna col Bambino、ピエロ・デッラ・フランチェスカの『トレンティーノの聖ニコラ』S. Nicola da Tolentino、マンテーニャの『聖母子』Madonna col Bambino、フォッパの『聖母』Madonna、グァルディの『潟の景色』Veduta della Lagunaなど。

　このほかにも、ロンバルディア派のベルゴニョーネ、ルイーニなど、ヴェネツィア派のG.ベッリーニなどの一級の作品が収蔵されている。

イタリアファッションの中心地

MAP P.44、P.30 A・B1

モンテ・ナポレオーネ通り ★

Via Monte Napoleone

ヴィア・モンテ・ナポレオーネ

　ショッピングストリートとしてすっかり有名な通り。華やかなウインドーディスプレイに目を奪われてしまうが、実はローマ時代には城壁が築かれ、中世からは貴族の館が建ち並んだ場所だ。実際、ブティックの店構えは堂々たるネオクラシック様式を現代風に飾り立てた物が多く、通りに風格を与えている。また、ショッピング通りとして名高いスピーガ通りVia della Spiga、サンタンドレア通りVia S. Andreaも歴史を感じさせるたたずまいが残っている。

ヨーロッパ中のブランドが揃うイタリア1のショッピング街

かつては貴族の館が建ち並んだモンテ・ナポレオーネ通り

2.ブレラ絵画館周辺 旧市街北部

Intorno alla Pinacoteca di Brera

イタリア絵画を知るうえで見逃せないブレラ絵画館を中心に、ロンバルディア絵画を中心とした近代美術館、映画好きの人には必見の映画博物館など、美術館・博物館が点在しているコースだ。ミラノっ子のお気に入りの散歩道で木々が梢を伸ばすプップリチ公園をはじめ、ブレラ通り周辺には個性的でおしゃれなショップやレストランなどが並びそぞろ歩きも楽しい界隈だ。(所要時間 3～4時間)

地 P.30 A1、P.29 A3・4

- サン・シンプリチャーノ教会
  S. Simpliciano
  P.59
- サンタンジェロ教会
  S. Angelo
- サン・マルコ教会
  S. Marco
- 警察署 Questura
- ブレラ絵画館 Brera P.54 ①
- リソルジメント博物館 Museo del Risorgimento
- クサーニ宮 Pal. Cusani
- サン・ジュゼッペ教会 S. Giuseppe
- Montenapoleone
- M Turati
- ドゥニャーニ宮 Pal. Dugnani 映画博物館 P.59
- ② プップリチ公園 Giardini Pubblici P.59
- 自然史博物館 Museo Storia Naturale P.60
- 旧王宮 Villa Reale P.59 ③
- GAM近代美術館 GAM Galleria d'Arte Moderna P.60
- M Palestro
- セーナト宮 Pal. del Senato
- バガッティ・ P.50 ヴァルセッキ博物館 Museo Bagatti Valsecchi
- ポルディ・ペッツォーリ美術館 Museo Poldi-Pezzoli P.50,52
- マンゾーニの家 Casa di Manzoni
- スカラ座 Teatro alla Scala P.49
- オメノーニの家 Casa d. Omenoni P.49
- Pal. Belgioioso
- サン・バビラ教会 S. Babila

0 100 200m

---

① ブレラ絵画館

イタリアでも5指に入る充実した収蔵品を誇る絵画館。18世紀に美術学校の教育用コレクションを母体にスタートし、年ごとに充実を重ね、15世紀から20世紀のイタリア美術を知るうえで欠かせない場だ。16世紀にはイエズス会がおかれた建物も貴重な物だ。

★★★ P.54

② プップリチ公園

中心街にほど近い、緑あふれるミラノのオアシス。広大な公園内や周囲には、旧王宮(GAM近代美術館)をはじめとするネオクラシック様式の建物が点在し、豊かな空間が広がる。季節によってはポニーの引き馬やメリーゴーランドも出現し、子供連れにもおすすめ。

★ P.59

③ GAM近代美術館

旧王宮におかれた美術館。19世紀からの現代絵画の潮流を知るのに最適な場。館内はかつての優雅な雰囲気を残し、ゆったりと展示品が並ぶ。とりわけ1階は、調度と相まって当時のサロンの雰囲気が色濃い。館内から望む、プップリチ公園の木立も印象的だ。

★★ P.60

NAVIGATOR

ルート2はルート1
(→P.44)から続いている。1と
2を合わせて、1日の観光ルー
トとするのもよい。ルート1か
ら続けて歩く場合は、再びスカ
ラ座まで戻ろう。ルートの
スタートはスカラ座から。スカ
ラ座正面右側のヴェルディ通
りVia Verdiを抜けて、ブレラ
絵画館へ向かう。通りの途中、
右側には17世紀のバロック
様式のサン・ジュゼッペ教会
S. Giuseppeが建つ。小路を
抜け、大通りを渡り300mほ
ど進むと右側にブレラ絵画館
だ。絵画館の見学後はさらに
ブレラ通りを先に進み、交差
するファーテベーネフラテッリ
通りを右に曲がり、プッブリ
チ公園内のGAM近代美術館、
市立自然史博物館へ。各美術
館の見学具合によって所要時
間はかなり変わる。

ブレラ通り界隈への行き方

Ⓜ 地下鉄で
以下の駅で下車
● M1・M3線ドゥオーモ
Duomo
● M1線コルドゥーシオ
Cordusio

カノーヴァ作
『ナポレオンⅠ世の銅像』

■ブレラ絵画館

🏠 Via Brera 28
☎ 02-72263264
🕐 8:30～19:15
（入館は18:40まで）
休 ㊊、1/1、5/1、12/25
料 €10（毎月第1㊐は無料）
🚇 M2線Lanza
M3線Montenapoleone
※入口は中庭を抜け、階段を上
った2階、ブックショップ奥。
日本語オーディオガイド€5
あり（身分証明書が必要）

✉ **特別展は別途**
　特別展も開催されていまし
たが、常設展のみの見学が
可能。経済的でよかったです。
（東京都　リリー　'14）

そぞろ歩きも楽しい　　　　　　　　　MAP P.53、P.30 A1

ブレラ通り界隈
Via Brera　　　　　　　　　ヴィア・ブレーラ

ブレラ通りのにぎわい

スカラ座方面か
らブレラ絵画館へ
と続く通り。石畳
の細い通りに画廊
やブティック、レ
ストランなどが建
ち並び、そぞろ歩
きが楽しい界隈
だ。古くから続く
庶民的な地区にお
しゃれな商店など
が立ち並び、ビビッドな今のミラノを知るのにも最適な場所。
　ブレラ絵画館内には美術学校があるので、画材屋や画廊、ブ
ティック、アクセサリー店、手頃なレストランやピッツェリアが点在し、
若い芸術家や学生たちに愛されている通りとなっている。ブレラ通
りから西に延びるフィオーリ・キャーリ通りVia Fiori Chiariや北側の
ソルフェリーノ通りVia Solferinoにもスノッブな雰囲気の店が多い。
毎月第3日曜日(7、8月は除く)には骨董市も開かれる。

イタリア絵画の潮流を知る　　　　　　　　MAP P.53、P.30 A1

ブレラ絵画館　　　　　　　　　★★★
Pinacoteca di Brera　　　　ピナコテーカ・ディ・ブレーラ

イタリアでも5指に入
る美術館のひとつ。16
世紀、M.バッシによ
って着工され、1651年
F.M.リキーニによって
完成された建物は、広
い中庭をもち、優美な
円柱の支えるアーチに
よる回廊が2層に重な
り、重厚な雰囲気だ。

2本の円柱の支えるアーチの回廊が美しい中庭

　門を入ると、カノーヴァ作の『ナポレオンⅠ世の銅像』が迎えてくれ
る。中庭を抜け、大階段を上った2階から展示が始まる。
　絵画館は、1776年、女帝マリア・テレーザによって美術学校ととも

に創立されたもの。その後、ナ
ポレオン自身の手によってコレク
ションが増やされ、さらに拡充
されていった。現在も、さまざ
まな研究機関、図書館、国立美
術学校などがおかれている。

美術学校の授業風景

⋯⋯ ブレラ絵画館 ⋯⋯

展示室の入口は、階段を上ってブックショップから入る。部屋の番号に従う年代順の展示だが、途中の10・11室は、イエージ家の寄贈とユッカー家の委託作品を展示する20世紀のイタリア絵画のコレクションとなっている。

15〜18世紀のロンバルディア派とヴェネツィア派の作品が中心だが、現代美術（特に未来派と抽象、20世紀絵画）や彫刻までも収蔵され、イタリア絵画の歴史が一堂に眺められる。館内は、各派別に展示室が分類されてわかりやすい展示になっている。必見の作品を挙げてみよう。

ジョヴァンニ・ベッリーニ作『聖母子』

●1400年代のヴェネツィア派

マンテーニャの『聖ルカの多翼祭壇画』の一部である『聖母子と天使』Madonna col Bambino fra Cherubini、『死せるキリスト』Cristo Morto（必見**1**）。ジョヴァンニ・ベッリーニ『ピエタ』La Pietà（必見**2**）『聖母子』Madonna col Bambino。ジェンティーレおよびジョヴァンニ・ベッリーニの『アレッサンドリアの聖マルコの説教』La Predica di S. Marco in Alessandria（必見**3**）。クリヴェッリの『ろうそくの聖母』

クリヴェッリ作『ろうそくの聖母』

マンテーニャ作『聖母子と天使』

Madonna della Candeletta。カルパッチョの『聖ステファヌスのいさかい』Disputa di S. Stefano、『マリアの奉献』Presentazione della Vergine al Tempio。

●1500年代のヴェネツィア派

ロットの『ピエタ』Pietà、『男達の肖像』Ritratti Virili。ティツィアーノの『ポルチアの肖像』Ritratto del Conte Porcia、『聖ジローラモ』S. Girolamo。ヴェロネーゼの『最後の晩餐』L'ultima Cena。ティントレットの『聖マルコの遺体の発見』Il Ritrovamento del Corpo di San Marco（必見**4**）、『ピエタ』Pietà。

ロット作『ピエタ』

●1400〜1500年代のロンバルディア派

ブラマンティーノの『聖母子』Madonna Col Bambino e due Angeli、ベルゴニョーネの『聖母子』Madonna col Bambino、フォッパの『聖セバスティアーノ』Martiro San Sebastiano。

ベルゴニョーネ作『聖母子』

●1400〜1500年代のエミリア派

コレッジョの『東方の三博士の訪問』Adorazione dei Magi。エルコーレ・デ・ロベルティの『玉座の聖母と聖人』La Madonna col Figlio e Santi。

55

ブレラ絵画館（2階）
Pinacoteca di Brera

必見ベスト**10**

1 マンテーニャ作
『**死せるキリスト**』 Cristo Morto 1480年頃

マンテーニャが自らの死を予期した時に描いたといわれる。正確な遠近法と大胆な短縮法の斬新な構図、そして宗教画らしからぬ生々しい描写で人々に衝撃を与えた。

2 ジョヴァンニ・ベッリーニ作
『**ピエタ**』 Pietà 1470年頃

画家がその人生で取り組み続けた主題、ピエタ。古典的でバランスのとれた構図と悲しみと嘆きの声が聞こえてくるような表現力、洗練された色使いが見事。

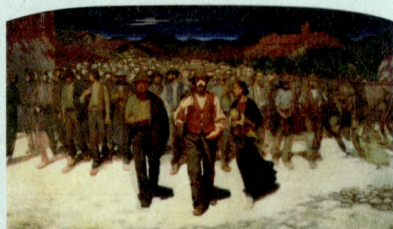

9 ペリッツァ・ダ・ヴォルペード作
『**洪水**』 Fiumana 1895-1896年

色とりどりの点描画で描かれているのは、教会、貴族、ブルジョア、プロレタリアの4階級の男たちだ。画家はラファエッロやダ・ヴィンチから影響を受けた。

8 アイエツ作
『**接吻**』 Il bacio 1859年

身分違いの禁断の愛を描いて大流行した作品。ふたりの服は当時人気のヴェルディのオペラの衣装だという。

7 カラヴァッジョ作
『**エマオの晩餐**』 Cena in Emmaus 1605-1606年

イエスの復活を主題とした作品。生き返ったイエスを前に驚く弟子たちを描いている。6年前に描かれた同作と比べ、静謐で精神的。

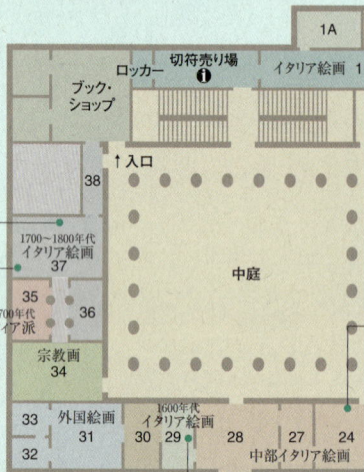

（フロアマップ）
1A / 切符売り場 / イタリア絵画 1 / ロッカー / ブック・ショップ / ↑入口 / 38 / 1700〜1800年代イタリア絵画 37 / 35 / 36 / 1700年代ヴェネツィア派 / 宗教画 34 / 中庭 / 33 / 外国絵画 31 / 32 / 1600年代イタリア絵画 30 29 / 28 / 27 / 24 / 中部イタリア絵画 / ブレラ通り

3 ジェンティーレおよび
ジョヴァンニ・
ベッリーニ作
『アレッサンドリアの
聖マルコの説教』
Predica di San Marco
1504〜1505年

サン・マルコ同信組合の依頼を
受け兄のジェンティーレが着手
し、その後弟のジョヴァンニが
完成させた。サン・マルコ寺院
をモデルとしたかのような聖堂前
には当時のヴェネツィアの有力
者たちが描かれている。

10 モディリアーニ作
『若い女性の肖像』
L'enfant gras
1915年

面長の顔とアーモンド形の瞳で多
数の肖像画を描いたモディリアー
ニ。作品は大胆でエキセントリック
だが、人間味あふれる現代画とし
て高く評価されている。

4 ティントレット作
『聖マルコの
遺体の発見』
Miracolo di San Marco
1562年

聖マルコが僧院の墓所で発見された瞬間
を描いた名作。ドラマチックな構図とスト
ーリー性のある人物配置、強い光の効果
がティントレットらしい。

5 ピエロ・デッラ・
フランチェスカ作
『ウルビーノ公
モンテフェルトロの
聖母子と聖人の
祭壇画』
Pala Montefeltro
1474年

極めて正確な遠近法を用いて
描かれた背景と、美しく明瞭な
色彩で描かれながらも厳粛な
雰囲気の作品。聖人たちの会
話が聞こえてくるようだ。

6 ラファエッロ作
『聖母の婚姻』
Sposalizio della Vergine　1504年

独身者が広場に杖を持って集まり、マリア
の夫として神に選ばれた者の杖先に花が咲
く。神に選ばれたヨゼフとマリアが婚姻を
結ぶ瞬間を描いた作品。右側には選ばれず
悔しがる男も。

平面図内の記載：

8
7
1900年代
イタリア絵画
（イェージ家の寄贈と
ユッカー家の委託作品）
11
1400〜1500年代
ヴェネツィア派
9
1200〜1400年代
イタリア派
6
2 3 4 5
14
19
1400〜1500年代
ロンバルディア派
18
修復室
15
12
13
20
21
1400〜1500年代
エミリア派
22
23

●1400～1500年代の
中部イタリアの画家たち

ロレンツェッティの『聖母子』Madonna col Bambino。ブラマンテの『柱につながれたキリスト』Cristo alla Colonna、『パニガローラ家のフレスコ画』Affreschi Staccati da Casa Panigarola。ピエロ・デッラ・フランチェスカの『ウルビーノ公モンテフェルトロの聖母子と聖人の祭壇画』Madonna e Santi con Federico da Montefeltro Orante（必見 5）。ラファエッロの『聖母の婚姻』La Sposalizio della Vergine（必見 6）。

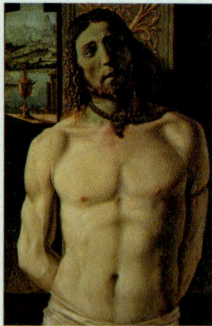

ブラマンテ作
『柱につながれたキリスト』

●1600年代のイタリアの画家

カラヴァッジョの『エマオの晩餐』Cena in Emmaus（必見 7）、ベルナルディーノ・ルイーニ『ばら園の聖母』La Madonna del Roseto。

『ばら園の聖母』と
呼ばれる、
ルイーニの『聖母子』

●1700年代のイタリアの画家では、ティエポロ、カナレット、ロンギなど。ロンギの『歯医者』Il Cavadentiは、当時の装束がおもしろい。

ロンギ作
『歯医者』

●1800年代では、アイエツの『接吻』Il bacio（必見 8）やセガンティーニの『春の牧場』Pascoli di primaveraなど。また、ジョゼッペ・ペリッツァの『洪水』Fiumana（必見 9）は、1900年代美術館に飾られる『第4階級』とともにイタリアの1800年代の最後を飾る作品。

セガンティーニ作『春の牧場』

●現代イタリア絵画

モランディ、カルロ・カッラ、未来派のウンベルト・ボッチョーニの『ガッレリアでのけんか』Rissa in Galleriaなどの作品。彫刻では、マリーノ・マリーニ、アルトゥーロ・マルティーニ、このほかピカソやモディリアーニの『若い女性の肖像』L'enfant gras（必見 10）が興味深い。

ウンベルト・
ボッチョーニ作品
『ガッレリアでのけんか』

●外国絵画

ヴァン・ダイクの『アメリアの肖像』Ritratto di Amelia di Solms、ルーベンスの『最後の晩餐』Ultima Cena。レンブラントの『妹の肖像』Ritratto della Sorella、エル・グレコの『聖フランチェスコ』S. Francesco。

そのほかには、ベンボによって作られた金で飾られたエレガントな大型の48枚のタロットカード（15世紀）などの当時の豪奢な生活をしのばせる品々もある。

ルーベンス作
『最後の晩餐』

4世紀からの歴史を誇る

MAP P.53、P.28 A2

サン・シンプリチャーノ教会
San Simpliciano サン・シンプリチャーノ ★★★

ブレラ絵画館の北西に位置する、4世紀に建てられたロマネスク様式の教会。たび重なる改築により姿を変え、当時の面影は正面扉周辺にわずかに残るのみだ。高い天井が広がりを感じさせる内部、後陣クーポラに残るベルゴニョーネの『聖母マリアの戴冠』Incoronazione della Vergineは必見だ。

緑あふれる散歩道

MAP P.53、P.29 A4

プップリチ公園
Giardini Pubblici ジャルディーニ・プップリチ ★

市民のオアシス、プップリチ公園

ゆったりとした緑と池の広がる公園。自転車やローラースケートに興じる子供、ときには結婚式を挙げたばかりのウェディングドレスに身を包んだ花嫁の記念撮影姿なども見られ、ミラノっ子に愛されている場所のひとつだ。とりわけ、新緑の季節やマロニエの色づく頃の散策は気持ちよい。

公園内、大通りに面して見どころであるネオクラシック様式の建物が点在している。品格のある堂々とした建物と相まって、懐かしいような独特な空間になっている。

公園内のドゥニャーニ宮Palazzo Dugnaniの大広間にはティエポロのフレスコ画があり、催事を中心に公開されている。公園内には映画博物館MIC=Museo del Cinema della Cineteca Italianaがおかれ、映画にまつわる資料館となっている。いにしえの映画のセットも再現されていて、映画好きには魅力的な空間だ。このほかプラネタリウムなどもあり、自然史博物館とともにイタリア人の遠足のコースでもある。

メリーゴーランドも登場。大人も子供も楽しめる楽園

優雅さあふれる空間

MAP P.53、P.29 A4

旧王宮
Villa Reale ヴィラ・レアーレ ★

ネオクラシック様式でまとめられた、ミラノを代表する建物。前国王離宮で、1790年に建築家レオパルド・ポラックがベルジョイオーゾ伯爵のために建てた。内部にはGAM近代美術館がおかれている。

■サン・シンプリチャーノ教会
住 Piazza S. Simpliciano
開 7:00～12:00
　 15:00～18:00

正面扉にロマネスク様式が残るサン・シンプリチャーノ教会

プップリチ公園への行き方
Ⓜ 地下鉄で
以下の駅で下車
●M1線パレストロPalestro
●M3線トゥラーティTurati

■プップリチ公園
開 11～2月　　6:30～20:00
　 3、4、10月　6:30～21:00
　 5月　　　　6:30～22:00
　 6～9月　　 6:30～23:30
休 無休
料 無料
交 M1線Palestro
●入口はPorta Venezia、Via Palestro、Via Manin。

■ドゥニャーニ宮
住 Via Daniele Manin 2
※催事のみの公開

■映画博物館
住 Viale Fulvio Testi 121
☎ 02-87242114
開 火～金15:00～18:00
　 土・日　15:00～19:00
料 €5.50

MAP P.53、P.29 A4

GAM近代美術館
GAM Galleria d'Arte Moderna ★★
ガム・ガッレリア・ダルテ・モデルナ

■GAM近代美術館
住 Via Palestro 16
☎ 02-88445947
開 9:00～17:30
（入館は17:00まで）
休 ㊊、1/1、12/25
料 €5、65歳以上€3、18歳
以下無料
M1線Palestro
※毎月の第1㊐、16:30～と毎
週㊌14:00～無料

✉ 静かな美術館
　入場者が少なく、静かで気
持ちのよい空間です。時間に
余裕のある人にはおすすめで
す。アルプスの風景を描いた
画家、セガンティーニの作品が
7点もあったのも気に入りまし
た。（岡山県　村木俊文 '10）

✉ 高層ビルを見に行こう
　古い建築物もいいですが、
今回の旅ではミラノのスタイリ
ッシュな現代ビルに目を奪わ
れました。ガリバルディ駅周
辺は再開発が進み、街角から
ニョッキリ見えるジッリホテル
Gilli Hotelや森のビルBosco
Verticaleが格好いい‼　マル
ペンサ空港から市内へ向かう
際に見たのは、途中で曲がっ
ているビルMilano Fiori Sud
とか、上にいくに従って広がる
アートの塔Torre delle Artiな
ど、既成概念を打ち破るもの
でした。（東京都　ネネ '14）

　美しい建物とゆったり配
置された収蔵品のすばらし
さやそのたたずまいから、「ミ
ラノの小さな宝石」とも呼ば
れる美術館。収蔵品はミラ
ノ市民の寄贈によるもので、
実業家グラッシとヴィスマラ
による1800～1900年代のイ
タリアとフランス絵画がその
核となっている。

エレガントな内部に彫像が配されて

　内部は3階に分かれ、か
つての典雅なサロンをしのばせる1階はネオクラシック様式の彫刻や絵
画で飾られている。カノーヴァ、アッピアーニ、G.ボッシの作品や、ハ
イエツによる『マンゾーニの肖像画』Ritratto di A.Manzoniをはじめ、
18～19世紀に活躍した文化人たちの肖像画など。同階のヴィスマラ・
コレクションにはピカソ、デフィー、ルノワールなど。
　2階はロマン主義から写実主義までのイタリア近代絵画がその潮
流ごとに並べられている。インドゥーノ、ピッチョをはじめ、セガン
ティーニの『母たち』Le due Madri、『ギャロップする馬』Cavallo al
galoppoなど。
　3階の大部分を占めるグラッシ・コレクションは19世紀のイタリアお
よびヨーロッパ絵画。一部に仏像などの東洋美術も並ぶ。
　時間があれば、ミラノで最初に造られたというイギリス庭園を散策し、
建物の全体像も眺めよう。

MAP P.53、P.29 A4

自然史博物館
Museo Storia Naturale ★
ムゼオ・ストーリア・ナトゥラーレ

■自然史博物館
住 Corso Venezia 55
☎ 02-88463337
開 ㊋～㊐9:00～17:30
（入館は17:00まで）
休 ㊊、1/1、5/1、8/15、12/25
料 €5、共通券€12（→P.65）
M1線Palestro
M3線Turati
※毎日閉館1時間前と㊌
14:00～、毎月の第1㊐は
入館無料

　1838年に設立された自然科学の理解を深めるための博物館。19の
展示室に、化石、剥製、透視画などを展示。1階の1、2、3室は鉱物、
隕石、40kgのトパーズの原石など。4室、古生物の紹介。5室、ロンバ
ルディアの爬虫類の複製品。6室、恐竜類の骨格。特に1億5000万年
前の恐竜アロサウ
ルスAllosauroは
必見。2階の3室は
鳥類。このほか、
哺乳動物と19mも
あるヒゲクジラの骨
格やイタリアの国立
公園の透視画など
が展示されている。

ネオロマネスク様式の
自然史博物館

アロサウルス

3.『最後の晩餐』からスフォルツァ城周辺 旧市街西部

Dal Cenacolo Vinciano al Castello Sforzesco

ミラノ繁栄の基礎を築いたルネッサンス時代を代表する見どころを中心に巡るルート。ユネスコの世界遺産に登録されたダ・ヴィンチの壁画『最後の晩餐』のあるサンタ・マリア・デッレ・グラツィエ教会から、市中心部南のサンタンブロージョ聖堂周辺、北西に広がる緑のセンピオーネ公園に付属するスフォルツァ城までをたどる。(所要時間 約4〜5時間)

地 P.28 AB1・2

Largo V Alpini

アルテ宮 Pal. dell'Arte

センピオーネ公園 Parco Sempione P.66

Piccolo Teatro

Lanza M

スフォルツァ城 Castello Sforzesco

④ スフォルツァ城博物館 Musei del Castello P.66

Cairoli M

Largo Cairoli

ミラノ北(ノルド)駅 Staz. Fierrovie Nord Milano (マルペンサ・エクスプレス駅)

Piazza Castello

M Cadorna F.N.M

P.za Tommaseo

P.za Conciliazione

P.za Giovine Italia

サンタ・マリア・デッレ・グラツィエ教会 P.63 S. Maria d. Grazie

Conciliazione M

P.62 『最後の晩餐』① Cenacolo Vinciano

マジェンタ門 P.ta Magenta

サン・マウリツィオ教会 San Maurizio P.65

リッタ宮 Pal. Litta

考古学博物館 Museo Archeologico P.65

旧マッジョーレ修道院 ex Monastero Maggiore

レオナルド・ダ・ヴィンチ記念国立科学技術博物館 Museo Naz. Scienza e Tecnologia P.63

サンタンブロージョ聖堂 ③ S. Ambrogio P.63

カトリック大学 Universita Cattolica

P.za Mentana

N 0 100 200m

---

❶「最後の晩餐」

サンタ・マリア・デッレ・グラツィエ教会に付属するドメニコ派修道院の食堂に描かれている大画面の壁画。ルネッサンス時代の天才、レオナルド・ダ・ヴィンチが描いた唯一の壁画として、またその芸術的表現、当時の革新的技法などで注目される作品だ。

★★★ P.62

❷ サンタ・マリア・デッレ・グラツィエ教会

ミラノにおけるルネッサンスを代表する建造物のひとつ。赤いれんがと大理石を多用した建物は、ゴシック様式の正面に続いてブラマンテにより15世紀にクーポラなどが付け加えられ、より華麗で軽やかなたたずまいとなった。アーチを描く柱廊が囲む、中庭も必見だ。

★★ P.63

❸ サンタンブロージョ聖堂

古代ローマから続く、ミラノの歴史を刻む聖堂。ローマ時代の遺構の上に建てられたロマネスク様式の傑作。同名のミラノの守護聖人が建設に着手し、ここに祀られている。堂々としたたたずまいながら外観はシンプル。内部は見事な空間構成と相まって荘厳さにあふれる。

★★ P.64

❹ スフォルツァ城博物館

ルネッサンスの時代にミラノを治めたヴィスコンティ家とスフォルツァ家の居城兼城塞。赤いレンガと周囲の緑のコントラストも美しい。内部には美術・博物館がおかれ、ミケランジェロの傑作『ロンダニーニのピエタ』をはじめ、数多い収蔵品が展示されている。

★★ P.66

ダ・ヴィンチの傑作

『最後の晩餐』 世界遺産 ★★★
Cenacolo Vinciano

チェナーコロ・ヴィンチャーノ

ルートは直線でたどるだけでもやや長い。さらにスフォルツァ城内の複数の博物館、付属のセンピオーネ公園をどう歩くかで距離はかなり変わる。ルートにこだわらず、見たい場所に地下鉄で直行するのもいい。

モデルルートはサンタ・マリア・デッレ・グラツィエ教会からスタート。地下鉄カドルナまたはコンチリアツィオーネ駅からボッカチッオ通りに沿って進み、ジョヴィーネ・イタリア広場Piazza Giovine Italiaから南に下がるとサンタ・マリア・デッレ・グラツィエ教会だ。教会正面の左側、旧修道院内に『最後の晩餐』がある。教会前の広場から南に延びるVia Zenaleを抜けて、Via S. Vittoreを左に曲がると、すぐ右側の小路にダ・ヴィンチ記念国立科学技術博物館が建つ。さらにVia S. Vittoreを進み、カルドゥッチ通りVia Carducciを渡ると間もなくサンタンブロージョ聖堂だ。

S・M・デッレ・グラツィエ教会への行き方

Ⓜ 地下鉄で

以下の駅で下車
- 地下鉄M1・2線
カドルナ
Cadorna-Triennale
- 地下鉄M1線
コンチリアツィオーネ
Conciliazione
※ドゥオーモ広場そばから
トラム16番

■『最後の晩餐』
住 Piazza S. M. delle Grazie 2
開 8:15〜18:45
休 ⑲、1/1、5/1、12/25
料 €6.50＋€1.50（予約料）
※1回25人、15分の見学

オーディオガイド
€3.50（要パスポート）

ダ・ヴィンチの天才を伝える最高傑作『最後の晩餐』

サンタ・マリア・デッレ・グラツィエ教会の向かって左側にある旧ドメニコ派修道院の食堂にある。

レオナルド・ダ・ヴィンチが、ルドヴィーコ・イル・モーロに仕える技師として、ミラノに滞在中の1495〜1497年の間に描いたもの。従来のフレスコ画と異なる手法を用いたため、完成間もなくから傷み始め、ナポレオンの時代には、食堂は馬屋に使われ、1943年には戦争による爆撃も受けた。しかし、ベレンソンが「彼（ダ・ヴィンチ）の触れた物で、永遠の美に変身しなかった物はない」と言ったとおり、近年の修復作業により、明確な画像を目にすることができるようになった。

「汝らのひとり、我を売らん」

壁面の高みいっぱいに描かれたこの劇的な作品は、キリストが12人の弟子に向かって、自分を裏切る弟子の存在について語っている姿だ。銀貨30枚でキリストを売ったユダは、キリストから左に3人目の人物。手には袋を持ち、顔には光が当たらないように描かれている。

巧みな空間構成、神秘的な光線、人々

『最後の晩餐』予約方法

ミラノ☎02-92800360（⑲〜⑭8:00〜18:30）へダイヤル。イタリア語のガイダンスに従い、番号を選択すると、数度目に係員につながる。あるいは係員（英語可）が直接応答する。係員に希望日時、人数を申し込む（クレジットカードのNo.、裏面のセキュリティコードが必要）。その際に、予約番号を告げられるので、それをメモしておこう。その後指示に従い、入館当日は予約時間の20分以上前に、S.M.d.グラツィエ教会脇の窓口（8:15〜19:00）で予約番号、人数などを告げて予約料と入館料を支払い、切符を受け取ること。入館の予約状況により最低5〜30日くらい前には申し込みを。
URL www.vivaticket.itからも予約可。

キャンセルも同予約☎で受け付け。見学は予約義務なので、事前に予約をしよう。（→P.41）

『最後の晩餐』の登場人物

バルトロメオ　小ヤコブ　アンデレ　ユダ　ペテロ　ヨハネ　イエス・キリスト　トマス　大ヤコブ　ピリポ　マタイ　タダイ　シモン

の控えめな表情など……彼の天才ぶりを余すことなく伝える作品となっている。

正面には、モントルファノ（1495年）のキリストの十字架刑Crocifissioneのフレスコ画が描かれている。

ロンバルディア・ルネッサンスの美しい教会

サンタ・マリア・デッレ・グラツィエ教会 ★★
Santa Maria delle Grazie
サンタ・マリア・デッレ・グラツィエ

ミラノにおけるルネッサンス期最大の建築物。1466～1490年の間に、ソラーリによってロンバルディア派ゴシック様式に建てられ、その後、スフォルツァ家のミラノ公ルドヴィーコ・イル・モーロが後陣の建築をブラ

内部はブラマンテ設計のすばらしいルネッサンス空間

マンテに命じた。これにより重々しい四角形の上に多角形の尖塔のある丸天井が載り、ダイナミックな物になった。連続したアーチ、円のモチーフが壮麗さを極め、ルネッサンスの空間建築のすばらしい一例だ。はめ木細工が見事な旧聖具室と優美な回廊付き中庭chiostrinoもブラマンテの作。

ダ・ヴィンチの偉業をしのぶ

レオナルド・ダ・ヴィンチ記念国立科学技術博物館 ★
Museo Nazionale della Scienza e della Tecnologia "Leonardo da Vinci"
ムゼオ・ナツィオナーレ・デッラ・シエンツァ・エ・デッラ・テクノロジア・レオナルド・ダ・ヴィンチ

11世紀に建てられたベネディクト派のサン・ヴィットーレ修道院に、現在の科学技術の知識を広く一般の人々に普及すべく開設された博物館。過去から近未来の姿を含め、科学技術に関する豊富な資料、模型などが25部門に分けて展示されている。

ダ・ヴィンチのデッサンをもとに作られた模型

見逃せないのは、2階のレオナルド・ダ・ヴィンチ大展示室Galleria Leonardo da Vinci。彼のデッサンをもとに作り出した数々の模型が並べられ、その偉大さにあらためて驚かされる。

🏛 **世界遺産**

サンタ・マリア・デッレ・グラツィエ教会および修道院とレオナルド・ダ・ヴィンチによる「最後の晩餐」
登録年1980年　文化遺産

✉ 「最後の晩餐」予約
　見学2ヵ月前に電話で予約しました。料金€8は少額にもかかわらず、現地払いはしていないので、予約の際は、クレジットカードの番号、PINコード、予約確認メールを受け取るアドレス（届かなくても、予約番号を控えていればOKとのこと）を伝える必要があります。
（埼玉県　SATOMI　'15）

✉ 冬もおすすめ
　2月に出かけました。気温は東京とほぼ変わらず、混雑はないし、個人旅行におすすめの季節。『最後の晩餐』を10:00に行ってみました。1人なら10:15にキャンセルあり、すぐに入れました。主人とふたりなので、他の時間が空いていないか確認したところ、17:15が簡単に取れて驚きました。あきらめず、時間があれば直接行って見てください。
（ノン　'15）

■S.M.d.グラツィエ教会
🕐 7:00～12:00
　15:00～19:30
　⑤㊗ 7:30～12:30
　　15:30～21:00
休 1/1、復活祭の⑤、5/1、5/25

■レオナルド・ダ・ヴィンチ
　記念国立科学技術博物館
🏠 Via San Vittore 21
☎ 02-48555558
🕐 9:30～17:00
　⑤⑥㊗9:30～18:30
休 ㊗以外の㊊、1/1、12/24、12/25
💰 €10、25歳以下65歳以上€7.50（要証明書）
🚇 M2線S. Ambrogio
※入館は閉館30分前まで

修道院の雰囲気が残る回廊はバールになっている

サンタンブロージョ聖堂

Basilica di Sant'Ambrogio バジリカ・ディ・サンタンブロージョ ★★

■サンタンブロージョ
聖堂
住 Piazza S. Ambrogio
☎ 02-86450895
開 10:00～12:00
14:30～18:00
(日)祝15:00～17:00
交 M2線S. Ambrogio

✉ サンタンブロージョ聖堂
見飽きない彫刻
ファサード前、ブラマンテ作の柱廊のある中庭はいかにもロマネスク風。柱頭の怪獣の彫刻は単純な線彫りりながら稚拙ではなくユーモラスでありおもしろい。ケンタウロス、天馬、妖獣、馬の頭で鳥の怪獣など、見ていて飽きません。
(長野一隆 '09)

■サンタンブロージョ
聖堂宝物庫とモザイク
開 10:00～12:00
14:30～18:00
(日)15:00～17:00
休 (月)
料 €2

ロンバルディア・
ロマネスク様式の
サンタンブロージョ聖堂

ミラノの守護聖人である大司教アンブロージョを祀る最古の聖堂。386年にアンブロージョ自身によって建てられ、9～11世紀に再建されたロンバルディア・ロマネスク建築の傑作。

にぎやかな広場から聖堂の敷地へ入ると、アーチを描く回廊に続いてふたつの鐘楼に挟まれた三角形の正面が見える。赤茶けたれんが造りの実にひっそりとさびし気な雰囲気だ。

内部は、ビザンチン様式の特徴である柱で区切られた3身廊となっている。主祭壇部分は、赤大理石の4本の柱で支えられ、ロンバルディア・ビザンチン様式 (10世紀) の彩色と漆喰で飾られた**祭壇天蓋**Altare Maggioreが載る。金色の漆喰の浮き彫りは、キリストと聖アンブロージョの伝説を物語っている。この下には、金銀細工師ヴォルヴィーノの傑作である**黄金祭壇**があり、宝石、七宝、浮き彫り彫刻が施されている。

キリストと聖アンブロージョの伝説を物語る
祭壇天蓋(キボリウム)

祭壇の下の地下納骨堂には、聖アンブロージョと彼が発見したふたりの殉教者の遺骨が納められている。

祭壇右側奥の礼拝堂、サン・ヴィットーレ・イン・チェル・ドーロS. Vittore in Ciel d' Oroは4世紀に建てられ、5世紀のモザイク画で飾られている。天井も壁面もモザイクで飾られ、青と金で描かれた聖人には、ビザンチンの影響がうかがえる。ここには、聖アンブロージョの唯一の確かな肖像が描かれている。

■NAVIGATOR
再びカルドゥッチ通りまで戻ってスフォルツァ城を目指し、途中のマジェンタ大通りを右折すると通りの右に考古学博物館、その隣にサン・マウリツィオ教会が建つ。ここから通りを東に150mほど進み、Via S. Giovanni sul Muroを抜けて進むと地下鉄カイローリ駅だ。ここから北西に位置する緑の茂るカステッロ広場を目指せば、スフォルツァ城の正面入口だ。城の内部にある各博物館の見学後は公園を散策しよう。

左側からはブラマンテ (1492年) による柱廊に続き、**サンタンブロージョ聖堂宝物庫**Tesoro di S. Ambrogioがある。

中世の金銀細工の粋を
集めた、黄金祭壇

古代ローマの収蔵品が充実

考古学博物館
Museo Archeologico
ムゼオ・アルケオロジーコ

古代ギリシア、エトルリア、ローマ時代の考古学的な発見物が収蔵されている。『パラビアゴの盃』Patera di Parabiagoと呼ばれる銀器は特に有名。

考古学博物館入口を入った中庭

16世紀のフレスコ画を飾る

サン・マウリツィオ教会
San Maurizio
サン・マウリツィオ

現在の市立考古学博物館の場所にあった15世紀から続いたマッジョーレ女子修道院付属の教会。1500年代のロンバルディア・ルネッサンスの優美な建物だ。内部の合唱席はルイーニと弟子らによるフレスコ画で飾られている。とりわけ、右側の第3礼拝堂の『聖カテリーナの生涯』Storia della Vita di S. Caterinaは必見だ。

サン・マウリツィオ教会

ミラノ統治者の居城兼城塞

スフォルツァ城 ★★
Castello Sforzesco
カステッロ・スフォルツェスコ

ミラノのルネッサンス期最大の宮殿。かつての領主、ヴィスコンティ家の城跡にフランチェスコ・スフォルツァ公爵の命により、1450年に城兼要塞として建てられた物。15世紀には、イタリア各地からの芸術家たちが、この宮廷でさまざまな技を競ったという。その後、フランス軍、スペイン軍の攻勢に遭い、

堂々としたスフォルツァ城

1766年のナポレオンの到来までの間に城はより強固な城塞となった。18世紀後半、建築家ルカ・ベルトラミによって修復された。

城の真正面にあるフィラレーテ門から入ると昔の練兵場であった中庭があり、1477年のボナ・ディ・サヴォイアの塔が見える。緑の草の茂る深い堀と跳ね橋を渡ると、右側はかつての領主の住まいであったコルテ・ドゥカーレだ。内部は豪華なフレスコ画で飾られた部屋が続いている。右側には、博物館の入口がある。現在この城は、古代ローマ、エジプト美術、古代楽器、陶器、写真資料、絵画、彫刻、コインといった多岐にわたる分野の博物館となっている。

スフォルツァ城中庭

■考古学博物館
住 Corso Magenta 15
☎ 02-88445208
開 9:00～17:30
（入館は17:00まで）
休 ㊊、1/1、12/25
料 €5、共通券€7
交 M1・2線
　Cadorna-Triennale
※毎月第1㊐、毎日16:30～
と㊌14:00～入館無料

■サン・マウリツィオ教会／
　旧マッジョーレ修道院
開 9:00～17:30
休 ㊊
料 €2

強固な城塞に残る
ヴィスコンティ家の紋章

市立博物館共通券
Tourist Museum Card

スフォルツァ城博物館、考古学博物館、自然史博物館、GAM、1900年代美術館、リソルジメント博物館Museo del Risorgimento、水族館Acquarioの共通券は€12、3日間有効。各館は㊋～㊐16:30、㊌14:00以降、毎月第1㊐（2016年7/3まで）の入館は無料。

住 Piazza Castello
☎ 02-88463703
開 9:00〜17:30
　（入館は17:00まで）
休 圉、1/1、復活祭の翌圉、
　5/1、12/25
圏 €8、共通券€12（→P.65）
※毎月の第1圉、毎日16:30
　〜と圍14:00〜入場無料

スフォルツァ城への行き方

Ⓜ 地下鉄で
以下の駅で下車
●M1・2線カドルナCadorna
●M1線カイローリCairolli
●M2線ランツァLanza

ミケランジェロの最後の作品
『ロンダニーニのピエタ』

ダ・ヴィンチ愛好家なら
　第8室　板張りの間にはレオ
ナルド・ダ・ヴィンチが1498
年頃に描いたモノクロームの壁
画（部分）が残されている。これ
は、当時の当主ルドヴィーコ・
イル・モーロが依頼したもの
の、後年漆喰が塗られ19世紀
末になって発見されたもの。岩
のなかで根を張る植物が天井
へ向かって力強く枝葉を広げ
る構図は「自然の詩」の表現とい
う。描かれた木は、桑の木＝ラ
テン語で「モルス」＝依頼主モー
ロを暗示。桑の木は古来より
賢さの象徴とされるため、ルド
ヴィコ・イル・モーロを賛辞し
た絵だと解釈されている。とは
いえ、解釈の難しさと抑えた色
彩からか、これまであまり注目
を集めなかった。

市立水族館正面

莫大な収蔵品を誇る総合博物館　**MAP** P.61、P.28 A2

スフォルツァ城博物館 ★★
Musei del Castello Sforzesco
ムゼイ・デル・カステッロ・スフォルツェスコ

　広い博物館の展示物のなかで、特に重要な
物をひろうと、中庭左の「ロンダニーニのピエタ
美術館」のミケランジェロの最後の作品となっ
た『ロンダニーニのピエタ』Pietà Rondanini。1
階切符売り場を抜けた古代美術館の2階16〜19
室、1400年代のフレスコ画『グリセルダの物語』
Storia di Griselda。

3階の陶器コレクション

　2階20室からは絵画館Pinacotecaになってい
て、20室、マンテーニャの『栄光の聖母子、聖人と天使』Madonna col
Bambino in Gloria tra Santi e Angeli Musicanti、B.ベンボの『多
翼祭壇画』Polittico、ジョヴァンニ・ベッリーニの『聖母子』Madonna col
Bambino。21室、フォッパの『聖セバスティアーノ』S. Sebastiano、『書
物を持つ聖母』Madonna del libro。ベルゴニョーネの『ピエタ』Pietà。
25室、ジョヴァンニ・ベッリーニの『月桂冠を戴いた詩人』Poeta Laureato、
コレッジョ『男の肖像』Ritratto d'uomo、ロットの『若者の肖像』Ritratto
di Giovinotto、ティントレットの『ソランツォの肖像』Ritratto Soranzoなど。

　さらに、塔を横切って進むと、3階には陶器や衣装、2階には古代楽器
の展示が続く。1階中庭に降りると、15世紀の柱廊が宝物庫へと続く。こ
こにあるブラマンテのフレスコ画『アルゴス』Argoは必見。

　さらに進むと、トリブルツィオ伯爵の文庫で、15世紀の貴重な印刷書
籍、手稿などが収蔵されているトリブルツィアーナ図書館Biblioteca
Trivulzianaがある。柱廊から続く
地下には、**考古学および古銭博物館**
Civiche Raccolte Archeologiche e
Numismaticheがあり、紀元前4世紀か
ら現代までの15万個に上るメダルおよび
コインなどが展示されている。

古代楽器の展示も見事

緑あふれる広大な庭園　**MAP** P.61、P.28 A1・2

センピオーネ公園 ★
Parco Sempione
パルコ・センピオーネ

　スフォルツァ城の裏手に広がるのが、かつては領主の森であった、
47ヘクタールの広さを誇る緑あふれる公園。

　城を背にして、正面遠くに見える**平和の門**Arco della Paceは6頭立
ての馬車に乗ったナポレオン像を頂に抱く門。1859年にV.エマヌエーレ
Ⅱ世とフランス王ナポレオンⅢ世が凱旋のためこの門を通過した。右側に
はナポレオン時代の美しいネオクラシック様
式の競技場、**アレーナ**Arenaと**市立水族館**
Acquario Civicoが位置している。左には、
建築・デザインのトリエンナーレ展の開催場と
なる**アルテ宮**Palazzo dell' Arteがある。

ミラノ市民が憩う公園

4.旧マッジョーレ病院付近 旧市街南東部

Intorno all' ex Ospedale Maggiore

ドゥオーモから南に進み、庶民的なショッピング街としてにぎわうトリノ通りを抜け、西ローマ帝国文化をしのばせるサン・ロレンツォ・マッジョーレ教会をはじめ、数々の建築史上重要な建物を回る。さらに足を延ばし、かつてミラノの町に巡っていた運河の跡を訪ね、昔日の面影に触れるルート。(所要時間 4～5時間)

地 P.28 B・C2～P.29 B・C3

サンタン
ブローショ聖堂
S. Ambrogio
P.64

カトリック大学
Universita Cattolica

アンブロジアーナ絵画館 ②
Pinacoteca Ambrosiana
P.69

サン・セバスティアーノ教会
S. Sebastiano

サン・ジョルジョ教会
S. Giorgio

トリノ通り ❶ Via Tortino
P.68

王宮
Pal. Reale

ドゥオーモ
博物館
Museo del Duomo
P.47

大司教館
Pal. Arciv.

サンタ・マリア・プレッソ・
サン・サティロ教会
S. M. Presso S. Satiro
P.68

Missori M

ツーリング・
クラブ・イタリア
T.C.I.

Torre
Velasca

サン・ナザーロ・
マッジョーレ教会
S. Nazaro Maggiore
P.72

サン・ロレンツォ・
マッジョーレ教会 ❸
S. Lorenzo Maggiore
P.70

旧マッジョーレ病院
カ・グランダ (現、大学)
ex Ospedale Maggiore/
Ca'Granda(Universita)
P.72

サンテ
ウストルジョ教会
S. Eustorgio
P.70

ティチネーゼ門
Arco di P.ta Ticinese

5月24日広場
P.za XXIV Maggio

❹
ナヴィリオ運河
Alzaia naviglio Grande
P.71

サンタ・マリア・プレッソ・
サン・チェルソ教会
S. Maria presso
S. Celso
P.71

❶ トリノ通り	❷ アンブロジアーナ 絵画館	❸ サン・ロレンツォ・ マッジョーレ教会	❹ ナヴィリオ運河
いつも大にぎわいの普段着のミラノっ子のお買い物通り。商店にばかり目がいきがちだが、実は中世から続く通りのひとつでもある。通りの周囲には歴史ある館、教会、ローマ時代の遺構などが点在し、ウインドーショッピングと歴史散歩ができる楽しい界隈だ。	F.ボッロメオ枢機卿によって17世紀に開設された絵画館。7年間にわたる長期の修復を終え、1997年に再公開が始まった。ヴェネツィア派、ロンバルディア派を中心に充実した収蔵品を誇る。また、修復により建設当初の美しさを取り戻した壁や天井にも注目したい。	ミラノに残る古代ローマ、初期キリスト教時代の建造物で最も保存状態のよい物。正面を飾る16本の古代ローマの列柱が、この聖堂をより鮮烈に印象的な物にしている。聖堂内部の4世紀の壁画も必見だ。また、このあたりは古いミラノが残る界隈でもある。	かつてミラノの町の周囲には運河が巡り、物や人を運ぶ重要な手段だった。多くはふさがれて、今ではティチネーゼ門南西にわずかに残るのみだ。川辺の洗濯場、鉄の橋などが昔日をしのばせる。現代的な画廊やピッツェリアなども多く、新旧の対比もおもしろい地域だ。
★ P.68	★★ P.69	★★ P.70	★ P.71

ドゥオーモ近くから出発し、町の南側を回って再び出発地点近くへ戻るルートだ。かなり歩くことになるので、ドゥオーモ周辺とティチネーゼ門付近のふたつに分けてそれぞれ地下鉄などを利用して移動するのも効率的だ。

ドゥオーモそば、王宮の南西に位置するサンタ・マリア・プレッソ・サン・サティロ教会からスタート。まずはドゥオーモを背にし、左側のアーケードを進もう。アーケードが途切れたら、4方向に道が広がる。前方斜め左のトリノ通りを進むと、すぐ左がサン・サティロ教会だ。入口は裏側のVia Falcone側。一度トリノ通りに戻り、教会の対面やや左側のP.za S. M. Beltradeを入ると、目の前の建物がアンブロジアーナ絵画館だ。右に回り込むと入口がある。絵画館の見学後、再びトリノ通りに戻り、西へ600mほど進むと、小さな広場があるので左折して、Corso di Porta Ticineseを行く。左にサン・ロレンツォ・マッジョーレ教会が見えてくる。そのままさらに南に進むとサンテウストルジョ教会、ティチネーゼ門Porta Ticinese。門を抜けると、ナヴィリオ運河だ。

✉ **トラムの便利な路線**
Porta Genova 駅前からトラム2番でドゥオーモへ。ティチネーゼ門からトラム3番でドゥオーモへ。
（千葉県　匿名希望　'11）

S.M.P.サン・サティロ教会への行き方

Ⓜ **地下鉄で**
以下の駅で下車
●地下鉄M1・3線
　ドゥオーモDuomo
●地下鉄M3線
　ミッソーリMissori

■**S.M.P.S.サティロ教会**
🏠 Via Speronari 3
　/Via Torino 17
☎ 02-874683
🕐 9:30〜17:30
　⑪⑭14:00〜17:30
休 ⑪

✉ **スーパー発見**
トリノ通りを進んだfnacの地下に、スーパーBillaがあります。地元の人が多く、かなり充実の品揃え、手頃なおみやげになりそうなパスタなども揃っています。（抹茶　'11）['16]
ビッラ Billa
🏠 Via della Palla 2
☎ 02-89504802
🕐 ⑪〜⑤8:00〜20:00

ブラマンテの遠近法の不思議　MAP P.67、P.29 B3

サンタ・マリア・プレッソ・サン・サティロ教会 ⭐
Santa Maria Presso S. Satiro
サンタ・マリア・プレッソ・サン・サティロ

建物に挟まれた、ルネッサンスの宝石、サン・サティロ教会の後陣

ミラノ最古（11世紀）の鐘楼をもつ教会。ロマネスク様式の鐘楼と初期ルネッサンスの宝石とも呼ばれる教会がぴったりと調和を生み出している。教会の起源は9世紀に遡るが、1480年頃ブラマンテによって再建された。高くそびえる円蓋、円い洗礼堂の上に載る八角形の柱廊……とダイナミックな印象だ。

内部、中央祭壇の周囲の装飾漆喰とアーチが見せかけの遠近法で、奥行きの広さを感じさせる。見事な錯覚の効果には驚くばかりだ。

ファサードは簡素

ミラノっ子でにぎわう商店街　MAP P.67、P.28 B2

トリノ通り ⭐
Via Torino
ヴィア・トリーノ

ドゥオーモ広場から1kmほど続く通り。土曜や夕方には買い物するミラノっ子でたいへんなにぎわいを見せる。一部ローマ時代、そして中世から続いた通りの左右には商店に交じって16世紀のサン・セバスティアーノ教会San Sebastiano、7世紀創建で19世紀に改築されたサン・ジョルジョ・アル・パラッツォ教会San Giorgio al Palazzoなどが点在している。

トラムの走るトリノ通り

若者向きのショップが充実

アンブロジアーナ絵画館 ★★
Pinacoteca Ambrosiana　　ピナコテーカ・アンブロジアーナ

■アンブロジアーナ絵画館
住 Piazza Pio XI 2
☎ 02-806921
開 10:00〜18:00
（入館は17:30まで）
休 月、1/1、復活祭の日、12/25
料 €15、18歳以下、65歳以上€10
交 M1線Cordusio
　 M1・3線Duomo

17世紀、ミラノ司教フェデリコ・ボッロメオによって建てられた住居を、後に彼の遺志により絵画館としたもの。美術学校や図書館も併設されている。建物の裏手には、ボッロメオの銅像もある。1階にある図書館には、レオナルド・ダ・ヴィンチによる『アトランティコ手稿』をはじめとする、多数の手稿本が残る。

絵画館は、ロンバルディア派、ヴェネツィア派を中心にコレクションが充実している。館内はかつての司教の館そのままに、細かく仕切られて展示室が続く。主要作品はいくつかの展示室にまとめてわかりやすく展示されている。また、主要作品ばかりでなく、広い館内を一周してみよう。修復を終え、本来の美しい壁や天井がよみがえり、贅を尽くしたしつらえにも驚かされる。

重厚な司教館の姿をとどめる
アンブロジアーナ絵画館

館内の美しさも見応え十分

必見の展示品を以下に挙げる。

ボッティチェッリの『（天蓋の）聖母子』Madonna col Bambino。レオナルド・ダ・ヴィンチの『楽師の肖像』Il Musico。ラファエッロ『アテネの学堂』のデッサンCartone della Scuola di Atene。ティエポロの『聖ヴェスコーヴォ』Santo Vescovo、『奉献』Presentazione al Tempio。カラヴァッジョの『果物籠』Canestra di Fruttaと前述のダ・ヴィンチの『楽師の肖像』は特に有名。

モレット『聖ピエトロ・マルティーレ』S. Pietro Martire。モローニ『男の肖像』Ritratto di Gentile Uomo。ティツィアーノ『三賢王の来拝』Epifania。チェラーノ『聖アンブロージョ』S. Ambrogio。そのほかにもバッサーノやベルゴニョーネの一級の作品がある。

このほかには、ブリューゲルをはじめとするフランドル絵画や10〜11世紀の前期ロマネスク様式の彫刻が展示されている。

『楽師の肖像』
レオナルド・ダ・ヴィンチ作

『果物籠』
カラヴァッジョ作

✉ 私のおすすめ美術館

数ある美術館のなかで、特におすすめです。ラフェエッロの「アテネの学堂」の下絵（デッサン）はその大きさ、精密さに圧倒されます。完成画（ヴァティカン博物館、ラファエッロの間）を見た人ならその感動はひとしおのはずです。ダ・ヴィンチの貴重なスケッチのコレクションも興味深く、またカラヴァッジョもすばらしいです。さほど混んでいないので、自分のペースでゆっくり見て回れるのもポイントが高いです。
（静岡県　M&M　'08）
アンブロジアーナ絵画館の入館料にはオーディオガイドが含まれています。日本語もあります。　　（ヤマケイ　'11）

✉ ドゥオーモの見学場所にご注意を!!

ミラノの滞在期間が日曜と重なったため、ミサで歌われるであろう聖歌を聴いてみたいと思い、ドゥオーモを訪れました。深く考えずに、横長の椅子に着席。しだいに地元の人も集まり、ワクワクする気持ちのなか、ミサが始まりました。ところが、私の座った場所はミサに参列する信者たちの席……。司祭さまのおっしゃることもわからないまま、見よう見まねで立ったり座ったり、隣の方と握手したりで、神聖な場に何も知らない旅行者が入ってしまったことが申し訳なく、聖歌どころではありませんでした。ミサを見学したい場合は、見学コースから立って見るのがいいと思います。　　（なおみ　'16）

■サン・ロレンツォ・
マッジョーレ教会
住 Corso di Porta Ticinese 35
☎ 02-89404129
教会
開 8:00〜18:30
　⑧9:00〜19:00
聖アクイリーノ礼拝堂
開 9:30〜12:30
　15:30〜18:30
料 €2(礼拝堂)
交 M3線Missori　ドゥオー
　モそばからトラム16番

コリント式の円柱が
教会前広場を飾る

■サンテウストルジョ教会
住 Piazza Sant'Eustorgio 3
☎ 02-89402671
教会
開 ⑨〜⊕ 7:30〜12:30
　　　　15:30〜18:30
　⑧祝 8:30〜13:15
ポルティナーリ礼拝堂
開 10:00〜18:00
休 ⑨
料 €6、学生、60歳以上€3
交 M3線Missori
　ドゥオーモそばからトラム16番

裏に回るとポルティナーリ
礼拝堂の外壁が見られる

✉ おすすめのトラム
　ドゥオーモ広場からトラム
3番に乗車。にぎやかなトリ
ノ通りを抜け、サンロレンツ
ォ・マッジョーレ教会の古代
ローマ時代のコリント式列柱
の脇を通り、壁のアーチを
抜けて走ります。車窓からの
眺めは古い時代のミラノを感
じました。教会Colonne di
Lorenzoで下車し、何回も往
復してしまいました。
　　　　　(愛知県　mie　'13)

ローマ時代の列柱が飾る　　　　　MAP P.67、P.28 C2

サン・ロレンツォ・マッジョーレ教会 ★★
San Lorenzo Maggiore　　　サン・ロレンツォ・マッジョーレ

　古代ローマ時代のコリント式の16本の列柱が正面を飾る聖堂。広場中央にあるのは、316年に「ミラノ勅令」を出したコンスタンティヌスの像。

　教会は、初期キリスト教時代、4〜5世紀の建造で、ギリシア十字型の貴重な物。火災や改築によって構造の変化は見られるものの荘厳な雰囲気は当時をしのばせる。

　建築史上、特に重要なのは聖堂と同時代に張り出して建てられた右奥の聖アクイリーノ礼拝堂Cappella di S. Aquilino。4世紀の元皇帝霊廟で、キリストを囲む聖人たちのモザイクで彩られている。

サン・ロレンツォ教会

中世ミラノを物語る　　　　　　MAP P.67、P.28 C2

サンテウストルジョ教会 ★
Sant' Eustorgio　　　　　サンテウストルジョ

　中世ミラノの卓越した記念物的教会。4世紀に建てられた教会の跡に、7〜15世紀にかけて再建され続けた。中央祭壇の裏手には、5世紀のバジリカの基礎部分が残る。

　内部には、1300〜1400年代のフレスコ画やロンバルディア様式の彫刻が残る。トスカーナのルネッサンス様式のポルティナーリ礼拝堂Cappella Portinari(1466年)は必見。フォッパ作の『聖ピエトロ・マルティーレの生涯』Storie di S. Pietro Martireを描いたフレスコ画やバルドゥッチョによる『殉教者聖ピエトロの墓碑』Arca di S. Pietro Martire(1339年)などの名作が残る。

サンテウストルジョ教会の
ファサード

ポルティナーリ礼拝堂と『殉教者聖ピエトロの墓碑』

16世紀教会建築の好例

MAP P.67、P.29 C3

サンタ・マリア・プレッソ・サン・チェルソ教会
Santa Maria presso San Celso
サンタ・マリア・プレッソ・サン・チェルソ

　1490〜1572年に建立された、外観も内部も1500年代の建築様式の好例だ。右翼廊上部には、ボルドーネの『聖家族と聖ジローラモ』Sacra Famiglia e S. Girolamoがある。また後陣には、フェッラーリの『イエスの洗礼』Battesimo di Gesù、モレットの『聖パウロの屈伏』Caduta di S. Paoloなどのフレスコ画が残る。

ファサードの天使が愛らしいサンタ・マリア・プレッソ・サン・チェルソ教会

昔日のミラノの面影を残す

MAP P.67、P.28 C1・2

ナヴィリオ運河
Alzaia Naviglio Grande
アルザイア・ナヴィリオ・グランデ

運河は13世紀頃からミラノの経済・交通に欠かせなかった。かつては町を取り巻くように水路が広がっていたが、現在は蓋がされ当時の面影はティチネーゼ門近く（5月24日広場

ナヴィリオ運河に架かる橋

Piazza XXIV Maggio西）の船着場Darsena周辺に残るのみだ。今は使われない洗濯場や水路に渡る昔ながらの橋を眺めて昔日のミラノの雰囲気に触れたい。周辺には画廊やナイトスポットも多く、夜にはにぎわいを見せる。

　毎月の最終日曜には運河に沿って骨董市、毎週土曜日には5月24日広場と周辺で衣料や日用品を売る市が店開きする。また、6月の第1日曜には運河祭Festa dei Navigliが行われて、骨董市を中心に、ジャズ演奏があったり屋台が出てにぎやかな雰囲気だ。

昔日の洗濯場

ナヴィリオ地区のアンティークマーケット

■サンタ・マリア・プレッソ・サン・チェルソ教会
🏠 Corso Italia 37
☎ 02-58313187
🕐 7:00〜12:00
　16:00〜18:00
　日・祝 8:30〜12:00
　16:00〜19:00
🚇 M3線Missori

NAVIGATOR

ティチネーゼ門を背にし、右側のサンブーコ通りVia Sambuco（またはG.ガレアッツォ大通りViale G. Galeazzo）からイタリア大通りCorso Italiaを進むと、右側がサンタ・マリア・プレッソ・サン・チェルソ教会だ。再びイタリア大通りに戻り、サンタ・ソフィア通りVia Santa Sofiaを抜け、ポルタ・ロマーナ大通りを渡り200m程左（北西）に進むと、サン・ナザーロ・マッジョーレ教会のファサードが見える。裏手には旧マッジョーレ病院が続いている。
　マッジョーレ教会からドゥオーモへは大通りを行くと約800m。ここまで来ると地下鉄M3線ミッソーリ駅Missoriにも近い。

■ナヴィリオ運河
🚇 M2線Porta Genova F.S.
■ナヴィリオ・グランデ骨董市
Mercato dell'antiquariato sul Naviglio Grande
　ナヴィリオ運河沿いのRipa Ticinese、Alzaia Naviglio Grandeで、毎月最終日曜日に骨董市が開かれる。
🗺 P.28 C1

✉ 私のおすすめスポット
　ナヴィリオ運河沿いで夕暮れを見ながらのアペリティーヴォがおすすめです。アペリティーヴォとは本来は食前酒の意味ですが、アペリティーヴォとかハッピーアワーといって、お酒1杯と食べ放題のおつまみ付きで、バールやトラットリアなどでも7〜10程度で楽しめます。
（埼玉県　SATOMI　'15）

MAP P.67、P.29 C3

■サン・ナザーロ・マッジョーレ教会

住 Corso di Porta Romana
☎ 02-58307719
開 7:30〜12:00
　　15:30〜19:00
　　⑧祝 8:00〜12:30
　　　　15:30〜19:00
交 M3線Missori

教会を入るとトリブルツィオ
礼拝堂になっている

■旧マッジョーレ病院

住 Via Festa del Perdono 7
☎ 02-58351
交 M3線Missori
※大学として使用されている
ので、外観のみの見学

現在は国立ミラノ大学の校舎と
なっている

12使徒にささげられた

サン・ナザーロ・マッジョーレ教会
San Nazaro Maggiore

サン・ナザーロ・マッジョーレ

　キリストの12使徒の教会として、大司教アンブロージョの命によって、368年に着工された。（後陣と円蓋は、11世紀に再建された物）聖ナザーロの遺骨が納められている。
　16世紀に建築家ブラマンティーノによってトリブルツィオ礼拝堂Cappella funeraria dei Trivulzioが付け足された。

カ・グランダ側から見たサン・ナザーロ・マッジョーレ教会

ミラノ領主による大規模病院

MAP P.67、P.29 B・C3

旧マッジョーレ病院／カ・グランダ ★
Ex-Ospedale Maggiore/Ca' Granda

エックス・オスペダーレ・マッジョーレ／カ・グランダ

　1456年にミラノの領主フランチェスコ・スフォルツァ公爵とその妻により建設が始められた病院。200年間にわたり建設が続けられて完成は17世紀、さらに19世紀にも拡張工事が行われ、文字通り「大きな家 カ・グランダ」となった。病院施設として1939年まで使われ、現在は国立ミラノ大学の校舎となっている。
　第2次世界大戦時による爆撃やその後の火災により大規模な修復が行われたが、現在も当時のたたずまいをよく残している。建設が長期にわたったことから見せる、ゴシックからルネッサンスへの建築様式の変遷も興味深い。また、赤れんががアーチを描く回廊付き中庭も印象的だ。

時間が止まったかのように静かな空間カ・グランダ

お得に旅する情報

　イタリア中の国立の美術・博物館は毎月の第1日曜は無料(2016年1月現在、2016年7/3までの見込み)。
●ミラノだけを旅するなら**ミラノ・カード** Milano Card-Milan Tourist card.
　地下鉄、バス、トラムなどの公共交通が無料、多くの美術・博物館で入館料が13〜50%の割引のほか、カードを提示するとfs線のフレッチャ(特急)や一部のレストランやホテル、商店での割引も受けられる。購入はホームページや各所の❶などで。
24時間券 €7　48時間券 €13　72時間券 €19
URL www.milanocard.it
　ただし、美術・博物館で割引を受けないと、交通機関の日にち券の方が割安。

●ミラノをはじめとするロンバルディア州で美術鑑賞三昧なら**アボナメント・ムゼイ・ロンバルディア** Abbonamento Musei Lombardia Milanoを。
　ロンバルディア州の多くの美術・博物館が無料となるカード。1年間有効(各入場1回)で4〜5ヵ所出かければモトは取れる。ミラノならスフォルツァ城博物館、ポルディ・ペッツォーリ美術館、アンブロジアーナ絵画館など。ブレーシャ、クレモナ、ベルガモでも利用可。利用可能な美術・博物館の切符売り場で購入(住所、氏名などの登録が必要)。
27〜64歳 €45　Junior券 6〜14歳 €20
Young券 15〜26歳 €30　Senior券 65歳〜 €35
URL www.lombardia.abbonamentomusei.it

グルメレストラン

　世界各国の料理をはじめ、イタリア各州の郷土料理が味わえるミラノ。伝統の味や雰囲気を重視した店、独創性に富む個性的な店、食のトレンドを先取りした店……とレストラン巡りが楽しい。2016年現在、ミシュランの星つきは2つ星が3軒、1つ星が11軒の充実ぶり。下記に紹介した3軒は、長い間星を維持してきたミラノが誇る名店。次ページからは、地域別に、おすすめ店をピクトで分類してご紹介！

❋ クラッコ　　　Map P.29 B3

Cracco

絵や花が飾られた店内は重厚でエレガント。ミシュランの2つ星

イタリアを代表する有名シェフ、クラッコ氏によるモダンでエレガントなレストラン。伝統料理を現代風にアレンジした料理はまるで1枚の現代絵画のように美しい。お店のおすすめは豚ホホ肉の煮込みMusetto di maiale、サフランのリゾットRisotto allo Zafferano con Midolloなど。コースも数種類用意されており、シェフのこの10年の料理の軌跡が味わえる定食、Menu "in dieci anni" はグルメには楽しい。ミシュランの2つ星。

[要予約]

🏠 Via Victor Hugo 4
☎ 02-876774
🕐 12:30〜14:00、19:30〜23:00

伝統的なミラノ風リゾットも新しい味わいの仕上がり

休 ㊊昼、㊐、8月、12/23〜1/14、復活祭期間　予 €112〜150、定食€120、180　C A.M.V.
交 M1・3線Duomo駅から徒歩約4〜5分

❋ イル・ルオゴ・ディ・アイモ・エ・ナディア　　Map P.26 B1外

Il Luogo di Aimo e Nadia

生花の飾られた、落ち着いた店内。ミシュランの2つ星

絵画と花が飾られた落ち着いた雰囲気のなか、伝統的なイタリア料理をベースにした新感覚の味わいが楽しめる1軒。美しく盛りつけられた料理にはイタリア中から吟味した素材が使われ、バターや生クリーム、脂を控えた味わいは健康志向の現代人のための料理だ。そして家族経営のあたたかなサービスをはじめ、どこか懐かしさも感じさせる。ミシュランの2つ星。

[要予約]

🏠 Via Montecuccoli 6
☎ 02-416886
🕐 12:30〜14:00、19:30〜22:30

「小鰯と菜の花のフェットチーネ」など野菜と魚の使い方がすばらしい

休 ㊏昼、㊐、1/1〜1/8頃、8月の3週間
予 €95〜140、定食€140
C A.D.M.V.
交 M1線Primaticcio駅から徒歩約3分

❋ ジョイア　　　Map P.31 B2

Joia Alta Cucina Naturale

間口は狭いながら、奥にはふたつのサロンが広がる。ミシュランの1つ星

注目を集めるシェフの店。シンプルで現代的な店内とマッチした料理は、世界各地の料理からインスピレーションを受けたという斬新な野菜料理が中心。色合い、盛りつけ、味わいに驚きの連続。メニューはまるで詩のようでもあり、味わいが重ならないように、お店の人のアドバイスに従うのもいい。種類豊富なチーズも用意されている。ミシュランの1つ星。

[要予約]

🏠 Via Panfilo Castaldi 18
☎ 02-29522124
🕐 12:30〜14:30、19:30〜23:00
休 ㊏昼、12/25〜1/7頃、8月の

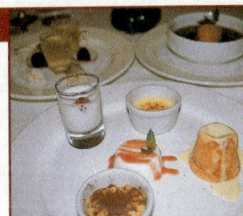

クレーム・ブリュレ、パンナコッタなどデザート盛り合わせ

3週間
予 €70〜100、定食€35（昼）、€115　C A.D.J.M.V.
交 M3線Repubblica駅から徒歩7〜8分

レストランピクト案内　　❋高級店　　❋中級店　　❋庶民的な店　　🍕ピッツェリア　　🍞パカリ　　Ⓑ B級グルメ　　🍨ジェラテリア　　☕カフェ

ミラノのレストラン

ドゥオーモ周辺

　観光客を中心に人波が途切れることのないドゥオーモ周辺。ミラノを代表する高級ホテルには個性的なレストランが併設され、特別な味と雰囲気を求めるかたにはおすすめ。戦前から続く老舗レストランの伝統の味わいに舌鼓を打つのもいい。おしゃれな町ミラノにふさわしいモダンな店の味わいも充実。新しい食を求めた新傾向の店も次々にオープンして、あらゆるミラノの食が充実した界隈だ。

❋ ドン・カルロ　　　　　　　Map P.30 A1

Don Carlos

グランド・ホテル・エ・デ・ミラン（P.95）のメインダイニング。クラシック音楽が流れ、壁を埋め尽くすようにスカラ座博物館からの絵画が飾られ、テーブルにはキャンドルがともる。この町の優雅な歴史を伝える、ロマンティックな特別な空間だ。料理はロンバルディア料理を中心にした

創造的な物。ワインの品揃えもすばらしい。**要予約**
🏠 Via Manzoni 29
☎ 02-72314640
🕐 19:30〜24:00
休 8月　🍴 €75〜110、定食€75
💳 A.D.J.M.V.
🚇 スカラ座から徒歩1分

❋ ヴゥン　　　　　　　　　　Map P.30 B1

Vun

ホテル・パーク・ハイアット（P.100）の1階、ラ・クーポール奥にあるミシュランの1つ星レストラン。オークの壁と革張りのソファが配された室内は落ち着いた大人の雰囲気。ナポリ出身のシェフによる軽やかで斬新な地中海料理が味わえる。
できれば予約

🏠 Via Silvio Pellico 3
☎ 02-88211234
🕐 19:30〜22:30
休 ㊐、㊊、1月の10日間、8月
🍴 €114〜127、€115
💳 A.D.J.M.V.
🚇 V.エマヌエーレII世のガッレリア横

❋ アルマーニ　　　　　　　　Map P.30 A1

Armani/Ristorante

アルマーニ・メガストアー（P.92）の正面からエレベーターで上がったアルマーニホテル内にある。フロントから続くガラス張りのラウンジの先にあり、ミラノの町を見下ろし、まるで空に浮かんでいるかのよう。2016年ミシュランの1つ星。
要予約

🏠 Via A.Manzoni 31, Armani Hotel内
☎ 02-72318645
🕐 12:30〜14:30（㊐13:00〜15:00）、19:30〜22:30　休 夜
🍴 €75〜130（コペルト€5）、定食€120、150　💳 A.D.J.M.V.
🚇 地下鉄3線Montenapoleone駅すぐ

❋ イル・サルマイオ　　　　　Map P.30 A2

Il Salumaio di Montenapoleone

日本でもなじみのある高級食料品店の経営。2011年6月に邸宅博物館の一部に移転。以前同様、歴史ある館と中庭に、店舗、レストラン、カフェなどが広がり、静かで落ち着いた雰囲気。ハッピーアワーは18:00〜。

🏠 Via Santo Spirito 10（バガッティ・バルセッキ博物館内）
☎ 02-76001123
🕐 12:00〜23:00　休 ㊐、8月
🍴 €70〜100（コペルト€5）、定食€60、70　💳 A.D.J.M.V.
🚇 M3線Montenapoleone駅より徒歩約3分
できれば予約

✖ バグッタ　　　　　　　　　Map P.30 B2

Bagutta

90年以上続く地元客に人気のミラノの老舗レストラン。店内に足を踏み入れるとすぐ目に入るたくさんのユニークな絵画は、過去にここで食事をしていった数多くの芸術家たちによるものだ。メニューはシンプルでクラシック。ボリュームも満点だ。ワゴンに乗って運ばれてくるドルチェも美味と評判。

できれば予約
🏠 Via Bagutta 14
☎ 02-76002767
🕐 12:30〜22:30
休 ㊐
🍴 €45〜60（コペルト€5）
💳 A.D.J.M.V.
🚇 M1線San Babila駅より徒歩4分

🍴 イル・メルカート・デル・ドゥオーモ　Map P.30 B1

Il Mercato del Duomo

カジュアルなランチから繊細で工夫を凝らしたディナー、優雅な食前酒までなんでも楽しめる総合レストランビル、イル・メルカート・デル・ドゥオーモIl Mercato del Duomo。3階の巨大なフードコート、ビストロ・ミラノ・ドゥオーモBistro Milano Duomoは、観光客から大人気のセルフレストラン。ピッツァ、パニーニ、パスタ、ハンバーガー、サラダにスイーツなどカジュアルでお手軽なメニューが多く、観光中に立ち寄るのにも便利。同階南側にはベルルッキ・フランチャコルタ・ラウンジBerlucchi Franciacorta Loungeがあり、今をときめくフランチャコルタのスプマンテが楽しめる。

静かな4階には3つ星レストランRealeの有名シェフNiko Romito氏のレストラン、スパツィオ・ミラ ンSpazio Milan（営 12:00〜15:30 19:30〜23:30 ☎ 02-878400）。Niko氏の料理学校を卒業した生徒たちが調理場を任されており、イタリアンがベースの創作料理。どれも繊細な味付けで素材にもこだわりを感じる。店内の奥の席からはドゥオーモが眺められてすてきだ。

住 Piazza del Duomo
☎ 02-86331924
営 11:30〜16:00、18:00〜22:00
休 無休
予 €5〜60
C A.D.J.M.V.
交 ドゥオーモそばIl Mercato del Duomo 2階〜3階

❌ ペーパー・ムーン　Map P.30 B2

Ristorante Paper Moon

モダンな店内は、ビジネスマンやファッション関係者、観光客で、昼も夜も大にぎわい。おすすめはパッパルデッラや熱々の牛肉のタタキ風ロベスピエールなど。生地が薄い、軽めのピッツァの種類も豊富。デザートもおいしい。人気店なので、早めの入店か予約が必要。　要予約　日本語メニュー

住 Via Bagutta 1
☎ 02-76022297
営 12:30〜15:30、19:30〜24:00
休 ⽇
予 €35〜55（コペルト€3.50）、定食 €55、60
C A.M.V.
交 M1線San Babila駅より徒歩約1分

❌ パーパ・フランチェスコ　Map P.30 B1

Papà Francesco

ガッレリアの北、S.フェデーレ広場に面してあり、便利な立地。町の人に長く親しまれている1軒。壁いっぱいに有名人の写真が飾られている店内は明るく、テラスでの食事も楽しい。サービスも充実。　要予約　日本語メニュー

住 Via Marino Tommaso 7
☎ 02-862177
営 12:00〜14:30、19:00〜22:30
休 一部の㊗
予 €40〜70（コペルト€3.50）
C J.M.V.
交 M1・3線Duomo駅から徒歩3分

❌ アル・メルカンテ　Map P.29 B3

Al Mercante

中世のたたずまいを残すメルカンティ広場の一角にあり、便利な立地。夏には広場にテーブルも並び、昔ながらの風情と活気にあふれている。店内には、各種さまざまな郷土色の強い前菜が並び、食欲をそそる。　できれば予約

住 Piazza dei Mercanti 17
☎ 02-8052198
営 12:00〜24:00（⽇〜14:00）
休 1/1〜1/7、8月
予 €35〜45（コペルト€2.50）
C A.D.J.M.V.
交 M1・3線Duomo駅から徒歩3分

ドゥオーモ南側のカジュアルレストラン（→地 P.30 C2）

ドゥオーモ南側に位置するVia Verziereはドゥオーモからも近く、カジュアルな店が多い。サルドSardò（住 Via Verziere 3 ☎ 02-36638630 営 ㊊〜㊎7:30〜18:00（㊋〜㊎24:00）、㊏10:00〜24:00（⽇〜18:00））は、サルデーニャ地方のストリートフードを扱う軽食屋。朝から夜遅くまで営業していて使い勝手がよいのも◎。そして隣接する**ブラーチェ・エ・リゾッティ・ディ・マッサ**ーレBrace E Risotti di Massare（住 Via Verziereと Via Merlo 1の角　☎ 02-76341524　営 12:00〜16:00、19:00〜23:30）は、地元のビジネスマンや学生に人気。自慢のリゾットをはじめ、シーフード、肉料理、ピザやパスタまでメニューが豊富。ランチ定食€13。

リラックス空間のサルド

ミラノの食、流行はナニ?

◆大都市ミラノの食事情

イタリア・ファッションの発信地であるミラノは料理やライフスタイルでも流行を作り、牽引していく。料理について保守的なイタリアだが、ここミラノは例外といっても過言ではない。ミラノの食を眺めれば、イタリア料理の未来がわかる。

世界各地の料理から発想された**フュージョン料理**から、イタリア各地の**郷土料理**、イタリア風**ファストフード**のパニーノやピッツァ、そして**中華、エスニック、和食、ラーメン**まで何でも揃うミラノ。町の豊かさがレストランを支え、発展させているのだ。また、イタリアのみならず世界中から高品質の素材とおいしいものを求め「食」は多様化し、生活シーンにあわせてさまざまな味わいを楽しむ。食のこだわりや多様性を見るなら、**高級食品売り場**へ行くとよくわかる。例えば、エクセルシオール(→P.89)やカ・リナシェンテ(→P.89)の地下の食品売り場、ペック(→P.89)、イータリー(→P.87)などでは、産地や製法にこだわった高品質で多様な食品が並ぶ。

◆郷土料理の今

時代やライフスタイルによって料理が変わるのは自然なこと。住宅街のミラノっ子の利用が多いレストランでは昔ながらの伝統料理を味わいたいとメニューを広げても、ミラノの定番料理は少ない。伝統にとらわれず、現代のライフスタイルに合わせた軽めな料理がメニューに並んでいることが多い。むしろ観光客の多い界隈のレストランやトラットリアのほうが、土地の味わいにこだわっているように感じられるほどだ。

ミラノ料理といえば、**ミラノ風カツレツのコトレッタ・アッラ・ミラネーゼ**Cotoletta alla Milaneseや**サフランの入った黄金色のミラノ風リゾット**Risotto alla Milanese。定番中の定番ともいえるこれらの料理は多くのレストランで味わうことができる。時には昔ながらの郷土料理を求め、あるときは新傾向のイタリア料理を興味津々に味わうのもミラ

ミラノ料理の定番、ミラノ風カツレツ、コトレッタ・アッラ・ミラネーゼは根強い人気だ

ノっ子だ。伝統的なコトレッタ・アッラ・ミラネーゼは極薄い仔牛肉にパン粉をつけ、バターで黄金色に揚げ焼きにしたもの。新イタリア料理の旗手として一時代を築いた**G.マルケージ氏**は、これを厚切りのレアに仕上げ、彼のスペチャリテとなった。リゾットもそのエキスだけをパスタに詰めてG.マルケージ氏へのオマージュとした料理もある。こんなふうに伝統的な料理も姿を変えて行くのがミラノなのだ。

◆これからのイタリア料理は?

イタリアの「新たな食」を提案するスポットとして注目されているのが、町の中心のドゥオーモ広場の**イル・メルカート・デル・ドゥオーモ内にあるスパツィオ**Spazio(→P.75)。イタリア中部アブルッツォ州のミシュランの3つ星レストラン、レアーレRealeのシェフ、**ニコ・ロミトが展開するワークショップレストラン**だ。ニコ・ロミトは今、イタリアを代表するシェフのひとりで、ここ約15年の間にシェフの階段を駆け上がった。アブルッツォ、カステル・ディ・サングロでレストランのほか、ホテル、料理学校を開いており、その料理学校を卒業した若者の経験と活躍の場としてオープンしたのがスパツィオだ。ニコ・ロミトは料理の「ミニマリスト」とも呼ばれ、使用する素材は少なく、素材の核ともいえる味わいを引き出した料理が特徴的だ。全体的に軽やかながら素材の味わいが優しく口中で広がる。

ニコ・ロミトのスペチャリテのひとつ 溶ろけるパンチェッタ、ハチミツ、ビネガー風味 セロリアック添え

スパツィオは**「手頃な料金で上質な料理」**もコンセプトのひとつで、前菜・プリモは€14、セコンドは€17〜20、デザート€10、グラスワインが€5〜8と、ひとり€50程度。この価格設定もうれしい。雰囲気はカジュアルで、テーブルによっては、ドゥオーモやガッレリアを間近に見ながら食事できるのも魅力だ。

美しいデザート。アーモンドのムース、レモンのジュレと塩味のパイ添え

肩ひじ張らない、気取りのない雰囲気の店内

ナヴィリ地区

かつてはミラノのシンボルであった運河がわずかに残る一帯。ミラノの下町といわれていたのも今は昔。現在は、ミラノの夜を代表するスポットに成長してきた。レストラン、ピッツェリア、ビッレリア（ビヤホール）、エノテカ（ワインバー）などが軒を競い、ミラノのナイトライフには欠かせない界隈となっている。庶民感覚あふれるお店の料理も手が込んでいて、通好みの一帯だ。

レストラン ● ミラノの食・流行はナニ？／ナヴィリ地区

🍽 アル・ポンテ・デ・フェール　　Map P.26 C2

Al Ponte de Ferr Osteria con Cucina

ナヴィリ運河の「鉄の橋」近くにある気取らない雰囲気のオステリア。料理は斬新なテクニックと楽しいサプライズにあふれている。スペシャリテを組み合わせた定食が充実している。　**要予約**
URL www.pontedeferr.it

- 住 Ripa di Porta Ticinese 55
- ☎ 02-89406277
- 営 12:30～14:30、20:00～23:00
- 休 無休
- 予 €50～90、定食€60、120
- C J.M.V.
- 交 2線Porta Genova駅から徒歩7～8分

🍽 アル・ポルト　　Map P.28 C1

Al Porto

ナヴィリオ運河を望む、魚介類専門のレストラン。海をイメージしたインテリアや磨き込まれた木造の床は古きよき時代の雰囲気を醸し出して、店に風格を与えている。VIPの常連も多いという大人のサロンのような1軒だ。
要予約 **日本語メニュー**

- 住 Piazza Antonio Cantore
- ☎ 02-8321481
- 営 12:30～14:30、19:30～22:30
- 休 ⑪、⑪昼、12/25～1/6頃、8月
- 予 €50～80（コペルト€3）
- C A.D.J.M.V.
- 交 M2線Porta Genova F.S.駅から徒歩5分

🍴 トラットリア・マドニーナ　　Map P.26 C2

Trattoria Madonnina

1900年代初めの開店当時の面影が色濃く残るトラットリア。界隈に住む人の食堂といった気取らない雰囲気でミラノの今風の家庭料理が味わえる。自家製のデザートもおすすめ。やや交通の便が悪いが、経済性も高く、ミラノの若者に人気の店。

- 住 Via Gentilino 6
- ☎ 02-89409089
- 営 12:00～15:30、20:00～23:00
- 休 ⑪夜、8月
- 予 €12～30（コペルト€2）、定食€30
- C M.V.
- 交 ドゥオーモからトラム3番

🍕🍴 イ・カパトスタ　　Map P.26 C2

I Capatosta

ナヴィリオ・グランデ運河沿いにある、薪で焼かれた、生地が厚めのナポリのピッツァで人気の店。ティチネーゼ門側からはやや歩くものの、週末はいつも行列ができている。ピッツァのほか、ボリュームたっぷりのCalzoneやフリットをはじめとするナポリ料理も試してみたい。フレン

ドリーな雰囲気。　**できれば予約**

- 住 Alzaia Naviglio Grande 56
- ☎ 02-89415910
- 営 10:30～14:30、18:00～24:00（金～⑪～翌1:00）
- 休 12月中旬の1週間
- 予 €15～25　C A.M.V.
- 交 ティチネーゼ門から徒歩7分

🍕🍴 ラ・プレミアータ　　Map P.28 C2

La Premiata

ナヴィリオ・グランデ運河の東側にあるピッツェリア。ピッツァは€6ぐらいから。雰囲気もおしゃれで、地元の若者や家族連れが多い。お店の人も親切。
週末は要予約

- 住 Via Alzaia Naviglio Grande 2
- ☎ 800-926002
- 営 12:00～15:30、18:00～24:00
- 休 無休
- 予 €30（コペルト€1.50）
- C M.V.
- 交 M2線Porta Genova F.S.駅より徒歩約6分

ミラノのレストラン

中央駅／ヴェネツィア門

　経済的なホテルから高級ホテルまでが林立し、旅行者が多いことでは群を抜く中央駅周辺。それに比べて駅付近には、レストランやカフェ・バールが少ない。中央駅から500mも歩けば、経済的でおいしいお店を探すことができる。町なかを上手に抜けて、個性的なトラットリアやおいしくて経済的なピッツェリアに出かけてみよう。4つ星以上のホテルに泊まる場合には、ホテルのレストランをチェック。

❌ カヴァリーニ　　　　　　Map P.31 B2

Antica Osteria Cavallini

ホテルが軒を連ねるVia N. Torrianiを中央駅から200mほど歩いた左側にあるレストラン。外観は簡素だが、店内は広々としたテラス風。とりわけ、初夏から秋にかけては、中庭のブドウ棚の下での食事は格別だ。

要予約

住 Via M. Macchi 2
☎ 02-6693174
営 12:30～15:30、19:00～24:00
休 ⑪
予 €50～100（コペルト€3）、定食 €60、70
C A.D.J.M.V.
交 中央駅から徒歩5分

❌ オステリア・デル・トレーノ　Map P.31 B1

Osteria del Treno

中央駅にもほど近い、レトロな雰囲気のオステリア。厳選された食材を使った伝統的で骨太なミラノ料理が味わえる。ランチはビュッフェスタイルでキッチンから自分で選んで運ぶシステムで、近隣のサラリーマンでいつもにぎやかだ。落ち着いた夜がおすすめ。

夜は要予約

住 Via San Gregorio 46
☎ 02-6700479
営 12:30～14:30、20:00～24:00
休 ⑪⑥昼
予 €40～（コペルト€3）
C M.V.
交 共和国広場から徒歩63分

❌ ダ・イリア　　　　　　　Map P.31 B2

Da Ilia

長く続く家族経営のレストラン。トスカーナとミラノの料理が味わえ、魚・肉料理をはじめ自家製デザートも充実。突き出しに出されるポテト・フライが食欲をそそる。平日のランチには、プリモやセコンドが選べ、水、カフェが付いた定食（€15）がある。

できれば予約

住 Via Lecco 1/A
☎ 02-29521895
営 12:30～14:35、19:30～23:00
休 ⑥、8/10～8/22
予 €20～50（コペルト€3.50）、定食€50
C A.D.J.M.V.
交 M1線Porta Venezia駅から徒歩5分

❌ ダ・ジャンニーノ-ランゴロ・ダブルッツォ　Map P.27 B4

Da Giannino-l' Angolo d' Abruzzo

中心街からやや離れるものの、そのぶん落ち着いて料金も手頃なアブルッツォ料理の店。約50年続く家族経営で、夜は常連や故郷の味を求める人たちでいっぱい。量もタップリな骨太な料理が楽しめる。

夜は要予約

住 Via R. Pilo 20
☎ 02-29406526
営 12:00～15:30、19:30～24:00
休 無休
予 €25～35
C J.M.V.
交 地下鉄1線Porta Venez1aから徒歩7～8分

中央駅近くでちょっと変わったお店紹介

　たまには少し風変わりなお店で食事をしたいという人はラ・ターナ・デル・ルーポLa Tana del Lupo（住 Via V. Veneto 30　☎ 02-6599006　営 20:00～23:00　休 ⑪、1月の1週間、8月　予 定食€40（ワイン込み）地 P.31 B2）へ。ヴェネト州の山岳料理を山小屋のような雰囲気の店内で楽しめる。毎晩アコーディオンの演奏と歌のパフォーマンスで大盛り上がりだ。イタリアンは飽きた！　と

いう人はジャスト・インディア Just India（住 Via Benedetto Marcello 34　☎ 02-20480385　営 ⑥～⑪12:00～14:30、19:00～23:30　地 P.31 A1)でインド料理の刺激を。ベジタリアンのメニューも好評。

パフォーマンスが楽しい
ラ・ターナ・デル・ルーポ

マルツェッラ Map P.31 B2
Maruzzella

いつも地元客で混雑の超人気店。家族連れや友人たちのグループなどカジュアルな雰囲気で大盛り上がりの店内には、世界各国からのファンも多いとか。予約なしなら開店と同時に行くのがおすすめ。入口のすぐ横にある大きな窯では次々とピッツァが焼かれていき、香ばしい香りが食欲をかきたてる。もちもちでほんのり甘い生地が特徴。ピッツァのメニューはたくさんありすぎて迷ってしまうほどだ。お気に入りの一品を探そう。好みのピッツァの注文も聞いてくれる。前菜やパスタなどのメニューも揃っていて美味。

できれば予約

住 Piazza Guglielmo Oberdan 3
☎ 02-29526729
営 12:00〜14:30、19:00〜23:30
休 ㊌
予 €15〜30
C A.M.V.
交 M1線P.ta Venezia駅すぐ

フリエンノ・マニャンノ Map P.31 A1
Frijenno Magnanno

長い歴史を誇る家族経営のナポリ料理の店。ブルーと白を基調にした店内は清潔感がありおしゃれな雰囲気。カウンターには店自慢の新鮮なシーフードやカンパニア直送のDOCGの水牛のモッツァレッラチーズが並ぶ。ピッツァはもちろん、パスタや揚げ物、シーフード料理が充実している。メニューはナポリの方言で表記。自慢の揚げ物に敷かれたナポリの新聞のプレゼンテーションが楽しい。店員のサービスも評判よし。中央駅からのアクセスもよく徒歩圏内で便利。イタリア人の食事時の20時を過ぎると混雑するので、予約なしなら開店と同時に行くのがベター。

できれば予約

住 Via Benedetto Marcello 93
☎ 02-29403654
営 12:00〜14:30、19:00〜24:00
休 ㊊、8/15前後5日間
予 €15〜30
C M.V.
交 地下鉄2線Caiazzoから300m

イル・タヴォリーノ Map P.31 B1
Il Tavolino

駅から徒歩圏の、窯で焼くパリパリのピッツァがおいしい!と定評のある、モダンなカジュアルレストラン。ピッツァ以外のメニューも充実。ランチ時には近くで働くビジネスマンたち、週末は地元客でにぎわう。夕食時は近くのホテルに宿泊している観光客で混雑が予想されるので、できれば予約を。

できれば予約

住 Via Fara 23
☎ 02-6703520
営 12:00〜24:00
休 無休
予 €20〜45
C A.M.V.
交 中央駅から徒歩7〜8分

ピッツァ・ビッグ Map P.27 A4
Pizza Big

中央駅北東、住宅街を控えた地域にある地元の人が普段着で通う店。ピッツァ、飲み物、デザートのみというメニューの潔さは、味への自信の表れ。ピッツァの生地はごくごく薄く、軽くヘルシーな仕上がり。女性でも1枚ペロリといける。ピッツァの種類は約80種。

要予約

住 Viale Brianza 30
☎ 02-2846548
営 12:15〜14:15、19:00〜23:00
休 ㊐昼
予 €12〜17
C M.V.
交 地下鉄M1線Loreto駅から徒歩5分、中央駅から10分

ガリバルディ地区

　再開発が終わり生まれ変わったガリバルディ地区は、地下鉄駅からは少し距離があるがミラノっ子のお気に入りの界隈だ。スメラルダ劇場がイータリー・ミラノになり、最近ではグルメ食品御用達界隈に生まれ変わり、それにともない飲食店が増えている。ミラノっ子注目の、小粋でリーズナブルなトラットリアやピッツェリア、ワインバーが多い。地元の人でいっぱいの店を探して入ってみよう。

⊕ リストランテ・アリーチェ　　Map P.31 C2

Ristorante Alice

イータリー（→P.87）のオープンに伴い、郊外の住宅街から移転。イータリーの3階（2°Piano）広場側にあり、大きな窓からはミラノの町並みが広がる、サボテンや魚のオブジェが飾られた店内は、一部がオープンキッチンで大人のためのカジュアルレストランといった面持ち。カンパニア州の料理をベースにした独創的な魚料理中心のレストラン。イタリアでは有名な女性シェフと女性マネージャーを中心に、多くの女性スタッフで切り盛りされている。料理は前菜からデザートまで芸術的な色合いと盛りつけで、意表をつく素材の組み合わせや軽やかで繊細な味わいをじっくり楽しみたい。ミシュランの1つ星。　要予約

🏠 Piazza XXV Aprile 10(Eataly内)
☎ 02-49497340
🕐 12:30〜14:00、19:30〜22:00
休 ⑧
💶 €60〜100(コペルト€4)、定食€75(平日昼)、85
💳 A.D.J.M.V.
🚇 地下鉄2線Moscova から300m

⊗ リゴロ　　Map P.31 C2

Rigolo

長く続く家族経営の1軒。広い店内はいつもにぎやかに食事する人であふれ、人気のほどがうかがえる。郷土料理を中心にした滋養あふれる味わいも人気の秘密。
夜は要予約

🏠 Via Solferino 11(Largo Trevesとの角)
☎ 02-86463220
🕐 12:00〜14:30、19:30〜23:30
休 ⑧、8月
💶 €45〜60、定食€35、55
💳 A.D.M.V.
🚇 M2線Moscova駅から徒歩2分

⊗ トラットリア・デッレ・ランゲ　　Map P.31 C1

Trattoria alla Cucina delle Langhe

ミラノのピエモンテ料理店の草分け的存在。店内は落ち着いたクラシックな雰囲気。そして秋と春先の旬には香り高いきのことトリフ料理を存分に味わいたい。
できれば予約

🏠 Corso Como 6
☎ 02-6554279
🕐 11:30〜16:00、18:30〜翌1:00
休 無休
💶 €20〜60(コペルト€3)、定食€45　💳 A.D.J.M.V.
🚇 M2線Garibaldi F.S.駅から徒歩4〜5分

Ⓑ カーサ・ラーメン　　Map P.27 A3

Casa Ramen

✉ ミラノでラーメン
新横浜のラーメン博物館に出店している「カーサ・ルカ」のミラノの本店Casa Ramenに行って来ました。豚骨醤油味のスープは意外なほど本格的で極細パスタのカッペリに似た麺ともよく合い大満足。トンコツラーメンTraditional Ramenは€11で、ほかに味噌ラーメンや枝豆などがありました。

ただ、店が小さいうえに、地元の人はレストラン感覚で利用するので時間がかかり、21:00に行くと40分待ちでした。　　　　　（埼玉県　大西慎一郎　'15）
🏠 Via Luigi Porro Lamberenghi 25
🕐 12:30〜15:00、20:00〜23:30
休 ⑧

ミラノのB級グルメ

　ミラノっ子が大好きなパニーノ・ジュストのパニーノやスポンティーニのふわふわピッツァは、ミラノを代表するストリートフード。店舗が多くなり、町のいたるところで楽しめるようになってうれしい。ドゥオーモ脇のガッレリアのサヴィーニ側の出口近くは、ルイーニをはじめとするB級グルメ食の宝庫。ランチタイムには、テイクアウトした品を路上でほお張る人でいっぱいだ。

Ⓑ スポンティーニ　　Map P.31 A1

Pizzeria Spontini

1953年から続く切りピッツァの店。テイクアウトする人、店内で食べるために並ぶ人で、いつも店頭には行列ができる人気店。メニューは、チーズとトマトソースの乗った厚くてフワフワの柔らかいピッツァ1種類とラザーニャ€5（昼のみ）、飲み物のみ。ピッツァは2種類の大きさがあり、小＝Trancio Normale€5と大＝Trancio Abbondante€5.50（店により異なる）。ミラノ市内に8軒あり、ドゥオーモ近く（ガッレリアのサヴィーニ側の出口そば。住 Via Santa Radegonda 11 ☎02-890 92621 営11:00〜翌1:00 地P.30 B1）は観光途中に便利。モダンな雰囲気の店内で、カウンターあり（1切れ€3.20）でクレジットカードの利用可。中央駅前広場にもオープン。住 Piazza Duca d'Aosta 8 地P.31 B1

住 Corso Buenos Aires 60（Via Spontini 4 との角を少し入る）☎02-2047444 営11:45〜14:30、18:00〜23:30（土）〜24:00）休8月、クリスマス期間、復活祭 予€5〜 C不可 交M1線Lima、Loreto駅から徒歩5分

Ⓑ ルイーニ　　Map P.30 B1

Luini

ピッツァの生地にチーズやトマトソースを挟んで揚げた大きな半月状のパンツェロッティのお店。熱々をその場でかじりつくミラノっ子で、毎日大にぎわい。おやつはもちろんのこと、ボリュームもたっぷりで簡単な食事にもピッタリ。✉地元の人に有名な安くておいしいお店。

種類も豊富で€1〜、頼めばその場で温めてくれます。　（Hero '13）['16] 住 Via S. Radegonda 16 ☎02-86461917 営㊊10:00〜15:00、㊋〜㊏10:00〜20:00、12月の㊐12:00〜20:00 休㊐、8月 予€2.50〜 C不可 交M1・3線Duomo駅から徒歩2分

Ⓑ デ・サンティス　　Map P.30 B1

De Santis

リナシェンテの最上階のフードコートにあるパニネリエ（パニーノ屋）。ちょっと軟らかめのフランスパン風のパンに、たっぷりの具が挟まれている。定番のハム、チーズ、野菜から神戸ビーフとワサビまであ種類豊富さ。1個€6.50〜12。作りたてが座って食べられる。

住 Piazza Duomio, La Rinascente 内、8階（7°Piamo）☎02-8852457 営9:30（㊐10:00）〜24:00 休一部の㊗ 予€8〜15 C A.D.J.M.V. 交ドゥオーモから徒歩3分

Ⓑ パニーノ・ジュスト　　Map P.31 C2

Panino Giusto

1979年から続く、ミラノっ子に愛されるパニーノ専門店。カウンターにはおいしそうなハムやサラミが並び、切ったばかりの作りたてがサービスされる。サラダやデザート類も充実。ドゥオーモ近く（住 Piazza Diaz 5 ☎02-36632529 営11:30〜翌1:00）ほか市内各所、中央駅、マルペンサ空港など

約15店舗あり。ここで紹介した店舗のあるガリバルディ通り周辺はミラノらしいショッピングゾーンとしてもおすすめ。住 Corso Garibaldi 125 ☎02-6554728 営12:00〜翌1:00 休一部の㊗ 予€10〜20 C A.D.J.M.V. 交M2線Moscova駅から徒歩3分

ミラノのジェラテリア

🍦 ジェラート・ジュスト
Gelato Giusto
Map P.31 A2

イギリスやパリでパティシエの修行を重ねた女性がオープンしたジェラテリア。白を基調にした店内は明るく女性的な雰囲気。ロンバルディアの牛乳と季節の果物を使い、添加物は不使用で、優しい味わい。冬はチョコレートや焼き菓子が並ぶ。2種で€2.50、2〜3種で€2.80。

🏠 Via San Gregorio 17
☎ 02-29510284
🕐 12:00〜20:30
休 (月)、一部の(祝)
予 €2.50〜
C A.D.J.M.V.
🚇 地下鉄1線Lima駅から徒歩5分

🍦 ラ・ボッテガ・デル・ジェラート
La Bottega del Gelato
Map P.31 A1

1964年から親子2代で続く、昔ながらの雰囲気のジェラテリア。果物を丸ごと使ったシャーベットが壁際のショーケースにズラリと並び、正面のケースにはシャーベットSorbettiやジェラート。50種を超えるという品揃えに圧倒される。

🏠 Via G.B.Pergolesi 3
☎ 02-29400076
🕐 夏季9:00〜24:00、冬季10:30〜12:30、14:30〜22:00
予 €2〜
C A.D.J.M.V.
🚇 地下鉄1線Lima駅から徒歩5分

🍦 チョコラーティタリアーニ
Cioccolat'Italiani
Map P.30 B1

ガッレリアすぐの超絶人気のジェラテリア。自慢のチョコレート味の濃厚なジェラートが評判。チョコでコーティングされたコーン、ジェラートにかけるソースにいたるまで、多種多様なチョコレートフレーバーが楽しめる。スイーツ好きにははずせない一軒だ。

🏠 Via San Raffaele 6
☎ 02-89093820
🕐 (日)〜(水)7:30〜23:00 ((木)(金)〜24:00)、(土)(日)8:30〜24:00
休 無休
予 €6〜
C A.M.V.
🚇 ガッレリアすぐ

🍦 サルトーリ
Sartori
Map P.31 A1

中央駅(リナーテ空港へのプルマン便が発着する側)の長い駅舎の軒下にあるキオスク風。気取らない雰囲気ながら、1937年創業の長い歴史を誇り、自家製のシチリアンジェラートは濃厚な味わい。ピスタチオやノッチョーラが人気。シチリア風のブリオッシュやグラニータもある。

🏠 Piazza Luigi di Savoia
☎ 02-89406958
🕐 11:00〜翌1:00((日)〜24:00)
休 不定休あり
予 €1.60〜
🚇 中央駅東側

🍦 グロム
GROM
Map P.30 B1

📧日本でもおなじみのグロム。ドゥオーモ広場からエマヌエーレ2世のアーケードを(スカラ座方向に)抜けて左に進むとすぐ左側にあります。中心街を回って疲れたときに利用するのに便利な立地です。スカラ座前の公園にはベンチもあるので、休憩に最適。　　(匿名希望 '14)

※ブエノス・アイレス大通りなど市内に7店舗あり。
🏠 Via S. Margherita 16
☎ 02-80581041
🕐 4〜9月11:30〜23:30、(金)(土)11:00〜24:00、10〜3月11:30〜23:30
休 一部の(祝)
予 €2.50〜

ジェラートの注文の仕方

まずは店内の値段表示をチェック。観光客の多い地域では、値段表示がなく、事情がよくわからない旅行者に超大型に盛りつけて売りつける場合があるので注意。

さて、場所にもよるが一番小さいコーン(Conoコーノ)か紙製のカップ(Coppaコッパ)を選ぶと€1.60〜2.50で2〜3種類を選べる。これに生クリームを付け

るのがイタリア人のお好み。パンナはサービスの所と有料(€0.50くらい)の所とさまざまだ。生クリームが欲しかったら、「コン・パンナconPanna」とひと言付け加えよう。

バスティアネッロ

Map P.29 B4

Bastianello

1950年創業の菓子店兼高級カフェ。店内には目を引くキュートなデコレーションケーキをはじめ、各種ケーキやクッキー、ジェラート、季節にはマロングラッセやパネトーネなどがズラリと並ぶ。美しいパッケージの商品も多く、おみやげ探しにも最適。優雅な雰囲気でお茶とお菓子、食前酒など が楽しめるカフェを併設。

住 Via Borgogna 5
☎ 02-76317065
営 7:30～21:00
休 無休
予 €5～
C A.D.J.M.V.
交 サン・バビラ広場から徒歩2～3分

カフェ・コーヴァ

Map P.30 B2

Caffé Cova

ブランド通りにあり、ショッピング中のティータイムに便利な高級カフェ兼バール。老舗カフェとして高級パスティチェリアとして有名な店。種類豊富な人気のプチケーキがおすすめ。日替わりのパスタ料理もあるので、ランチにも最適。

住 Via Monte Napoleone 8
☎ 02-76005599
営 7:45～20:30、(日)9:00～19:00
休 8月
予 €5～
C A.M.V.
交 M3線Montenapoleone駅から徒歩2分

サンタンブロース

Map P.30 B2

Sant'Ambroeus

1936年創業の老舗菓子店兼カフェ。ヴェネツィアングラスのシャンデリアの輝く優雅な雰囲気のなかで美しく、おいしいお菓子を味わうのは至福のとき。定評あるチョコレートはおみやげにも最適。

住 Corso Matteotti 7
☎ 02-76000540
営 7:45～22:30
休 (月)、8月
予 €5～
C A.D.J.M.V.
交 M1線San Babila駅、M3線Montenapoleone駅から徒歩3分

ペック

Map P.29 B3

Peck

ペックの食料品館の2階の一角にあるカフェ兼レストラン。明るく洗練された雰囲気のなか、お茶や料理が楽しめる。食前酒を注文すると、ペック特製のオードブルが付いてお得な気分。日曜の12:00～16:00はブランチタイム。

住 Via Spadari 9
☎ 02-8623161
営 (火)～(金)9:30～(月)15:30)～20:30、(土)9:00～20:00、(日)10:00～17:00
休 無休
予 €1.70～、食事€26～
C A.D.J.M.V.
交 M1・3線Duomo駅から徒歩3分

カフェ・アルマーニ

Map P.30 A1

Caffè Armani

アルマーニ・メガストアーの1階にあるカフェ。ガラス張りで店内は赤と黒を基調にしたエキゾチックな雰囲気。席もゆったりしており、カフェにはクッキーが添えられていたり、冷たい飲み物の量もタップリ。ゆっくり休息したい時におすすめ。店内に喫煙席あり。

住 Piazza Croce Rossa 2
☎ 02-72318680
営 (月)～(金)8:00～21:00、(土)(日)9:00～21:00
休 一部の(祝)
予 €10～
C A.D.J.M.V.
交 地下鉄3線Montenapoleone出口裏手

チーニョ・ネロ

Map P.30 A2

Cigno Nero

重厚な雰囲気の落ち着いたカフェ。パニーノやお菓子類も充実している。お店のおすすめはCioccolata Calda con Panna (生クリーム添えホット・チョコレート) も4。ゆっくりするなら、2階のテーブル席がいい。パスタ類やサラダ、セコンド (€9～13) もあるので手軽に食事す るのにも最適。

日本語メニュー

住 Via della Spiga 33
☎ 02-76022620
営 8:00～20:00
休 (日)、8/6～8/26
予 €1.60～
C D.J.M.V.
交 M3線Montenapoleone駅から徒歩3分

スプマンテを
おみやげに！

イタリアの発泡性ワインの総称がスプマンテ。ミラノのあるロンバルディア州東部のフランチャコルタ地域は高級スプマンテの産地。ミラノの老舗ワイン店コッティ（→P.85）でお手頃でおいしいフランチャコルタを選んでもらった。

フランチャコルタ・サテン
フラテッリ・ベルルッキ 2009
（€23.50）

**Franciacorta Saten
Fratelli Berlucchi 2009**

シャルドネ種100％。ステンレスタンクでの低温発酵と熟成後、瓶熟32〜33ヵ月。緑がかった麦わら色できめ細かなクリーミーな泡立ち。洗練されたスパイスの香りがある。広大な自社ブドウ畑を有し、土地柄を生かしたブドウ作りにこだわるフランチャコルタ、大手の有名生産者。

フランチャコルタ・サテン
リッチ・クバストロ 2007
（€21.50）

**Franciacorta Saten
Ricci Cubastro 2007**

シャルドネ種100％。オーク樽での発酵後に瓶熟40ヵ月。輝く麦わら色で熟した果実の香りとトーストしたアーモンドの香りがあり優しい泡立ち。2003年にはイタリアソムリエ協会の品質と値段の最良ワイン、2007年にはロンバルディアの最良ワインにも選出された、中規模のこだわりの生産者。

スプリッツを
作ろう！

夕暮れ時のバールで目立つのがオレンジ色の食前酒スプリッツSpritz。今やイタリア中で人気の食前酒。オレンジの香りとほんのり甘くてビターな味わい、低めのアルコールが人気の秘密。スーパーマーケットにはすでにミックスされた小瓶も売られているほど。
　まずはイタリアで飲んでみよう。そして、イタリアでの楽しい思い出とともに帰国後作って、家族や友人と楽しもう。

[材料]
Ａ アペロール　Ｂ プロセッコ　Ｃ ソーダ　氷　オレンジの薄切り
[作り方]
グラスに氷とオレンジの薄切りを入れる。Ａ:Ｂ:Ｃの材料を3:2:1でグラスに注いでできあがり。※プロセッコがない場合は白ワインで代用を。

アペロールAperol●パドヴァで1919年誕生した、オレンジ、大黄、キナなどを使ったリキュール。アルコール度は11％。イタリアのスーパーで€8くらい。日本ではサントリーの取り扱いで希望小売価格1370円。

プロセッコProsecco●ヴェネト州のスプマンテ。ブドウ品種はグレラ。近年DOC、DOCGワイン（地域により異なる）に昇格した。フルーティーでカジュアルなワインで、食前酒としてまた食事中に飲むワインとしてヴェネト州では欠かせない。イタリアでは1本€5〜10くらいで値段も手軽。

●スプマンテってなに？

大きく分けて、タンクの中で発酵させる**シャルマン方式**（アスティ・スプマンテやプロセッコなど）と、フランスのシャンパン造りと同様の**メードー・シャンプノワーズ**（瓶内2次発酵）で造られたものがある。

●フランチャコルタとは？

ロンバルディア州ベルガモの東、イゼオ湖南側でメードー・シャンプノワーズにより作られるワイン。ブドウ品種は**シャルドネ、ピノ・ビアンコ、ピノ・ネーロ**。1995年にイタリアワインの最高格付けの**DOCG**に認定され、「フランチャコルタ」という言葉だけで、原産地、生産方法を示し、その規定はとても厳密。

●ミッレジマートMillesimatoとは？

収穫年がつけられたフランチャコルタが**ミッレジマート**（シャンパンのミレジメと同じ）。よいブドウが作られた年に生産されるもので、表記される年のワインを85％以上使用するのが決まり。その年のブドウの味わいが色濃く出ているのが特徴だ。これをさらに長期発酵させたものが、より上級品のフランチャコルタ・リセルヴァFranciacorta Riserva。

●サテンSatenとは？

サテンは、白ブドウ（シャルドネとピノ・ビアンコ）だけで造られたもの。発泡性を抑えた滑らかな口当たりとブドウの甘く優しい香り、口中に長く残る余韻が特徴。

エノテカ

ワインブームの日本だが、イタリアワインでフランスの高級銘醸ワインと並んで語られる物はそう多くない。ピエモンテ産のバローロと、トスカーナ産のブルネッロ・ディ・モンタルチーノなどがイタリアを代表する高級ワインだ。ミラノが旅の最終目的地であればこれらの1本をぜひ持ち帰りたい。熟成に耐える極上の赤ワインなので、イタリアワインのなかでは高価。ミラノで銘醸ワインが買えるエノテカを紹介しよう。

エノテカ・コッティ 【ワイン】　Map P.31 C2

Enoteca Cotti

グラッパ類も充実

●品揃えならミラノNo.1が自慢
20世紀初頭のリバティ様式の建物にイタリアワインはもちろん世界中のワインが揃うエノテカ。広い店内とその倍あるワイン倉庫には1300種のワインが眠る。イタリアを代表する高級赤ワイン、バローロもコッティ・ブランドならお手頃価格。ワイン以外にも500種を揃えるグラッパをはじめ、バルサミコ、食料品の品揃えあり。日本への発送も可。

赤いひさしが目印

住 Via Solferino 42
電 02-29001096
営 9:00〜13:00、15:00〜20:00
休 日月(12月を除く)、8月
C M.V.
交 M2線Moscova駅から徒歩5分

ノンブラ・デ・ヴィン 【ワイン】　Map P.29 A3

N' ombra de vin

試飲室はかつての教会

●16世紀の雰囲気のある建物にあるエノテカ
かつての教会の食堂の地下室にワインが並ぶ様子は圧巻。ここは、ワイン上級者にすすめたい店。なぜなら今話題のワインでなく、これから評判になるであろうワインの普及に力を入れているからだ。テイスティングに自信のある人は、お気に入りの1本を探せそう。

シックな店構え

住 Via San Marco 2
電 02-6599650
営 10:00〜翌2:00
休 日、8月
C A.D.M.V.
交 M2線Lanza駅から徒歩8分

エノテカ・ロンキ 【ワイン】　Map P.28 C1・2

Enoteca Ronchi

●ワインコレクターが集まるエノテカ
オーナーのマリア・ルイザ・ロンキさんのワインへの情熱には脱帽。銘醸ワインの品揃えではペックと並ぶ。スプマンテ、グラッパの品揃えも充実。日本への発送もOK。

住 Via San Vincenzo 12
電 02-89402627
営 9:30〜13:30、15:00〜20:00
休 8月、日
C M.V.
交 M2線S. Agostino駅から徒歩10分

ペック 【ワイン】　Map P.29 B3

Peck

●特別な人へのおみやげワインを
ミラノの高級食材店の代表ペックだが、高級ワインの品揃えもミラノ有数と評判だ。ペックのよさは、店の人の知識が半端でないこと。迷ったらおすすめの1本に決めよう。

住 Via Spadari 9
電 02-8023161
営 15:30〜20:30
休 ㊝
C A.D.J.M.V.
交 M1・3線Duomo駅から徒歩5分

北イタリアの名物
お菓子を日本へ

日本同様、イタリア各地にはその土地ならではの名物がある。その土地で味わったりお店に出かけて購入するのが旅の楽しみ。でも、そんな時間のない人のために、ミラノのイータリー（→P.87）で購入できる名物をご紹介。

ビスコッティ・ディ・ノヴァーラ（250g〈18袋〉€3.40）

Biscotti di Novara Camporelli dal 1852年

ノヴァーラはミラノから約50kmに位置するピエモンテ州の町。この町で1852年に創業したカンポネッリ社の代表的なビスコッティ。小麦粉、砂糖、卵、ベーキングパウダーのシンプルな素材で作られる。とっても軽いビスコッティで、老若男女に愛される味わいだ。イタリア人は朝食に愛用する人が多い。個袋に2枚入り。これも崩れやすいので持ち運び注意。

スプリソラーナ・クラッシカ（300g €5.80）

Sbrisolona Classica

マントヴァの名物で、どこででも目にする、平らな大型クッキーのようなトルタ。アーモンドとトウモロコシの粉、バター、砂糖で作られホロホロと崩れる口溶けが特徴。そのままやつとするほか、食後にエスプレッソや食後酒といっしょに、あるいはザバイオーネ（卵黄とリキュールのクリーム）などを添えることが多い。崩れやすいので、持ち運び注意。

トルティーネ・パラディーゾ・クラッシケ（1個46g×6個 €5.80）

Tortine Paradiso Classiche Vigori

パヴィア名物、ヴィゴーリのトルタ。パヴィア大学正門前に店を構えるヴィゴーリ（→P.137）が1906年の博覧会で金賞を受賞したもの。すでに100年以上の歴史を誇るお菓子だ。本来は大きなティンバロ（円盤）型だが、これは小型の個別包装されたもの。ホロッとした口溶けの優しいレモン味のマドレーヌ風。ページ右上の物は、本来の大きな型のチョコレート風味。

イタリアのお菓子

幸せ気分を運んでくれるお菓子。イタリア中には昔から受け継がれた伝統菓子が数多くある。味はもちろん、パッケージの美しさもおみやげには欲しいもの。そんな気持ちを満たしてくれるお菓子たち。

カントゥッチ・トスカーニ・アッル・マンドルレ（280g €4.80）

Cantuccia Toscani alle Mandorle

日本でもすっかりおなじみのトスカーナ地方のカントゥッチ。ビスコッティ・ディ・プラートとも呼ばれ、ナッツ（これはアーモンド）入りの2度焼きしたハードビスケット。食後の甘いヴィン・サントやコーヒーのお供に。

パスタ・ディ・マンドルレ・アル・シチリアーノ・リコペルタ・ディ・チョコラート・ビアンコ（150g €5）

Pasta di Mandorle al Pistacchio Siciliano ricoperta di cioccolato bianco

シチリアはナッツを使った菓子のおいしさも格別だ。マジパンに、ピスタチオで風味をつけたビスケットをホワイトチョコで包んだお菓子。

イ・ブリジディーニ・ディ・ランポレッキオ（130g €13.20）

I Brigidini di Lamporecchio

トスカーナ州（ピストイアのランポレッキオが有名）のお祭りの屋台に欠かせない名物菓子。形はまるでポテトチップス。味は日本の鉱泉せんべいに似た感じで、アニスが風味がついているのが特徴だ。

トッローネ・クラッシカ・マンドルラ（250g €6.50）

Torrone Classica Mandorla

トッローネとは、卵白と蜂蜜をベースにした生地にナッツなどを加えたヌガーの1種で、イタリアの伝統的なお菓子。イタリア中で作られるが北イタリアではクレモナの物が有名だ。15世紀、フランチェスコ・スフォルツァとビアンカ・ヴィスコンティの結婚式のお祝い菓子として出されたのが、トッローネの始まりといわれている。

パスティチェリア

　友達や家族にミラノのおいしくてこの町ならではのおみやげを探すならお菓子屋（パスティチェリア）がおすすめ。クリーム系のケーキ類は持ち運びには不向きだが、ミラノらしいおしゃれな型抜きや色付けされたクッキー、洗練されたパッケージのチョコレートやマロングラッセなどはおみやげに最適。ひとつひとつていねいに作られた季節の定番、パネトーネやコロンバも格別な味わいだ。

マルケージ【お菓子】　　　Map P.28 B2

Pasticceria Marchesi

●職人技のお菓子がステキ！
渋いカウンターで飲むカフェもよし。店内はおいしそうなカフェの匂いが漂う。自家製チョコレートは1kg€80。贈り物にしたいシックなパッケージのチョコレートはとてもおしゃれ。季節にはパネトーネやコロンバなどイタリアならではのお菓子が充実。

住 Via Santa Maria alla Porta 11/a
☎ 02-862770
営 ㈫～㈯7:30～20:00、㈰8:30～22:00
休 ㈪㈷、8月
予 €5～　C A.M.V.
交 M1線Cairoli駅から徒歩6分

タヴェッジャ【お菓子】　　　Map P.29 B4

Taveggia

●ミラノっ子の人気が高い
テイクアウトしたくなるドルチェばかり。入口には種類いっぱいのクッキーが並び、どれにしようか迷ってしまうほど。奥のテーブルでは座ってカフェができる。簡単な食事のできるレストランも併設。

住 Via Visconti di Modrone 2
☎ 02-76021257
営 ㈫～㈯7:00～21:00、㈰8:00～20:00
休 8月
交 M1線San Babila駅から徒歩5分

パスティッチェリア・クッキ【お菓子】　　　Map P.28 C2

Pasticceria Cucchi

●歴史的な雰囲気を楽しもう
1936年から続く、家族経営の素朴な自家製ケーキ屋さん兼カフェ兼ジェラテリア。イタリアの歴史的店舗Locale Storico d'Italiaでもあり、店内の雰囲気もよい。作りたてのクッキーやケーキが裏の工房から続々と出てくる。散歩途中のミラネー

ぜたちが立ち寄る場所。
住 Corso di Porta Genova 1
☎ 02-89409793
営 7:00～22:00
休 8月の中旬2週間
C A.M.V.
交 M2線S. Ambrogio駅から徒歩7分

ミラノのイータリー

都市計画のもと、近代的で斬新なビルが次々と建ち、今、最も注目を集めるガリバルディ地区。ハイセンスなブティック、バールやレストランが多く、昼も夜もにぎわいを見せる。この地域に2014年3月、かつてのスメラルド劇場を改装してイータリーが開店。店内には舞台が設けられ、毎日ライブ演奏があり、音楽や歌を聴きながらの買い物や食事が目新しい。明るい店内の各売り場にはイートインコーナーが設けられている。

1階　野菜、パン、ジェラテリア、ピッツェリア、チョコレートの量り売り
2階　肉・魚、チーズ、フレッシュパスタ、モッツァレッラの実演
3階　ワイン、ビール、レストラン（肉・魚）　ミシュランの1つ星レストランのアリーチェなどに分かれている。

　レストランはアリーチェ（P.80）を除き、最初に席を取り、その番号札を持ってレジで注文。料理はテーブルまで運んでくれる。1皿€10～15程度（コペルト€1）。買い物のカートを横に置いて食事ができ、買い物は最後にレジで精算。

かつての劇場が変身

Eataly Milano Smeraldo　　Map P.31 C2
住 Piazza XXV Aprilre 10　☎ 02-49497301
営 10:00～24:00　休 一部の㈷　C A.D.J.M.V.
交 地下鉄2線Moscova駅から300m、fs線・地下鉄2・3線Porta Garibaldi駅から400m
URL www.eataly.it

ロンバルディアの食品が豊富

ミラネーゼのように暮らしたい

　身に着ける物だけでなく、身の回りの物から毎日食べる物まで、すべてに自分流を貫くミラネーゼ。そんな彼らが今一番気にしているのは、生活を美しく快適に過ごすこと。ミラノでは、暮らすように旅してみたい。

　デザインの国・イタリアを旅するならインテリア用品や雑貨にも注目してみよう。ミラノにはイタリアンモダンの名にふさわしい品々を扱う店がめじろ押しだ。ドゥオーモ周辺にもセンスのよい店があるが、時間が許せばブレラ絵画館の北に位置するガリバルディ地区（地下鉄Moscova駅下車）に足を運んでみよう。かつては、中小の工場が建ち並んだ地区だが、再開発で生まれ変わり今やミラノの雑貨を語るうえでははずせない。

ディエチ・コルソ・コモ【雑貨】　Map P.31 C1

10 Corso Como
●オーナーの個性で選ばれた品々

バザールに紛れ込んだよう

イタリアン・ヴォーグの元編集長、カルラ・ソッツァーニのおめがねにかなった物だけを並べたセレクトショップ。といっても、洋服やバッグだけでなく、広いスペースにはアクセサリーや食器までと雑貨店のような品揃え。ファッション誌の元編集長というだけあり、プラダ、ミュウミュウなどのブランドも吟味されセレクトされている。オリジナルのドレスなども好評。カフェ併設。

休息は木漏れ日の中庭で

住 Corso Como 10
☎ 02-653531
営 10:30〜19:30
㊌㊍10:30〜21:30
休 8/15、12/25〜1/1　C A.D.M.V.
交 M2線Garibaldi駅から徒歩4〜5分

デ・パドヴァ【雑貨】　Map P.29 A4

de Padova
●イタリアンモダンの殿堂でセンスを学ぼう

使いやすい雑貨

ファッションブティックが集中するヴェネツィア大通りの一角にあり便利な立地。地上2階から地下3階まで、センスのよい家具や雑貨でコーディネートされている。地階は小さな部屋のように構成されているので、インテリアの参考になる。

イタリアンテイストの家具

住 Corso Venezia 14
☎ 02-777201
営 ㊋〜㊏10:00〜19:00(㊊〜18:00)
休 ㊐㊗、8月
C A.D.J.M.V.
交 M1線San Babila駅から徒歩3分

ハイ・テック【雑貨】　Map P.31 C1・2

High Tech
●しゃれたカントリー風の入口がかわいい

物、物、物の洪水

アンティークな建物の中は、雑貨のデパートにふさわしい品揃え。ジャンルもさまざまで雑貨、スカーフ、ステーショナリー、キッチン用品などなど、見応えタップリ。実用的なおみやげを探している人におすすめの店。アレッシのキッチングッズや文具も揃う。

懐かしい雰囲気の店構え

住 P.za XXV Aprile 12
☎ 02-6241101
営 10:30〜19:30、㊊13:30〜19:30
休 ㊊午前、12月は㊊もOpen
C A.J.V.
交 M2線Garibaldi駅から徒歩6〜7分

ラ・リナシェンテ 【デパート】　Map P.30 B1

La Rinascente

● イタリアのデパートでゆっくりショッピング

豊かなショッピングの町、ミラノを象徴するかのような充実の品揃え。衣類、コスメ、香水、雑貨などなどおみやげ品が見つかるはず。各ブランド店のショップも充実。

住 Piazza del Duomo
☎ 02-88521
営 9:30～22:00（®10:00～）
休 無休（夏季一部®）
C A.D.J.M.V.
交 M1・3線Duomo駅から徒歩1分

ペック 【食料品】　Map P.29 B3

Peck

● 高級イタリア食材が勢揃い

イタリアならではの高級食材が揃う、ミラノの老舗、高級食料品店。1階は肉、魚、野菜、果物などの生鮮食品とソースやお菓子など、2階はレストラン兼ティールーム、地下にはワインがところ狭しと並ぶ。

住 Via Spadari 9
☎ 02-8023161
営 15:30～20:30
C A.D.J.M.V.
交 M1・3線Duomo駅から徒歩3～4分

プント・シンプリー 【スーパー】　Map P.31 A2

Punto Simply

● 新店舗で手軽で便利

中央駅近くには小規模のスーパーが多い。ここはプント・シンプリーの新店舗。切り売りや量売りのコーナーが充実して、店内は明るくおしゃれで買い物が楽しい。総菜、パン、飲み物、菓子類、アルコールなど豊富な品揃え。レジは横に並んで

順番を待つシステム。
住 Via R.Boscovich 49/angolo Via Benedetto
☎ 02-2951976
営 8:30～20:30、®9:00～19:00
休 一部の祝　C A.M.V.
交 M1・S線Porta Veneziaから徒歩3～5分

サポーリ・ディントルニ 【スーパー】　Map P.31 B1

Conad Sapori & Dintorni

● 中央駅地下にオープン

イタリアのおなじみスーパー、コナドConadの新傾向のスーパー。きれいな包装でおみやげにぴったりのパスタやパスタソース、オリーブオイルなどの調味料、お菓子などが並ぶ。もちろん生鮮食品やワインなども充実。

住 Piazza Duca D'aosta-Stazione Centrale
☎ 02-67072225
営 7:00～22:00
休 一部の祝
C A.D.J.M.V.
交 中央駅地下

新名所、エクセルシオール・ミラノ

　ドゥオーモからモンテナポレオーネ通りへ向かう、ヴィットリオ・エマヌエーレ2世大通りは、人気のショップが両脇に並び、いつも大にぎわいの界隈だ。この一角、ガッレリア・デル・コルソに大型ラグジュアリーショップのエクセルシオール・ミラノが2011年末にオープン。広さ4000㎡を誇るこの建物は、かつての映画館。「ファッション都市ミラノを象徴するラグジュアリー」をコンセプトに、近未来的で華やかな場に生まれ変わった。店内には、デパートのコイングループとミラノのセレクトショップ・アントニアとのコラボで世界中から集められた時代の先端を行くブランドが揃う。女性憧れのマノーロ・ブラニクやルブタンなどの高級ブランドからティファニーやマカロンで有名なラデュレまで、レディス、メンズ、化粧品、雑貨、食料品（地下）、飲食店まで。最先端のミラネーゼの嗜好や世界的流行を知るのにも楽しい場所だ。

住 Galleria del Corso 4
☎ 02-76307301　営 10:00～20:30
カフェ(8:00～22:00)、ビストロ(7:00～23:00)、ワインバー(10:00～20:00)
休 一部の祝
C A.D.J.M.V.
交 M1・3線Duomo駅から徒歩3分
地 P.30 B2

近未来的な外観が目を引く

珍しい自然派化粧品が並ぶ

ミラノの誇るブランドストリートを歩く

　ミラノ否、イタリアを代表するショッピングストリートが、モンテナポレオーネ通りVia Montenapoleoneと東側のスピーガ通りVia della Spiga、そしてこのふたつを結ぶサンタンドレア通りVia Sant'Andrea。ショップの入れ替わりが激しいが、ここを眺めればイタリアファッションのみならず、世界的なファッションの流行がわかるはず。ミラノ・コレクションの頃には世界各地からのファッション・ピープルのウオッチが楽しい。

ブルガリ 【宝飾】　Map P.30 B2

Bvlgari
●イタリアが誇る宝飾店
ウインドーショッピングばかりでなく、わりと入りやすいので店内で目の保養を。エレガントなイタリアンデザインの宝飾品と時計も人気。

住 Via Monte Napoleone
☎ 02-777001
営 10:00～19:00（日）（月）（祝）11:00～19:00）
休 一部の㊗
C A.D.J.M.V.
交 M1線San Babila駅から徒歩3分

ジョルジオ・アルマーニ 【ブランド】　Map P.30 B2

Giorgio Armani
●究極のメンズスーツが揃う
男性ファンの多いアルマーニらしく、ショーウインドーをのぞく人が多い。最新のメンズスーツをチェック。レディスもアルマーニテイストの香る逸品が揃っている。2014年7月現在改装中のためVia Sant'Andrea 11に移転中。

住 Via Monte Napoleone 2
☎ 02-76003234
営 10:30～19:30
休 日祝、8/15～8/18
C A.D.J.M.V.
交 M1線San Babila駅から徒歩3分

ボッテガ・ヴェネタ 【ブランド】　Map P.30 B2

Bottega Veneta
●イントレッチャートで名高い
1966年にヴィチェンツァで創業。今やイタリアを代表する高級ブランドのひとつ。なめらかな革ひもを編み込んだイントレッチャートの革製品で知られている。バッグや財布、靴をはじめ、レディス、メンズのコレクションも揃う。ドゥオーモ広

場にも店舗（住 Piazza del Duomo、
☎ 02-72023854）あり。
住 Via Montenapoleone 5
☎ 02-76024495
営 10:00～19:00
休 一部の㊗
C A.D.J.M.V.
交 M1線San Babila駅から徒歩3分

エトロ 【ブランド】　Map P.30 B2

Etro
●エトロカラーが人気の秘密
重厚なフォルムとクラシックな雰囲気を醸し出したエトロ。シルクのブラウスをはじめとするアイテムも魅力的。地階と1階はバッグなど。洋服やスカーフ類は2階に。

住 Via Monte Napoleone 5
☎ 02-76005049
営 10:00～19:30
休 一部の㊗
C A.D.J.M.V.
交 M1線San Babila駅から徒歩3分

グッチ 【ブランド】　Map P.30 B2

Gucci
●新作を求めるのならミラノ店で
靴やバッグはもちろん、さまざまなオリジナル製品が揃う。ミラノ店の新作商品の充実ぶりは特筆。7月中旬のセールの時期には行列ができる。

住 Via Monte Napoleone 5
☎ 02-771271
営 10:00～19:00、㊏10:00～19:30
休 無休
C A.D.J.M.V.
交 M1線San Babila駅から徒歩3分

プラダ 【ブランド】　Map P.30 A2

Prada
●日本での人気は横綱級
サンタンドレア通りとスピーガ通りの角にある。プラダフリーク必訪の店舗。何でも揃う。サンタンドレア店は、ファッション中心。ガッレリア内の本店には新作コレクションが揃う。

住 Via della Spiga 18
電 02-76008636
営 10:00～19:30
休 一部の㊗
C A.D.J.M.V.
交 M1線San Babila駅から徒歩5分

ミッソーニ 【ブランド】　Map P.30 A・B2

Missoni
●色の魔術師の織りなすニット
春夏秋冬とそれぞれのテーマに沿った色使いの新作が揃う。明るく広い店内には、色の芸術品のバッグやストールが。奥のテーブルウエアも新鮮。

住 Via Sant' Andrea 2
電 02-76003555
営 10:00～19:00
休 ㊐㊗
C A.D.J.M.V.
交 M1線San Babila駅から徒歩3分

ミュウ ミュウ 【ブランド】　Map P.30 A2

Miu Miu
●モデル御用達ブランドNo.1
新店舗に移り、さらにビビッドなミュウミュウ。おしゃれ心を刺激する商品が並ぶ。小物やランジェリーなども充実した品揃え。モダンな店内は、見やすくディスプレイされている。

住 Via Sant'Andrea 21
電 02-76001799
営 10:00～19:30
休 無休(不定休あり)
C A.D.J.M.V.
交 M1線San Babila駅から徒歩5分

ドルチェ&ガッバーナ 【ブランド】　Map P.29 A4

Dolce&Gabbana
●遊び心を入れたデザイン
ミラノに何軒も店舗があるドルチェ&ガッバーナの本店。おしゃれなミラネーゼのハートをつかんだ人気のショップ。左側レディス、右側メンズに分かれている。

住 Via della Spiga 2
電 02-76001155
営 10:30～19:30
休 一部の㊗
C A.D.J.M.V.
交 M1線San Babila駅から徒歩3分

モンクレール 【ブランド】　Map P.30 A2

Moncler
●おしゃれな高級ダウン
フランス生まれでミラノに本拠地をおく、高級ダウンメーカー。メンズ、レディス、キッズ、スキーウエア、小物までの幅広い品揃えだが、ディスプレイされている商品は一部なので、店員さんに好みを伝えて、商品を見せてもらおう。モンテナポレオーネの

入口(住 Via Monte Napoleone 1
電 02-76341316　地 P.30 A2)に新店舗オープン。
住 Via della Spiga 7　電 02-76025913
営 10:00～19:00、夏季10:30～19:30
休 1/1、復活祭の㊐、12/25、12/26
C A.D.J.M.V.
交 M3線Montenapoleone駅から徒歩3分

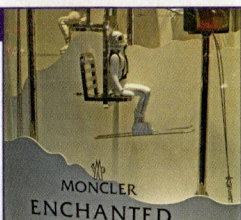

MONCLER
ENCHANTED

ジェイ・ピー・トッズ 【靴・鞄】　Map P.30 A2

J. P. Tod's
●トッズのモカシンをおみやげに
一世を風靡したドライビング・モカシンの元祖。最近は類似品を目にするがトッズの物は一枚革のハンドメイドで履き心地抜群。日本で購入するよりかなり値頃感あり。

住 Via della Spiga 22
電 02-76002423
営 10:00～19:30、㊐10:00～19:00
休 一部の㊗
C A.D.J.M.V.
交 M1線San Babila駅から徒歩5分

ショッピング ● ミラノの誇るブランドストリートを歩く

ちょっとカジュアルなドゥオーモ周辺

　ドゥオーモ周辺でまずチェックを入れたいのは、V.エマヌエーレⅡ世大通りの一角を占めるデパート、ラ・リナシェンテだ。イタリアには珍しく、日本のデパートのようにセンスがよい。おみやげ探しや普段着の調達にはおすすめだ。モンテ・ナポレオーネ通り界隈に比べ、ブランド品でも手頃な物が多い。ミラノの女性にも好評のマックス・マーラやマックス・エ・コ、男性に人気のボッジなどものぞいてみよう。

フルラ【皮革】　Map P.30 B2
Furla
● 店舗が増えてきた　イタリアンバッグメーカー
イタリアンブランドの仲間入りを果たしたフルラ。シンプルなデザインが特徴のバッグは、通勤にもお稽古用にも使えそう。
- 住 Corso Vittorio Emanuele Ⅱ
- ☎ 02-79694352
- 営 10:30～19:30、⑪15:30～19:30
- 休 ⑪、12月は⑪も営業
- C A.D.J.M.V.
- 交 M1・3線Duomo駅から徒歩3分

マックス・マーラ【ブランド】　Map P.30 B2
Max Mara
● イタリア女性に一番人気
ウインドーディスプレイがすばらしいミラノ店。1階にスポーツ・マックス、2階にウイークエンドとブルースクラブ、地下にマックス・マーラと豊富な品揃え。雑貨の取り扱いあり。
- 住 Piazza del Liberty 4
- ☎ 02-76008849
- 営 10:00～20:00
- 休 夏季の⑪⑪
- C A.D.J.M.V.
- 交 M1・3線Duomo駅から徒歩3分

マックス・エ・コ【ブランド】　Map P.30 B2
Max&Co.
● マックス・マーラの妹分
若者向けのトレンドを意識した仕上がり。マックス・マーラに比べ値段もうれしい。ミラノの最新の流行にチャレンジできるブランド。
- 住 Piazza del Liberty 2
- ☎ 02-780070
- 営 10:00～19:30
- C A.D.J.M.V.
- 交 M1・3線Duomo駅から徒歩3分

ボッジ【ブランド】　Map P.30 B2
Boggi
● カッコいいイタリア男になろう
ミラノの老舗紳士服ブランドでビジネスマンに人気。フォーマルからカジュアルまで揃い、良質で値頃感のあるミラネーゼ風ファッションをゲットするのにおすすめ。ミラノ中央駅、マルペンサ・リナーテ空港など、イタリア各地に支店あり。
- 住 Piazza San Babila 3
- ☎ 02-76000366
- 営 10:00～19:30、⑪10:30～13:30、15:00～19:30
- 休 一部の⑪
- C A.D.J.M.V.
- 交 M1線San Babila駅から徒歩1分

アルマーニ／ヴィア・マンゾーニ31【ブランド】　Map P.30 A1
Armani/Via Manzoni 31
● アルマーニのメガショップ
モンテ・ナポレオーネ通りの地下鉄入口近くに建つアルマーニのメガショップ。1階には洋服、靴・バッグ、アクセサリー、化粧品。2階はアルマーニ・ジーンズや食器、インテリア家具などのホームコレクションや書籍。
- 住 Via Alessandro Manzoni 31
- ☎ 02-72318605
- 営 10:30～19:30
- 休 ⑪⑪
- C A.D.J.M.V.
- 交 M3線Montenapoleone駅入口の横

ディーゼル 【カジュアル】　Map P.30 B2

Diesel

●大人のカジュアルなら

イタリアを代表する、プレミアム・カジュアル・ブランド。大人気のジーンズをはじめ、レディス、メンズ、小物類も充実。遊び心あふれる、おしゃれなディスプレイは眺めるだけでも楽しい。

- 🏠 Piazza San Babila 1/3
- ☎ 02-76396762
- 🕐 10:00〜20:00、⊕11:00〜20:00
- 休 無休
- C A.D.J.M.V.
- 🚇 M1線San Babila駅から徒歩2分

ジェオックス 【ブランド】　Map P.30 B2

Geox

●呼吸する靴で人気上昇中

特許「呼吸する靴」でイタリアをはじめ、日本でも人気上昇中。機能性、履き心地、おしゃれなデザイン、そして手頃な値段も人気の秘密。メンズ、レディスともにウエア類も並ぶ。店員さんも元気で感じがいい。イタリア中に展開中。

- 🏠 Corso Vittorio Emanuele, Piazza San Carlo 2
- ☎ 02-76028217
- 🕐 10:00〜19:30
- 休 一部の㊗
- C A.D.J.M.V.
- 🚇 M1線San Babila駅から徒歩3分

キコ 【コスメ】　Map P.30 B2

kiko

●イタリア人に人気のプチプラコスメ

イタリアを中心に約150店舗を展開する低価格コスメのお店。時代にマッチしてどこでも大人気。イタリアらしい色合いを見つければおみやげにもいいし、旅の途中で足りなくなったコスメの補充にも便利。

- 🏠 Corso Vittorio Emanuele 15
- ☎ 02-76023330
- 🕐 9:00〜22:00、⊕⊕9:00〜21:30
- 休 一部の㊗
- C A.D.J.M.V.
- 🚇 M1線San Babila駅から徒歩3分

ミラン・メガストアー 【サッカー・グッズ】　Map P.30 B2

Milan Megastore

●ミランファンなら

メガストアーの名前通り、ガッレリア内に大店舗を構える。ユニホームから練習着、キッズ用ウエア、人形やカップ、ポスター、ステッカーなどの雑貨までミランの赤一色。日本語を話す販売員がいる場合もあるので、何かあったら尋ねてみよう。

- 🏠 Corso Vittorio Emanuele II, Galleria San Carlo
- ☎ 02-49580176
- 🕐 10:00〜20:00
- 休 一部の㊗
- C A.D.J.M.V.
- 🚇 M1線San Babila駅から徒歩3分

庶民街にも行ってみよう！ ブエノス・アイレス通り

町の東側、地下鉄1線のリマLima駅からポルタ・ヴェネツィアPorta Venezia駅の間に続く大通りがコルソ・ブエノス・アイレスCorso Buenos Aires。中央駅東側に宿泊していれば徒歩圏内だ。

かつては、危険な界隈といわれた時代もあったが、今はドゥオーモそばのトリノ通りVia Torinoと並び、いつも大にぎわい。広い通りの左右に商店やバールなどが並ぶ。ZaraやH&Mをはじめとする若者向けのファッションショップ、靴店、スポーツショップから靴のセレクトショップ、無印良品MUGI、格安の雑貨店、スーパーなどがあり、探している物がきっと見つかるはず。

月に1度程度（不定期）、日曜は歩行者天国となり、食べ物や雑貨の屋台、簡易遊園地が登場して、この日はまるでお祭りのよう。路地を入ると、分厚いピッツァで人気のスポンティーニ（P.81）や、坂を上がったロレート広場にはバールをはじめグロム（P.82）などもある。

脇に入ると青空市が

おみやげ探しに便利

お買い物フリーク注目の アウトレットへ

Viva Spaccio!

イタリアを旅行するお買い物好きにとって、欠かせないのがアウトレットでのショッピング。イタリアをはじめとする一流ブランドの商品が正規価格の3〜7割引でお買い物できるのが、何よりの魅力だ。

そこで、ミラノから足を延ばしたいアウトレットをご紹介。ただし、いずれも交通がやや不便なので、1日がかりのつもりで出かけよう。

フォックスタウン外観

■マッカーサーグレン・デザイナー・アウトレット・セッラヴァッレ McArthurglen Designer Outlet Serravalle

ブルガリ、エトロ、プラダ、モンクレール、グッチ、フレッテなど180店舗、約300ブランドが並ぶ広大なアウトレット。
住 Via della Moda 1, SERRAVALLE SCRIVIA
開 10:00〜20:00(夏季〜21:00、一部の⑤〜24:00)
休 1/1、復活祭の⑤、12/25、12/26
C A.D.J.M.V.　☎ 0143-609000
URL www.mcarthurglen.com(英語あり)

行き方

ミラノ中央駅からfs線でアルクアータArquataまたはスクリーヴィアScrivia駅に停車するRV(ジェノヴァ、ラ・スペツィア行きなど)で所要約1時間20分。アルクアータまたはスクリーヴィア駅からバスで5〜15分、9:50〜20:05に約1時間ごとの運行(11:55〜14:00は昼休み)。タクシー利用で約8分、料金€10〜15。

お手軽ツアーでアウトレットへ

Zani社によるショッピングツアーがミラノから出発している。交通不案内で心配という人に。
マッカーサーグレン・デザイナー・アウトレット・セッラ・ヴァッレ
ミラノ発 (Foro Bonaparte 76)　10:00、11:00、13:30(所要1時間30分)
アウトレット発　17:00、20:00
料金€20 (切符をインフォメーションカウンターで提示すると10%割引のパスポートを発行)
フォックスタウン
往路:ミラノ発　10:00 (Largo Cairoli／Via Cusani (地下鉄1線Cairoli駅))→
フォックスタウン／カジノ　11:00
復路:フォックスタウン／カジノ発　17:00→
ミラノ　18:15(上記出発地と同じ)
料金€20
※いずれも毎日運行予定。
問い合わせ・予約　Zani Viaggio社　☎ 02-867131
住 Foro Bonaparte 76(M1線Cairoli, M2線Lanza)
URL www.zaniviaggio.it

■フォックスタウン Foxtown Factory Store

プラダ、グッチ、フェラガモ、ベルサーチをはじめ、ラゴスティーナのお鍋まで並び、250店舗で充実の品揃え。カジノやバール・レストラン(7軒)もあって飽きない工夫がいっぱい。日本人スタッフ駐在。
住 Via A. Maspoli 18, MENDRISIO, SVIZZERA
開 11:00〜19:00　12/24, 12/31 11:00〜17:00
休 1/1、復活祭の⑤、8/1、12/25、12/26
C A.D.J.M.V.
※現金はスイスフランのほか、ユーロでの支払いも可
☎ 41-0-848-828-888
☎ 41-91-630-0803(日本語可)
URL www.foxtown.com(一部日本語あり)

行き方

ミラノ中央駅からfs線でキアッソ駅Chiassoに停車するEurocity.R (バーゼル、チューリッヒ行きなど)で39〜43分。キアッソ駅からはバス13番(Mendrisio行き、約1時間ごと、⑤は2時間ごと)で所要20分、フォックスタウン下車。または各駅停車に乗り換え、2つ目のメンドリーシオ駅Mendrisioから徒歩約10分、バスで約2分。バスの時刻表、料金はURLで検索可。タクシー利用の場合はキアッソ駅から約15分、料金€25〜30。スイス領のためパスポート必携のこと。
✉ メンドリーシオ駅の方が近いのでここから歩くのがベターです。駅を左に出、約300m直進し、道なりに左に曲がるとしばらくすると右にFox Townが見えて来ます。　　　　　(神奈川県　壺田博之 '09)

免税ショッピングと買い物のコツ

マッカーサーグレン・デザイナー・アウトレット・セッラヴァッレの免税手続きや適用額はイタリア国内と同様(P.401参照)。フォックスタウンはスイス領のため、免税は1店舗につき400スイスフラン以上。免税スタンプはキアッソ駅の窓口などスイス国内で捺印してもらうことを忘れずに。

マッカーサーグレンやフォックスタウンでは、クリスマス前や新学期前の8〜9月など、季節ごとのセールがあり、さらに割程度の割引となる。バーゲン情報は各URLにも掲載されるので、出かける前にチェックしておこう。URLには詳細なショップリストも掲載されている。

ミラノの注目ホテル 個性的なふたつのタイプ

数多な芸術家に愛された町の歴史の証人、グランド・ホテル・エ・デ・ミランとミラノのオアシスとして新しいホテルライフを提案する、ブルガリ ホテル&リゾートの新旧対照的な2軒に注目。

★★★★★L グランド・ホテル・エ・デ・ミラン　Map P.30 A1
Grand Hotel et de Milan

1863年の創業より、数多の芸術家の常宿として、またスカラ座の歌手や観客が集い芸術的な雰囲気に満たされてきた。当時の雰囲気を残す館内にはすばらしい調度品が飾られ美術館のよう。客室もおのおの個性的で、設備は現代的。作曲家ヴェルディが暮らし、没したホテルとしても知られている。

その部屋は「ヴェルディ・スイート」と呼ばれ、現在も当時そのままの内装が残されている。

また、イタリアを代表する歴史的テノール歌手のエンリコ・カルーソがこのホテルで最初のレコードを録音。カジュアルなビストロ風のレストラン・カルーソ（ランチのみ）は彼にちなんで名前が付けられている。すでにヴェルディの生誕から200年。クラシックファンには、過去の芸術家との夢が交錯する思い出に残るホテルになるに違いない。
URL www.grandhoteletdemilan.it

住 Via Aless. Manzoni 29
電 02-723141
Fax 02-86460861
SB €300/610
TB €383/760
SU €760/4000
室 95室　朝食€35 W-F
C A.D.M.V.
交 M3線Montenapoleone駅から徒歩1分

★★★★★L ブルガリ　ホテル&リゾート　Map P.30 A1
Bvlgari Hotel&Resort

世界的宝石店として名高いブルガリが手がけたホテル。18世紀のパラッツォをモダンでエレガントに改装。隣接する植物園と広大な緑の庭園が周囲を取り囲み、ミラノの中心街にいるとは思えない落ち着きと静寂にあふれている。

扉を開くと、ブルガリの香りとフレンドリーなスタッフが迎えてくれ、客室は広々としていて、シックで落ち着いた雰囲気。大きくとられた窓やベランダからは庭園との一体感が広がる。部屋によっては、暖炉もあり、まさに気持ちよいくつろぎのひとときを約束してくれる。緑に輝くエメラルドを思わすスパは、ミラノで最も美しく、施術も好評。時間があれば、トライしてみたい。

緑の庭園が眼前に広がるすがすがしいレストランでは、クラシックで現代的なイタリア料理が味わえる。
URL www.bvlgarihotels.com

住 Via Privata Fratelli Gabba 7b
電 02-8058051
Fax 02-805805222
TB €645/791
SU €900/4786
室 58室　朝食€23〜30 W-F
C A.D.J.M.V.
交 M3線Montenapoleone駅から徒歩10分

中央駅周辺

　ミラノ中央駅は、ドゥオーモを中心に発達した旧ミラノ市街から離れていて観光にはやや不便ながら、比較的手頃なホテルの密集地帯である。中央駅周辺にはビジネスマンやツアー客を対象にした中級ホテルが、駅と旧市街の間に位置する共和国広場にはミラノを代表する高級ホテルがある。一方、リマ広場からブエノス・アイレス大通り周辺には経済的なホテルが点在している。

★★★★★L プリンチペ・ディ・サヴォイア　Map P.31 B2

Hotel Principe di Savoia

ミラノの中心共和国広場にたたずむ、1927年の創業以来、王侯貴族や文化人に愛されているホテル「プリンチペ・ディ・サヴォイア」。ネオ・クラシカルなロンバルディア様式の雰囲気を変えぬまま最新のテクノロジーも完備。2006年にはコンテンポラリー・イタリアン・スタイルの"デラックス・モザイク・ルーム"もお目見え。また、イタリア庭園を望むレストラン「アカント」には新シェフFabrizio CADEIが着任した。伝統を維持しながら常に進化を続けるミラノを代表するホテル。
URL www.hotelprincipedisavoia.com

住 Piazza della Repubblica 17
☎ 02-62301　Fax 02-6595838
SB €235/1270　TB €257/1350
SU €820　410室　朝食 €41 W-F
C A.D.J.M.V.
交 M3線Repubblica駅から徒歩1分

★★★★★L エクセルシオール・ホテル・ガッリア　Map P.31 B1

Excelsior Hotel Gallia

有名デザイナー、マルコ・ピヴァの手により全面改装を終え、さらに美しくエレガントになったエクセルシオール・ガッリアが、2015年春にリニューアルオープンした。広くて豪華なスパはもちろん、夜景を見渡せる屋上のバーやレストランなどすべてが高水準。内装はモーダで明るく、清潔感があふれる。歴史と伝統を誇る外観と相まって、イタリアの豊かな美的センスを感じさせる新生エクセルシオール・ガッリアの誕生となった。ホスピタリティーがすばらしいのも、リピーターが多い理由のひとつ。

住 Piazza Duca D'Aosta 9
☎ 02-67851　Fax 02-67853781
SB €280/515　TB €310/700
室 235室　朝食込み W-F
C A.D.J.M.V.
交 中央駅から50m

★★★★★L ザ・ウェスティン・パラス　Map P.31 B2

The Westin Palace

ビジネスエリートの常連が多い最高級ホテル。派手ではないがネオクラシックな内装は豪華。客室は古きよき時代の雰囲気にあふれ、大理石の浴室とアメニティには大満足。地中海料理が売り物のレストラン、Casanova Grillは、宿泊客だけでなく舌の肥えたビジネスマンたちに好評だ。
Low 8月、12月
URL www.westinpalacemilan.it

住 Piazza della Repubblica 20
☎ 02-63361

Fax 02-6336337
SB €205/745　TB €220/899
SU €468/5054
室 228室　朝食 €40 W-F
C M.V.
交 M3線Repubblica駅から徒歩1分

★★★★ スターホテル・アンダーソン　Map P.31 A1
Starhotel Anderson

ミラノ中央駅のすぐ近く。周囲にいくつものスターホテルがあるが、ここは近年改装が施され、デザインホテルを意識した現代的でおしゃれな雰囲気に生まれ変わった。モダンなレストランやラウンジ併設。
✉リナーテ空港からのプルマンが発着する広場に面して建つ近代的なホテル。好立地うえ、スタッフ、お部屋、朝食、どれをとっても「最高」。おしゃれなバスルームにはTVまで付いていました。「高級ホテルの内容で料金は3つ星程度」という印象でした。また泊まりたいおすすめホテルです。　（クラムチャウダー　'11）['16]

URL www.starhotels.com
住 Piazza Luigi di Savoia 20
☎ 02-6690141　Fax 02-6690331
TB €99/750
室 106室　朝食込み　W-F
C A.D.J.M.V.

★★★★ スターホテルズ・エコー　Map P.31 A1
Starhotels Echo

ミラノ中央駅すぐ近く。モダンデザインとエコをコンセプトにしたスターホテルグループの新感覚ホテル。環境に優しく、ナチュラルで自然な居心地のよさに視点をおいている。木目調のブラウンとグリーンの多い内装や家具はモダンで質がよい。ライティングにも気を使っている環境都市ミラノらしいホテルと支持されている。
URL www.starhotels.com
✉部屋は狭いですが、シンプルモダンで美しいです。朝食はイータリーの食品が多く、とてもおいしかった。
　　　　　　　　　（チョコラ　'15）

住 Via Andrea Doria 4
☎ 02-67891　Fax 02-66713369
SB €135/205　TB €140/230
室 143室　朝食込み　W-F
C A.D.J.M.V.
交 中央駅から100m

★★★★ ミケランジェロ　Map P.31 A1
Hotel Michelangelo

中央駅正面を背にすぐ左に位置する高層ビルの大型ホテル。ツーリスト、ビジネスマンと利用客はさまざまだが、長い間支持されてきた優良ホテル。衛星放送などの設備も充実。
✉建物全体はやや古さを感じさせますし、団体客の利用も多いですが、客室はバス付きで広くて清潔。朝食も充実しています。中央駅へ至近で、便利さは格別でした。

（兵庫県　温泉大好き　'12）['16]
URL www.milanhotel.it

住 Via Scarlatti 33
☎ 02-67551
Fax 02-6694232
SB TB €100/550
室 300室　朝食込み　W-F

C A.D.J.M.V.
交 M2・3線Centrale駅から徒歩2分

★★★★ ドーリア・グランド・ホテル　Map P.31 A1
ADI Doria Grand Hotel

1900年代初頭のインテリアに最新の設備を施し、清潔で居心地のよいホテル。総大理石の浴室をはじめ、クラシックにまとめられた客室は落ち着いた雰囲気。
✉ホテル内に日本語表示あり。ホテルの反対側にスーパー（20:00頃閉店）もあって便利でした。
　　（ジュンコ2010　'10）['16]
Low 週末、7、8月、11～4月

URL www.adihotels.com

住 Viale A. Doria 22
☎ 02-67411411
Fax 02-6696669
SS SB €100/400
TB €130/439
室 124室　朝食€10　W-F

C A.D.J.V.
交 M2線Caiazzo駅から徒歩5分

★★★★ サンピ　　Map P.31 B2

Hotel Sanpi

ホテルの建物に囲まれた気持ちのよい中庭が自慢のホテル。古きよき時代を感じさせる建物と客室に常連も多い。レストラン併設。

Low 見本市のない期間、週末
URL www.hotelsanpimilano.it

住 Via Lazzaro Palazzi 18
☎ 02-29513341
Fax 02-29402451
SS SB €90/360
TS TB €99/460
室 63室　朝食込み W-F
C A.D.J.M.V.
⊗ M3線Repubblica駅から徒歩3分

★★★★ メディオラヌム　　Map P.31 B1

Hotel Mediolanum

ビジネスマンの利用客が多い、クオリティ・ホテルグループの4つ星ホテル。全室シャワーまたはバス付きで、モダンな室内。中央駅近くで、便利な中規模ホテル。

読者割引 バーでの飲み物20%
Low 7、8、12月、見本市の期間を除く
URL www.mediolanumhotel.com

住 Via M. Macchi 1
☎ 02-6705312
Fax 02-66981921
SS SB €90/450　TS TB €99/550
室 51室　朝食込み W-F
C A.D.J.M.V.
休 12/24～1/1
⊗ M2・3線Centrale駅から徒歩5分

★★★★ アトランティック・クオリティ　　Map P.31 B1

Quality Hotel Atlantic

客室は広々としていてモダン。仕事をするためのデスクが広い。中央駅から200mと非常に近く便利な立地。全室バス付き。静かな庭園に面している。日本人スタッフ勤務。月～金午前中は日本語サービス可能。

Low 7、8、12月
URL www.atlantichotel.it

住 Via Napo Torriani 24
☎ 02-6691941
Fax 02-6706533
TS TB €98.60/360
3B €124.10/420　室 62室　朝食込み W-F　休 8月、12/24～12/27
C A.D.J.M.V.
⊗ M2・3線Centrale駅から徒歩2分

★★★★ コロンビア　　Map P.31 B1

Colombia

中央駅近く、ホテルが集中する界隈にあるプチホテル。現代美術が飾られたモダンなインテリアでスタイリッシュな雰囲気。朝食室の奥の小さな庭園でくつろぐのもいい。団体客を避け、静かな滞在を望む人におすすめ。

読者割引 4泊以上10%

URL www.hotelcolombiamilano.com
住 Via Lepetit 15
☎ 02-6692532
Fax 02-6705829
SS SB €75/300　TS TB €110/470
室 48室　朝食€15 W-F
C A.D.J.M.V.
⊗ M2・3線Centrale駅から徒歩3分

★★★ フローラ　　Map P.31 B1

Hotel Flora

中央駅からも近くて便利な立地。部屋はセンスよくモダンにまとめられ、清潔。浴室も機能的で使い勝手がいい。

読者割引 10%(見本市期間を除く)
Low 8、12月
URL www.hotelfloramilano.com

住 Via Napo Torriani 23
☎ 02-66988242　Fax 02-66983594
SS SB €49/300　TS TB €69/400
室 50室　朝食込み W-F
C A.D.J.M.V.
⊗ 駅前広場から南西に延びる大通りVia V Pisaniの左側にあるVia Napo Torrianiを入る。歩いて5分以内

ミラノ中央駅近くの読者おすすめのホテル

★★★★アンドレオーラ
Hotel Andreola　Map P.31 A1
✉ ミラノ中央駅から200m。便利な場所わりに静かで料金もさほど高くありませんでした。7階のレストランで€20でコース料理が食べられ、味、ボリューム、サービスもよかった。
(神奈川県　M.H.　'11)
URL www.andreolahotel.it

★★★ソペルガ
Hotel Soperga　Map P.31 A1
✉ 駅から約300m、徒歩3～4分と、とても立地条件がよく、ビュッフェの朝食がとてもおいしかったです。お部屋は簡素でちょっと古いですが、必要な物はきちんと揃っていました。
(クラムチャウダー　'11)
URL www.hotelsopergamilano.it

S シャワー共同シングル料金　SS シャワー付きシングル料金　B バス付きシングル料金　T シャワー共同ツイン料金　TS シャワー付きツイン料金
TB バス付きツイン料金　3S シャワー付きトリプル料金　3B バス付きトリプル料金　4S シャワー付き4人部屋料金

★★ アダ   Map P.31 B1

Hotel Ada

読者から圧倒的な支持を得ているホテル。部屋数が少ないのでなるべく早めに到着するか、予約しておこう。時期や泊数により料金設定が異なるので、事前に確認を。

読者割引 長期滞在は相談に応ず

URL www.hotelada.it

- 住 Via G. B. Sammartini 15 3階(2°piano)
- ☎ 02-66982632
- Fax 02-66982565
- S €40/80   S €45/150
- TS €55/150   SS €75/210
- 室 18室 朝食込み W-F
- 休 8月   C M.V.
- 交 中央駅から150m

★ アウロラ   Map P.31 A2

Hotel Aurora

明るくモダンな、広めの室内。可能なら静かな中庭側の部屋をリクエストしよう。宿の人は感じがよい。年末年始も営業している。

読者割引 10%

Low 6、7、8、12月

URL www.hotelauroramilano.com

- 住 Corso Buenos Aires 18
- ☎ 02-2047960
- Fax 02-2049285
- SS €70/120   TS €90/200
- 室 16室 朝食€5 W-F
- C A.D.J.M.V.
- 交 M1線Porta Venezia駅から徒歩1分

★ ネットゥーノ   Map P.31 A2

Hotel Nettuno

中央駅近くより割安感がある。部屋は静かで、二重窓なので安全。冷房完備。フロントにはひと晩中人がいて安心。中央駅から徒歩だと15分くらい。

読者割引 直接予約で10%

URL www.nettunomilano.it

- 住 Via Tadino 27
- ☎ 02-29404481
- Fax 02-29523819
- S €40/90   TS €50/180
- SS €75/230
- C A.D.M.V. W-F
- 交 M1線Lima駅下車か中央駅からバス60番、トラム33番

★ セントラル・ステーション   Map P.31 B1

Hotel Central Station

上記ホテル・アダと同じ建物にある、ホテル・ケネディと同系列のホテル。客室はシンプルで明るく清潔。24時間オープンで門限なし。英語可。観光の相談にものってくれる。4人部屋のドミトリーがある。

読者割引 3泊以上で€5オフ

URL www.hotelcentralstation.com

- 住 Via G.B.Sammartini 15 2階(1°Piano)
- ☎ 02-67071766
- Fax 02-67074584
- D €18/45   S €25/115
- SS €35/165   T €40/135
- TS €50/195   SS €70/240
- 室 26室 朝食€2 W-F
- 交 中央駅から150m

オステッロ・ベッロ・グランデ   Map P.31 A1

Ostello Bello Grande

中央駅すぐの好立地におしゃれで自由な若者向けユース誕生! 宿泊客のほとんどは20代、30代前半、若くておしゃれでポップな雰囲気のホステル。スタッフもフレンドリーで親身になってくれる。ミラノの穴場スポットなどの紹介もOK。ラウンジでは無料の朝食、夕食、そして24時間営業のバーがあり、いつもにぎやか。シンプルでおしゃれな客室は静かで清潔。鍵もしっかりしているので安全だ。フロントは24時間対応。無料で、鍵、タオル、シャンプーなどの貸し出しもしている。URL からの直接予約が、最も予約がとりやすい。

✉ ミラノっ子のスタッフにおいしいピッツェリアを教えてもらって大満足。英語がよく通じて安心でした。(ビーチ '15)

- URL www.ostellobello.com
- 住 Via R.Lepetit 33
- ☎ 02-6705921
- Fax 02-6792867
- D €37〜
- SS €69〜
- TS €98〜
- 室 13室 朝食込み W-F
- C M.V.
- 交 中央駅から100m

チェントロ地区（ドゥオーモ周辺）

ドゥオーモ広場周辺には、ミラノを代表する名門ホテルがめじろ押しだ。ファッションの町ミラノを代表するおしゃれなホテルフォーシーズンズをはじめ、新しいテイストのホテルが進出中だ。この地区には経済的なホテルは少ないが、泊まりやすい3～4つ星ホテルを中心に紹介した。観光、ショッピングに最も便利な地区であることは間違いない。

★★★★★L　フォーシーズンズ　Map P.30 A2

Four Seasons Hotel

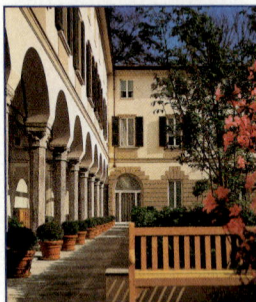

1400年代の修道院を改装した最高級ホテル。中央の回廊を囲むように造られた客室、ゆったりしたロビー、大理石を多用した豪華な浴室、いたるところに飾られた生花と、最高の物を求める人のための宿。併設のレストランIl Teatroは、今やミラノを代表する洗練された味とワインのセレクションで有名だ。
Low 1/1～4/17
URL www.fourseasons.com/milano

住 Via Gesù 6/8
☎ 02-77088　Fax 02-77085000
SS SB €590/820
TS TB €700/1010
室 118室　朝食€48　W-F
C A.D.J.M.V.
交 M3線Montenapoleone駅から徒歩2分

★★★★★L　パーク・ハイアット・ミラノ　Map P.30 B1

Park Hyatt Milano

ミラノを象徴するドゥオーモの近く、ガッレリアのすぐ脇にあるホテル。スカラ座やモンテナポレオーネなどの高級ショッピングエリアに近い。19世紀の建物を美しく改装し、客室は広くスタイリッシュな雰囲気でまとめられている。ガラスの丸天井が広がるレストラン、ラ・クーポールは朝食やアラカルトの郷土料理のほか、ビュッフェが楽しめる。1階奥にミシュランの1つ星レストランVunがある（→P.74）。
URL www.milano.park.hyatt.it

住 Via Tommaso Grossi 1
☎ 02-88211234　Fax 02-88211235
TB €513/800　SU €801/7580
室 106室　朝食€35　W-F
C A.D.J.M.V.
交 M1・3線Duomoから徒歩2分

★★★★★　ザ・グレイ　Map P.30 B1

The Gray

ガッレリアの東側、ドゥオーモとスカラ座のほぼ中ほどにあり観光にもショッピングにも便利な立地。外観は歴史ある邸宅風ながら、アフリカンテイストを取り入れた個性的でスタイリッシュなデザイナーズ・ホテル。客室の内装はそれぞれに異なるが、最新の設備を備え、いずれも広くて快適。ガッレリアを上から眺められるのも楽しい経験。
URL www.sinahotels.com

住 Via San Raffaele 6
☎ 02-7208951　Fax 02-866526
TS TB €297/722　SU €500/4000
室 21室　朝食€33　W-F
C A.D.J.M.V.
交 M1・3線Duomoから徒歩2分

D ドミトリー料金　S シャワー共同シングル料金　SS シャワー付きシングル料金　SB バス付きシングル料金　T シャワー共同ツイン料金
TS シャワー付きツイン料金　TB バス付きツイン料金　3S シャワー付きトリプル料金　4S シャワー付き4人部屋料金

★★★★ スターホテルズ・ローザ・グラン　Map P.30 C2

Starhotels Rosa Grand

ドゥオーモのすぐ裏側に位置し、モンテ・ナポレオーネなどのショッピングエリアへも徒歩圏内の便利な立地。

2012年の全面改装で、機能はもちろん内装も美しく生まれ変わり、グレード・アップした。開放感のある高い天井のエントランスロビー、都会的でエレガントなインテリア、こだわりを感じる照明など、ミラノのスターホテルズの中でも最高級の設備を整えている。客室はシンプルだが洗練されていて、居心地がよい。広さ、設備、インテリアが充実したエクゼクティブ・ルームもおすすめ。枕が選択できるのもうれしい。併設のレストランやバーは、イータリーの食材を使用。ホスピタリティーも好評。

URL www.starhotels.com
住 Via Pattari 5/
Piazza Fontana 3
☎ 02-88311
Fax 02-8057964
SB €165/900
TS TB €300/1300
室 320室　朝食€25 W-F
C A.D.J.M.V.
交 ドゥオーモから徒歩2分

★★★★ マンゾーニ　Map P.30 A2

Hotel Manzoni

モンテ・ナポレオーネ通りとスピーガ通りを結ぶ通りにありショッピングには最高の立地。控えめながらエレガントな雰囲気にリピーターも多い。2007年の改装後、クラシックで洗練された雰囲気になった。
URL www.hotelmanzoni.com

住 Via Santo Spirito 20
☎ 02-76005700　Fax 02-784212
TS TB €240/700
室 52室　朝食€20 W-F
休 7/27～8/31頃、12/23～1/6頃
C A.D.J.M.V.
交 M3線Montenapoleone駅から徒歩2分

★★★★ カヴール　Map P.29 A3

Hotel Cavour

ドゥオーモやショッピングエリアからも近くて便利。白を基調としたロビーは、落ち着いた雰囲気。従業員も感じがよい。併設のレストランは、エレガントで洗練されている。
URL www.hotelcavour.it

住 Via Fatebenefratelli 21
☎ 02-620001
Fax 02-6592263
SS SB €112/496　TS TB €123/700
室 113室　朝食込み W-F
休 8月　C A.D.J.M.V.
交 M3線Turati駅から徒歩2～3分、トラム1・2番

★★★ ズーリゴ　Map P.29 C3

Hotel Zurigo

ドゥオーモからも徒歩圏にあるこぢんまりとしたホテル。室内にはセーフティボックスやドライヤー、ミニバーも備えられ過不足ない内容。サービスも行き届き、無料のレンタサイクルが用意されているのがうれしい。
読者割引 3泊以上で10%
URL www.zurigo.com

住 Corso Italia 11/a
☎ 02-72022260
Fax 02-72000013
SS €75/196
TS TB €133/300
室 41室　朝食込み W-F
C A.D.J.M.V.
交 M3線Missori駅から徒歩2分

★★★ スター　Map P.29 B3

Hotel Star

スカラ座の西に位置し、旧市街までは徒歩圏の立地。部屋にはハイドロマッサージのシャワーやサウナなどの設備がある。イタリア人の常連が多い宿。
URL www.hotelstar.it

住 Via dei Bossi 5
☎ 02-801501　Fax 02-861787
SS €70/149　TS TB €78/197
室 30室　朝食€7～10 W-F
休 8/15前後、クリスマス期間～新年
C A.D.J.M.V.
交 1・3線のDuomo駅から徒歩5分、M1線Cordusio駅から徒歩2分

そのほかの地区とユースホステルなど

　ミラノの旧市街には、いたるところに家族経営のプチホテルがひっそりと構えている。ミラノの最新流行の発信地ブレラ地区や昔日のミラノの面影が残るナヴィリオ地区に宿を取り、ひと味違うミラノ滞在を味わうのも楽しい。
　ミラノのユースホステルは世代を超えた人々に人気を誇る。

★★★ カナダ　　Map P.29 C3

Hotel Canada

ポルタ・ロマーナ大通りの西に位置しており、健脚派ならドゥオーモからも徒歩圏。客室は近代的で明るく、ミラノにしてはバスルームが広めで機能的なのもうれしい。行き届いたサロンでの朝食も充実している。
URL www.canadahotel.it

住 Via Santa Sofia 16
☎ 02-58304844
Fax 02-58300282
TS TB €93/350
容 37室　朝食込み　W-F
C A.D.M.V.
交 M3線Missori駅、Crocetta駅から徒歩5分

★★★ アスプロモンテ　　Map P.27 A4

Hotel Aspromonte

天気のよい日なら、おいしい朝食を中庭で取ろう。部屋の備品も充実。サッカーの切符や「最後の晩餐」の切符の手配も可。
URL www.hotelaspromonte.it

住 Piazza Aspromonte 12-14
☎ 02-2361119
Fax 02-2367621
SS €49/250　TS €85/300
容 19室　朝食込み　W-F
C A.D.M.V.
交 中央駅からトラム33番でPiazza Aspromonte下車、所要約10分。

★★★ フローレンス　　Map P.27 A4

Hotel Florence

1900年代初頭の建物にあるホテル。客室・設備は近代的で、家族経営のよさを残す貴重なホテル。
読者割引 5%
Low 7、8月、クリスマス、復活祭期間、週末
URL www.hotelflorence.it

住 Piazza Aspromonte 22
☎ 02-2361125
Fax 02-26680911
SS €55/100　TS TB €70/200
容 30室　朝食込み　W-F
C A.J.M.V.
交 M1・2線Loreto駅から徒歩7〜8分

★★ サン・フランチスコ　　Map P.27 A4

Hotel San Francisco

地下鉄駅近くの便利な場所にあるホテル。料金に十分見合ったサービスと雰囲気。中庭があり、心地よいときが過ごせそう。
✉ スタッフは笑顔でお部屋も満足でした。（東京都　小笠原あゆみ '09）['16]
URL www.hotel-sanfrancisco.it

住 Viale Lombardia 55
☎ 02-2360302
Fax 02-26680377
SS €40/120　TS €45/180
3B €50/210
容 31室　朝食込み　W-F
C A.D.J.M.V.
交 M1・2線Loreto駅から徒歩5分

★★ ジェルソミーナ　　Map P.26 A2

Hotel Gelsomina

見本市会場から700mほどの、全16室の小さいホテル。地下鉄駅はやや遠いながら、経済的なのがうれしい。客室は広く、清潔で安全。
Low 6、7、11〜1月
URL www.hotelgelsomina.it

住 Via Pier della Francesca 4/7
☎ 02-3491742　Fax 02-33600764
SS €40/150　TS €60/180
3S €90/250　容 16室　朝食込み
W-F　C A.M.V.　休 8月
交 中央駅からトラム30か33番に乗りグラムシGramsci広場で下車、所要15〜20分。Pier della Francesca通りをすぐ右に入る

S シャワー共同シングル料金　SS シャワー付きシングル料金　SB バス付きシングル料金　T シャワー共同ツイン料金　TS シャワー付きツイン料金
TB バス付きツイン料金　3 シャワー共同トリプル料金　3S シャワー付きトリプル料金　4S シャワー付き4人部屋料金　D ドミトリー料金

★★ ヴェンティドゥーエ・マルツォ　Map P.27 B4

Hotel XXII Marzo

駅からはやや離れるが、そのぶん値頃感のあるホテル。近代的な室内は広く、明るくて清潔。冷房完備。インターネットの利用可。ホテルの周囲は商店やバールも多い。

読者割引 HPや電話での直接予約で5%
URL www.hotel22marzo.com

住 Piazza Santa M. del Suffragio 3, Bonvesin de la Rivaとの角
☎Fax 02-70107064
SS €40/195　TS €60/240
3S €75/270　4S €80/290
室 15室　朝食€5 W-F
C A.D.J.M.V.　交 中央駅からバス60番でPiazza S. M. Soffuragio下車、所要約15分

ニュー・ジェネレーション・ホステル・アーバン・ブレラ　Map P.31 C2

New Generation Hostel Urban Brera

YH ツタのからまる風情ある修道院の一角にあるモダンな雰囲気のユースホステル。キッチン、セルフランドリー、貸し自転車あり。24時間受付（チェックイン14:00～23:00）、全14室。8人部屋のDは男女混合の場合あり。

URL www.themonasteryhostel.it

住 Via Renzo Bertoni 3
☎ 02-65560201
Fax 02-39195704
料D €18/55
S €28/56
€110/170 W-F
交 M3線Turati駅から徒歩2分

カーサ・デッラ・ジョーヴァネ　Map P.31 C2

Casa della Giovane(ACISJF)

YH 16～30歳までの女性のみ利用可。部屋やシャワー室なども全体にゆったりとして快適。夕食も充実している。鍵のかかるデスクと引き出しも利用できて安全も保証付き。3～4泊まで。

e-mail protezione@acisjf-milano.it
URL www.acisjf-milano.it

住 Corso Garibaldi 123
☎ 02-29000164　Fax 02-29004252
☎ 6:30～23:30、門限23:00
S €50　T 1人€50　朝食込み、夕食€10(要予約)　室 60室 W-F
休 8月　C 不可
交 M2線Moscova駅より徒歩5分、または中央駅よりバス96、97番で

オステッロ・ピエロ・ロッタ　地図外

Ostello Piero Rotta

YH 町なかからはやや離れるものの、近くには大型スーパーやセルフサービスレストランもあって便利。大きなロッカー（無料）もある。YH会員のみ、連泊3日まで。'16年2月現在、予約は各予約サイトから。

e-mail milano@aighostels.it

住 Via Salmoiraghi 1
☎ 02-39267095
Fax 02-33000191
料D €22　TS 1人€27/35
1人€23/26　朝食込み W-F
休 12/24～1/12　C J.M.V.
交 M1線Q.T.8駅下車、または中央駅から90、91、68番のバスで20分

●…2012年9/1よりミラノで滞在税導入　ミラノ市滞在税Imposta di Soggiorno…

ミラノ市内のホテルに宿泊の際、1泊当たりひとり最大€5、最長14泊まで課税されることになった。シーズン別で、ローシーズンの7～8月、12/10～1/10は半額。18歳以下免除。

支払はチェックアウトの際、直接ホテルへ。ホテルにより、現金で徴収される場合や宿泊料と込みでクレジットカード決済できる場合がある。旅も終わりに近づき、手持ちのユーロが心配な場合は、最初に支払方法を確認しておこう。
※ローシーズン期間は年により変更の場合あり

5つ星ホテル	€5
4つ星ホテル	€5
3つ星ホテル、4つ星レジデンツァ	€4
2つ星ホテル、3つ星レジデンツァ	€3
1つ星ホテル、2つ星レジデンツァ	€2

シーズンにより価格差の大きいミラノのホテル。
経済性を追求するなら、季節選びも重要

●郵便番号　20052

モンツァ

P.14 B2
Monza

●鉄の王冠とサーキット・レースで有名な町

ブリアンツァの境界にある古都。現在は、フエルト、繊維工業の中心地である。7世紀にロンゴバルド王国の中心として栄え、ドゥオーモの宝物庫には、当時の貴重な収蔵品が収められている。町の宝物は、「鉄の王冠」と呼ばれる、宝石で飾られた金の王冠。歴代のイタリア王の頭上に輝いた由緒ある物だ。町の中心は、旧市庁舎アレンガリオArengarioのあるローマ広場Piazza Roma。北イタリアらしい落ち着いた雰囲気の商店街と豊かな暮らしぶりの町の人々の日常生活を垣間見ることができる一角だ。

『鉄の王冠』

モンツァへの行き方

🚃 電車で
●ミラノから
中央駅または
ポルタ・ガリバルディ駅
鉄道fs R
Suburbane
………約10分
モンツァ
※レッコLeccoまたは
ティラーノTirano行きで

■モンツァの🛈
🏠 Palazzo Comunale、
Piazza Carducci 2
☎ 039-323222
🕐 9:00～13:00
　14:30～18:00
休 一部の㊗
🗺 P.104 B

■ドゥオーモ
🏠 Piazza Duomo
🕐 8:00～12:00
　15:00～18:00
　⑧8:00～13:00
　15:00～19:00

✉「鉄の王冠」は
ガイド付き見学
王冠は祭壇のなかの鍵付き二重扉の収められていて、ガイド付き見学でのみ見ることができます。見学の開始時間の掲示はありませんが、ミサの時間を避けて設定されているようです。先に、博物館受付で見学開始時間を聞き、待ち時間が長ければ、他所を見学してくると、効率よく回れます。　　　　(aida　'14)

おもな見どころ

歴代イタリア王の頭上を飾った『鉄の王冠』
MAP P.104 B

ドゥオーモ
Duomo ⭐
ドゥオーモ

市民の一番の誇り。13～14世紀にゴシック様式で建造された。大理石を使った優美なファサードは、1396年、マッテオ・ダ・カンピオーネの作。緑と白の大理石の縞模様で、美しい正面扉、驚くべき優美なバラ窓で飾られている。付属の鐘楼は、1606年の建立。

内部は、1600～1700年代に改築された。身廊中心部の美しい聖歌隊席は、マッテオ・ダ・カンピオーネの作。聖堂内陣左側にある、テオドリンダの礼拝堂Cappella di Teodolindaは、興味深いフレスコ画で飾られている。テオドリンダの生涯vita di Teodolindaは、ザヴァッタリZavattari 1444年の作。

天幕で覆われている祭壇には、『鉄の王冠』Corona del ferroがある。（見学には入場券が必要）金、大きなルビー、アメジスト、七宝で美しく飾られた豪華に光る王冠で、歴代のイタリア王の頭上に輝いた物。黄金に輝く王冠が、なぜ「鉄」と呼ばれているのかというと、内部にはめ込まれた王冠を留める鉄の輪に、キリストが十字架に架けられた際の鉄の釘

モンツァ
Monza

優美なドゥオーモのファサードと鐘楼

が鋳直して使われているからだとか。

身廊左側、小さな階段を下りると、博物館と**宝物庫**Museo e Tesoroへ続く。このドゥオーモの宝物が陳列されている。古都モンツァにふさわしく、5～6世紀からの宝物が、保存状態もよく展示されている。鉄製の**7羽のひよこと雌鳥**Chioccia con 7 Pulcini（6世紀）、**詩人とミューズのふたつ折り聖画板**Dittico del Poeta e della Musa（5世紀）、**助祭用福音書**Evangeliarilo（6世紀）、ジャン・ガレアッツォ・ヴィスコンティの金と銀の**豪華な盃**Calice di Gian Galeazzo Visconti（14世紀）。このほか、中世からルネッサンス期までの聖具、珍しい切符などの収蔵品も貴重な物。

18世紀の広大な離宮　　　　　　　　　MAP P.104 A

王宮
Villa Reale
ヴィッラ・レアーレ

　新古典主義の大きな王宮で、1778～80年にオーストリアのフェルディナンド大公の命により、ピエルマリーニが設計。大公の郊外での滞在地として建てられた。2014年9月に大規模の修復が終了し、豪華な内装が施された居室、礼拝堂、宮廷劇場などを見学することができる。裏手には、広大な森の広がる**公園**Parco。正面入口の脇にはバラ園Rosetoが広がっている。
　絵画館も併設。

新古典主義の王宮

F1レースも開催される　　　　　　　　MAP P.104 A

公園
Parco
★★
パルコ

　1860年に造られた800ヘクタールの面積をもつ広大な公園。自然そのままの森は、散策には1日がかり。芝生の広がるあたりでは、サッカーに興じる少年たちの姿が……。ときには、結婚式を挙げたばかりのカップルが記念写真を撮っている。公園の奥には、F1の開催されるサーキットやプール、ゴルフ場、競馬場、キャンプ場が広がる。

■**ドゥオーモ博物館と宝物庫**
Museo e Tesoro del Duomo
🏠 Piazza Duomo,Via Lambro 2との角
☎ 039-326383
博物館
🕐 9:00～13:00
　　14:00～18:00
鉄の王冠
🕐 ㊋～㊏ 9:00～13:00
　　　　 14:00～18:00
　㊐ 14:00～18:00
🚫 ㊊、12/24～1/1
💰 博物館と鉄の王冠　€8
　博物館　€6
　鉄の王冠　€4

NAVIGATOR
　モンツァの旧市街地は、ローマ広場を中心にした半径500mほどのものなので、徒歩で十分。ただし鉄道駅と公園は、広場より1kmほどの距離があるので、王宮を最後に見学する場合は、王宮近くのバス停から駅行きのバスに乗るのもよい。

■**王宮**
🏠 Viale Brianza 2
☎ 199151140（コールセンター）
🕐 10:00～19:00
　㊎10:00～22:00
💰 €10、特別展の場合€19
※見学は要予約
🌐 www.tosc.it

■**公園**
🕐 夏季7:00～20:30
　冬季7:00～21:30
※駅からはバスZ221番で

サーキット
Autodromo Nazionale Monza
　サーキットへは入場料を払えば、レースのない日でも入場可。運がよければ、F1チームのテスト走行が見られるかもしれない。サーキット内の売店では、モータースポーツマニア垂涎のグッズも販売。駅からはバス204番で。
🕐 夏季7:00～20:30（冬季19:00）
💰 €5、行事のない日は無料
F1レースのスケジュールは
🌐 www.monzanet.it

🏨 HOTEL　　　　　　　モンツァのホテル

★★★★ デ・ラ・ヴィッレ
Hotel De la Ville
P.104 A

王宮と公園の正面にある、モンツァを代表するエレガントなホテル。エトロのアメニティグッズをはじめ、サービスや施設も充実。評判のよいレストランDerby Grillを併設。ランチが特にお値頃。
🌐 www.hoteldelaville.com

🏠 Viale Regina Margherita di Savoia 15
☎ 039-39421
Fax 039-367647
SS SB €129/295　TS TB €189/485
🛏 70室　朝食€29 W-F
📅 8月、クリスマス～新年
C A.D.M.V.

SS シャワー付きシングル料金　TS シャワー付きツイン料金　TB バス付きツイン料金　JS ジュニアスイート料金　SU スイート料金

ベルガモ

P.14 B2

Bergamo

中世とルネッサンスの息吹が今に残る

ベルガモへの行き方

🚃 電車で

●ミラノから
中央駅、ポルタ・ガリバ
ルディ駅
│鉄道fs R
↓　…48分〜1時間7分
ベルガモ

ベルガモのオリオ・アル・
セリオOrio al Serio空港
ベルガモの町から約2km。
バスNavettaは㊊〜㊐5:30
〜22:30に20分間隔で空港と
鉄道駅を結んでいる。切符
€2.30。
ミラノ中央駅へも頻繁にプ
ルマンが運行(→P.35)。

ベルガモ空港行きと
市内バスの共通券
Ticket Airport Bus
(荷物込み)
24時間券　Biglietto 24 ore
con bagaglio €5
72時間券　Biglietto 72 ore
con bagaglio €7

■郵便局
🏠 Via A. Locatelli 11
🗺 P.108 B2
🏠 Largo Porta Nuova
🗺 P.108 B2

■Telecom Italia
🏠 Via Verdi 29
🗺 P.108 B2

■バッサ、駅前通りの❶
🏠 Viale Papa Giovanni XXIII 57
Urban Center内
☎ 035-210204
🕐 9:00〜12:30
13:30〜17:30
休 1/1、12/25
🗺 P.108 C3
駅を出て正面の大通りを約
100m、右側。

■ベルガモ、アルタの❶
🏠 Via Gombito 13
☎ 035-242226
🕐 9:00〜17:30
休 1/1、12/25午前
🗺 P.108 A2

ロンバルディア・ルネッサンスの古都、ベルガモ。サン・ヴィジリオの丘からの眺め

　ベルガモの歴史は複雑で、その影響が各所に残り興味深い。11
〜13世紀には、自治都市としてロンバルディア同盟(1167年、ロン
バルディアの自治都市が、赤ひげ王、フリードリヒに対抗して組ん
だ同盟)に参加した。この時代の建物は、ラジョーネ宮、サンタ・
マリア・マッジョーレ教会に見られる。

　その後、ミラノのヴィスコンティ家の支配、続いて1796年まで
はヴェネツィア共和国の支配下におかれた。ロンバルディアの特徴
をそのままに残し、ヴェネツィアの影響を受けた1400〜1500年代
には、ロンバルディア独自のルネッサンス様式の建築物が建てられ、
コッレオーニ礼拝堂が、その代表作となっている。

　美しいベルガモの町は、アルタとバッサに分かれているが、丘
の上のアルタからは、ロンバルディアの平野が望める。麓の町バッ
サは、19世紀にM.ピアチェンティーニの都市計画によって生まれた
町である。

　音楽家、ドニゼッティの生まれ故郷でもあり、カッラーラ絵画館
ではマンテーニャ、G.ベッリーニ、ロレンツォ・ロットなどのイタリ
ア北部のルネッサンス芸術に触れることができる。

History & Art

ベルガモ生まれの作曲家、ドニゼッティ

　1797年11月29日、アルタの町の城壁の外れ、サ
ン・ヴィジリオの丘の麓で生まれたガエターノ・ド
ニゼッティ。19世紀初頭、ロッシーニらとともにイ
タリアオペラの黄金時代を築いた立て役者だ。若
者の悲劇的な愛を甘美なメロディーにのせた「ラン
メルモールのルチア」をはじめ、「愛の妙薬」、「ドン・
パスクワーレ」の作曲家だ。彼の生涯を知ることが

できるのが、ベルガモのドニゼッティ博物館や生
家だ。とりわけ博物館は1902年に開設され、自筆
スコア、作曲に使用したピアノをはじめ、彼の活
躍から病に倒れ死去するまでの生涯が展示されて
いる。目を引くビューゼンドルファー製のピアノは、
彼がベルガモの貴族のためにウィーンで1844年に
手に入れた物。

ベルガモ・アルタ

古きよき面影を残す界隈

MAP P.108 A2

ゴンビト通り
Via Gombito ★

ヴィア・ゴンビト

　細い石畳の坂道の左右には歴史と風情あふれる建物に昔ながらのパン屋、由緒あるお菓子屋などが並び、そぞろ歩きが楽しい通りだ。お菓子屋の店先でひときわ目を引くのはベルガモ名物のポレンタに野鳥のローストを乗せた料理を模したお菓子、ポレンタ・タラーニャ Polenta Taragnaだ。途中には12世紀のゴンビトの塔、16世紀の噴水も点在する。

名物料理を模したポレンタ・タラーニャ。ムースやチョコレートクリームをスポンジで挟んでドーム状にし、ポレンタを模した黄色のマジパンで包んで砂糖をまぶした甘いお菓子。チョコはスズメ

中世の雰囲気が残るゴンビト通り

ベルガモ・アルタの中心

MAP P.108 A1

ヴェッキア広場
Piazza Vecchia ★★

ピアッツァ・ヴェッキア

静かな時の流れるラジョーネ宮とヴェッキア広場

　ドゥオーモ広場に隣接する広場で、ベルガモ・アルタの中心的記念物。中央には、ライオンが取り囲む、1700年代の噴水がある。その奥には、かつての市役所であったラジョーネ宮Palazzo della Ragioneがある。ラジョーネ宮は、12世紀の建造で、1階にはドゥオーモ広場に通じる3つのアーチが続く。2階には、美しいゴシック様式の窓があり、正面のバルコニーの上には、聖マルコの獅子像が残り、ヴェネツィア共和国の支配の歴史を思い起こさせる。

　内部（催事のみ入場可）には、1300～1400年代のフレスコ画に取り囲まれた大広間があり、なかでも、ブラマンテの『3賢人』Tre filosofiは有名。

　ラジョーネ宮正面右側の屋根付きの階段から通じるのは、力強い12世紀の市の塔Torre Civica。ラジョーネ宮の反対側には1604年着手、1928年に完成した図書館がある。

　まずはバス1Aまたは1とフニコラーレ（ケーブルカー）を乗り継いでアルタ町を目指そう。バスが道を上るにつれ、丘や城壁、鐘楼などが絵のように広がる。途中、城壁の下にフニコラーレ乗り場があり、ここで乗り換えれば約5分でアルタの町だ。

　フニコラーレを降りて、人の流れに従ってゴンビト通りVia Gombitoの坂道を上ると左に❶があり、さらに進むとアルタの中心のヴェッキア広場に到着だ。さらに道を上れば、バスターミナルともなっている眺めのよい広場Piazzale Colle Apertoとヴィジリオの丘へ向かうフニコラーレ乗り場がある。

　フニコラーレに興味がなければ、駅前からの1A番のバスに乗車して終点下車。城壁を抜ければアルタの古い町並みが広がる。

アルタ行きのバス

　駅を出て、正面から真っすぐ延びる通りを100mほど進んだ右側に❶がある。この前にアルタ行きバスA1のバス停がある。❶の建物内のタバッキでバスの切符を販売。バスの切符は€1.30(75分有効)。バスはフニコラーレ(バスの切符と共通)駅前のバス停Porta S.Niccoloに停車し、終点はPiazzale Colle Aperto。フニコラーレに興味がなければ、終点下車で門を抜ければアルタの町だ。バスの1日券は€3.50。

　❶の建物裏手がバスターミナルで、ベルガモ空港行きのバスもここから乗車。

■市の塔

🏠 Piazza Vecchia 8
☎ 035-247116
🕐 4～10月　9:30～18:00
　　土日祝　9:30～20:00
　　11～3月　9:30～13:00
　　　　　　14:30～18:00
　　土日祝　9:30～18:00
休 月、1/1、12/25
料 €3　地 P.108 A1

✉ **バスの切符は1枚でOK**
ちょっと大きな町だし、アルタへは距離があるので1日券を購入しました。でも、アルタの町からカッラーラ絵画館へは徒歩で向かいました。アルタからカッラーラ絵画館への道も市街地も歩いてもいい範囲なので結局徒歩で移動。ホテルが町の中心なら、バスの切符は行きだけの1枚でいいです。

（東京都　節約命　'15）

ロンバルディア州

ベルガモ

サン・ヴィジリオの丘へ

フニコラーレ乗りば
Staz. Funic. P.le
Colle Aperto
ドニゼッティの生家
Casa Natale di Donizetti
サンタレッサンドロ門
P.ta S. Alessandro
要塞
Cittadella
マスケローニ広場
P.za Mascheroni
チッタデッラ
Cittadella
自然科学博物館
Museo di Scienze Naturali
キエザ・ディ・カルミネ
Chiesa d. Carmine
ガリバルディ門
P.ta Garibaldi

Via d. Boccola
Via della Fara

旧サンタゴスティーナ修道院
ex Convento di S. Agostino

コッレオーニ通り Via B. Coll.
イル・フォルナイオ
Il Fornaio
コッレオーニ&デランジェロ
Colleoni & dell'Angelo

ベルガモ　アルタ
BERGAMO ALTA

Seminario
Vescovile

Università

市の塔
Torre Civica
Palazzo Nuovo

サンタゴスティーナ門
P.ta S. Agostino

ラジオーネ宮
Pal. d. Ragione
洗礼堂
Battistero
ヴェッキア広場
P.za Vecchia

城塞
Rocca

サン・ミケーレ・アル・
ポッツォ・ビアンコ教会
S. Michele Pozzo Bianco

コッレオーニ礼拝堂
Cappella Colleoni
ドニゼッティ博物館
Museo Donizettiano
ドゥオーモ
Duomo
ドゥオーモ広場
P.za Duomo

ディピンタ門通り Via Porta Dipinta

サンタ・マリア・
マッジョーレ教会
S. M. Maggiore

Staz.

サンタンドレア教会
S. Andrea

delle Mura
城壁沿いの大通り

サン・ジャコモ門
P.ta S. Giacomo

Viale delle Mura
Via S. Giacomo
Viale

Funicolare

ヴィットリオ・エマヌエーレII世大通り
Viale Vittorio Emanuele II

Staz.

ベルガモ　バッサ
BERGAMO BASSA

Via Rosmini

P.ta
Adua

Via Suardi

Via S. Lucia

Via Sant'Alessandro

Via C. Botta

Via S. Clara

Via A. Locatelli
Via Monte Ortigara

Via A. Locatelli

Via Masone

Via Brigata

P.za
d. Repubblica

Via Partigiani

P.za
d. Libertà

サン・ベネデット教会
S.Benedetto

Tribunale

Via Petrarca

P.za
Dante

B. Bartolomeo

Largo
Belotti

Via Mazzini

Via Garibaldi

Rotonda
d'Mille

ヴィットリオ・ヴェネト広場
P.za Vittorio Veneto

Pretura

Autosilo

サンタレッサンドロ・イン・コロンナ教会
S.Alessandro in Colonna

Via IV Novembre

Via Fiane Nullo

Parco
Locatelli

Via Legionari in Polonia

市庁舎
Municipio

センティエローネ チェッポフラッフィ広場
Sentierone
ジャコモ・マッテオッティ広場
P.za Giacomo Matteotti

P.za
Cavour

Teatro
Donizetti

P.ta
Nuova

ロステリア・ディ・ヴァレンテ
L'Osteria di Valenti

Via Broseta

P.ta
Broseta

Via Broseta

Via Zendrini

Via G.B. Moroni

Via S. Orsola

Largo
Rezzara

P.za
Pontida

S. Rocco

Via
Zambonate

Via XX Settembre

Via G. Tiraboschi

Via Palma il Vecchio

Via Don L. Palazzolo

Via S. Bernardino

S. Bernardino

Via Giorgio paglia

Via Spaventa

チェントラル・ホステル・ベルガモ
Central Hostel Bergamo

Via G. d'Alzano

エヌ・エイチ・
ベルガモ
NH Bergamo

Piazzale
S. Paolo

Via Scuri

Via G.B. Moroni

メルキュール・ベルガモ
Mercure Bergamo

Via P. Paleocapa

Via G. D' Alzano

Via P. Bonomelli

N

0   100   200m

ベルガモ
Bergamo

A

B

C

1

2

きらびやかな金色で飾られた教会　MAP P.108 A1

サンタ・マリア・マッジョーレ教会 ★★
Santa Maria Maggiore
サンタ・マリア・マッジョーレ

簡素なファサード。
左に回ると躍動的な全容が見られる

コッレオーニ礼拝堂の正面左側、石を積み上げただけの正面と華麗な柱廊式小玄関がチグハグな印象だが、美しい12世紀のロマネスク様式の教会だ。ロマネスク特有の教会正面の柱廊式小玄関は、1353年のジョヴァンニ・ダ・カンピオーネの作。入口左に回ると、ルネッサンス様式（1491年）の新聖具室に通じる。

　内部はきらびやかな金色の塗装と白い**漆喰**で飾られ、16世紀末と17世紀に改修が加えられている。入って右奥の壁には、16世紀のトスカーナおよび17世紀のフランドルのタペストリーがかかる。タペストリーの右側には、町の誇る大作曲家ドニゼッティの墓がある。1855年V.ヴェーラの作。さらに奥、その左側には、ウーゴ・ダ・カンピオーネ（14世紀）の手による枢機卿ロンギの墓がある。

クーポラや内陣席をはじめ、どこも華麗で輝くよう

■サンタ・マリア・マッジョーレ教会
🏠 Piazza Duomo 3　☎ 035-211355
🕐 4〜10月　　9:00〜12:30、14:30〜18:00
　　　　　　 ㊗9:00〜13:00、15:00〜18:00
　　11〜3月　 9:00〜12:30、14:30〜17:00
　　　　　　 ㊗9:00〜13:00、15:00〜18:00
宗教行事（ミサ平日7:45、10:00、㊗11:00、12:00）などの際は見学不可。

ベルガモっ子の信仰のよりどころ　MAP P.108 A1

ドゥオーモ／カッテドラーレ ★★
Duomo/Cattedrale
ドゥオーモ／カッテドラーレ

内部は見事なバロック空間

　ベルガモの守護聖人を祀る教会。15世紀に建設に着手され、数百年の歳月をかけて完成された豪華で華麗なバロック様式の大聖堂だ。後陣（正面左）のティエポロの『**殉教者ヨハネ**』をはじめ、後陣右にはユヴァラによるサンティ・フェルモの祭壇など、多くの芸術作品で飾られている。近年地下から初期キリスト教、およびロマネスクのふたつの教会の遺構が発見され、正面左の入口から見学可能。

■ドゥオーモ
🏠 Piazza Duomo　☎ 035-210223
🕐 4〜10月　　9:00〜12:30、14:30〜18:00
　　　　　　 ㊗9:00〜13:00、15:00〜18:00
　　11〜3月　 9:00〜12:30、14:30〜17:00
　　　　　　 ㊗9:00〜13:00、15:00〜18:00
宗教行事（ミサ平日7:45、10:00、㊗11:00、12:00）などの際は見学不可。

（地図内の表記）

F. Morla
Via Baioni
Via Giulio Cesare
Via N. Sauro
Viale Roma
カッラーラ絵画館
Pinacoteca dell'
Accademia Carrara
Via Noca
P.le Oberdan
P.za Giacomo Carara
近・現代美術ギャラリーGAMeC
Galleria d'Arte Moderna e Contemporanea
Via Pitentino
Via S. Tomaso
Via Pignolo
Via Battisti
Parco Suardi
サンタレッサンドロ・デッラ・クローチェ教会
S. Alessandro d. Croce
Via S. Giovanni
サン・ベルナルディーノ・イン・ピニョーロ教会
S. Barnardino in Pignolo
Via I. Frizzoni
Via Gius. Verdi
Via Pignolo
Parco Marenzi
サント・スピリト教会
S. Spirito
Via Gabriele Camozzi
Via Torquato Tasso
Via Madonna della Neve
県庁
Prefettura
Via M. Bianca
Via Casamatta
Via Clara Maffei
Via Tito Taramelli
Via angelo Mai
Papa Giovanni XXIII
V.Lussana
（プルマン）
P.le degli Alpini
（アルタ行きバス）
Stazione Autolinee
Stazione TEB（トラム）
P.le G. Marconi
トレニタリア ベルガモ駅
Staz. F.S.

③

MAP P.108 A1

コッレオーニ礼拝堂 ★★★
Cappella Colleoni
カッペッラ・コッレオーニ

■コッレオーニ礼拝堂
住 Piazza Duomo
開 11〜2月　9:30〜12:30
　　　　　 14:00〜16:30
　　3〜10月　9:30〜12:30
　　　　　 14:00〜18:30
休 (月)、1/1、12/25
料 無料

コッレオーニの墓

ヴェネツィアの傭兵隊長であり
ベルガモの領主、バルトロメオ・
コッレオーニの墓として建てられ
たもの。装飾の華やかなこの礼
拝堂は、G.A.アマデオ (1476年) の
手により、ロンバルディア・ルネ
ッサンスの一大傑作といわれる。
白と赤の大理石の描く紋様。柱、
扉、窓、彫刻など……細部の一
つひとつの美しさが、正面の豪華
な美を成り立たせている。
　内部は1700年代のきらびやか
さで飾られている。入口を入って
正面、黄金の騎馬像 (ドイツ人の
手によるもので1501年に付け加
えられた) の下にあるのがコッレオーニの墓。その左にあるのが、コ
ッレオーニの娘、メデアの墓。
　天井のクーポラにはティエポロによるフレスコ画『聖バルトロメイ』、
『聖マルコ』、『洗礼者ヨハネ』が描かれている。

ベルガモ・ルネッサンスの華、
コッレオーニ礼拝堂

■洗礼堂
住 Piazza Duomo
※入場不可。外側から内部の
見学可。洗礼式のみのオープ
ン

MAP P.108 A1

洗礼堂 ★
Battistero
バッティステロ

コッレオーニ礼拝堂の右に建つ、八角形の小さくてエ
レガントな建物。中ほどには、ヴェローナ産の赤大理石
の柱廊が周りを取り巻いている。ジョヴァンニ・ダ・カン
ピオーネ (1340年) の設計による物を、オリジナルを損な
うことなく1898年に再建した物。屋根の頂上、八角形の
角に立つ像もカンピオーネの手による物。

洗礼堂

ドニゼッティ博物館
Museo Donizettiano
ムゼオ・ドニゼッティアーノ

ドニゼッティの生家である
ミセリコルディア宮Misericor
dia (15〜18世紀) におかれて
いる。現在は音楽学校にもな
っている。ベルガモの誉れで
もある、作曲家ドニゼッティ
の遺品、楽器などが置かれて
いる。
住 Via Arena 9
☎ 035-247116
開 6〜9月　9:30〜13:00
　　　　　 14:30〜18:00
　　10〜5月　9:30〜13:00
　　(土)(日)(祝) 9:30〜13:00
　　　　　 14:30〜18:00
休 (月)、1/1、12/25　料 €3
地 P.108 A1

MAP P.108 A1外

サン・ヴィジリオの丘 ★
Colle San Vigilio
コッレ・サン・ヴィジリオ

NAVIGATOR

アルタの町の北東、バッサ
の町を見下ろす旧サンタゴステ
ィーナ修道院そばからノカ通り
Via Nocaを抜けて、カッラー
ラ絵画館へ向かおう。車の通ら
ない、石畳の散歩道を下るの
で少々心配になるが、200mも
進めば左側が絵画館だ。

美しい別荘地、ヴィジリオの丘

アルタの町からさらに坂道を上り、城壁を抜けると見晴
らしのよいコッレ・アペルト広場Ple. colle Apertoに出る。
この先にさらに上に向かうケーブルカー乗り場がある。ケ
ーブルカーに乗れば約5分でサン・ヴィジリオの丘に到着
する。ケーブルカーの終点には見晴らしのよいレストラン
兼カフェがある。
　丘に上るケーブルカー乗り場の左側奥の小道に面して、
ドニゼッティの生家Casa Natale di Donizettiが建つ。

イタリア有数の絵画館のひとつ　　　　　　　　MAP P.109 A3

カッラーラ絵画館 ★★★
Pinacoteca dell' Accademia Carrara　ピナコテーカ・デッラッカデミア・カッラーラ

カッラーラ絵画館

15～18世紀のヴェネツィア派の絵画が収められている。系統だった展示は、この国で最良の物のという評価もある。イタリア絵画史の理解を少なからず深めてくれる。

ジャコモ・カッラーラが彼の莫大な絵画コレクションをもとに絵画学校と絵画館を1780年に設立したことが始まり。1810年に建てられた、ネオクラシック様式の建物の中にある。2階の15室に後期ゴシックから18世紀ヴェネツィア派まで年代順に展示されている。

2015年4月に修復工事が終了し、7年ぶりにより美しく充実されて再公開された。主要な展示物を挙げてみる。

新絵画館らしい、ゆったりとした入口ロビー

第1室:ピサネッロ『エステ家のリオネッロの肖像』Ritratto di Lionello d'Este、マンテーニャ『聖母子』Madonna col Bambino、フォッパ『三つの十字架刑』Tre Crocifissi。第2室:G.ベッリーニ『聖母子』Madonna col Bambino、カルパッチョとその工房の『マリアの誕生』、Nascita di Maria、第4室ラファエッロ『聖セバスティアーノ』San Sebastiano、第15室カリアーニ『G.B.カラバッジの肖像』Ritratto di Giovanni Benedetto Caravaggi、L.ロット『聖カテリーナのけがれなき結婚』Nozze mistiche di santa Caterina d'Alessandria、第17室G.B.モローニ『座る老人の肖像』Ritratto di vecchio seduto、23室カナレット『大運河、カ・フォスカリからリアルト橋の風景』Il Canal Grande da Ca' Foscari verso il ponte di Rialtoなど。

ベルガモ派と呼ばれる、
L.ロット作『聖カテリーナのけがれなき結婚』

■カッラーラ絵画館
住 Piazza Giacomo Carrara 82/a
☎ 035-234396
開 10:00～19:00
休 ㊊、1/1、5/1、12/25
料 €10
※入館は閉館1時間前まで。
㊎20:00～24:00はカッラーラ絵画館と道を挟んで対面にある現代美術館GAMeCとの共通券€14

G.ベッリーニ作『聖母子』

イル・フォルナイオ
Il Fornaio

ベルガモ・アルタの目抜き通り、コッレオーニ通りに面したパン屋兼お菓子屋兼カフェ。通りからガラス張りの店内の様子がうかがえ、チーズ、野菜、魚介類など種類豊富にトッピングされたピッツァがズラリと並んで圧巻。そして、買い求める人の数の多さにもビックリ。テイクアウトもできるし、店内にはテーブル席があるのでイートインも可。切り売りで、好みの大きさに切ってくれる。だいたい1切れ€4～6くらい。デザートのお菓子も充実。
住 Via Colleoni 3
☎ 035-249376
営 8:00～20:00
　　㊐7:30～20:00
休 1/7～2/6　MAP P.108 A1

ピッツァやクッキー類も充実。
いつも大にぎわいの店内

ロンバルディア州　ベルガモ

古都で人気のモダンな美術館

カッラーラ絵画館の対面にある白い現代的な建物がGAMeCと呼ばれる近・現代美術館。近代ものではバッラ、ボッチョーニ、デ・キリコ、マンズーなどの作品を展示。特別展や催事も多く、そのにぎわいにこの町の美術への意識の高さを感じさせる。入場者以外でも利用できるカフェも併設されているので、ひと休みにもピッタリ。

近・現代美術館
GAMeC=Galleria d'Arte Moderna e Contemporanea di Bergamo
住 Via San Tomaso 53
☎ 035-270272
開 9:00～19:00(㊍22:00)
休 ㊊、1/1、12/25　料 €6(特別展の場合€12)

町の繁栄と歴史を刻む広場

ジャコモ・マッテオッティ広場 ★

Piazza Giacomo Matteotti ピアッツァ・ジャコモ・マッテオッティ

都市計画によって造られた広場

新市街の町の中心がマッテオッティ広場。周囲に続くヴィットリオ・ヴェネト広場、ダンテ広場、リベルタ広場を柱廊が結び、歴史ある建物が続く。ルネッサンスに触発された20世紀初頭のピアチェンティーニの都市計画は今も息づき、緑地やカフェをたどって、ゆったりと散歩する人々の姿が印象的な界隈だ。

🍴🏨 RISTORANTE HOTEL　ベルガモのレストラン&ホテル

🍴 ロステリア・ディ・ヴァレンティ
L'Osteria di Valenti　P.108 C2

駅前の大通りを少し入ったところにある、地元の人でいつもいっぱいのトラットリア。ミラノ風カツレツやビステッカ・アッラ・フィオレンティーナなどの肉料理が充実。安くておいしくて、サービスも感じがよい。

できれば予約

- 住 Via Guglielmo D'Alzano 4
- ☎ 035-243017
- 🕐 10:00～15:00、19:00～23:00
- 休 昼、⊕
- 予 €25～40
- C M.V.
- 交 G.マッテオッティ広場から徒歩5～6分

🍽 コッレオーニ・デランジェロ
Colleoni & dell'Angelo　P.108 A1

ヴェッキア広場に面した歴史的な館にあるリストランテ。土地の料理や洗練された魚介料理が味わえる。店内の内装はエレガントで、サービスも高評価。

できれば予約

- 住 Piazza Vecchia 7
- ☎ 035-232596
- 🕐 12:00～14:30、19:30～22:30
- 休 ⊕　予 €55～100、定食€50(昼)、€70
- C A.D.M.V.
- 交 アルタの中心ヴェッキア広場の一角

🍽 バレット・ディ・サン・ヴィジリオ
Baretto di San Vigilio　P.108 A1外

サン・ヴィジリオの丘、フニコラーレ乗り場のすぐ脇にあるレストラン。夏は町を見下ろすテラスでの食事が気持ちよい。

できれば予約

- 住 San Vigilio, Via al Castello 1
- ☎ 035-253191
- 🕐 12:30～14:30、19:30～22:30
- 休 無休　予 €35～45、定食€25(平日昼のみ)、50
- C A.V.
- 交 サン・ヴィジリオの丘

★★★★ エヌ・エイチ・ベルガモ
Hotel NH Bergamo　P.108 C2

✉ イタリアのチェーンホテル。モダンで快適。種類豊富な朝食、手頃な定食が用意されている夕食にも満足しました。スーパーが隣にあり、目抜き通りにもすぐ。
（東京都　ゴルフ　'09）['16]

URL www.nh-hotels.com

- 住 Via Paleocapa 1/G
- ☎ 035-2271811
- Fax 035-2271812
- SS €75/366
- TS €85/376
- 室 88室　朝食込み W-F
- C A.D.J.M.V.
- 交 駅から徒歩5分

★★★★ メルキュール・ベルガモ
Mercure Bergamo Palazzo Dolci　P.108 C2

堂々としたパラッツォにあるフランスのチェーンホテル。コンテンポラリーな内装で個性的だが、使い勝手はよい。ワインバー併設。駅からも至近で便利。

URL www.mercure.com

- 住 Viale Papa Giovanni XXIII 100
- ☎ 035-227411
- SS €70/319
- TS TB €78/349
- 室 88室　朝食€12 W-F
- C A.D.J.M.V.
- 交 駅から徒歩5分

チェントラル・ホステル・ベルガモ
Central Hostel Bergamo　P.108 C2

YH 駅から徒歩圏のユース。各部屋はシャワー・トイレ付きで清潔。繁華街にもスーパーにも近い。スタッフは明るく親切。直接予約がお得。

URL www.centralhostelbg.com

- 住 Via Antonio Ghislanzoni 30
- ☎ 035-211359
- Fax 035-4122237
- D €25～　SS €36～
- E €56～　SB €77～
- 室 00室　朝食込み W-F
- C A.M.V.
- 交 駅から徒歩7～8分

※ベルガモの滞在税　★€1　★★€1.70　★★★€2.50　★★★★€3.50　★★★★★€3.50　最長10泊、16歳以下免除
SS シャワー付きシングル料金　SB バス付きシングル料金　TS シャワー付きツイン料金　TB バス付きツイン料金

ブレーシャ

P.14 B2

Brescia

古代ローマ時代からの時代の証人であった町

ヴェネト地方の特徴ある建物に囲まれたロッジア広場
（時計を抱く16世紀の館）

ブレーシャはロンバルディアの活気あふれる町だが、3つの歴史をもつ町でもある。ローマ帝国時代は、カピトリーノ神殿、フォロ遺跡を残し、中世において、町はロンゴバルド公国（7世紀）、自治都市（12～13世紀）、そしてロンバルディア同盟の一員となった。当時の建物は、サン・サルヴァトーレ教会、ドゥオーモ、ロトンダ、ブロレット、サン・フランチェスコ教会などだ。

ヴェネツィアの支配下におかれた1426～1797年には、ルネッサンスの華が咲き、エレガントな建築群を残した。ロッジア、サンタ・マリア・デイ・ミラコリ教会などだ。

またルネッサンスは、この地に輝かしい絵画の歴史を生み出させた。1400年代のヴィンチェンツォ・フォッパVincenzo Foppaに続き、1500年代には、卓越したヴェネト・ロンバルド派の特徴を生み出した3人の画家、ロマニーノRomanino、モレットMoretto、サヴォルドSavoldoを誕生させた。

サンタ・ジュリア
博物館の
『翼を持つ
勝利の女神』

●郵便番号　25100

世界遺産

ロンゴバルド族の繁栄（568～774年）を伝える地
「サン・サルヴァトーレ・サンタ・ジュリア修道院の複合建築」
登録年2011年　文化遺産

ブレーシャへの行き方

🚃 電車で
● ミラノから
中央駅
　　鉄道 fs FRECCIABIANCA
　　　　　　　　……46分
　↓ RV、R　…1時間8分
ブレーシャ

■ インフォ・ポイント駅前の❶
🏢 Piazzale della Stazione
☎ 030-8378559
🕐 9:00～13:00
　　13:30～17:30
休 1/1、12/25、12/26
地 P.114 B1

■ ロトンダ近くの❶
🏢 Via Trieste 1/
　　Piazza Paolo VIとの角
☎ 030-2400357
🕐 9:00～13:00
　　13:30～17:30
休 1/1、12/25、12/26
地 P.114 B2

NAVIGATOR

中心街へは少し距離があるので、駅から地下鉄を利用しよう。Prealpino方面行きに乗って1駅のVittoria下車。所要約1分、8～10分間隔の運行。切符€1.40（90分有効）。ロッジア広場周辺を見学後は、北側のムゼイ通りを進んでサンタ・ジュリア博物館へ向かおう。途中、左にカピトリーノ神殿を眺めることができる。サンタ・ジュリア博物館は建物も広く、収蔵品も多岐にわたるので、たっぷり時間を取りたい。

ロンバルディア州

ベルガモ／ブレーシャ

History & Art

銃産業で栄えたブレーシャの町

ミラノに続く、ロンバルディア州第2の町ブレーシャ。町には忙しげなビジネスマン、おしゃれなシニョーラたちが行き交う。人々だけでなく、ロッジア周辺の重厚なたたずまいをはじめ商店のディスプレイもあか抜け、富裕な雰囲気のする町だ。

産業の一端を担うのは、中世の冶金技術に源を発するという武器製造業だ。きな臭い武器は今や影は薄いが、毎年2月には競技用の銃の見本市が開かれ、各地から多くの人が集う。また町のシンボルである丘の上の城には、古代武器博物館Museo delle Armi "Luigi Marzoli"もおかれ、この町を潤した産業の興隆がうかがえる。

そぞろ歩きが楽しい
ブレーシャ

　美しいロッジア広場の周辺の小路には飲食店が並び、風情ある雰囲気。広場を眺めながらお茶やランチを楽しむのもいい。天気がよく時間が許せば、丘の上の城へ向かって町を見下ろそう。ポルティコ（柱廊）が続くザナルデッリ大通りCorso Zanardelliやマジェンダ大通りは店舗が軒を連ね、ウインドーショッピングに最適。ここから駅行きのバスも運行している。

✉ ロッジアの見学
　無料ですが、パスポートなどを預ける必要があります。
（増田 洋 '11）

おもな見どころ

堂々たるルネッサンス期の市役所

MAP P.114 A1

ロッジア
Loggia

★
ロッジア

　現在の市庁舎。ヴェネト・ロンバルドのルネッサンス様式で1492〜1574年に建てられた。1階は3つの大きな古典的なアーチで分割されている。上部の飾りメダルに注目。2階は、美しい柱、窓、帯状装飾で美しく飾られている。ベレッタ、サンソヴィーノ、パッラーディオの設計により、数多のブレーシャやコモの石工の手になる。

　屋根は、緩いカーブを描き、柱廊の下の大階段から居室に通じ、1500年代および近代の絵画で飾られている。1500年代の大扉は、細やかな彫刻で飾られている。

ルネッサンス様式の
ロッジアとロッジア広場

ブレーシャ
Brescia

ミラノへ
87km

0　150　300m

V. Bredina
V.le Venezia
V.le Montesuello
Via Apollonio
Via Lombroso
V. Folchino

V. Leonardo da Vinci
P.le Battisti
P.ta Trento
M San Faustino
PUSTERIA

Via Montebello
V.lo Valle Valeria
Via Vallaresia
Contr. del Carmine
V. Capitolio

サンタ・マリア・デル・カルミネ教会
S. Maria d. Carmine

城
Castello
リソルジメント博物館
Museo del Risorgimento
ルイジ・マルツォーリ武器博物館
Museo delle Armi Luigi Marzoli

A

Via Manzoni
Via Cairoli
Co. Garibaldi
P.ta Milano
P.le Garibaldi
Co. Mameli

サン・ジョヴァンニ・エヴァンジェリスタ教会
S. Giovanni Evangelista
Museo Arte Sacra

サン・ジュゼッペ教会
S. Giuseppe

市立サンタ・ジュリア博物館
Santa Giulia Museo della Città
サン・サルヴァトーレ教会
S. Salvatore S. Giulia
Moriastero di S. Salvatore

パッラータ塔
Torre d. Pallata
ロッジア
Loggia
ロッジア広場
Piazza della Loggia
Monte di Pietà

ブロレット
Broletto
カピトリーノ神殿
Tempio Capitolino
ムゼイ通り Via dei Musei

サンタ・マリア・イン・ソラリオ教会
S. Maria in Solario

Via Dante
M Vittoria
ヴィットリア広場
P.za d. Vittoria
ドゥオーモ・ヌオーヴォ
Duomo Nuovo
ロトンダ
Rotonda
フォロ広場
P.za del Foro
チーゴーラ館
Pal. Cigola

ヴェネツィアへ
65km

サン・フランチェスコ教会
S. Francesco
Co. V. Em.le II
P.za d. Mercato

パウルス6世広場（ドゥオーモ広場）
P.za Paolo VI

サン・クレメンテ教会
S. Clemente

サンタ・マリア・ディ・ミラコリ教会
S. M. dei Miracoli
ヴィットリア
Vittoria

オステリア・ラ・グロッタ
Osteria La Grotta
マジェンダ大通り
Corso Zanardelli

サンタ・マリア・ディ・カルケラ教会
S. Maria di Calchera
P.le Arnaldo

サンティ・ナザロ・エ・チェルソ教会
Ss. Nazaro e Celso
Co. Martiri d. Libertà
Via Moretto

サン・レッサンドロ教会
S. Alessandro
Corso Magenta
Via Trieste

トジオ・マルティネンゴ市立絵画館
Pinacoteca Civica Tosio Martinengo

B

P.le d. Repubblica
V. le Vittorio Emanuele
Via Crispi
Cavour

エヌ・エイチ・ブレーシャ
NH Bresia
Via X XX Settembre
ラ・ノスタ
La Sosta

サンタンジェラ・メリチ教会
S. Angela Merici

Stazione Autolinee
プルマン
M Stazione fs
トレニタリア ブレーシャ駅
Stazione F.S.

Via Solferino
Ple. Cremona
Via XXV Aprile
Spalto
Via XXV Aprile
S. Marco

V. Gambara
V. Gambara
V. la Zima
V. Inganni

クレモナへ

1　　　2

114

ロマネスクの貴重な遺品

MAP P.114 B2

▌ロトンダ
Rotonda (Duomo Vecchio)
ロトンダ(ドゥオーモ・ヴェッキオ)

　この町のロマネスク期を代表する建物。1段低い所に位置しているのは、かつての広場が、この位置にあったからとか。外観は筒状、屋根は丸天井の独特の建物。

　内部は、半球形の屋根の下、どっしりとした柱が回廊となって内部を取り囲んでいる。15世紀に付け加えられた内陣には、ふたつの礼拝堂がある。(左側は、宝物が多く、閉まっていることが多い) 右側礼拝堂および、内陣にはモレットによる『聖母被昇天』Assunzioneや『聖ルカ』S. Lucaがある。

　内陣前方から地下納骨所に下りると11世紀の柱廊が並ぶ。回廊上部には、13世紀の墓がふたつあり、床にはローマ時代(紀元前1世紀)の公衆浴場のモザイクが残っている。

ロマネスク様式のロトンダ
(旧ドゥオーモ)

威容と豊富な美術品を誇る

MAP P.114 B2

▌ドゥオーモ(新ドゥオーモ)
Duomo Nuovo
ドゥオーモ・ヌオーヴォ

　豪奢なマニエリスム建築で、白い大理石がその威容をより強調している。1604年にギリシア十字架形で建造が始まり、1825年にカニョーラによりクーポラが完成した。内部は三身廊で、入口右側最初の礼拝堂には、モレットによる『イサクの犠牲』Sacrificio di Isaccoがある。オルガンの扉に描かれたロマニーノ作『マリアの物語』も興味深い。

豪奢なドゥオーモのファサード

自由都市の時代を伝える

MAP P.114 A・B2

▌ブロレット
Broletto
ブロレット

　1187年から1280年にロマネスク・ゴシック様式で建てられ、3つの開口部と3本の柱で4つに分かれた、窓およびバルコニー(かつて布告の行われたロッジア)は、後に改修された。付属の塔は、ポポロの塔Torre del Popoloで11世紀の物。広大な中庭の三方は、中世と後期ルネサンス。残り一方は、バロック様式で付け加えられた。

ロマネスク・ゴシック様式の
ブロレットとポポロの塔

▌ロトンダ(旧ドゥオーモ)
住 Piazza Paolo VI
開 9:00～12:00
　 15:00～18:00
　 ⑧ 9:00～10:45
　 15:00～18:00
休 ⑧

▌ドゥオーモ
住 Piazza Paolo VI
開 7:30～12:00
　 15:00～17:00
　 ⑧ 8:00～13:00
　 15:00～17:00
入口はVia Mazzini。

町を望む、中世の城へ

　ムゼイ通りから、「城Castello」の矢印に従って、階段と坂道を上がると、丘の頂に城がある。イタリアでも屈指の大きさを誇る城塞で、空堀、跳ね橋などが中世そのままに残され、内部にはこの町の伝統を誇る武器博物館がおかれている。周囲には公園が整備され、城や公園からはブレーシャの町並みが一望できる。

▌城塞博物館
Musei del Castello
開 6/16～9/30
　 金～⑧11:00～19:00
　 10/1～6/15
　 ⑥～⑧9:00～16:00
休 12/24、12/25、12/31
料 €5 (城内のリソルジメント
　 博物館と共通)
地 P.114 A2

城への坂道も風情がある

MAP P.114 A2

サンタ・ジュリア博物館 世界遺産 ★★★
Museo di Santa Giulia

ムゼオ・ディ・サンタ・ジュリア

■市立サンタ・ジュリア博物館
住 Via dei Musei 81/b
☎ 030-2977834
開 6/16〜9/30　10:30〜19:00
　10/1〜6/15　9:30〜17:30
　1/1　　　　12:00〜17:30
休 祝以外の月、12/24、
　12/25、12/31
料 €10、65歳以上、学生€5.50
地 P.114 A2
※切符売り場は閉館1時間前まで

✉ サンタ・ジュリア博物館へ

ムゼイ通りに面して入口があります。内部はかなり広いですが、館内パンフレットもありますし、案内板がよく整備されています。見どころはロンゴバルドの遺品(1階)とサン・サルヴァトーレ教会、サンタ・マリア・イン・ソライオ小礼拝堂。時間がないなら、これだけ必見です。ふたつは趣がまったく異なり、サン・サルヴァトーレ教会はアーチとそこに刻まれた彫刻が美しく、時間が止まったような空間でした。一方、ほの暗いサンタ・マリア・イン・ソライオ小礼拝堂では天井の夜空のような星空と内部を埋め尽くすフレスコ画に圧倒されました。
（東京都　ミーシャ　'12)

広大な敷地にあり、見学は半日必要

古代ローマから続く、この町の歴史と美術が結集した必見の博物館。広く入り組んだ建物は、ローマ時代の遺構の上に建てられた9世紀のサン・サルヴァトーレ教会、ロマネスク様式のサンタ・マリア・イン・ソライオ小礼拝堂などをまとめたかつての修道院だ。

展示品で名高いのは、1世紀の『翼を持つ勝利の女神』La Vittoria、大理石板に刻まれた『孔雀のレリーフ』La lastra con pavone、『デジデリオ王の十字架』La Croce di Desiderio、『マルティネンゴの霊廟』Il Mausoleo Martinengoなど。見逃せないのが、ロンゴバルド芸術が見事なサン・サルヴァトーレ教会だ。ローマ時代の邸宅跡に建てられ、9世紀に再建されたもの。特別な入口もなく、展示室から続く空間に驚かされるが、内部はアーチ形の柱廊で分割された三廊式。ゆったりとしたアーチや彫刻の施された柱頭、損傷は激しいものの壁面上部のカロリング時代のフレスコ画などが静謐な空間を作り出している。このほか、『デジデリオ王の十字架』が飾られたサンタ・マリア・イン・ソライオ小礼拝堂の壁面いっぱいの16世紀のフレスコ画や地下のローマ・モザイク、ルネッサンス期のキオストロなど、いたるところに美があふれている。

『デジデリオ王の十字架』

ロンゴバルド芸術の空間が広がる、サン・サルヴァトーレ教会内部

ブレーシャの世界遺産　サンタ・ジュリア博物館　column

世界遺産として登録されたのは、『サン・サルヴァトーレ-サンタ・ジュリア修道院の複合建築 Il Complesso Monastico San Salvatore-Santa Giulia』。これは、後のロンゴバルド王国のデジデリオ王が公爵の時代(753年)に建立したサン・サルヴァトーレ教会を礎に、大規模な増改築が施されたかつての修道院。現在はサンタ・ジュリア博物館になっており、1万4000㎡の広さを誇る。

なかでもサン・サルヴァトーレ教会は後期ロンゴバルドの建築としてとりわけ重要な物。内部は柱廊で3分割され、この柱頭飾りやアーチに刻まれた紋様は、ロンゴバルド芸術の最も保存状態のよい物とされている。また、1階の展示室「中世後期ロンゴバルドとカロリング」L'età altomedioevale Longobardi e Carolingiでは、墓から出土した武具、日常品、装飾品、『孔雀のレリーフ』をはじめとする洗練された彫刻など、さまざまなロンゴバルド美術を見ることができる。

繊細な
ロンゴバルド彫刻
『孔雀のレリーフ』

タイムカプセルのような町を物語る

MAP P.114 A2

カピトリーノ神殿
Tempio Capitolino
テンピオ・カピトリーノ ☆

紀元73年に、ヴェスパシアー
ノ（ウェスパシアヌス）帝が建て
たもの。神殿入口には、コリント
式の6本の円柱が建っている。

ローマ時代の遺跡が町を飾る

ブレーシャ絵画の潮流を知る

MAP P.114 B2

トジオ・マルティネンゴ市立絵画館
Pinacoteca Civica Tosio Martinengo
ピナコテーカ・チヴィカ・トジオ・マルティネンゴ ☆☆

1500年代のマルティネンゴ・ダ・バルコ宮にあり、ルネッサンス期の
ブレーシャ派の絵画を知る絶好の場所。

V.フォッパ、ロマニーノ、モレット、サヴォルドの作品を中心に、
主要な作品を挙げる。第4室、V.フォッパ『聖母と聖人』Madonna
e Santiなど。第7室『キリストの祝福』Cristo Benedicente。第8
室には、『幼子イエスの礼拝』Adorazione del Bambinoを主題に
した、L.ロット、モレット、ロマニーノ、G.サヴォルド、C.ピアッツ
アの5人の画家による5枚の競作がある。

第9、10、11室はモレットとロマニーノの作品。第13室、ティン
トレットの『評議員の肖像』Ritratto di senatoreも必見だ。

V.フォッパ作『聖母と聖人』

■カピトリーノ神殿
🏠 Via Musei 57/a
☎ 030-2977833
🕐 9:30～17:30
　　⊕⑥9:30～19:00
休 ㊊、1/1、12/25
料 €4

✉ ミラノからの
　日帰り旅行
ブレーシャとベルガモがお
すすめです。普通電車Rが1時
間に約1便あり、1時間程度で
行けます。ブレーシャのサンタ・
ジュリア博物館は圧巻でした。
特急Frecciabiancaもありま
すが、運賃が高く、時間もあ
まり変わらないのでRがおすす
めです。　（匿名希望　'14）

■トジオ・マルティネン
　ゴ市立絵画館
🏠 Via Martinengo da Barco
☎ 030-3774999
※'16年1月現在、修復のため休
館中、主要収蔵品の一部をサ
ンタ・ジュリア博物館で展示。

🍴🏨 RISTORANTE HOTEL　　ブレーシャのレストラン＆ホテル

❌ ラ・ソスタ
La Sosta
P.114 B2

17世紀の建物にある格式
ある店。夏にはテラスでの
食事が楽しめる。料理は
郷土料理が中心。€25の
ランチメニューが好評。
要予約
🏠 Via San Martino della
Battaglia 20

☎ 030-295603
🕐 12:00～14:30、19:30～22:00
休 ㊐夜、8/7～8/28、
12/30～1/5
🍴 €45～80（コペルト€5）、
昼定食€25（平日のみ）
C A.D.M.V.
🚇 絵画館の西300m

❌ オステリア・ラ・グロッタ
Osteria La Grotta
P.114 B2

ブレーシャで最も古いオステ
リア。サロンの壁画が古き
よき時代へと誘うかのよう。
種類豊富な伝統料理が味
わえ、手切りの生ハムをはじ
め、手打ちパスタを使った
ラビオリ風のCasoncelliや
乱切りパスタのマルファッテ
ィMalfattiはぜひ試してみた
い。
🏠 Vicolo del Prezzemolo 10
☎ 030-44068
🕐 11:00～15:00、19:00～
翌1:00　休 ㊊、8月
🍴 €35～48（コペルト€2.50）、
定食€35、40

⭐⭐⭐⭐⭐ ホテル・ヴィットリア
Hotel Vittoria
P.114 B1

ドゥオーモのすぐそば。古き
よきイタリアを思わせるロマ
ンティックなホテル。直接
予約なら5つ星ながらもお手頃
価格なのがうれしい。駅ま
でも徒歩圏内なので観光に
最適。ドゥオーモを窓から眺
められる部屋に泊まりたい。

URL www.hotelvittoria.com
🏠 Via X Giornate 20
☎ 030-7687200
Fax 030-280065
SS €56/200　TB €79/280
🛏 43室　朝食込み W-F
C A.D.M.V.
🚇 ドゥオーモすぐ

⭐⭐⭐⭐ エヌ・エイチ・ブレーシャ
Hotel NH Brescia
P.114 B1

駅前広場にあるイタリアの
チェーンホテル。明るい雰
囲気のロビーで、室内はモ
ダンで快適。伝統的な料
理が中心のレストランも併
設していて、便利。

URL www.nh-hotels.com
🏠 Viale Stazione 15
☎ 030-44221
Fax 030-44224
TS TB €70/280
🛏 87室　朝食込み W-F
C A.D.J.M.V.
🚇 ブレーシャ駅前

SS シャワー付きシングル料金　TS シャワー付きツイン料金　TB バス付きツイン料金　SS シャワー付きトリプル料金

117

クレモナへの行き方

電車で

● ミラノから
中央駅
　↓　鉄道fs R
　　　…1時間8分
クレモナ

※駅から市内へは徒歩でも十分。バスならA/B番で、所要10〜15分。

■クレモナの❶
Piazza del Comune 5
☎ 0372-406391
開 ㊊〜㊎　9:30〜13:00
　㊊㊌㊎㊏14:00〜17:00
休 ㊌㊐㊗午後、1/1、12/25
地 P.119 B2
18世紀には薬局だったという内部の壁面は、かつて薬などを入れたであろう寄せ木細工の棚で見事に飾られている。係の人もてきばきとしていて親切。英語のパンフも充実。

✉ クレモナへ
　駅からのバスは迂回して中心街へ向かうので、徒歩がいいです。10分もかかりませんでした。にぎやかな繁華街を歩くのが楽しいです。中心街へ向かう途中に市立博物館があります。（群馬県　るん　'12）

銘器の音色を
　バイオリン博物館の室内楽ホールAuditorium Giovanni Arvediでは、3〜6月、9〜12月は毎週㊍〜㊐、1〜2月、7〜8月には毎週㊐にストラディヴァリなどの展示楽器を使用したミニコンサートが開催される。時期が合えば、銘器の音色を楽しんでみよう。

クレモナ

P.14 B2
Cremona

れんが色の建物が町を染める中世の町

　豊かな中世の面影を色濃く残す町、クレモナ。町の中心のコムーネ広場には町のシンボルのトラッツォ（塔）が立ち、人々はゆったりと石畳の道を散歩する。穏やかな時の流れる古都だ。

　自治都市の時代を経て、ヴィスコンティ家の支配下におかれた。

トラッツォの大きさがひときわ目立つコムーネ広場

この時代の代表的な建物は、ドゥオーモ、トラッツォ、洗礼堂、ミリティのロッジアなど。ミラノのヴィスコンティ家の下、ルネッサンスが花咲き、当時の象徴的な君主の館をフォドゥリ館、ライモンディ宮に見ることができる。

　クレモナを中心に、絵画の一派も作られ、その主役に、ベンボ、B.ボッカチーノ、カンピなどがいる。

　1500年代には、バイオリンの工房が開かれ、アマティ、ストラディヴァリ、グァルネリなど貴重なバイオリンが作られた。今でも、町中に120以上の工房が点在し、市立博物館には、ギター、マンドリンを中心とした楽器コレクションの「音楽の部屋」、バイオリン製造のための学校やバイオリン博物館などがある。

　16世紀半ばには、ドラマチックなイタリアオペラの原型を築いたともいえるモンテヴェルディ（1567〜1643）がこの地で産声を上げ、19世紀には近郊でポンキエッリが誕生した。音楽で彩られたクレモナの町だ。

History & Art

嫁入り道具のひとつだったクレモナの町

　古代ローマの植民地に源を発するクレモナの町。11世紀に新たに大聖堂が建設され、移り住んだ修道士たちによって町はしだいに拡張されていった。ロンバルディアの町々の歴史に欠かせないレニャーノの戦いではミラノと対決してフリードリヒ側に加わり苦杯を舐めた。その後、15世紀にミラノの領主フランチェスコ・スフォルツァに嫁いだビアンカ・マリア・ヴィスコンティは持参金としてクレモナの町を、ミラノに差し出したのだった。この15世紀以降、ヴィスコンティ家の下、クレモナはより美しい町へと変貌を遂げた。今に残る、石畳の道や赤れんがの家々、テラコッタの飾りの数々……。そして、市立博物館の収蔵品に見られるようにベンボ、ボッカチーノ、カンピなどを輩出し、クレモナ派絵画も発展を遂げた。

　また、バイオリン製造の輝かしい時代を築いたのも16〜18世紀の時代のことだった。今もその伝統は受け継がれ、5月にはモンテヴェルディ音楽祭、9月にはストラディヴァリ・フェスティバル、また3年に一度国際弦楽器製作コンクール・トリエンナーレが開催される。

町のシンボル

MAP P.119 B2

▌トラッツォ(塔) ★
Torrazzo

トラッツォ

バスの切符
■1回券　　　　€1.30
　　　　　(90分間有効)
■1日券　　　　€2.80

■トラッツォ
⊞ Piazza del Comune
☎ 0372-495029
開 10:00~13:00
　 14:30~18:00
休 12~2月の⑪、1/1、復活祭の
　 ⑪、8/15、12/24~1月第1⑪
料 €5(洗礼堂と共通)

111mの高い鐘楼で、トラッツォ(塔)と呼ばれている町のシンボル。1267年に建てられたどっしりとした外観でれんが造り。上部の白い大理石の装飾は、1284~1300年代初めに付け加えられたもの。487段の階段を上って上部に出ると眺望がすばらしい。**ベルタッツォーラの柱廊**Portico della Bertazzolaは、ルネッサンス期の物。アーチの下には、中世の大理石および1300年代の**石棺**(ボニーノ・ダ・カンピオーネ作)がある。

豪壮なトラッツォは町のシンボル

トラッツォへの上り口

ロンバルディア州　クレモナ

クレモナ
Cremona

0　100　200m

N

ブレーシャへ
49km

Campo
Sportivo

ミラノへ84km

ライモンディ宮
Pal. Raimondi

トレニタリア
クレモナ駅
Stazione F.S.

バスターミナル
Staz. Autolinee

P.za
Risorgimento

P.ta Milano

ミラノへ84km

A

P.le d.
Libertà

P.ta Venezia

Via Mantova

マントヴァへ66km

L.go
P. Sarpi

アラ・ポンツォーネ市立博物館
Museo Civico Ala Ponzone

Agata

Pal. di
Cittanova

サンタ・マルゲリータ教会
Santa Margherita

ホステリア700
Hosteria700

P.za
Giovanni XXIII

ピッツォーネ
Bissone

P.za
Lodi

P.za
Matteotti

フォドリ館
Pal. Fodri

サン・ミケーレ教会
S. Michele

ローマ広場
P.za Roma

サンタゴスティーノ教会
S. Agostino

P.za
S. Paolo

アストリア
Astoria

コムーネ広場
P.za del Comune

トラッツォ
Torrazzo

スペルラーリ
Sperlari

C.so Vacchelli

P.ta Romana

P.za
IV Novembre

B

コムーネ宮
Pal. Comunale

P.za
Cavour

インペーロ
Impero

ドゥオーモ
Duomo

洗礼堂
Battistero

デッレ・アルティ
Delle Arti

Tribunale

ミリティのロッジア
Loggia d. Militi

サン・ピエトロ・アル・ポー教会
S. Pietro al Po

アルテ館
Pal. dell'Arte

P.za
Marconi

ラ・ソスタ
La Sosta

弦・木管楽器製作者養成学校
Instituto Professionale Liutario e del Legno
市立自然史博物館
Museo Civico di Storia Naturale

バイオリン博物館
Museo del Violino

P.za
S. Anna

P.ta Po

P.za
Cadorna

ピアチェンツァへ34km

ヴィアレ・ポ
Viale Po

P.ta Mosa

1

2

輝くような華麗さで飾られた

MAP P.119 B2

ドゥオーモ
★★

Duomo　ドゥオーモ

ロマネスク・ロンバルディア様式を代表する傑作。12～14世紀に建てられた。大理石の正面を、整然と並んだ柱列が飾る。高所には、大きなバラ窓（1274年）、空に伸びる上部の飾り装飾は、1500年代のもの。1200年代の柱廊式玄関の正面の**レリーフ**は、農作業を描いたもので、アンテラーミ派のもの。壁龕(へきがん)に置かれた**3体の像**は、1310年のトスカーナの物だ。

ロマネスク・ロンバルディア様式の傑作、ドゥオーモ

内部は、大きな柱で3身廊に分割され、構造的には簡単ではあるものの、一瞬金色に輝いているような錯覚を覚えるほどの華麗さだ。身廊中央の長い壁、および主祭壇を**『マリアとキリストの生涯』**Vita di Maria e di Gesùの一連のフレスコ画が取り巻いている。ルネッサンスの注目すべき彫刻芸術は、聖堂内陣前のふたつの**説教壇**に見られる。

八角形のロマネスク様式の小品

MAP P.119 B2

洗礼堂
★

Battistero　バッティステロ

ロマネスク期の八角形の建築物。上部には、柱廊が取り囲む。

内部は大胆なクーポラが天井に弧を描く。中央の**洗礼盤**Fonte Battesimaleは、1500年代の物。

待望の新オープン！

MAP P.119 B1

バイオリン博物館
★★

Museo del Violino　ムゼオ・デル・ヴィオリーノ

2013年9月に開館したモダンで開放的な博物館。博物館の中で**「宝箱」**と特別に呼ばれる第5室には、コムーネ宮やストラディヴァリアーノ博物館に展示されていた、**A.ストラディヴァリ、N.アマティ、A.アマティやグァルネリ**などのバイオリンの名工たちの作品を展示。同時にFriends of Stradivari(フレンズ オブ ストラディヴァリ)=FOS（ストラディヴァリアーノ収集家のネットワーク）から貸与されている名品が共に並ぶ。また、第9室にもFOSの所有する傑作が並ぶ。

バイオリンの殿堂

第6室にはバイオリンのほかに、ストラディヴァリたちが当時使用していた道具や型紙などを見ることができる。第2、3室は、マルチメディアを通してバイオリンの仕組みや発展の歴史を知ることができる。第8室には、国際バイオリン製作コンクールの歴代優勝者の作品が並ぶ。

■ドゥオーモ
住 Piazza del Comune
開 8:00～12:00
15:30～19:00
㊐㊗ 7:30～12:30
15:00～19:00
※ミサなどの宗教儀式中は拝観不可

NAVIGATOR

まずは、町の中心コムーネ広場へ。中世イタリアを代表する最も美しい広場のひとつに数えられる。トラッツォ、ドゥオーモ、洗礼堂、ミリティのロッジア、コムーネ宮など、この町の記念物に取り囲まれている。

ローマ広場に出て、広場を背にして立ち、正面建物左側が、ストラディヴァリの2番目の家と工房だった所。右側には、グァルネリの2番目の家と工房、その奥には、アマティの家と工房があった。

もちろん、本文中のバイオリン博物館や市立博物館の楽器コレクションもお忘れなく。

■洗礼堂
開 10:00～12:30
14:30～17:40
休 1/1、復活祭の㊐、12/24
料 €3、65歳以上€2

ロマネスク様式の洗礼堂

■バイオリン博物館
住 Piazza Marconi 5
☎ 0372-801801
開 10:00～18:00
休 ㊊、1/1、12/25
料 €10、学生、65歳以上€7（英、伊オーディオガイド含む） 6歳以下無料
※日本人職員による日本語ガイドあり（要予約、グループごとに€30）

お得な共通入場券

ビリエット・ウニコ
Biglietto Unico
料 €16
バイオリン博物館、市立博物館、考古学博物館の3館共通券。3ヵ月有効。

アラ・ポンツォーネ市立博物館 ★★

Museo Civico Ala Ponzone　ムゼオ・チヴィコ・アラ・ポンツォーネ

貴族のG.シジスモンド・アラ・ポンツァが19世紀に市に寄贈した16世紀の大パラッツォ内にふたつの博物館がおかれている。教会から運ばれた貴重な品々や個人の寄付による収蔵品が多く、その種類は多岐にわたり、展示数も多い。15〜16世紀のクレモナ派の絵画（アントニオ、ジュリオ、ヴィチェンツォらのカンピー族）や19〜20世紀の近代絵画などが目を引く。とりわけ名高いのは、カラヴァッジョの『聖フランチェスコの瞑想』San Francesco in meditazioneや、野菜で肖像画を描いたアルチンボルドの『野菜売り』L'ortolanoなど。

ストラディヴァリが迎えてくれる

クレモナ派の傑作が揃う

さらに奥には、'13年12月にオープンした音楽の部屋 Le Stanze per la Musica（La Collezione di strumenti storici di Carlo Alberto Carutti）がある。コレクターや音楽家、貴族たちが所有した今日では希少な17〜19世紀のバイオリン、リュート、マンドリンなど約60種の弦楽器を展示している。

歴史的に価値のある
古楽器が展示される

■アラ・ポンツォーネ
市立博物館
住 Via Ugolani Dati 4
☎ 0372-407770
開 10:00〜17:00
休 月 （復活祭の翌月を除く）、
1/1、5/1、12/25
料 €7、3館共通券€16（市
立博物館、バイオリン博物
館、考古学博物館Museo
Archeologicoに共通）

伝説のバイオリン職人 ストラディヴァリ

時間が許せば、クレモナの生んだバイオリン作りの名匠、ストラディヴァリのゆかりの地を散策して回るのはどうだろうか。

A.ストラディヴァリは、1667年フランチェスカと結婚後、住まいおよび工房をガリバルディ大通りに構えた。その後、サン・ドメニコ広場（現ローマ広場）に居を移し、1729年、サン・ドメニコ教会に、墓を買った。そこにかつては彼の2番目の妻ザンベッリや子供たちと一緒に葬られていた。1869年にローマ広場建設のため教会が解体された際に遺骨は失われ、墓石だけが残されたのだった。現在、墓石のオリジナルはバイオリン博物館の第6室に展示。ローマ広場にはレプリカが置かれている。

✉ バイオリン博物館に まさかのギターも！

ストラディヴァリやアマティ一族の美しい傑作バイオリンはもちろん、世界に5本しかないストラディヴァリ作のギター（現存している演奏可能なギターは世界でこの1本のみ!）など、貴重な品々を見ることができ感激!
（東京都　カンパリ　'14）

クレモナのバイオリン　　　　　*column*

今やすっかりバイオリンの町として有名になったクレモナ。世界の名立たるアーティストは、ストラディヴァリやグァルネリの名器を今も求める。その希少価値もさることながら、あたたかい音色に誰もが心打たれる。

バイオリンが登場したのは16世紀初頭。A.アマティがクレモナ初のバイオリン製作者である。彼はフランスのカルロ9世の宮廷楽団のために38の弦楽器を作成。彼の努力により、17世紀にはクレモナがバイオリン作り第1の町になった。その後アマティの孫が技術に磨きをかけて楽器を作り続け、17世紀の半ばにストラディヴァリの手により、演奏曲目や演奏技術にふさわしい音を生み出す楽器が作られるようになった。ストラディヴァリの仕事は、バイオリンの進歩と創造の歴史であり、彼は、生涯に1000以上のバイオリンを作ったといわれる。

ストラディヴァリの家近くの工房

■サンタ・マルゲリータ教会
住 Via Trecchi
☎ 0372-411263
営 8:00〜19:00
㊐㊗8:00〜12:00
地 P.119 A1

クレモナの名物、トッローネ

イタリアのクリスマスからお正月に欠かせない伝統菓子の**トッローネ**Torrone。アーモンド・ヌガーの1種で、その生まれ故郷がクレモナ。1836年創業の**老舗スペルラーリ**へ。
住 Via Solferino 25
☎ 0372-22346
営 9:00〜12:30
15:30〜19:30
休 ㊐㊗　地 P.119 B12

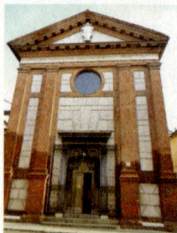

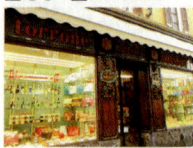

老舗のスペルラーリ

クレモナ派の絵画が見事　MAP P.119 A1

サンタ・マルゲリータ教会
Santa Margherita　サンタ・マルゲリータ

町の人の愛する小さな教会

細い小路の角にたたずむ赤れんがと白い石を高く積み上げたゴシック様式のエレガントな教会で背後に鐘楼がそびえる。クレモナの貴族の生まれで哲学者であり、後にアルバの枢機卿となったマルコ・ジェローラモが1532〜1547年にジュリオ・カンピをはじめ町を代表する芸術家に依頼して建てた物。さほど広くない内部にはジュリオとアントニオの**カンピ兄弟**により「旧約聖書」を主題にしたフレスコ画が描かれている。とりわけ入口上部に描かれたバイオリンやリュートを手にする聖人や天使たちがクレモナらしさを感じさせてくれる。

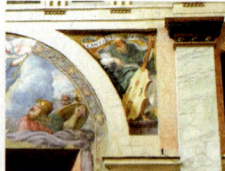

楽器を持つ聖人像

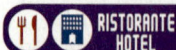

RISTORANTE HOTEL　クレモナのレストラン&ホテル

ホステリア700
Hosteria700　P.119 A1

✉町の人にすすめられたお店です。入口近くは気取らない雰囲気で、奥に進むと、天井が高く大邸宅の雰囲気がいっぱい。ガラス扉の向こうには広い緑の庭園が広がり、優雅でくつろいだ気分にさせてくれました。料理は伝統的なクレモナ料理。
(東京都　ICM　'12) ['16]
住 Piazza Gallina 1
☎ 0372-36175
営 12:30〜15:00、19:30〜22:00　休 ㊊夜、㊌
予 €35〜50　C A.D.J.M.V.

アンティカ・トラットリア・ビッソーネ
Antica Trattoria Bissone　P.119 A1

19世紀の館にある、町で最古とも言われる歴史あるトラットリア。手打ちパスタをはじめ、伝統的な料理が味わえる。自家製のドルチェもおすすめ。
住 Via Pecorari 3
☎ 0372-23953
営 12:00〜14:30、19:30〜21:30
休 ㊐〜㊌夜、7/10〜8/20
予 €35〜50(コペルト€2)、定食€40
C V.

ラ・ソスタ
La Sosta　P.119 B2

ドゥオーモ近く、1926年から続く、クレモナの郷土料理が味わえる、落ち着いた雰囲気の1軒。特産のサラミやチーズ、季節にはボッリート・ミストやトリフが揃う。
住 Via Sicardo 9
☎ 0372-456656
営 12:30〜14:00、19:30〜22:00
休 ㊐夜、㊊、8月の3週間
予 €30〜45(コペルト€3)、定食€55
C A.D.J.M.V.

★★★ アストリア・シティホテル
Astoria Cityhotel　P.119 B1・2

ドゥオーモの近く、クレモナのシンボルのトラッツォォを眺められる部屋もある。経済的なホテルながら、全室冷房完備。駅からはバス1番で。レストラン併設。
URL www.astoriacremona.it
住 Vicolo Bordigallo 19
☎ 0372-461616
Fax 0372-461810
SB SS €59/80
TB TS €71/109
3B €100/110
室 24室　朝食€9 W-F
C A.M.V.
交 トラッツォォの北側すぐ

★★★★ デッレ・アルティ
Delle Arti Design Hotel　P.119 B2

ドゥオーモの近くに位置する、おしゃれなデザインホテル。客室や廊下など内部は近未来を感じさせるモダンなしつらえで、朝食室はまるでギャラリーの雰囲気。いつもと違うホテルライフを楽しみたい向きに。
URL CREMONAHOTELS.it
住 Via Geremia Bonomelli 8
☎ 0372-23131
Fax 0372-21654
SB €79/169
TB €100/169
休 8/2〜8/20、12/25〜1/2
室 33室　朝食込み W-F
C A.D.J.M.V.

★★★★ インペーロ
Hotel Impero　P.119 B1

クレモナの中心、ドゥオーモ手前の小さな広場に建つ、古いパラッツォを改装した懐かしい雰囲気のホテル。観光に便利な立地で、最上階からはトラッツォォやコムーネ広場が見渡せる。
URL CREMONAHOTELS.it
住 Piazza della Pace 21
☎ 0372-413013
Fax 0372-457695
SB €65/109
TB €84/159
室 53室　朝食込み W-F
C A.D.J.M.V.

SS シャワー付きシングル料金　SB バス付きシングル料金　TS シャワー付きツイン料金　TB バス付きツイン料金
3B シャワーまたはバス付きトリプル料金

マントヴァ 🏛世界遺産

Mantova

マントヴァ侯爵夫人、イザベッラの夢に浸る

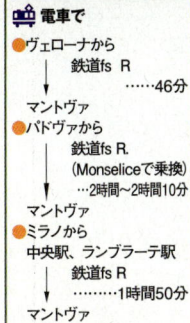

ロンバルディア平野の東端に位置するマントヴァ。三方を湖に囲まれ、緩やかに広がる平野は緑に輝き、豊穣な大地は数々の美しい建築・芸術の至宝に包まれる。

マントヴァの顔、エルベ広場

15〜16世紀にかけてマントヴァは侯爵領となり、続いてゴンザーガ公国となり、政治的な発展を遂げた。これに伴う経済的発展がルネッサンス文化と芸術の町として花開く基礎となっていった。以降、400年にわたるゴンザーガ家の支配は町を華麗に彩っていった。ピサネッロ、レオン・バッティスタ・アルベルティ、マンテーニャ……数々の芸術家がこの町に大きな足跡を残したのだった。とりわけ、隣国フェッラーラからフランチェスコⅡ世に嫁いだイザベッラ・デステの時代には、北イタリア・ルネッサンスの中心としてヨーロッパ中にその名をはせた。芸術・文化のサロンのミューズとして君臨したイザベッラの物語はこの時代を映し出すかのように、野望と栄光、そして悲しみに満ち、まさにゴンザーガ家とマントヴァを象徴するようだ。17世紀、権力闘争の舞台となったマントヴァはゴンザーガ家の手を離れ、18世紀初めのペストの蔓延により終焉を迎えた。

当時の面影が色濃いこの町は、今もロマンに満ち、旅人を魅了してやまない。

サイドバー

● 郵便番号　46100

🏛 **世界遺産**
マントヴァとサッビオネータ
登録年2008年　文化遺産

マントヴァへの行き方

🚃 電車で
● ヴェローナから
　　　鉄道fs R
　　　……46分
　マントヴァ
● パドヴァから
　　　鉄道fs R.
　　　（Monseliceで乗換）
　　…2時間〜2時間10分
　マントヴァ
● ミラノから
　中央駅、ランブラーテ駅
　　　鉄道fs R
　　　………1時間50分
　マントヴァ

■ **マントヴァの❶**
🏠 Piazza Mantegna 6
☎ 0376-432432
🕐 7/1〜10/31
　10:00〜13:00
　14:00〜16:00
　土⑪㊗10:00〜13:00
　　　　14:00〜18:00
　11/1〜6/30
　9:00〜13:30
　14:30〜18:00
　土⑪㊗9:00〜17:00
🚫 1/1、3/18、12/25、12/26
🗺 P.124 B2
ホテル予約も可

町の中心までのバス
鉄道駅からドゥカーレ宮殿やテ離宮まではバスCC番（循環Circolare Città）で約10分、約15分間隔の運行。

バスの切符
（→P.125）

History & Art

数多(あまた)の芸術家の足跡が残る、マントヴァ

12〜13世紀にかけ自治都市となり、1273年ボナコルシ家の支配、1328年にはゴンザーガGonzaga家の支配が始まる。当時の建物としては、ラジョーネ宮、ソルデッロ広場を囲む塔と家々、サン・ロレンツォ教会（ロトンダ）、サン・フランチェスコ教会などが挙げられる。

15〜16世紀にかけては、マントヴァは侯爵領となり、続いてゴンザーガ公国となった。この時代、公国は政治的な発展を遂げ、それに伴い、経済の発展およびルネッサンス文化と芸術の花咲くヨーロッパ第一級の都市となっていった。ゴンザーガ家は、その宮殿をより美しく、壮麗に拡大していった。イザベッラ・デステ（1474

〜1539）を妻に迎えたフランチェスコⅡ世の時代に、マントヴァの名はヨーロッパ中に高まった。

この時代マンテーニャが、宮殿の結婚の間にフレスコ画を描き、L.B.アルベルティがサンタンドレア教会やサン・セバスティアーノ教会を建てた。1500年代には、ジュリオ・ロマーノが新たな都市作りを指揮した。このとき、郊外のヴィッラであるテ離宮が生まれた。

18世紀になると、北イタリアはブルボン王朝とハプスブルグ家の権力闘争の舞台となり、マントヴァもゴンザーガ家の手を離れ、オーストリアに渡された。

ブレーシャへ 66km　ヴェローナへ 66km

N

0　　200　　400m

スーペリオーレ湖
LAGO SUPERIORE

メッゾ湖
LAGO DI MEZZO

A

P.ta Mulina
Viale
Monum. a Virgilio
Piazza Virgiliana

旧ボッツォリ市場
ex. Mercato di Bozzoli

サン・ジョルジョ橋へ
サン・ジョルジョ城
Cast. di S. Giorgio

Via I. Mulini
Via Trento
Via Porto
Mincio

フランチェスコ・ゴンザーガ
司教区博物館
Museo F. Gonzaga

リゴレットの家
ドゥオーモ
Duomo
ガステッロ広場
P.za Castello

サンタ・バルバラ教会
S. Barbara

アルコ宮
Pal. d'Arco

P.za
Carlo d'Arco

P.za
S. Giovanni

カノッサ宮
Pal. Canossa

アタイラ・ニグラ
Aquila Nigra

マティルデ・
ディ・カノッサ広場
P.za M. di Canossa

ソルデッロ広場
P.za Sordello

ドゥカーレ宮殿
Pal. Ducale
P.za Lega Lombarda

サン・フランチェスコ教会
S. Francesco

デイ・マルティーニ
dei Martini

サンタンドレア教会
S. Andrea

ブロレット広場
Piazza Broletto

ポデスタ館
Palazzo del Podestà

トレニタリア
マントヴァ駅
Staz. F.S.

アッリヴァベーネ館
Pal. Arrivabene

マンテーニャ広場
P.za Mantegna

ジョーネ宮
Pal. d. Ragione

消防歴史博物館
Gall. storica dei Vigili del Fuoco

クレモナへ
パルマへ 66
61km
km L.go di
Pradella

P.za
Don Leoni

ビアンキ
Bianchi

Corso Vitto. Emanuele II

P.za
Cavallotti

C.so Umberto I

マルコーニ広場
P.za Marconi
エルベ広場（ロトンダ）
P.za d. Erbe

サン・ロレンツォ聖堂
Rotonda di S. Lorenzo

フラゴレッタ
Fragoletta
学術劇場
Teatro Accademico Bibiena

B

エー・ビー・シー
スーペリオール
A.B.C.Superior
Staz. Autolinee

市庁舎
Munic.

レキージ
Rechigi

チェントロ・ランビーニ
Centro Rampini

マルティーリ・ディ・ベルフィオーレ広場
P.za Martiri di Belfiore

サン・マウリツィオ教会
S. Maurizio

ペスケリーエ柱廊
Pescherie Torre

ソルディ館
Pal. Sordi

ジュリオ・ロマーノの家
Casa di Giulio Romano

県庁
Prefettura

ヴァレンティ館
Pal. Valenti

サン・バルナバ教会
S. Barnaba

1500年代の家

裁判所
Pal. di Giustizia

Casa Andreasi

カテナ港
*PORTO
CATENA*

P.ta Anconetta

P.to Turistico

Vicolo

アンドレア・マンテーニャの家
Casa Mantegna

カーサ・ポーリ
Casa Poli

P.za
A. Gramsci

サン・セバスティアーノ教会
S. Sebastiano

サン・セバスティアーノ宮市立博物館
Museo della Città Palazzo San Sebastiano

Largo XXIV
Maggio

P.le Vittorio
Veneto

Pta. Pusteria

サンタ・マリア・
デル・グラダーロ教会
S. M. del Gradaro

Viale Resorgimento

Viale Isonzo

P.ta Cerese

V.le S. Allende

C

テ離宮 Pal. Te
（市立テ離宮博物館 Museo Civico di Palazzo Te）

Ippodromo

Via L. Grossi

Stadio

Pal. d.
Sport

P.za
d. Mille

P.le di Pia Cerese

Via Brennero

1

2

インフェリオーレ湖
LAGO INFERIORE

ルネッサンス建築の傑作

MAP P.124 A·B2

サンタンドレア教会
Sant' Andrea ★★

サンタンドレア

エルベ広場とつながる町の中心の広場、マンテーニャ広場 Piazza Mantegna には**サンタンドレア教会**が建つ。傑出したルネッサンス建築であるサンタンドレア教会は、1470年にマントヴァを訪れた法王ピウスII世に随行したアルベルティが設計し、1472〜94年に建設された。クーポラは、1732〜82年の間にユヴァッラ Juvarra の設計により付け加えられた。

正面は、古典的な痕跡をとどめ、凱旋門のような飾りの付いた堂々たるアーチが広がる。左側に続くのは、ゴシック様式の鐘楼(1413年)でエレガントな

アルベルティ設計のルネッサンス建築
サンタンドレア教会と鐘楼

3つの開口部に分かれた窓 Trifora がある。玄関前のポーチの下には、美しい格天井のヴォールトが渡る。扉の繊細なレリーフは、1500年代初頭の物。

内部は、豪壮で古典的な翼廊付き1身廊。壁全体が、漆喰、フレスコ画、象嵌などで装飾されている。側面には、大小の礼拝堂が交互にあり、大きなアーチが続く。さまざまな礼拝堂は、1500年代の画家によるフレスコ画で飾られている。入口、すぐ左側の礼拝堂には、画家アンドレア・マンテーニャ(1506年没)の墓とブロンズ像がある。

町の中心の風情ある広場

MAP P.124 B2

エルベ広場
Piazza delle Erbe ★★

ビアッツァ・デッレ・エルベ

広場を縁取るように中世の建物が続き絵画的な風景を作り出している。

マンテーニャ広場の角にある1400年代の家のテラコッタの装飾が美しい。続いてロマネスク様式の**サン・ロレンツォ聖堂** Rotonda di S. Lorenzo

にぎやかな市の立つエルベ広場

が建つ。地元では、ただ**ロトンダ**と呼ばれる。傘を広げたようなれんがの屋根が付いた丸い聖堂。どっしりとした内部は、中央部分には柱のアーチが丸く続き、その外側を周歩廊が巡っている。壁面には、

バスの切符
- 1回券(75分有効) €1.40
  車内購入 €2
- 1日券 €3.50

■サンタンドレア教会
- Piazza A.Mantegna
- 0376-328504
- 開 8:00〜12:00
  15:00〜19:00
  ⊕10:30〜12:00
  15:00〜18:00
  ®11:45〜12:15
  15:00〜17:00
  (夏季18:00)

NAVIGATOR

マントヴァの町での移動は徒歩で十分。駅前を出て左に進み、右に道を折れて路地を抜け、ヴィットリオ・エマヌエーレ2世大通りに出て真っすぐ500mほど進めば観光の中心のエルベ広場へとたどり着く。エルベ広場からドゥカーレ宮殿までの間にマントヴァの中心的な見どころは集まっている。

✉ **時計塔へ**
エルベ広場の時計塔に上れます。料金は€3でした。
(大阪府 オーマ・オーバ '11)

■サン・ロレンツォ聖堂
- Piazza delle Erbe
- 0376-322297
- 開 10:00〜13:00
  15:00〜18:00
  ⊕®10:00〜18:00
- 喜捨
- 地 P.124 B2

「ロトンダ」と呼ばれる
サン・ロレンツォ聖堂

■ラジョーネ宮
- Piazza Erbe
- 0376-288208
- 開 10:00〜13:00
  15:00〜18:00
  ⊕®®10:00〜18:00
- 休 ®、1/1、5/1、12/25
- €3、60歳以上、学生€1.50
- 地 P.124 B2

ドゥカーレ宮殿やテ離宮は本当に広くて壮大です。ミラノからの駆け足の日帰り旅行では、時間配分が難しいです。マントヴァはミラノに比べ、ホテルもレストランもかなりお手頃。1～2泊してゆっくり過ごすのがいいです。夏は湖に遊覧船が出ますし、12月はソルデッロ広場やエルベ広場にクリスマス・グッズやお菓子の屋台が並んで、とてもにぎやかです。

ドゥカーレ宮殿は自由見学で、「結婚の間」も予約は不要でした。係員が一定人数を一定時間だけ入室させます（1回に約20人を約10分程度）。
（東京都 リゴレット乙女 '07）

受胎告知とキリスト誕生のフレスコ画があるものの、簡素で素朴かつ重厚な雰囲気。続いて建つのは、頑丈な時計塔Torre dell' Orologio（1473年）。その隣に建つのが、ラジョーネ宮Palazzo della Ragione。13世紀の建物で、3つの開口部に分かれ

ブロレット広場に面するポデスタ館

た窓と狭間があり、15世紀のポルティコ（柱廊）が1階に続いている。広場の奥にあるのは、ブロレットBroletto。12世紀に建てられ、15世紀に改造された。正面はブロレット広場に続いており、高い塔と並んでいる。

ロマンと歴史を伝える

MAP P.124 A2

ソルデッロ広場
Piazza Sordello
ピアッツァ・ソルデッロ ★

細長く大きなソルデッロ広場

かつて、町の政治や芸術の中心だった場所。今も中世の面影が色濃く残り、13世紀の館が広場を取り巻いている。青空を突いてドゥカーレ宮殿の塔が見え、広場正面にはドゥオーモが勇姿を見せる。

各時代の様式美が残る

MAP P.124 A2

ドゥオーモ
Duomo／Cattedrale di San Pietro
ドゥオーモ／カッテドラーレ・ディ・サン・ピエトロ ★

中世に建てられ（正面、右側にゴシック様式の名残が見られる）、16世紀に再建された。ファサードは1700年代、堂々とした鐘楼はロマネスク様式だ。

調和の取れた内部は、ジュリオ・ロマーノの設計（1545年）と伝えられる。

マニエリズム様式で再建されたドゥオーモ

まぐさ式構造で5身廊、古典的な痕跡を残す。身廊右には、初期キリスト教時代の石棺（5世紀）と洗礼盤。フレスコ画は1300年代の物。後陣の大きなフレスコ画『三位一体』TrinitàはD.フェッティの物。身廊左側、インコロナータ礼拝堂は、1400年代様式の典型でルカ・ファンチェリによると思われる。

■ドゥオーモ
🏠 Piazza Sordello
☎ 0376-320220
🕐 7:00～12:00
　 15:00～19:00

NAVIGATOR

主要な見どころの見学が終わったらドゥオーモ脇のサン・ジョルジョ通りVia S. Giorgioを歩いてみよう。右側には堂々たるサン・ジョルジョ城の堀で囲まれた銃眼のある塔が見える。少し先のVia Legnagoを進むと、サン・ジョルジョ橋に行き着く。ここからは、湖と町のパノラマがすばらしい。

■リゴレットの家ℹ
🏠 Piazza Sordello 23
☎ 0376-288208
🕐 9:30～18:00
🗺 P.124 2A

ドゥカーレ宮殿
Palazzo Ducale ★★★
パラッツォ・ドゥカーレ

ソルデッロ広場側から眺めたドゥカーレ宮殿

西側がソルデッロ広場に接する、ポルティコが続く大建築。13～18世紀にかけて建てられたゴンザーガ家の居城。ヨーロッパの中でも指折りの壮大で豪奢な宮殿。内部の美しさは、一種独特なもので、収集された数々の美術品とともに独自の雰囲気を醸し出している。

宮殿内部のさまざまな部屋を訪ねると、系統的に絵画が鑑賞できるように配列されている。絵画は、フォッパ、ボンシニョーリ、ジュリオ・ロマーノ、G.マッツォラ・ベドリ、ティントレット、ルーベンスなどの作品が収蔵されている。ルーベンスの『ゴンザーガ公爵とその夫人』Duchi e Duchesse Gonzagaは必見。

考古学部門Sezione Archeologicaには、ギリシアおよびローマ時代の彫刻、ローマ時代の石棺や石碑、中世およびルネッサンス期の彫刻がある。

宮殿内で、より興味深いのは、特徴ある部屋である。ラファエッロの下絵による、フランドル製の9枚のタペストリーで飾られた、タペストリーの間Appartamento degli Arazzi。17～19世紀に手がけられた美しい装飾豊かな天井の残る公爵の間Appartamento Ducale。そのほかには、小人の間Appartamento dei Naniや変容の間Appartamento delle Metamorfosiなどが興味深い。

以下に続く間は、ジュリオ・ロマーノとその弟子およびプリマティッコ、そのほかの芸術家により16世紀のフレスコ画と漆喰(しっくい)で飾られている。華やかな月の回廊Galleria dei Mesi、広いマントの間Salone di Manto、とりわけ興味深いのは、15世紀中頃にピサネッロが描いたといわれる一連の『騎士物語』Ciclo cavallerescoのフレスコ画とその下絵であるシノピエの断片だ(1969～1972年に発見され修復された)。

マンテーニャが描いた「結婚の間」。ゴンザーガ一族が描かれている

■ドゥカーレ宮殿
住 Piazza Sordello 40
☎ 0376-224832
開 8:15～19:15
(入場18:20まで)
金～20:15
休 ㊊、1/1、12/25
料 €12
切符売り場は、閉場40分前まで。
「結婚の間」は1日の見学1500人まで。団体は要予約。予約料€20、個人の予約€1
予約☎041-2411897 (㊊～金9:00～18:00、㊏9:00～14:00)

ドゥカーレ宮殿の見学順路
見学はピサネッロの騎士物語が描かれた展示のギャラリーGalleria Esposizioneから。結婚の間は順路の終わり近くに位置している。結婚の間は季節や混雑具合によっては、事前予約が必要だったり、人数・見学時間の制限がある。また、イザベッラの間は土・日曜のみの公開。考古学部門の彫像や石碑などは、各室に分散展示してあり、各室の装飾と展示品を丹念に見学していくと、かなり時間がかかる。庭園などの見学も可能。

湖にも足を延ばしてみよう
学術劇場の東、あるいはドゥカーレ宮殿の先を5分も歩くと、湖に到着する。オペラ「リゴレット」の舞台として欠かせない場所だが、オペラのなかのような居酒屋はなく、現在の湖は周囲には美しい公園が整備されている。周囲には緑の芝生が広がり、湖水にはスイレンやハスが花咲き、町の人の憩いの場でもある。三方を湖に囲まれ、水から生まれたとも形容されるマントヴァが実感できる。湖と川を巡る遊覧船も運航している。遊覧船の情報は、
URL www.fiumemincio.it

インフェリオーレ湖の遊覧船

ヴェルディのオペラ「リゴレット」の舞台となったマントヴァは、三方を囲む湖からの霧が旅情をかき立てます。ルネッサンス文化の華と謳われたフェッラーラから嫁いだイザベラ・デステにより、マントヴァに開花したルネッサンスの結晶がドゥカーレ宮殿の「結婚の間」にマンテーニャが描いたゴンザーガ家の人々の色鮮やかなフレスコ画です。4世紀にわたり繁栄を極めたゴンザーガ公爵一族の息遣いまでが伝わってきそうな迫力をもった傑作です。
（東京都 munimaya '10)

NAVIGATOR

ドゥカーレ宮殿からの帰りは、古代ローマの詩人ヴェルギリウスを記念した碑を見学しながら公園を抜け、フラテッリ・バンディエーラ通りVia Fratelli Bandieraを行こう。17番地には、1400年代の家が残る。正面にフレスコ画、扉には彫刻が施してある。この先には、1481年のアッリヴァベーネの館がある。

■学術劇場
🏠 Via Accademia 47
☎ 0376-327653
🕐 10:00〜13:00
　　15:00〜18:00
　　土⑥祝10:00〜18:00
休 ⑨、1/1、12/25
料 €2、60歳以上18歳以下€1.20
※会議などにより見学不可の場合あり

美しい館も必見
豊かな歴史を感じさせるように、美しい建物が続くマントヴァ。緑の街路樹の続くポーマ通りVia C. Poma 地P.124 B1も訪ねてみよう。この通りはベンチもあり、中心街から孑離宮に向かう途中に休憩するにもピッタリ。とりわけ目を引くのが、スタッコ装飾が施された擬古典様式のジュリオ・ロマーノの家。16世紀に彼自身がその晩年に設計した物。一部ピンクに彩色され、伸びやかな影像が正面を飾っている。（私邸のため、内部見学不可）この手前、大きな影像が軒を支えるのは現在の裁判所で、かつてゴンザーガ枢機卿が暮らした館だ。このすぐ近くの大通りのアチェルビ通りには、ゴンザーガ家から贈与された土地にマンテーニャ自身が設計した丸い中庭をもつマンテーニャの家もある。

宮殿の一部は、1300年代にノヴァーラによって建てられたサン・ジョルジョ城Castello di S. Giorgioになっており、この塔の角に有名な、**結婚の間**Camera degli Sposiがある。

マントヴァ公の寝室、その後は謁見の間として使用されていた部屋で、1474年のマンテーニャによるきらびやかなフレスコ画で飾られている。描かれているのは、ゴンザーガ一族の生活で、絵の中央にはルドヴィコI世の家族の肖像画がある。15世紀の末にマントヴァ公爵として権勢を誇ったフランチェスコII世や後の枢機卿シジスモンドの幼い頃の姿もみえる。

イザベッラの小部屋Gabinetti Isabellianiは、15世紀の彫刻と黄金が施されている天井が見事だ。

湖を見下ろしてたたずむ　　　　　MAP P.124 A2

サン・ジョルジョ城 ⭐
Castello di San Giorgio　　カステッロ・ディ・サン・ジョルジョ

堅固なサン・ジョルジョ城

ドゥカーレ宮の裏手、同じ敷地内に湖と通りを見守るかのように建つ。空堀と緑に囲まれ、何物も寄せ付けないような堅牢さだ。

前述のドゥカーレ宮内の著名な結婚の間があるのがここだ。（ドゥカーレ宮内部から続いている）

美しい大劇場　　　　　　　　　MAP P.124 B2

学術劇場 ⭐
Teatro Accademico Bibiena　　テアトロ・アッカデミコ・ビビエーナ

優美な大建築で、アントニオ・ビビエーナの設計。舞台を囲むように4階建てのボックス席が設けられている。

ここには、ヴィルジリアーナ・アカデミア宮Palazzo dell' Accademia

4階建てのボックス席が見事な学術劇場

Virgilianaがおかれる。美しいファサード（正面）は、ピエルマリーニの手になる。内部は、現在は会議やコンサート会場として使われている。階上には、図書館があり、この町生まれのローマ時代の詩人、ヴェルギリウスにかかわるさまざまな資料および18世紀の手術道具などが展示されている。

緑に包まれるゴンザーガ家の別荘

MAP P.124 C1

テ離宮

★★

Palazzo Te

パラッツォ・テ

ゴンザーガ家の別荘、テ離宮

町の南端にある、壮麗なゴンザーガ家のヴィッラ（別荘）。テとは、この宮殿のある地名Tejetoの略。ジュリオ・ロマーノによる建築（1525～35年）で、ルネッサンスの趣あふれる素朴なもの。

内部のすばらしい居室には、豪奢なグロテスク装飾（古代ローマ以来の装飾法で、唐草のなかに、人間や果実をあしらったもの）とフレスコ画で飾られている。ほとんどの部分の装飾を担当したのは、ジュリオ・ロマーノとその弟子といわれる。とりわけ、馬の彫刻が台上に置かれているフレスコ画で飾られた馬の間Sale dei Cavalliやまさに倒れんとする巨人を描いた巨人の間Sala dei Gigantiは必見。プシケの間Sala di Psicheやパエトンの間Sala di Fetonteも興味深い。

また、ここには、**市立テ離宮博物館**Museo Civico di Palazzo Teがおかれている。

ジュリオ・ロマーノによる「巨人の間」は迫力満点

✉ **学術劇場**
学術劇場の階上の図書館は入場禁止でした。
（大阪府　オーマ・オーバ　'11）

🔲 **テ離宮**
🏠 Viale Te 13
☎ 0376-323266
🕐 9:00～18:00
㊊13:00～18:00のみ
休㊊午前、1/1、12/25
🎫€9、12～18歳・学生€3、60歳以上€6
切符売り場は閉館1時間前まで。

お得な共通券

2種のマントヴァ・ムゼイカード
Mantova Musei Card
①5館共通券：ドゥカーレ宮殿、パラッツォ・テ、F.ゴンザーガ司教区博物館、学術劇場、サン・セバスティアーノ市立博物館Museo della Città di Palazzo San Sebastianoに共通　€15
②8館共通券：①にアルコ宮、ラジョーネ宮と時計塔Palazzo della Ragione e Torre dell'Orologio、サン・セバスティアーノ教会Tempio di San Sebastiano　€17
※1年有効、購入は❶や各見どころで

✉ **観光に便利な循環バス**
1番「CIRCOLARE」の循環バスが非常に便利です。マントヴァ駅前のホテル・ビアンキ・スタツィオーネの前で乗車し、パラッツォ・アルコ→パラッツォ・カノッサ→町の中心のエルベ広場の南側（ロトンダの南側）→トリエステ通り→テ離宮→駅と回ります。時間に制約がある日帰り旅行の際にはとても役に立ちます。切符は駅を出た右側のバールで購入しました。
（北海道　小林良栄　'06）['14]

ロンバルディア州　マントヴァ

129

■フランチェスコ・ゴンザーガ司教区博物館
住 Piazza Virgiliana 55
開 9:30～12:00
14:30～17:30
休 圀圀、1/1、5/1
料 €6

宗教祭事の品々を展示　　　　　　　　　　MAP P.124 A2

フランチェスコ・ゴンザーガ司教区博物館
Museo Diocesano di Arte Sacra Francesco Gonzaga

ムゼオ・ディオチェザーノ・ディ・アルテ・サクラ・フランチェスコ・ゴンザーガ

新古典様式の建物の中にある。マントヴァ教区の美術史の資料、15
～17世紀の絵画、金銀細工、武具などが並んでいる。

■アルコ宮
住 Piazza Carlo d'Arco 4
☎ 0376-322242
切符売り場は閉館30分前まで。ガイド付き見学のみで所要約1時間。12室ほどが見学でき、ジュリオ・ロマーノやマンテーニャによる「赤色の間」、「オリエントの博物館」、「絵画の間」など。離れには一番の見どころの「12宮の間」や「台所兼食堂」がある。
※2016年1月現在、修復のため閉館中

芸術作品で飾られた、貴族の館　　　　　　MAP P.124 A1

アルコ宮 ★
Palazzo d' Arco

パラッツォ・ダルコ

18世紀末に建てられた貴族の館。当時のままに保存された内部には、
マンテーニャ、ボゼッリ、ロット『復活したキリスト』Cristo Risortoな
どの作品が調度とともに展示されている。美しい中庭から続く離れの
12宮の間Sala dello ZodiacoはG.M.ファルコネットによる季節を描い
たフレスコ画が壁面を彩る。

そのほかの見どころ

裁判所のファサードを飾る女身像柱

サン・セバスティアーノ教会の周辺に
集中している。L.B.アルベルティの設計に
よる簡素な教会の建つアチェルビ通りVia
G. Acerbiを挟み斜め向かいには、マン
テーニャの家（Via G. Acerbi 47）がある。
1476年に建てられたもので、現在は修復され、特別
展の会場として使われている。近くのポー
マ通りVia C. Poma、18番地には、ジュ
リオ・ロマーノの家。彼の設計（1544
年）による物。22番地には1500年代の家。
その正面には、力強い構築で、正面に女
身像柱が立つ裁判所が残る。

マンテーニャの家

■マンテーニャの家
住 Via G. Acerbi 47
☎ 0376-360506
開 9:00～12:30
14:30～16:30
休 圀圀
地 P.124 B1
通常は事務所として利用されているため、入口部分のみ見学可。催事の際は開館時間、料金が異なる場合あり。

🍴🏨 **RISTORANTE HOTEL**　　　マントヴァのレストラン&ホテル

マントヴァでは高級レストランでもかなり手頃なのがうれしい。ちょっと贅沢してグルメを楽しむとよい思い
出になる。手頃に食事するなら、エルベ広場にピッツェリアやオープン・カフェがあり、町中には軽食の充実し
たバールやカフェが多い。町の規模に比べてホテルはやや少なめで3～4星がほとんど。駅前には3つ星ホ
テルが2軒続いて建っているので、予約なしで迷ったら部屋を見せてもらって決めるのもいい。

✵ アクイラ・ニグラ
Aquila Nigra
P.124 A2

グルメの間では定評のある1軒。伝統
的な郷土料理と季節の味わいを大切
にしている。重厚でクラシックな雰囲
気も町とよく調和して、思い出のとき
を約束してくれる。ミシュランの1つ星。
要予約

住 Vicolo Bonacolsi 4
☎ 0376-327180　**Fax** 0376-226490
営 12:00～14:00、20:00～22:00
休 （4～5月、9～12月の圀昼を除く）圀、
圀、8月の1週間
予 €50～95
C A.D.M.V.

✕イル・チーニョ・デイ・マルティーニ
Il Cigno Trattoria dei Martini   `P.124 A1`

1500年代の館にあるレストラン。何
代も受け継がれた雰囲気と独自の味
わいを加味したルネッサンス時代のレ
シピに基づいた郷土料理が味わえる。
夏季は庭園にもテーブルが並ぶ。
要予約

🏠 Piazza Carlo d' Arco 1
☎ 0376-327101
🕐 12:30～13:30、19:30～21:30
休 ㊊、㊋、8月
予 €45～70(サービス料€6)
C A.D.M.V.

🍴アンティカ・オステリア・フラゴレッタ
Antica Osteria Fragoletta   `P.124 B2`

学術劇場のすぐ近くにある、
気取らない雰囲気のオステ
リア。伝統的な郷土料理と
それをアレンジした料理が
味わえる。ワインの品揃え
も300種を超える充実ぶり。
できれば予約

🏠 Piazza Arche 5A
☎ 0376-323300
🕐 12:00～15:00、19:45
～23:00
休 ㊊
予 €25～40(コペルト€2)
C A.D.M.V.

✕チェントロ・ランピーニ
Centro Rampini   `P.124 B2`

1981年から続く家族経営
の伝統的なマントヴァ料理
のレストラン。季節ごとに
変わるメニュー、すべて手
作りの自慢のデザート、こ
だわりのカフェが人気の理
由。立地もよく、町の人や

観光客に人気の一軒。
🏠 Piazza delle Erbe 11
☎ 0376-366349
🕐 12:00～14:30、19:30
～22:00
休 ㊊ 予 €30～50
C M.V.

★★★★ カーサ・ポーリ
Hotel Casa Poli   `P.124 B2`

現代的に洗練されたモダン感覚のホ
テル。客室はフローリングにシンプル・
モダンな家具、素材を重視したリネン
類、広いバスルームでリラックスでき
る。
URL www.hotelcasapoli.it

🏠 Corso Garibaldi 32
☎ 0376-288170
Fax 0376-362766
SS €110(ツインのシングルユース)
TS TB €140
🛏 34室 朝食込み W-F
C A.D.M.V.

★★★★ レキージ
Hotel Rechigi   `P.124 B2`

エレガントで居心地のよいホテル。
現代美術の作品がさりげなく飾られ、
ひと味違うホテル滞在を求める旅行
通に人気。部屋はモダンで快適。レ
ストラン併設。
URL www.rechigi.com

🏠 Via P. F. Calvi 30
☎ 0376-320781
Fax 0376-220291
SS €80/160(ツインのシングルユース)
TB €80/250
🛏 60室 朝食込み W-F
C A.D.J.M.V.

★★★ ビアンキ・スタツィオーネ
Albergo Bianchi Stazione   `P.124 B1`

駅前にあり白いひさしが目印。1500年
代の修道院を改装した歴史あるホテル。
内部のサロンはモダンな雰囲気。部屋
は広く、清潔でクラシック。朝食も充実。
読者割引 本書提示で1泊で5%、2泊
以上で10%
Low 1、2、7、8月

URL www.albergobianchi.com
🏠 Piazza Don Leoni 24
☎ 0376-326465 Fax 0376-321504
SS SB €65/75 TS TB €80/95
JS €119/129(ファミリー) 朝食込
み W-F C A.D.J.M.V.
休 12/24～12/26

★★★ エー・ビー・シー・スーペリオール
Hotel A.B.C.Superior   `P.124 B1`

駅前広場にあるホテル。見かけは小
さいが、部屋数は多い。ベランダ付
きの部屋もあり、建物のところどころ
に古いフレスコ画が残され、全体に
アンティークな雰囲気。
URL www.hotelabcmantova.it

🏠 Piazza Don Leoni 25
☎ 0376-322329
Fax 0376-310303
SS €54/165
TS €74/165 SS €89/222
🛏 31室 朝食込み W-F
C M.V.

SS シャワー付きシングル料金 SB バス付きシングル料金 TS シャワー付きツイン料金 TB バス付きツイン料金 JS ジュニアスイート料金
SU スイート料金

世界遺産

マントヴァとサッビオネータ
登録年2008年　文化遺産

サッビオネータへの行き方

🚌 バスで

● マントヴァ
apam社の
プルマンで
……約50分 €4.40
サッビオネータ

NAVIGATOR

町は小さく、迷子になる心配はない。まず、共通切符を販売している❶がある庭園宮殿へ向かおう。

■サッビオネータの❶
Pro Loco

🏠 Piazza d' Armi 1
☎ 0375-52039
🕐 9:30〜13:00
　　14:30〜18:00(冬季17:00)
　　⊕⑧⑩ 9:30〜13:00
　　　　14:30〜18:30
　　　　(冬季18:00)
休 ⑧(祝を除く)
地 P.132 A2

見どころは共通切符

ドゥカーレ宮殿、古代劇場、庭園宮殿、シナゴーグ(ユダヤ教会)は共通券で€12。1カ所券は各€5。切符は❶で販売
🕐 9:30〜13:00
　　14:30〜18:30
　　(冬季〜17:00)
ガイド付きツアーはイタリア語のみ。

サッビオネータ
Sabbioneta

P.15 B3

◆ゴンザーガ王子の理想の都市造りのモデル

人口約4400人。マントヴァからスイカやメロンの畑の続く道を約30kmほど行くと、六角形の城壁に囲まれた小さな町、サッビオネータに到着する。マントヴァ平野の低地にある農業の町。1500年代の六角形の要塞が当時のまま残る歴史的にも貴重な町だ。ゴンザーガ家の公爵領として、ヴェスパシアーノ王子(1532〜91年)が治め、後期ルネッサンスの中心的な理想都市となった。そのため「小さなアテネ Piccola Atene」とも呼ばれた。

4月中旬〜5月中旬にかけて、ドゥカーレ広場や、公園などでアンティーク市が開かれ、9月には、古代劇場を中心に、古典劇、コンサートなどが催され、にぎわいを見せる。

各見どころの切符は❶で販売。まずは❶のある庭園宮殿で切符を購入してから出発しよう。

V.スカモッツィによる劇場建築の傑作、古代劇場

ドゥカーレ広場
Piazza Ducale　　　　ピアッツァ・ドゥカーレ

町の中心にある広場。ポルティコのある建物で囲まれ、古都サッビオネータの特徴をよく残している。ドゥカーレ宮殿Palazzo Ducaleと教区教会Parrocchialeが広場の一角に建つ。教会は1581年に建設され、白とバラ色の大理石で造られた鐘楼が付いている。内部のサクロ・クオレ礼拝堂は1700年代の物で、建築家A.ビビエーナの作。

ドゥカーレ宮殿　★
Palazzo Ducale　　　　パラッツォ・ドゥカーレ

1568年に建てられた、ヴェスパシアーノ王子のための王宮。1階には、ポルティコが続き、階上の大理石の典雅な窓が印象的。

内部は、スペインの影響をうかがわせるカステーリャ様式の木の彫刻を施した天井とB.カンビおよびA.カヴァッリなどの手によるフレスコ画で飾られている。また黄金の間Sala d' Oroの天井には、金色に輝くゴンザーガ家の紋章である4羽のワシが刻まれている。また、黒い双頭のワシは、ゴンザーガ家の末子、ヴェスパシアーノの紋章。

サッビオネータ
Sabbioneta

王宮内で必見なのは、ゴンザーガ一族がまたがった4体の木製の騎馬像。(この土地の木を使用して作られた騎馬像で、かつては11体あったが、火事で消失してしまった)

木製の騎馬像

インコロナータ教会
Chiesa dell' Incoronata
キエーザ・デッリンコロナータ

　1588年に建てられた八角形の教会でドゥカーレ宮殿裏にある。内部は、クーポラを頂にもち、1700年代の装飾。ゴンザーガ家のヴェスパシアーノの霊廟として造られたもので、ルネッサンス期を代表する「だまし絵」を巧みに使った天高くそびえる天井は必見。

インコロナータ教会のだまし絵風の天井

古代劇場 ★★
Teatro all'Antica
テアトロ・アッランティーカ

　V.スカモッツィの傑作のひとつで、1590年の建設。長方形の建物で、舞台、階段上の椅子席があり、壁面には貴重なヴェネト派のフレスコ画がある。12体の彫刻が天井にアーチを作っており、舞台の上方には舞台をのぞき込むように描かれたカップルのだまし絵のフレスコ画が愛らしい。

舞台をのぞき込むカップルのだまし絵

カステッロ広場
Piazza Castello
ピアッツァ・カステッロ

　中央にローマ時代の柱が立つ、かつての武器を貯蔵した広場。周囲を骨董の回廊Galleria degli Antichi (1584年)と長い建物が取り囲んでいる。跨線橋が庭園宮殿へと続いている。

庭園宮殿 ★★
Palazzo del Giardino
パラッツォ・デル・ジャルディーノ

　君主のための娼館として1584年に建てられたといわれている。外部は、木の蛇腹模様で美しく飾られ、内部の大小の居室はフレスコ画、漆喰細工、グロテスク模様で飾られ、カンピとジュリオ・ロマーノの弟子の作品と思われる。

　光あふれる骨董の回廊Galleria degli Antichiの1階部分は湿気によってかなり損なわれているが、2階には、ベルナルド・カンピのフレスコ画がよく残っている。書斎、舞踏の間、鏡の間と続く侯爵夫人の化粧室には、ポンペイ・ロマーノのモチーフを使ったフレスコ画が続く。

　芸術のギャラリーGalleria d' Arteは、96mの明るく長い廊下。入口と出口のだまし絵は、この長い廊下をより長く錯覚させてくれる効果十分。壁画の古代ローマ皇帝の像は、足元が浮き上がっているようで、実に迫力がある。

■インコロナータ教会
開 1〜3月のみ
　15:30〜17:30

サッビオネータ行きのバス
　マントヴァ駅前からapam社のプルマンバスが運行。17番VIADANA行きで所要約50分。切符€4.40(車内購入は+€2)。
　平日のみの運行で、'16年冬季のスケジュールはマントヴァ発6:27、8:25、11:25、12:20、13:35、14:25、16:25、17:35、18:30、19:05。サッビオネータ・パールチェントラーレ前停留所発6:35、7:03、8:33、10:29、11:33、12:34、14:03、14:54、16:33、17:40、18:54。

■切符売り場
圏 Piazza Don Leoni
　※マントヴァ駅を出た左側、線路沿い
開 7:30〜17:45
　⊕7:30〜12:45
　7〜8月　7:30〜12:45
　　　　　15:00〜17:45
　　　　　⊕7:30〜12:45
休 ⊕㊗
　往復分の切符を購入し往復のバスの時間を確認してから出かけよう。

バスの情報は
URL www.apam.it

✉ サッビオネータ
　とても小さな町で、見学は2時間もあれば十分です。
　(大阪府　オーマ・オーパ　'11)

●郵便番号 27100

パヴィアへの行き方

電車で

● ミラノから
中央駅
　↓ 鉄道fs IC ……28分
　↓ RV、R32分
パヴィア
ミラノ・ロゴレード駅
　↓ 鉄道 fs
　↓ S13 Suburbano…28分
パヴィア
※Suburbanoはチェルトー
ザ・ディ・パヴィアを経
てパヴィアへ向かう

バスで

● ミラノM2線FAMAGOSTA
駅上のターミナルから
　↓ PMT社バス175番
　↓ …約40分
パヴィア
※平日 約30分 に1便、
⑥㊗1時間に1便

NAVIGATOR

　駅は町の西側。プルマンの
ターミナルも駅の近くだ。駅
からはカヴール大通りを抜け、
ドゥオーモ、サン・ミケーレ
聖堂を見学し、コペルト橋の
あとにヌオーヴァ通りから大
学、ヴィスコンティ城、さら
に西の S. ピエトロ・イン・
チェル・ドーロ教会へ向かお
う。見どころは1km四方ほど
にコンパクトにまとまってお
り、徒歩で十分だ。

■パヴィアの ❶ IAT

🏠 Via del Comune 18
☎ 0382-079943
🕐 9:00～13:00
　14:00～17:00
　3月～10月
　　㊏⑥10:00～13:00
　　14:00～18:00
　11月～2月
　　㊏⑥ 9:00～13:00
🚫 一部の㊗ 🗺 P.135 B2
※駅前広場にも❶あり

パヴィア

パヴィア大学とともに発展した町

P.14 B2
Pavia

ティチーノ川が町の南を流れるパヴィア

　ローマ時代の地図を基
に、碁盤の目のように整
然と仕切られたパヴィア
の町。赤い石を積み上げ
た教会や建物、小さな広
場、かつての市民の塔が
今も残り、それらが美し
いたたずまいを見せる。
パヴィア大学とともに発
展したこの町では、大学が根強い社会機構の中心となり、現在に
いたっている。2万人の学生が現在も大学に学び、アカデミックで
生きいきとした表情をもたらしている。近代的な駅前周辺から歩を
進めると、歴史が色濃く残る石畳の坂道の先にはティチーノ川が
広がり、現代と中世そして自然が溶け合っている。

おもな見どころ

ロンバルディア・ルネッサンスの傑作

MAP P.135 B2

ドゥオーモ
Duomo

ドゥオーモ

　ロンバルディア・ルネッサンス様式の最も貴重
な建物のひとつ。1488年C.ロッキ、G.A.アマーデ
オ、G.G.ドルチェブオノの設計により着手され、ブ
ラマンテ、レオナルド、フランチェスコ・ディ・ジ
ョルジョらにより引き継がれ16世紀に完成した。
　正面に見える巨大なクーポラは、1809年の
もの。イタリア第3の大きさを誇る教会だ。
　広い内部は、ギリシア十字型で3廊式。柱
の上に大きなクーポラが乗っている。美しい
地下納骨堂には、ブラマンテ芸術の証しであ
る力強い天井が渡っている。

ロンバルディア・ルネッサンス
の傑作、ドゥオーモ

History & Art

ミラノと歴史をともにしたパヴィア

　ローマ時代から、軍事上の拠点として重要な
町であったが、6～8世紀ロンゴバルド王国の中心
地となった時代に、最強の都市となった。12～
13世紀の中世自治都市の時代には、めざましい
繁栄を遂げ、その名残は当時のロマネスク様式
のサン・ミケーレ教会、サン・ピエトロ・イン・
チェル・ドーロ教会に見られる。
　1359年ヴィスコンティ家の支配の下、美しい

城が築かれ、ミラノ公国の下、ルネッサンス期
には町はより美しくなり、ドゥオーモおよびさま
ざまな美術品が生まれ、芸術都市としての名声
を高いものにした。
　その後、スペイン、フランス、オーストリア
の支配後、イタリア王国に統合された。
　14世紀創立のパヴィア大学は、イタリアでも
古く伝統のある大学のひとつ。

MAP P.135 B2

サン・ミケーレ・マッジョーレ聖堂 ★★

Basilica di San Michele Maggiore バジリカ・ディ・サン・ミケーレ・マッジョーレ

ロマネスク様式の特徴を示すレリーフが見事

6～8世紀のロンゴバルド王国に源を発するバジリカで、ロンゴバルドの国王の戴冠式に使われた。12世紀の半ば、現在の姿に再建された。パヴィアおよびロマネスク建築を代表する建物。砂利を使ったような正面（ファサード）は、砂岩を使ったもの。架空の動物、人間を刻んだ力強いレリーフは12世紀の物。

内部は斬新な構成で、柱で分割された三身廊。聖堂内陣、右側の礼拝堂には、14世紀のレリーフ、後陣ドームには15世紀のフレスコ画が描かれる。『聖母の戴冠』Incoronazione della Vergineは必見。

天に召されようとする聖母に冠を授ける壮厳なシーンは、人々に対する教会のあるべき姿を表現している。

キリストの十字架刑は12世紀の物。床面のモザイクもすばらしい。示唆に富む地下納骨堂は、小さな列柱の下にある。

■ドゥオーモ
住 Piazza Duomo
開 7:00～12:00
　 15:00～19:00

■サン・ミケーレ・マッジョーレ聖堂
住 Piazza S. Michele
開 7:30～12:00
　 14:30～17:00
　 日祝15:00～17:00
宗教行事の際は入場不可。

✉ ファサードや扉飾り、地下納骨堂の柱頭にロンゴバルド芸術を感じました。静かな存在感のある教会でした。
（ローリー　'12）

砂岩を使ったファサードが素朴

ロンバルディア州　パヴィア

パヴィア
Pavia

135

自然のなかの優美な橋

コペルト橋
Ponte Coperto

ポンテ・コペルト

ティチーノ川に架かるコペルト橋とパヴィアの町

古くからある屋根付き橋。1354年に再建。1944年の空爆により破壊され再び建てられた。かつての姿に再建されたれんが造りの赤い橋は、ティチーノ川に架かり、水辺の風景とともに美しい。

この橋を南に300mぐらい下ると、左側にロマネスク様式のサンタ・マリア・イン・ベトゥレンメ教会S. Maria in Betlemmeがある。美しい入口をもち、丸屋根を覆う八角形の小さな円蓋が乗っている。

■大学
住 Corso Strada Nuova 65
☎ 0382-9811
開 8:00〜19:00
休 日祝
大学の開いているときは入場可。
※内部にはパヴィア大学歴史博物館Museo per la Storia dell'Università di Paviaがおかれている。
開 月14:00〜17:00
　水金9:00〜12:00
休 8月 料 無料

大学の正門。
誰でも気軽に見学できる

現在の町のシンボル

大学
Università

ウニベルシタ

建物のオリジナルはたいへん古く、10〜11世紀の物。1361年にヴォルタ、フォスコロ、ロマニョージの設計によって再建された。ネオクラシック様式の建物は、C.ピエルマリーニにより改築された。内部には、5つの美しい中庭がある。

ここには、かつてのサン・マッテオ病院ex Ospedale S. Matteo(現在は大学の機関がおかれている)があり、当時のテラコッタによる装飾を見ることができる。

市民の憩いの場

ヴィスコンティ城 ★★
Castello Visconteo

カステッロ・ヴィスコンテオ

■ヴィスコンティ城
　市立博物館
住 Viale XI Febbraio 35(入口)
☎ 0382-33853
開 10:00〜17:50
　7〜8月、12〜1月
　9:00〜13:30
休 月祝
料 €6

城の居室を生かした展示場

れんが造りの四辺形の大きな建物で、建物の角には、城砦の中心であった堅固な塔がある。1365年にヴィスコンティ家のガレアッツォII世の命により建築が開始された。その子のジャン・ガレアッツォの時代に完成。1527年のフランス軍との戦

市立博物館が置かれるヴィスコンティ城

いで北側部分は破壊された。三方をポルティコで囲まれた広い回廊式庭園をもつ城で、テラコッタによる美しい装飾で飾られている。

ここには各部門に分かれて、市立博物館Museo Civicoがおかれている。考古学部門には、先史時代からローマ時代までの遺物。彫刻博物館には、ロマネスク様式のモザイクおよび1700年代のロンゴバルド王国の首都であった時代の装飾品、器など。2階のマラスピーナ絵画館Pinacoteca Malaspinaには、12〜17世紀の絵画が展示されており、必見はベルゴニョーネの『十字架を運ぶキリスト』Cristo Porta Croce、G.ベッリーニの『聖母子』Madonna con il Bambino、メッシーナの『男の肖像』Ritratto d'Uomoなど。

ロンゴバルド王を祀る

MAP P.135 A2

サン・ピエトロ・イン・チェル・ドーロ教会 ★★

San Pietro in Ciel d' Oro　サン・ピエトロ・イン・チェル・ドーロ

　1132年に奉献された赤れんが造りのロマネスク様式の教会。正面は、サン・ミケーレ教会を模倣した物。内部は、柱で分割された3身廊。主祭壇には、ゴシック様式の8世紀の聖アゴスティーノの墓Urna di S. Agostinoがある（これは8世紀にカリアリからパヴィアに

町の人の信仰の場としての教会だ

運ばれたものといわれる）。大理石製で、豊かな彫刻像とレリーフで飾られている。主祭壇裏の地下納骨所には、ロンゴバルド王や聖人の棺が多数収められている。

聖アゴスティーノの墓は、
詩情豊かなすばらしい彫刻

■サン・ピエトロ・イン・チェル・ドーロ教会
開 7:15～12:00
　15:00～19:00

パヴィア名物
トルタ・パラディーゾ
Torta Paradiso
　パヴィア大学正門のほぼ対面に位置している、1878年から続く老舗のお菓子屋**ヴィゴーリ**。1906年の博覧会で金賞を受賞した名物のトルタ・パラディーゾはホロッとしたロ゛どけの優しいレモン味のマドレーヌ風。円盤（ティンバロ）型でひとつずつ個別包装されている（1個€1.10）ので、おみやげに最適。箱入りもある。カフェになっている店内は**歴史的な店舗**Locale Storico d'Italiaとして指定されていて、雰囲気もいい。バールほか、ランチの営業もあり。

■ パスティチェリア・
　ヴィゴーリVigori
住 Strada Nuova 110
☎ 0382-22103　MAP P.135 A2

ロンバルディア州　パヴィア

🍴 🏨 RISTORANTE HOTEL　　**パヴィアのレストラン&ホテル**

🍽 アンティーカ・オステリア・デル・プレーヴィ
Antica Osteria del Previ　　P.135 B2

天井の梁と漆喰の壁が、懐かしく優しい雰囲気。伝統的な郷土料理が味わえる。おすすめは、季節のリゾットや牛肉の煮込みのブラッサート、自家製のデザートなど。
できれば予約
住 Via Milazzo 65, località Borgo

Ticino
☎ 0382-26203
営 12:00～14:00、20:00～22:30
休 ⑥夜、12/27～1/5
予 €40くらい（コペルト€2）、定食€30
C J.M.V.
交 市バス1番でコペルト橋を過ぎたら下車、200m。

🍴 ペオ
Ristorante Peo　　P.135 A1

✉ ホテル・モデルノと同じ建物の1階にあります。隣がホテル・オーロラ。駅前にホテルが集中しているのにレストランは少なく、ここは町の人と観光客で昼も夜もにぎわっていました。店内は落ち着いた雰囲気

で郷土料理が中心。かなりボリューミーで満足でした。（群馬県　温泉好き　'12)['16]
住 Viale Vittorio Emanuele 29
☎ 0382-538449
営 12:00～14:30、19:45～22:00　予 €25～60
C J.M.V.

★★★★ モデルノ
Hotel Moderno　　P.135 A1

駅前にある近代的なホテル。ゆったりしたロビーで居心地もよい。疲労回復とリフレッシュに最適なジャクージやサウナの利用も可能。無料で自転車のレンタルもあり。レストランも併設。
URL www.hotelmoderno.it

住 Viale Vittorio
Emanuele Ⅱ 41
☎ 0382-303401
Fax 0382-25225
SS €85/150　TS €115/180
室 49室　朝食込み W-F
休 12/23～1/3
C A.D.J.M.V.

★★★ オーロラ
Hotel Aurora　　P.135 A1

駅のほど近くにある家族経営のホテル。近年の改装後、白を基調としたインテリアになり、明るくシンプルでモダン。全室冷暖房完備、駐車場やレンタル自転車などのサービスも充実。
URL www.hotel-aurora.eu

住 Via Vittorio Emanuele Ⅱ 25
☎ 0382-23664
Fax 0382-21248
SS €80/110
TS €100/130
室 21室　朝食€6 W-F
C M.V.

★★★ エクセルシオール
Hotel Excelsior　　P.135 A1

こちらも駅前にある快適なホテル。部屋は広くはないが、感じのよいインテリアで、予算に合わせて選ぼう。
URL www.hotelexcelsior
pavia.com

住 Piazzale Stazione 25
☎ 0382-28596
Fax 0382-26030
SS €60/90
TS €85/105
室 24室　朝食込み W-F
C A.D.J.M.V.

SS シャワー付きシングル料金　TS シャワー付きツイン料金　TB バス付きツイン料金

パヴィア修道院への行き方

🚌 バスで
●パヴィアから
駅そばVia Trieste のバスターミナルから
┃ PMT社93番、175番
┃ …約15分
チェルトーザ・ディ・パヴィア
※平日30分に1便、⑥祝1時間に1便。チェルトーザ・パヴィアの停留所下車

●ミラノから
ミラノM2線FAMAGOSTA駅上のターミナルから
┃ PMT社175番
┃ …約30分
チェルトーザ・ディ・パヴィア
※平日約30分に1便、⑥祝1時間に1便の運行。チェルトーザ・パヴィアの停留所下車。道を渡り、バールとトラットリアの間の道を約1km進む

🚃 電車で
●ミラノから
地下鉄3線Rogoredo
┃ 鉄道fs S13 Suburbano
┃ …19分
チェルトーザ・ディ・パヴィア
※30分に1便程度
修道院裏側が駅。修道院まで塀沿いに徒歩10分程度
同列車でパヴィアまで約8分
●修道院はミラノの南30km、パヴィアから9km。

修道院への
バス、タクシー事情
パヴィアを走るオレンジ色のバスは、パヴィア修道院には行かない。PMT社のバス(プルマン)のみがパヴィア修道院近くを通る。
パヴィア駅前のタクシーはかなり高い料金を設定しているので避けたほうが無難。

■パヴィア修道院
🏠 Viale Monumento
☎ 0382-925613
🕐 4月　　9:00～11:30
　　　　　14:30～17:30
　5～9月　9:00～11:30
　　　　　14:30～18:00
　10～3月 9:00～11:30
　　　　　14:30～16:30
　　　　(⑥祝)17:00
🚫 ⑨(祝は除く)　💰喜捨
※入場は閉場前1時間前
一部、ガイド付き見学
※ミサの時間
5～9月　9:30、11:30、17:30
10～4月　9:30、11:30、16:30

パヴィア修道院
チェルトーザ・ディ・パヴィア

P.14 B2
Certosa di Pavia

◆世界的にも名高い壮大、豪奢なる僧院

色大理石の驚くべき豪華さ、パヴィア修道院ファサード

ルネッサンス期のロンバルディア様式芸術の最高傑作。1396年、ヴィスコンティ家のジャン・ガレアッツォの命により、ヴィスコンティ家の霊廟のための教会として建立された。1452年頃には、修道院の建築は終わり、1462～64年には回廊付きの中庭が完成された。1473年に教会の概略が整い、続いて、色大理石の美しい巨大なファサード(正面)が手がけられ、全体の完成を見たのは、18世紀になってからだった。

門を入り、中庭を横切ると1500年代のフレスコ画で飾られた玄関の間へと続き、正面建物の右側から回廊中庭へ続く。右側には、修道院で作られたハチミツ、リキュール、おみやげ物などを売る売店がある。
眼前には、驚くべき美しさの大理石による修道院のファサードが見える。1473～99年にかけて、アントニオおよびクリストフォロ・マンテカッツァとG.A.アマーディオによって着手され、1500年になってC.ロンバルドが手がけた。(ロンバルドは、上部を完成させた)とりわけ、下部は、巧みな大理石の組み合わせ、彫刻で飾られている。土台部分のメダル模様は、ローマ時代の硬貨を模倣した物。

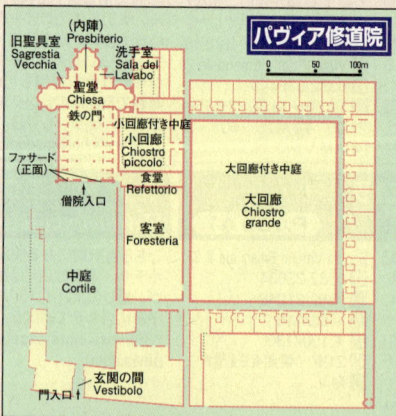

（内陣）Presbiterio／旧聖具室 Sagrestia Vecchia／洗手室 Sala dei Lavabo／聖堂 Chiesa／鉄の門／小回廊付き中庭／小回廊 Chiostro piccolo／ファサード（正面）／食堂 Refettorio／僧院入口／客室 Foresteria／中庭 Cortile／玄関の間 Vestibolo／門入口／大回廊付き中庭／大回廊 Chiostro grande

パヴィア修道院

扉は、B.ブリオスコによるマリアとチェルトーザの歴史に題材を取ったレリーフで飾られている。

正面を飾るエレガントな4つの窓は、アマーディオの窓と呼ばれ、聖書のエピソード、キリストの生涯、ジャン・ガレアッツォの生涯などを題材としている。

■内部　奥行き81m、翼廊部分61m、ラテン十字架型

ゴシックからルネッサンスへの変遷を見ることができる。柱廊で分割された3身廊。礼拝堂の並ぶ内部を進むと鉄の門で区切られる。鉄の門までの身廊は1660年の物。

（ここで修道士のガイドを待ち団体で見学する。終わった時点で喜捨する）入口を入ってすぐの左側第2礼拝堂にあるベルジーノ作、『永遠の父』Padre Eternoが描かれた多翼祭壇画Politticoは必見。

右側第5礼拝堂の1491年のベルゴニョーネによる『聖シーロと4聖人』S. Siro e 4 Santiのタブロー。

右側第4礼拝堂の『キリストの十字架刑』Crocifissioneはベルゴニョーネによるもの。

身廊の中央床には、大理石でふたりの姿をかたどった墓碑が横たわる。C.ソラーリ(1497年)の手による『ベアトリーチェ・デステとルドヴィコ・イル・モーロ』Beatrice d'Este e Ludovico il Moroの優雅な姿だ。写実的かつ柔らかな塑像は、レオナルド・ダ・ヴィンチの影響をうかがわせる。旧聖具室でひときわ目を引く、多翼祭壇画Politticoは象牙製で、旧約聖書、新約聖書および聖人をモチーフに実に緻密なレリーフで細かに覆われている。1400年代のバルダッサーレ・デッリ・エンブリアーキの作。

小回廊付き中庭

■小回廊付き中庭　キオストロ・ピッコロ　Chiostro piccolo

1462～72年に造られ、絵画的な美しさにあふれ、訪れる人を至福の世界に誘う。庭を取り巻く柱廊は、テラコッタ。

■大回廊付き中庭　キオストロ・グランデ　Chiostro grande

122本の柱で飾られた大回廊には、質素な24の個室が並ぶ。僧侶たちの瞑想と信仰の場でもあるが、一部は、見学も可能。あまりの簡素さに驚きが走る。

ここから売店のある出口へと通じている。

大回廊付き中庭

✉ 私の行き方

ミラノ・ロゴレードMilano Rogoredo駅から頻繁にあるSuburbano線S13の利用が便利です。約20分で到着、すぐに修道院の塀が見えるので、塀に沿って歩けば到着です。
（東京都　リート　'14)

ミラノ市内からは地下鉄S線を経由するS13という系統（トレノルド線）が便利です。ポルタ・ガリバルディ駅やレプッブリカ駅などからチェルトーザ・ディ・パヴィア駅Certosa di Paviaまで約50分で料金€3.60。駅から修道院まで徒歩10～20分。ちなみにS13の終点はパヴィア。パヴィアまで所要8分、€1.80でした。
（埼玉県　大西慎一郎　'15)

✉ パヴィアの修道院へ

修道院内部はガイド役の修道士と一緒に回廊部分を見学します。聖堂の内部は、自由に見学できます。絵画、内装、中庭などどこもすばらしく、見学の価値ある場所なので、ぜひ足を運んでください。
（静岡県　くみくみ）

ミラノまたはパヴィアからのプルマンの時刻表は
URL www.pmtsrl.it
URL www.trasporti.regione.lombardia.it
で検索可

ミラノっ子のアルペンリゾートボルミオへ

ボルミオ2000からリフトなら1度乗り換えてボルミオ3000へ

オーストリア
スイス
TRENTINO ALTO ADIGE/SÜDTIROL
ソンドリオ・Sondrio　ボルミオ・Bórmio
ロンバルディア州 LOMBARDIA
PIEMONTE
VENETO
ミラノ Milano
EMILIA-ROMAGNA
LIGURIA
TOSCANA

ボルミオの旧市街の中心に立つ、サン・ヴィターレ教会

ボルミオ2000のロープウエイ。町を見下ろし、遠くには山々の大パノラマ

　イタリア最大のステルヴィオ国立公園の麓に位置するボルミオBormio。町を取り囲むように山々が広がり、夏にはアルプスの花々が短い夏を謳歌するように咲き、冬はスキーヤーがシュプールを刻む。ミラノっ子の手軽なリゾート地だ。ボルミオの町から2000mの高みへはロープウエイで一飛び。さらにリフトかロープウエイに乗り換えれば3000mまで容易にアクセスできる。町の周辺には牧草地が広がり、石畳の小路に民芸品の店や特産のチーズや乾燥ポルチーニを売る商店が並び、店を眺めながらのそぞろ歩きが楽しい。町なかと近郊には3つの温泉施設があり、また世界遺産に登録されている路線、レーティッシュ鉄道の出発地のティラーノへも約1時間。いろいろな楽しみが待っているボルミオへ出かけてみよう。

ボルミオのあるヴァルテッリーナ地方は、チーズの一大産地

バーニ・ヴェッキオの展望風呂。眼前に広がる山々と打たせ湯でリラックス

0　10　20km

スイス
サンモリッツ St.Moritz
Pontresina
Silvaplana
リヴィーニョ Livigno
Passo di Foscagno
2758 ステルヴィオ峠 Passo d. Stélvio
1815
Casaccia
Passo Maloja
2315　Fórcola di Livigno
ボルミオ Bórmio
ベルニナ峠 Passo d. Bernina
ステルヴィオ国立公園 Parco Naz. dello Stélvio
Chiavenna
Castasegna
アルプ・グリュム Alp Grüm
Poschiavo
ベルニナ線
Bagni d.Másino
Chiesa in Valm
ティラーノ Tirano
コリコ Cólico
ソンドリオ Sóndrio
Tresenda
Édolo
Parco d. Adamello
Como Lecco コモ、レッコへ ミラノへ
Morbegno
アッダ川 Adda
Parco d. Oróbie Valtellinesi
Passo di Aprica
Lago d' Iseo イゼオ湖へ

世界遺産の路線を走り、氷河を望みながらのランチを楽しむ

山肌に弧を描いてゆっくり走るレーティッシュ鉄道。赤い車両が印象的

アルプスの山々をゆっくりと走り抜ける赤い列車＝スイス・レーティッシュ鉄道のベルニナ線。100年の歴史と伝統、周辺に広がる景観が2008年に世界遺産に登録された。登録範囲はスイスとイタリアに渡り、イタリア領はベルニナ線南端の短い区間だ。

ベルニナ線は1910年に開通、イタリアのティラーノからスイスのサン・モリッツを結び、4000m級の山々や氷河を眺め、429mから2253mの高低差を走る。列車は最初はゆっくりと山々の斜面に弧を描くように高度を上げる。ティラーノからサン・モリッツを往復するら5時間以上は必要だ。そこでおすすめは、ティラーノから1時間14分の**アルプ・グリュム**Alp Grum駅で下車して駅舎にあるレストランでランチを楽しんで帰るプラン。アルプ・グリュムは標高2091m、駅の前方に**氷河**が広がる絶景地点でもある。氷河を見渡すテーブルで伝統的な郷土料理のランチが味わえる。時間があればレストランと逆の高台に上がれば、よりすばらしいパノラマが広がる。

広い窓のパノラマ列車の車内。冬でも車内は暖か

土地の名物の前菜盛り合わせ。アルプ・グリュムのレストランで

アルプ・グリュム駅近くからの眺め。夏はトレッキングで氷河まで行くことも可能

ボルミオへの行き方

ティラーノTiranoを経由してアクセスする。ティラーノへはミラノ中央駅からfs線R利用で約2時間30分（切符€11.50、1時間に1便）。ティラーノ駅の正面を出た左にレーティッシュ鉄道の駅がある。列車は1時間に1便程度で、1・2等、屋根がガラス張りのパノラマ車両も連結されている。ティラーノ⇔アルプ・グリュム往復で1等CHF69.60、2等CHF39.60。パノラマ車両には追加料金1等CHF10、2等CHF5が必要。繁忙期を除き、当日の切符をティラーノ駅で購入可。（CHFはスイスフラン。円換算はユーロとほぼ同程度。ユーロ、クレジットカードでの支払い可）
レーティッシュ鉄道
URL www.rhb.ch

スキーを楽しむならアクセスの容易なボルミオで

ミラノっ子にとって身近なスキー場でもあるボルミオ。標高3000mからゲレンデが続き、人工降雪機も稼働するので、早い時期からスキーが楽しめるのも魅力だ。町から徒歩圏にロープウェイ乗り場があり、下駅周辺や上駅の構内にレンタルスキーの店があるので手ぶらで出かけてもスキーを楽しむことができる（ウエアのレンタルはない）。ボルミオ2000の上駅には各種のレストラン、バール、屋外のテーブルなどが並び開放的な雰囲気。さらにリフトやロープウエイで上がるボルミオ3000はチーマ・ビアンカとも呼ばれ標高3012m、周囲の山々のパノラマがすばらしい。ボルミオ2000まで約15km、標高差1000mのクルージングが楽しめる。

ボルミオ3000の山小屋にて。シュトゥルーデルとコーヒーでひと休み

ボルミオ3000からはオルトレス山やチェヴェダーレ山3757mの展望が広がる

ティラーノ駅の地下道を駅裏に抜けて上がったところにプルマンバスの切符売り場と乗り場がある。駅構内にエレベーターはないが、スロープの通路があるので、重い荷物があっても心配はない。ボルミオまで所要1時間（1時間に1便程度。切符€4.60）。
ティラーノ⇔ボルミオのプルマンバス
URL www.busperego.com

ボルミオのバスターミナルから徒歩10分でロープウエイ乗り場。川を渡った先だ。バスターミナルから道路を渡った銀行の隣に❶がある。リフト券は季節により料金が異なり4時間で€20〜35、1日券€24〜40（ICカードのデポジット€5別途）。
ボルミオスキー場、スキーパス
URL www.bormioskipass.eu

ゲレンデはよく整備され、コースも様々。初級者から上級者まで楽しめる

ローマ時代から続く
温泉の町ボルミオで、温泉三昧

テルメは水着着用のこと。ボルミオ・テルメは休(火)(一部(月)も)、営11:00/15:00～20:00/22:00、料€17～26。QCテルメは営10:00～22:00、料€42～50(バスローブ、タオル、ビーチタオルは料金に含む。入場制限があるので、事前に宿泊ホテルで予約をしてもらうのがベター。退場はオープン時間内に制限なし)。QCテルメへはタクシー以外の交通機関はなく、タクシーで€13。帰りはテルメのレセプションで呼んでもらえる。

テルメ
URL www.bagnidibormio.it
URL www.bormioterme.it

※ベルニナ線を利用する場合は国境越えとなるため、パスポートの持参を。

古代ローマの時代から湯治場として栄えた歴史を誇るボルミオ。あのレオナルド・ダ・ヴィンチもこの湯につかったという。効能は呼吸器系疾患、リュウマチなど。山中から湧き出る天然の温泉で湯温は38～42℃。山々の風景を愛でながらお湯につかり、旅の疲れを癒やすのも一興だ。町なかには近代的でまさにプールのような子供も楽しめる**ボルミオ・テルメ**Bormio Terme、町の外れの山間に古代ローマさながらのローマ風呂や洞窟風呂、展望風呂などが点在する**QCテルメ・バーニ・ヴェッキ**QCTerme Bagni Vecchiが。19世紀の華やかなアールヌーボースタイルで飾られた**QCテルメ・バーニ・ヌオーヴィ**QC Terme Bagni Nuoviもある。

急な山肌に広がるバーニ・ヴェッキの展望風呂

名物料理を楽しむ!

ボルミオはロンバルディア州の北に位置し、周辺は**ヴァルテッリーナ地方**と呼ばれる。酪農が盛んで、伝統的なチーズ作りが行われており、**ビット**Bitto、**ヴァルテッリーナ・カゼーラ**Valtellina Caseraなどが有名だ。また、周辺の山々からはジビエ(野禽)類やキノコが食卓に運ばれる。ソバの産地としてもイタリアでは名高く、パスタやデザートに利用される。料理は総じてシンプルながらボリューミー。

❶ブレッサオーラ
Bressaola

乾燥牛肉。塩漬けした牛肉を乾燥させたもの。脂が少なく繊細で淡泊な味わい。イタリアのブレッサオーラのなかでも、この地のものは評価が高い。レモン汁とオリーブ油をかけて食すことが多い

❷シャット
Sciat

チーズにソバ粉とグラッパの衣をつけて揚げたもの。アツアツでフワフワの衣と溶けたチーズが食欲をそそる。この地の名物前菜

❸ピッツォケリ
Pizzocheri

この地方を代表するNo.1の料理(パスタ)。ソバ粉の手打ちパスタをキャベツ、ジャガイモと一緒にゆでてチーズであえたもの。チーズとバターがほぼソースの役目をするほどにタップリと入り、かなりの食べ応え

❹ポルチーニ茸のタリアテッレ
Tagliatelle ai funghi porcini

ヴァルテッリーナ地方はポルチーニの産地。旬はもちろんのこと、乾燥、冷凍、油漬けなどにして1年中食べられる

❺鹿肉のステーキ
Bistecca/Medaglione di cervo

鹿肉は日本人にはあまりなじみがないが、肉は軟らかく淡泊でクセも少ない

地球の歩き方 旅スケ

出発前に旅スケジュールをつくって…

プリントアウトして、旅行に持参・散策…

帰ってきたら、写真を載せてみんなに自慢…

過去の旅行、空想旅行、海外・国内OK！

あなたの旅を

旅スケが、おたすけ！

旅スケとは!!

「地球の歩き方 旅スケ」は、海外旅行、国内旅行の旅のスケジュールを無料で作ることができるサービスです。旅行後は旅行記やクチコミを投稿して、旅行の思い出を残すことができます！

ここに行きたい

これ食べたい

作ったスケジュールを見ながら散策〜

おふふふ〜セレブな感じでうらやましいでしょ

出発前に旅スケで旅スケジュールと持ち物リストを作って…

プリントアウトして旅行に持参＆散策！

帰ってきてから実際のスケジュールをお友達に自慢！旅行記やクチコミをみんなにお知らせしよう！

地球の歩き方 旅スケ　おもな4つの機能

旅スケジュール

海外旅行、国内旅行の旅行スケジュールが作成可能。公開してほかのユーザーにコメントをもらったり、非公開にして特定の友達だけに見せることも！実際に作った旅スケジュールを印刷して現地に持参すれば、無駄なく、楽しく旅行することができます！

持ち物リスト

旅スケジュールを作ったら、旅行の準備。例えば、「グアム・サイパン・リゾート」方面の旅スケジュールを作成すれば、パスポート、航空券など基本的なものに加え、水着や日焼け止めなど旅行先が考慮された持ち物リストを自動で作成。まだ購入していない商品があれば、そのままネット通販で購入可能。これで忘れ物なし！

旅行記

旅行から帰ってきたら、旅先で撮影した画像を整理したいところ。たくさんの画像をアップし、写真に対してコメントも付けられます。あなただけの旅行記を作って、友達に自慢しちゃいましょう！

旅クチコミ

旅先でおいしかった料理店、あなたのオススメスポットを紹介してください！★★★★★などあなたの評価が、ほかのユーザーの参考になります！

是非使ってみてね！

「みんなの旅程表」作成・公開サイト！

旅スケ

http://tabisuke.arukikata.co.jp/

| 旅スケ | 検索 |

海外旅行の最新で最大級の情報源はここに！　地球の歩き方　検索

地球の歩き方 ホームページの使い方

海外旅行の最新情報満載の「地球の歩き方ホームページ」！
ガイドブックの更新情報はもちろん、132カ国の基本情報、
エアラインプロフィール、海外旅行の手続きと準備、格安
航空券、海外ホテルの予約、「地球の歩き方」が厳選した
スーツケースや旅行用品もご紹介。クチコミ情報や旅日記、
掲示板、現地特派員ブログもあります。

URL **http://www.arukikata.co.jp/**

■ 多彩なサービスであなたの海外旅行、海外留学をサポートします！

「地球の歩き方」の電子掲示板（BBS）

教えて！ by 旅スケ　旅のQ&A掲示板

「地球の歩き方」の源流ともいえる旅行者投稿。世界中を
歩き回った数万人の旅行者があなたの質問を待っていま
す。目からウロコの新発見も多く、やりとりを読んでいる
だけでも楽しい旅行情報の宝庫です。

URL **http://bbs.arukikata.co.jp/**

旅行記、クチコミなどがアップできる「旅スケ」

旅スケ

WEB上で観光スポットやホテル、ショップなどの情報を
確認しながら旅スケジュールが作成できるサービス。
旅行後は、写真に文章を添えた旅行記、観光スポットや
レストランなどのクチコミ情報の投稿もできます。

URL **http://tabisuke.arukikata.co.jp/**

航空券の手配がオンラインで可能

地球の歩き方 arukikata.com

航空券のオンライン予約なら「アルキカタ・ドット・コム」。
成田・羽田他、全国各地ポート発着の航空券が手配できます。読者割引あり、
航空券新規電話受付時に「地球の歩き方ガイドブックを見た」
とお伝えいただくと、もれなくお一人様1,000円off。

URL **http://www.arukikata.com/**

海外ホテルをオンライン予約

地球の歩き方 Travel

地球の歩き方トラベルが運営する海外ホテル予約サイト。
世界3万都市、13万軒のホテルをラインナップ。
ガイドブックご覧の方には特別割引で宿泊料金3%off。

URL **http://hotel.arukikata.com/**

ヨーロッパ個人旅行の様々な手配が可能

地球の歩き方 旅プラザ

「旅プラザ」ではヨーロッパ個人旅行のあらゆる手配が
できます。ユーレイルパス・寝台車など鉄道旅行の即日
発券が可能なほか、航空券、ホテル、現地発ツアー、保険、
etc。様々な複合手配が可能です。

URL **http://tabiplaza.arukikata.com/**

旅行用品の専門通販ショップ

地球の歩き方ストア STORE

「地球の歩き方ストア」は「地球の歩き方」直営の旅行用
品専門店。厳選した旅行用品全般を各種取り揃えています。
「地球の歩き方」読者からの意見や感想を取り入れたオリ
ジナル商品は大人気です。

URL **http://www.arukikata.co.jp/shop/**

留学・ワーキングホリデーの手続きはおまかせ

地球の歩き方 成功する留学 GIO CLUB Study Abroad

「成功する留学」は「地球の歩き方」の留学部門として、
20年以上エージェント活動を続けています。世界9カ国、
全15都市に現地相談デスクを設置し、留学生やワーホリ
渡航者の生活をバックアップしています。

URL **http://www.studyabroad.co.jp/**

ヨーロッパ鉄道チケットがWebで購入できる「ヨーロッパ鉄道の旅」オンライン

ヨーロッパ鉄道の旅 Traveling by Train

地球の歩き方トラベルのヨーロッパ鉄道チケット販売サイト。
オンラインで鉄道パスや乗車券、座席指定券などを24時間
いつでも購入いただけます。利用区間や日程がお決まりの方に
お勧めです。

URL **http://rail.arukikata.com/**

湖水地方
Regione dei Laghi

湖水地方

北イタリアの中央部に点在する湖とその周辺を総称する、湖水地方。

氷河によって造られた細長い湖には、アルプス特有の風景と地中海的風景が入り混じる。

湖畔には、エレガントなヴィッラや保養地が広がり、季節の花々が咲き乱れ、ゆったりとした時が漂う。

イタリアに憧れ、アルプスを越えてきた人々を優しく包み込み、数多の芸術家たちにインスピレーションを与えたこの地は、イタリア屈指の高級リゾート地でもある。

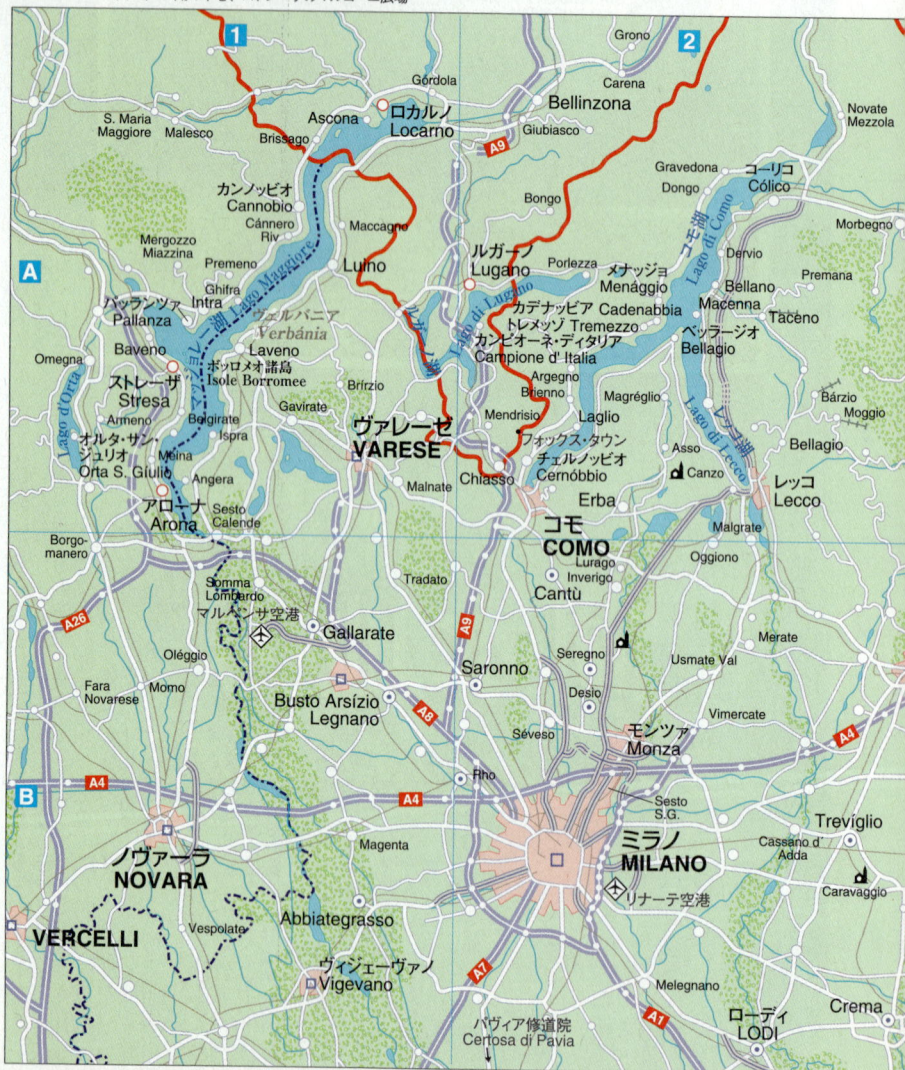

マッジョーレ湖の中心、ストレーザのマルコーニ広場

1 **2**

S. Maria Maggiore
Malesco
Gordola
Brissago
Ascona
ロカルノ
Locarno
Grono
Carena
Bellinzona
Giubiasco
Novate
Mezzola

カンノービオ
Cannobio
Cánnero Riv
Maccagno
Bongo
Gravedona
Dongo
コーリコ
Cólico
Morbegno

Mérgozzo
Miazzina
Premeno
Ghifra
Intra
ルイーノ
Luino
ルガーノ
Lugano
Porlezza
メナッジョ
Menággio
Dervio
Premana
Bellano
Taceno

A
バランツァ
Pallanza
Armeno
Baveno
ヴェルバニア
Verbánia
Laveno
Brírzio
カデナッビア Cadenabbia
トレメッツォ Tremezzo
カンピオーネ・ディタリア
Campione d' Italia
Argegno
Brienno
Magréglio
ベッラージオ
Bellagio
Macenna
Bárzio
Moggio

Omegna
ストレーザ
Stresa
ポッロメオ諸島
Isole Borromee
Belgirate
Ispra
Gavirate
ヴァレーゼ
VARESE
Mendrisio
Laglio
フォックス・タウン
チェルノッビオ
Cernóbbio
Asso
Canzo
Bellagio
レッコ
Lecco

オルタ・サン・ジュリオ
Orta S. Giulio
Miolna
Angera
Sesto Calende
Malnate
Chiasso
Erba
コモ
COMO
Malgrate
Oggiono

Borgomanero
アローナ
Arona
Tradato
Lurago
Invérigo
Cantù

A26
Somma Lombardo
マルペンサ空港
Gallarate
A9
Saronno
Seregno
Desio
Usmate Val
Merate

Oléggio
Fara Novarese
Momo
Busto Arsízio
Legnano
A8
Séveso
モンツァ
Monza
Vimercate
A4

B **A4**
A4
Magenta
Rho
Sesto S.G.
ミラノ
MILANO
リナーテ空港
Cassano d' Adda
Treviglio
Caravaggio

ノヴァーラ
NOVARA
Vespolate
Abbiategrasso
ヴィジェーヴァノ
Vigevano
A7
Melegnano
A1
ローディ
LODI
Crema

VERCELLI
バヴィア修道院
Certosa di Pavia

湖水地方観光のコツ

　まずは各湖の中心となる町を目指そう。コモ湖の中心はコモ（→P.149）。マッジョーレ湖の中心はストレーザ（→P.157）。コモやストレーザへはミラノから頻繁にある列車利用が便利。オルタ湖はオルタ・サン・ジュリオ（→P.162）。オルタ湖へのミラノからの旅をスムーズにするのは列車の接続がカギ。夏季はストレーザからバス便があり、所要約1時間。ルガーノ湖はルガーノ（スイス領地→P.164）が中心で、イタリアの飛び地領のカンピオーネ・ディタリア（→P.164）へはバスで。

　いずれも湖を縁取る町へはバスや遊覧船が運航している。季節によっては船やバスの運航終了時間は早いので、帰りの時間を確認してから乗り込もう。

　レンタカーの場合は、ミラノからの高速道路がよく整備され、湖水周辺道路も快適で気ままなドライブが楽しい。ただ、湖水周辺道路の一部は狭く、見通しも悪いので運転は慎重に。また、夏季は渋滞が生じやすい。

　湖水地方と呼んでいるが、湖は独立しているので船での各湖への移動はできない。

湖水地方の交通情報は

コモ湖、ガルダ湖の遊覧船やバス、鉄道などロンバルディア州の交通機関の情報や時刻表は
URL www.trasporti.regione.lombardia.it
湖水地方の遊覧船などの情報、時刻表は
URL www.navigazionelaghi.it

北イタリア湖水地方 MAP

湖水地方

湖水地方　MAP

高速道路
鉄道網
州境
聖所記念堂

コモへの行き方

🚃 電車で

● ミラノから
中央駅
　↓　鉄道fs線
　　…EC、R 36～49分
コモ(Como S.Giovanni)

ポルタ・ガリバルディ駅
　↓　鉄道fs線
　　…S11 Suburbano 58分
コモ(Como S.Giovanni)

ノルド・カドルナ駅
　↓　鉄道fs線
　　…R 1時間1分
コモ(Como Nord Lago)

コモ湖

Lago di Como　　　P.14 A・B2

● 面積146k㎡　　　● 長さ50km
● 幅4.4km　　　　　● 最深410m

ラリオとも呼ばれるコモ湖は、ロンバルディア州にあり、アルプスの山々を背後に配し変化に富み、その美しさはイタリア随一といわれる。アッダ川の古代氷河の底に形成されている。「人」の字の形に広がるコモ湖は、南西側(字の左下)をコモ、南東側(右下)をレッコ、北側(字の上部)をコーリコと呼ぶ。この「人」の形に広がった湖は、一般的には温暖な気候ながら、その複雑な地形により、さまざまな気候をもたらしさまざまな表情を見せる。

静かな湖畔にたたずむ小さな教会のあるひなびた村々。華やかな雰囲気に包まれるホテルとそこに集う人々。美しいヴィッラは、地中海性の植物と南国の木々の茂る庭園をもち、色彩にあふれた空間を作り出している。

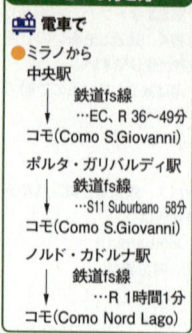
カルロッタ邸からの眺め

NAVIGATOR

コモには複数の駅があるが町の中心に近いのはComo Nord Lago駅。C10、C30などの湖水周辺を回るバスはこの駅前にも停車する。ノルド・カドルナ駅からは中央駅からに比べ約2倍の時間がかかるのが難点。R、Suburbanoは1時間に1便程度。R、Suburbano線は料金同一の€4.80。ECは10分以上遅く、料金は€13.50。

鉄道fsコモ駅Como S.Giovanniから町へは、約800m。駅前の公園の階段を下り、大きな交差点のPiazza Cacciatori d. Alpiを左にViale Cavallottiを進めば湖畔に出る。これを右に折れて300mも進めばPiazza Cavourだ。また、Piazza Cacciatori d. Alpiを横切って、道なりに真っすぐ進んでもPiazza Cavourへ着く。

コモ湖とコモの町

148

コモ Como　P.14 B2／P.146 A2

　コモ湖畔に広がる近代的な町であり、絹および繊維産業、商業の中心地。

　世界的な保養地コモ湖の中心都市でもあり、しゃれた店や近代的なホテルも建ち並び、洗練された町でもある。コモの町には、中世の自治都市として繁栄した歴史を思わせる見どころが多い。

　とりわけ夏は、細い石畳の路地にも人々がにぎやかに行き交い、避暑地ならではの華やかさにあふれ、そぞろ歩きも楽しい。

　また、湖沿いに走る路線バス、湖巡りの遊覧船の基地でもある。

ドゥオーモ広場／ブロレット　Piazza del Duomo/Broletto ★
ピアッツァ・デル・ドゥオーモ／ブロレット

　町の中心的な記念すべき建造物のある広場。コムーネの塔Torre del ComuneやブロレットBroletto、ドゥオーモが建ち並ぶ。

　かつての市庁舎であったブロレットは、1215年にロマネスク・ゴシック様式で建てられた。大理石の美しい外壁は、白、灰色、ピンクに彩られている。1階には4つのアーチの続くポルティコ。2階は、3つのアーチの連なる大きな窓とバルコニー（15世紀）で飾られている。

　1215年に建てられたコムーネの塔が隣接しており、石を積み上げた簡素な趣のある時計塔となっている。

ドゥオーモに隣接する
ブロレットとコムーネの塔（左）

●郵便番号　　22100

■コモの❶IAT
住 Piazza Cavour 17
☎ 031-269712
開 9:00〜13:00
　 14:00〜17:00
休 ⊕⊞
地 P.149 A1・2
●湖を背に広場の右。

バスの所要時間
ベッラージオへはバスC30番で所要70分
トレメッツォへはバスC10番で所要55分
メナッジオへはバスC10番で所要60分
※いずれも平日に30分〜1時間に約1便。⊞㊗はかなりの減便となる。
※船より頻繁にあるので効率よく回るなら、利用価値が大きい。

観光に便利！
遊覧船区間定乗り放題バス
Biglietto di Libera Circolazione
　訪問地まで乗り降り自由のバスを購入しておくと、手間とお金の節約になって便利。
コモ→ベッラージオ→トレメッゾ→メナッジョ　€23.30
コモ→ベッラージオ→トレメッゾ→メナッジョ→レッコ　€28

夏季限定ラリオ周遊切符
Giro Lario Ticket
　コモ→ベッラージオ→レッコ→コモ　€15（レッコ→コモ間のみバス利用）

湖水地方

コモ湖　コモ

コモ
Como

149

■ドゥオーモ
住 Piazza Duomo
☎ 031-265244
開 7:30～19:30 (日)(祝)21:30
地 P.149 B2
※ミサ中は拝観不可

優美なゴシック様式の
ファサードを2種もつドゥオーモ

✉ コモから
バスでトレメッゾへ
　トレメッゾのバス停は2ヵ所あり、カルロッタ邸の前にも停車するので、乗車の際に運転手に頼んでおきましょう。また、C10番のバスルートは湖岸と山道の2種類があり、往復で使い分けると景色を2倍楽しめます。時刻表にはLago＝湖岸、Panor.＝パノラマ＝山道と表記されています。 (レオ '13)

✉ 5月の湖水地方
　5月でも日差しはきつかったです。帽子や日傘の用意を。
(兵庫県 ゆうこ '11)

ヴォルタ博物館のある
ヴォルティアーノ神殿

■フニコラーレ
(ケーブルカー)
開 6/10～9/10 6:00～24:00
　 9/11～6/9 6:00～22:30
料 片道 €3
　 往復 €5.30
30分間隔の運行。乗り場は遊覧船乗り場から湖沿いに北へ約300m。

■ヴォルタ博物館
住 Viale Marconi
☎ 031-574705
開 4～11月 10:00～12:00
　　　　　 15:00～18:00
　 12～3月 10:00～12:00
　　　　　 14:00～16:00
休 (月) 料 €4
地 P.149 A1
※大人が同伴する15歳以下は無料
※2016年1月現在、緊急工事のため1階のみの見学。料金€2

ドゥオーモ　Duomo　ドゥオーモ　★★

　ロンバルディア・ルネッサンス様式の典型ともいえる建物。1396年に着手され、18世紀まで工事は続けられ、1744年にトリノの建築家ユヴァッラの設計によるクーポラが完成した。

　優美な正面はゴシック様式。美しい片開きの窓とバラ窓を有し、15～16世紀にロダーリ兄弟の手になる彫刻で美しく装飾されている。

　中央入口側ふたつの壁龕(へきがん)には、コモ出身のローマ時代の著名な作家ふたりの像が置かれる。ひとりはプリニオ・イル・ヴェッキオPlinio il Vecchio (79年のヴェスーヴィオ火山の噴火に詳しい)。もうひとりは、プリニオ・イル・ジョーヴァネ。

力強いドゥオーモ内部

　外側を見回すと、北側と南側の入口のすぐ脇に豊かな装飾を施した柱が目につく。左側の入口の物は、柱に蛙が刻まれていることから「蛙の入口」とも呼ばれる。ロダーリ兄弟の作といわれる。

● 内部

　力強く堂々とした内部は、列柱で分割された3身廊で構造的には典型的なゴシック様式。また翼廊からは、高いクーポラがかかり、ルネッサンス様式も見られる。長い身廊中央部には、すばらしい16世紀のタペストリーがある。

　壁面に連なる祭壇は、ロダーリ兄弟、ガウデンツィオ・フェッラーリ、ルイーニによる作品で飾られている。

正面のバラ窓とステンドグラスからの光が美しい

ラリオ湖畔通り　Lungolario　ルンゴラリオ

　町の北側、船着場周辺から路線バスの発着するマッテオッティ広場Piazza Matteottiまでの湖に沿った通り。

　船着場の前に広がるカヴール広場にはしゃれたカフェが軒を連ねる。ラリオ湖畔通りの西側に広がるのは、市民公園Giardino Pubblicoで、木立の中を湖に向かって歩くと、大きなクーポラのある白亜のヴォルティアーノ神殿が見える。中にはヴォルタ博物館Tempio Voltianoがある。1927年に建てられた新古典様式の建物で、電池の発明で有名なヴォルタ (1745～1827年) の発明品や遺品が展示されている。

湖畔沿いに走る、静かなラリオ湖畔通り

市立博物館　Musei Civici　ムゼイ・チヴィチ

内部は、考古学博物館Museo Archeologico "Paolo Giovanni" とガリバルディ歴史博物館Museo Storico "Garibaldi" に分かれている。考古学博物館には、ローマ時代の遺跡も残るコモの町およびその周辺からの発掘品が展示されている。

歴史博物館には、町の歴史がわかるリソルジメント関係の資料から町の重要な産業である絹製品の18〜19世紀の品まで残る。

とりわけドゥオーモの間Sala Duomoには、18世紀のドゥオーモ建築のためにユヴァッラが作った木製のミニチュアなどが展示され興味深い。

サンタッボンディオ教会　S. Abbondio　サンタッボンディオ

11世紀に建てられたロンバルディア・ロマネスク様式の傑作。町の南側の丘に建つ。石を積み重ねた質素でいて力強さにあふれている教会。脇に1対の鐘楼がある。

5身廊の内部は、高い柱で分割されロンバルディア派の画家による14世紀のフレスコ画、「キリストの生涯Storie di Cristo」の連作で飾られている。

■市立博物館
🏛 Piazza Medaglie d'Oro
🕐 10:00〜18:00
休 ㊊
料 €4
地 P.149 B2
※大人が同伴する15歳以下は無料
※毎月第1㊐は無料

■サンタッボンディオ教会
🏛 Via Regina 35
☎ 348-9008135
🕐 夏季8:00〜18:00
　 冬季8:00〜16:30
地 地図外

✉ おすすめスポット
町の西側にある市民公園から先、湖の西岸に沿って延びている遊歩道へ足を運んでみてください。きれいに整備された遊歩道沿いに壮麗なヴィッラが建ち並んでいて、とてもよい雰囲気です。
（大和郡山　森川剛史　'09）

コモ湖の遊覧船情報とバス

コモ湖の南の基点で、船着場はカヴール広場の前にある。北のコーリコまで遊覧船で約4時間、水中翼船で1時間20分だ。朝の7時頃から夜の8時近くまで、だいたい30分おきくらいに各地へ出発している。湖上から眺めて気に入ったところで下船したりするのも一興だ。ただし、夏とはいえ湖上は冷えるので船での遊覧の際には、ウインドブレーカーやセーターは必需品。

船により、行き先、下船地が異なるので、乗船の際には確認を忘れずに。切符は片道、往復のほか、コモ湖の全路線（水中翼船は除く）乗り放題の周遊バスBiglietto Speciale Turistico di Libera Circolazione（1日€28）などがある。夏にはオーケストラ付きのナイトクルーズも催される。詳細は❶かNavigazione sul Lago di Comoへ。

また、コモ湖に沿ってバス路線も充実しており、船の時間が空いてしまったときや小さく移動するときなどには便利だ。

また、マッテオッティ広場Piazza Matteotti（湖の東側）には、やや遠い湖水地方の主要な町へも運行するバスのターミナルがある。

■Navigazione sul Lago di Como
URL www.navigazionelaghi.it
🏛 Via per Cernobbio 18
☎ 031-579211
free 800-551801（8:30〜18:00、イタリア国内フリーダイヤル）

コモのバスASF Autolinee
市内Urbanoバス（黄色）と郊外Extraurbanoバス（青色）に分かれ、切符も異なるので注意。市内バス1回券（75分有効）は€1.40。
郊外バスの切符は車内でも購入可。ただし、割増料金が請求される。

■ASF Autolinee
URL www.asfautolinee.it
☎ 031-247249
湖水巡りのバス（P.149）の時刻表は上記URLからExtraurbano Lagoで検索可。

遊覧船のチケット売り場

❂ インバルカデーロ
Imbarcadero
P.149 A1·2

19世紀のアールデコ様式のパラッツォにあるレストラン。エレガントな雰囲気の店内もいいが、湖に面したテラスでの食事もよき思い出。魚介料理のメニューが多く、季節の素材を使った伝統料理がお得意。

- 住 Piazza Cavour 20
- ☎ 031-270166
- 営 12:00～14:30、19:00～22:00
- 休 12/26～1/31
- 予 €35～50(コペルト€2.50)、定食€50
- C A.D.J.M.V.
- 交 カヴール広場の一角

❂ オステリア・ランゴロ・デル・シレンツィオ
Osteria L'Angolo del Silenzio
P.149 B2

古くから続くオステリア。海と山の幸を使った伝統的料理が味わえる。チーズとサラミの品揃えも充実。夜遅くまで営業しているのも便利。

- 住 Viale Lecco 25
- ☎ 031-3372157
- 営 12:00～15:00、19:00～22:30
- 休 ⓐ、1/10～1/17、8/10～8/24
- 予 €34～56(コペルト€2)、定食€20(昼のみ)、€42
- C A.D.J.M.V.

❂ イ・ティグリ・イン・セオリア
I Tigli in Theoria
P.149 A2

魚料理が中心のエレガントなレストラン。シチリアで水揚げされた新鮮な魚がテーブルに並ぶ。ミシュランの1つ星。ランチには手頃な定食がある。

要予約

- 住 Via B.Giovini 41
- ☎ 031-301334
- 営 12:30～14:30、19:30～22:30
- 休 ⓜ、ⓝ夜
- 予 €60～120
- C A.D.J.M.V.

★★★★ メトロポール・エ・スイス
Hotel Metropole e Suisse
P.149 A1·2

湖に面して建つ、歴史ある館のホテル。洗練されたエレガントな雰囲気で贅沢な気分で滞在できそう。

- 読者割引 10%
- High 4/1～10/31
- URL www.hotelmetropolesuisse.com

- 住 Piazza Cavour 19
- ☎ 031-269444　Fax 031-300808
- SS SB €70/172　TS TB €100/252
- 室 71室　朝食込み W-F
- 休 12/10～1/10
- C A.D.J.M.V.
- 交 カヴール広場の一角

★★★ パーク・ホテル
Hotel Park Hotel Meublé
P.149 A1

市民公園の西に位置し、駅にも湖にもほど近くて便利。居心地のよい、家族経営のホテル。

- 読者割引 応相談
- High 4～9月、見本市の期間
- URL www.parkhotelcomo.it

- 住 Viale Fratelli Rosselli 20
- ☎ 031-572615
- Fax 031-574302
- SS €65/105　TS TB €85/150
- 室 41室　朝食€10 W-F
- 休 12～2月　C A.D.M.V.
- 交 fs駅の北400m

★★★ トレ・レ
Hotel Tre Re
P.149 B2

町の中心に位置する、かつての修道院を改装したホテル・レストラン。石畳の広がる町並みにマッチしたよき時代の面影に浸れる。

- 読者割引 3泊以上でハイシーズンに5%、ローシーズンに10%

- URL www.hoteltrere.com
- 住 Via P.Boldoni 20
- ☎ 031-265374　Fax 031-241349
- SS SB €75/90
- TS TB €120/170
- 室 47室　朝食込み W-F
- 休 12/15～1/10　C J.M.V.

★★★ ポスタ
Posta Design Hotel
P.149 B1

歴史ある邸宅の外観を残し、2013年に内部を全面改装。客室は光が効果的に使われたイタリアモダンでまとめられている。

- URL www.postadesign hotel.com

- 住 Via Garibaldi 2
- ☎ 031-21690
- Fax 031-302550
- SS €109/169
- TS €129/229
- 室 14室 W-F　C A.D.J.M.V.
- 交 船着場の南

ヴィラ・オルモ
Ostello della Gioventù Villa Olmo
P.149 A1外

YH 受付時間16:00～23:00、門限24:00。6泊まで。YH会員のみ。非会員は会員証作成費＋€2が必要。

✉ 自転車を借りられます。美しい湖畔を爽快に走るのは最高に気持ちいい。(北海道　石川耕資)['16]

- URL www.ostellocomo.it

- 住 Via Bellinzona 2
- ☎ 031-573800
- 朝食込み W-F
- D €20、ファミリールームあり(1人€22、要予約)、夕食€11　休 11/15～3/1　C M.V.
- 交 駅からバスNo.1、6、11でVilla Olmo下車。徒歩ならば20～25分

※コモの滞在税 4/1～9/30にYH、キャンプ€0.50、★€0.75、★★€1、★★★€2、★★★★～★★★★★€2.50 10/1～3/31は半額　4泊まで　14歳以下免除　SS シャワー付きシングル料金　SB バス付きシングル料金　TS シャワー付きツイン料金　TB バス付きツイン料金　D ドミトリー料金　JS ジュニアスイート料金

コモ湖畔の町

美しい庭園をもつ、ヴィラの点在する町が湖畔に沿って広がっている。どの町にも、湖に沿って遊歩道が整備され、藤棚の藤の花や夾竹桃（きょうちくとう）の花などの季節の花が咲き競う。青く輝く湖を眺めながら、涼風に吹かれての散策が楽しい。歩き疲れたら、湖畔のカフェやホテルでの休息もよい。

ベッラージオ Bellagio P.146 A2

コモから30km。コモ湖と南に分かれるレッコ湖との中央突端に位置し、眺めもよく、その風光明媚さと温暖な気候から「コモ湖の真珠」とも呼ばれる。セルベッローニ邸庭園Parco Villa Serbelloniとメルツィ邸Villa Melzi d'Erilの庭園はすばらしい。（いずれも庭園のみの公開。）

ベッラージオの町

ベッラージオへの行き方
船で
●コモから遊覧船で所要約2時間10分〜
●コモから水中翼船で約45分
バスで
●コモからバスC30番で所要1時間10分。1日約12便

■セルベッローニ邸
住 Piazza della Chiesa 14
☎ 031-951555(予約)
開 3月中旬〜11月初旬
11:00、15:30
3/15、3/31、10/25、11/1
11:00、14:30
休 月、11〜3月中旬頃、荒天
料 €9
地 P.153 A・B2
※入口はPiazza Chiesa。約1時間30分、6〜30人までのガイドツアーのみ。団体は事前に要予約。

■メルツィ邸
住 Via Lungolario Manzoni
☎ 339-4573838
開 3〜10月頃 9:30〜18:30
料 €6 地 P.153 B1外

湖水地方 コモ湖 コモ／ベッラージオ

🏨 HOTEL　ベッラージオのホテル

★★★★★ L　G.H.ヴィラ・セルベッローニ
Grand Hotel Villa Serbelloni　P.153 A1

湖と周囲の山々を見渡す、避暑地にふさわしいインテリア、雰囲気ともにコモ湖畔を代表する豪華なホテル。湖へと続く階段状の庭園も見事。ミシュラン1つ星のレストランMistral併設。
High 5月中旬〜9月中旬
URL www.villaserbelloni.com

住 Via Roma 1
☎ 031-950216
Fax 031-951529
SB €270/330　TB €380/720
休 11〜3月
室 91室　朝食込み WF
C A.D.M.V.

★★★ フローレンス
Hotel Florence　P.153 A1

湖に面した風情あるホテル。歴史ある家具が置かれた室内や夏にはレストランがオープンするテラスからの風景もすばらしい。スパも併設。
読者割引 現金払いで10%
URL www.hotelflorencebellagio.it

住 Piazza Mazzini 46
☎ 031-950342　Fax 031-951722
SS SB €125　TS TB €155
SU €200
室 27室　朝食込み WF
休 10月下旬〜4月上旬
C A.M.V.

※ベッラージオの滞在税　4/1〜10/31に★€1　★★€1　★★★€1.50　★★★★S〜★★★★★€2　最長7泊　18歳以下免除

153

ベッラージオへの行き方

🚢 **船で**
- コモから遊覧船で所要1時間30分〜2時間30分
- コモから水中翼船で約35分

🚌 **バスで**
- コモからバスC10番で所要約1時間

■カルロッタ邸
- 住 Via Regina 2/b
- ☎ 0344-40405
- 開 2016年は3/18よりオープン
  3/18〜4/3、10/17〜10/31、
  11/1、11/5、11/6、11/12、
  11/13　　10:00〜18:00
  4/4〜10/16　9:00〜19:30
- 料 €9　学生€5、65歳以上€7

トレメッゾ・ヴィッラ・カルロッタ下船。船着場から左へ300m。
※切符売り場は閉園1時間前まで。庭園内博物館は閉場30分前まで

花の咲き競う庭園とカルロッタ邸

トレメッゾ Tremezzo　P.146 A2

カルロッタ邸よりコモ湖を望む

　コモから約30km。温暖な保養地で滞在客が多い。トレメッゾから湖畔沿いの遊歩道を10分ほど歩き、グランド・ホテルを越えると、こんもりと小高い丘に**カルロッタ邸**Villa Carlottaがある。18世紀に建てられたネオクラシック様式の館で、庭内には黄色の実をたわわにつけたレモンの木をはじめ、さまざまな木々や花々で飾られた階段式の庭園が広がる。

　館の内部には、彫刻のコレクションがあり、カノーヴァの彫像やアイエツの絵で飾られている。3階には、当時の生活の様子がしのばれる家具も置かれている。

　とりわけ3階のベランダからの眺めは絶景で、対岸のベッラージオ、グリーニョ山、レニョーネ山の高峰も望める。

　ここから隣町の**カデナッビア**Cadenabbiaへは、プラタナスの並木道が広がる。その名も**楽園通り**Via del Paradisoが湖畔沿いを通り、散策にぴったり。1kmほどあるが、徒歩で向かうのが楽しい。

🏨 **HOTEL** 　　トレメッゾのホテル

★★★★★ グランド・ホテル・トレメッゾ・パラス
Grand Hotel Tremezzo Palace

緑の庭園の広がる、19世紀の館にあるホテル。湖を望むテラスからの眺めもすばらしい。温水プールやサウナも完備。レストラン併設。
URL www.grandhoteltremezzo.com

- 住 Via Regina 8
- ☎ 0344-42491
- Fax 0344-40201
- SB TB €400/900
- 室 76室　朝食込み W-F
- 休 12〜2月
- C A.D.J.M.V.

★★★ ルサッル
Hotel Rusall

山と湖を望む緑のなかのロケーション。田舎風のインテリアや家庭的な雰囲気もいい。プール、テニスコート完備。レストラン併設。
読者割引 3泊以上で10%、10/20〜11/30は3泊で4日目無料
URL www.rusallhotel.com

- 住 Via San Martino 2、località Rogaro
- ☎ 0344-40408　Fax 0344-40447
- SS SB €85/110　TS TB €126/130
- 3S €160/170　室 23室　朝食込み
- W-F 休 1/2〜3/19　C A.D.J.M.V.
- 交 町から2km、コモからバスC10番トレメッゾからホテルの送迎あり

※トレメッゾの滞在税　4/1〜10/31に★に€1　★★€1　★★★€1.50　★★★★S〜★★★★★★€2　最長7泊　18歳以下免除

メナッジョ Menaggio　P.146 A2

コモから35km。湖の西側にある美しい保養地。ルガーノへのバスも船着場のすぐ脇から出発している。ルガーノ湖の中心、ルガーノへはC12番のバスで約1時間（バスは1時間に1本程度）。ルガーノへの道は、山あいの村を抜けて走るバスからのひっそりとした風景の広がる眺めとなる。

花の咲き競うメナッジョの町

メナッジョへの行き方

🚢 **船で**
- ●コモから遊覧船で所要2時間20分～2時間40分
- ●コモから水中翼船で約50分

🚌 **バスで**
- ●コモからバスC10番で所要約1時間10分

パスポート必携
　メナッジョからルガーノなどのスイス領に入る場合は、パスポート必携のこと。

🏨 HOTEL　メナッジョのホテル

★★★★ グランド・ホテル・ヴィクトリア
Grand Hotel Victoria

湖沿いの緑の遊歩道に面した、優雅な雰囲気のホテル。木陰の下に広がるレストランでの食事は特別な思い出に。5～10月のみ。
- 住 Lungolago Castelli 9
- ☎ 0344-32003
- Fax 0344-32992
- SB €80/120　TB €150/280
- 🛏 53室　朝食込み W-F
- C A.D.M.V.
- URL www.grandhotelvictoria.it
- 交 船着場から約1km

★★★★ グランド・ホテル・メナッジョ
Grand Hotel Menaggio

20世紀初頭の邸宅を華やかなネオクラシック様式で飾ったホテル。湖のすぐ脇に建ち、プール、緑濃い庭園が周囲を囲み、リゾート気分満点。
- 住 Via IV Novembre 77
- ☎ 0344-30640
- Fax 0344-30619
- SB €170/200
- TB €200/230
- 🛏 94室　朝食込み W-F
- 休 11/1～2/28　C A.M.V.
- URL www.grandhotelmenaggio.com

チェルノッビオ Cernobbio P.146 A2

コモから約5km。緑の多い、こぢんまりとした保養地。この地で有名なのが、ヴィッラ・デステVilla d'Este。16世紀に建てられたかつての枢機卿の館。その後イギリス女王の館となり、現在はグランド・ホテルとなっているのが、エステ家の館だったヴィッラ・デステだ。ホテルの裏側には、噴水を配したひな壇状の美しいイタリア式庭園が広がる。

コモ湖遊覧の折、時間があれば少しおしゃれして出かけて、お茶かランチでも楽しめば、自然美と洗練された保養地というコモの魅力を充分に堪能できるに違いない。

ヴィッラ・デステのイタリア式庭園

チェルノッビオへの行き方

🚢 **船で**
- ●コモから遊覧船で約10分

🚌 **バスで**
- ●コモからC10番などで所要約12～15分

ヴィッラ・デステへは船の利用が便利。バス停からはやや距離がある。ただし、ヴィッラ・デステは宿泊者や利用者のみ入場可。守衛のチェックがあるので、宿泊しない場合は事前にレストランなどを予約して、食事の前後に庭園を見学しよう。

✉ **ドライブ注意地帯**
　ComoからBellagio,Lecco間は道幅が狭く、大型トラックとのすれ違いが頻繁にあります。（神奈川県　りあ　'10）

🏨 HOTEL　チェルノッビオのホテル

★★★★★ L　グランド・ホテル・ヴィッラ・デステ
Grand Hotel Villa d' Este

世界中の憧れのホテルの1軒。歴史を刻んだ館、雛壇状の庭園、エレガントなレストラン、湖に溶け込むプールなど、贅沢な滞在を約束。部屋によって眺望、広さなどがかなり異なるので予約時に確認を。
- 住 Via Regina 40
- ☎ 031-3481　Fax 031-348873
- SS SB €460/720
- TS TB €540/1380　JS €880/1650
- 🛏 145室　朝食込み W-F
- 休 11月中旬～3月上旬
- URL www.villadeste.com
- C A.D.J.M.V.　交 船着場から500m

※メナッジョ、チェルノッビオの滞在税　4/1～10/31に★€1　★★€1　★★★€1.50　★★★S～★★★★★€2　最長7泊
18歳以下免除

マッジョーレ湖

Lago Maggiore　　　P.14 A・B2

●面積212km²　　　　　　　　　　●長さ65km
●幅2〜4.5km(ボッロメオ湾は幅12km)　●最深372m

ストレーザへの行き方

🚃 電車で

● ミラノから
中央駅、P.ガリバルディ駅
　鉄道fs EC
　……56分
　鉄道fs R
　……約1時間8分
ストレーザ

NAVIGATOR

　鉄道fsストレーザ駅から船着場までは約1km。駅を出て、坂道を下り、すぐの大きな通りViale Duchessa di Genovaを左に折れて湖畔に出、右に曲がって湖沿いを500mほど歩くと、船着場に到着。

　スイスに源を発するティチーノ川が北から流れ込み、水の色も濃い緑から鮮やかな青へと変化しながら、南へと抜ける。

　アルプスの山々に守られた湖は、1年を通じて温暖な気候に恵まれ地中海性の植物もよく育ち、ボッロメオ諸島をはじめ湖畔には、美しい庭園が広がっている。

ベッラ島の庭園

ボッロメオ諸島のベッラ島

マッジョーレ湖の遊覧船情報

　遊覧船の運航は朝7時から19時頃まで。日中はほぼ10〜30分ごとに運航。

ストレーザからの所要時間と料金(往復)
● ベッラ島へ………10分　　€7.30
● マードレ島へ……35分　　€10.50

■往復切符
Tariffa Speciale Turistica di andata e ritorno
● ストレーザ↔ベッラ島↔マードレ島↔ペスカトーリ島／スペリオーレ島　　€18.40(有効1日)

遊覧船情報
Navigazione Lago Maggiore
free 800-551801(イタリア国内フリーダイヤル)
URL www.navigazionelaghi.it

　ボッロメオ諸島のベッラ島、マードレ島、ペスカトーリ島の3つを回るのは駆け足でも半日がかり。時間がない場合は、行きたい島だけの往復券の購入が経済的。

　帰りの時刻表を確認してから出発しよう。

ストレーザの船着場

マッジョーレ湖

ストレーザ Stresa P.14 B2／P.146 A1

　マッジョーレ湖およびボッロメオ諸島の観光の基点となるマッジョーレ湖の西側に位置する、国際的な保養地。昔から数多の芸術家たちを魅了した町で、今ではヨット、テニス、水遊びに興じる人々でにぎわう。冬には、約30km離れたモッタローネMottaroneの山で、スキーも楽しめる。

　モッタローネ山からは、マッジョーレ湖をはじめ、モンテ・ローザなどのアルプスの山々のパノラマが楽しめる。

湖畔　Lungolago　ルンゴラーゴ ★

　ホテルとヴィラが並ぶ湖畔沿いの道からは、湖とボッロメオ諸島が見渡せる。

　船着場のあるマルコーニ広場Piazza Marconiに面して新古典様式の1700年代のサンタンブロージョ教会S. Ambrogioが建ち、その左側には、1770年に建てられたかつての王宮Villa Ducaleがある。ここは、哲学者A.ロスミーニが亡くなった所で、現在ロスミーニ博物館Museo Rosminianoがおかれ、遺品や珍しい著書などが展示されている。

マルコーニ広場

●郵便番号　28838

■ストレーザの🛈IAT
🏠 Piazza Marconi 16
☎ 0323-31308
🕐 10:00～12:30
　15:00～18:30
🚫 11～2月の🅰と🅰午後、
　1/1、12/25
🗺 P.157 B2

ホテル情報
　湖畔には高級ホテル、中央駅を山側に出たほうにはお値頃のホテルが多い。

遊覧船情報
　公共の遊覧船はNavigazione Lago Maggiore。湖畔の船着場で切符を購入して乗り込む。湖畔周辺では個人営業のモーターボートなどの客引きも盛んなので、利用しない場合は注意しよう。
　夏季でも遊覧船の運航は早く終わってしまう。太陽は高くても、最終18:00台と考えて観光しよう。

■ロスミーニ博物館
🏠 Villa Ducale
☎ 0323-30091
🕐 10:00～12:00
　15:00～18:00
🚫 一部の🅐
🎫 無料　🗺 P.157 B2

ストレーザ
Stresa

ボッロメオ諸島へ

Lago Maggiore

Lido
フローラ Flora
Str. Statale No.33
Via Monte Grappa
Corso Umberto
グランド・ホテル・ボッロメ
G. H. des Iles Borromees
T. Roddo
トレニタリア
ストレーザ駅
Stazione F.S.
モン・トック
Mon Toc
ラ・パルマ
La Palma
王宮
Villa Ducale ●
(ロスミーニ博物館)
● Pal d.
Congressi
サンタンブロージョ教会
S. Ambrogio
🛈船着場(桟橋)
マルコーニ広場
P.za Marconi
市庁舎
Munic
ピエモンテーゼ
Piemontese
カフェ・トリノ
Caffe Torino
C.so Italia
カドルナ広場
P.za Cadorna
ヴィコレット
Vicoletto
ボネーミ・マリーザ
Bonemi Marisa
Via S. Michela
Via Manzoni
Via G. F. Bolongaro
V.le Dante

0　150　300m

157

✉️ **お得な遊覧船の切符と注意**

遊覧船の切符はお得な周遊券が何種類かあります。私のおすすめはストレーザ～ベッラ島～スペリオーレ島～ストレーザと回るBiglietto Speciale per Isola Bella e Isola Superioreで€9.60です。

また、船着場ではチャーター船の客引きが多く、社名がServizio Pubblico（公共サービスの意味?）というらしく、「パブリック」と言いながら近づいてくるので惑わされないようにしてください。（レオ '13）

✉️ **ケーブルカーで**

地図の上にちょっと載っているケーブルカーLido。頂上からマッジョーレ湖とオルタ湖が見渡せます。ケーブルカー（🕐 9:30～17:30、下り最終17:40）途中Alpinoで乗り換えて、Mottaroneまで所要20分。料金€17.50（チケットの保証金€2は帰りにチケットと交換で戻ります。）
（京都府 戸川隆博 '12）

✉️ **モッタローネ山のジェットコースター**

モッタローネ山に登ると、アルプスを背景に見下ろすマッジョーレ湖とオルタ湖が本当に美しいです。ベッラ島を眼下に見ながら、ロープウエイを乗り継ぎ、最後はふたり乗りのリフトで頂上へ。1人乗り（＋子供）のジェットコースター（1人€5）があり、雄大なパノラマを見ながらの滑降は最高の気分でした。（レオ '13）

■ **ベッラ島（宮殿と庭園見学）**
☎ 0323-30556
🔓 3月下旬から10月下旬まで
2016年3/18～10/23
9:00～17:30
休 上記期間内無休
料 €15（マードレ島との共通券€20.50）

ボッロメオ諸島 Isole Borromee
イソレ・ボッロメエ P.146 A1

マッジョーレ湖に浮かぶ島々で、ベッラ島、マードレ島、ペスカトーリ島など5つの島からなる。12世紀以来、ミラノの貴族ボッロメオ一族が領有していた。（島々の見学は、3月下旬から10月下旬頃までの期間のみに限られているので注意）

湖上の夢の浮島「ベッラ島」

ベッラ島 Isola Bella イソラ・ベッラ ⭐⭐⭐

豪華な宮殿内部

ボッロメオ諸島で一番大きく最も美しい島。ストレーザから約400m、長さ320m、幅180m。島のほとんどは、17世紀のボッロメオ宮殿Palazzo Barromeoと美しい庭園で占められている。白い孔雀が遊ぶ庭園は優雅。ロンバルディア・バロック様式の宮殿の内部は、スタッコ装飾、フレスコ画、絵画、タペストリーなどで華やかに飾られている。絵画は、カラッチ、ティエポロ、ルーカ・ジョルダーノなどの作品。

ナポレオンが泊まった部屋やムッソリーニが会談に利用した部屋、舞踏の間などの華麗な部屋を抜けると、地下には凝灰岩で造られた洞穴grotte風の部屋もあり、貝や大理石が散りばめられた幻想的な雰囲気だ。

ボッロメオ宮殿

再び階上に上がると、17世紀のフラマンドルのタペストリーが飾られたタペストリーの間へ。

続いて庭園に出ると、彫刻や噴水で飾られた10段の階段上のイタリア式のバロック庭園が広がる。最上段には噴水が白いしぶきを上げ、ボッロメオ家の紋章の白い一角獣が立っている。庭には、珍しい木々や南国の植物が緑に茂り、優しい香りを漂わせ、涼しい木陰を作り出している。また庭の中央部の貝殻形の円形劇場もすばらしい趣を与えている。

島内を散歩するのは、もちろんのこと、船の上から眺める光景もまるで1枚の絵のように美しい。

エレガントなイタリア庭園

ペスカトーリ島／スペリオーレ島
Isola dei Pescatori/Isola Superiore イソラ・デイ・ペスカトーリ／イソラ・スペリオーレ ★

ベッラ島の北西にある島。長さ350m、幅100m。

かつては、その名のとおり(ペスカトーリPescatoriとは漁師の意

味)漁師の住む家々が連なった島だったが、現在は、湖畔沿いにしゃれたレストランやホテルが並ぶ。湖に張り出されたテラスには、季節の花々があふれるように飾られ、湖上の船からの眺めもロマンティック。

レストランが多いペスカトーリ島

マードレ島　**Isola Madre** イソラ・マードレ

マードレ島のボッロメオ宮殿は簡素

ボッロメオ湾の中央に位置する島。長さ330m、幅220m。

静けさに包まれた島で、1700年代に建てられたボッロメオ宮殿 Palazzo Borromeoがある。内部には、17世紀の美術品で飾られた美しい広間がある。

またベッラ島のマリオネット小劇場の収集品、マリオネット人形が展示されている。

周囲の庭園には、珍しい外来植物や南国の花々が植えられ、すばらしい庭園となっている。

マリオネット小劇場

ちょっとご注意!

　ペスカトーリ島はスペリオーレ島とも呼ばれています。また、ベッラ島とマードレ島は年により多少オープン期間が異なる場合があります。詳細は URL www.borromeoturismo.itで検索可。

■**マードレ島**
(宮殿と庭園)

☎0323-30556

🕐3月下旬から10月下旬まで
　2016年3/18～10/23
　9:00～17:30

🈂上記期間内無休

💶€12(ベッラ島との共通券
　€20.50)

✉**ストレーザから**
オルタ湖へ

　駅始発のミニバスが湖岸沿いを停車してオルタへ向かいます。ストレーザ泊で日帰りが可能です。

　オルタ湖で天気がよければお得な船の周遊切符(€4)で対岸のPellaに渡ってお茶……というのもよい気分です。行きか帰りにサン・ジュリオ島へも寄ります。オルタの坂の上の教会(通称La Motta)へ行く途中の左側にあるPalazzo Penotti Ubertiniはすてきな建物で、夏季には美術展が開催されていておすすめです。

　　(大阪府T.H. '10年　8月)

マッジョーレ湖畔の町から
マルペンサ空港へ

　ストレーザなどからSAF社がマルペンサ空港へのバスALIBUSを運行。ストレーザから所要1時間。4/1～10/31の運行で1日6便、切符€12は車内で購入。詳細は URL www.safduemila.com

☎0323-552172

❌ ピエモンテーゼ　Piemontese　P.157 B2

優雅な中庭があり、夏にはオープンエアで伝統的なピエモンテ料理が味わえる。船着場にも近く、観光途中に利用するのにも便利。

🏠 Via Mazzini 25
☎ 0323-30235
🕐 12:30〜14:30、19:30〜22:30
休 ㊊、12〜1月
💴 €35〜75、定食€28、36　C A.M.V.

❌ ヴィコレット　Vicoletto　P.157 B2

マルコーニ広場からすぐの好立地。アットホームな雰囲気の店内と、こじんまりしたかわいいテラス席が地元の人から愛されているお店。人気の魚介パスタを筆頭に、肉料理やリゾットなど、メニューが充実している。　できれば予約

🏠 Vicolo del Pocivo 3
☎ 03-23932102
🕐 12:00〜14:00、18:30〜22:00
休 ㊍、1/15〜2/29、11月の一週間
💴 €28〜45　C A.M.V.

🍴 カフェ・トリノ　Caffe Torino　P.157 B2

✉ 滞在中3回も通ったレストラン兼スナックバー兼ジェラテリア。いつも地元の人や観光客でにぎわっています。前菜、パスタ、デザートで€15くらい。量も十分、味も満足です。
（大阪府　内田美由紀　'07）['16]
🏠 Piazza Cadorna 23
☎ 0323-30652
🕐 8:00〜23:00（冬季18:00）
休 11/1〜2/28の㊋、1/6〜1/31
💴 €16〜20、定食€12
C A.D.J.M.V.

❌ リストランテ・アンティーカ・ストレーザ・ディ・ボノーミ・マリーザ　Ristorante Antica Stresa di Bonomi Marisa　P.157 B2

✉ カドルナ広場のレストラン・バールの3軒のうち、私のおすすめは真ん中のここ。魚介のパスタSpaghetti allo Scoglioがおいしく、2日間通ってしまいました。家内は絶品の味だとどからもこの味を求めていました。
（京都府　戸川隆博　'12）['16]
🏠 Piazza Cadorna 34
☎ 0323-31093
🕐 10:00〜22:00
休 11月〜3月
💴 €25〜60、定食€25　C M.V.

★★★★★L　グランド・ホテル・ボッロメ　Grand Hotel des Iles Borromees　P.157 A1

マッジョーレ湖岸に位置するアールヌーヴォー様式の壮大で美しいホテル。手の行き届いた清潔な客室と庭園からは、マッジョーレ湖を望める。スパ、プール（屋内/屋外）を併設。
URL www.borromees.com

🏠 Lungolago Umberto I 67
☎ 0323-938938
Fax 0323-32405
SS €200/330
TB €200/450
179室　朝食込み　W-F
C A.D.M.V.

★★★★　ラ・パルマ　Hotel La Palma　P.157 B2

エレガントな調度やサービスもよく、ボッロメオ島を望む屋上やプールからの景観が見事。温水プール、サウナ完備。
URL www.hlapalma.it

🏠 Corso Umberto I 33
☎ 0323-32401
Fax 0323-933930
SS SB €112.50/150
TB €150/175
118室　朝食込み　W-F
C A.D.J.M.

★★★　フローラ　Hotel Flora　P.157 A1外

fs駅から西へ500m。Roddo川を渡る。白いヴィッラ（別荘）風の建物で愛らしく、湖の眺望が最高。緑に囲まれた庭園がありゆったりとした雰囲気。
読者割引 ローシーズンに5%
Low 3、4、10月
URL www.hotelflorastresa.com

🏠 Via Sempione Nord 30
☎ 0323-30524
SS €70/80
TS TB €125/140
32室、朝食€15　W-F
休 12〜2月
C A.D.J.M.V.

★★　アルベルゴ・モン・トック　Albergo Mon Toc　P.157 B1

fs駅から150m、湖に300mと便利で、部屋も快適。とてもいいペンショーネで、2食付きにするほうが得。家庭的で味もよく外で食べるよりよい。夕食€18。
読者割引 3泊で3%、5泊で8%

URL www.hotelmontoc.com
🏠 Viale Duchessa di Genova 69
☎ 0323-30282
Fax 0323-933860
SS €45　SB €60
TS €92
15室　朝食込み　W-F
C M.V.

※ストレーザの滞在税　YH€0.50　★€0.50　★★€0.50　★★★€1　★★★★€1.50　★★★★★★€2　6歳以下免除

■ロカルノの❶
🏠 Largo Zorzi 1

■ヴィスコンティ城
🏠 Piazza Castello 2
☎ 091-7563180
開 夏季のみ　10:00〜12:00　14:00〜17:00
休 ㊊
ロカルノへはパスポート必携。

ロカルノ　Locarno（スイス領）　P.146 A1

夏でも涼しいロカルノ

イタリアの風景を見慣れた目には、周囲の山々は険しく、どこか北方的な雰囲気のする避暑地だ。船着場の南西には、10世紀のヴィスコンティ城Castello Visconteoが建ち、内部は現代美術館になっている。

また、ケーブルカーに乗ると、緑のなかに建つマドンナ・デル・サッソ教会Madonna del Sassoへいたる。さらにチェアリフトに乗ると、チメッタ山Monte Cimettaへ上れ、湖と周囲の山々が一望できる。

スイス領ロカルノではスイスのお菓子が楽しめる

パッランツァ

Pallanza
P.146 A1、P.156

マッジョーレ湖のほぼ中央にある有名な保養地。緑の木々や季節の花々の間に多くのヴィッラが点在し美しい。

ターラント邸庭園 Giardini Botanici di Villa Taranto ★★
ジャルディーニ・ボタニチ・ディ・ヴィッラ・ターラント

花々の競演、ターラント邸

ターラントの船着場からは、大きな道路を横切ると正面に広がっている。

湖水巡りのハイライトともいえる美しい庭園。整備された庭園と豊富な植物の種類は筆舌に尽くしがたいほど。限られた期間のオープンのためか、庭園狭しと花々も咲き競う。

ベコニア、スイレン、ダリア、日本の松や柿にいたるまでの木々が起伏のある20ヘクタールの庭園に芸術品のように配されている。その美しさは、一種驚嘆すべきものだ。

丘の頂上には、11～12世紀のロマネスク様式のサン・レミジオ教会S. Remigioが建つ。ヴィッラは、1800年代の物だが、邸内の見学は不可。

時間があれば、船着場からイントラIntraの方向へ進むとカスタニョーラ岬P.ta della Castagnolaが湖に突き出て、湖の眺めがすばらしい。

ターラント邸の庭園

ヴィッラと美しい庭園の多い別荘地帯

■ ヴェルバニア（パッランツァ）の ⓘ
🏠 Corso Zanitello 6/8
☎ 1323-503249
🕐 9:00～12:30
　15:00～18:00
休 ⑧

※ターラント邸庭園の行き方
○ストレーザから遊覧船利用で約45分。1日約20便の運行。ターラント邸そばの船乗り場Villa Tarantoにはすべての船は停まらない。次のPallanzaで下船なら湖畔を歩いて庭園へ。
○ストレーザからSAF社のバス利用で所要約20分。平日のみ約3便。

■ ターラント邸庭園
☎ 0323-556667
🕐 2016年3/16～11/1
　3月中旬～10月
　　　　　8:30～18:30
　10～11月　9:00～16:00
　（切符売り場は閉場1時間前まで）
休 上記期間内無休
料 €10
　6～14歳　€5.50

✉ ターラント邸で夢のひととき
ほんとうにすばらしい庭園です。春の初めは雪を頂くアルプスの山並みを借景に色とりどりの花々の饗宴でした。
（東京都　花乙女　'10）

湖水地方

マッジョーレ湖　ロカルノ／パッランツァ

ヴェルバニアVerbaniaは、ふたつの町の名前

マッジョーレ湖の西側の湖畔をドライブした人は、不思議な看板を目にすると思う。マッジョーレ湖に突き出た、緑の多いカスタニョーラCastagnola岬の西側にあるパッランツァと、東側にあるイントラIntraの町の総称として、ヴェルバニアという町の呼び名があるからだ。1939年の法律で、ふたつの町を統一して、ヴェルバニアがピエモンテ州の県都（イタリアでは州のなかがいくつかの県に分かれる）に決まったのだが、実際のふたつの町はまるで異なる魅力をもっているので、地元ではこの50年近く、この法律の有効性が争われている。

パッランツァの町は、中世の雰囲気を残す温暖な避暑地。一方のイントラの町は、バロックと新古典主義の建物に彩られた重厚な雰囲気をもつ工業都市。それぞれの町が、県都の地位を主張しており、実際の県都がないという不思議な状況にある。

161

🏠 Via Panoramica
☎ 0322-905163
🕐 夏季 9:30〜13:30
　　　14:00〜17:00
　　冬季10:00〜13:00
　　　14:00〜16:00
🚫 夏季の㊋、冬季の㊊㊋

詩情あふれる湖畔

　湖の周囲に小さな町並みが続き、印象的な風景を作りあげているオルタ・サン・ジュリオ。交通はやや不便ながら、静かでゆったりとした滞在が約束されている。湖畔で島を眺めてお茶をしたり、石畳の道に花があふれる町並みを散策したりと気ままに過ごしたい町だ。高台のサクロ・モンテから望むサン・ジュリオ島の美しさは格別。町からは山の中の道を通るハイキング・コース(運動靴で)がある。またはバスがサクロ・モンテの下まで連絡している。サクロ・モンテの中心にはカフェやレストランもあるので、ハイキングコースとして楽しめる。

✉ サクロモンテへ

　鉄道駅から向かう場合は、🛈を背にした丘に向かう山道を登ると近道。'13年2月でも、礼拝堂は9:00に開門。ただ、とても寒いので防寒着は必須。Orta-Miasino駅には券売所、券売機ともにありません。車掌さんから購入。　(匿名希望　'13)

オルタ・サン・ジュリオへの行き方

🚆 電車で

●ミラノから
中央駅
　│鉄道 fs FRECCIABIANCA+R
　│…1時間22分〜2時間28分
オルタ(Orta Miasino駅)
ノヴァーラNovara経由。
ノヴァーラーオルタ間は本数が少ないので注意

　駅近くから湖畔やサクロモンテまでは汽車型の観光バスが運行。湖畔までは約2kmの道のり。大きな荷物を持って宿泊する場合は、事前にホテルに列車の到着時間を知らせ、タクシーを手配してもらうといい。

🚌 バスで

●ストレーザ
　│ S.A.F.社 約1時間
オルタ湖
※6〜9月のみ、1日3便
ストレーザ発10:00、14:00、
　　　　17:00
オルタ発　11:00、15:00、
　　　　18:00
🔗 www.safduemila.com

オルタ湖

Lago d' Orta　　P.14 A・B2

●面積18.15km²　　●最深143m

　小高い山と緑に囲まれた湖の中央には、木々が茂る小さなサン・ジュリオ島が浮かび、神秘的かつ絵のような美しさに包まれている。
　大きな湖の観光地化した光景に食傷気味の人には、こぢんまりとしたホッとする雰囲気に湖水地方の別の魅力を発見することができる。

オルタ・サン・ジュリオの広場にて

オルタ・サン・ジュリオ　Orta San Giulio

P.146 A1

　オルタ湖の東側に広がる、湖の中心の町。緑と花が湖畔を彩り、町には趣のある小路が幾重にも通る。
　湖に隣接した中央広場には、かつての**市庁舎**Palazzo della Comunita（1582年）があり、1階はポルティコで囲まれている。静かさにあふれた小路、バロック様式の古い家々。その家々には鋳鉄製の優美なバルコニーと花の咲き競う中庭。美しい絵画的な光景が広がる。

のんびり過ごせるオルタ・サン・ジュリオ

**オルタ湖と
マッジョーレ湖南側**

Ornavasso
Mergozzo
794 ▲ M.orfano
Fondotoce
Ghiffa
バランツァ
Pallanza
Intra
Gravellona Toce
Feriolo
ヴェルバニア
Verbania
バヴェーノ
Baveno
ボッロメオ諸島
Isole Borromee
Laveno
モッタローネ山
Mottarone
▲ 1491
ストレーザ
Stresa
オメーニャ
Omegna
Alpino
Gignese
Carpugnino
ヴェルガンテ
Vergante
Belgirate
Armeno
Massino Visconti
Lesa
オルタ湖
Lago d'Orta
サン・ジュリオ島
Isola di S. Giulio
オルタ・サン・ジュリオ
Orta S. Giulio
Ghévio
マッジョーレ湖
Lago Maggiore
Méina
Dagnente
アンジェラ
Angera
アローナ
Arona
N
ノヴァーラへ
Borgomanero
Sesto Calende
ノヴァーラへ

オルタ・サン・ジュリオの市庁舎

サクロ・モンテ　Sacro Monte　サクロ・モンテ　世界遺産

　オルタの町から約1.5km。森の高台（標高401m）にサクロ・モンテがある。聖フランチェスコにささげられた至聖所で、20の礼拝堂があり、1591年から1700年代後半に建てられた。内部は、17〜18世紀のフレスコ画とテラコッタの人物群像で飾られている。

聖フランチェスコの生涯を
表わしたテラコッタ

サン・ジュリオ島　Isola di S. Giulio　イソラ・ディ・サン・ジュリオ

　オルタ・サン・ジュリオより船で約5分。長さ300m、幅160mの絵のように美しい小さな島。中央には、4世紀に聖ジュリオが島に来たときに建立されたという、バジリカ・ディ・サン・ジュリオが建つ。現在のバジリカは、12世紀に再建されたもの。鐘楼は11世紀の物。

　内部にある、ロマネスク様式の彫刻を施した説教壇Amboneは、11〜12世紀の物。

　1400年代のフレスコ画と16世紀のガウデンツィオ・フェッラーリ派のフレスコ画で飾られている。

　地下聖堂には、聖ジュリオの遺骸を収めた聖遺物箱がある。

サン・ジュリオ島

🏛 世界遺産

ピエモンテとロンバルディア州の聖地サクロ・モンテ
登録年2003年　文化遺産

■ サクロ・モンテ
開 夏季　9:00〜19:00
　　冬季　9:00〜17:00

■ バジリカ
開 夏季　9:30〜18:00
　　冬季　9:30〜12:00
　　　　14:00〜17:00

✉ **サクロ・モンテへ**
　テラコッタの人物群が強調され、重苦しい雰囲気の場所だと思っていましたが、実際に訪ねると、穏やかな山の上に広がる、のんびりとしたよいところでした。
（兵庫県　ゆうこ　'11）

サン・ジュリオ島への行き方

🚢 **船で**
● サン・ジュリオ島へ
　船で約5分、往復€3.15。オルタ発9:55〜19:05、約45分間隔の運航。季節により昼休みがある場合があるので、最初に往復の時間の確認を。
　船のほか、乗り合いのモーターボート（15〜40分間隔の運航。1人往復€4.50）もある。

✉ **冬季の島へのボート**
　冬季は定期ボートはなく、乗合ボートのみ。往復1人€12、4人集まれば1人€4で、帰路時間を伝えて迎えに来てもらうシステム。
（匿名希望　'13）

湖水地方　オルタ湖　オルタ・サン・ジュリオ

🍴🏨 RISTORANTE HOTEL　オルタ湖のレストラン&ホテル

✴ ヴィッラ・クレスピ　Villa Crespi

緑に包まれた、花の咲く庭園と湖を見下ろすミシュランの2つ星。エレガントなインテリアのなかでピエモンテ料理が味わえる。下記同名ホテルのレストラン。
要予約

住 Via G. Fava 18
☎ 0322-911902
営 12:30〜14:00、19:30〜21:30
休 ⑪、⑫昼、1月〜3月中旬
C €98〜200、定食€95、140
C A.D.M.V.

★★★ ラ・ブッソラ　Hotel La Bussola

町の中心の高台に位置し、オルタ湖とサン・ジュリオ島を見下ろす眺めのよいホテル。プールもあり、バカンスに最適。
URL www.hotelbussolaorta.it

住 Via Panoramica 24
☎ 0322-911913
Fax 0322-00000
SS €100/130　TS €130/185
室 42室　朝食込み W-Fi
休 11月　C A.D.J.M.V.
交 町の中心

★★★★ ヴィッラ・クレスピ　Hotel Villa Crespi

大きな庭園に囲まれた19世紀末のヴィッラをムーア風の歴史あるインテリアが飾る。客室もサロンも華やか。いくつかの客室には天蓋付きのベッドに大理石の浴槽も用意されている。
High 4〜10月初旬
URL www.hotelvillacrespi.it

住 Via G. Fava 18
☎ 0322-911902　Fax 0322-911919
SB TB €335/455　ハーフペンショーネ（2食付き）1人€210〜260
室 14室　朝食込み W-Fi
休 1月〜3月中旬　C A.D.M.V.
交 町から1.5km

※オルタ・サン・ジュリオの滞在税　B&B★★ €0.50　★★★ €1　★★★★ €1.50　10歳以下免除
SS シャワー付きシングル料金　SB バス付きシングル料金　TS シャワー付きツイン料金　TB バス付きツイン料金　SU スイート料金

163

ルガーノへの行き方

🚃 電車で
● ミラノから
中央駅
↓ 鉄道fs EC
　…1時間7分～1時間22分
ルガーノ
● コモ(S.Giovanni駅)から
↓ 鉄道fs EC
　…29～31分
↓ 鉄道fs S11＋EC
　…54分
ルガーノ

🚌 バスで
● コモ湖のメナッジョMenaggio
↓ バスC12番
　………約1時間
ルガーノ

ルガーノ湖

Lago di Lugano　　P.14 A2

● 面積50k㎡
● 幅3km

コモ湖とマッジョーレ湖に挟まれた湖。イタリアでは、チェレジオ湖とも呼ばれ、ほとんどの部分はスイス領。細く曲がりくねった湖の面積は50平方km。一番広い幅が3kmと細長い。

マッジョーレ湖やコモ湖に比べ、湖畔の伸びやかな開放感は少ないが、温暖な気候と湖畔に広がる緑濃い険しい山々の光景が魅力的。

市民公園よりルガーノ湖を望む

ルガーノ　Lugano(スイス領)　P.146 A2

ルガーノ湖畔に広がる湖の中心地。駅に向かう坂道や湖畔沿いには、しゃれたスイスの民芸品などを売る、こぎれいな商店やホテルが軒を連ねる。穏やかな明るい保養地ならではの雰囲気にあふれている。湖畔に広がる緑と花いっぱいの市民公園Parco Civicoや遊歩道を散歩するのも楽しい。

手入れのいき届いた市民公園

カンピオーネ・ディタリアへの行き方

🚢 船で
● ルガーノ
↓ SNNL社………約20分
カンピオーネ・ディタリア

■ カンピオーネ・ディタリアの❶
🏠 Corso Italia 2
☎ 091-6495051
🕐 8:30～13:00
　14:00～17:00
休 ⊕(日)祝、(水)午後
地 P.165 A

カジノが有名

カンピオーネ・ディタリア　Camipione d' Italia
P.146 A2

スイスにあるイタリアの飛び領土。カジノがあることでも有名。船着場の左側から延びる遊歩道から望むルガーノ湖の眺めは、広々として大パノラマが楽しめる。

湖沿いの道を(左側)北へ200mほど進むとカジノCasinòがあり、昼夜を問わず大勢の人でにぎわっている。カジノの手前には、かつての教区教会サン・ゼノーネがある。現在は、市立美術館Galleria Comunaleとなっており、特別展が開かれる。内部には、1300～1400年代の彫刻がある。

船着場すぐ右側の広場の奥には、サン・ピエトロ礼拝堂Oratorio di S. Pietro。これは、カンピオーネ出身の建築家、彫刻家によって14世紀に建てられた優美な建物。今ではやや古ぼけてしまっているが、カンピオーネ出身の彼らは、「カンピオネージ」と呼ばれイタリア全土にロンバルディア様式を広めるのに多大な貢献をしたことでも有名。

陽光まぶしいカンピオーネ・ディタリア

マドンナ・デイ・ギルリ教会
Madonna dei Ghirli　マドンナ・デイ・ギルリ

船着場の右側から湖沿いに延びるViale Marco da Campioneを700mほど歩く。1300年代のオリジナルで、1700年代に再建された。躍動的なバロック様式の正面が湖に面している。ポルティコの下には、最後の審判の1400年代のフレスコ画とロンバルディア派のフレスコ画で飾られている。

■カジノ
住 Piazzale Milano 1
☎ 091-6401111
開 ㊊〜㊍12:00〜翌4:00
　金㊏、㊗前日
　　12:00〜翌5:00
　㊐㊗　11:00〜翌4:00
休 12/24、12/25
地 P.165 A
要パスポート。上着、ネクタイ着用。
URL www.casinocampione.it
※ミラノから送迎バスあり

■市立美術館
開 催時のみ
料 無料
地 P.165 A

■M.デイ・ギルリ教会
見学は❶に申し出る
地 P.165 B

マドンナ・デイ・ギルリ教会

ルガーノ湖では時はゆったり流れる

🍴 **RISTORANTE**　　カンピオーネ・ディタリアのレストラン

✹ ダ・カンディーダ
Da Candida　　　　地図外

歴史ある館の中の、エレガントなレストラン。味、サービスともに定評のある1軒。フォアグラ入りのテリーヌや仔羊のコンフィなどフランス料理の影響を受けた独創的イタリア料理が楽しめる。ミシュランの1つ星。
要予約

URL www.dacandida.ch
住 Viale Marco da Campione 4
☎ 0041-91-6497541
営 12:00〜14:30、19:00〜23:00
休 ㊊、㊋昼、6/27〜7/25頃
予 €45〜90（コベルト€4）、定食
€90　C A.D.J.M.V.

165

🚃 **電車で**

●ミラノから
中央駅
│ 鉄道 fs FRECCIABIANCA
│ ……1時間
│ R……1時間25分
デセンツァーノ・デル・
ガルダ─シルミオーネ(駅)
●ヴェローナから
│ 鉄道 fs R
│ ……約25分
デセンツァーノ・デル・
ガルダ─シルミオーネ(駅)
※駅から湖畔の船着場への
行き方。徒歩で15〜20
分、または市バス2または
3番で所要約10分。平日
30分に1便。⑥祝運休。

🚌 **バスで**

●ヴェローナから
駅前のプルマン乗り場
│ SIA社
│ ……約1時間20分
│ 約1時間に1便
デセンツァーノ

**ガルダ湖巡りに便利な
プルマン**

SIA社とTrasporti Brescia
Nord社の運行で、ヴェローナ
←(53分)→シルミオーネ(10
〜30分)→デセンツァーノ・デ
ル・ガルダ(55分〜1時間20
分)→ブレーシャを結んでいる。
ヴェローナではポルタ・ヌ
オーヴァ駅前発車でアレーナ
そばなどにも停車。デセンツ
ァーノ・デル・ガルダでは港
や駅前に停車。ブレーシャは
駅前のバスターミナルが終
(始)点。平日30分〜1時間に1
便、⑥祝1〜2時間に1便。
時刻表は URL www.tras
portibrescia.it

■**ガルダ湖の遊覧船の❶
Navigazione Lago di Garda**

🏠 Piazza Matteotti, Desenzano
☎ 030-9149511
デセンツァーノにある。

ガルダ湖

Lago di Garda　　　P.15 B3

●面積370km²　　　●長さ51.6km
●幅2.4km〜最大17.5km　　●最深346m

ベナコ湖とも呼ばれ
るイタリア最大の湖。
西にロンバルディア
州、東にヴェネト州、
北にトレンティーノ＝
アルト・アディジェ州
と3州にまたがり広が
る。湖の西側には、標
高1508mのカルツェ
ン山。東側には2218

レモン栽培の果樹園と湖

mのバルド山などの高い山々が湖を取り囲んでいる。また北側のドロ
ミテ山塊が壁となって冷たい風を防ぐため、温暖な気候となっている。
　ガルダ湖の美で特筆すべきものに、湖水の美しさが挙げられる。深
く透きとおった青々とした水。冬でも平均気温は、2〜3℃。夏は23〜
25℃という温暖な地中海性気候のこの地では、オリーブの木が茂り、
レモンが実を結ぶ。野菜や果実の栽培も盛ん。穏やかな光景が湖の周
囲には広がっている。

岩山が迫るガルダ湖周遊道路

ガルダ湖

ガルダ湖の遊覧船情報

　遊覧船と水中翼船がデセンツァーノ・デル・ガルダ、シ
ルミオーネ、ペスキエーラ・デル・ガルダから北のリーヴ
ァ・デル・ガルダまで運航している。
●デセンツァーノ・デル・ガルダ↔シルミオーネ
　水中翼船……約20分
●デセンツァーノ・デル・ガルダ↔ガルドーネ・リヴィエラ
　水中翼船……80分　遊覧船……2時間30分
●デセンツァーノ・デル・ガルダ↔リーヴァ・デル・ガルダ
　水中翼船……約3時間　遊覧船……約5時間
●湖を東西に横断するトスコラーノ・マデルノ↔トッリ・デル・ベナコ
　遊覧船……25分

　保養と観光の中心は、湖の西側。とりわけリヴィエラ・ブレシャーナ（ブレーシャのリヴィエラ）と呼ばれるサロからガルニャーノの間には、別荘や美しい庭園をもつホテルが並ぶ。湖の南西の端に位置するデセンツァーノは湖の中心的な商業の町。遊覧船の基点でもある。その東側には、湖に突き出た岬の突端にあるシルミオーネの町があり温泉地として有名。

　湖の東側には、バルドリーノ、ガルダ、美しい湖が一望できるサン・ヴィジリオ岬がある。さらに続く、トッリ・デル・ベナコやマルチェージネは、キャンパーでにぎわう。

　さらに、北側のリーヴァ・デル・ガルダとトルボレは、よく整備されたヴェネト州の美しい保養地。

デセンツァーノ・デル・ガルダ Desenzano del Garda
P.147 B4

　鉄道駅にも近く、ガルダ湖の玄関口ともいうべき町。駅にはデセンツァーノやシルミオーネ行きのバスが発着している。駅からデセンツァーノの町へは約1kmで、徒歩でも十分だ。途中のデセンツァーノ城周辺からの湖と町並みの景色もすばらしい。見どころは湖畔に集中しており、ドゥオーモのティエポロの『最後の晩餐』Ultima Cenaは見逃せない。また、やや北側に位置するローマ時代の別荘Villa Romanaには色鮮やかな1世紀頃の床モザイクが残っている。

伸びやかなデセンツァーノ・デル・ガルダの町

NAVIGATOR
　ガルダ湖に沿って周囲114kmの道路が整備されているが、船での遊覧のほうが湖の魅力を堪能できる。
　遊覧船の一部はフェリーにもなっている。また、バールや音楽付きの観光船で湖を一周するツアー、土曜の夜にはナイトクルーズもある。詳細は船の❶へ。

■デセンツァーノの❶
🏠 V. Porto Vecchio 34
☎ 030-3748726
開 夏季　10:00〜19:00
　　㊐㊗　10:00〜13:00
　　　　　14:00〜17:00
　　冬季　10:00〜12:30
　　　　　14:00〜17:00
休 10〜5月の㊐

■城
開 夏季　　9:30〜12:00
　　　　　16:30〜19:30
　　春・秋季
　　　　　10:00〜12:30
　　　　　15:00〜18:00
　　冬季㊏㊐のみ
　　　　　10:30〜12:00
　　　　　15:00〜18:00
休 ㊐
料 €3
※内部見学不可

■ドゥオーモ
開 8:00〜12:00
　　15:30〜19:00

■ローマ時代の別荘
🏠 Via degli Scavi
開 夏季　8:30〜19:00
　　冬季　8:30〜17:00
休 ㊐、1/1、5/1、12/25
料 €4

🍴🏛 RISTORANTE HOTEL　デセンツァーノ・デル・ガルダのレストラン&ホテル

✳エスプラナーデ
Esplanade

夏は湖へと続く庭園にテーブルが並び、リゾート気分あふれる1軒。湖からの淡水魚など、季節の素材を生かした料理に定評があるミシュランの1つ星。
要予約

🏠 Via Lario 10
☎ 030-9143361
営 12:30〜13:45、20:00〜22:00
休 ㊌　予 €65〜150（コペルト€8）、定食 €75、100
C A.D.J.M.V.
交 船着場そば

★★★ ピロスカーホ
Hotel Piroscafo

船着場の近くにある家族経営のホテル。光が差し込む客室は明るく清潔。部屋によっては、湖を見渡せる。
読者割引 3泊以上で10%
URL www.hotelpiroscafo.it
🏠 Via Porto Vecchia 11

☎ 030-9141128
Fax 030-9912586
SS SB €60/80
TS TB €90/130
室 32室　朝食込み W-Fi
C A.M.V.
休 11〜3月

★★★ シティー
Hotel City

町の中心から300mほどの所に位置する。クラシックスタイルで居心地よくしつらえられたホテル。シンプルで清潔。スタッフも親切。
URL www.hotelcity.it

🏠 Via Nazario Sauro 29
☎ 030-9911704
Fax 030-9912837
SS €68/85　TS TB €108/135
室 39室　朝食込み W-Fi
Low 1/16〜6/16、10/18〜12/14
休 12/15〜1/15　C A.D.J.M.V.
交 町の南東、考古学博物館の近く

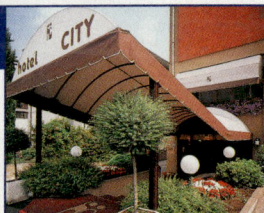

※デセンツァーノ・デル・ガルダの滞在税 4/1〜10/31にYH€0.50　★€0.50　★★€0.50　★★★€0.80　★★★★€1　★★★★★€2
14歳以下免除

SS シャワー付きシングル料金　SB バス付きシングル料金　TS シャワー付きツイン料金　TB バス付きツイン料金　JS ジュニアスイート料金

■シルミオーネの **i**
IAT
住 Viale Marconi 4/6
☎ 030-916114
開 9:30〜12:30
15:00〜18:00(夏季18:30)
休 11〜3月の⊕、⊛、⊕午後
地 P.168 B

シルミオーネへの行き方

🚢 **船で**
●デセンツァーノから
↓ 遊覧船…約20分
シルミオーネ €3〜5
●リーヴァ・デル・ガルダから
遊覧船
…2時間30分〜4時間30分
シルミオーネ

🚌 **バスで**
●ヴェローナまたは
ブレーシャから
↓ TRASPORTI BRESCIA社
LN026番…約1時間
シルミオーネ
※約1時間に1便の運行。
⊕⊛は減便の場合あり

URL www.trasportibrescia.it

■スカラ家の城塞
☎ 030-916468
開 8:30〜19:00
⊛8:30〜13:00
休 ⊛、1/1、5/1、12/25
料 €4
地 P.168 B
■ローマ時代の遺跡
☎ 030-916157
開 '16年3/18〜10/25
8:30〜19:30
⊕⊛9:30〜18:30
'16年10/26〜
8:30〜17:00
⊕⊛8:30〜14:00
休 ⊛、1/1、5/1、12/25
料 €6
地 P.168 A
※スカラ家の城塞、ローマ時代の遺跡は⊛⊛の場合はオープンし、翌⊛が休場

シルミオーネ Sirmione P.147 B4

ローマ時代の詩人カトゥッロが称賛した土地で、起源はローマ時代に遡る。湖に突き出た細長い岬の突端にある町で、周囲が水に囲まれ美しい。

また、特に耳鼻科の病に効能のある温泉地としても有名。全体的に明るく、おしゃれな保養地。

オリーブ林の中、すばらしい眺望が広がるローマ時代の遺跡

スカラ家の城塞 Rocca Scaligera ロッカ・スカリジェーラ

湖と港を取り囲むように城壁と塔が建つ。13世紀にスカラ家のマスティーノⅠ世が建造した物。とりわけ興味深いのが、珍しい造りの船だまりDarsenaで、保存状態もよい。

内部は二重の城壁で囲まれており、外側の城壁からの湖の眺めがすばらしい。ポルティコに隣接した内部には、ローマ時代と中世の墓碑が陳列されており、階段が連絡壕へと続いている。

スカラ家の城塞からのガルダ湖の眺めがすばらしい

シルミオーネ Sirmione

ローマ時代の遺跡　Grotte di Catullo　グロッテ・ディ・カトゥッロ

岬の先端の高台にあり、あたりはオリーブの林が広がっている。ここからのパノラマのすばらしさは特別だ。カトゥッロの洞窟Grotte di Catulloと呼ばれるローマ帝政初期の別荘Villa Romanaの遺構が残る。ローマ時代の別荘の遺跡には、古代ローマ時代の柱廊、温水プール、広い集会場、廊下が残る。

柱廊の続く、ローマ時代の遺跡

✉ シルミオーネと
　マリア・カラス
　ローマ時代の遺跡へ向かう途中、「マリア・カラスの別荘」と「マリア・カラス公園」があります。これはマリア・カラスがヴェローナの野外オペラに出演した頃に、夫であるイタリア人富豪とヴァカンスを過ごした場所だそう。
（兵庫県　レオ　'15）

渋滞を避けるなら
　夏季はシルミオーネやガルドーネ・リヴィエラ付近は渋滞することが多い。そんな時はフェリーでの移動を考えよう。

🍴🏨 RISTORANTE HOTEL　シルミオーネのレストラン&ホテル

✳ ラ・ルーコラ　La Rucola　　P.168 B

スカラ家の城塞近く、港に面した細い路地にある。ミシュランの1つ星で、定評ある創作料理の店。エレガントな雰囲気でテーブルデコレーションも見事。ワインの品揃えが充実している。

🏠 Vicolo Strentelle 7
☎ 030-916326
🕐 12:30～15:00、22:00～23:00
休 木、金昼、1月
🍴 €65～110(コペルト€5)、定食€45(平日昼)、€80、120　C A.M.V.
🚃 スカラ家の城塞そば

★★★ フォンテ・ボイオラ　Hotel Fonte Boiola　　P.168 B

町の城門の手前にある温泉施設、プライベートビーチ、温水プールなどの施設も充実したホテル。ゆったりと滞在して温泉療法にもトライしてみたい。

🏠 Viale Marconi 11
☎ 030-916431
Fax 030-916192
SB €92～
🛏 60室　朝食込み W-Fi
C A.D.M.V.
🚃 スカラ家の城塞近く
URL www.termedisirmione.com

★★★ ラ・パウル　Hotel La Paül Smeraldo　　P.168 B

プライベートビーチ、室内・屋外プール、庭園、手頃な価格のレストランもあり、家族でゆっくり滞在するにも最適なホテル。
読者割引 ローシーズンに10%、ハイシーズンに5%
URL www.hotellapaul.it

🏠 Via XXV Aprile 32
☎ 030-916077
Fax 030-9905505
TS €90/130　TS €110/150(眺望よし)
🛏 37室　朝食込み
W-Fi　C A.M.V.　休 11/1～3/31　🚃 城塞から南に600m

SS シャワー付き シングル料金　SB バス付きシングル料金　TS シャワー付きツイン料金　TB バス付きツイン料金

ガルドーネ・リヴィエラ　Gardone Riviera
P.147 B4

　ガルダ湖の西側。風光明媚なリヴィエラ・ブレシャーナの中でも最もエレガントな保養地。湖に沿っていくつものヴィッラやホテルが並び、町の後方には丘が広がる。湖畔から湖の眺めがすばらしい。また夏には、コンサートやバレエなども催される。

糸杉とガルダ湖のパノラマ。ヴィットリアーレの野外劇場から

ガルドーネ・リヴィエラへの行き方

🚢 船で
　●シルミオーネから
　↓ …1時間20分～2時間40分
　ガルドーネ・リヴィエラ €9.80～13.80
　※1日4便

🚌 バスで
　●ブレーシャ
　TRASPORTI BRESCIA社
　↓ …約1時間
　ガルドーネ・リヴィエラ
　※平日30分に1便、日祝1時間に1便

■ ガルドーネの iIAT
🏠 Corso Repubblica 1
☎ 030-3748736
🕐 10:00～12:30
　夏季15:00～18:30
　冬季14:15～18:00
休 冬季日　🗺 P.170 B1

住 Via Roma 2
☎ 336-410877
開 3/15～10/15頃
　　9:00～19:00
料 €10

アンドレ・ヘラー植物園と市立公園
Giardino Botanico "André Heller" & Parco Comunale　ジャルディーノ・ボタニコ

　町の中心からやや離れたローマ通りVia Romaから、植物園が広がる。岩が巧みに配されていて見事だ。中心から500mほど離れると市民公園があり、4万3000平方メートルの広大な庭園にネオクラシック様式のヴィッラが点在し、季節の草花や緑の木々が茂る。

ヴィットリアーレ　Vittoriale　ヴィットリアーレ ★★

　船着場から曲がりくねった坂道を上るとヴィットリアーレ・デッリ・イタリアに出る。1700年代の教区教会とロマネスク様式の鐘楼、夏に音楽会やバレエが催される野外劇場がある。1938年3月1日に没したイタリアの詩人ガブリエーレ・ダヌンツィオの最後の住まいとして有名な場所だ。

　野外劇場からは、パノラマがすばらしい。内部にはアール・デコの時代を中心に活躍した詩人の審美眼にかなったコレクションのほか、墓、彼の遺品と作品を展示する博物館が続いている。

ダヌンツィオの家、ヴィットリアーレ

■ヴィットリアーレ
住 V. Vittoriale 12
☎ 0365-296511
開 3/29～10/24
　　8:30～19:00(20:00閉園)
　　10/25～3/27
　　9:00～16:00(17:00閉園)
休 1/1、12/24、12/25、博物館のみ月
料 ヴィットリアーレとダヌンツィオの家と博物館 €13
　　(ガイド付 €16)
地 P.170 A2

ダヌンツィオの独自の美意識で作られた美しい庭

ガルドーネ・リヴィエラ
Gardone Riviera

🏨 HOTEL　ガルドーネ・リヴィエラのホテル

★★★ ベルヴュー
Hotel Bellevue　　P.170 A2

階段上に広がる庭園の上に建つ、ヴィッラのホテル。緑の中にプールもあり、落ち着いた雰囲気。湖の見える部屋は早めの予約を。ハーフペンショーネ(2食付)は1人€80～85。
Low 4/10～6/30
URL www.hotelbellevuegardone.com

住 Corso Zanardelli 87
☎ 0365-290088
📠 0365-290080
SS SB €75/79　　TS TB €115/124
🛏 30室　朝食込み W-Fi
休 10/8～3/31　C A.M.V.
📍 ヴィットリアーレから300m

※ガルドーネ・リヴィエラの滞在税　5/13～9/30に、宿泊料金により€0.50～2　15歳以下免除

North Italy

ヴェネツィアと ヴェネト州

Venezia e Veneto

ドイツ
チェコ
スロバキア
スイス
オーストリア
ハンガリー
ヴェネト州
フランス
ミラノ
スロヴェニア
クロアチア
リグリア海
コルシカ島
(仏領)
ボスニア
ヘルツェゴビナ
アドリア海
モンテネグロ
ローマ
アルバ
ニア
ティレニア海
サルデーニャ島
地中海
シチリア島
イオニア海
チュニジア

イタリア共和国

オーストリア
AUSTRIA

Brunico
ブルニコ
ブレッサノーネ
Bressanone
メラーノ
Merano
オルティセイ
Ortisei
コルティナ・ダンペッツォ
Cortina d'Ampezzo
P.321
Siusi
カナツェイ
Canazei
ボルツァーノ
（ボーデン）
Bolzano/Bozen

S. Martino di Castrozza
Parco Naz. delle
Dolomiti Bellunesi

フリウリ＝
ヴェネツィア・
ジュリア州
ウーディネ
Udine

トレンティーノ＝
アルト・アディジェ州

ベッルーノ
Belluno

Feltre

リーヴァ・デル・ガルダ
Riva d. Garda
トレント
Trento

Pordenone

Gorizia

ヴェネト州
Véneto

Vittório
véneto

バッサーノ・デル・グラッパ
Bassano d. Grappa
P.304

Ásolo

Portogruaro

アクィレイア
Aquiléia

Gardone Riv.

Castelfranco

Cittadella

トレヴィーゾ
Treviso

グラード
Grado

ガルダ湖

Sirmione

ヴィチェンツァ
Vicenza
P.298

メストレ
Mestre

ヴェローナ
Verona
P.272

Ábano Terme

パドヴァ
Padova
P.286

ヴェネツィア
Venézia
P.174

Montagnana

Este

マントヴァ
Mántova

Chioggia

アディジェ川

ロンバルディア州

Rovigo

ポー川

アドリア海

フェッラーラ
Ferrara

ボローニャ
Bologna

ヴェネト州の魅力

● 面積 ： 18,264㎢
● 人口 ： 492万6820人
● 州都 ： ヴェネツィア
● 行政区：
　ベルーノ県、パドヴァ県、トレヴィーゾ県、ヴェネツィア県、ヴェローナ県、ヴィチェンツァ県、他

◆健闘する農業とワイン生産

アカデミア橋から望むサルーテ教会と運河の風景

パッラーディオの傑作が州内に残る

　ポー平野の北東部に位置するヴェネト州は、平野部と山間部が織りなす複雑な地形をもつ。ただ、このヴェネト州の歴史を語るときには、「本土」と「潟」とに分けられるのが特徴だ。「本土」は全ヴェネト州、「潟」はヴェネツィアを意味する。

　現在のヴェネト州は、イタリア第2位の工業生産を誇り、ヴェネツィアのメストレ地区には重工業地帯が広がる。また、伝統的な羊毛加工が、ヴィチェンツァの北西に位置する山間部で盛んだ。農業従事者は10%を切るが、ワイン用ブドウ、とうもろこしの生産はイタリアの州の中で第1位。ワイン製造は第2位と健闘している。特筆すべきは、伝統的な地場産業で、ヴィチェンツァの金細工、ムラーノのガラス工業、バッサーノの陶器などが有名。また、世界中の人を魅了する観光都市ヴェネツィアを筆頭に、歴史と芸術を誇る各都市、美しい山岳地帯、温泉、砂浜と、さまざまな魅力にあふれる州である。

◆「本土」と「潟」の歴史

　ヴェネト州の歴史に最初に登場するのはパドヴァ。古代ヴェネト人が住み、独自の文明を開化させ、紀元前3世紀頃にはローマ化された。当時のパドヴァは、ローマに次ぐイタリア第2の都市として繁栄した。民族大移動の時代の後には、ロンゴバルド族の襲来により、「本土」と「潟」が分裂した。「潟」には、蛮族の襲来から逃れた人たちが住み着いた。その後「本土」は、ロンゴバルド族、フランク族、皇帝が統治し、一方「潟」では、ビザンチン支配に続き、ヴェネツィア共和国の時代がやってくる。小さな「潟」から出発したヴェネツィアは、14世紀にはいるとしだいに「本土」までも支配するようになった。その支配は、ヴィスコンティ家との抗争を経て、共和国が滅亡する1796年まで続いた。一方、「本土」では、11〜12世紀のコムーネ形成の後は、封建領主の時代になる。13〜14世紀には、ヴェローナのスカラ家、パドヴァのカッラーラ家、エステ（後にフェッラーラに移る）のエステ家などが歴史に登場する。現在もそれらの町に残る、芸術作品に彼らの名前を見出すことができる。

コムーネ時代の遺産。パドヴァのラジョーネ宮

Veneto

S. Alvise
サンタルヴィーゼ教会
S. Alvise
Mad. dell'Orto
アニス・ステラット
Anice Stellato
マドンナ・デッロルト教会
Madonna dell'Orto
P.231
P.252

Rio di S.
Al Timon
P.21

Rio Terra S.Leonardo
CANNARÉGIO
Sacca della Misericórdia

A
メストレヘ8km
リベルタ橋
P.te della Libertà
サン・ジョッベ教会
S. Giobbe
ゲットー・ヌオーヴォ
Ghetto Nuovo
C.po Ghetto Nuovo
オステリア・サンタ・フォスカ
Ostello Santa Fosca
P.271
Abbazia della Misericórdia

Rio Terra S.Leonardo
サン・ジェレミア教会
Campo S. Geremia
S. Geremia
C. カレルジ宮
Pal. V. Calergi
S. Fosca
イエズス会
Gesùiti
Fond. Nuove

ドレニタリア
サンタ・ルチア駅
Staz. F. S. Venezia S. Lucia
リ・スカルツィ教会
Gli Scalzi
Ferrovia
P.te di Scalzi
カナル・グランデ
サン・スタエ教会
S. Stae
Ca' Pesaro
カ・ペーザロ
カ・ドーロ
Ca' d'Oro
サンティ・アポストリ教会
Ss. Apóstoli
サンタ・マリア・デイ・ミーラコリ教会
S. M.d. Miràcoli

P.257
コープ
Coop
P.te d. Costituzione
P.te Roma
ACTV社
ローマ広場
Piazzale Roma
S. CROCE
Campo N. Sauro
C.po S. Giacomo dell'Orio
S.G.オリオ教会
S. Giacomo d. Orio
S. Cassiano
S.カッシアーノ教会
魚市場
Pescaria
C.po della
S.POLO
S.G.クリソストモ教会
S. G. Crisòstomo
ドイツ商館

Campo Andrea
Papadopoli
P.268
S.N.B.
トレンティーニ教会
Tolentino
C.po S. Stin
S.ロッコ教会
S. Rocco
スクオーラ・グランデ・ディ・サン・ロッコ(大同信組合)
Scuola Grande di San Rocco
サンタ・マリア・グロリオーサ・デイ・フラーリ教会
S. M. G. d. Frari
S.シルヴェストロ教会
S. Silvestro
S.G.リアルト教会
S. Giacomo di Rialto
Campo S. Polo
C.po S. Apónal
リアルト橋
P.te di Rialto
サルヴァトール教会
S. Salvador
S.ズリアン教会
S. Zulian
S.M.フォルモーザ教会
S. M. Formosa

DORSODURO
B
Rio Terra dei Pensieri
S.マルゲリータ広場
Campo S. Margherita
P.238 スクオーラ・グランデ・デイ・カルミニ(大同信組合)
Scuola Grande del Carmini
カルミニ教会
I Carmini
CANAL GRANDE
コルネール・スピネッリ宮
Pal. Corner Spinelli
Campo Manin
グリマーニ宮
Pal. Grimani

S.マルゲリータ広場
Campo S. Margherita
カ・レッツォーニコ
Ca' Rezzònico
グラッシ宮
Pal. Grassi
S.ステファノ教会
S. Stéfano
Campo S. Stéfano
Campo S. Maurizio
S.ファンティン教会
S. Fantin
Campo S. Fantin
サン・マルコ寺院
S. Marco
サン・マルコ広場
P.za S. Marco
鐘楼

ニコロ教会
S. Nicolò dei Mendìcoli
アンジェロ・ラッファエレ教会
Angelo Raffaele
Calle lunga S. Barnaba
S.モイゼ教会
S. Moise
S.MARCO
S.モイゼ教会
S. Moise

カーサ・カブルロット
Casa Caburlotto
P.271
サン・セバスティアーノ教会
S. Sebastiano
Staz. Marittima
アカデミア美術館
Gallerie dell'Accademia
アカデミア橋
Ponte dell'Accademia
コルネール橋(カ・グランデ)
Pal. Corner Ca' Grande
サン・マルコ
S.Marco/Vallaresso
サン・マルコ
S.Marco/Giardinetti
トゥーカーレ宮殿
Palazzo Ducale

Banchina del Porto Commerciale
S.トロヴァーゾ教会
S. Trovaso
C.po S. Agnese
ザッテレ
Fondamenta Zattere Ponte Lungo
P.217
Zattere
ペギー・グッゲンハイム美術館
Collezione P. Guggenheim
C.po d. Salute
プンタ・デッラ・ドガーナ
Punta della Dogana
S.M.デッラ・サルーテ教会
S. Maria d. Salute

Sacca Físola
Fond. Beata Giuliana
Calle delle Sacca
Calle larga di Lavraneri
Zattere
ジューデッカ運河
CANALE DELLA GIUDECCA
Spirito Santo
Spirito Santo
Zitelle
le Zitelle
Fond. S. Giovanni

C
Palanca
Fond. P.te Piccolo
Fond. S. Giacomo
Redentore
レデントーレ教会
Il Redentore
P.240
ジェネレイター・ホステル・ヴェネス
Generator Hostel Venice
P.271

ジューデッカ島
LA GIUDECCA
C.po S. Cosmo
S. Eufemia
Fond. S. Eufemia

ヴェネツィア
Venezia

N

A

0   250   500m

P.176-177ヴェネツィア中心部

サン・ミケーレ教会
S. Michele

サン・ミケーレ島
Isola di S. Michele

コッレオーニ騎馬像
Mon. al Colleoni

サンティ・ジョヴァンニ・
エ・パオロ教会
S. Giovanni e Paolo

サン・ザッカリア
教会
S. Zaccaria

Campo S.
Zaccaria

S. M. d. Pietà | S. Giovanni in
Bragora

Riva degli Schiavoni

V **S. Zaccaria**

V **Celestia**

サン・フランチェスコ教会
S. Francesco d. Vigna

Campo d.
Celestia

V **Bacini**

S. Lorenzo

Campo S.
Lorenzo

スクオーラ・ダルマータ・
サン・ジョルジョ・デッリ・
スキアヴォーニ(同信組合)
**Scuola Dalmata S. Giorgio
degli Schiavoni**

CASTELLO

アルセナーレ(造船所)
Arsenale P.226

造船所の塔
Torri dell' Arsenale

Dársena
Grande

V **Arsenale**

P.226
海洋史博物館
**Museo Storico
Navale**

C.po S.
Biagio

サン・マルコ運河
CANALE DI S. MARCO

Via Giuseppe Garibaldi

Riva dei 7 Martiri

Fondam. S. Anna

C
a
n.
d.
Celestia

Can. di
Pta. Nuova

Can. di San Pietro

C.po
di Ruga

S. Pietro di Castello

サン・ピエトロ島
Isola di S.Pietro

C.po d.
Pomeri

Rio di Quintavalle

ダルミ広場
Piazza d'Armi

Dársena
di S.
Élena

Secca Marina

現代美術国際展示場
(ヴェネツィア・ビエンナーレ会場)
**Esposizione Internazionale
d'Arte Moderna**

Giardini
Esposizione

V **S. Giorgio**

Bacino

サン・ジョルジョ・マッジョーレ教会
S. Giorgio Maggiore
P.207

サン・ジョルジョ・マッジョーレ島
Isola di S. Giorgio Maggiore

Teatro Verde

Canale della Grazia

市立公園
Giardini Pubblici

C.po S.
Giuseppe

Campo Sportivo

運動場

C.po d.
Chiesa

S. Élena

サンテレナ島
Isola di S. Élena

Calle del Pastibio

V **S. Élena**

175

1

Guglie **5**
P.269 グエッリーニ
Guerrini
P.269 アロッジ・ジェロット・
カルデラ Rio Terra S. Leonardo Rizzo
Rossi P.269 Alloggi Gerotto Calderan
P.269 ロカンダ・ディ・オルサリア
アッツィア P.269 Locanda di Orsaria
Abbazia H
サン・ジェレミア広場
Campo S. Geremia
S. Geremia
Pal. Emo
Pal. Correr Contarini
Pal. Querin Pal. Gritti
ヴェンドラミン・カレルジ宮
Pal. Vendramin Calergi
(カジノ)
S. Fosca
ギド・シティ
Conad City
P.257
2
リッツォ P.253
ヴェチャ・カルボネーラ
Vecia Carbonera

A
リ・スカッツィ教会
Gli Scalzi
Ferrovia
トレニタリア
サンタ・ルチア駅
Staz. F. S. Venezia
S. Lucia
P.e d. Scalzi
アイ・ドゥエ・ファナーリ
Al Due Fanali
Campo S. Simeon
Profeta
ラ・ズッカ
La Zucca
S.G.オリオ教会
S. Giacomo d. Orio
Campo N. Sauro
Riva di Biasio
Riva di Biasio
Casa Correr
ペッローニ・
バッタジア宮
Pal. Belloni Battagia
Ca'Tron
Pal. Priuli-Bon
パラッツォ・ジョヴァネッリ
Palazzo Giovanelli
S. Stae
サン・スタエ教会
S. Stae P.233
Pal. Erizzo
Pal. Molin
P.268
Vini da Gioco
ヴェニ・ダ・
P.252
P.233 カ・ペーザロ Ca' Pesaro
S.M.Comer d'Regina
サンタ・マリア・
マーテル・
ドミニ教会
S. Maria Mater Domini
サンタ・マリア・
マーテル・ドミニ広場
Campo S.
Maria Mater Domini
P.221
カ・ドーロ Ca' d'Oro
Pal. Sagredo
S. Cassiano
P.270
Rialto Mercato
Ca'd'Oro
Pal. Brandolin-M.
S. Cassiano
アーノ教会 魚市場
Pescheria P.220
C.po della Pescaria

B
スクオーラ・ディ・サン・ジョヴァンニ・
エヴァンジェリスタ(同信組合)
Scuola di San Giovanni Evangelista
P.236
Scuola di S.
Giovanni Evangelista
Papadopoli
H
パパドポリ
P.268
S. N. d'
Tolentino
Ribot
P.252 リボット
R
サン・ロッコ教会
San Rocco
P.236
サンタ・マリア・グロリオーサ・
デイ・フラーリ教会
S. M. G. d. Frari
P.234
Campo
dei Frari
スクオーラ・グランデ・ディ・
サン・ロッコ(大同信組合)
Scuola Grande di San Rocco
P.236
ロカンダ・サリエリ
Locanda Salieri
S. Agostin
C.po d.
Strope
Campo S.
Boldo
P.233
S. Agonal
P.251
ポステ・ヴェツキエ
Poste Vecie
C.po d.
Rava
サン・ポーロ広場
Campo S. Polo
P.234
サン・ポーロ教会
S. Polo
S.シルヴェストロ教会
S. Silvestro
S. Silvestro
S. Silvestro
パパドポリ宮
Pal. Papadopoli
Pal. Dona
Pal. Bernardo
S. Silvestro
Fondan. del Vin
Pal. Dandolo
Pal. Loredan
Ca' Farsetti

C
スクオーラ・ディ・サン・
パンタロン
Campo S.
Pantalon
サン・トマ
S.Toma
S.Toma
Pal. Barbarigo
D. Terrazza
C. Layard
グリマーニ宮
Pal. Grimani
CANAL GRANDE
カ・フォスカリ
Ca' Foscari
P.238
Pal. Giustinian
カ・マナーナ カ・レッツォニコ
Ca'Macana Ca'Rezzonico
P.255 P.239
Ca'Rezzonico
サン・バルナバ教会
S. Barnaba
P.256
Campo S. Margherita
S.マルゲリータ広場
スクオーラ・グランデ・
デイ・カルミニ(大同信組合)
Scuola Grande dei Carmini
P.238
カルミニ教会
i Carmini
Calle Lunga S.
Barnaba
Calle Lunga S. Barnaba
Campo San Barnaba
サン・バルナバ広場
P.239
Campo S.
Trovaso
S. Trovaso
Pal. Moro
Pal. Balbi
Pal. Marcello d. Leoni
Pal. Dandolo
S.Toma
Pal. Tiepolo
Pal. Dandolo
S. Angelo
S. Angelo
Pal. Benzon
Campo
S. Beneto
Pal. Mocenigo
Pal. Corner Spinelli
コルネール・
スピネリ宮
Pal. Corner Spinelli
Calle de la
Mandola
マニン広場
Campo
Manin
コンタリーニ・デル・
ボーヴォロ階段
Scala Contarini del Bovoro
P.223
S.ファンティン教会
S. Fantin
Campo
S. Fantin
グラッシ宮
Pal. Grassi
S. Samuele
S. Samuele
Pal. Malipiero
Campo S.
Angelo
P.209
S.ステーファノ教会
S. Stefano
フェニーチェ劇場
Teatro la Fenice
P.209
Calle Larga II
22 Marzo
P.209
3月22日通り
Pal. Contarini
delle Figure
Pal. Moro-Lin
Pal. Contarini-M
Campo S. Samuele
Ca'del Duca
Rio del Duca
Pal. Falier
Pal. G. Lolin
サント・
ステーファノ広場
Campo S. Stefano
Campo S.
Maurizio
S. Maurizio
コルネール宮
(カ・グランデ)
Pal. Corner Ca'Grande
Pal. Gritti
Pal. Contarini
D'Scrigni
P.270
Pal. Gambara
Accademia
アカデミア
アンティカ・ロカンダ・
モンティン
Antica Locanda
Montin
H
Pal. Cavalli
Franchetti
バルバロ宮
Pal. Barbaro
Pal. Pisani
Giglio
Giglio
アカデミア橋
Ponte dell'Accademia
P.210
Pal. Barbarigo
ダリオ宮
Pal.Dario
Salute
Salute
Genovese
C.po d.
Salute
サン・トロヴァーゾ教会
S.Trovaso
ゴンドラ造船所(スクエーロ)
Squero di S. Trovaso
ザッテレ
Fondamenta Zattere Ponte Lungo
P.217
カ・ピザーニ
Ca' Pisani H
P.270
アカデミア
美術館
Gallerie dell'
Accademia
P.210
S. Rota
C.po di
Carità
ペギー・グッゲンハイム美術館
Collezione P. Guggenheim
P.217
S.M.デッラ・サルーテ教会
S. Maria d. Salute
P.216
P.254
ジェラテリア・ニコ
Gelateria Nico
アイ・ゴンドリエーリ
Ai Gondolieri
P.251
Zattere
Zattere
ジューデッカ運河
C.po S.
Agnese
Gesuati
Zatt. ai Gesuati

CANALE DELLA GIUDECCA

1 **2**

3 **4**

ヴェネツィ

Abbazia della Misericordia

Canale della Misericordia

P.253 アッラ・ヴェドーヴァ alla Vedova

イエズス会 Gesuiti

Rio di S. Caterina

Fondamenta Nuove

● Fond. Nuove

P.236 スクォーラ・エヴァ Scu

Fabbriche Nuove

Strada Nuova

P.265 ウナ ホテル・ヴェネツィア Una Hotel Venezia

Rio di S. Sofia

Rio tera Barba Frutariol Madonna

P.256 ティポグラフィア・バッソ・ジャンニ Tipografia Basso Gianni

P.230

A

P.268 カ・サグレード Ca' Sagredo

P.268 ジョルジョーネ Giorgione

サンティ・アポストリ教会 Ss. Apostoli

P.259 コスタ・ティニー V. Costantini

Pal. Foscari

Rio dei Santi

P.258 カルドッツァ・マッシミリアーノ C.Massimiliano

● Ospedale

Pal. Michiel D. Colonne

Campo Ss. Apostoli

Rio dei Mendicanti

● S. Giustina

Pal. Mangilli-Valmarana

P.253 オステリア・ダ・アルベルト Osteria da Alberto

P.230 スクォーラ・ディ・サン・マルコ（同信組合） Scuola di S. Marco

サンティ・ジョヴァンニ・ エ・パオロ教会 S. Giovanni e Paolo

カ・ダ・モスト Ca'da Mosto

P.178-179サン・マルコ周辺部

P.228

サン・ジョヴァンニ・ クリソストーモ教会 S. G. Crisostomo

サンタ・マリア・ デイ・ミラーコリ教会 S. M. d. Miracoli P.230

アル・ポンテ P.220 Al Ponte

Campo e S. Giov. Paolo

Fabbriche Vecchie

S. Giov. Elemosinario

Pal. Civran

コッレオーニ騎馬像 Mon. al Colleoni

サン・フランチェスコ教会 S. Francesco d. Vigna

サン・ジャコモ・リアルト教会 S. Giacomo di Rialto P.230

Campo S. Marina

Campo S. Giustina

Pal. Dieci Savi

Rio di S. Giovanni Laterano

Barbaria delle Tole

ドイツ人商館 Fondaco dei Tedeschi

Pindemonte ul Bordolago

リアルト橋 P.te di Rialto P.219

Campo S. Bartolomeo

サンタ・マリア・ フォルモーザ広場 C.S. Maria Formosa P.227

S. Lorenzo

スクオーラ・ダルマータ・ サン・ジョルジョ・デッリ・ スキアヴォーニ（同信組合） Scuola Dalmata S. Giorgio degli Schiavoni

● Rialto

サン・バルトロメオ教会 S. Bartolomeo

B

Pal. Dolfin-Manin

C po della Bava

S.M.フォル モーザ教会 S. M. Formosa

Campo S. Lorenzo

Calle larga S. Lorenzo

ベンボ宮 Pal. Bembo

サン・ サルヴァドール教会 S. Salvador P.219

クエリーニ・ スタンパリア 絵画館 Museo Querini Stampalia P.228

Calle dei Libri

Calle dei Furlani

サン・ルカ広場 S. Luca

S.ズリアン教会 S. Zulian

P.266 ビザンツィオ Bisanzio

P.267 ラ・レジデンツァ La Residenza

アチュゲータ P.247 Aciugheta

アル・ポネット P.247 Al Ponte

リドット P.228 Ridotto

サン・ザッカリア教会 S. Zaccaria

時計塔 P.197 Torre dell' Orologio

サン・マルコ寺院 S. Marco

サン・プロヴォロ S. Provolo

コルテ・スコンタ Corte Sconta

サン・マルコ広場 P.za S. Marco P.196

P.250 トラットリア・ アッラ・リヴェッタ Trattoria Alla Rivetta

Campo S. Zaccaria

P.265 ロンドラ・パレス Londra Palace

サン・ジョヴァンニ・ イン・ブラーゴラ S. Giovanni in Brágola

アル・コーヴォ Al Covo P.250

コッレール博物館 Museo Correr P.206

鐘楼 Campanile P.205

牢獄 Prigioni

ドゥカーレ宮殿 Palazzo Ducale P.200

Campo Bandiera e Moro

ピエタ教会 La Pietà

P.226

メトロポール Metropole P.247

サン・モイゼ教会 S. Moisè P.209

Capitan di Porto

国立マルチャーナ図書館 Liberia Marciana P.205

Piazzetta S. Marco P.205

溜息の橋 P.te dei Sospiri P.204

パガネッリ Paganelli P.267

スキアヴォーニ河岸 P.225 Riva degli Schiavoni

● Riva Schiavoni

● Arsenale

● S. Marco/Vallaresso

● S. Marco/Giardinetti

Rio dei Giardinetti

Ca' Giustinian

Pal. Tiepolo

Fondamenta d. Farine

P.204 ダニエリ Danieli P.264

● S. Zaccaria

サン・マルコ運河 CANALE DI S. MARCO

C

プンタ・デッラ・ドガーナ Punta della Dogana P.216

サン・ジョルジョ・マッジョーレ島 Isola di S. Giorgio Maggiore

Bacino

3

● S. Giórgio

4

177

S. Giacomo dell'Orio

ラ・ディ・サン・ジョヴァンニ・
ンジェリスタ(同信組合)
ela di San Giovanni Evangelista

C.po di
S. Agostin

C.po di
S. Stin

Rio di S. Boldo

Calle d. Tintor

Rio di S. Cassiano

Calle dei Botteri

Calle dei Sansoni Donzella

Bspl delle Beccarie

P.247
オステリア・ダ・フィオーレ
Osteria da Fiore

Rio della Madonneta

Rio delle Sansoni Donzella

A

Rio terra S. Toma

Rio di S. Stin

Campo S. Polo
P.234

サン・ポーロ広場
Campo S. Polo
P.234

C.po S.
Aponàl

S. Aponal

C.po S.
Aponàl

S.シルヴェストロ教会
S. Silvestro

C.po
S. Silvestro

P.234
サンタ・マリア・グロリオーサ・
デイ・フラーリ教会
S. M. G. d. Frari

サン・ポーロ教会
S. Polo

P.256
ラ・シアルッパ
La Scialuppa

Campo
dei Frari

Calle d
Madonnetta

パパドーポリ宮
Pal. Papadopoli

Pal. Rava

Calle di S. Polo

Pal. Bernardo

Pal. Dona

S. Silvestro

C.po
S. Tomà

Pal. Barbarigo
D. Terrazza

Pal. C.-Layard

Pal. Tiepolo

CANAL GRANDE

グリマーニ宮
Pal. Grimani

Rio di S. Luca

C. larga Foscari

Rio della Fescada

S. Tomà

Pal. Marcello d. Leoni

Pal. Dandolo

S. Angelo

コルネール・スピネッリ宮
Pal. Corner Spinelli

Pal. Volpi

Pal. Benzon

Campo
S. Beneto

Pal. Balbi

S. Toma

Pal. Corner Spinelli

B

P.238
カ・フォスカリ
Ca' Foscari

Pal. Giustinian

Pal. Contarini
delle Figure

Pal. Mocenigo

Rio di S. Angelo

Calle de la
Mandola

Calle di Verona

Pal. Moro-Lin

Piscina S. Samuele

P.239
カ・レッツォーニコ
Ca'Rezzónico

グラッシ宮
Pal. Grassi

Campo S.
Ángelo

C. d. Frati

P.259
リソラ
L'Isola

Rio della Veron

S. Samuele

Rio di S. Barnaba

Pal. Contarini-M

Ca'Rezzónico

Pal. Maliplero

サント・
ステファノ広場
Campo S. Stéfano
P.209

S.ステファノ教会
S. Stefano
P.209

P.209
フェニーチェ劇場
Teatro la Fenice

Rio Malpaga

Ca'del Duca

Rio del Duca

C.d. Spezier

P.258
スコーラ・サン・ザッカリア
Schola San Zaccaria

C., dei Cerchier

Pal. Moro

Pal. Falier

Campo S.
Maurizio

Rio dell'Albero

Pal. G. Lolin

Campo
S. Maria
Zobenigo

C

Pal. Contarini
D'Scrigni

Pal. Gambara

Accademia

Pal. Cavalli
Franchetti

バルバロ宮
Pal. Barbaro

Rio Osse Da Ponte

ヴェネティア・スタジアム
Venetia Stadium
P.255

P.264
グリッティ・パラス
Gritti Palace

Pal. Gritti

ダヴェルナ・
サン・トロヴァーソ
Taverna San Trovaso
P.251

C.po
d. Carità

アカデミア橋
Ponte dell'Accademia
P.210

Pal. Pisani

コルネール宮
(カ・グランデ)
Pal. Corner Ca'Grande

Giglio

Rio di S. Trovaso

カンティノーネ
Cantinone
P.251

P.210
アカデミア美術館
Gallerie dell' Accademia

Pal. Rota

リストランテ・
サン=トロヴァーソ
Ristorante San Trovaso

Rio terra A. Foscarini

P.270
アッリ・
アルボレッティ
Agli Alboretti

Pal. Barbarigo

ペギー・グッゲンハイム美術館
Collezione P. Guggenheim
P.217

ダリオ宮
Pal.Dario

Pal.
Genovese

Fabbriche Nuove
Rialto Mercato V 3

Fabbriche Vecchie

フィアスケッテリア・トスカーナ
Fiaschetteria Toscana P.252

P.222
サン・ジョヴァンニ・
クリソストモ教会
S. G. Crisostomo

サンタ・マリア・
ディ・ミラーコリ教会
S. M. d. Miracoli P.230

コッレオーニ騎馬像
Mon. al Colleoni

P.251
カンティーナ・ド・モーリ
Cantina do Mori

S. Giov. Elemosinario

サン・ジャコモ・
リアルト教会
S. Giacomo
di Rialto P.220

Pal. Dieci Savi

P.256
エミリオ・チェッカート
Emilio Ceccato S

C. Civran

P.257
ジャコモ・リッツォ
Giacomo Rizzo

ドイツ人商館
Fondaco dei Tedeschi

P.253
ロスティチェリア・
サン・バルトロメオ
Rosticceria San Bartolomeo

Campo
S. Marina

Pindemonte di Borgoloco

サンタ・マリア・
フォルモーザ教会
C. S. Maria
Formosa P.227

A

リアルト橋
P.te di Rialto
P.219

Rio di
San Marina

C. Scaletta

Salizzada S. Lio

Calle d. Paradiso

S.M.フォルモーザ教会
S. M. Formosa

Rialto V

ベンボ宮
Pal. Bembo

Pal. Dolfin-Manin

P.255
ジュリアーナ・ロンゴ
Giuliana Longo

サン・バルトロメオ広場
Campo S.
Bartolomeo

サン・バルトロメオ教会
S. Bartolomeo

Rio della Fava

P.265
アイ・レアリ
Ai Reali

C.po
della Fava

P.271
サン・ジュゼッペ
Istituto San Giuseppe

チップ・チャプ
Cip Ciap
P.253

B

Pal. Dandolo

Fondam. del Vin

Calle d. Madonna

Calle del Ovo

P.219
サン・サルヴァドール教会
S. Salvador

C. d. Stagneri

Calle Cassellaria

Pal. Loredan

Ca' Farsetti

P.254
カフェ・タイム・マルキーニ
Caffè Time Marchini

サン・ルカ広場
S. Luca

Calle del Carbon

Calle dei Fabbri

P.250
アル・コンテ・ペスカオール
Al Conte Pescaor R

Mercerie
P.219

S. Zulian教会
S. Zulian

Rio di S. Zulian

ロカンダ・シルヴァ
Locanda Silva
P.267

リーヴァ
Riva
P.267

Rio di S. M. Formoso

マニン広場
Campo Manin

セレニッシマ
Serenissima H
P.267

Calle dei Fuseri

Calle Fiubera

P.258
ヴェニーニ
Venini

C. larga S. Marco

P.255
サンツォーニョ・ギャラリー
Sanzogno Gallery

コンタリーニ・デル・
ボーヴォロ階段
Scala Contarini del Bovolo
P.223

P.206
時計塔
Torre dell' Orologio

P.258
ラ・クポール
La Coupole

コンコルディア
Concordia H
P.266

Calle d. Figher

B

P.256
バルトレッティ・フォンデリア
Bartoletti Fonderia

Campo
S. Fantin

S.ファンティン教会
S. Fantin

Fond. Orseolo

Fond. del Teatro P.206

C. Frezzeria

カフェ・クァドリ
Café Quadri
P.254

P.206
コッレール博物館
MuseoCorrer

P.258
アストルフォ・グローリア
Astolfo Gloria

サン・マルコ広場
P.za S. Marco
P.196

Bacino
Orseolo

P.197
サン・マルコ寺院
S. Marco

ドゥカーレ宮殿
Palazzo Ducale
P.200

P.204
牢獄
Prigioni

鐘楼
Campanile
P.205

溜息の橋
P.te dei Sospiri
P.204

P.254
カフェ・フローリアン
Caffè Florian

P.258
パウリー
Pauly S

P.250
ラ・カラヴェッラ
La Caravella

サトゥルニア&インテルナショナル
Saturnia & International P.266

3月22日通り P.209
Calle Larga 22 Marzo

ジェスヴルム
Jesvrvm S
P.255

フローラ
Flora
P.266

Pal. Tiepolo

S.モイゼ教会
S. Moise
P.209

Calle Vallaresso

Ca' Giustinian

P.266
モナコ・エ・グランド・カナル
Monaco e Grand Canal

サン・マルコ小広場
Piazzetta S. Marco
P.205

国立マルチャーナ図書館
Liberia Marciana
P.205

Rio del
Giardinetti

S. Marco/Vallaresso V

S. Marco/
Giardinetti V

Capitan di Porto

P.254
ハリーズ・バー
Harry's Bar

Fondam.
d. Farine

サン・マルコ運河
CANALE DI S. MARCO

N

C

0   50   100   200m

サン・マルコ周辺部

179

Salute V

C.po d.
Salute

S.M.デッラ・サルーテ教会
S. Maria d. Salute
P.216

プンタ・デッラ・ドガーナ
Punta della Dogana 3
P.216

4

ヴェネツィアとラグーン
登録年1987年 文化遺産

●郵便番号　30100〜
（後ろ2桁は変化する）

ヴェネツィアはこんな町

小路も楽しい

　大運河からの眺めもすばらしいが、ヴェネツィアの魅力のひとつが小路。町の北側、鉄道駅からサン・マルコ広場へと続く通りは、いくつもの商店が並びにぎやかだ。とりわけ、リアルト橋からサン・マルコ広場の北側へと続くメルチェリエ界隈やリアルト橋からサン・ポーロ教会へと向かう通りはひときわにぎやかでそぞろ歩きが楽しい。

何を目印に歩くの？

　ヴェネツィアの通りはまるで迷路のように入り組んでいるが、町は東西約4.5km、南北0.5〜2kmと小さい。各所にある行き先案内板には、駅へPER FERROVIA、サン・マルコ広場へPER SAN MARCO、リアルト橋へPER RIALTOの表示があるので、この3ヵ所の位置を把握しておくと、迷子になる心配は少ない。サンタ・ルチア駅からサン・マルコ広場まで徒歩で30分〜1時間程度だ。

地図はホテルで

　❶で地図を入手すると有料（€2.50）。ホテルを出る前に1枚入手しておこう。

もうひとつの空港

　おもに格安航空LCCが利用するのがトレヴィーゾ空港 Aeroporto di Treviso Antonio Canova。バスやプルマンがトレヴィーゾ駅、ヴェネツィア・メストレ駅、ヴェネツィア・ローマ広場を結んでいる。ローマ広場までATVO社のプルマンで所要1時間10分、料金€12（往復€22、10日間有効）。
URL www.trevisoairport.it

①海の潟に浮かぶ、「水の都ヴェネツィア」。本土とは、海の上を一直線に走る約4kmの線路とそれに平行する道路とで結ばれているのみで、まさに海に浮かぶ孤島。周囲には、ヴェネツィアングラスで名高いムラーノ島、ヴェネツィア発祥の地トルチェッロ島など大小100以上の島々が点在している。

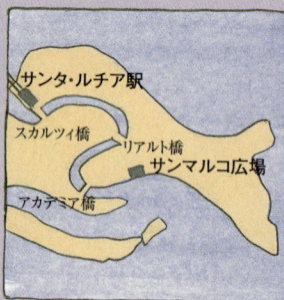

②ヴェネツィアの町には縦横に大小の運河が流れ、橋で結ばれている。町を二分するように大きく蛇行して流れるのが大運河。大運河にかかる橋はローマ広場そばの近代的な新橋、駅前のスカルツィ橋、町の中央のリアルト橋、アカデミア美術館そばのアカデミア橋のみ。どの橋を渡るかによって、おのずと目的地や観光ルートも決まってくる。

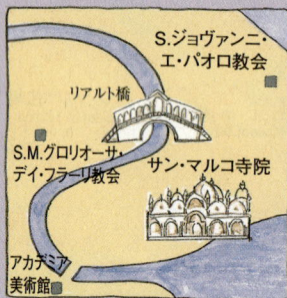

③まずは、ヴァポレットに乗って、大運河沿いに点在するリアルト橋、アカデミア美術館、サン・マルコ広場を訪ね、町の概観を頭に入れて、歩きだすといいだろう。見逃せない、S.ジョヴァンニ・エ・パオロ教会はリアルト橋の東側、S.M.グロリオーサ・デイ・フラーリ教会は西側だ。

ヴェネツィア特有の住所表示

　ヴェネツィアの住所表示は独特で、よく見かけるものには次のようなものがある。

● **CALLE**　人が歩く通り
● **SOTTOPORTEGO**
　建物の下を空けて道と道をつなぐトンネルのような通り
● **RIO**
　運河（ヴェネツィアには177あるといわれている）
● **SALIZZADA**
　CALLEより広く舗装されている道

● **FONDAMENTE(A)**　運河に沿って続く道
● **CAMPO**
　広場（一般的に広場はPIAZZAと呼ばれるが、ヴェネツィアでPIAZZAと名がつくのはサン・マルコ広場だけである。CAMPOの数は127）
● **CORTE**　中庭
● **RIO TERRA**
　もとは運河だった所を埋め立てた道

ヴェネツィアに着いたら

町への行き方、サンタ・ルチア駅

●町への行き方

ヴェネツィアへ入るには空路と陸路の方法がある。

❶空路（飛行機の場合）

ヴェネツィアはローカル空港ではあるが、ヨーロッパ各地からのフライトが運航。2016年1月現在、日本からの直行便はないので、ローマまた

サンタ・ルチア駅前のヴァポレット乗り場

はヨーロッパ各地で乗り換える必要がある。空港はヴェネツィアの北約8kmのTesseraにある近代的なマルコ・ポーロ空港。ここからはバスもしくは船で本島中心部へ。バスはヴェネツィア本島入口のローマ広場やメストレへ。ローマ広場（サンタ・ルチア駅）近くに宿泊するなら、バスの利用が便利。船は路線によりサン・マルコ広場、リアルト橋（大運河）、ムラーノ島などに停船するが、ヴァポレットに比べ下船地が限られている。いずれの場合もヴァポレットに乗り換えると、宿泊ホテル近くまで行ける。ヴァポレットは頻繁にあり、便数は少なくなるものの、深夜も運航している。

【バスでローマ広場へ】

市営バスACTV社のバス5番またはATVO社のプルマンAirport Shuttle（料金：いずれも€8、往復€15）でローマ広場まで約20分。ACTV社のバスは空港始発5:20、最終翌24:20、ローマ広場始発4:20、最終23:10、い

マルコ・ポーロ空港とローマ広場を結ぶプルマン

ずれも15分～1時間間隔の運行。ATVO社のシャトルバスは空港始発7:50、最終翌0:20まで約30分間隔の運行。ローマ広場からはヴァポレットなどでの移動になる。ACTV社では、AEROBUS+NAVE券＝バス5番とヴァポレットのセット券（90分有効）€14も販売。ローマ広場からホテルなどへヴァポレットで移動する場合に便利。セット券は切符販売窓口で。

【船でサン・マルコ広場へ】

アリラグーナ社Alilagunaの船が空港からサン・マルコ広場などを結んでいる。4路線（1路線は島めぐり）あり、地名はヴァポレットの路線図を参照。いずれも15～45分間隔の運航。一部、冬季運休や減便もあり。URL www.alilaguna.itから時刻表の検索可、オンラインで割引切符の販売もあり。

ヴェネツィアへの行き方

● ミラノから
中央駅(R:P.ta Garibaldi駅)
　　↓ 鉄道 fs FRECCIABIANCA
　　　　…2時間35分～2時間41分
ヴェネツィア(S.L駅)
● ヴェローナから
　　↓ 鉄道 fs FRECCIABIANCA
　　　　…1時間10分
　　↓ RV …1時間27分
　　↓ R …1時間13分
ヴェネツィア(S.L駅)

🚌 🚢 **空港からのアクセス**

● 空港から
　　↓ Alilaguna社の船
サン・マルコ広場
＊€15 …1時間10分
● 空港から
　　↓ ACTV社, ATVO社のバス
ローマ広場
＊€8 …20分

■ACTV社
URL www.actv.it
■アリラグーナ社
URL www.alilaguna.it
☎ 041-2401701

バス乗り場
空港では到着ロビーを出るとシャトルバスの乗り場は目の前。切符は乗り場横の自販機や空港内の切符売り場HELLO VENEZIAで購入可。市バス乗り場（切符は売店などで購入）は左に進む。
ローマ広場ではACTV社の市バスはA1乗り場、ATVO社のプルマンはD2乗り場から。

ヴェネツィア周辺

[地図内の地名]
A27
A4b
14
トルチェッロ島 Torcello
メストレ Mestre
カ・ダリオ Ca'da Lio
マルコ・ポーロ空港 Aeroporto Marco Polo
ブラーノ島 Burano
サンテラズモ Sant'Erasmo
リベルタ橋 Ponte della Libertà
ムラーノ島 Murano
サン・ミケーレ島 San Michele
ローマ広場 Piazzale Roma
サンタ・ルチア駅 Santa lucia
サン・マルコ広場
レ・ヴィニョーレ島 Le Vignole
リド島 Lido
アドリア海 Mare Adriatico
ジューデッカ島 La Giudecca
サン・ジョルジョ・マッジョーレ島 I.S.G. Maggiore
ヴェネタ潟 La Giudecca
0 2km 4km

181

メストレへのバス便
ATVO社のプルマンで所要17分、€6。メストレ駅前からローマ広場までは市バス2番で約15分、トラムT1で約20分。

■マルコ・ポーロ空港の❶
☎ 041-5298711
開 9:00～20:00
休 1/1、12/25

■サンタ・ルチア駅の❶
☎ 041-5298711
開 13:30～19:00
休 1/1、12/25
地 P.174 A1
● 1番線ホーム脇

■ローマ広場の❶
開 9:00～14:30

Alilaguna社の切符
ネットで購入した場合は切符売り場での引き換えが必要。切符は空港内窓口（バウチャーの引き換えなし）、一部の❶、旅行会社などで販売。船内購入は€1の追加料金が必要。スーツケース、手荷物各1個は切符に含み、超過荷物は1個€3。

✉ 空港から船で
空港の到着ロビーを出て、左側の白い屋根のある歩道を徒歩約10分で船の乗り場。乗り場にはトイレがないので、空港内で済ませて行くことをおすすめ。（埼玉県 SATOMI '15）

✉ 空港行きバスの切符購入
ATVO社の切符を購入する際は、空港名をはっきり告げましょう。ヴェネツィア・マルコ・ポーロ空港とトレヴィーゾ空港行きがあるので、間違えると大変です。
（栃木県 さとぼん '14）

青線Blu 空港↔ムラーノ（コロンナ）↔フォンダメンタ・ヌオーヴェ↔リド↔サン・ザッカリア↔サン・マルコ↔ザッテレ↔ジューデッカ（Stucky）↔フェリー・ターミナルTerminal Crociere　所要1時間54分　空港・S.マルコ間1時間19分　空港発6:15～翌0:15、サン・マルコ発3:50～22:35。料金€15（往復€27）

赤線Rosso 4～10月のみ　空港↔ムラーノ（ムゼーオ）↔リドS.M.E↔リド・カジノ　所要約1時間13分　空港発10:35～18:35、サン・マルコ発9:05～18:05。料金　空港・ムラーノ間€8（往復€15）

オレンジ線Arancio 空港↔フォンダメンタ・ヌオーヴェ↔マドンナ・デルロルト↔グーグリエ（fs駅近く）↔サン・スタエ↔リアルト↔サンタンジェロ↔カ・レッツォニコ↔ジーリオ↔サン・マルコ　所要1時間15分、空港・リアルト間57分　空港発8:15～24:00、サン・マルコ発5:58～22:28。料金€15

※Alilaguna社共通券　24時間券€30、72時間券€65

❷陸路（車の場合）
ヴェネツィアには車では入れない。運河沿いのローマ広場またはトロンケットTronchettoの駐車場に駐車してヴァポレットなどに乗り換えよう。ローマ広場は駅にも近くて便利だが、駐車場はスペースも狭く料金も高め。トロンケットのほうが規模が大きい。トロンケットからローマ広場まではモノレールが運行している（7:00～23:00、⽇⽇ 夏季8:00～22:00、冬季8:30～21:00、料金€1.50　URL www.asmvenezia.it）。いずれの駐車場もヴェネツィアへ向かう道路に表示があるので確認して進もう。ローマ広場にはレンタカー会社各社が事務所を構えている。

ヴェネツィアの玄関口サンタ・ルチア駅前とヴァポレット乗り場

❸陸路（列車の場合）
ヴェネツィア行きの列車は、本土のヴェネツィア・メストレMestre駅を出るとラグーナ（潟）の中を15分ほど走る。遠くにヴェネツィアの本島がくっきりと浮かび上がると、旅情に浸る間もなく、終点のヴェネツィア・サンタ・ルチアSanta Lucia駅に到着する。
　駅を出ると、目の前には大運河。バスも車も広場もない。40年前の映画「旅情」で主人公がとまどったのと同じだ。運河を行き交うのは、ゴンドラやヴァポレットと呼ばれる水上乗合バスだ。またモトスカーフィと呼ばれるモーターボートのタクシーも大運河を疾走する。ヴェネツィアでは、自分の足で石畳の路地を歩くか、これらの乗り物を利用する以外に移動手段はない。
'15年12月現在、工事中

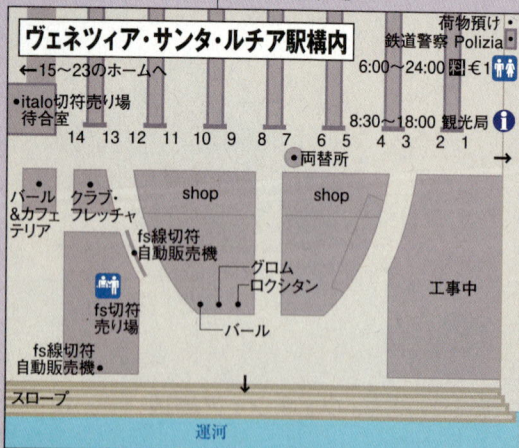

ヴェネツィア・サンタ・ルチア駅構内

荷物預け
鉄道警察 Polizia
6:00～24:00　€1
←15～23のホームへ
●italo切符売り場
待合室
8:30～18:00　観光局 ❶
14　13　12　11　10　9　8　7　6　5　4　3　2　1
●両替所
バール＆カフェテリア
クラブ・フレッチャ
shop
shop
fs線切符自動販売機
グロム
ロクシタン
fs切符売り場
バール
fs線切符自動販売機
工事中
スロープ
運河

182

サン・マルコ広場へ

まずは落ち着いたらサン・マルコ広場に急ごう。

ヴァポレットなら①番の各駅停車でじっくりと大運河巡りを楽しみながら行くのがよい。40分ほどかかる。しかし、一番のおすすめは徒歩でサン・マルコ広場まで行くことだ。駅前のスカルツィ橋を渡って、路地を歩き

各駅停車の1番のヴァポレット

きながら行くのもよいし、駅から左に走る広いリスタ・ディ・スパーニャ通りを行くのもよい。どちらで行っても時間的には変わらないが、ヴェネツィアの見せる表情はそれぞれに異なる。薄暗い路地の先に突然、広場（ヴェネツィアの方言でカンポと呼ばれる）が出現する。広場の明るさと路地とのコントラストも、歩く者の気持ちを楽しませ、旅情をかきたてる。

小路の上を見上げれば、行き先を示す案内が

そぞろ歩きを楽しもう

117の島、177の運河、400の橋がつなぐヴェネツィアのそぞろ歩きは、そこここに新しい発見がある。歩き尽くして理解できるのが、ヴェネツィアでもある。「迷子になったらどうしよう？」その心配は無用。道に迷い始めたら、路地の角々にある「サン・マル

歩き疲れたらカンポ（広場）でひと休み

コへPER S. MARCO」「駅へPER FERROVIA」の表示に従って進めばよい。迷うのもまたヴェネツィア歩きの楽しみのひとつでもある。

本書ではヴェネツィアの見どころをいくつかに分類したが、なかでも大運河巡りとサン・マルコ広場は滞在日数にかかわらず、絶対に外せないポイントである。しかし、じっくり回っているとこれだけで2日くらいかかってしまう。また、それだけではヴェネツィアのご一部しか見たことにならないのも事実だ。

ヴェネツィアは知れば知るほど奥深い。何日滞在すればこの町を十分知ることができるのか、それは読者の方々に判断を委ねたい。

PER S. MARCO（サン・マルコへ）の表示が大きく示される

■駅の荷物預け
1番ホーム脇にある。
開 6:00〜23:00
料 5時間€6
　6〜12時間　€0.90（1時間毎）
　13時間以降　€0.60（1時間毎）

空港→サン・マルコ広場の水上タクシー
€110くらい
※空港内（出口そば）にタクシーカウンターがあり、申し込み、料金の確認などが可能。

■サン・マルコ広場の❶
住 San Marco 71/f
（サン・マルコ広場のオフィス）
☎ 041-5298711
開 9:00〜19:00
休 1/1、12/25
地 P.174 B2、P.179 C3
各APTの❶では、地図（有料）や資料や情報の提供のほか、ヴァポレットの切符の販売やローリング・ヴェニス・カードの発行を行っている。

若者なら上手に節約
ローリング・ヴェニス・カード
Rolling Venice Card
15〜29歳を対象に、一部の美術・博物館、ヴァポレットの切符を購入するときやレストラン、ホテル、ジェラテリアなどでも、割引が受けられるカード。❶やHellovenezia、Agenzie 365などで€4を払うと発行してもらえる。発行の際には身分証明書が必要だ。
詳しい情報は、
URL www.hellovenezia.com
※ローリング・ヴェニス・カードを利用すると若者用ヴァポレットの72時間券Biglietto 72 Oreは€20（この切符は発行時点で時間が刻印されるので、利用時間を考えて購入を）。これだけでも、発行代のもとはとれる。

✉お得です
15〜29歳に適用のローリング・ヴェニス・カード（€4）を購入すると、ヴァポレットの72時間券が€20になります。
（東京都　Ichi&Megu　'15）

■中央郵便局
住 San Marco, Sottoportico delle Acque, Calle S.Salvador 5016
☎ 041-2404149
開 8:30〜18:30
　⊕8:30〜13:00
休 ⑤　地 P.179 A3

■サンタ・ルチア駅そばの郵便局
住 Cannaregio, Lista di Spagna 233
地 P.176 A1

　サンタ・ルチア駅正面のヴァポレット乗り場の切符売り場は夏季には切符を求める人の列ができる。24時間券、72時間券などと表示されているが、１回券もあるのでホテルにまず向かう場合は１回券（コルサ・センプリーチェCorsa Semplice）を購入しよう。長蛇の列ができているので、つい滞在日数分の切符を購入しがちだが、ほかの切符売り場はすいていることがほとんど。また、ヴァポレット乗船口の切符売り場で販売する切符は、販売時点で日付と時間が刻印され、規定時間を過ぎると無効になるので、まとめ買いはやめよう。まとめ買いする場合は🛈やたばこ屋などで。

電子切符

　ヴァポレットやバスの切符はimobと呼ばれる紙製の電子切符。ヴァポレット乗船口付近やバスの車内に置かれた改札機にかざすと、ピッという音がして検札終了。時間内なら「改札済み（有効）」の緑ランプが点灯する。赤ランプは使用不能の意味。バスもヴァポレットもまた日を変えて購入しても切符の見た目は同じなので、複数枚所有する時は間違えないようにしよう。

　１日券などの時間券は乗船ごと・乗り換えごとに改札機にかざすのが決まり。検札は頻繁に来る。切符がない場合や改札機を通していないと€50の罰金。

カジノの無料入場券にもなっているヴァポレットの切符。外観では区別がつかないので、複数枚購入した場合は注意を

改札機には切符をかざす

ヴェネツィアの交通

ヴァポレットを活用しよう

■ヴァポレット Vaporetto

　水の都ヴェネツィアのバスがヴァポレット。一日中運河を巡り、旅人や町の人々にとって欠かせない足となっている。各駅停車、快速、島へ渡る船など、さまざまな路線があるが、24時間券、72時間券などを持っていれば、かなり遠くまで行け、バス便にも利用できる。ヴァポレットはACTV社、空港線はAlilaguna社で共通券ではないので注意を。観光客に便利なのは次の路線だ。

アカデミアに停船したヴァポレット

1番 ローマ広場からリド島までの各駅停車。いずれもかなりゆっくり進むので、運河の周囲の建物や景色を眺めるのには最適。見たい所があったら、次の船着場で降りるのも楽しい。

2番 サン・ザッカリア（サン・マルコ広場東側）から外回りでローマ広場へ向かい、大運河（リアルト、アッカデミアなど）を運航。

行先は係員に確認しよう

　同じコースでも季節などにより終点が違ったりすることがある。船の乗船口横にルートと船着場名が書いてあるので間違えないように。また係員に確認してもよい。駅名は船着場の黄色い表示に書いてある。船内でのアナウンス案内はいつもあるとは限らない。

切符の買い方、使い方

　ヴァポレットの切符は乗船口の切符売り場、タバッキと呼ばれるたばこ屋、キオスク、🛈などで販売。乗船口で買うときは問題ないが、タバッキで買ったとき、また24時間券などを使い始めるときは、乗船口にある改札機に触れることを忘れないように。

乗り場の入口entrataと出口uscitaを間違えないように

　夜間は運転本数は少なくなるが、ほとんど終夜運転される。ただし、ヴァポレットを乗り継いでキオッジャへ行くなど、遠くへ足を延ばしたときは、必ず帰りの船の時間を確認しておくこと。案内図はインフォメーションに置いてある。ヴァポレットを運航しているのはACTV社（Azienda Consorzio Transporti Veneziana）で、事務所はローマ広場やサン・マルコ広場近くにある。チケットなども購入できる。(詳しいヴァポレット路線図はP.186〜187)

ローマ広場のACTVの事務所

■ゴンドラ Gondola

ヴェネツィアを代表する物といえばこのゴンドラ。昔は移動の足に使われていたゴンドラも、今は観光客専用。町のあちこちにServizio Gondoleと書いた表示があり、ここではゴンドリエーリたちが客引きをしながら待っている。

サン・マルコ運河をゆくゴンドラ

一応公定料金はあるが、実際は守られていない。**乗る前にコースと値段は交渉が必要**だ。たいていは地図を見せてコースを説明してくれる。小さな運河や大運河を巡り、リアルト橋や溜息の橋など見どころを回るのが典型的なコース。これで時間は約45分〜1時間、値段は€90〜120くらいだろうか。

値切ろうとしても、実際ゴンドラをこぐのはお任せになってしまうのでそれはなかなか難しい。1艘でいくらという設定なので、4人ぐらいで乗るのが一番おすすめだ。

■トラゲット Traghetto

橋のない場所で、対岸に渡りたいときに便利なのがトラゲットTraghetto。乗合の渡しゴンドラのことで、町の人に交じって立ったままゴンドラに乗るのもおもしろい体験。予算はないけれど一度はゴンドラに乗ってみたい人にもおすすめ。2分くらいで運河を渡る。切符はなく、乗船時に係員に現金を渡す。ただし夜は運航していないので注意。

魚市場脇のトラゲット

✉ 共通切符、ナニを買う!?

旅行前にネットで共通切符をいろいろ検索。さすが世界の観光地だけあって前売りは取り扱い業者が多く、値段は千差万別。€0.50〜10くらい手数料が上乗せされています。現地の美術・博物館の窓口で購入するのが面倒でなく、一番経済的です。美術・博物館は思っているほどの混雑はありませんでした。　　(観光客に愛を　'15)

■ACTV社
URL www.actv.it

ゴンドラの基本料金

1艘6人まで40分で€80、以降20分ごとに€40。
19:00〜翌8:00は40分で€100、以降20分ごとに€50。
カンツォーネや楽団は別料金。

■均一料金の ゴンドラセレナーデ Serenata in Gondola/ Gondola Serenade

アコーデオンと歌手付きでゴンドラを楽しめる、ロマンティックなゴンドラセレナーデ・ツアー。均一料金なので、ひとり旅でも手頃に楽しめる。約40分。

料金 1人€41(乗合)
※集合Stazio Santa Maria del Giglio 18:30、19:30
※4〜11月はGiro in Gondola 15:00、17:15発　€30 音楽なし。集合はVenice Pavilionもあり。
申し込みは❶へ
☎ 041-5298711

■ゴンドラのトラゲット

料金 1回€0.70〜2
※ペギー・グッゲンハイム美術館の近くやプンタ・デッラ・ドガーナの前など数ヵ所にある

ゴンドラのトラゲット Traghetto Gondole "da parada"乗り場と料金

●S.Sofia(カジノそば)
7:30〜20:00、㊐㊗8:45〜19:00
●Carbon(リアルト橋南)
平日のみ8:00〜12:30
●S.Toma (ヴァポレット乗り場そば) 7:30〜20:00、㊐㊗ 8:30〜19:30
●S.Maria del Giglio (サン・マルコ広場西) 9:00〜18:00
●Dogana(プンタ・デル・ドガーナ) 9:00〜14:00
料金 €2

各種共通切符を賢く利用しよう

各見どころをまとめた共通入場券が発行されている。各券とも1ヵ所に1回入場可、①は3ヵ月間、②は6ヵ月間有効。計画を立てて、上手に利用しよう。①については、各見どころの個別の入場券はない。販売は各見どころや❶、コールス加盟の教会で。

①サン・マルコ広場周辺共通券
Biglietto per I Musei di Piazza San Marco
対象 ドゥカーレ宮殿、コッレール博物館、国立考古学博物館、国立マルチャーナ図書館　料金 €18、割引券(6〜14歳、15〜25歳の学生(要学生証))€11

②美術・博物館パス　Museum Pass
対象 ①の見どころ、カ・レッツォーニコ、モチェニーゴ宮、ゴルドーニの家、カ・ペーザロ、ガラス博物館(ムラーノ島)、レース博物館(ブラーノ島)、自然史博物館

料金 €24、割引券(6〜14歳、15〜25歳の学生(要学生証))€18

※①は家族割引 Offerta Famiglie Biglietto per I Musei di Piazza San Marcoあり。大人2人、子供1人以上の家族が大人券1枚を購入すると、同一家族の割引料利用可

③教会加盟コールス共通　Chorus Pass
サンタ・マリア・デイ・ミラーコリ教会、サンタ・マリア・グロリオーサ・デイ・フラーリ教会ほか、全16教会(→P.235)に共通。

料金 €12 (1年間有効)、割引券€8、コールス・ファミリー・パス(大人2人+子供)€24
URL www.chorusvenezia.org
☎ 041-2750462

ヴァポレット運航図

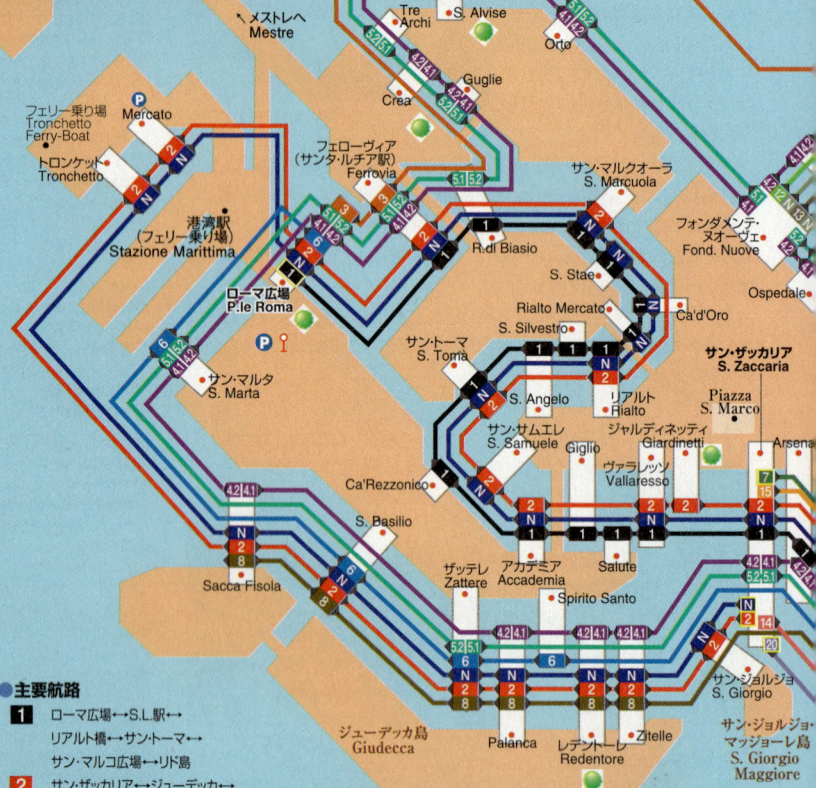

地図上のラベル：
メストレへ Mestre
Tre Archi
S. Alvise
Orto
Guglie
Crea
フェリー乗り場 Tronchetto Ferry-Boat
トロンケット Tronchetto
Mercato
フェローヴィア（サンタ・ルチア駅）Ferrovia
サン・マルクオーラ S. Marcuola
フォンダメンテ・ヌオーヴェ Fond. Nuove
港湾駅（フェリー乗り場）Stazione Marittima
R. di Biasio
S. Stae
Ospedale
ローマ広場 P.le Roma
Rialto Mercato
S. Silvestro
Ca'd'Oro
サン・ザッカリア S. Zaccaria
サン・マルタ S. Marta
サン・トーマ S. Toma
Piazza S. Marco
S. Angelo
リアルト Rialto
サン・サムエレ S. Samuele
Giglio
ジャルディネッティ Giardinetti
Arsena
Ca'Rezzonico
ヴァラレッソ Vallaresso
S. Basilio
Salute
Sacca Fisola
ザッテレ Zattere
アカデミア Accademia
Spirito Santo
サン・ジョルジョ S. Giorgio
ジューデッカ島 Giudecca
Palanca
レデントーレ Redentore
Zitelle
サン・ジョルジョ・マッジョーレ島 S. Giorgio Maggiore

●主要航路

1 ローマ広場↔S.L.駅↔リアルト橋↔サン・トーマ↔サン・マルコ広場↔リド島

2 サン・ザッカリア↔ジューデッカ↔トロンケット↔ローマ広場↔S.L.駅↔リアルト橋↔アカデミア↔サン・マルコ広場（↔リド島23:00まで）

7 サン・ザッカリア↔ムラーノ島（NAVAGERO, FARO, COLONNA）（夏季のみ）

8 リド島↔ジューデッカ↔サッカ・フィソラ（夏季のみ）

N **2**の夜間便

3 ローマ広場↔S.L.駅↔ムラーノ島（一周）

4.1 4.2 本島の外側（本島↔ムラーノ島）を循環

5.1 5.2 本島↔リド島を循環

●その他の航路

12 フォンダメンテ・ヌオーヴェ↔ムラーノ島→トルチェッロ島↔ブラーノ島↔プンタ・サッビオーニ

14 サン・ザッカリア↔リド↔プンタ・サッビオーニ

15 サン・ザッカリア↔プンタ・サッビオーニ（直通）

9 ブラーノ島↔トルチェッロ島

N フォンダメンテ・ヌオーヴェ↔ムラーノ島の夜間便

荷物を持っての移動に便利

　階段が多いヴェネツィア。重い荷物の運搬は意外と大変だ。そんなときに便利なのが**荷物運び屋さんPortabagagliポルタバガーリ**。fsサンタ・ルチア駅前（☎041-715272）、ローマ広場（☎041-5223590）、サン・マルコ広場、リアルト橋などで待機し、ホテルなど希望の場所まで荷物を運んでくれる。基本料金は駅前からヴェネツィア本島内で、1〜2個€25、3〜4個€35など。荷物の大きさなどにより料金は異なる場合もあるので、事前に確認しよう。

　荷物も多く、人数も多いときに便利なのが**水上タクシーTaxi Acquei**のモーターボートだ。ヴェネツィアでは、高級ホテルでは宿泊者専用の船着場があるし、経済的なホテルでもボートですぐ脇まで行くことができる。料金は、サンタ・ルチア駅前からサン・マルコ広場周辺まで約€80。初乗り€15、迎船料金€5などのほか、普通のタクシー同様深夜、休日料金などが加算される。サンタ・ルチア駅前をはじめ、各地に乗り場がある。
Radio Taxi ☎041-5964　障害者タクシーTaxi per Disabili（車椅子対応）☎ 041-2747332

ヴァポレット運航図

(Map of Venice vaporetto routes with station labels:)

Torcello トルチェッロ島 Torcello
Mazzorbo
Burano ブラーノ島 Burano
Venièr
Museo
ムラーノ島 Murano
Da Mula
Colonna
ファーロ Faro
Navagero
renella
Punta Vela
Chiesa
Lazzaretto Nuovo
Capannone
Forte Massimiliano
Treporti
Punta Sabbioni
Vignole
Cimitero
celestia
Bacini
S. Pietro
Certosa
ジャルディーニ Giardini
S. Elena
S. Nicolò
Servolo
S. Lazzaro
リド島 Lido
リド(リド島) Lido
Casinò

◀▶ 進行方向
● 公園
■ 黄線は始発

●ヴァポレットの切符
[1回券]
1回乗り券(60分有効)
Biglietto Corsa Semplice €7.50
[時間券]
12時間券Biglietto 12 Ore €18
24時間券Biglietto 24 Ore €20
36時間券Biglietto 36 Ore €25
48時間券Biglietto 48 Ore €30
72時間券Biglietto 72 Ore €40
7日券　7 giorni　　€60
[荷物券]
追加荷物券
Ogni Bagaglio Aggiuntivo　€7
※すべての切符代に手荷物1個を
含む。また、1回乗り券を除き、
メストレやリドのバスやトラム
に共通。
●大運河巡りを何度もしたい人
や島巡りをする人は、24時間券な
どの時間券の利用が便利で節約
になる。ヴェネツィアを徒歩で楽
しむ場合は、1回券の購入がいい。

✉ 空港から
　　サン・マルコ広場へ
ヴェネツィア空港からサン・マ
ルコ広場まで直接船で行きました
が、空港ターミナルから船乗り場
まで徒歩で10分以上かかり、途
中には平坦でない道もあり、重い
スーツケースを転がして行くのに
たいへん苦労しました。カートも
ありません。サン・マルコ広場ま
で90分ほどかかり、娘は船酔い
の寸前でした。船に弱い人、重
い荷物がある人はバスでローマ
広場まで行き、そこからヴァポレ
ットに乗り換えた方がよいと思い
ます。　　　　　(森下薫 '14)

✉ ヴァポレット利用術
時間券を購入した場合は、路
線を理解して効率的に利用しま
しょう。4.1と5.1は反時計回り、4.2と
5.2は時計回りと進行方向が違い
ます。ムラーノ島もローマ広場か
らは3番、フォンダメンテ・ヌオー
ヴェからは4.1、4.2、12といろいろ
あり、所要時間も異なります。路
線図、時刻表はACTV社のHP
(URL www.actv.it)から印刷して
持参するとか、スマフォで参照で
きるようにしておくなど、準備して
おくとスムーズに移動できます。
　　　　　　　　(匿名希望 '14)

交通情報

●サン・マルコ広場へ　2015年12月現在、サン・マルコ
広場に直接接岸するヴァポレットの船着場はない。San
Marco〜と表示されている次の3ヵ所。広場西側のジャル
ディネッティGiardinetti (ジャルディーニGiardiniと間違
えないこと)。さらに少し西側のヴァラレッソVallaresso.
1と2はヴァラレッソに停まるので、ここで下船しよう。
右に進めば広場だ。広場を運河から眺め、次のサン・ザッ
カリアS. Zaccariaで下船するのもよい。
●スーツケースは有料?　ヴァポレットでは3辺の計150cm
の手荷物1個が乗船券に含まれる。大きな荷物や2個目の
荷物などには荷物券が必要。荷物は中央あたりの荷物置
場や通行のじゃまにならない場所に。
●検札は厳しい!!　毎回、乗船口にある検札機でヴァリデ
ーションを。忘れると罰金€52の場合あり。

✉ 水上タクシーで
サンタ・ルチア駅前からサン・マルコ広場近くのホテル
まで2名、スーツケース2個で'14年は€60でした。ドライバーに
よれば、定額ということでした。サン・マルコ広場近くのホテ
ルから空港までは2名、スーツケース2個で€120。30分で到
着しました。　　　　　　(東京都 TSUNEさん '14)

カナル・グランデ
大運河—Canal Grande

Ponte degli Scalzi
スカルツィ橋
サンタ・ルチア駅の正面にある石橋。駅を造った頃と同じく、1934年に建築された比較的新しい物である。

ベッローニ・バッタジア宮
Belloni Battagia

　ロンゲーナによる17世紀の建物で、壮麗なロッジアが印象的。屋根に立つ2本のオベリスクは飾りだが、家族にヴェネツィア艦隊の司令官がいたことを示すという説もある。

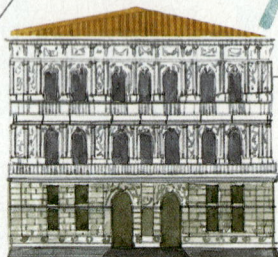

カ・ペーザロ　Ca' Pesaro

　切り詰め石の上に何層にも彫刻の多い階が載る重々しい雰囲気の建物は、ヴェネツィアン・バロック様式の典型といわれる。内部は現代美術館および東洋美術館となっている。

パパドーポリ宮
Palazzo Papadopoli

　1500年代に古典様式を模して建てられた物。ふたつの様式の混じり合った調和のよいロッジアがある。

グリマーニ宮　Palazzo Grimani

　1500年代のロンバルディア様式の、白大理石でできたエレガントな建物。サン・マルコの行政長官グリマーニのために建てられた。現在は裁判所になっている。

駅からサン・マルコ広場まで、ヴェネツィアの町を大きく蛇行してゆっくりと流れる大運河。流れには、観光客や町の人々を乗せて走るヴァポレットや、カンツォーネやアコーディオンを聴かせながらゆっくりと進むゴンドラ、食料や商品を積んで走るモーターボートなどが浮かび、この町ならではの風景と魅力を漂わせている。長さ約4kmの運河に沿って、12〜17世紀の建物が運河に面して建ち並んでいる。とりわけ1300〜1400年代の丸窓とアーチに飾られたゴシック様式の優美な建物が多く、この町の歴史と富裕で華麗な文化を絵巻物のように見せてくれる。運河巡りには、ヴァポレット利用が便利。駅からでは混んでいて、思いどおりの場所に座るのは難しいので、ヴァポレット①の始発のローマ広場（駅前の船着場からひとつ奥に進む）から乗り込むのがよい。混んでいても、少し待てば次のヴァポレットの一番前の席に座れて、左右がよく眺められる。

ヴェンドラミン・カレルジ宮
Palazzo Vendramin Calergi

初期ヴェネツィアン・ルネッサンス様式の建物はコドゥッチらの手による。現在、市営カジノが開催されている。ここで1883年に作曲家ワーグナーが没し、彼の博物館Museo Richard Wagnerがおかれている（見学は要予約）。

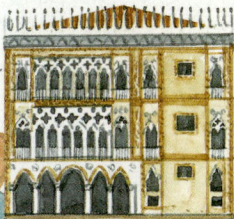

カ・ドーロ Ca' d'Oro

連続したアーチが印象的な、ヴェネツィアン・ゴシックを代表する建築。かつては、正面は黄金に塗られていたという。現在内部はフランケッティ美術館となっている。

ドイツ商館 Fondaco dei Tedeschi

1505年にスカルパニーノによって建てられた。昔は外壁がティツィアーノやジョルジョーネのフレスコ画で飾られていたといわれるが今は残っていない。2015年12月現在、大規模工事中。

Ponte di Rialto
リアルト橋

16世紀にアントニオ・ダ・ポンテの設計で造られた橋。長らく大運河に架かる唯一の物だった。アーケードと階段が融合されていて店が並び、にぎやかな町のシンボルである。

カ・フォスカリ
Ca' Foscari

1400年代のゴシック様式で、8つのアーチ
をもつふたつのロッジアが印象的な建物。昔
は賓客を泊めるために使われていたが、1867
年以来、ヴェネツィア大学がおかれている。

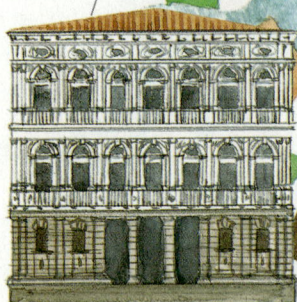

Ponte dell'Accademia
アカデミア橋

大運河に架かる木製の橋。大理石
の堂々としたリアルト橋とは対照
的。橋の南にある建物はヴェネ
ツィア派絵画の宝庫であ
るアカデミア美術館。

カ・レッツォーニコ
Ca'Rezzonico

ロンゲーナ（1649年）によるバロック建築で、
マッサリ（1740年）によって完成された。現在は
1700年代ヴェネツィア博物館がおかれている。

ペギー・グッゲンハイム美術館
Collezione Peggy Guggenheim

建築途中のままになっていたヴェニエール・デイ・レオーニ宮
をペギー・グッゲンハイムが購入し、住居兼ギャラリーとした。
白いイストリア石の建物が異色。

グラッシ宮
Palazzo Grassi

18世紀マッサリの手になるバロック建築で、大運河沿いに建てられた最後の大きな建物。現在は同名の現代美術館。

バルバロ宮
Palazzo Barbaro

多くの芸術家のサロンとして使われた。モネのアトリエがあったほか、作家ヘンリー・ジェイムズも滞在し、ここで「鳩の翼」を書いた。映画で舞台に使われたのもここ。

コルネール宮
Palazzo Corner Ca' Grande

サンソヴィーノ作の堂々とした威厳あふれる建物。有数の繁栄を誇ったコルネール家のために建設された。現在はヴェネト州庁舎として使われている。

ダリオ宮
Palazzo Dario

多色大理石の象嵌細工のファサードが美しい、ロンバルド作の15世紀初期ルネッサンス様式の館だが、持ち主が次々に不幸に見舞われるという忌まわしい伝説でも有名だ。

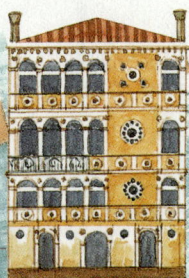

サンタ・マリア・デッラ・サルーテ教会
Santa Maria della Salute

大運河の終点に位置し、ヴェネツィアン・バロックを代表するロンゲーナの建築。大きなクーポラが乗った八角形で真っ白な大理石の外観がすがすがしく、印象的だ。

エリア・インデックス

1 **サン・マルコ広場** P.194

ヴェネツィア観光のハイライト。広場のカフェで
は楽隊が音楽を奏で、光を浴びたサン・マルコ寺院
は金色に輝く。「水の都ヴェネツィア」の豊かさを物語
るドゥカーレ宮殿はレースのような美しい彫刻を施さ
れ、眼前の大運河にはゴンドラが浮かぶ。幾多の芸
術家が描いた広場は、何世紀を経ても変わらぬまま
のよう。誰もが夢見るロマンティックなヴェネツィア
がここにある。

2 **サン・マルコ広場~アカデミア 美術館~サルーテ教会にかけて** P.208

ベッリーニ、ジョルジョーネ、カルパッチョ、ティン
トレット……、イタリア美術を代表する潮流のひとつ
であるヴェネツィア派の絵画が凝縮されたエリア。静
かな教会で作品と向き合い、あるいはアカデミア美術
館でその大きな流れを感じよう。絵の背景に描かれた、
当時のヴェネツィアと現在の姿を比較してみるのも一
興だ。美術館巡りに疲れたら、光にあふれる明るいザ
ッテレでひと休み。

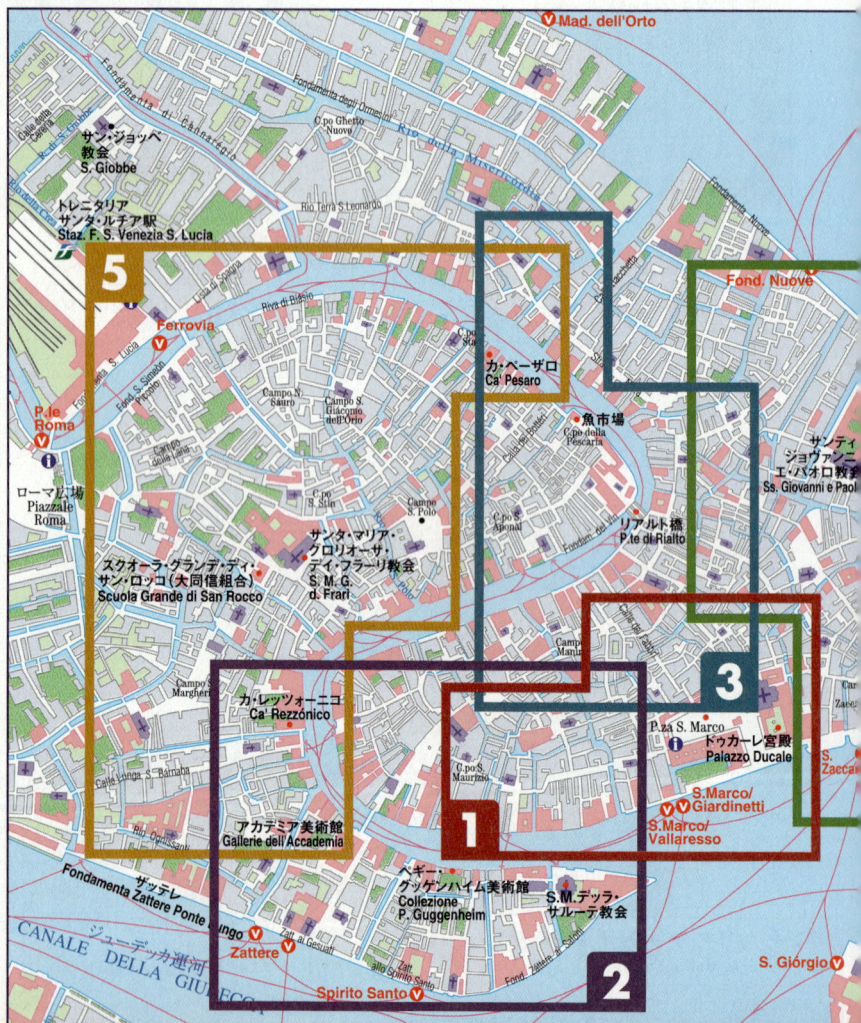

Mad. dell'Orto

サン・ジョッペ
教会
S. Giobbe

トレニタリア
サンタ・ルチア駅
Staz. F. S. Venezia S. Lucia

5

Ferrovia

P.le
Roma

ローマ広場
Piazzale
Roma

カ・ペーザロ
Ca' Pesaro

Fond. Nuove

魚市場

サンティ
ジョウァンニ
エ・パオロ教会
Ss. Giovanni e Paol

リアルト橋
P.te di Rialto

スクオーラ・グランデ・ディ・
サン・ロッコ(大同信組合)
Scuola Grande di San Rocco

サンタ・マリア・
グロリオーサ・
デイ・フラーリ教会
S. M. G.
d. Frari

3

カ・レッツォーニコ
Ca' Rezzónico

P.za S. Marco

ドゥカーレ宮殿
Palazzo Ducale

S.Marco/
Giardinetti

1

アカデミア美術館
Gallerie dell'Accademia

ペギー・
グッゲンハイム美術館
Collezione
P. Guggenheim

S.Marco/
Vallaresso

S.M.デッラ・
サルーテ教会

ザッテレ
Fondamenta Zattere Ponte

CANALE DELLA GIU

Zattere

Spirito Santo

2

S. Giórgio

3　メルチェリエ通り〜リアルト地区にかけて　P.218

ヴェネツィアらしいそぞろ歩きが楽しいエリア。かつては貴族たちのオフィスが立ち並んでいた地域だが、現在は細い路地にヴェネツィアン・グラスをはじめとするみやげ物屋、ブランドショップなどがぎっしりと並び、世界中からの観光客で大にぎわい。リアルト橋を下った魚市場では、町の人々の暮らしがのぞける。「黄金宮殿カ・ドーロ」では、美術品とともに、テラスから運河の眺めを楽しもう。

4　スキアヴォーニ河岸〜カステッロ地区にかけて　P.224

サン・マルコ広場東側に広がるエリア。運河沿いには広い遊歩道が広がり、これまでのヴェネツィアとは異なる顔を見せる。路地が続く界隈はカステッロ地区と呼ばれ、ヴェネツィアの下町といった風情だ。点在する教会やスクオーラにはヴェネツィア派のすばらしい作品が残る。歴史あるサンタ・マリア・フォルモーザ広場には生鮮市場が立ち、周囲では子供たちがサッカーに興じる。

5　サン・ポーロ地区〜大運河にかけて　P.232

ヴェネツィアならではの社会的組織、スクオーラ（同信組合）。その中心をなした大同信組合会館と歴代の総督を祀るサンタ・マリア・グロリオーサ・デイ・フラーリ教会が連なるエリア。中世から、この町の宗教の中心地ともいえる地域だ。ゴシックからルネッサンス、そしてバロック様式が建物の外観、内部ともに華やかに飾る。カ・レッツォーニコでは18世紀の芸術や風俗に出合える。

6　周辺の島巡り　P.240

運河の左右にガラス店がひしめく、ヴェネツィアン・グラス一色のムラーノ島。カラフルな家々とのどかな雰囲気が印象的なブラーノ島。アシが茂るヴェネツィア発祥の地トルチェッロ島。世界に名立たるビーチ・リゾートのリド島。それぞれの島々は、まったく違う顔を見せる。ここに挙げた4つの島を巡るには、1日がかりでもかなりの駆け足になる。季節と興味に合わせて回ろう。

サン・ミケーレ島
Isola di S. Michele

Celestia

Bacini

Campo S.
Lorenzo

Campo d.
Celestia

アルセナーレ（造船所）
Arsenale　P.226

Arsenale

Riva degli
Schiavoni

4

Biagio

Via Giuseppe Garibaldi

Riva dei 7 Martiri

サン・ジョルジョ・マッジョーレ教会
S. Giorgio Maggiore

Giardini
Esposizione

6

カ・ダリオ
Ca da Lio

マルコ・ポーロ空港
Aeroporto
Marco Polo

トルチェッロ島
Torcello

ブラーノ島
Burano

リベルタ橋
Ponte della
Libertà

ムラーノ島
Murano

サンテラズモ
Sant'Erasmo

サン・ミケーレ島
San Michele

サンタ・ルチア駅
Santa lucia

レ・ヴィニョーレ島
Le Vignole

ジューデッカ島
La Giudecca

リド島
Lido

サン・ジョルジョ・
マッジョーレ島
I. S. G. Maggiore

アドリア海
Mare Adriatico

1. サン・マルコ広場

Piazza San Marco

「世界で最も美しい広場」、「大理石造りのサロン」と呼ばれるサン・マルコ広場。無数の鳩が飛び交い、カフェからは日がなロマンティックな調べが聴こえ、広場を取り囲む回廊には、宝石店やヴェネツィアングラスのギャラリーが軒を連ね、人々がゆったりと散策する。いにしえには、ヴェネツィア共和国の政治・経済の中心であった場所だが、今はヴェネツィアらしい優雅さと華やかさをたたえ、訪れた人を魅了する。見どころは広場周辺に集中しているが、じっくりと見て回ると半日以上は優にかかる。見学に疲れたら、広場のカフェに座ってゆっくりと過ごすのも一興だ。(所要時間約4〜5時間)

サン・マルコ寺院の屋根

ドゥカーレ宮殿の繊細な飾り

マルチャーナ図書館を飾る彫像

Rio di S. Angelo
Calle de la Mandola
Rio di Verona

コンタリーニ・デル・ボーヴォロ階段
Scala Contarini del Bovoro P.223

Campo S. Ángelo

S.ファンティン教会
S. Fantin

Campo S. Fantin

S.ステーファノ教会
S. Stefano
P.209

フェニーチェ劇場
Teatro la Fenice
P.209

Campo S. Maurízio

3月22日通り
Calle Larga
P.209

Rio dell'Albero

Dose Da Ponte

Rio del Santissimo

コルネール宮(カ・グランデ)
Pal. Corner Ca'Grande

Pal. Gritti

Giglio Ⓥ

---

❶ サン・マルコ広場

ひときわ目を引く金色のモザイクで輝くサン・マルコ寺院とその隣のドゥカーレ宮を背にして広がる、奥行き157m、幅82mの広い空間。広場を回廊が取り巻き、さまざまな商店が並んでいる。

★★★ **P.196**

❷ サン・マルコ寺院

町のシンボルであり、ロマネスク・ビザンチン様式建築の傑作。828年にエジプトのアレキサンドリアから運ばれたこの町の守護聖人聖マルコを祀るために9世紀に建てられた。

★★★ **P.197**

❸ ドゥカーレ宮殿

サン・マルコ寺院の南側、大運河に面して建つ、かつてのヴェネツィア共和国のずば抜けた富と権力を象徴する建物。共和国の総督の居城および執務所として使われていた。

★★★ **P.200**

❹ 溜息の橋

ドゥカーレ宮殿から新牢獄へ通じる橋。この橋を渡った囚人は2度とこの世に戻って来られないといわれ、橋の小窓からこの世に別れを惜しみ、溜息をついたということから名が付いた。

★★★ **P.204**

Map labels

サン・ルカ広場
Campo S. Luca

サン・ルカ広場
Campo
S. Luca

del Carbon

Calle dei

メルチェリエ
Mercerie P.219

Calle dei Fabbri

Calle Fiubera

Rio di S. Zulian

S.ズリアン教会
S. Zulian

クエリーニ・スタンパリア絵画館
Pinacoteca Querini Stamparia
P.228

C. larga S. Marco

時計塔
Torre dell'
Orologio
P.206
⑦

Bacino Orseolo

オルセオロ運河 P.206

サン・マルコ寺院
② S. Marco
P.197

③

ドゥカーレ宮殿
Palazzo Ducale
P.200

牢獄
Prigioni
P.204

コッレール博物館
Museo Civico Correr
P.206
⑥

サン・マルコ広場
P.za S. Marco
P.196
①

⑤

鐘楼
Campanile
P.205

④

溜息の橋
P.te dei Sospiri
P.204

カフェ・フローリアン
Caffè Florian
P.207

サン・マルコ小広場
Piazzetta S. Marco
P.205

Salizz. S. Moisè

i

Rio dei Giardinetti

国立マルチャーナ図書館
Liberia Marciana
P.205

22 Marzo

S.モイゼ教会
S. Moisè
P.209

Calle Vallaresso

Ca' Giustinian

Capitan di Porto

Fondam. d. Farine

V San Marco (Giardinetti)

V San Marco (Vallaresso)

al. Tiepolo

N

▼ ⑧ サン・ジョルジョ・マッジョーレ教会 へ

0   50   100m

---

⑤ 鐘楼

サン・マルコ寺院の入口前にある高さ96.8mの鐘楼。屋上まではエレベーターで上がれ、そこからのヴェネツィアの町とラグーナの眺望がすばらしい。

★★   P.205

⑥ コッレール博物館

広場を挟んでサン・マルコ寺院と向き合う場所にある。階段を上がった2、3階が博物館。内部には14〜18世紀のヴェネツィア共和国時代の歴史と人々の暮らしぶりをしのばせる展示品が並ぶ。

★★   P.206

⑦ 時計塔

サン・マルコ寺院に向かって左側にある。屋上にあるブロンズ製のムーア人が大きな鐘を長い金づちで打って時を告げる。

★★   P.206

⑧ サン・ジョルジョ・マッジョーレ教会

ドゥカーレ宮殿と運河を隔てて向かいにある小さな島に、建築家パッラーディオの代表作のひとつサン・ジョルジョ・マッジョーレ教会があり、ここの鐘楼の上からの眺めもすばらしい。

★★   P.207

195

■サン・マルコ広場
交 Ⓥ1、2番S.Marco (Vallare
sso)、S.Zaccaria (Daniele)

サン・マルコ広場 ★★★
Piazza San Marco
ピアッツァ・サン・マルコ

観光客であふれるサン・マルコ広場

広場でひときわ目を引くのが、金色のモザイクで輝くサン・マルコ寺院。その隣にはドゥカーレ宮殿。サン・マルコ寺院を背にすると、奥行157m、幅82mの広い空間が広がっている。右に見えるのがブロンズ像が乗る時計塔、左側の高い塔が鐘楼、さらに左、運河の近くに立つ円柱にはヴェネツィアの象徴である有翼の獅子像が乗っている。広場は回廊が取り巻き、さまざまな商店が並んでいる。寺院から向かって右側は、15〜16世紀にヴェネツィアの最高の司法府であった旧政庁の建物。左側には16〜17世紀に新政庁がおかれた。寺院の正面はナポレオンの翼壁と呼ばれ、ナポレオンによるヴェネツィア制覇後の19世紀になって建てられた場所である。

✉ 迷路の町の歩き方
リアルト橋からサン・マルコへ向かいましたが、運河を渡り路地に入るとやっぱり迷路。でも、サン・マルコPer S.Marcoの案内板が道の角ごとにあってわかり易く、迷うことはありません。
（kacha　'14）
地図を持っていても迷うこと必至。ホテルまでの道のりはポスターやショーウィンドーで目印をつけながら歩くのがいいです。
（Hero　'15）

✉ 鐘楼からの絶景
鐘楼から見るヴェネツィアの夜景は絶景でした。8月末では19:30〜20:30頃の間、日没とともにどんどんと色が移り変わります。ライトアップされたサン・マルコ広場も美しいです。この時間帯は広場の人も少なく、並ぶことなく入れました。
（東京都　H.M.　'12）
8/20、20:00に行くとすぐにエレベーターに乗れました。夕日に照らされて町がピンクに染まり、夕焼けとともに美しかったです。
（東京都　津崎園子　'12）

✉ サン・マルコ寺院の荷物預け
サン・マルコ寺院に入場の際、警備員に背中のデイパックをクロークに預けて来るように言われました。場所は寺院に向かって正面左側、ライオン像の小広場から細い路地を20mほど入った所です。私たちは警備員から「荷物を預けたら入場待ちの列に並び直さず、直接ここへ。そのまま入っていいから」と言われたので、戻った際に預けた荷札を見せてすぐに入れました。長い行列があり、事前予約の入口からサッサと入る人、荷物預けの後にすぐに入る人など、ゴチャゴチャしていて分かりづらい。列の整理をする係員もいないので、積極的に周りの人に聞いてみるのがいいです。
（なかのん　'14）

鐘楼からは広場の広さが実感できる

サン・マルコ広場名物のカフェ

サン・マルコ広場
Piazza S. Marco
時計塔 Torre dell'Orologio
レオーニ小広場 Piazzetta dei Leoni
旧政庁 Procuratie Vecchie
サン・マルコ寺院 Basilica di S. Marco
コッレール博物館 Musée Civico Correr
サン・マルコ広場
ナポレオンの翼壁 Ala Napoleonica
鐘楼 Campanile di S. Marco
ドゥカーレ宮殿 Palazzo Ducale
新政庁 Procuratie Nuove
サン・マルコ小広場 Piazzetta S. Marco
マルチャーナ図書館 Libreria Marciana
有翼の獅子像
聖テオドロス

MAP P.195、P.179 B4

サン・マルコ寺院
Basilica di San Marco

バジリカ・ディ・サン・マルコ

★★★

　町のシンボル、そして宗教的よりどころでもあるロマネスク・ビザンチン建築の傑作。828年にエジプトのアレキサンドリアからふたりのヴェネツィア商人が運んできた、聖人マルコの遺体を祀るために9世紀に建て

サン・マルコ寺院正面上部
聖マルコの像の下には金色の有翼の獅子像が見える

られた。聖マルコはキリストの福音書の4人の著者のひとりでこの町の守護聖人とされ、彼のシンボルが有翼の獅子。そのため、ヴェネツィアの権威の象徴としての獅子像は町のいたるところで見かけられる。寺院は火災に遭ったため、11世紀、17世紀に大幅に改修され、より東洋的なイメージに近づいた。

13世紀のモザイク

●正面
　大理石による2層建て。いくつもの柱が連なり、2層のアーチが横に5つ並んでいる。中央のひときわ大きいアーチの上には**聖マルコとそのシンボル有翼の獅子像**が飾られている。どのアーチも金色のモザイクとゴシック様式の繊細な縁飾りのような尖塔で装飾されている。この正面の5つのモザイクは聖マルコの遺体を運び出す一連の伝説を描いた物で、正面に向かって一番左の物だけが13世紀の作で古い。

　広場を見下ろす中央入口上部のバルコニー部分には、ブロンズ製の4頭の馬像がある。ヴェネツィア総督率いる十字軍が、コンスタンティノープルを占領した記念に1204年に持ち帰った物のコピー。紀元前4世紀から2世紀頃の作といわれ、オリジナルは寺院2階にある付属博物館に展示されている。

　この正面が一番美しく見えるのは夕日に輝く時刻だ。青空の下、正面のモザイクの金色が光に反射して、文字どおりきらきらと輝く様子が見られる。

2回の改修を経て、
より東洋的なイメージに変わった寺院正面

■サン・マルコ寺院
住 Piazza San Marco
☎ 041-5225205
寺院
開 復活祭〜10/31　9:45〜17:00
　（日）（祝）　　　　14:00〜17:00
　11/1〜復活祭　9:45〜16:45
　（日）（祝）　　　　14:00〜17:00
パラ・ドーロと宝物庫
開 復活祭〜10/31　9:45〜17:00
　（日）（祝）　　　　14:00〜16:00
　11/1〜復活祭　9:45〜17:00
　（日）（祝）　　　　14:00〜17:00
料 パラ・ドーロ€2.50
　宝物庫€3
博物館
開 9:45〜16:45
料 €5
休 いずれも無休
文化財保護のため、少人数のグループで入場。

服装チェックあり
　入口に係員が立ち、服装チェックがある。ノースリーブ、短いスカートや短パンなど肌の露出の大きい服装では入場不可。リュックなどの大きな荷物も不可。

✉ **サン・マルコ寺院への入場**
　暑い時期だったので、娘はショートパンツでしたが、入口に用意してある不織布€1を購入し、腰に巻いて入場できました。
　（愛知県　ザザエサン　'10）

ブロンズ製の4頭の馬像が広場を見守る

サン・マルコ広場
（鐘楼から旧政庁を眺める）

197

モザイク画が豪華に装飾された寺院内部

ギリシア十字架様式の小クーポラ

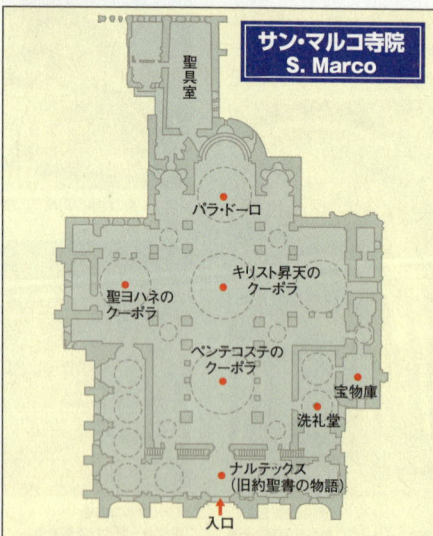

サン・マルコ寺院
S. Marco

聖具室

パラ・ドーロ

キリスト昇天の
クーポラ

聖ヨハネの
クーポラ

ペンテコステの
クーポラ

宝物庫

洗礼堂

ナルテックス
(旧約聖書の物語)

入口

●内部

　入口を入ってすぐのナルテックス（玄関廊）の天井のモザイク画には、旧約聖書の物語が描かれている。一番右の円蓋天井には、天地創造の物語が三重の同心円で描かれていて圧巻。寺院内部はビザンチン建築に特徴的なギリシア十字架様式で、中央に大きなドーム、その回りに少し小さめのドームが4つという構成。主身廊は円柱列で仕切られた三廊式で、大きなアーチが5つのドームをつないで支える構造になっている。床は大理石モザイク、柱も珍しい大理石、壁は板状の大理石とすべてに大理石が使われている。上部の壁とクーポラは金とガラスモザイクで覆い尽くされ、その豪華さ、華やかさに圧倒される。全体が同じトーンのモザイクで覆われているため、実際よりも大きな広がりが感じられるだろう。とりわけクーポラ部分のモザイクがすばらしい。モザイクの主要テーマはキリストの生涯と受難、そして復活である。中央の一番大きなクーポラには天使に囲まれたキリストとその周囲でキリストを見上げる聖母マリアと12使徒の姿があり、「昇天」のクーポラと呼ばれ、寺院の精神的中核をなすものといえる。

　寺院の中では天井を見上げるだけでなく、床にも注目したい。床に施された装飾も見事で、大理石やメノウで描き出された華麗な模様が見られる。

　内陣と身廊を分ける聖像壁（ここでは中央に銅と銀でできた大きな十字架があり、その両側に聖母マリアと12使徒の像が並んでいる）はビザンチン教会に典型的な物であり、ここにも東方の影響が色濃く見られる。その奥、内陣の主祭壇には聖マルコの遺体が収められている。この主祭壇の裏側にあるのが、寺院最大の宝物であるパラ・ドーロPala d' Oro。高さ1.4m、幅3.48mの祭壇画で、ビザンチンとヴェネツィアの金銀細工芸術の粋を集結させた、細かな細工と金色に輝くその

モザイク模様の見事な床

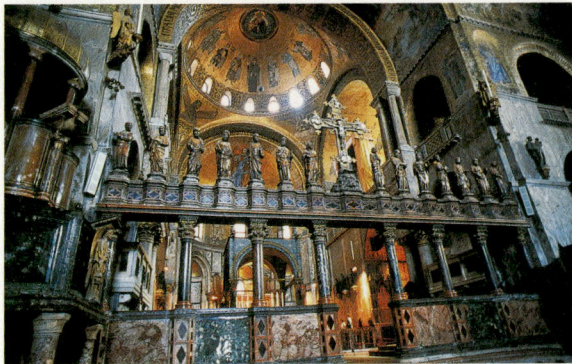

聖像壁にビザンチンの影響が見られる

**サン・マルコ広場を
運河から眺めよう**
　サン・マルコ広場へヴァポレットで向かう場合、広場手前のSan Marco VallaressoやGiardinettiで下船してしまう人がほとんど。ドゥカーレ宮殿やサン・マルコ寺院の雄大な姿を運河から眺めるなら、次のSan Zaccariaで下りるのがおすすめ。

切符売り場と閉館時間
　ヴェネツィアの多くの見どころの切符売り場は閉館1時間前に閉まる。

姿はため息を誘うような見事さ。10世紀にコンスタンティノープルで作られ始め、1342年に完成した。1300粒の真珠、400のガーネット、300のエメラルドとサファイア、90のアメジスト、ルビー、七宝などで飾られている。

　寺院右側奥にある宝物庫Tesoroには、1204年に十字軍がコンスタンティノープルから運んできた11〜12世紀ガラス器やイコンなどの財宝が展示されている。なかでもサン・マルコ寺院に似た形をした銀の容器などが見もの。

サン・マルコ寺院の至宝
パラ・ドーロ

　正面玄関廊右側の階段を上ると、ガッレリア（博物館）に通じている。寺院正面を飾る4頭の馬像のオリジナル、モザイクの破片、寺院の歴史を彩った絨毯、タペストリーなどが展示されている。バルコニーからはサン・マルコ広場全体を俯瞰できる。

4頭の馬像のオリジナル

年齢割引について
　イタリアでは年齢割引がある見どころでの年齢証明の呈示が厳しくなった。18歳以下、学生、60または65歳以上という区分けが多いので、これに該当する場合はパスポートのコピーなどの持参を。

ゴンドラ　　　　　　　　　　　　　　　　　　*column*

　ゴンドラは11世紀の終わりに初めて現れたといわれている。現在の形は17世紀の物で、それ以前の物はもう少し直線的で高さが低かった。艫と舳先は金属装飾で飾られており、フェッロと呼ばれる舳先飾りの6つの歯は6つの行政区と反対側のひとつはジューデッカ島を表すという。また6つの歯の間にある3つの飾りは大運河にかかる大きな3つの橋、フェッロの上部の曲線は、総督がかぶるコルナ帽の形を意味しているという。昔のゴンドラは金や銀やさまざまな色で飾られてカラフルだったといわれるが、17世紀に華美贅沢を規制するため政府によって黒に統一された。ゴンドラはよく見る

と左右非対称で、右舷が少し広くなっている。そのままでは傾いてしまうので、船頭が船尾に立って片足を右舷にかけ、船をこぐ動作そのものによってゴンドラを平衡に保っている。全長の半分しか水に接しないように設計され、底は平たくなっており、水に沈む部分はわずかなので浅い運河のどこでも行くことができる。ゴンドラ漕法の特徴は、こぎ手が船首を向いて立ち、櫂栓Forcolaのカーブに当てる位置と向きを変えながら櫂を前後に動かすことにある。最盛期には1万もあったといわれるゴンドラも現在は観光用に約500を残すのみとなった。ゴンドラの船頭ゴンドリエーリはかつては厳しい世製制の職業であったが、後継者不足から現在は外国人にも門戸が広かれた。2009年には初の女性のゴンドリエーリも誕生した。黒い服にリボンを付けた麦わら帽をかぶる彼らの姿はヴェネツィアの風情に欠かせないものだ。

ドゥカーレ宮殿
Palazzo Ducale

MAP P.195、P.179 B4

★★★

パラッツォ・ドゥカーレ

■ドゥカーレ宮殿
🏠 Piazzetta San Marco
☎ 041-2715911
🕐 4/1～10/31 8:30～19:00
　　11/1～3/31 8:30～17:30
🚫 1/1、12/25
💰 共通券€18または€24
　　（→P.185）
🚇 Ⓥ1、2番S. Marco Valla
　　ressoまたはSan Zaccaria
　　下船
●切符売り場は閉館1時間前
　　まで。

サン・マルコ寺院の南側、大運河に面して建つ、いにしえのヴェネツィア共和国の図抜けた富と権力の象徴する建物。ヴェネツィア共和国の**総督の居城**として使われていたほか、国

サン・マルコ小広場から見たドゥカーレ宮殿

会、行政、裁判をつかさどる場所であり、牢獄もおかれた。大きく窓の開いたビザンチン風のエレガントなアーチが続く柱廊、繊細な飾りの施された小尖塔、壁面にひし形を描くピンクと白の大理石など異国情緒にあふれ、また天気のよい日は青い空と水に映えて実に美しい。基礎の作られた9世紀には城塞としての趣が強かったが、その後14～15世紀には、ヴェネツィアン・ゴシックの典型ともいえる伸びやかで、装飾の多い現在の建物へと変化してきた。サン・マルコ寺院のすぐ脇にあるのが、15世紀のゴシック様式の**布告門**Porta della Carta。高く大きな門はB.ボンほか多くの彫刻家の手により、たっぷりの彫刻で飾られている。

●内部

現在、入場口は大運河に面した側にある。入口を入って左側が切符売り場と売店。中へ入ると、1500年代のブロンズ製の井戸がある中庭へと通じている。中庭の向かって右側の階段から上へ上がり、内部を見学する。2階は回廊となっており、見どころは3階と4階。3階へは、A.ヴィットリアの手による16世紀の黄金の化粧漆喰で天井が豪華に飾られているドーム型の**黄金階段**Scala d'Oroを上がって行く。

ブロンズの井戸のある中庭

ドゥカーレ宮殿の
シークレットツアー
Itinerari Segreti di Palazzo
Ducale/Secret Itineraries
in the Doge's Place

通常の入場で見ることができる豪華な部屋とは対照的に質素な実際の執務官の部屋、裁判をつかさどる四十人委員会の部屋から、拷問が行われた部屋、カサノヴァが最初の12ヵ月間入れられたという「鉛」牢獄、梁がむき出しの屋根裏などを見ることができる。ツアーではドゥカーレ宮がヴェネツィア共和国の総督の住まいであると同時に、執務所であり、裁判所であり、また牢獄も兼ねていたという表と裏のふたつの側面をもっていたことがわかる。ツアーの所要時間は約1時間～1時間30分、シークレットツアーに参加した人はそのあとに表側の部屋を見学することができる。
☎ 041-2715911
🕐 英語ガイドは11:45
　　イタリア語ガイドは11:00
💰 €20、ヴェニス・カード、ローリング・ヴェニス・カード所有者は€14
ツアーは毎日催行。予約がベター。予約は☎848082000またはドゥカーレ宮殿の窓口へ。

ヴェネツィア共和国の共和制
column

ヴェネツィア共和国では、20歳になった貴族の男子すべてが共和国国会の議員の資格を得た。共和国国会には立法権はなかったが、それを審議する権利が与えられていた。その議員が一堂に会するための場所がティントレットの油絵「天国」で有名な3階の大会議場の間（SALA DEL MAGGIOR CONSIGLIO）である。また、その中から実務担当として100名余が選ばれ、元老院議員となる。この議員たちが集まる場所が4階の元老院の間（SALA DEL SENATO）である。さらに重大な国家機密などを決定するために、元老院から10名が選ばれた。この10名と総督、そして総督補佐官6名を合わせた17人が十人委員会を組織した。この委員たちの部屋が十人委員会の間（SALA DEL CONSIGLIO DEI X）だ。これらはすべてドゥカーレ宮殿の中にあった。また犯罪などを裁くためには共和国国会から選ばれた40人が委員会を組織した。終身制の総督を除き、いずれのメンバーも1年ないし2年での交替制をとり、ひとりに権力が集中するのを防ぎ、共和制を保つことに工夫が凝らされていた。

◆3階

ヴェネツィア共和国総督の公邸である3階部分はいくつもの部屋に分かれ、総督の政庁としての雰囲気にあふれるサロンが続く。ルネッサンスの雰囲気にあふれた地図の間Sala delle Mappeではティツィアーノ『増水した河を渡る聖クリストフォーロ』S. Cristoforoのフレスコ画を見よう。

地図の間

◆4階

階段を上って右側の最初の部屋が4つの扉の間Sala delle Quattro Porteである。ここで目を引くのが入って右側の壁にあるティツィアーノ1555年の作『祈りを捧げるグリマーニ総督』Il Doge Grimani adora la Fede (必見❶) である。またティエポロによる『ヴェネツィアの海神のオマージュの受容』Venezia che riceve l'omaggio di Nettunoも必見の作品。

その次の間が謁見控えの間Anticollegioである。扉の両側の壁には四季を表現しているという、ティントレットによる4枚のパネルが飾られている。また入って右側奥にはヴェロネーゼの傑作のひとつ『エウロペの略奪』Ratto di Europaがある。

『エウロペの略奪』が飾られる謁見控えの間

続く部屋が、各国大使との謁見や条約の調印などに使われた謁見の間Sala del Collegio。部屋の正面、玉座の壁を飾るのがヴェロネーゼ作『レパントの海戦の勝利を感謝するヴェニエル総督』Doge Venier e il Redentore (必見❷)。天井にはヴェロネーゼとその弟子による11枚の板絵がはめ込まれている。玉座と反対側の壁にはティントレットによる『サン・マルコ広場で聖マリアにかしづく総督アンドレア・グリッティ』がある。

その隣の部屋が元老院の間Sala del Senato。天井の中央に描かれているのはティントレットによる『ヴェネツィア称揚』。どの部屋でも、金箔を施した化粧漆喰と華麗な絵画が共和国の富の象徴として豪華で重厚な印象を与えている。ここから一度4つの扉の間へ戻り、さらに奥の部屋へ。隣が重大な国家機密を決定した十人委員会の間Sala del Consiglio dei Dieci。ここの天井もヴェロネーゼの絵画で彩られており、なかでも『老いと若さ』Vecchiaia e Gioventù (必見❸) がすばらしい。その次の羅針盤の間Sala della Bussolaの扉の横には、市民からの投書を受け付けたライオンの口Bocca di Leoneがある。ドゥカーレ宮殿内にはいくつかその種の投書口があった。その奥には武器庫があり戦時の武器や遺品が置かれている。ここから階段を下りてもう一度3階へ向かう。

『ヴェネツィア称揚』が描かれた元老院の間

黄金階段を上って総督の公邸に入る

✉ ドゥカーレ宮殿の見学順路

最初に4階まで上がり、3階、2階と下りる順路です。下から順に見学して行くと、3階の「大評議の間」へはロープが張ってあり、見学できず焦ってしまいました。(ヤマケイ '10)

ドゥカーレ宮殿情報

●中庭に面した1階の階段横にあるトイレは管理もよく無料。その並びにはGUARDAROBA(クローク)もある。
●2階出口近くにはミュージアムショップと隣合わせにカフェがあり、見学に疲れたら休憩するのに最適。
●オーディオガイド(英・伊語)もあり。

✉ わからなかったら

ティツィアーノの『増水した河を渡る聖クリストフォーロ』はベランダへ上る階段の背面壁にあるので見つけるのが大変でした。わからなかったら、スタッフに聞くのがいいです。(岡山県 村木俊文 '10)

✉ 閉館間近ならすいてる

ドゥカーレ宮殿やコッレール博物館は混んでいることが多いですが、閉館2時間前に入場するとゆっくりと静かに見ることができます。ドゥカーレ宮殿ではサンタ・マッジョーレ教会が見られる窓が開いているので、天気のよい日にはのぞいてみて。夕日があたってとてもきれいです。(栃木県 さとぼん '14)

「地球の歩き方」が選んだ

ドゥカーレ宮殿
Palazzo Ducale

必見ベスト5

3階

0　　　10m　　　20m

漆喰の間

テラス
Terrazza

エリッツオの間
Sala Erizzo

総督の居室
Appartamento del Doge

グリマーニの間
Sala Grimani

地図の間
Sala delle Mappe

スカルラッティの間
Sala degli Scarlatti

投票の間
Sala dello Scrutinio

黄金階段
Scala d'Oro

四十人の裁判官
からなる法廷

溜息の橋

新市民の四十人の
裁判官の間

入口

検閲官
の階段

旧市民の四十人の
裁判官の間

軍隊の間
Sala dell'
Armamento

大評議の間
Sala del Maggior Consiglio

大評議の間・通路
Andito del Maggior Consiglio

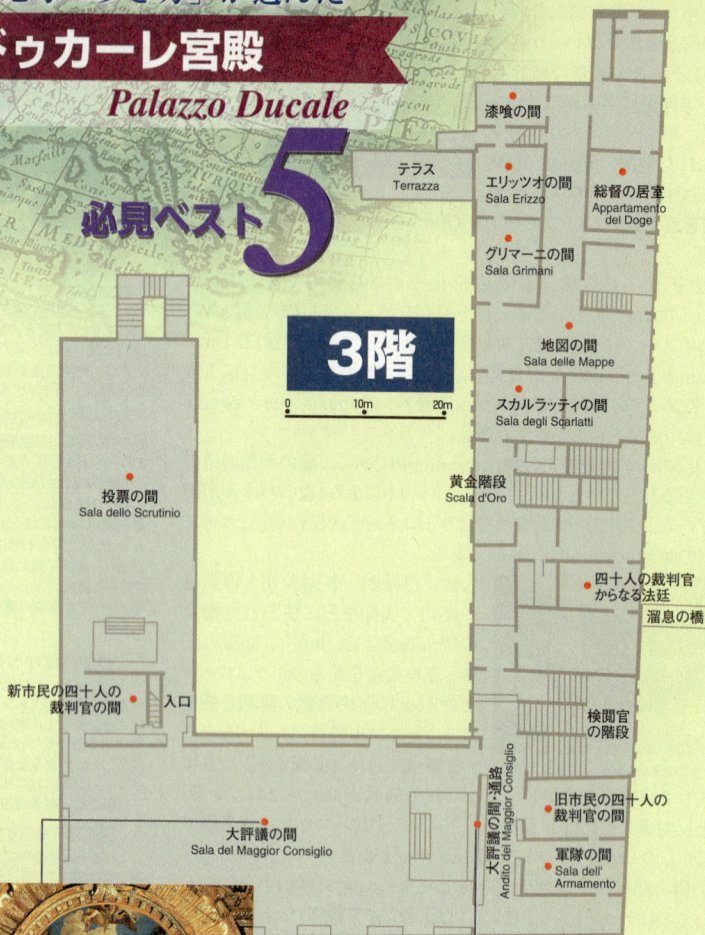

5 ヴェロネーゼ作
『ヴェネツィアの勝利』（天井画）

4 ティントレット作『天国』

4階

0　　　10m

教会(聖具室)
Chiesetta

教会控えの間
Antichiesetta

謁見の間
Sala del Collegio

元老院の間
Sala del Senato

謁見控えの間
Anticollegio

4つの扉の間
Sala delle Quattro Porte

連絡通路
Andito

十人委員会の間
Sala del Consiglio dei Dieci

三人の長と
十人評議の間

羅針盤の間
Sala della Bussola

検閲官の階段
Scala dei Censor

武器の間
Sala d' armi

2 ヴェロネーゼ作
『レパントの海戦の勝利を
感謝するヴェニエル総督』

3 ヴェロネーゼ作
『老いと若さ』(天井画)

1 ティツィアーノ作
『祈りを捧げる
グリマーニ総督』

ヴェネツィア共和国の総督(ドージェ)

column

　総督はヴェネツィア共和国の象徴であり、共和国国会から選ばれる終身制であった。通常貴族の名門家系の相当の年齢に達した人が選ばれていた。しかし総督は君臨すれど統治せずという立場で、重要な決定にはすべて関与してはいるものの、その権限や行動は厳しく限定されていた。6つの行政区ごとに選ばれた6人の補佐官の同意がなくてはいかなる決定も下せず、ヴェネツィアから出ることも、補佐官2名の同行なくしては許されなかったという。その意味で、真に力を持っていたのは、国家の安全保障にかかわる案件を決定する十人委員会と元老院であったといえる。

◆大評議の間 Sala del Maggior Consiglio

3階の大運河に面した部分にあるこの宮殿の一番の見どころ。54m×25mという広大で豪華な広間で、世界で一番大きい油絵といわれる、ティントレットの『天国』Paradiso（必見❹）が正面の壁一面を覆っている。また周囲の壁の上部には当時の総督の肖像画76枚が並んでいる。黄金漆喰で飾られた天井中央にあるヴェロネーゼ最後の作品、『ヴェネツィアの勝利』Apoteosi di Venezia（必見❺）もすばらしい。この広間の正面左奥の小さな入口は溜息の橋へと続いている。

大評議の間

カサノヴァも投獄された　MAP P.195、P.179 B4

牢獄 ★
Prigioni
プリジオーニ

元来牢獄はドゥカーレ宮殿の1階にあったが、増える一方の囚人を収容しきれず、天井裏や運河の水面に近い所にも牢獄を造った。屋根裏の物がカサノヴァが入れられていたという鉛牢獄であり、運河に近い所にあるのがポッツォ（井戸）牢獄と呼ばれるが、環境も劣悪となったので、政府は新たに牢獄を造ることを決定した。これが新牢獄である。新牢獄の建物が溜息の橋でドゥカーレ宮殿の2階と通じている。

牢獄

現世に別れを告げた橋　MAP P.195、P.179 B4

溜息の橋 ★★★
Ponte dei Sospiri
ポンテ・デイ・ソスピーリ

16世紀半ばにドゥカーレ宮殿に隣接して新牢獄が造られた。ドゥカーレ宮殿で有罪の判決を受けた者が、この新牢獄へ移されるときに通る橋が溜息の橋。外観は美しい大理石で造られているが、内部は木造の質素な造り。この橋から外を見渡し、この世に別れを告げて溜息をついたことからこの名が付いたという。

溜息の橋

広場と潟を一望する MAP P.195、P.179 B4

鐘楼 ★★
Campanile
カンパニーレ

サン・マルコ寺院の入口前にある高さ96.8mの鐘楼。赤いレンガ色で天を突くようにそびえるシンプルなフォルムが、寺院とは対照的な美しさを示している。888～1514年の間に建てられ、昔は灯台の役目も果たしていた。しかし1902年7月4日の朝突然倒れ、1912年に元のままの姿で再建された。エレベーターで鐘のある場所まで上がれ、そこからのヴェネツィアの町とラグーナの眺望がすばらしい。

運河を望む小広場 MAP P.195、P.179 C4

サン・マルコ小広場 ★★
Piazzetta San Marco
ピアツェッタ・サン・マルコ

寺院を背にして左側、大運河に面している広場で、12世紀に建てられた2本の石柱が立っている。運河に向かって右側の石柱には9世紀以前のヴェネツィアの守護聖人聖テオドロス、左側の石柱の上には9世紀以降の守護聖人聖マルコの象徴、有翼の獅子の像が載っている。運河の向こうに見えるのが、サン・ジョルジョ・マッジョーレ島と教会だ。その昔、この柱の間には絞首刑の死刑執行台が置かれていたといい、ヴェネツィア人は不吉だとして決してこの柱の間を通らなかったという言い伝えがある。この広場からドゥカーレ宮殿を眺めると、2階アーチの花部分の中央には剣を持つ女性、運河に面した1階の角の柱廊の飾り柱頭の上にはアダムとイブの像があり、興味深い。

サン・マルコ小広場（ピアツェッタ）

16世紀を代表する建築物 MAP P.195、P.179 C4

国立マルチャーナ図書館 ★
Libreria Marciana
リブレリア・マルチャーナ

ドゥカーレ宮殿と向き合う位置にある1500年代を代表する建築物で、サンソヴィーノの設計による。柱廊、ロッジア、バラスター（手すりや欄干を支える小柱）で飾られ、古典的な荘重さにあふれている。内部には、中世から現代にいたる各種さまざまな分野の書物が収蔵されている。1階が図書館の閲覧室、2階は企画展示を行う大広間になっている。2階大広間はティツィアーノ、ティントレット、ヴェロネーゼ、スキアヴォーニなどの絵で飾られている。なかでも天井を飾る21枚のフレスコ画が圧巻。見学は、コッレール博物館内から入場する。2階に展示してある古書はコピーだが、壁面の哲学者たちの肖像画、天井画、玄関ホールの彫像などが見事だ。

サンソヴィーノ設計のマルチャーナ図書館

■鐘楼
住 Piazza San Marco
☎ 041-5224064
開 復活祭～6/30、10月
　　　　　9:00～19:00
　　7/1～9/30　9:00～21:00
　　11/1～復活祭
　　　　　9:00～15:45
休 12/25頃～約20日間
料 €8

100m近い高さの鐘楼

聖テオドロスの像

■国立マルチャーナ図書館
住 Piazzetta San Marco
☎ 041-2407223
開 4～10月　9:00～19:00
　　11～3月　9:00～17:00
休 1/1、12/25
料 共通券€18(→P.185)

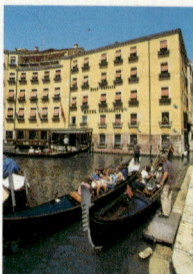
オルセオロ運河のゴンドラだまり

■コッレール博物館
🏠 Piazza San Marco
☎ 041-2405211
📅 11/1～3/31 9:00～17:00
4/1～10/31 9:00～19:00
🚫 1/1、12/25
💰 共通券€18または24
（→P.185）
切符売り場は閉館1時間前まで。

✉ 私のおすすめ、
　コッレール博物館
ヴェネツィアの歴史小説を読んでから出かけたので、当時の生活の様子がいっそう興味深く、見応え十分でした。サン・マルコ広場周辺共通券で入れますし、内部にはサン・マルコ広場を見下ろすリーズナブルなカフェもあります。落ち着いた雰囲気で楽しめます。　（東京都 のり '07）

■時計塔
🏠 Mercerie, San Marco
📅 3/22～11/2のみ
10:00～18:00各回12人までのガイド付き見学のみ
英語 （月火水）
10:00、11:00
（木金土日）
14:00、15:00
イタリア語 毎日
12:00、16:00
🚫 1/1、12/25
💰 €12（予約およびガイド料金を含む）
※内部は狭く、階段のみ。歩行に障害のある方、閉所恐怖症、心臓病の持病のある方、妊婦はおすすめできない。6歳以上のみ
※予約は☎ 041-5209070または URL www.torreorologio.visitmuve.itへ

時計塔のムーア人

ヴェネツィアらしい風情に満ちた
MAP P.195、P.179 B3

オルセオロ運河 ★★
Bacino Orseolo
バチーノ・オルセオロ

　サン・マルコ寺院から向かって右側の奥、回廊を抜けた所がオルセオロ運河で、ゴンドラの係留所となっている。運河の向こうには町で最も古いホテルのひとつ、Cavalletto e Doge Orseoloがあり、ここの前の運河と、そこに映り込むゴンドラの風景は水の上に浮かぶ町ヴェネツィアらしさにあふれている。

町の歴史と人々の暮らしを伝える
MAP P.195、P.179 B3

コッレール博物館 ★★
Museo Civico Correr
ムゼオ・チヴィコ・コッレール

コッレール博物館の入口

　広場を挟んで、サン・マルコ寺院と向き合い、入口はアーケード右側の階段を上がる。2、3階が博物館。特別展のときに使われる舞踏の間Salone da Balloがとりわけ有名だ。内部は、14～18世紀のヴェネツィアの歴史と人々の暮らしぶりをしのばせる展示品が多く、当時の献立表やイタリア陶器、ゴンドラの図、ルネッサンス期の小さなブロンズ像などが興味深い。また絵画館Pinacotecaでは、ヤコポ・ベッリーニの傑作のひとつである『キリストの磔刑』Crocifissione、その息子であるジョヴァンニ・ベッリーニの『キリストの磔刑』Crocifissione、『キリストの変容』Trasfigurazione、『ピエタ』Pietà、カルパッチョの『ヴェネツィアの二人の婦人』Le due Veneziane、トゥーラの『ピエタ』Pietà、アントネッロ・ダ・メッシーナの『ピエタ』Pietà、ロレンツォ・ロットの『肖像画』Ritrattoなどのすばらしい作品がある。

カルパッチョ作『ヴェネツィアの二人の婦人』

ムーア人が時を告げる
MAP P.195、P.179 B4

時計塔 ★★
Torre dell' Orologio
トッレ・デッロロージョ

　ヴェネツィア・ルネッサンスを代表する建築家マウロ・コドゥッチによって1496～1499年に建てられた。黄道12宮を表した文字盤の上には聖母子像が置かれており、屋上ではブロンズ製のムーア人が大きな鐘を長い金づちで打って時を告げる。

18世紀のままに残る優雅なカフェ

MAP P.195、P.179 B4

カフェ・フローリアン ★★
Caffè Florian

カフェ・フローリアン

落ち着いたインテリア、カフェ・フローリアン

コーヒーは、17世紀初めにトルコからヴェネツィアに持ち込まれ、そしてヨーロッパ中に広まったといわれる。最初のカフェはサン・マルコ広場に17世紀に開かれたというが、現在残っている老舗カフェで最も有名なのは、サン・マルコ広場新政庁側にあるカフェ・フローリアンで1720年のオープン。バイロン、ディッケンズ、プルーストらの文学者たちに愛されたというカフェは、昔のインテリアそのままに今も旅人たちの旅情を誘っている。

水辺の白亜の貴婦人

MAP P.175 C3

サン・ジョルジョ・マッジョーレ教会 ★★
San Giorgio Maggiore

サン・ジョルジョ・マッジョーレ

明るい教会内部

サン・マルコ広場と運河を隔てた向かいにある小さな島、サン・ジョルジョ・マッジョーレ島にあるベネディクト派の修道院。古典的な教会建築を理想としたルネッサンス末期の建築家、アンドレア・パッラーディオの代表作のひとつで、1566年に着工。コリント様式の4本の円柱をもつファサードは、遠くからでも印象的な風景を生み出し、特にサン・マルコ広場付近から見ると最も美しくなるよう計算されているという。内部は中央にクーポラのある幅広の3廊式で、厳粛ななかにも明るさに満ちている。必見は祭壇に向かって右側にある『最後の晩餐』Ultima Cena、左側の壁にある『マナの収拾』Caduta della manna、いずれもティントレットの後期の作品である。また入口近くの右廊にあるヤコポ・バッサーノの『羊飼いたちによる礼拝』Adorazione dei pastoriも光と影の使い方が印象的ですばらしい。祭壇の奥から鐘楼に上ると、ヴェネツィア本島やラグーナだけではなく、天気がよければ本土や遠くドロミテのシルエットさえ望むことができる。

祭壇の右にはティントレット作『最後の晩餐』

■カフェ・フローリアン
※詳細データはP.254参照

✉ 霧のヴェネツィア
　晴れの日も朝は霧がかかることがあります。そんなときは運河沿いに出ると幻想的な風景が見られます。特に大運河に架かる橋の上から見る景色は風情があります。ただ、朝は道に犬のふんが多いので気をつけてください。特にキャスター付きのかばんは悲惨なことになります。　（ありまの大猫 '11）

■サン・ジョルジョ・マッジョーレ教会
🏠 Isola di San Giorgio Maggiore
☎ 041-5227827
開 9:30～12:30
　14:30～17:00（5～9月18:00）
料 €6、学生、65歳以上€4
　（鐘楼へ上る場合）
※宗教行事の際は鐘楼への入場は休止。鐘楼へのエレベーターは正面左奥。
⛴ S. Zaccaria、Zattereなどから Ⓥ 2番S. Giorgio下船

✉ エレベーター前に料金所があり、そこで支払います。あいにくの曇り空だったのですが、ヴェネツィア本島のみならず、リド島も見えて見応えがありました。（匿名希望 '11）

パッラーディオの代表作
サン・ジョルジョ・マッジョーレ教会

サン・マルコ広場からイタリアを代表するブティックが並ぶ3月22日通りを歩いてアカデミア橋を渡ると、やがてヴェネツィア派絵画の宝庫・アカデミア美術館に着く。ここにはゆっくりと時間をかけて鑑賞したい名品が多い。またヴェネツィアン・バロックの傑作サンタ・マリア・デッラ・サルーテ教会から島の最先端プンタ・デッラ・ドガーナをぐるりと回って、ジューデッカ島に面したザッテレ河岸まで行くと、運河を渡る風に吹かれながら、サン・マルコ広場付近とは違うのどかで静かなエリアの散策が楽しめる。ザッテレ近くにあるゴンドラ造船所の風景はヴェネツィアならではの物だ。ゆっくりと時間をかけて回りたいルートである。(所要時間約5時間)

地図

- カ・フォスカリ Ca' Fóscari P.238
- Pal. Giustinian
- カ・レッツォーニコ Ca'Rezzónico P.239
- サン・バルナバ教会 S. Barnaba P.239
- サン・バルナバ広場 Campo San Barnaba
- Ca'Rezzónico
- C. del Cerchier
- Pal. Contarini D'Scrigni
- Pal. Gambara
- Accademia
- Campo d. Carità
- S.トロヴァーソ教会 S. Trovaso
- アカデミア美術館 Gallerie dell' Accademia P.210
- ゴンドラ造船所 (スクエーロ) Squero di S. Trovaso
- ザッテレ Zattere P.217
- Gesuati
- Pal. Contarini delle Figure
- Pal. Moro-Lin
- グラッシ宮 Pal. Grassi
- S. Samuele
- Pal. Malipiero
- Ca'del Duca
- Pal. Moro
- Pal. Falier
- Pal. G. Lolin
- Pal. Cavalli Franchetti
- アカデミア橋 Ponte dell' Accademia P.210
- Pal. Rota
- Rio S. Anzolo
- Pischina S. Samuele
- Campo S. Angelo
- S.ステーファノ教会 S. Stefano P.209
- サント・ステーファノ広場 Campo S. Stefano
- Campo S. Maurizio
- バルバロ宮 Pal. Barbaro
- Pal. Pisani
- Pal. Barbarigo
- ダリオ宮 Pal.Dario
- ペギー・グッゲンハイム美術館 Collezione P. Guggenheim P.217
- コンタリーニ・デル・ボーヴォロ階段 Scala Contarini del Bovoro P.223
- Campo S. Fantin
- S.ファンティン教会 S. Fantin
- フェニーチェ劇場 Teatro la Fenice P.209
- S.モイゼ教会 S. Moise P.209
- **①** 3月22日通り Calle Larga il 22 Marzo P.209
- コルネール宮 (カ・グランデ) Pal. Corner Ca'Grande
- Giglio
- Pal. Gritti
- Pal. Tiepolo
- Pal. Genovese
- **V** Salute
- C.po d. Salute
- S.M.デッラ・サルーテ教会 **③** S. Maria d. Salute P.216
- プンタ・デッラ・ドガーナ **④** Punta della Dogana P.216
- Spirito Santo
- ジューデッカ運河 CANALE DELLA GIUDECCA

スケール: 0 100 200m

N

① 3月22日通り

幅広い通りの両端に、プラダやフェラガモなどイタリアを代表するブティックが並ぶ。途中の小さな広場には辻音楽師の音色も響き、どこか伸びやかさを感じさせる界隈だ。

★★ **P.209**

② アカデミア美術館

アカデミア橋のたもとにある、元は教会とその付属の学校を改造した建物で、14～18世紀のヴェネツィア派絵画を代表する傑作を数多く収蔵していることで有名。

★★★ **P.210**

③ サンタ・マリア・デッラ・サルーテ教会

白い大理石が大きな八角形を描き、その上に白いクーポラが乗る、ヴェネツィアン・バロック様式を代表する美しい教会。大運河とともにヴェネツィアを代表する風景である。

★★ **P.216**

④ プンタ・デッラ・ドガーナ

サルーテ埠頭にある、15世紀の「海の税関」を改装した美術館。名高い現代美術の作品を収蔵。フランス人実業家と建築家安藤忠雄のコラボで生まれた第1級の現代美術館。

★★ **P.216**

ティントレット晩年の作品が飾る 　　　　　　 **MAP** P.208、P.179 C3

サン・モイゼ教会 ☆
San Moisè
サン・モイゼ

サン・モイゼ広場正面に建つ、ヴェネツィアン・バロック様式の教会。内部は彫刻や絵画で飾られ、ティントレット晩年の作品である『弟子の足を洗うイエス』Lavanda dei Piediがある。

バロック装飾で覆われたサン・モイゼ教会のファサード

再建された「不死鳥」 　　　　　　 **MAP** P.208、P.179 B2

フェニーチェ劇場 ☆☆
Teatro la Fenice
テアトロ・ラ・フェニーチェ

17世紀から18世紀にかけて、ヴェネツィアでは劇場は人々の最大の娯楽の場であり、この時代に多くの劇場が貴族らによって建てられた。フェニーチェ劇場も、ヴェネツィア共和国が滅びるわずか数年前の1792年に建築された。純バロック様式で統一された内部は、豪華で贅を尽くした物だった。1837年火事で焼失し、再建されたが、1996年1月再び火事で内部がすべて焼失。修復後、2013年12月に柿落としを終え、オペラなどが上演されている。

再建された美しいフェニーチェ劇場

高級感漂う散歩道 　　　　　　 **MAP** P.208、P.179 C3

3月22日通り ☆☆
Calle Larga il 22 Marzo
カッレ・ラルガ・イル・ヴェンティドゥエ・マルツォ

サン・マルコ広場、ナポレオンの翼の建物下からサント・ステーファノ広場までを結ぶ広い通り。道の両側にはイタリアを代表する有名ブランドショップ、ホテル、銀行などが集中して並び、高級感を漂わせている。運河を渡りながらのそぞろ歩きが楽しいルートだ。

ブランドの大型店舗が並ぶ3月22日通り

アーチを描く天井が印象的 　　　　　　 **MAP** P.208、P.178 B2

サント・ステーファノ教会 ☆
Santo Stefano
サント・ステーファノ

14〜15世紀にかけて建てられたゴシック様式の教会で、船底構造を用いて木で造られた天井が印象的である。内部聖具室の壁にはキリストのエピソードを描いたティントレットの3つの大作『弟子の足を洗うイエス』などがあり、必見。

サント・ステーファノ教会と広々としたサント・ステーファノ広場

■サン・モイゼ教会
🏠 Campo San Moisè
☎ 041-5285840
🕐 9:30〜12:30
休 ⑧
🚤 ①、2番S.Marco（Vallaresso）下船

■フェニーチェ劇場
🏠 Campo San Fantin
☎ 041-786511
🕐 9:30〜18:00
料 €9、学生、65歳以上€6.50
※オーディオガイド（英・伊など）込み
予約・インフォメーションは
URL www.teatrolafenice.it
🚤 ⑦1番Giglio下船

フェニーチェ劇場見学
フォワイエ、ロイヤルボックス、大広間などを見学。公開日や時間は公演日程により変更あり。（→P.220）

✉ **フェニーチェ劇場で**
9:00〜17:00に当日および翌日以降の切符を購入できます。私は当日購入だったので、ボックス席の後ろしかなかったのですが、座席表を見ながら選べるので、わかりやすかったです。
（神奈川県　田代良子　'12）

■3月22日通り
🚤 ⑦①、2番S.Marco（Vallaresso）下船

■S.ステーファノ教会
🏠 Campo S. Stefano 3825
☎ 041-5222362
🕐 ㊊〜㊏10:00〜17:00
休 ⑧、1/1、復活祭の⑧、8/15、12/25
料 €3（共通券→P.185/235）
🚤 ⑦1番Giglio下船
※切符売り場は閉場15分前まで

船底構造の天井

改装工事が続く
アカデミア美術館

　2016年1月29日、パラーディ
オの翼廊に18〜19世紀のヴェ
ネツィアとヴェネトの作品を中心
にした展示室がオープン。この
アカデミアと関係が深い、ヴェ
ネツィアやその近郊で生まれ、活
躍した芸術家たちの作品やその
自画像、彫像なども含まれ、芸
術家たちが身近に感じられる場
でもある。
　オープンまたは展示が加えら
れたのは下記の展示室で、今
後も展示変更、修復・拡張工
事が続けられる見込みのため、
作品の展示位置が変更される
場合あり。
◆第7室　カノーヴァによる2
頭のライオンの石膏像が入口
を飾る。同じくカノーヴァによ
る法王クレメンス13世の記念
碑Monumento funebre di
papa Clemente XIIIなど。
◆第8室　1800年代の作品。
◆第9室　カナレット。『柱廊の
眺め』Prospettiva con portico
や自身唯一の自画像など
◆第10室　カノーヴァのテ
ラコッタによる習作、『闘士』
Lottatori、『アポロ』Apollo、
『ピエタ』Pietàなど
◆第11室　フランチェスコ・ア
イエツ（ハイエツ）。カノーヴァの
教え子のなかで最も有名なひと
り。彼の傑作の『エルサレム神
殿の破壊』La distruzione del
tempio di Gerusalemme。
◆第12室　ベッリーニをはじめ
とする、ヴェネツィアの巨匠たち
の胸像
◆第13室　古代ローマの建築
に影響を受けたパッラーディオ
の意匠による『パッラーディオの
食堂』Tablino Palladianoに
カノーヴァの彫刻、石膏による
習作Creuganteやナポレオン
の胸像などを展示

運河に風情を添える木造の橋

アカデミア橋　★★
Ponte dell' Accademia

ポンテ・デッラッカデミア

木製のアカデミア橋

　　　　　　　　　　　芯に鉄を隠した褐色
の木造りの優美な橋。
大運河に架かる4つの橋
のなかでも木製の物は
これだけである。この
橋から望む大運河の流
れのすばらしさはもとよ
り、見え隠れするサル
ーテ教会の大きなクー
ポラ、風に揺れる柳など、絵になる風景が広がっている。

ヴェネツィア派絵画の傑作を一堂に集めた

アカデミア美術館　★★★
Gallerie dell' Accademia

ガッレリエ・デッラッカデミア

　アカデミア美術館は、14〜18世紀のヴェ
ネツィア派絵画の集大成ともいえる美術館。
題材のなかにもヴェネツィアを取り上げた物
が多いので、自分が今見てきた物とさして
変わらぬいにしえの風景に出合えるという不
思議な感慨に襲われるだろう。また絵画か
ら当時の時代風俗がうかがえるのも興味深
い。大きくて古いこの建物にはかつて、教会、
修道院、同信組合などがおかれていた。
　ヴェネツィア派を語るとき、アカデミア美
術館を欠くことはできない。アカデミア美術

ヴェネツィア派絵画の宝庫
アカデミア美術館入口

館の前身は、1750年に創立された美術学校
で、ティエポロが校長を務めた時期もあり、彫刻家カノーヴァもここで
学んだ。1797年、ヴェネツィア共和国崩壊後、ナポレオン統治下の市
政府は、ここに占領政策で閉鎖されたスクオーラ（同信組合）、教会な
どからの絵画を集めた。1807年学校を改め、ここが絵画の展示場とな
った。その後、ヴェネツィアがイタリア王国に加盟したあとは、ヴェネ
ツィア絵画の収集を主としてきた。この時代から現在まで寄贈と収集
　　　　　　　　　　　　　　　　　　　によって、約500年
　　　　　　　　　　　　　　　　　　　のヴェネツィア派絵
　　　　　　　　　　　　　　　　　　　画の集大成の場と
　　　　　　　　　　　　　　　　　　　なってきたのだ。詩
　　　　　　　　　　　　　　　　　　　情あふれる光と影
　　　　　　　　　　　　　　　　　　　が交錯するヴェネ
　　　　　　　　　　　　　　　　　　　ツィア派の絵画は、
　　　　　　　　　　　　　　　　　　　町の風景と重なっ
　て旅人の心を引き
ヴェネツィア派の大型の絵画が並ぶ　　　つけてやまない。

·······アカデミア美術館·······

展示室は入口を入って右側の階段を上った所から始まり、2階のみだが、大作の見どころが多いのでじっくりと回りたい。2015年12月現在、修復工事中のため、作品の移転の可能性あり。

◆第1室

14世紀後半の初期ヴェネツィア派ビザンチン様式の強い影響がうかがえる作品が多い広い展示室は、かつて教会の集会場だった所。ヴェネツィア派の創始者、パオロ・ヴェネツィアーノの多翼祭壇画Polittico(必見1)は豪華な作品。

◆第2室

15〜16世紀初頭にかけてのヴェネツィア派絵画。カルパッチョ『キリストの奉献』Presentazione di Gesù al Tempio、『アララト山の変容』Crocifissione e apoteosi dei diecimila martiri del Monte Ararat、ジョヴァンニ・ベッリーニ『玉座の聖母子と諸聖人』Madonna in Trono col Bambino e Santi, detta Pala di S. Giobbe(必見2)、チーマ・ダ・コネリアーノ『聖母と聖人』La Madonna e il Bambino con I Santi Caterina(?), Giorgio, Nicola Abate, Sebastiano e Luciaなどが見られる。

カルパッチョ作
『キリストの奉献』

◆第3室

15〜16世紀初頭にかけてのヴェネツィア派およびヴェネト地方の絵画。

◆第4室

ジョヴァンニ・ベッリーニとジョルジョーネの作品。ジョルジョーネの印象的な『老婆』La Vecchiaは有名。『ピエタ』Pietàなど秀作が小さな部屋に詰まっている。

ジョルジョーネ作
『老婆』

ジョヴァンニ・ベッリーニ作『ピエタ』

◆第6室

ティツィアーノ、ティントレット、ヴェロネーゼら16世紀のヴェネツィア派絵画。『聖母子』、ティントレット『アダムとイブの誘惑』La Tentazione di Adamo e Eva、ヴェロネーゼ『贖罪の聖ジローラモ』S. Girolamo Penitenteなど。

◆第7室

16世紀のヴェネトおよびロンバルディア地方の絵画。

◆第8室

ロレンツォ・ロット、パルマ・イル・ヴェッキオなど16世紀ヴェネツィア派。ティツィアーノ『聖ヨハネ』San Giovanni Battista。

ティツィアーノ作
『聖ヨハネ』

アカデミア美術館
Galleria dell'Accademia

必見ベスト **10**

8 カルパッチョ作
『リアルト橋から落ちた
聖遺物の奇跡』
**Miracolo della Reliquia della
Croceal Ponte di Realto**
1494年

悪魔に取りつかれた人の奇跡的な治癒を物語る作品。カルパッチョは、橋の上での行進、大司教の入場、開廊で起こる奇跡の物語の、3つの瞬間を画面にまとめた。

7 ジェンティーレ・ベッリーニ作
『サン・マルコ広場の祝祭行列』 **Processione in piazza** 1496年

大画面に多くの人物を描く歴史画を得意とした、ベッリーニ一族の兄、ジェンティーレ。聖人の遺物を持った各同信組合の人々と16世紀の改修前のサン・マルコ寺院に注目。

5 マンテーニャ作
『聖ジョルジョ』
San Giorgio 1446年頃

多翼祭壇画の一部。マンテーニャの義父であったヤコポ・ベッリーニの絵に描かれた、よろいに身を包んだ若い青年貴族のような聖人「聖ジョルジョ」が美しい。

6 ジョルジョーネ作
『嵐』
La Tempest 1505-1506年

水辺で乳を飲ませる女、空に光る稲妻、左端に立つ兵士。この絵の主題については、さまざまに議論されてきたが、美しいひとつの風景画とする見方もある。

212

4 ティントレット作
『聖マルコの奇跡の4連作』より
『奴隷を救うサン・マルコ』
San Marco libera una schiavo 1547年頃

サン・マルコ同信組合の評議の間を飾った作品。刑の宣告を受けた奴隷を解放する聖マルコが、強い光のコントラストの中でドラマチックに描かれる。

3 パオロ・ヴェロネーゼ作
『レヴィ家の饗宴』 Convito a casa di Levi 1573年

「最後の晩餐」として注文を受けたが、世俗的な要素が強すぎるということで異端諮問所に修正を求められた作品。レヴィという収税吏の家で開かれた宴会に題名が変更された。

2 ジョヴァンニ・ベッリーニ作
『玉座の聖母子と諸聖人(サン・ジョッペの祭壇画)』
Pala di S. Giobbe 1478年

15世紀のヴェネツィア派をけん引したベッリーニ一族を代表するジョヴァンニの方向性を決めた作品。ビザンチン美術から抜け出し、写実性と遠近法が駆使されている。

1 パオロ・ヴェネツィアーノ作
『多翼祭壇画』(聖母の戴冠)
Politico 1350年頃

ビザンチン文化の影響が濃い初期ヴェネツィア派を代表する作品。黄金色の多翼祭壇画の中央に描かれるのは『聖母マリアの戴冠』。左右には『キリストの生涯』。

10 ティツィアーノ作
『聖母の神殿奉献』
Presentazione di Maria 1534-1539年

アカデミア美術館の前身、S.M.カリタ同信組合の「もてなしの間」を飾っていたもの。物語画に建築の知識を駆使し、列をなす同信組合の人々の人物画と美しく調和した作品。

9 ヴィットーレ・カルパッチョ作
『聖ウルスラの物語』連作
『ブルターニュの宮廷に来たイングランド大使』
Arrivo degli ambasciatori inglesi presso il re di Bretagna
1490〜1495年

聖ウルスラ同信組合からの注文で描かれた「聖女ウルスラの物語」の6つの連作の一部。大使たちの到着、結婚の申し入れ、ウルスラが父に結婚の条件を出す場面が描かれる。

※2015年12月現在、一部が閉鎖および改装工事が進行中。
23室には重要作品が集められている

◆第10室

　ティツィアーノ最後の作品で弟子のパルマ・イル・ジョーヴァネによって完成された『ピエタ』Pietàのほか、最初は「最後の晩餐」として描かれた

ティツィアーノ最後の作品『ピエタ』

ものの、宴会の豪華さや登場人物が不謹慎ということで宗教裁判にかけられた、ヴェロネーゼの大作が右側の壁面いっぱいに広がっている。絵の変更を拒否したため、題名を『レヴィ家の饗宴』Convito in Casa di Levi（必見 3）と改名したいわく付きの作品である。

ティントレットの6枚の大作のうちの1枚『聖マルコの遺体を火葬の焼却から救う』

　遠近法と幻想的な色彩を巧みに使ったティントレットによる6枚の大きな作品『聖マルコの奇跡の4連作』Miracolo di S. Marco（必見 4）はサン・マルコ同信組合のために描かれた連作。ティントレットの登場人物の動きと光をドラマチックに捉えた技量を示している。

　このほか、ヴェロネーゼの『受胎告知』Annunciazione、『玉座の聖母子と聖人』Madonna col Bambino in Trono e i santi Giovanni Battista Fanciullo, Girolamo, Giustina e Francesco、豊かな色彩感覚を駆使した『聖カテリーナの結婚』Sposalizio mistico di S. Caterinaがすばらしい。

色彩の美しいヴェロネーゼ作『聖カテリーナの結婚』

◆第11室

　ティントレットの『天地創造』の連作5点、ベルナルド・ストロッツィの『シモーネ家の饗宴』Convito in casa di Simone fariseo、ヴェロネーゼの『金持ちのエプローネ』Il Ricco Epulone、ティントレット『聖母子と諸聖人』

Madonna col Bambino e i Santi Sebastiano, Marco Teodoro venerata da tre Camerlenghi e dai loro Segretariも目を引く。またかつてヴェネツィアの教会や宮殿の壁などを飾っていたティエポロによるだまし絵のフレスコ画が天井近くに展示されているのも見もの。

◆第12室（→P.210）

　マルコ・リッチ、ジュゼッペ・ツァイス、フランチェスコ・ズッカレッリらによる18世紀のヴェネト地方の風景画。

◆第13室

　ヤコポ・バッサーノ、ティツィアーノ、ティントレットら16世紀のヴェネツィア派。

◆第14室

　ストロッツィ、ドメニコ・フェッティら17世紀のヴェネツィア派。

◆第15室（閉鎖中。一部作品は第5室で展示）

　ティエポロ、グアルディなど18世紀のヴェネツィア派。18世紀の優雅なヴェネツィアの風俗や日常の情景、風景を描いた作品が多く、ひとときタイムスリップしたような優しい気分にさせてくれる。ロンギの連作『薬局』Il Farmacista、『仕立屋』Il Sarto、『化粧』La Toilette della Dama、『占い』L'Indovinoなど。

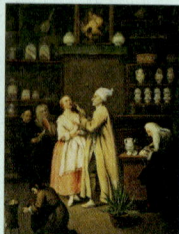

ロンギの連作『薬局』

◆第16室、16室a

　ピアッツェッタ、ロンギなどの作品。

◆第17室（閉鎖中）

　ティエポロ、ピアッツェッタ、カナレットらの作品。

◆第18室

　カノーヴァほか、1800年代初頭のアカデミア美術学校の教師による作品など。

◆第19室

15～16世紀にかけてのヴェネツィア派の絵画。

◆第20室

サン・ジョヴァンニ・エヴァンジェリスタ同信組合が所有していた、「聖十字架の奇跡」の物語の連作がある。巧みな遠近法はもとより、当時この同信組合に属していたほとんどの人の似顔絵が描かれているという群集の姿に圧倒される。また、当時の町の風景がきちんと描き込まれていて興味深い。なかでも必見は、ジェンティーレ・ベッリーニが描いた3作『聖十字架の治癒の奇跡』Miracolosa guarigione di Pietro de'Ludovici、『サン・ロレンツォ橋から運河に落ちた聖遺物の奇跡』Miracolo della reliquia della Croce al Ponte di S.Lorenzo、『サン・マルコ広場の祝祭行列』Processione in piazza S. Marco(**必見 7**)。同じテーマを描いたカルパッチョ『リアルト橋から落ちた聖遺物の奇跡』Miracolo della Reliquia della Croce al Ponte di Rialto(**必見 8**)も印象的だ。

ジェンティーレ・ベッリーニ作『サン・ロレンツォ橋から運河に落ちた聖遺物の奇跡』は大作

◆第21室

カルパッチョのみの展示。傑作『聖ウルスラの物語』Storie di Orsola(**必見 9**)の連作が展示されている。とりわけ『ウルスラの夢』Sogno di Orsolaの清澄な色彩が印象的だ。

カルパッチョ作『ウルスラの物語』の中の『ウルスラの夢』

◆第22室

新古典主義の彫刻など。

◆第23室

この展示室は、かつてカリタ教会がおかれていた所。15世紀のイタリアおよびフランドル派の絵画。マンテーニャ『聖ジョルジョ』S. Giorgio(**必見 5**)、ピエロ・デッラ・フランチェスカ『聖ジローラモと信者』S. Girolamo e devoto、コスメ・トゥーラ『ゾディアコの聖母』Madonna dello Zodiacoなどの傑作がある。ベッリーニの『双樹の聖母』Madonna degli Alberetti、この美術館を代表する作品のひとつ、ジョルジョーネの『嵐』Tempesta(**必見 6**)。美術館の傑作が集められている。

コスメ・トゥーラ『ゾディアコの聖母』

ジョヴァンニ・ベッリーニ作『双樹の聖母』

◆第24室

この展示室は、かつてサンタ・マリア・デッラ・カリタ同信組合の宿泊所のサロンとして使われていた所。壁面にあるティツィアーノの『聖母の神殿奉献』Presentazione di Maria al Tempio(**必見 10**)は、もともとここに描かれたままの状態で残っている。

『聖ウルスラの物語』　　　　column

ブルターニュの王女であるウルスラは、ある日イングランド王より息子の妻にと請われた。ウルスラは、結婚を了承するにあたって3つの条件を提示した。「その1、結婚まで3年間の猶予をおくこと。その2、将来の夫となる王子はキリスト教へ改宗すること。その3、ウルスラと特別に選別された10人の乙女の

御供、そしておのおのに1000人の侍女が付いてローマへの巡礼が行われること」

イングランド王に、すべてが認められたウルスラはローマ巡礼へと旅立ったものの、帰途、ケルンでウルスラと王子、そして御供の1万人以上もの乙女がフン族の襲撃に遭って皆殺しにされてしまった。

サルーテ教会

■サルーテ教会
住 Campo della Salute 1
☎ 041-2743928
開 9:00〜12:00
　　15:00〜18:00
料 €2(聖具室のみ)
交 Ⓥ1番Salute下船
●聖具室は30分前に閉まる。

明るい八角形の内部

ペスト終焉に感謝してささげられた教会
しゅうえん

MAP P.208、P.179 C3

サンタ・マリア・デッラ・サルーテ教会 ★★
Santa Maria della Salute

サンタ・マリア・デッラ・サルーテ

水の都に浮かぶサルーテ教会は、ヴェネツィアの顔

当時蔓延していたペスト終焉を聖母マリアに感謝して、ロンゲーナにより1631年から1681年の間に建立された、ヴェネツィアン・バロックを代表する教会。丸いクーポラが乗り、真っ白な大理石が大きな八角形を描く教会は運河の水と太陽に照らし出されてキラキラと輝き、ヴェネツィアを語るときに忘れられない物のひとつだ。特にサン・マルコ広場側から見る夕映えの姿は美しい。

●内部

中央のクーポラの下の空間は広く、内部は明るさに満ちている。必見は中央祭壇左から入る聖具室Sagrestia。小さくて質素な場所だが、壁面と天井はティツィアーノとティントレットの絵画で飾られている。祭壇部分にあるのは、ティツィアーノの若い頃の作品『聖マルコと諸聖人』San Marco in Trono e Santiであり、そのほかにも天井に3点、壁には8点の作品がある。また壁面のティントレットの大作、キリストの奇跡を描いた『カナの結婚』Nozze di Canaも必見の作品である。

ティントレットの大作『カナの結婚』

■プンタ・デッラ・ドガーナ
住 Dorsoduro 2
☎ 199112112
開 10:00〜19:00
休 ㊌、12/25
料 €15
交 Ⓥ1番サルーテSalute下船

✉ 現代美術も魅力的
「プンタ・デッラ・ドガーナ」館内の展示がダイナミックで楽しかったです。近くの「ペギー・グッゲンハイム美術館」では美しい庭園でひと休み。館内テラスのカフェもくつろげました。感覚のみで捉える現代アートは都会では苦手に感じていましたが、むしろ古い歴史の町では気軽にリフレッシュできました。
　　(兵庫県　チョコレート王子　'10)

現代美術の粋を集めた、中世の「海の税関」

MAP P.208、P.179 C3

プンタ・デッラ・ドガーナ ★★
Punta della Dogana

プンタ・デッラ・ドガーナ

古材を生かした安藤氏の建築

サルーテ埠頭の舳先、地球を支える2体のアトラスと回転する運命の輪を表す金色のオブジェが輝くプンタ・デッラ・ドガーナ。15世紀には船荷の荷揚げ場「海の税関」と呼ばれていた。ここに2009年、現代美術館がオープンした。古い建物を生かして改装を手がけたのは安藤忠雄。集められた古材と安藤氏ならではの艶やかに輝くコンクリートの打ちっ放しの空間は、展示された現代美術と美しい調和を見せる。展示品はフランス人の実業家で、現代美

術の世界的コレクターで知られるピノー氏のコレクション。

チャップマン兄弟Jack&Dinos Chapman、Maurizio Cattelan、Charles Rayをはじめ、村上隆の『マイ・ロンサム・カウボーイ』など名高いフィギュアも展示。ヴェネツィアの水と太陽のきらめきのなか、五感で作品とその展示空間を楽しみたい美術館だ。

美術館の入口

緑のオアシスが広がる美術館

MAP P.208、P.178 C2

ペギー・グッゲンハイム美術館 ★★

Collezione Peggy Guggenheim
コレッツィオーネ・ペギー・グッゲンハイム

アメリカの富豪であり現代美術のコレクターでもあったペギー・グッゲンハイムのコレクションが公開されている。一時シュールレアリズムの大家マックス・エルンストと結婚生活を送ったことでも知られる彼女は、1949年にコレクションを公開して以来、1979年に亡くなるまでヴェネツィアのこの館に住んだ。なおここのカフェでは近くの高級レストラン、Ai Gondolieri (→P.251)がケータリングをしている軽食が楽しめる。

前衛芸術作品の宝庫

緑と運河に囲まれた18世紀の館にあり、庭園の木陰にも作品が並べられ、ヴェネツィアのほかの美術館と異なる雰囲気がある。内部は、現代美術の潮流を理解できるよう流派別に絵画、彫刻などが展示されて、わかりやすい。

ピカソ、ジャコメッティ、デ・キリコ、カンディンスキー、ポラック、そしてマックス・エルンストなどの作品が並ぶ。

壮大なるヴェネツィアの歴史的遺産の見学に疲れたら、併設のカフェも含めて訪ねてみたい美術館だ。

緑の庭園がすがすがしい

光と開放感あふれる海岸通り

MAP P.208、P.176 C1

ザッテレ ★

Zattere
ザッテレ

ジューデッカ島とヴェネツィア本島が運河を挟んで向かう海岸通り(マリッティマ船着場から税関くらいまで)をこう呼ぶ。運河の水面にきらめく陽光が明るく、開放感にあふれ、サン・マルコ広場周辺とはまた違ったヴェネツィアが味わえる。

明るく、開放感にあふれるザッテレ

✉ **ヴァポレットの最前列に座るなら**
サンタ・ルチア駅→サン・マルコ広場行きの最前列に座りたいなら、逆方向に少し乗ってから2番や夜ならN番に乗り換えるとほぼ確実に座れます。
(東京都　Tintoretto '13)
ヴァポレットの船首部分の席からは運河やヴェネツィアの町がよく見え、じつにすばらしい眺めが楽しめます。人の出入りが少ない席なので、ここに座ってのんびりヴェネツィアを周遊するのはとてもおすすめです。僕は2番線に乗ってのんびり周遊しました。
(千葉県　weapon '09)

■**ペギー・グッゲンハイム美術館**
🏠 San Gregorio 701, Dorsoduro
☎ 041-2405411
🕐 10:00～18:00
休 ㈫(祝は除く)、12/25
料 €15、学生€8、65歳以上€12、10歳以下無料
🚤 Ⓥ1、2番Accademia下船

✉ **すてきな散歩道**
アカデミア橋からペギー・グッゲンハイム美術館の路地はとても風情があります。のどかな風景でヴェネツィアのまた異なる一面を見せてくれました。　(京都府　mayo '05)

彫刻は庭にも配置されている

■**ザッテレ**
🚤 Ⓥ2、8、5.2番Zattere下船

✉ **おみやげどこで買う**
スキアヴォーニ河岸は高いです。同じ物でも4倍もする物がありました。サン・マルコ広場からリアルト橋に続くメルチェリア界隈は町一番の安さです。かわいいおみやげを見つけても、すぐに買わずに周囲の相場もチェック。隣のお店で同じ物の値段が違うこともしばしばでした。
(Hero '15)

3.メルチェリエ通り〜リアルト地区にかけて

Mercerie〜Rialto

サン・マルコ広場の時計塔の下から、にぎやかなメルチェリエ通りを歩いてまずリアルト橋へ行こう。橋の上から大運河を行き交う船の風景や町のにぎわいを見下ろせば、ヴェネツィア旅情がたっぷり味わえる。橋の両側に並ぶみやげ物屋をひやかしたり、地元民でにぎわう魚市場や野菜市場で新鮮な季節の食材を眺めてみよう。魚市場のすぐ脇の水際にはカフェやレストランも並び、この町ならではの伸びやかな雰囲気に、いつも多くの人のくつろぐ姿が見える。魚市場から運河を挟んだ左に見えるのは、大運河に並ぶなかでも最も美しい建物カ・ドーロだ。ヴェネツィアらしい路地のそぞろ歩きや町のにぎわいが楽しめる地域である。(所要時間約4時間)

① リアルト橋

大運河にまたがる最大の橋で、長さ48m。ヴェネツィアを代表する風景のひとつでもある。橋の上にはみやげ物屋が並び、眼下にはヴァポレットやゴンドラが行き交う。

★★★ **P.219**

② 魚市場

リアルト橋を渡って直進すると右側に魚市場および野菜市場がある。多くの買い物客でにぎわい、ラグーナで取れる魚を中心にさまざまな種類の物が見られる。

★★ **P.220**

③ カ・ドーロ

魚市場の運河を隔てた向こう側に見える、ヴェネツィアン・ゴシックを代表する建物。アーチが連続するバルコニーが印象的だ。現在はフランケッティ美術館となっている。

★★ **P.221**

④ コンタリーニ・デル・ボーヴォロ階段

マニン広場近くの細い路地の奥に建つ15世紀の建築であるが、有名なのは連続したアーチがらせん状に連なる外階段である。この階段を上まで上ることができる。('15年12月現在、入場不可)

★★ **P.223**

N

0 100m

Pal. Molin

Rio di Noale

カ・ペーザロ
Ca' Pesaro
P.233

カ・ドーロ
Ca' d'Oro
P.221 ③

Ca' Corner
d'Regina

Pal. Brandolin-M.

Ⓥ Ca'd'Oro

S.カッシアーノ教会
S. Cassiano

Campo
S. Cassiano

魚市場
Pescheria
P.220 ②

Calle dei Botteri

Campo della
Pescaria

Fabbriche Nuove

Fabbriche Vecchie

Pal. Dieci Savi

Rio delle Beccarie

Rio di Ca' Garzon Drabba

S. Aponal

Campo
S. Aponal

S.シルヴェストロ教会
S. Silvestro

C.po
S. Silvestro

パパドーポリ宮
Pal. Papadopoli

Pal. Rava

Pal. Dona

Ⓥ S. Silvestro

Pal. Dandolo

CANAL GRANDE

Pal. Loredan

Ca' Farsetti

Pal. Volpi

グリマーニ宮
Pal. Grimani

Rio di S. Luca

Campo
S. Beneto

マニン広場
Campo Manin

Calle de la Mandola

Campo
S. Angelo

④ P.223
コンタリーニ・デル・
ボーヴォロ階段
Scala Contarini
del Bovoro

Pal. Foscari

Pal. Michiel
D. Colonne

Campo
Ss. Apostoli

サンティ・アポストリ教会
Ss. Apostoli

Pal. Mangilli-
Valmarana

Rio dei Santi Apostoli

カ・ダ・モスト
Ca'da Mosto

Pal. Civran

サン・ジャコモ・リアルト教会
S. Giacomo di Rialto
P.220

リアルト橋
P.te di Rialto
P.219 ①

Ⓥ Rialto

ベンボ宮
Pal. Bembo

Pal. Dolfin-Manin.

Fontana del Vin

Calle del Carbon

Campo S. Luca

ルカ広場

サン・ジョヴァンニ・
クリソストーモ教会
S. G. Crisostomo
P.322

サンタ・マリア・
デイ・ミラーコリ教会
S. M. d. Miracoli
P.230

ドイツ人商館
Fondaco dei Tedeschi

サン・バルトロメオ広場
Campo S. Bartolomeo

サン・バルトロメオ教会
S. Bartolomeo

Campo
della
Fava

サン・
サルヴァドール教会
S. Salvador
P.219

Rio di S. Zulian

Salizzada di S. Lio

S.ズリアン教会
S. Zulian

Calle Fiubera

時計塔
Torre dell'
Orologio
P.206

Bacino Orseolo

218

みやげ物屋がひしめくにぎやかな通り

MAP P.218、P.179 B4

メルチェリエ ★★
Mercerie
メルチェリエ

小間物屋通りという意味で、サン・マルコ広場の時計塔の下から始まり、リアルト橋のたもとサン・バルトロメオ広場へ向かう曲がりくねった細い通りを呼ぶ。道の両側にはおしゃれなブティックやバール、みやげ物屋などがひしめいて軒を連ね、一日中にぎやかな一帯である。

おみやげ探しが楽しい、メルチェリエ

ティツィアーノの作品が飾る

MAP P.218、P.179 A3

サン・サルヴァドール教会 ★
San Salvador
サン・サルヴァドール

教会内部

メルチェリエからサン・バルトロメオ広場へ右折する手前左側にあるルネッサンス建築の教会。入口は教会正面でなく、メルチェリエ側にある階段を上る。身廊右側には、サンソヴィーノの『総督ヴェニエール』の像とティツィアーノ後期の『受胎告知』Annunciazioneがある。主祭壇には同じくティツィアーノによる『キリストの変容』Trasfigurazioneがある。

眼下に行き交うゴンドラが風情を添える

MAP P.218、P.179 A3

リアルト橋 ★★★
Ponte di Rialto
ポンテ・ディ・リアルト

大運河にまたがる4つの橋のうちで最大、長さ48m、幅22.1mの堂々とした美しい橋。1264年に木造で建設されたが、1444年のフェラーラ侯爵の行進の際、殺到した群集の重みで落ちてしまい、1558年から1592年にアントニオ・ダ・ポンテにより大理石製の橋に架け替えられた。この地区には一番最初に人々が住み始めたといわれ、町の経済の中心でもあった。今は橋の上にはみやげ物屋などが並び、眼下にはヴァポレットやゴンドラが行き交う。

大理石の美しい橋

リアルト橋からの眺めを楽しむ

■ メルチェリエ
Ⓥ1、2番S.Zaccaria下船

✉ 便利な
ヴァポレット2番
ヴァポレット2番は急行でリアルト橋からサンタ・ルチア駅前まで1回の停車で着きました。時間節約に便利です。
（群馬県 ヨーコ '10）

✉ リアルトの
ヴァポレット乗り場
リアルトの船着場は1、2、N番の3路線が停まりますが、1番の乗り場と2とN番はやや離れています。ただ、21:30過ぎになると1番も2とN番の乗り場にのみ停まります。乗り場の時刻表の地色が黄色の時間帯は1番乗り場は利用されないので注意を。この時間帯は20分間隔の運航となっているので、1本逃すとだいぶ待たなければならなくなります。
（モモハスクイ '10）

■ S.サルヴァドール教会
🏛 Campo San Salvador
☎ 041-5236717
🕐 9:00～12:00
　15:00～19:15
　6～8月⒟16:00～19:00
　9～5月⒟15:00～19:15
Ⓥ1、2番Rialto下船

すがすがしいサン・サルヴァドール教会のファサード

■ リアルト橋
Ⓥ1、2番Rialto下船

リアルト橋のにぎわい

✉ フェニーチェ劇場へ
（→P.209）

　到着日の午後にフェニーチ
ェ劇場へ行き、「本日コンサー
トはありますか?」と聞くと、「今
日はないが、明朝10:00に来
れば明日の切符はある」とのこ
と。翌朝10:00に行くと、その
夜のコンサートチケット€50
のところ€20で購入できまし
た。「当日券なので、ディスカ
ウント」ということでした。席
は舞台正面の平土間で前から
4列目で迫力がありました。音
響にこだわる人はボックス席
の方がいいかもしれませんが、
劇場の雰囲気を味わいたい
人には十分にお得だと思いま
す。観光客はラフな服装が多
かったですが、地元の人はコー
トを脱ぐと男性はスーツに
蝶ネクタイ、女性は黒のノー
スリーブドレスの人も多く、さ
すがのオペラ大国のお国柄だ
と、そちらを眺めるのも楽し
かったです。大判スカーフを1
枚巻いて行けば、ドレスアッ
プの仲間入りはできるかな!?
と思いました。
　劇場を背に正面の小路を入
ってすぐ右のRistorante Ai
Coristiはおすすめです。定食
€22でほかはそう安いわけで
はありませんが、19:00過ぎに
行き、「20:00のコンサートを
聴きたい」というと、すべて間
に合うように段取りしてくれ、
サービスもよく、料理も本格
的でした。
　　　　（京都府　S&G　'13）

魚を選ぶのは真剣勝負

サン・ジャコモ・リアルト教会 ★
San Giacomo di Rialto

サン・ジャコモ・ディ・リアルト

　リアルト橋から真っすぐ続く通りの右側にある古めかしい趣の教会。
正面の大きな時計とその上に3つ並んだ鐘が印象的なこの教会は、11
〜12世紀に崩れ、17世紀に建て直された。

17世紀再建のリアルト教会

魚市場 ★★
Pescheria

ペスケリア

ラグーナで獲れた近海物が旨い

　リアルト教会を
過ぎて真っすぐ行
き、突き当たる小
広場の右側に魚
市場の建物があ
る。カ・ドーロの対
岸に位置し、にぎ
やかなのは朝10時
頃。日曜・月曜を除
き毎日、朝から昼
過ぎまで開いている。イカ、タコ、ヒラメ、蝦蛄、さまざまな種類の
エビなど新鮮な魚介類を間近に見られるのは楽しい体験だ。一見似
ているようでも日本
の物とはちょっと趣
の異なる物が多い。
ラグーナで取れた近
海ものはNostrani
と書かれている。
Scongelatoとある
のは解凍もの。大胆な
包丁さばきで魚を扱
う売り手や買い物客

アーチの美しい魚市場の建物

でいつもにぎわっている。隣接して野菜・果物市場があり、こちらもカラフルな季節の食材でいっぱいだ。果物など少しずつでも買えるのがうれしい。

市場の花屋さんも盛況

かつては黄金で飾られた宮殿

MAP P.218、P.176 A2

■ カ・ドーロ ★★
Ca' d' Oro
カ・ドーロ

ヴェネツィアン・ゴシックを代表する建築で、バルトロメオ・ボン、M.ランベルティによって1421年から1440年にかけて建てられた。カ・ドーロとは黄金宮殿という意味で、かつて大運河に面し

大運河で最も優美なカ・ドーロ

たファサードが金で装飾され光り輝いていたことから、こう呼ばれたという。3層の装飾的なアーチが連続するバルコニーは編まれたような優美な手すりが付き、まるで水に浮かぶ宝石のようである。この

正面の風景は、運河の対岸もしくはヴァポレットなどの船上からしか見ることができない。内部は**フランケッティ美術館**となっており、15〜18世紀のイタリアおよび外国からの絵画、彫刻、ヴェネツィアン陶器などが展示されている。バルトロメオ・ボンによる**15世紀の井戸**がある美しい中庭も見どころだ。

美術館の至宝は、マンテーニャの最後の作品『聖セバスティアヌス』

✉ **⊕⊖のヴェネツィア**
イタリアをはじめヨーロッパ各国からの観光客が多いようなので避けるのがベターかも。
（東京都　Ichi&Megu　'15）

■ **カ・ドーロ**
（フランケッティ美術館）
🏠 Cannaregio 3932
☎ 041-5200345
🕐 8:15〜19:15
　⊖8:15〜14:00
休 1/1、5/1、12/25
料 €6（特別展の場合€9.50）
　※クローク€1
🚤 ①番Ca'd'Oro下船

✉ **おみやげ選びなら**
サン・マルコ広場裏手のメルチェリエ界隈にはヴェネツィアン・グラス製のビーズ、ペンダントヘッドなどが束にして店頭につるされて売られています。安い物で€5から高くても€30〜40。その場では何とも思いませんでしたが、ペンダントヘッドはそれだけでとても喜ばれるおみやげですし、日本では軽く3000円くらいします。軽くて小さい、優れ物のおみやげです。ビーズで作ったチェーン（€7.50くらい）を合わせてもいいですよ。
（神奈川県　天使ガブリエル　'07）

✉ **迷わず**
ホテルへ行くなら
ヴェネツィアのホテルの場所はわかりにくいことが多いです。そんな場合はホテルのスタッフに一番近いヴァポレットの船着場まで迎えに来てもらいましょう。無論相応のチップが必要ですが、夜間に重い荷物を持って太鼓橋を渡った上、道が違っていた……なんてことになったら本当に困ります。ヴェネツィアのホテルはそういう対応に慣れているようで（金次第という側面も……）依頼すればちゃんと来てくれます。
（はねうま　'14）

✉ **トイレ事情**
ヴェネツィアのトイレ事情はなかなか厳しい。有料トイレ1回€1.50は高い⁈支払いは自動の料金機で、係員はいるもののなかなか取り合ってくれません。ちょうどの金額を用意していくのがいいです。レストランなどを利用すれば無料ですが、いつもきれいだとは限りません。まあ、水上都市なので仕方がないことかも知れませんが……。
（岐阜県　ジョーンズ・有子　'13）

フランケッティ美術館入口

なるべく身軽な格好で出かけるのがいいです。時間帯にもよりますが、大きな荷物を持って混雑したヴァポレットに乗るのは厳しいですし、道は狭く、階段も多いので、荷物を持っての移動も大変です。駅で荷物を預けようとしましたが、長蛇の列ができていました。短期滞在なら、最低限の荷物で訪れることをおすすめします。
（ビーバー　'12）
方向音痴の人は大きな目印のある所にホテルを取るべし。迷路のような道もあるので、1～2泊程度の滞在だと、迷っている間に終わっちゃいます。また、段差や橋も多いので、足の不自由な方、ベビーカーの方はかなりつらいです。
（ドイツから　'11）

✉ 大花火大会
私たちが訪れた7月の上旬に大花火大会がありました。ゴンドラやヴァポレットから眺めましたが、どこからでもよく見えました。水に映る花火は幻想的です。
（東京都　Mako　'09）
レデントーレの祭りの前夜祭（7月第3土曜）をはじめ大みそか、カーニヴァル期間などしばしば花火Fuochi Artificiali（フオーキ・アーティフィチャーリ）が打ち上げられる模様。年により場所や時間などが異なる場合があるので、宿泊ホテルなどで情報の収集を。

■ サン・ジョヴァンニ・
クリソストーモ教会
🏠 Teatro Malibran,
Cannaregio
☎ 041-5227155
🚤 ①、2番Rialto下船
※ミサ時のみ開場
ミサ10:00、18:30
　　　⑧㊗11:30、18:30

● フランケッティ美術館内部
◆ 2階
　必見のマンテーニャの最後の作品『聖セバスティアヌス』S. Sebastianoとカルパッチョの3つの作品『受胎告知』L' Annunciazione、『聖なる乙女の死』La Morte della Vergineのほか、トゥリオ・ロンバルドの彫像『ふたりの肖像』もある。ピサネッロ作のメダルやルカ・シニョレッリの『苔打ち』、ピアジョ・ダントーニオ・ディ・フィレンツェの長持ち装飾絵画『ルクレツィアの物語』Storie di Lucreziaなども鑑賞したい。この優美なバルコニーから眺める大運河の風景も美しい。

井戸のある美しい中庭

◆ 3階
　ドイツ商館に飾られていたティツィアーノのフレスコ画のほか、グアルディの描いた2枚のヴェネツィアの風景、ティツィアーノ『鏡に映るヴィーナス』Venere allo Specchio、ティントレット『肖像画』Ritratto del procuratore Nicolò Priuli、パリス・ボルドン『眠れるヴィーナス』Venere dormiente、フランドル製のタペストリー（16世紀）などが見どころである。

ヴィットーレ・カルパッチョの手による『受胎告知』

聖母マリアの聖地とあがめられる　　　MAP P.218、P.179 A3

サン・ジョヴァンニ・クリソストーモ教会　★
San Giovanni Crisostomo　サン・ジョヴァンニ・クリソストーモ

　サン・バルトロメオ広場から駅へ向かって歩いて行く道の右側にある、テラコッタカラーの建物。15世紀末にマウロ・コドゥッチによって建てられたギリシア十字架式の教会で、必見は第1祭壇にあるジョヴァンニ・ベッリーニによる『3聖人』。

印象的な階段が弧を描く

コンタリーニ・デル・ボーヴォロ階段 ★★
Scala Contarini del Bovoro
スカーラ・コンタリーニ・デル・ボーヴォロ

MAP P.218、P.179 B3

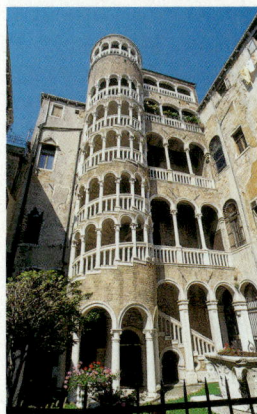

ボーヴォロとはヴェネツィア方言でカタツムリのこと。連続したアーチが円筒形のらせん状になっていることから名がついた。哲学者の一族として知られるコンタリーニ家のために15世紀末に建てられた宮殿に付随して造られている外階段で、ルネッサンス様式とゴシック様式が混ざり合った美しく印象的な建築である。階段を上まで上ると、町が見渡せる。

「カタツムリ」と呼ばれるらせん状のアーチ

階段の内部

■コンタリーニ・デル・ボーヴォロ階段
San Marco 4299, Calle dei Risi
041-2719012
V1、2番Rialto下船
※'15年12月現在、内部見学不可。外観のみの見学

✉ **ヴァポレット乗り場の自販機**
サン・マルコ広場近くの店では、ミネラルウオーター小€2、コーラ1ℓ€3〜5と高い‼スーパーなら1/3の値段ですが、すぐには見つかりません。ところがヴァポレット乗り場にミネラルウォーターの自販機があり、1本€1。だいたいの乗り場に置いてあり、お札も使え、おつりもきちんと出てたいへん便利でした。
(Cham '11)

北イタリア建築を見るために—ヴェネツィアの建築家たち   *column*

●15世紀
中世以来、独自の文化圏を形成してきたヴェネツィアでは、ビザンチン的色彩が濃く、**サン・マルコ寺院**は1094年、コンスタンティノープルの教会堂をモデルに建造された。**カ・ドーロ**（1421〜40）のような華麗な**ゴシック様式**の建物が造られていたが、これをトスカーナ様式と結びつけたのがアントニオ・リッツォAntonio Rizzo(1440頃〜99)である。そしてマウロ・コドゥッチMauro Coducci（1440頃〜1504）によって**ルネッサンス様式**が確立された。**サン・ミケーレ・イン・イーゾラ教会**（1469）、**サン・ザッカリア教会**（1480〜1500)は彼の代表作である。宮殿建築では**パラッツォ・ヴェンドラミン**（1500頃）が挙げられる。
ピエトロ・ロンバルドPietro Lombardo(1435頃〜1515)は、小さいが宝石箱のように華麗なサンタ・マリア・デイ・ミラーコリ教会（1480〜89）が代表作。

●16世紀
15世紀は、建築設計を彫刻家や画家が行うことは珍しくなかったが、16世紀になると専門の建築家が活躍を始め、古典主義建築を開花させた。

小さな宝石箱のような
S.M. デイ・ミラーコリ教会

ヴェネトでは、ヴェローナ出身でローマで修行したミケーレ・サンミケーリMichele Sanmicheli（1484〜1559）や建築家で彫刻家でもあったヤコポ・サンソヴィーノJacopo Sansovino（1486〜1570）が登場する。
サンソヴィーノはローマでブラマンテに学んだ後、ヴェネツィアで活躍した。ツェッカ（造幣局、1536〜47）、**パラッツォ・コルネロ・デッラ・カ・グランデ**（1537〜56）、なかでもパッラーディオに称賛された**マルチャーナ図書館**(1537〜64)は代表作。
アンドレア・パッラーディオAndrea Palladio（1508〜80）はブラマンテ、ミケランジェロと並んでルネッサンスの重要な建築家のひとりである。ヴィチェンツァの**パラッツォ・キエリカーティ**（1550〜80頃）、**ヴィッラ・ロトンダ**（1567〜70)、マゼールの**ヴィッラ・バールバロ**（1557起工）、ヴェネツィアの**サン・ジョルジョ・マッジョーレ教会**などが代表作。古代建築の研究のすえに構成された簡明で典雅な古典的な様式は、後世の古典主義建築の規範となった。彼の著した「建築論」4巻は彼の名を高め、アルプス以北の国々に大きな反響を及ぼした。

パッラーディオの代表作、
S.G. マッジョーレ教会

4.スキアヴォーニ河岸~カステッロ地区にかけて

Schiavoni~Castello

サン・マルコ寺院の裏手にあるサン・ザッカリア教会を見学したあと広々としたスキアヴォーニ河岸へ出て、造船所の入口まで行ってみよう。このカステッロ地区にはヴェネツィアの下町らしい雰囲気が残っている。クエリーニ・スタンパリア絵画館にある18世紀のヴェネツィアの風俗を描いたガブリエル・ベッラの連作は楽しい作品だ。見学に疲れたら、広場付近のカフェでひと休みするのもよい。美しいステンドグラスで有名なサンティッシマ・ジョヴァンニ・エ・パオロ教会、小さいが美しい装飾が印象的なサンタ・マリア・デイ・ミラーコリ教会など、点在する対照的な教会巡りができるルートだ。（所要時間約4時間）

① サン・ザッカリア教会

15世紀にゴシック様式で建築が始められ、マウロ・コドゥッチによって完成されたヴェネツィアン・ルネッサンス様式の教会であり、内部にも傑作絵画を多く有している。

★★ **P.225**

② クエリーニ・スタンパリア絵画館

サンタ・マリア・フォルモーザ広場近くにあり、クエリーニ財団が所有するヴェネツィアの風俗が描かれた絵画や陶磁器の展示がされている。

★★ **P.228**

③ サンティッシマ・ジョヴァンニ・エ・パオロ教会

ドメニコ派によって建造された、壮麗なゴシック様式の教会で、歴代のヴェネツィア共和国総督が祀られている。また美しいステンドグラス、ベッリーニの祭壇画などの傑作がある。

★★★ **P.228**

④ サンタ・マリア・デイ・ミラーコリ教会

15世紀に建てられた外観にも内部にも多色の大理石が使われている、初期ルネッサンス様式による美しい教会。内部装飾の彫刻にもすばらしいものが多い。

★★ **P.230**

[地図上の表記]

マドンナ・デッロルト教会へ
Madonna dell'Orto
P.231

フォンダメンタ・ノーヴェ
Fondamenta Nuove

P.230

スクオーラ・ディ・サン・マルコ（信者会）
Scuola di S. Marco
P.230

④ サンタ・マリア・デイ・ミラーコリ教会
S. M. d. Miracoli
P.230

③ サンティ・ジョヴァンニ・エ・パオロ教会
S. Giovanni e Paolo
P.228

Campo Ss. Giov. e Paolo

コッレオーニ騎馬像
Mon. al Colleoni

Barbaria delle Tole

ドナ宮
Pal. Dona

Campo S. Marina

サンタ・マリア・フォルモーザ広場
Campo S. Maria Formosa
P.227

ヴィットゥーリ宮
Pal. Vitturi

S.M.フォルモーザ教会
S. M. Formosa

② クエリーニ・スタンパリア絵画館
Museo Fondazione Querini Stampalia
P.228

Rio di S. Giovanni Laterano

Campo S. Giustina

S. Lorenzo

Campo S. Lorenzo

スクオーラ・ダルマータ・サン・ジョルジョ・デッリ・スキアヴォーニ（同信組合）
Scuola Dalmata di S. Giorgio degli Schiavoni P.227

① サン・ザッカリア教会
S. Zaccaria
P.225

Campo S. Zaccaria

Pal. Dandolo

S. Zaccaria

Riva Schiavoni

N

ピエタ教会
La Pieta
P.226

Campo Bandiera e Moro

S. Giovanni in Bragola

スキアヴォーニ河岸
Riva degli Schiavoni
P.225

④ アルセナーレ（造船所）
Arsenale
P.226

Darsena Grande

Darsena Vecchio

造船所の塔
Torri dell' Arsenale

Arsenale V

海洋史博物館
Museo Storico Navale
P.226

0 100 200m

傑作絵画で埋め尽くされている　　　　MAP P.224、P.177 B4

サン・ザッカリア教会
San Zaccaria
★★

サン・ザッカリア

G.ベッリーニ作『玉座の聖母と諸聖人』

15世紀にゴシック様式で建築が始められ、マウロ・コドゥッチによって完成された。中央のドームの両脇に小さな半円型のドームが対称に並ぶファサードのデザインはコドゥッチ特有でヴェネツィアン・ルネッサンス様式の典型を示し、扉の上部にはA.ヴィットリアによる聖ザッカリアの像が立っている。

内部は3身廊に分割されており、後陣の回りには回廊が続き、放射状に礼拝堂が広がっている。左側の第2祭壇には、ジョヴァンニ・ベッリーニの晩年の傑作『玉座の聖母と諸聖人』Madonna in trono e Santi（1505年）がある。聖母の優しい表情が印象的な作品である。身廊右側のサンタ・タナシオ礼拝堂には、ティントレットによる『洗礼者ヨハネの誕生』Nascita del Battistaがある。またこの奥から地下に下りて行くと、地盤沈下のため水につかったクリプタ(納骨堂)がある。

美術品の宝庫の教会内部

合唱隊席から続くサンタ・タナシオ礼拝堂の後陣にはフィレンツェ出身のアンドレア・デル・カスターニョとフランチェスコ・ダ・ファエンツァによる貴重なフレスコ画『キリストと諸聖人』Padre Eterno e Santiがあり、またここにはA.ヴィヴァリーニとダレマーニャによる3枚の板絵も残されていて見逃せない。

活気あふれる河岸通り　　　　MAP P.224、P.177 C4

スキアヴォーニ河岸
Riva degli Schiavoni
★★

リヴァ・デッリ・スキアヴォーニ

ゆったりと広い運河沿いの通り、スキアヴォーニ河岸

ドゥカーレ宮殿の前から東に続く大運河に面した広い通りがスキアヴォーニ河岸Riva degli Schiavoniだ。ここにはヴァポレットの船着場やゴンドラの係留場があり、いつも多くの人々でにぎわっている。また運河に面して高級ホテルが建ち並び、運河の向こうにはサン・ジョルジョ・マッジョーレ島やリド島が見える。

■S.ザッカリア教会
住 Castello, Campo S. Zaccaria
☎ 041-5221257
開 10:00〜12:00
　　16:00〜18:00
　　⑪16:00〜18:00
料 €2（聖具室、サンタ・タナシオ礼拝堂）
交 Ⓥ1、2番S. Zaccaria下船

ヴェネツィアン・ルネッサンス様式の典型、サン・ザッカリア教会のファサード

✉ カーニバルの貸し衣装
1700年代のゴージャスな衣装がレンタルできるお店があります。カーニバル期間だけでなく、お友達同士で集まって仮装パーティーをするのも人気があるそうです。ホテルでお店を紹介してくれ、事前にメールで注文を出すと、ホテルにお店の人が来て、体に合わせてお直しをしてくれます。仮装用や靴もセットで1日3万〜5万円くらい。ホテルでアメリカ人が大々的にパーティをしていて、ちょっと試してみたくなりました。
（東京都　マリリン　'12）

冬のヴェネツィア
想像以上に底冷えのする冬のヴェネツィア。町行くシニョーラは毛皮のロングコート、手袋、帽子は欠かせません。冬の旅行には厚手の物のご用意を。帽子も防寒にかなり役立ちます。かさばらない簡易カイロもおすすめ。また、アクア・アルタ（→P.363）に備えて、防水の靴もあると便利。

■スキアヴォーニ河岸
交 Ⓥ1、2番S. Zaccaria下船

便利な船着場
スキアヴォーニ河岸にあるヴァポレットの船着場が、サン・ザッカリア。まるでターミナルのように多くの路線が集中し、船着場も4ヵ所に分かれている。行き先により、乗り場が違うので、まずは係員に確認しよう。空港行きの船着場もここにある。

古典様式のファサードをもつ
ピエタ教会

■海洋史博物館
住 Castello, Arsenale 2148
☎ 041-2441399
開 8:45～13:30
　　　㊏8:45～13:00
休 ㊐㊗
料 €1.55
交 Ⓥ1、41、42番Arsenale下船

✉ 海洋史博物館で発見

　5歳、3歳の子供たちと68歳の母とともに訪れました。歴史別に船の模型が展示され、大小の船・舟に子供たちは大喜び。日本から贈られた船の模型もあり、「こんなところで高瀬舟に会えるなんて……」と母も親近感が湧いたようでした。本当に見応えたっぷりで満足しました。
（三重県　富米野早苗　'06）

ヴィヴァルディが教鞭を執った　　　**MAP** P.224、P.177 C4

ピエタ教会
La Pietà
ラ・ピエタ

　スキアヴォーニ河岸に建つ大きなゴシック様式の教会で、内部はティエポロ、モレット・ダ・ブレーシャらのフレスコ画で飾られている。ここにはもともと女子孤児院があり、作曲家ヴィヴァルディが聖歌隊の指導をしていたことでも知られる。教会内部ではヴィヴァルディをしのぶコンサートが定期的に開かれている。

海運国ヴェネツィアの歴史を語る　　　**MAP** P.224、P.175 B3

海洋史博物館
Museo Storico Navale
ムゼオ・ストーリコ・ナヴァーレ

　スキアヴォーニ河岸に面した15世紀の建物で、かつてヴェネツィア共和国の穀物庫がおかれていた所。内部は輝かしい海運国であったヴェネツィアの15～18世紀を知る、武器・船の模型、イタリア海軍の歴史までの資料などが置かれている。なかでもブチントーロ Bucintoro と呼ばれる御召船は豪華だ。

海運国ヴェネツィアの歴史が詰まる海洋史博物館

栄えあるヴェネツィア船団の造船所　　　**MAP** P.224、P.175 B3

アルセナーレ
Arsenale
アルセナーレ

　海洋史博物館前の小運河に沿って右に行き、突き当たりの橋を渡るとそこがアルセナーレの入口。ここは14～16世紀にかけて世界を制覇した海運国ヴェネツィア共和国の輝かしい歴史をもつ造船所だった所。入口にはギリシアのピレウスから17世紀に戦利品として持ち帰ったライオン像が威容を誇っている。現在はイタリア海軍の軍事施設なので内部の見学はできない。

国営造船所、アルセナーレ

カルパッチョの傑作が飾る

MAP P.224、P.177 B4

スクオーラ・ダルマータ・サン・ジョルジョ・デッリ・スキアヴォーニ ★★

Scuola Dalmata San Giorgio degli Schiavoni　スクオーラ・ダルマータ・サン・ジョルジョデッリ・スキアヴォーニ

カルパッチョ作『聖アウグスティヌスの幻影』

1500年代に、現在のクロアチアのアドリア海沿岸の一部、ダルマチア地方から来た人々によって建てられた同信組合の建物。内部はカルパッチョが10年の歳月をかけて描いた最高傑作、『聖人達の生涯の逸話を描いた連作』の絵画で飾られている。道から直接入る内部はこぢんまりしているが、壁に張られた木の板や天井すれすれに帯状にずらりと並んだ絵が迫りくる印象は強烈だ。大半のスクオーラが機能を失った今でも、ここは葬儀や結婚式などが執り行われている。

カルパッチョ作『聖ゲオルギウスの竜退治』

庶民的な開放感に満ちた広場　　MAP P.224、P.177 B3

サンタ・マリア・フォルモーザ広場 ★

Campo Santa Maria Formosa　カンポ・サンタ・マリア・フォルモーザ

ヴェネツィアの庶民的な雰囲気を残した大きな広場で、昔は野外劇場や牛狩りなどの舞台にもなっていたという。平日には露天市も立つこの開放感あふれる広場でひと休みするのはくつろげる。広場は13世紀のヴィットゥーリ宮、15世紀のゴシック様式のドナ宮など、歴史ある建物で囲まれている。広場に隣接するサンタ・マリア・フォルモーザ教会はヴェネツィアで最も古い物のひとつであり、パルマ・イル・ヴェッキオの多翼祭壇画『聖バルバラと4聖人』 S. Barbara e 4 Santiは彼の最高傑作といわれている。

広場の一角に建つヴェネツィア最古の教会のひとつ、S.M.フォルモーザ教会

■スクオーラ・ダルマータ・サン・ジョルジョ・デッリ・スキアヴォーニ
住 Calle dei Furlani Castello 3259/a,
☎ 041-5228828
開 (月) 13:30〜17:30
　(火)〜(土) 9:30〜17:30
　(日)(祝) 9:30〜13:30
休 (月)午後、(日)午前、1/1、5/1、6/2、8/15、11/21、12/8、12/25
料 €5
交 (V)1、2番S. Zaccaria下船
短パン、ノースリーブは不可。服装チェックがあるので注意。

見落としそうに小さなスクオーラ

■S.M.フォルモーザ教会
住 Castello 5263
☎ 041-5234645
開 10:00〜17:00
休 (日)、1/1、復活祭の(日)、8/15、12/25
料 €3、共通券€12
　(→P.185/235)
交 (V)1、2番S. Zaccaria下船
クロークは有料
　アカデミア美術館やカ・ドーロガラス博物館をはじめとする美術・博物館では、見学の際はリュックやバッグなどをクロークに預けるシステム。預け代として1個につき€1が必要。

✉ スーパー情報
　(→P.257)
　一番わかりやすい場所にあるスーパーはローマ広場の運河沿い、ヴァポレット乗り場近くにあるCoopです。ヴァポレット乗り場に面した道を奥へ進むと、さり気なくあります。生活雑貨や飲料水、軽食などを購入したいときに便利です。
　(神奈川県　KOZUE0223 '12)
　ビッラはコナド(P.257)にお店が変わりましたが、チーズをはじめとするお惣菜売り場がさらに充実。お菓子やおみやげ探しに便利です。
　(東京都　シスターズ '15)

ヴェネツィア ルート4 ● スキアヴォーニ河岸〜カステッロ地区にかけて

227

住 Castello 5252
☎ 041-2711411
🕐 10:00～18:00
休 (月)
料 €10、学生および60歳以
上、ローリング・ヴェニス
カード、ヴェニスカード所
有者€8
交 Ⓥ1、2番 S. Zaccaria下船

ヴェネツィアの名門家系クエリ
ーニ家によって設立されたクエ
リーニ・スタンパリア財団がお
かれる館

バルトロメオ・コッレオーニの
騎馬像

いにしえの生活をしのばせる絵画館　　MAP P.224、P.177 B3

クエリーニ・スタンパリア絵画館 ★★

Museo Fondazione Scientifica Querini Stamparia　ムゼオ・フォンダツィオーネ・シェンティフィカ・クエリーニ・スタンパリア

サンタ・マリア・フォルモーザ教会の裏側、運河を渡った所にあり、
1869年に設立されたクエリーニ・スタンパリア財団がおかれている。
内部は20の室に分かれ、18世紀の家具、14～18世紀のヴェネツィア
派の絵画などが展示されている。1階が図書館、2階が展示室。なか
でも必見はG.ベッリーニ『神殿奉献』、ピエトロ・ロンギの連作『7つの
秘儀』、ガブリエル・ベッラの18世紀の『ヴェネツィア庶民の祝祭の
様子を描いた連作』。当
時のヴェネツィアの風俗
が生きいきと描かれてお
り、暮らしぶりがうかが
えて楽しい。

ガブリエル・ベッラ作の
連作のひとつ
『サルーテ教会での結婚式』

歴代総督の葬儀が執り行われた　　MAP P.224、P.177 B4

サンティ・ジョヴァンニ・エ・パオロ教会 ★★★

Santi Giovanni e Paolo　　サンティ・ジョヴァンニ・エ・パオロ

サンタ・マリア・フォルモーザ広場から
Calle Lunga Santa Maria Formosa通り
へ出、2本目の細い小路を左に曲がって運
河を渡って進むと見えるのが、**サンティ・
ジョヴァンニ・エ・パオロ広場**。この広場
に立つのが、A.ヴェロッキオがヴェネツィ

ドメニコ会により建立された
サンティッシマ・ジョヴァンニ・
エ・パオロ教会

ア共和国に仕
えたベルガモ
の傭兵隊長コッレオーニ（1400～1475
年）を表現した、**コッレオーニ騎馬像**と
呼ばれる記念碑。パドヴァにあるドナ
テッロによるガッタメラータ像とともに、
ルネッサンス騎馬像の傑作と呼ばれて
いる。ヴェロッキオの死後は、A.レオパ
ルディによって受け継がれて像および台
座が完成された。

　騎馬像奥に建つのが、**サンティ・ジ
ョヴァンニ・エ・パオロ教会**。壮麗なゴ
シック様式の教会で、1296年～1430年
に建造された。未完成の正面の大理石
製の大扉は、ゴシック・ルネッサンス様
式でバルトロメオ・ボンの作（1461年）。
多角形の後陣は1300年代の物で、ゴシ
ック特有のバラ窓が印象的。

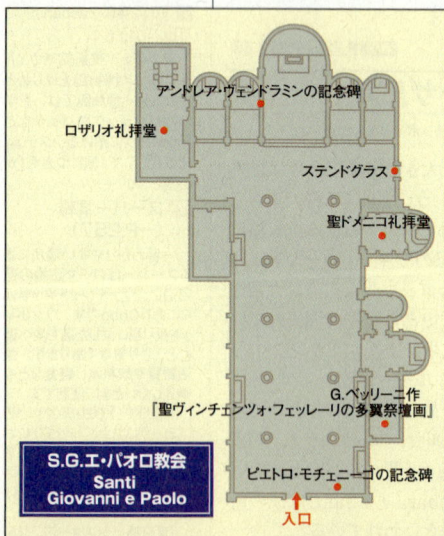

アンドレア・ヴェンドラミンの記念碑

ロザリオ礼拝堂

ステンドグラス

聖ドメニコ礼拝堂

G.ベッリーニ作
『聖ヴィンチェンツォ・フェッレーリの多翼祭壇画』

S.G.エ・パオロ教会
Santi
Giovanni e Paolo

ピエトロ・モチェニーゴの記念碑

入口

●内部

荘厳なゴシック様式で中は広く、サンタ・マリア・グロリ

G.ベッリーニ作
『聖ヴィンチェンツォ・フェッレーリの多翼祭壇画』

オーサ・デイ・フラーリ教会同様に14〜17世紀にヴェネツィアで活躍した総督などの多くの芸術的な墓碑がある。なかでも入ってすぐの右にあるピエトロ・モチェニーゴの記念碑はピエトロ・ロンバルド作の美しい物だ。右側廊にあるジョヴァンニ・ベッリーニの『聖ヴィンチェンツォ・フェッレーリの多翼祭壇画』Polittico di S. Vincenzo Ferreri、

その奥の聖ドメニコ礼拝堂の天井を飾るピアッツェッタの『聖ドメニコの栄光』Gloria di S. Domenicoなどの絵画は一見に値する。さらにその奥の翼廊にあるのは、当時の芸術家を集めて描かれ、ムラーノ島の職人によって16世紀初めに造られた鮮やかなステンドグラス（縦17.5m、横6.3m）で、ヴェネツィアに残る唯一の物である。一方左の翼廊奥には、1571年のレパントの勝利にささげられ、ヴィットリアによって設計されたロザリオの礼拝堂がある。天井にはヴェロネーゼの絵画『受胎告知』Annunciazione、『聖母被昇天』Assunta、『牧者の礼拝』Adorazione dei pastoriがある。

ヴェロネーゼ作『聖母被昇天』が
ロザリオの礼拝堂の天井を飾る

木製の梁が渡る1身廊の内部

■サンティ・ジョヴァンニ・エ・パオロ教会
住 Campo San Giovanni e Paolo 6363, Castello
☎ 041-5235913
開 9:00〜18:00
　日祝12:00〜18:00
料 €2.50、学生€1.25
交 V41、42、51、52番 Ospedale下船
※12/25、復活祭の日は 12:30〜16:00は閉場

✉ S.ジョヴァンニ・エ・パオロ教会周辺

サン・マルコ広場からさらに奥に進んだ所にあり、あまり観光客の姿は見かけませんでした。小さな橋が運河に架かり、その脇には古い教会のような病院があり、どこか下町を感じさせる界隈です。薄暗い教会の内部のG.ベッリーニの祭壇画はすばらしく、とても印象的でした。ロザリオの礼拝堂は入口近くにライトのスイッチがあり、室内が明るく照らされて鑑賞できました。思い出に残る教会です。
（東京都　マリリン　'12）

ピアッツェッタ作『聖ドメニコの栄光』

■スクオーラ・ディ・
サン・マルコ
地 P.224、P.177 A4
交 Ⓥ41、42、51、52番
Ospedale下船

✉ **ゴンドラセレナーデ**
ヴェネツィアに来たら、やはりゴンドラ!という方には、料金も比較的安く(何より一律料金)でおすすめなのがゴンドラセレナーデというツアーです。オペラの本場イタリア、夕暮れのヴェネツィアで生歌を聴きながら、町を眺めるのはとても贅沢ですし、その美声につられて運河沿いの家の住人が窓から顔を出して手を振ってくれたり、道行く人が足を止めて聞いてくれ、手を振ってくれたり、カメラで写真撮影する人までいて、なかなかできない体験を楽しめました。(静岡県 M&M '08)

■S.M.ミラーコリ教会
住 Castello, Campiello dei
Miracoli
☎ 041-2750462
開 ⑥～⑤10:00～17:00
休 ⑤、1/1、復活祭の⑤、
8/15、12/25
料 €3、共通券€12
(→P.185/235)
交 Ⓥ1、2番Rialto下船

宝石箱のように愛らしい
S.M.デイ・ミラーコリ教会

■フォンダメンタ・
ヌオーヴェ
交 Ⓥ41、42、51、52番
Fondamenta Nuove下船

呼び方いろいろ
ムラーノ島行きなどのヴァポレットの船着場がフォンダメンタ・ヌオーヴェFondamenta Nuove。地図や路線図の種類によってはフォンダメンテ・ノーヴェFondamente Noveとも表記される。

教会を出るとすぐ右側にあるのがスクオーラ・ディ・サン・マルコ(同信組合)の建物。現在は市民病院として使われている。大理石で仕上げられた初期ヴェネツィア・ルネッサンス様式の優雅なファサードは、れんが造りの教会と好対照をなしている。

白壁が目にまぶしい
スクオーラ・ディ・
サン・マルコ(左)

色大理石と彫刻で飾られた美しい小教会 **MAP P.224、P.177 B3**

サンタ・マリア・デイ・ミラーコリ教会 ★★
Santa Maria dei Miracoli
サンタ・マリア・デイ・ミラーコリ

サンティッシマ・ジョヴァンニ・エ・パオロ教会の正面から真っすぐ行き、運河を3つ渡った所の左側にある。ピエトロ・ロンバルドによる初期ヴェネツィア・ルネッサンス様式の小さいが美しい教会。外部も内部もピンク、グレー、銀、白などの大理石が描く幾何学模様で飾られていて内部と外部の印象が一致する宝石箱のような教会だ。T.ロンバルドによる後陣上部の手すりを支える小柱の洗練された彫刻も見ものである。

色大理石の装飾が美しい教会内部

サン・ミケーレ島を望む **MAP P.224、P.177 A3・4**

フォンダメンタ・ヌオーヴェ ★
Fondamenta Nuove
フォンダメンタ・ヌオーヴェ

新しい河岸という名前の、サン・マルコ広場とは反対側、ムラーノ島に面した側一帯を指す。すぐ目の前には墓地の島、サン・ミケーレ島がある。ここからはムラーノ島、ブラーノ島へ行く船だけでなく、島を一周するヴァポレットなど数多くの船が発着している。

多くのヴァポレットが発着する
フォンダメンタ・ヌオーヴェ

ティントレットの作品と墓が残る

MAP P.174 A4

マドンナ・デッロルト教会 ★★

Madonna dell' Orto　　　　マドンナ・デッロルト

近くの畑（Orto）から聖母マリアの像が発見されたことからこの名で呼ばれるようになった。れんが造りの丸いクーポラがイスラム的な感じを漂わせている。すぐ近くに住んだ**ヤコポ・ティントレット**の墓が内陣右側の礼拝堂にある。『**最後の審判**』Giudizio Universale、『**黄金の仔牛の崇拝**』Adorazione del vitello d'oroなどのティントレットの作品の宝庫となっていることから、ティントレットの教会とも呼ばれる。

れんがと彫像のファサード

内陣（左）には『最後の審判』が飾られる

■マドンナ・デッロルト教会

🏠 Cannaregio, Campo della Madonna dell'Orto
☎ 041-2750462
🕐 ⑧～⑥10:00～17:00
　⑧⑳　12:00～17:00
🈲 1/1、復活祭の⑧、8/15、12/25
💰 €3、共通券€12
　（→P.185/235）
🚣 ⑰41、42、51、52番
　Orto下船

✉ 音楽会情報

毎夜（20:00くらい～）いろいろな場所（教会、小劇場、ドゥカーレ宮殿など）で、1時間前後のミニコンサートが開催されます。ホテルにはたくさんのパンフレットが置いてあるので、そこで情報を入手できます。料金は3000～3500円程度。曲目はやっぱり、ヴィヴァルディのそれも『四季』が多いです。
（神奈川県　アンダンテ　'12）

✉ スクオーラ・グランデ・カルミニにて

オペラやバレエの夕べを開催。仮面をかぶった人が演奏し、バレリーナが踊り、歌手もとても上手でした。料金€22～50、⑳⑥の21:00頃から。こぢんまりとしたおすすめの催しです。
（北海道　ナオ　'11）['16]
URL www.musicainmaschera.it
☎ 041-5287667

ヴェネツィアでコンサートを

さまざまなコンサートが定期的に開かれている。なかでも有名なのはヴィヴァルディがそこで教えていたというピエタ教会やサン・スタエ教会でのコンサート。教会の荘厳な雰囲気の中、手頃な価格でコンサートが楽しめるのはイタリアならでは。冬には暖房が入っているので快適だ。リアルト橋近くのサン・バルトロメオ教会 San Bartolomeoをはじめ、当時の衣装で演奏するコンサートも開かれている。情報はヴェネツィアの情報誌Ospite di Veneziaなどのほか、ホテルでも入手できる。開演は20:30頃からが一般的。

町のいたるところでコンサートが開催されている

コンサート情報

● フェニーチェ劇場　Teatro la Fenice
イタリアを代表する劇場のひとつ（→P.209）。オペラやコンサート、バレエが上演される。カーニバル期間には仮装でのダンスパーティーGran Ballo della Cavalchina（要前売り券）も開催。
URL www.teatrolafenice.it
☎ 041-2424（コールセンター・ハロー・ヴェネツィア）
💰 オペラ€220～10、バレエ€150～10
● ワーグナー・デイズ　le Giornate Wagneriane
カジノとフェニーチェ劇場の協同で、ワーグナーが暮らしたカ・ヴェンドラミン・カルレジ宮（現、カジノ）で11月頃開催されるワーグナーにささげる音楽会。
URL www.casinovenezia.it
URL www.richard-wagner-verband.de
● サン・テオドーロ同信組合　Scuola Grande di San Teodoro（リアルト橋近く）
1700年代の衣装でのコンサート（ヴィヴァルディの四季）またはバロック音楽と有名オペラのアリア。
URL www.imusicivenaziani.com
☎ 041-5210294　💰 €22～45
● サン・ヴィダル教会　San Vidal（アカデミア橋近く）
（Interpreti Veneziani主催）
URL www.interpretiveneziani.com
☎ 041-2770561　💰 €28～
✉ サン・ヴィダル教会のInterpreti Venezianiの演奏会はすばらしいレベルのコンサートでした。
（滋賀県　一石　'14）

5. サン・ポーロ地区～大運河にかけて

San Polo~Dorsoduro

駅とリアルト橋に挟まれたサン・ポーロ地区は、観光客よりも地元民の姿が目につく庶民的な雰囲気だ。ここでの見どころはサンタ・マリア・グロリオーサ・デイ・フラーリ教会で、主祭壇の後陣にあるティツィアーノの代表作「聖母被昇天」は必見だ。教会のすぐ裏にはティントレットの絵画で埋め尽くされたスクオーラ・グランデ・ディ・サン・ロッコがあるのでこちらも見逃せない。絵画鑑賞のあとは路地を歩いて映画「旅情」の舞台にもなったサン・バルナバ広場へ行ってみよう。当時の雰囲気がまだ十分に味わえるのも楽しい。広場の横にはカ・レッツォーニコがあり、内部がそのまま1700年代ヴェネツィア博物館となっていて興味深い。(所要時間約4時間)

トレニタリア
サンタ・ルチア駅
Staz. F. S. Venezia S. Lucia

リ・スカルツィ教会
Gli Scalzi

Ferrovia

スカルツィ橋
Pte. d. Scalzi

Riva di Biasio

Pal. Querin
S. Geremia
Pal. Correr Contarini
Pal. Gritti

S. Marcuola

Pal. Erizzo
Pal. Emo
Pal. Molin

Pal.Giovanelli
Casa Correr
ベッローニ・
バッタジァ宮
Pal. Belloni Battagia

Ca'Tron
Pal. Priuli-Bon C.po S. Stae

S. Stae

サン・スタエ教会
S. Stae
P.233

カ・ペーザロ
Ca' Pesaro
P.233

Ca'Corner d'Regina

Pal. Brandolin-M.

S.G.ドリオ教会
S. Giacomo d. Orio

Campo N. Sáuro

Campo S. Giácomo dell'Orio

Campo d. Strope

サンタ・マリア・
マーテル・ドミニ教会
S. Maria Mater Domini

サンタ・マリア・
マーテル・ドミニ場
Campo S. Maria Mater Domini
P.233

スクオーラ・グランデ・サン・ジョヴァンニ・
エヴァンジェリスタ(同信組合)
Scuola San Giovanni Evangelista
P.236

S. Giovanni Evangelista

i Tolentini

C.po di S. Agostin

Campo S. Stin

サンタ・マリア・グロリオーサ・
デイ・フラーリ教会
S. M. G. d. Frari P.234 ①

サン・ロッコ教会
P.236 S. Rocco

Campo S. Rocco

Campo dei Frari

スクオーラ・グランデ・ディ・
サン・ロッコ(大同信組合) ②
Scuola Grande di San Rocco
P.236

サン・ポーロ広場
Campo S. Polo
P.234

サン・ポーロ教会
S. Polo
P.234

Campo S. Tomà
S.Tomà

Pal. Barbarigo D. Terrazza

Pal. Tiepolo

Pal. C.-Layard

Campo S. Pantalón

スクオーラ・グランデ・
デイ・カルミニ(大同信会)
Scuola Grande del Carmini P.238

カルミニ教会
i Carmini

Campo dei Carmini

S.マルゲ リータ広場
S. Margherita

カ・フォスカリ
Ca' Foscari

Pal. Dándolo

Pal. Balbi

Pal. Giustinian

サン・バルナバ教会
S. Barnaba

サン・バルナバ広場
Campo San Barnaba
P.239

カ・レッツォーニコ
Ca'Rezzonico
P.239

Ca'Rezzonico ③

Pal. Contarini-M.

Pal. Moro

Pal. Contarini D'Scrigni

Pal. Gambara

Riva di Biasio

カナル・グランデ

Rio di Noale

100   200m

---

① サンタ・マリア・グロリオーサ・デイ・フラーリ教会

フランチェスコ派の修道士によって建てられたゴシック様式の教会で、町でも有数の大きさを誇る。ティツィアーノによる『聖母被昇天』など重要な作品が多く見られる。

★★★ **P.234**

② スクオーラ・グランデ・ディ・サン・ロッコ

フラーリ教会のすぐ近くにある、ティントレットが20年以上の歳月をかけて描いた、聖書に題材を求めた天井画と油絵に飾られた豪華な建物。

★★★ **P.236**

③ カ・レッツォーニコ

大運河に面したバロック建築の建物だが、現在内部は1700年代ヴェネツィア博物館になっており、18世紀のヴェネツィアの風俗、文化を伝える資料が展示されている。

★★ **P.239**

大運河からもファサードを望める

サン・スタエ教会 ☆
San Stae
サン・スタエ

躍動感あふれるバロック様式の
ファサードをもつサン・スタエ教会

18世紀初めにドメニコ・ロッシによって建てられた教会はピアッツェッタやティエポロなど18世紀を代表する画家たちの作品によって飾られている。現在ここでは定期的にコンサートが開かれており、荘厳な雰囲気の中で音楽を楽しむことができる。

ヴェネツィア貴族の館

MAP P.232、P.176 A2

カ・ペーザロ ☆
Ca' Pesaro
カ・ペーザロ

17世紀中頃ロンゲーナの設計によって着工され、18世紀になって完成したこの建物は、13世紀に輸送業で財を築いたペーザロ家出身で、サン・マルコ寺院の行政官ペーザロの館として建てられた。重量感ある切石積みの1層、円柱と大きな窓からなる2層、3層という構成はヴェネツィアン・バロック様式の典型である。現在2、3階は初期のヴェネツィア・ビエンナーレに展示された作品を収蔵した**現代美術館**Galleria d' Arte Moderna、4階は日本・中国などから運ばれた美術工芸品を収蔵する**東洋美術館** Museo Orientaleとなっている。

運送業で富を築いた
ペーザロ家の館

井戸を囲む下町風情あふれる広場

MAP P.232、P.176 A2

サンタ・マリア・マーテル・ドミニ広場 ☆
Campo Santa Maria Mater Domini
カンポ・サンタ・マリア・マーテル・ドミニ

カ・ペーザロから大運河と反対方向へ100mほど進むとヴェネツィアの下町らしい風情のある広場、サンタ・マリア・マーテル・ドミニ広場に着く。中央には1300年代の井戸があり、周囲を13〜15世紀の建物が取り囲んでいる。この広場に建つのがサンタ・マリア・マーテル・ドミニ教会Santa Maria Mater Domini。15世紀にサンソヴィーノによって建てられたルネッサンス式の教会で、内部には、翼廊左にティントレットの『聖十字架の発見』Invenzione della Croce、身廊右にV.カテーナによる『聖クリスティーナ』S. Cristinaなどのフレスコ画がある。

14世紀の井戸を中心に、中世が息づく広場

■**サン・スタエ教会**
🏠 Campo S. Stae,
Santa Croce
☎ 041-2750462
🕐 14:00〜17:00
休 ⑪、1/1、復活祭の⑪、
8/15、12/25
料 €3、共通券€12
（→P.185/235）
🚤 Ⓥ1番S. Stae下船

今注目の界隈
サン・ジョルジョ・マッジョーレ教会(P.207)の先へ
サン・ジョルジョ・マッジョーレ教会裏手はヨットの船着場の続く静かな散歩道。この界隈はチーニ財団による現代アートのスペースが並び、運河に面して巨大なオブジェが置かれ、現代アートを鑑賞しながらのそぞろ歩きが楽しい。ヴェネツィアングラスの博物館や現代美術のギャラリーもあるのでのぞいてみよう。

■**カ・ペーザロ**
🚤 Ⓥ1番S. Stae下船

■**現代美術館**
■**東洋博物館**
🏠 Ca' Pesaro内、Santa
Croce 2070/2076
☎ 041-5240662
🕐 4/1〜10/31
10:00〜18:00
11/1〜3/31
10:00〜17:00
休 ⑪、1/1、5/1、12/25
料 €10、割引券€7.50(2館
共通)

■**サンタ・マリア・
マーテル・ドミニ広場**
🚤 Ⓥ1番S. Stae下船

ヴェネツィア　ルート5 ● サン・ポーロ地区〜大運河にかけて

サン・ポーロ教会

■サン・ポーロ教会
- ☎ 041-5237631
- 開 10:00～17:00
  1/6、11/1、12/8
  13:00～17:00
- 休 ⑥、1/1、復活祭の⑥、
  8/15、12/25
- 料 €3、共通券€12
  (→P.185/235)
- 交 Ⓥ1、2番S. Toma下船

ひなびた雰囲気の
サン・ポーロ広場

■S.M.G.d.フラーリ教会
- 住 Campo dei Frari
- ☎ 041-5222637
- 開 9:00～18:00
  ⑥、1/6、11/1、12/8
  13:00～18:00
- 休 午前、1/1、復活祭の⑥、
  8/15、12/25
- 料 €3、共通券€12
  (→P.185/235)
- 交 Ⓥ1、2番S. Toma下船
- ※入場17:30まで

ヴェネツィアっ子に愛される広場　　　MAP P.232、P.178 A2

サン・ポーロ広場 ★
Campo San Polo
カンポ・サン・ポーロ

　フラーリ教会より東に200mほど行った所にある、町で一番大きな広場。昔も今も、祭りの際にはさまざまな催しが開かれるにぎやかな広場であるが、普段は地元民がのんびりとくつろいだり、子供たちが遊んだりする風景が見られる。しかし1548年にはここで従兄弟のアレッサンドロ・メディチを殺してヴェネツィアに逃れてきたロレンツォ・ディ・メディチが追っ手によって暗殺されるという事件が起こっている。

　この広場に面して建つのが、サン・ポーロ教会S. Polo、大きな正面扉は15世紀のゴシック様式。鐘楼は1362年に建てられた。入って左の壁には、ティントレットの『最後の晩餐』Ultima cena、左の第2祭壇には、G.B.ティエポロ、主祭壇左の礼拝堂にはヴェロネーゼの絵がある。必見はこの教会の初期の礼拝堂から運ばれたG.D.ティエポロによるキリストの受難を描いた『十字架の道の14留』Stazione della Via Crusis。

ヴェネツィアを代表する教会のひとつ　　　MAP P.232、P.178 A1

サンタ・マリア・グロリオーサ・デイ・フラーリ教会 ★★★
Basilica di S. M. Gloriosa dei Frari
バジリカ・ディ・サンタ・マリア・グロリオーサ・デイ・フラーリ

　小さな運河の向こうに威容を誇る、この町を代表する教会のひとつで、サン・マルコ寺院に次ぐ高い鐘楼(70m、1396年築)が付属している。フランチェスコ派の修道士によって1340年に建築が始められ、約1世

紀後に完成した。サンティッシマ・ジョヴァンニ・エ・パオロ教会とともにゴシック様式を代

高い鐘楼が目印、S.M.グロリオーサ・デイ・フラーリ教会

表する教会建築で、バラ窓の曲線とその上にそびえる尖塔の直線が美しい調和を見せている。

S.M.G.デイ・フラーリ教会
S. Maria
Gloriosa dei Frari

- ティツィアーノの『聖母被昇天』がある主祭壇
- G.ベッリーニの『聖母と諸聖人』
- ドナテッロの「バッティスタ」(洗礼者聖ヨハネ)
- ヴィヴァリーニの多翼祭壇画
- 聖歌隊席
- ティツィアーノの『ペーザロ家の祭壇画』
- カノーヴァの墓碑
- ティツィアーノへの記念碑
- ⚓入口

趣のあるエレガントな内部

234

●内部

　広く厳粛な趣のある内部は3つの身廊に分かれ、14～19世紀のヴェネツィア総督の墓をはじめ、この町の政治や芸術の場で活躍した人々をしのばせる作品であふれている。

　中央身廊の中央にある**聖歌隊席**Coroは1475年のゴシック・ルネッサンス様式。外側に大理石の上塗りが施してあり、彫刻を施したひじ掛け椅子も見事だ。

見事な聖歌隊席

教会の至宝はティツィアーノ作、『聖母被昇天』

ヴェネチア教会連盟"コールスCHORUS"の共通入場券

　コールスに加盟する教会の拝観には€3が必要。料金は、教会の修復に利用される。加盟する15の教会に共通の入場券は€12、1年間有効。
加盟教会は
S. Maria del Giglio
S. Stefano／S. Stae
S. Maria Formosa
S. Maria dei Miracoli
S. Maria Gloriosa dei Frari
S. Giacomo dell'Orio
S. Pietro di Castello
SS. Redentore
S. Sebastiano／S.Giobbe
S. Polo／Sant'Alvise
S. Giovanni Elemosinario
S. M. del Rosario(I Gesuati)
San Vidal

　この教会は数多くの重要な美術品であふれているが、なかでも一番の宝は後陣の主祭壇の背後にあるティツィアーノの代表作『**聖母被昇天**』Assuntaである。当時としては斬新な、動きのあるドラマチックな構図とあたたかく輝くような色調が見る者を引き込まずにはおかない。内陣右手の第1礼拝堂にはヴェネツィアにある唯一のドナテッロ作品、木彫りで彩色された**バッティスタ**Battista（洗礼者聖ヨハネ）があり、さらに右側第3礼拝堂にあるB.ヴィヴァリーニによる**多翼祭壇画**Politticoも必見だ。続く聖具室Sagrestiaには、ジョヴァンニ・ベッリーニの『**聖母と諸聖人**』の三幅対祭壇画Madonna col Bambino e Santiがある。聖母と4人の聖人、玉座を支える天使たちの表情がすばらしい傑作である。身廊左側の第2祭壇にはティツィアーノのもうひとつの傑作『**ペーザロ家の祭壇画**』Madonna di Ca'Pesaroがある。ダイナミックな構図に赤の使い方が印象的な作品だ。そのすぐ左にあるのが新古典主義の彫刻家カノーヴァの墓碑で、その向かい、身廊右側にあるのはティツィアーノへの記念碑である。19世紀に制作された新古典主義の作品で、彼の『被昇天の聖母』の絵が浮き彫りにされている。

『フラーリの祭壇画』とも呼ばれる、G.ベッリーニ作
『聖母と諸聖人』の三幅対祭壇画の中央部分

ドナテッロ作の木彫彩色像
『バッティスタ』

235

■スクオーラ・G.S.G.
エヴァンジェリスタ

住 San Polo 2454
☎ 041-718234
料 €5
交 Ⅴ1、2番S. Toma下船
事前の電話予約で見学可。

✉ **エヴァンジェリスタ**
'14年は予約なしで見学で
きました。右の写真の右がス
クオーラで左が教会です。ち
なみに真ん中の道を進むと駅
へ抜けられますヨ。
　　　（栃木県　さとぼん　'14）

✉ **アクア・アルタと長靴**
アクア・アルタ（→P.363）
は簡易橋も渡っているのでさ
ほど被害はありませんでした
が、雨と強風のため、全身ビ
ッショリ。日本から持参した靴
用の防水スプレーが威力を発
揮しました。でも、やはり耐
え切れず、途中で長靴を購入。
普通の靴屋さんでちょっとお
しゃれな長靴が€22で購入で
きました。おみやげ気分で購
入しては？　傘はやはり日本製
が優秀でした。
　（東京都　1月の雨女　'10）
アクア・アルタは午前中で
ほぼ収まり、一日中続くもので
はありません。また、水を避
ける簡易通路も設けられます。あ
まり心配しないで。（編集部）

✉ **アクア・アルタ**
冬の終わりから春にかけてと
思っていましたが、4/29でも
サン・マルコ寺院の前には水たま
りが残り、寺院の2階に上がる
手前まで簡易橋での入場にな
りました。町のあちこちに、簡
易橋が積み重ねられていまし
た。（山梨県　佐藤聖美　'14）

■スクオーラ・グランデ・
　ディ・サン・ロッコ
交 Ⅴ1、2番S. Toma下船

■サン・ロッコ（大信者会）
　サン・ロッコ教会
住 Campo San Rocco,
　San Polo 3052
☎ 041-5234864
開 9:30～17:30
休 12/25、1/1、復活祭の㊐
料 €10、学生、65歳以上€8
入場は閉館の30分前まで。
※家族が同伴する18歳以下
は無料

優美な中庭から続く大信者会

MAP P.232、P.178 A1

スクオーラ・グランデ・サン・ジョヴァンニ・エヴァンジェリスタ ★
Scuola Grande San Giovanni Evangelista
スクオーラ・グランデ・サン・ジョヴァンニ・エヴァンジェリスタ

　ピエトロ・ロンバルドの作といわれるルネッサンス様式のエレガント
な中庭を囲んで、ゴシック様式の教会と同信組合の建物が建ってい
る。さまざまな色大理石で飾られた美しい大広間から、コドゥッチに
よる正面の大階段で階上の大広間へ通じている。この大広間は、天
井が16世紀末から18世紀
の絵で飾られている。ま
た十字架が置かれた部屋
に飾られていたベッリー
ニなどの絵画は現在アカ
デミア美術館の第20室に
展示されている。

4世紀にわたって建築が続けられた信者会

ティントレットの作品に圧倒される

MAP P.232、P.176 B1

スクオーラ・グランデ・ディ・サン・ロッコ ★★★
Scuola Grande di San Rocco
スクオーラ・グランデ・ディ・サン・ロッコ

　フラーリ教会のすぐ裏手にある。サン（聖）・ロッコは中世に猛威
をふるったペストに対する守護聖人であるため、たびたびペストの
流行に苦しめられたヴェネツィ
アでは聖ロッコを信仰する同信
組合が15世紀に作られた。集
会堂としての建物はバルトロメ
オ・ボンによって1517年に着手
され、スカルパニーノによって
完成された。

サン・ロッコ大同信組合（左）と
サン・ロッコ教会（正面）

●内部
　内部はティントレットの美術館ともいえるほどの圧倒的な彼の絵
で飾られてい
る。ティントレ
ットが46歳か
ら69歳までを
かけて描いた、
聖書に題材を
取った天井画
と油絵70余点
は見応え十分。
時間をたっぷ
り取って見学
したい。

聖母マリアの生涯を描いた連作の初めの1枚、『受胎告知』

豪華な2階の大広間に、サン・ロッコ大同信組合の富を感じる

スカルパニーノの大階段を上って2階へ

ティントレット作
『岩から水を湧き出すモーゼ』には「渇き」からの救いという願いが込められる

◆1階

薄暗い大きなサロンの壁面、天井の絵はすべてティントレットによる物。壁面を飾る8枚の絵はいずれも聖母マリアの生涯に題材を取った物で、入口の正面、祭壇に向かって左の『受胎告知』Annunciazioneから始まり、入口右横にある『聖母被昇天』Assunzioneで終わる。

◆2階

装飾豊かなスカルパニーノ設計の大階段から2階へ上がると、高い天井には大きな絵が並んでいて、上を見ているだけで首が疲れてしまいそう。そんなときには備え付けの鏡を上手に利用しよう。天井には旧約聖書から題材を取った全部で21点のティントレットの作品が大迫力で迫る。なかでも必見は中央の大きな3点、階段側から『マナの収拾』Caduta della manna、『岩から水を湧き出すモーゼ』Mosè fa scaturire l' Acqua della roccia、『ブロンズ蛇の奇跡』Il Miracolo del Serpente di Bronzo。おのおのには空腹、渇き、病気からの救いというスクオーラの願いを込めた意味がある。一方壁面には新約聖書から題材を取った作品がずらりと並ぶ。また祭壇左にはティツィアーノの『受胎告知』Annunciazioneがあるのも見逃せない。

◆接客の間　Sala dell' Albergo

2階の大広間奥にある部屋で、天井には大きな『聖ロッコの祝福』S. Rocco in Gloriaがあり、正面には巨大な『キリストの磔刑』Crocifissioneがある。ディテールの豊かさと臨場感あふれる表現は感動的で見る者を圧倒する。

✉ 観光地のレストランで
ヴェネツィアの観光客向けのレストランでのこと。コースメニューを注文した後、「飲み物は?」と聞かれ、赤ワインをオーダーしました。その後「ドリンクメニューを見せて」と頼んでも見せず「ワインは1種類しかない」と言われました。食事後レシートと店外のメニューを見ると、一番高いグラスワインを出されていたことに気づきました。おまけに、メニューには「チップ、コペルト込み」とあるにもかかわらず、会計の際にチップを要求されました。この店ではチップは現金だけの支払いのようなので、カードしか持っていないと言うと、チップは諦めてくれました。
(匿名希望　'15)

スクオーラ　Scuola　　　　　　　*column*

元来スクオーラとはイタリア語で「学校」や「同業者組合」のことだが、聖母や守護聖人を頂いた信徒のグループや集会所のことを、ヴェネツィアではスクオーラ(同信組合)と呼び、中世に誕生してから、18世紀末共和国の崩壊まで活動が続けられていた。特に中産階級を中心に職人・商人らに深く浸透し、信者は共通の出身地や職業によって団結し、相互扶助や慈善活動などを行うほか、献金によって集会堂を建てた。各スクオーラは、その本部として豪華な建物を所有し、その中に当時の贅と芸術の粋を凝らした大サロンや礼拝堂を造った。通常スクオーラは2階建てになっており、3階部分に大広間などがおかれていることが多かった。ヴェネツィア共和国時代の威光と当時の人々の豊かさを実感させてくれる場所でもある。

カンナレッジョ地区にあるミゼリコルディア旧スクオーラ(同信組合)

237

■スクオーラ・グランデ・デ
イ・カルミニ(大同信組合)

住 Campo dei Carmini,
Dorsoduro 2617
☎ 041-5289420
開 11:00～16:00
休 1/1、12/25
料 €5、学生€4、14歳以下
€3
交 Ⓥ1番Ca' Rezzonico下船

スクオーラ・グランデ・デイ・カルミニ ★
Scuola Grande dei Carmini 　　スクオーラ・グランデ・デイ・カルミニ

　サンタ・マルゲリータ広場の西外れにある、17世紀半ばにロンゲーナによって建てられたカルメル派聖母修道会のスクオーラ。2階の大広間の天井は、G.B.ティエポロの円熟期の傑作である9枚の連作9 TELEで飾られている。明るさと華やかさに彩られた聖母像や、群れ飛ぶように天使が舞い、金やピンクを多用したロココ調の意匠は優美で、聖母崇拝を信仰の柱とした女性信者中心のスクオーラにふさわしい。

G.B.ティエポロの傑作が残るカルミニ大信者会

✉ **カーニバルの楽しみ方**
　サン・マルコ広場には特設ステージが設けられ、1日中催しをやっていますが、あまりおもしろくありません。楽しみのポイントはやはり、仮装している人をウオッチすること。おすすめの場所はスキアヴォーニ河岸の「溜息の橋」寄りです。見学ポイントとして、カフェ・レストラン、プリンチペッサがおすすめです。ピッツァが€12～、コースランチが€25くらいで、味は普通で値段は観光地価格ですが、海沿いのせり出した席で、ヴァポレットを下りてサン・マルコ広場へ向かう仮装した人々を、のんびりと何時間も眺めることができます。
Ⓡ Ristorante Principessa
住 Castello 4187
（神奈川県　アンダンテ　'12）
サント・ステーファノ広場
（P.178 BC2）ではカーニバル期間のみ、仮面や仮装の衣装を売る屋台が出ます。リアルト橋付近の屋台では紙吹雪が売られていて、カーニバルの雰囲気を盛り上げます。仮面をしたまま歩いていると、紙吹雪をかけられることもありました。
（千葉県　よこやん　'12）

カ・フォスカリ ★
Ca' Foscari 　　　　カ・フォスカリ

　よく調和の取れた1400年代のヴェネツィアのゴシック様式を代表する建物。白のイストリア石のファサードは、8つのアーチとふたつのロッジアが印象的な建物である。現在はヴェネツィア大学となっている。

16世紀、フランスのアンリ3世の宿泊所に選ばれたカ・フォスカリ

■カ・フォスカリ
交 Ⓥ1番Ca' Rezzonico下船

井戸（ポッツォ）　　　　　　　　*column*

カンポ（広場）の中央には井戸がおかれる

　ヴェネツィアの広場や館の中庭には、大きさにかかわらず必ずその中央に彫刻が施された井戸Pozzoがある。時代によって形は多少変化しているものの、仕組みは同じ。これは飲料水の確保という重要な課題を解決するための貯水槽の一部。敷石から砂にしみ込んだ雨水が濾過され、井戸からくみ上げられるシステム。潟に木の杭を無数に打ち込んで造った海上都市ヴェネツィアでは地下水がないため、こうして飲料水を確保したのである。よく見ると、井戸の周辺部に水を集めるための小さな取り入れ口があるのがわかるだろう。

ヴェネツィアの生活博物館

カ・レッツォーニコ ★★
Ca' Rezzonico
カ・レッツォーニコ

MAP P.232、P.178 B1

1649年カ・ペーザロを設計したロンゲーナが建設に着手し、1750年マッサリによって完成されたバロック建築の建物。内部は18世紀当時のまま残されており、現在は1700年代ヴェネツィア博物館となっている。

ヴェネツィアのバロック様式の
建築例。カ・レッツォーニコ

■1700年代ヴェネツィア博物館
Museo del Settecento Veneziano
18世紀のヴェネツィアの風俗、文化を伝える博物館。展示品は家具、タペストリー、洋服、ガラス製品などのほか、当時のマリオネット劇場や薬局も再現されていたりと、バラエティに富んでいる。また当時のいなかや家庭の光景、カルネヴァーレの仮面をかぶった人々の様子も興味深い。2階の大広間の天井は、G.B.ティエポロとその弟子によるフレスコ画で飾られている。また、当時の風俗を描いたピエトロ・ロンギの絵画、カナレットによる風景画などにも興味深いものが多い。

18世紀のヴェネツィアの生活を伝える博物館

映画「旅情」の舞台

サン・バルナバ広場 ★
Campo San Barnaba
カンポ・サン・バルナバ

MAP P.232、P.176 C1

カ・レッツォーニコから運河沿いに戻ると左に教会がある広場に出る。ここのサン・バルナバ教会は、映画「インディ・ジョーンズ最後の聖戦」の舞台にもなった。またこの運河にかかる橋のたもとにある店は、映画「旅情」で主人公のアメリカ女性が恋に落ちる相手のイタリア人骨董店主の店になったところ。今はみやげ物屋になっているが、当時の雰囲気はまだ驚くほど失われていない。運河に浮かぶ船の八百屋など、下町らしい風情が感じられる広場である。

「インディ・ジョーンズ」の舞台
サン・バルナバ広場と教会

映画「旅情」に登場した店が残る

✉ **ヴァポレット2番で一周を**
サン・マルコのサン・ザッカリアSan Zaccariaから2番（リド島行きとは反対方向）に乗ると、大運河と外海を巡り、島を一周して戻れます。有名な橋や建物、豪華客船も見られて楽しい体験でした。所要約60分。時間に余裕があれば、のんびり周遊を。
（抹茶　'10）

カ・レッツォーニコ
🏠 S. Barnaba, Dorsoduro 3136
☎ 848082000
🕐 4〜10月　10:00〜18:00
　　11〜3月　10:00〜17:00
休 ㊋、1/1、5/1、12/25
料 €8
　（共通券€18→P.185）
🚢 Ⓥ1番Ca' Rezzonico下船

✉ **緑が茂る庭園でひと休みカ・レッツォーニコ**
運河に面した美しい建物と、ヴェネツィアらしい展示物が楽しい博物館でした。隣接して小さな庭園があり、ここは無料で入れます。藤棚があり、初夏にはすてきだろうと思います。観光に疲れたら、ひと休みに最適です。カ・レッツォーニコに入館しなくても、1階のバールも利用できます。
（東京都　マリリン　'12）

サン・バルナバ広場
🚢 Ⓥ1番Ca' Rezzonico下船

✉ **効率的に移動を**
ヴァポレットの時間券を購入する場合は、ある程度路線を理解し、効率的な利用がいいです。4.1と5.1は反時計回り、4.2と5.2は時計回りと方向によって路線が違うものもあります。ムラーノ島もローマ広場からなら3番、フォンダメンタ・ヌオーヴェからなら4.1、4.2、12といろいろあり、所要時間も異なります。路線図、時刻表はURLで公開されているので、印刷して持参する、スマホで参照する、など準備しておくとスムーズに移動できます。
（匿名希望　'14）

✉ **優先席もあるヨ**
ヴァポレットには優先席があります。一般の人が座ると係員に注意される場合があります。混んでいても座らないように……。（匿名希望　'14）

ヴェネツィア周辺の島巡り
Le Isole

ヴェネツィア本島の周囲には、それぞれに特徴をもった島が点在する。なかでも有名なのはヴェネツィアングラスが発展したムラーノ島、ヴェネツィア発祥の地としての面影が残るトルチェッロ島、色鮮やかな家々が並び、レース編みで知られるブラーノ島だ。時間が許せば1日をかけてこれらの島々を巡ると、本島とはまた違った雰囲気を満喫できる。

トルチェッロ、ブラーノ行きの船

■ジューデッカ島への行き方
🚢ヴァポレット
●島の対岸、本島のザッテレZattere、スピリト・サントSpirito Santo、サン・マルコ広場東側のサン・ザッカリア
↓ 2番、8番
ジューデッカ島 ジテッレZitelle、レデントーレRedentore、パランカPalanca
●サン・ザッカリア
San Zaccaria
↓ 4.1番、4.2番
ジューデッカ島 ジテッレZitelle

ジューデッカ島 Isola della Giudecca ★★

ヴェネツィアの南に位置し、サン・マルコ広場からも眺められる細長い島。島の名は、かつてユダヤ人保護区のゲットーがおかれたため、ユダヤ人に由来しているという説と、裁かれ（ジューディカート=giudicato）、追放された者が住んだことからこの名がついたというふたつの説が有力だ。島の中央やや東よりに建つのが、レデントーレ教会。

サン・ジョルジョ・マッジョーレ島の鐘楼から眺めたジューデッカ島

■レデントーレ教会
☎041-5231415
開10:00～17:00
1/6、11/1、12/8
13:00～17:00
休B、1/1、8/15、12/25、博物館のみBも
料€3、共通券€12
(→P.185/235)

パッラーディオの最高傑作のひとつ

MAP P.174 C2

レデントーレ教会
Il Redentore
イル・レデントーレ ★

教会の建築にあたってコンクールが開催され、パッラーディオが優勝し、作品が採用されたものの、建築が開始されたのは彼の死後の1577年からで、1592年に完成した。内部は1身廊で内陣へと続き、その上にクーポラがのっている。祭壇は16～17世紀のヴェネツィア派の絵画で飾られている。有名なレデントーレの祭りは7月の第3日曜に行われる。その日だけザッテレからレデントーレ教会の前まで仮設の橋が架けられ、1630年のペストの終焉を神に感謝するため人々は橋を渡って教会へ参拝する。また前夜には花火大会、当日はゴンドラレースが華やかに繰り広げられる。

すっきりとした
レデントーレ教会内部

ジューデッカ島の至宝

リド島 Lido di Venezia ☆

ヴェネツィアの東南に横たわる長さ約12kmの細長い島。白い砂浜が続く海岸には、海水浴客のためのしゃれた小屋が並ぶ。ここは、イタリアのみならず世界に知られた高級リゾートだ。ヴァポレットの船着場から並木道を一直線に抜けるとすぐに海岸に出る。これを右に折れて(海を左に見て)進むと、右側にヴェネツィア映画祭の会場となるパラッツォ・デル・チネマPalazzo del Cinema。入場券を購入すれば映画祭に出品している作品の鑑賞も可能だ。開催時ならトライしてみては? 高級ホテルのプライベートビーチが続くこのあたりは、夏はヴァカンスの華やいだ雰囲気に包まれる。ここで海水浴をしたい場合は、ゲート入口の案内所で料金(着替え小屋や寝椅子の使用料、入場料など)を払って入ろう。ただし、1ヵ月以上利用のお客がほとんどなので、1週間でも1ヵ月でも料金はほとんど変わらずかなり割高だ。島の東側(並木道の突き当たり周辺)には市営の海水浴場がある。

リド島の海岸風景

美しい砂浜が続く島

自転車が楽しい島

リド島への行き方

🚢 ヴァポレット
- サン・マルコ広場東のサン・ザッカリアS. Zaccaria
  ↓ 1番、2番、5.2番
- サンタ・ルチア駅前フェッロヴィアFerrovia
  ↓ 1番、2番、5.2番
  リド島
- 島内のバスはヴァポレットの切符と共通

ヴァポレットの逆コースにご用心
ほとんどのヴァポレットは運河を循環しているので、逆コースに乗ってしまうと思いがけず時間がかかってしまう。たとえば、サン・ザッカリアから4.2番でムラーノ島へ向かう場合、時計逆まわりなら約45分。遠まわりの逆コース(時計まわり)だと約1時間15分もかかってしまう。

✉ **必携 虫除けスプレー**
ヴェネツィアやミラノの運河周辺では蚊に刺されました。虫除けスプレーや、ホテルでは1発で駆除できる部屋用のスプレーがあると安心です。虫刺されの薬もネ。
(東京都 デリケート '14)

✉ **島への行き方**
駅近くに宿泊していたので、駅前Ferrovie乗り場から3番ヴァポレットでムラーノへ。そこからは12番に乗り換え、5分程度でブラーノ。ブラーノからシャトル船でトルチェッロ島へ着きました。フォンダメンタ・ヌオーヴェからはブラーノで1回乗り換えればトルチェッロへ行けます。途中、お墓の島というサン・ミケーレ島も見られ、景色もよかったです。ブラーノ島もムラーノ島もそぞろ歩きが楽しいです。ブラーノ島はカラフルな家が多く、歩いていても楽しいし、写真もよいものが撮れました。
(群馬県 ヨーコ '12)

リド島 Lido di Venezia

Vaporetto
Lido P.le S. M. Elisabetta
Riviera S. Maria Elisabetta
Gran Viale S. Maria Elisabetta
Via Zara
Lungomare G. D'Annunzio
LAGUNA
Viale Enrico Dandolo
P.le Bucintoro
I.S Lazzaro d.Armeni
Via Sandro Gallo
Via Lorenzo Marcello
Via Dardanelli
Lungomare Guglielmo Marconi
アドリア海
MARE ADRIATICO
Rio de Cornuta
パラッツォ・デル・チネマ
Pal. del Cinema
Via Sandro Gallo
A
B
N
0 300m

●サン・マルコ広場東側のサン・ザッカリアSan ZaccariaからMurano-Museoまで4.1、4.2番で約50分。
●駅前のフェローヴィアFerroviaから直通3番でムラーノ・ムゼオMurano-Museoまで約25分。
●フォンダメンタ・ヌオーヴェFondamenta NuoveからもMurano-Museoまで4.1、4.2番で約20分。

ガラス製作の実演が見られる

■ガラス博物館
住 Murano, Fondamenta Giustinian 8
☎ 041-739586
開 4/1〜10/31 10:00〜18:00
11/1〜3/31 10:00〜17:00
休 ㊌、1/1、5/1、12/25
料 €10
（共通券 €24→P.185）
※入館は閉館1時間前
ヴァポレットはMurano-Museoで下船。

クリスマス前は
ショッピングに最適
11月下旬からクリスマス前まで、ムラーノ島では「小さなクリスマス市」Mercatini di Nataleが開催される。これは多くのガラス店が行うバーゲンのことで20〜50%引きでガラス製品が購入できるチャンス‼ 店頭に割引率などが貼られているので、気になったらのぞいてみよう。ただ、期間中でも対象商品がなくなると売り切れ御免なので、早い者勝ちだ。（'15）

ムラーノ島 Murano ★★

ヴェネツィアより1.5km、ラグーナの中央、大小5つの島からなるヴェネツィアングラスの島としてあまりに有名だ。そのガラスは、ルネッサンスの時代にヴェネツィア共和国の経済を支えた重要な商品であり、国に莫大な富をもたらした。13世紀にはガラス職人はその技術をほかに漏らさぬようにとこの島に幽閉されていたともいう。15〜16世紀には、ヴェネツィアの貴族たちが町の喧騒を逃れて静かなこの町を訪れたという。今では昔日の面影はなく、ガラス作りの実演を見せてくれる工房やガラス製品を売る店が軒を連ね、ガラス一色の観光地の面持ちだ。

ガラス工房やガラス製品を売る店が軒を並べる

ガラスの芸術と歴史を一堂に集めた　MAP P.243 A・B2

ガラス博物館 ★
Museo del Vetro
ムゼオ・デル・ヴェトロ

17世紀のパラッツォ・ジュスティニアーニ館Palazzo Giustinianiに、古代ガラスから現代のガラス芸術までを展示。
1階　エジプト、アレキサンドリア、ローマなどの古代遺跡から発見されたガラス器の展示。
2階　15〜18世紀のヴェネツィアングラスが展示されている。とりわけ1470〜1480年代に天才と呼ばれたバロヴィエールの『婚礼の杯』Coppa nuziale detta Barovierは必見。濃紺のガラスとエナメル彩色の対比が実に美しい。このほか、ボヘミア地方やドイツのガラ

ジュスティニアーニ館の装飾もすばらしい、
ガラス博物館

ス、現代の洗練された作品が展示され、ガラスの歴史、そしてその多様な魅力が理解できる。
長期の修復が終了して2015年にリニューアルオープンし、規模は小さいながら1階にガラス素材の展示室、歴史や製作過程を見られるオーディオルーム、2階にはビーズに関する展示室が新設され、ガラスがより身近に感じられる展示となった。

博物館の宝、
新郎新婦と祝賀の場面を描いた『婚礼の杯』

天井のシャンデリアに往時をしのぶ　　　**MAP** P.243 A2

サンティ・マリア・エ・ドナート教会 ★
Ss. Maria e Donato
サンティ・マリア・エ・ドナート

　鐘楼を付したビザンチン様式の教会。内部は美しい柱頭で飾られた柱が並び、床には12世紀のモザイクが残っている。後陣には、13世紀のビザンチン様式の聖母のモザイクと15世紀のフレスコ画がある。14世紀の多翼祭壇画の『聖母の死』Morte di Maria、L.バッティスタによる15世紀の『聖母子』Madonna col Bambinoもあり、教会の名の由来・聖ドナート像は彩色の板絵

（1310年）となって飾られている。古くてきしみそうな教会だが、天井から下がるヴェネツィアングラスのシャンデリアが、この島の栄華と歴史をしのばせる。

柱廊の美しい
ビザンチン様式のドナート教会

G.ベッリーニのファン必見　　　**MAP** P.243 B2

サン・ピエトロ・マルティーレ教会 ★
San Pietro Martire
サン・ピエトロ・マルティーレ

　ジョヴァンニ・ベッリーニの絵画『聖母子と天使と聖人達』、『聖母の被昇天』があることで知られる。15世紀半ばに建てられたものの、16世紀に再建された。現在は、教会と修道院にあった美術品を収蔵する。

16世紀再建の教会

ムラーノ島
Murano

300m

Canale degli Angeli

Venier

SACCA SERENELLA

Pal. da Mula

サンティ・マリア・エ・ドナート教会
Ss. Maria e Donato

ガラス博物館
Museo del Vetro

Canale Grande di Murano

Canale Ondello

ブラーノへ

Serenella

サン・ピエトロ・マルティーレ教会
S. Pietro Martire

サント・ステファノ広場
Campo S. Stefano

Museo

Navagero

シモーネ・チェネデーゼ
Simone Cenedese P.259

バロヴィエール&トーゾ
Barovier & Toso P.259
Colonna

Faro

ヴェネツィアへ

Canale dei Marani

S. Erasmoへ

■**Ss.M.エ・ドナート教会**
☎ 041-739056
🕐 9:00～12:00
　 15:30～19:00
　㊐15:30～19:00

✉ **ムラーノ島へ**
　ヴェネツィア本島よりも広々としていて、町並みも美しく、のんびりした気持ちになります。ガラス店もピンからキリまであり、いかにも敷居が高そうな店も勇気を出して入ってみましょう。「Just looking!」と言えば、店員さんも寄って来ないので、ゆっくり目の保養もできます。帰りは「Grazie!」のひと言を忘れずに。
　　　　　　　（ミルキー　'11）

✉ **ガラス購入**
　ムラーノ島でグラス購入を考えている方も多いでしょう。実はムラーノ島のショップの半分はおみやげ屋みたいなものです。自分の店でガラス製造をしている所もありますから、まずはじっくりショップを回ってみましょう。グラスの特徴などをよく聞いてみると、店の対応も変わってきます。その際、強引な売り込みをするような店はやめたほうがいいでしょう。3つ星以上のホテルへは無料で商品を配達してくれることもあるので聞いてみるといいです。
　　　　　　　（はねうま　'14）

✉ **トイレ情報**
　コロンナの船着場を左に行った所にあります。
　　　　　　　（はねうま　'14）

■**S.ピエトロ・
マルティーレ教会**
🏠 Campiello Michieli 3
☎ 041-739704
🕐 8:00～19:00
　㊏11:00～19:00
　㊐12:00～17:00

**島巡りには
船着場も選ぼう**
　時間を気にせずゆっくりとヴァポレットから水の流れや運河沿いの美しい建物を眺めるのも、ヴェネツィアならではの楽しみ。ただ、ときには時間が不足してしまうこともあるはず。特に島巡りは思いがけず時間がかかる。ムラーノ島へは駅Ferroviaから直通3番でムラーノ-ムゼオまで所要25分。北側のフォンダメンタ・ヌオーヴェから4.1、4.2番で約20分。
　ブラーノ島へもフォンダメンタ・ヌオーヴェからの利用が便利、所要42分。トルチェッロ島へはブラーノ島で乗り換える必要がある。

ヴェネツィア

ヴェネツィア周辺の島巡り

243

トルチェッロ島への行き方

🚢 **ヴァポレット**
●フォンダメンタ・ヌオーヴェ
　Fondamenta Nuoveから
　↓ 12番 所要42分
　ブラーノ島
　↓ 9番 所要5分
　トルチェッロ島

✉ **島巡りはフォンダメンタ・ヌオーヴェから**
　ムラーノ島行きの3番を駅前から乗る以外は、島巡りのヴァポレットは、本島の北側にあるフォンダメンタ・ヌオーヴェから乗船するのがおすすめです。というのも、島行きの船の多くは、サン・ザッカリアの船着場を出た後、本島の周囲を半周してから最後にフォンダメンタ・ヌオーヴェを経由して本島を離れるので、直接フォンダメンタ・ヌオーヴェへ歩いて行って乗ると、かなりの時間短縮になります。リアルトやサン・マルコから歩いても15分程度で着きますし、標識もあるので、簡単にたどり着けると思います。
　（京都府　YUMI　'05）['15]

■**S.M.アッスンタ聖堂**
☎ 041-730119
開 聖堂
　3〜10月　　10:30〜17:30
　11〜2月　　10:00〜17:00
　（入場は閉場30分前まで）
休 1/1、12/25、博物館のみ
　（月祝）
料 聖堂　　€5
　共通券（聖堂、博物館に共通）€6
※'16年1月現在、鐘楼は修復中のため入場不可

ヴェネツィアで最古の教会
サンタ・マリア・アッスンタ聖堂

トルチェッロ島 Torcello ★★

船着場からは、悪魔の橋を右手に見て、見どころに向かう

　トルチェッロ島はヴェネツィア発祥の地のひとつ。7〜10世紀には重要な町として栄え、2万人を超える人々が暮らしたというが、マラリアの蔓延（まんえん）により人々はほかの島々へ移住し、建物も解体されて運び去られたという。繁栄の歴史は、唯一残された教会にのみ見ることができる。
　船着場の右側の運河沿いの細い小道を500mほど進むと猫たちがのんびりと集う広場が現れる。途中にある橋はヴェネツィアでも珍しい手すりのない橋で、悪魔の橋Ponte del Diavoloという名がついている。ヴェネツィアでは珍しく野原や自然の木立ちが残る島は、休日には町の人が子連れで集う。ゆったりとした時間が流れている。

ヴェネツィア最古の教会

サンタ・マリア・アッスンタ聖堂 ★★
Cattedrale di Santa Maria Assunta カッテドラーレ・ディ・サンタ・マリア・アッスンタ

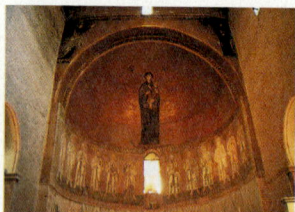
教会内部のモザイク『12使徒と聖母子』

　広場の奥に建つ、サン・マルコ寺院より2世紀も早い7世紀に建てられたヴェネツィアで最も古い教会である。その後9世紀と11世紀に改築された。堂々とした鐘楼も11世紀に付け加えられたもので、この町最古の物。
　内部は、11世紀の柱廊で飾られた列柱で分割された3身廊で、ビザンチン様式。大理石のモザイクの床は11世紀の物。内陣には、12〜13世紀の『12使徒と聖母子』Madonna col Bambinoの金色に輝くモザイク、反対の正面の壁にはモザイク画『最後の審判』Giudizio Universaleがある。幼子を抱いた姿は『慈悲の聖母』と呼ばれ、哀しみをたたえながらも凛とした姿が印象的だ。聖堂の前の丸い遺跡は、7世紀に建てられた洗礼堂の跡であり、石の椅子はアッティラ王の椅子と呼ばれる。

殉教者を祀った

サンタ・フォスカ教会 ★
Santa Fosca　　　　　　　　　　　　　　サンタ・フォスカ

　回廊でつながれているS.M.アッスンタ聖堂の右側にあり、円錐（えんすい）状の屋根が乗り、建物を取り巻くポルティコ（柱廊）の八角形、五

角形の入口が珍しい。11世紀の終わりに建てられた、後期ビザンチン様式とヴェネツィアン・ロマネスク様式の混ざり合ったもの。この教会は当初、殉教者を葬るために建てられたという。

ギリシア十字形プランの教会

島の歴史を伝える

エストゥアリオ博物館
Museo dell'Estuario／Museo di Torcello　ムゼオ･デッレストゥアリオ／ムゼオ･ディ･トルチェッロ

博物館の中庭

S.M.アッスンタ聖堂前に建つ14世紀の建物の内部は博物館になっている。エストゥアリオEstuarioとは、河口とか入江の意味どおり、トルチェッロ島およびラグーナからの発掘物、11～15世紀の絵画、彫刻、13世紀に聖堂を飾った銀の壁画などが展示されている。

ブラーノ島 Burano ★★

漁師の生活の知恵から生まれたカラフルな家並み

ヴェネツィアの北東9kmにある、4つの島からなる漁師の島。緑、ピンク、黄色などの鮮やかな色に塗られた家は、漁師が霧の中からでも遠くからでも自分の家を見分けられるように工夫されたといわれている。レースを売るみやげ物屋を除けば、観光地の雰囲気から遠く、ゆったりと人々が暮らすのどかな島だ。

この島の特徴といえば、16世紀に漁の網から派生したといわれる細かなレース編み**メルレット**Merletto。針を使って編み上げてゆくPunto in aria（空中刺し）と呼ばれる技法は手が込んでおり、継承者も今は少ない。かつては上流階級の人々の装飾品として手厚く保護

■**サンタ・フォスカ教会**
圏 10:00～16:30
✉ トルチェッロ島
　ヴェネツィア発祥の地、ヴェネツィア最古の教会、静寂の島……。という言葉に惹かれて訪れました。実際は遠足や団体客が多く、今は静寂の島とはいえないようでした。でも、ヴェネツィア最古の教会は当時の島の人の思いが詰まっているようで訪れてよかったです。鐘楼は工事中で入れませんでした。　（spumani '11 4月）

■**エストゥアリオ博物館**
住 Palazzo del Consiglio
☎ 041-730761
圏 3～10月　10:30～17:30
　 11～2月　10:00～17:00
休 ㊊㊗、1/1、4/25、5/1、6/2、8/15、11/21、12/8、12/25
料 €3
　博物館と聖堂の共通券€6
※入場は閉場30分前まで

┌─────────────┐
│ ブラーノ島への行き方 │
└─────────────┘
🚢 **ヴァポレット**
●フォンダメンタ・ヌオーヴェ
　Fondamenta Nuoveから
　　↓ 12番 所要42分
　ブラーノ島

✉ ブラーノ島から
　土曜だったためか観光客が多く、30分に1便ある帰りの便は満員で乗ることができず、1本見送りました。ブラーノ発は、ムラーノ島経由本島行きとリド島Punta Sabbioneta行きがあるので、どちらかの列かを確認して並ばないと時間をロスしてしまいます。
　　　（spumami '10)['15]

✉ おすすめ、
　ブラーノ島めぐり
　本島からヴァポレットで約40分。カラフルな家並みとヴェネツィアンレースで有名な島です。家並みだけでも見る価値あり。心和む半日となること間違いなし。帰りはムラーノ島で下船して、ヴェネツィアングラスで目の保養を。
　　（山梨県 佐藤聖美 '14)

ヴェネツィア

ヴェネツィア周辺の島巡り

245

✉3島ツアーはおすすめ
ムラーノ、ブラーノ、トルチ
ェッロ島の3島巡りツアーに参
加しました。14:30(夏季は9:30
も)出発で所要3時間30分〜4
時間でひとり€20。3島それぞ
れに30〜40分程度の見学時
間がありました。ガラス工場、
レース編み見学もあり、英語ガ
イドもありますが、あまり英語
がわからなくても(集合時間さ
えわかれば)十分楽しめる内容
だと思います。風情の異なる3
つの島を効率よく回れて、時間
のない方にはおすすめ。
出発地 Hotel Danieliそば
詳細は URL www.serenissi
mamotoscafi.it
(N.A. '10)['16]

どれを選ぶ? 島巡りツアー
上記のほか、ガイド付きで
ムラーノ、ブラーノ、トルチェ
ッロ島を4時間で回るツアーを
❶で実施。
夏季 9:30、11:00、14:30発
冬季 14:00発
料€20
6〜12歳 €10
65歳以上 €15
※催行4人から。❶で申し込み。
※同様ツアーをALILAGUNA
社もLINEA VERDEとして
実施。出発11:00、14:00。
※Alilaguna社の72時間券所
持者は無料
出発地:ジャルディネッティ
San Marco Giardinetti
(Alilaguna San Marco)。

✉長期滞在なら
キオッジャChioggiaへ
リド島の先に小さなヴェネ
ツィアと呼ばれるキオッジャの
町があります。リド島でバス
に乗り、バスごとフェリーに
乗ってペレストレーナ島に到
着。さらにヴァポレットに乗り
換えます。本島から所要2時
間弱の小遠足です。漁師町の
素朴な雰囲気で、季節によっ
ては名物のモエケ(脱皮したば
かりのカニ)を安く食べられま
す。ヴァポレットの24時間券
などの時間券各種が利用でき
ます。(神奈川県 KM '15)

■レース博物館
住Piazza B. Galuppi 187
☎041-730034
開4/1〜10/31 10:00〜18:00
11/1〜3/31 10:00〜17:00
休㊊、1/1、5/1、12/25
料€5、共通券€24(→P.185)

されていたが、共和国の崩壊後に廃れ
てしまい、後年学校が作られて伝統が
何とか維持されようとしている。かつて
は島のいたるところでおしゃべりをしな
がらレース編みに精を出す婦人たちを
見かけた。またみやげ物屋などで売っ
ているレース編みはほとんどが輸入品。
これを見てメルレットと思うのは早計。
まずはレース博物館で本物を見てみよう。ヴェネツィア本島にある
レース専門店Jesurumでは、メルレットから発展させた、機械編み
によるレース作品を売っている。こちらは手編みレースほど高価では
ない。

みやげ物屋には
外国産のレースが多い

本物のメルレットをじっくり鑑賞 MAP P.246・2

レース博物館
Museo del Merletto
ムゼオ・デル・メルレット

メルレットレースはとても繊細だ

1872年、マルゲリータ
王妃の命により開校した、
かつてのレース学校にあ
る博物館。メルレットレー
スは編み物というより
も刺繍といえるほどの繊
細なレース。16〜20世紀に
ブラーノ島で発展した美
しく貴重なレース約200点を展示。入口近くではDVDでメルレッ
トの歴史やその製法を知ることがで
き、より興味を深めてくれる。

メルレットレースの歴史が学べる、
レース博物館

ブラーノ島
Burano

0 200m

グルメレストラン

　世界中の観光客の憧れの地ヴェネツィアだが、グルメレストランのコストパフォーマンスはいい感じだ。2016年現在、6軒ある星つきはすべて1つ星。その中でオステリア・ダ・フィオーレとイル・リドットは特におすすめ。ランチには手頃な値段のコースメニューが用意されて敷居も高くない。どちらのお店でも、ヴェネツィアの素材を使った、斬新でおいしいひと皿に出会えるはずだ。

❋メット
Met　　Map P.177 C4

若いサービス係がテキパキと働くサロンは大人のための空間

ヴェネツィアらしい優雅なメトロポールホテル内にあるミシュランの1つ星レストラン。キャンドルがともる店内はエレガントな大人の隠れ家のよう。同じ料理がクラシックな郷土料理とユニークで洗練された創作料理で用意され、驚きと感動が。特に創作料理は、目にも舌にも楽しい。新旧料理対決は、きっと旅の思い出に残るはず。　　要予約

海の幸の前菜(郷土料理)。素材の扱いがすばらしい

住 Riva degli Schiavoni 4149, Castello(Metropole Hotel内)
☎ 041-5240034
営 12:30〜14:30、19:30〜22:30
休 (月)、(火)〜(金)の昼
予 €95〜170、定食€130、190
C A.D.M.V.
交 V No.1などでSan Zaccaria下船徒歩3分

❋オステリア・ダ・フィオーレ
Osteria da Fiore　　Map P.178 A1

バカリの面影を残す入口を入ると、サロンが広がる

現在、人気、味ともにヴェネツィアNo.1と評判。シーフードを主体にヴェネツィアの伝統料理を洗練された味と盛りつけで供する。どちらかというと濃いめの味が多いレストランのなかではあっさりめの味で量も控えめ。「海老といかのマリネ・レモン風味」、「海の幸の前菜」などが有名。メニューは日替わり。ミシュランの1つ星。　要予約

手作りデザートも絶品揃い

住 Calle del Scaleter 2202/a, San Polo
☎ 041-721308
営 12:30〜14:30、19:30〜22:00
休 (日)、(月)、1/8〜1/21、8/8〜8/25
予 €75〜135、定食€50(昼)、€140
C A.D.J.M.V.
交 V No.1, 2 San Tomaより徒歩7分。サン・ポーロ広場の奥の橋を渡った左側

❋イル・リドット
Il Ridotto　　Map P.177 B3

シンプルな店内は席数も限定されているので予約を

サン・マルコ広場の裏手、たくさんの観光客が行き交うにぎやかな界隈にある。店内はさほど広くはないが、モダンでおしゃれ。シェフ自らが市場に足を運んで選ぶ新鮮な野菜と魚介類を使った料理は色彩豊かで美しく美味。夏はテラス席でゆっくりランチをするのがおすすめ。ミシュランの1つ星ながら手頃な値段(€28)で楽しめるランチコースが好評。　要予約

火の通りが絶妙なスズキ。日本人におすすめの一品

営 12:00〜15:00、19:00〜24:00
休 (水)　予 €60〜120、定食€28(昼)、€80　C A.D.M.V.
住 Campo SS.Filippo e Giacomo 4509, Castello
☎ 041-5208280
交 V No1、5.1 San Zaccariaから徒歩3分

プランツォ(ランチ)を楽しむ

旅行者にはちょっと敷居が高い高級レストラン。ところが近年、イタリアの高級レストランでも日本のように手頃なランチメニューが用意されることが多くなってきた。皿数を少なくし、待ち時間を減らしたビジネスランチもあるし、その店の長く続くスペシャリティがぎゅっと凝縮されたメニュー構成も多い。高級レストラン入門者にもグルメにも十分楽しめる内容だ。

レストランが高い、料理の量が少ない……といわれたヴェネツィアでも例外ではない。高級レストランの味と雰囲気、サービスが手頃に満喫できるので、ちょっと奮発してもかなりのお得感あり。予約して、ちょっとおしゃれして出かけよう。

オステリア・ダ・フィオーレ(P.247)

Osteria da Fiore

テーブルのリネンとヴェネツィアグラスがエレガントな大人の雰囲気を醸し出す店内

観光客でにぎわうヴェネツィアで、オステリア・ダ・フィオーレは静かで落ち着いた美食のオアシス。小さな運河に面した1テーブルだけのテラス席ではハネムーナーたちがロマンティックな食事を楽しんでいる。にこやかなサービス係が、テーブルの上のヴェネツィアングラスのオブジェに数種の自家製パンを運んできたらランチのはじまり。

ランチのコースは4種類のメニューがあり、前菜またはプリモ、セコンド、デザートにグラスワイン、ミネラルウォーター、コーヒー、サービス料、コペルトまでがセットになって€50。アラカルトの料理とは、内容・量が違うものの、セコンドが1皿€38くらいなので、かなりリーズナブルな料金設定だ。

ランチメニューは伝統的メニューMenu della Tradizioneで、ビゴリのヴェネツィア

Menu 1

Zuppa fredda di menta e ostriche scottate

スペシャリテのミントとカキの冷たいスープ

Bisato di laguna sull'ara

今や珍しい郷土料理、ラグーナ産ウナギのローリエ風味

Sorbetto di limone naturali con liquirizia gratugiata

レモンのソルベ

ソースBigoli in salsa alla veneziaやタリアテッレのグリーンピース風味はこの町の郷土料理。ミントとカキの冷たいスープZuppa fredda di menta e ostriche scottateは、長く続くスペシャリテだ。セコンドはおなじみのエビとイカのフリットFrittura di scampi e calamariから、ウナギの伝統料理のBisato、舌平目Sogliola、仔羊Agnelloなどから選べ、ヴァリエーションも豊富。

Menu 2

Bigoli in salsa alla veneziana

ビゴリのヴェネツイアソース（玉ねぎとアンチョビー風味）は、優しい素朴な味わい

Costicine di agnello alle erbe aromatiche impanata e fritte

仔羊の香草パン粉のフリットは洗練された一品

Alzami su di amaretti

アマレッティのティラミス

イル・リドット(P.247)

Il Ridotto

店外のパラソルの下の食事が楽しい。目にも楽しい前菜。見かけよりもボリューミー

にぎやかにバールやピッツェリアが並ぶ広場の一角にあり、外にもテーブルがセッティングされている（ランチはこちらに案内される場合が多い）。店内はシックでモダンな雰囲気。新鮮な魚介類と野菜、香草を組み合わせた優しく独創的な味わいで評価の高い1軒だ。

ランチは前菜（3種）盛り合わせとセコンド、ミネラルウォーターで€28（サービス料、コペルト込み）。前菜はおまかせで、セコンドは魚か肉かを選べ、この日はスズキBranzinoか仔豚Maialino。ランチの料理は日替わりのようで、紙に書かれたものはなく口頭での説明（英語あり）だ。

この日の前菜は、ホタテ貝のソテー紅茶の燻製風味 ニンジンのソース、バッカラ・マンテカート、エビのアーモンドとカリフラワー風味（写真上：左から）。セコンドを含め、いずれもメニューにある料理なので、この店のエッセンスを味わうにはうってつけのランチだ。

Maialino da latte in due cotture con mela verde e lamponi

仔豚の2種の料理、青リンゴとラズベリー風味。シェフの才気あふれる一皿だ

ヴェネツィアのレストラン

サン・マルコ周辺(S. Marco, Castello)

　サン・マルコ広場の東西方向には、大運河に面して高級ホテルのレストランが多い。眺めがよく、味も折り紙つきの所が多いがかなり高額。一方、サン・マルコ広場の裏手あたりには、お値頃価格の店が多い。B級グルメレストランも案外見つかりうれしい界隈だ。また、スキアヴォーニ河岸通りを海洋史博物館のほうに進んだカステッロ地区には、地元の人が利用する店が点在している。

✳ ラ・カラヴェッラ　　Map P.179 C3

La Caravella

4つ星ホテル、サトゥルニア内にある。帆船をイメージしたインテリアと、ヴェネツィア郷土料理を洗練させた料理の数々が売り物。400種を超える豊富なワインもこの自慢。日本語可。

要予約

住 Calle Larga XXII Marzo, San Marco 2397/2402
☎ 041-5208901
営 12:00～15:00、19:00～23:00
休 無休
予 €75～98、定食€48(昼)、€92
C A.J.M.V.
交 Hotel Saturnia & International1階

✳ アル・コーヴォ　　Map P.177 C4

Al Covo

新鮮なシーフードを使い、ひと工夫凝らしたヴェネツィア料理が味わえる。田舎家風のインテリアと落ち着いたサービスも心地よく、ワインの品揃えも充実している。昼は手頃な定食もあり。メニューは日替わりで種類は多くないが、料理の満足度は高い。

要予約

住 Campiello della Pescheria, Castello 3968
☎ 041-5223812
営 12:45～14:00、19:30～22:00
休 ㊌、㊍、8月1週間、1月の3週間
予 €50～95、定食€45(昼)、€78
C J.M.V.　交 Ⓥ No.1、4.1、4.2 Arsenaleより徒歩3分。スキアヴォーニ河岸の路地の奥、小広場の左側にある

✳ コルテ・スコンタ　　Map P.177 B4

Corte Sconta

"隠れ家"レストランとしてすっかり有名になってしまい、いつも予約でいっぱいの人気店。シーフードのみのメニューはイタリア風小皿料理とでもいうべきものが次々に出てきて、思いがけない素材をはじめ、一度にいろいろの味が味わえるのもうれしい。

できれば予約

住 Calle del Pestrin, Castello 3886
☎ 041-5227024
営 12:30～14:15、19:00～21:30
休 ㊐、㊊、1/11～2/2、7/26～8/18
予 €50～80(コペルト€3)、定食€80
C M.V.
交 Ⓥ No.1、4.1、4.2 Arsenaleより徒歩4～5分

✳ アル・コンテ・ペスカオール　　Map P.179 B4

Al Conte Pescaor

サン・マルコ広場から近い、みやげ物屋などがひしめき合う一角にある。入口にはおつまみの皿が並び、古いヴェネツィアの雰囲気をよく残している。伝統的な郷土料理と、種類豊富なワインが売り物。

要予約　日本語メニュー

住 Piscina S.Zulian, San Marco 544
☎ 041-5221483
営 12:00～15:00、18:30～23:00
休 無休
予 €40～70
C A.D.M.V.
交 サン・マルコ広場からメルチェリエ方向へ約100m、細い路地の角

✳ トラットリア・アッラ・リヴェッタ　　Map P.177 B4

Trattoria alla Rivetta

狭い店内は庶民的な雰囲気でいつもにぎわっている。店の入口横に並べられた数々のおつまみCichettiが食欲をそそる。昼休みなしの営業が便利。

日本語メニュー
住 Salizada San Provolo, Castello 4625
☎ 041-5287302

営 10:00～22:00
休 ㊊、7月下旬～8月下旬
予 €30～40(12%、コペルト€1.50)
C J.M.V.
交 サン・マルコ寺院の裏(東側)、溜息の橋を右に見て渡った橋の先の小さな広場をさらに東に進んだ橋の手前右側

アカデミア(Dorsoduro)、リアルト橋(S. Polo)周辺

　大運河の内側の地域。アカデミア美術館付近のドルソドゥーロ地区には、庶民的だが、おいしい料理を提供する地元民向けのお店が多い。サン・トロヴァーゾと近くの姉妹店(地 P.178 C1)は、ヴェネツィア料理入門者にはおすすめの気取らず経済的な店。サン・ポーロ地区の魚市場の付近は、バカリやワインを気軽に飲ませる店が多く、夜になると旅行者を中心ににぎわいを見せる。

🦀 アイ・ゴンドリエーリ　　　Map P.176 C2

Ai Gondolieri

ヴェネツィアでは珍しく、凝った肉料理と野菜料理のみを供する。名物は牛肉を使ったやや重い味のリゾット"Ai Gondolieri"(2人前〜)やジビエ料理。

できれば予約

🏠 Fondamenta de l'Ospedaletto, San Vio, Dorsoduro 366

📞 041-5286396
🕐 12:00〜15:00、19:00〜22:00
休 ㊌、7〜8月の昼、クリスマス
予 €55〜95 (コペルト€5)、定食€33、65　C A.D.M.V.
交 No.1、2 Accademiaより徒歩5分。アカデミア橋を渡り、サルーテ教会の方向へ行き、小運河を右に渡った突きあたり

🦀 アンティーカ・トラットリア・ポステ・ヴェシェ　Map P.176 A2

Antica Trattoria Poste Vecie

魚市場の奥にあるシーフード専門店。ヴェネツィア最古のレストラン。昔は郵便局だった所を改装したことからこの名がついた。新鮮な魚のグリルやフリットミスト(フライの盛り合わせ)などを試したい。デザートも種類豊富で美味。

🏠 Pescheria, San Polo 1608
📞 041-721822
🕐 12:00〜15:00、19:00〜22:30
休 ㊋
予 €30〜45(コペルト€3)、定食€38
C A.D.J.M.V.
交 V No.1、2 Rialtoより徒歩5分。リアルト橋を渡り魚市場の奥

🍕 タヴェルナ・サン・トロヴァーゾ　Map P.178 C1

Taverna San Trovaso

内部は広く、1階と2階に分かれている。ヴェネツィアのレストランには珍しく、ピッツァのメニューも豊富。値段は安く、量もたっぷり、雰囲気も気さくで入りやすい。魚介の前菜盛り合わせ、ボンゴレのパスタ、魚介類のスープなどがおすすめ。

要予約

🏠 Fondamenta Priuli, Dorsoduro 1016
📞 041-5203703
🕐 12:00〜14:45、19:00〜21:45
予 €20〜40 (コペルト€2)、定食€25
C A.M.V.
交 V No.1、2 Accademiaより徒歩1分。アカデミア橋近くの路地の角

🍷 カンティーナ・ド・モーリ　　Map P.179 A3

Cantina do Mori

1462年創業の最も古いバカリといわれる。カウンターでつまみと飲み物を注文する立食式。天井からはその昔井戸水をくむのに使ったという銅のおけがたくさん下がっている。ワインは一杯約€2.50〜。

🏠 Calle dei Do Mori, San Polo 429
📞 041-5225401
🕐 12:00〜23:00
休 ㊐　予 €10〜15
C A.D.J.M.V.
交 V No.1、2 Rialtoより徒歩3分。リアルト橋を渡り、アーケードを抜けた先の通りを左折した先の路地の奥

🍷 カンティノーネ　　　　　　Map P.178 C1

Cantinone Gia Schiavi

小さな運河沿いにある、いつも地元の人でいっぱいの気取りのないバカリ。カウンターにはさまざまな前菜、壁際にはワインボトルがズラリと並ぶ。カウンターのみなので、バカリ初心者は少し時間をずらしてトライしてみよう。

🏠 Fondamenta Nani 9, Dorsoduro 992
📞 041-5230034
🕐 8:00〜20:00
休 ㊐
予 €5〜25　C 不可
交 V No.1、2 Accademiaより徒歩2分

サンタ・ルチア駅周辺(Cannaregio, S. Croce)

サンタ・ルチア駅前からリスタ・ディ・スパーニャ通りを進んだ奥にあるのがカンナレッジョ地区。駅前の橋を渡った所が、サンタ・クローチェ地区だ。庶民的な界隈で、伝統的なバカリ&トラットリアが充実している。バカリを極めたいのなら、S.G.パオロ教会あたりに出かけてみよう。カ・ドーロ近く、V.エマヌエーレ通り奥の小路にある、伝統的なスタイルのバカリ&トラットリアもおすすめ。

🍴 フィアスケッテリア・トスカーナ　　Map P.179 A3

Fiaschetteria Toscana

内部は1階と2階に分かれており広い。メニューは日替わりだが、シーフード料理が中心で魚介類のフライFritto Misto di Mareなど仕上がりで美味。メニューの種類が魚料理から肉料理まで幅広いのもうれしい。ワインも充実。

要予約

住 Cannaregio 5719
☎ 041-5285281
営 12:30～14:30、19:30～22:30
休 ㊋、㊐昼、7～8月の2週間、12/8～12/22頃　🅿 €60～80　C M.V.
交 V No.1、2 Rialtoより徒歩3分
駅方向へ約200m、サン・ジョヴァンニ・クリソストーモ教会の向かい

🍴 ヴィーニ・ダ・ジージョ　　Map P.176 A2

Vini da Gigio

駅から続くにぎやかな通りから小路をちょっと運河沿いに進んだ便利な場所にある。落ち着いた家族経営のレストランで、天井に太い梁が渡る店内はあたたかい雰囲気。ヴェネツィアの郷土料理のほか、肉料理も充実しているので好みが分かれるグループにも最適。おすすめは、特製ヴェネツィア風前菜Antipasto misto "Specialità

Veneziane"。いつも混雑しているので、予約をして出かけよう。

要予約

住 Fondamenta San Felice,
Cannaregio 3628/a
☎ 041-5285140　営 12:00～22:00
休 ㊊、㊐、8月の3週間
🅿 €45～65　C J.M.V.
交 V No.1 Ca'd'Oroから徒歩3分

🍴 リボット　　Map P.176 B1

Ribot

小さな運河に面した入り口は狭いが、中におしゃれな雰囲気のサロンが広がり、その奥には緑の中庭にテーブルが続く。リラックスした雰囲気の落ち着いたレストラン。夜はピアノのライブ演奏もあり。隣りには同経営の1つ星ホテル、ロカンダ・サニエリがある。

住 Fondamenta Minotto, Santa Croce 160
☎ 041-5242486
営 12:00～14:30、19:00～22:30
休 ㊊昼、㊐
🅿 €40～66、定食€20(昼)、58
C A.D.M.V
交 V No.1、2、41、42、51、52
Piazzale Romaから徒歩2分

🍴 アニス・ステラット　　Map P.174 A2

Anice Stellato

サンタ・ルチア駅の東側、かつてのゲットーを越えた静かな運河沿いにある。天井には太い梁が渡り、大きなテーブルが並ぶ店内は古きよき昔の雰囲気。伝統的なヴェネツィア料理にひとひねりした料理が味わえる。ワインも充実の品揃え。早めに予約して出かけよう。

要予約

住 Fondamenta della Sensa,
Cannaregio 3272
☎ 041-721744
営 10:30～15:30、18:30～24:00
休 ㊊㊋昼、3月の1週間、11月末～12月中旬　🅿 €35～65　C M.V.
交 ゲットー・ヌオーヴォから徒歩4～5分

🍴 ラ・ズッカ　　Map P.176 A2

La Zucca

店名はイタリア語で「カボチャ」という意味。女性シェフの作る野菜を中心とした料理が特徴。滑らかな口当たりのカボチャのフランFlan di Zuccaがお店の人のおすすめ。メニューは日替わり。パスタや肉料理、ワインの品揃えも充実している。

要予約

住 presso campo San Giacomo Dell'Orio,

Santa Croce 1762
☎ 041-5241570
営 12:30～14:30、19:00～22:30
休 ㊐、8/15、クリスマスの1週間
🅿 €35～50(コペルト€2)
C A.M.V.
交 V No.1 San Stae
より徒歩3分。サン・ジャコモ・デロリオ広場近くの小運河の横にある

アッラ・ヴェドーヴァ　Map P.177 A3

alla Vedova

アドリア海の新鮮な魚介料理とミートボールが名物のバカリ&トラットリア。お店の人のおすすめがいい。看板は、大きくalla Vedovaと書かれているが、Trattoria Ca'd'Oroとも呼ばれる。地元の人と観光客でいつもいっぱい。開店時間早々を狙うか予約を。　**できれば予約**

住 Ramo Ca'd'Oro, Cannaregio 3912
店 041-5285324
営 11:30〜14:30、18:30〜22:30
休 ⑥昼、⑥、7/25〜8/25
予 €30〜35　C M.V.
V No.1 Ca'd'Oroより徒歩2〜3分

オステリア・ダ・アルベルト　Map P.177 A3

Osteria da Alberto

1920年代から続く、時代を感じさせるオステリア兼トラットリア。店頭はワインを立ち飲みする地元の人でいつもにぎわい、カウンターにはおいしそうな前菜がズラリと並ぶ。奥のテーブルではヴェネツィアの伝統的な食事が楽しめる。　**できれば予約**

住 Calle Giacinto Gallina, Cannaregio 5401
店 041-5238153
営 12:00〜15:00、18:30〜21:40
休 一部の⑥、1/9〜1/17　予 €30〜45(コペルト€1.80)、定食€50
C M.V.　交 サンティ・ジョヴァンニ・エ・パオラ教会前から橋を渡った所

ヴェーチャ・カルボネーラ　Map P.176 A2

Vecia Carbonera

サンタ・ルチア駅からリアルト方面へ向かう途中、いつも大にぎわいを見せるバカリ。カウンターには種類豊富なおつまみが並び、店先はグラス片手におしゃべりする人であふれている。夕方の混雑時は観光客にはちょっと敷居が高いが、時間を外せば店の奥のテーブル席で運河を

眺めながらの1杯もいい。
住 Campo della Maddelena, Cannaregio 2329
店 041-710376
営 10:00〜23:00
休 ⑥　C A.D.J.M.V.
V No.1、2 S.Marcuola下船、徒歩4〜5分

アッランフォラ　Map P.176 A1

Pizzeria Trattoria All'Anfora

サンタ・ルチア駅からスカルツィ橋を渡り、ヴェネツィアらしい小路にあるピッツェリア兼トラットリア。サロンの奥に緑に囲まれた愛らしい中庭があり、夏は気持ちいい。50以上と種類が豊富で、薄くて大きなピッツァが人気。

住 Calle dei Bari, S.Croce 1223
店 041-5240325
営 12:00〜15:00、17:00〜22:30
休 ⑥
予 €13〜30(コペルト€2)
C A.M.V.
交 サンタ・ルチア駅から徒歩7〜8分

おすすめのB級グルメレストラン

バカリの定番、ミートボールをテイクアウト

世界一ロマンティックな都市と呼ばれるヴェネツィア。それだけに強気な価格帯の店が多いのも事実。しかし案ずることなかれ、B級グルメは存在する。地元民に愛されるセルフの総菜屋や実力派テイクアウトの店を紹介しよう。

ロスティチェリアの
サン・バルトロメオ
San Bartolomeo

サン・バルトロメオは Gislonの看板も

1階はカウンター形式、2階はテーブル席のレストラン。魚から肉、野菜までメニューは種類豊富で値段もお手頃。ケースの中の総菜を係りの人に伝え盛ってもらう。テイクアウトも可。

住 Calle della Bissa, San Marco 5424/A
店 041-5223569　営 9:00〜21:30　休 12/25
予 €20〜25(コペルト€2)、定食€21　C M.V.
交 V No.1、2 Rialtoより徒歩2〜3分　地 P.179 A3

テイクアウトの
チップ・チャップ Cip Ciap

焼き立てピッツァは地元の人にも大人気

テイクアウト専門のピッツェリア。100g€1.50〜のピッツァのほか、パイやキッシュも100g€1.70〜と軽食にぴったり。サンタ・マリア・フォルモーザ広場近くの橋のたもとにある。

住 Calle del Mondo Novo, Castello 5799/a
店 041-5236621　営 10:00〜21:00　休 ⑥、1月
予 €3〜6　C 不可　交 V No.1、2 Rialtoまたは Vallaressoより徒歩7分、Salizzada di San Lioから Calle del Mondo Novoへ　地 P.179 A4

レストランピクト案内 ◆高級店 ✕中級店 ●庶民的な店 ●ピッツェリア ●バカリ ●B級グルメ ●ジェラテリア ●カフェ

☕ カフェ・フローリアン
Map P.179 B4

Caffè Florian

1720年創業。多くの詩人、作家たちに愛されたヴェネツィアを代表するカフェ。3つに分かれたサロンに入れば、当時の雰囲気をたっぷりと味わうことができる。軽食もある。楽団の演奏時のテーブルチャージは€6。初回の注文時のみ必要。

- 🏠 Piazza San Marco 56-59
- ☎ 041-5205641
- 営 夏季9:00～24:00、冬季⑮～④9:00～21:00、⊕⊕9:00～23:00
- 休 1月の1週間、不定休あり
- 予 €5～40(食事)
- C A.D.J.M.V.
- 交 サン・マルコ広場 新政庁側

☕ カフェ・クアードリ
Map P.179 B4

Caffè Quadri

1638年創業の老舗カフェ&バー。店内は1800年代のカーニバルを描いた絵画などで飾られ、内装も華やかな雰囲気。ケーキなどお菓子もおいしい。2階は上着着用のフォーマルなミシュランの1つ星の高級レストラン。

- 🏠 Piazza San Marco 121
- ☎ 041-5222105
- 営 カフェ9:00～24:00、レストランは12:30～14:30、19:30～22:30
- 休⑤ 予 €4～14.50(カフェ)、€180～280、定食€170、225(レストラン)
- C A.D.J.M.V.
- 交 サン・マルコ広場 旧政庁側

☕ ハリーズ・バー
Map P.179 C3

Harry's Bar

ヴェネツィアを代表する高級バー&レストラン。2階はフォーマルなダイニングだが、1階のカウンターやラウンジで軽食と飲み物を楽しむなら気楽。ここが発祥のカクテル、ベッリーニ(桃のジュースとプロセッコ)が楽しめる。1階でも服装チェックあり。

- 🏠 Calle Vallaresso, San Marco 1323
- ☎ 041-5285777
- 営 10:30～23:30
- 休 無休
- 予 €8～20(バーのみ)
- C A.D.J.M.V.
- 交 Ⅴ No.1、2 Vallaresso下船すぐ

☕ カフェ・タイム・マルキーニ
Map P.179 B3

Caffè Time Marchini

リアルト橋からサン・マルコ広場へ向かう途中にあり、ガラス張りの店内はいつも大にぎわい。ショーケースには美しいケーキやクッキーなどが並び、小休止にぴったりのおしゃれなカフェ。カウンターのみ。

- 🏠 Calle San Luca 4589, San Marco
- ☎ 041-2413087
- 営 7:30～20:30
- 休 無休
- 予 €1.50～10
- C 不可
- 交 リアルト橋から徒歩3分

🍨☕ ジェラテリア・ニコ
Map P.176 C1

Bar Gelateria Nico

ここの名物はGianduiottoというボリュームたっぷりのアイスクリームの盛り合わせ。テイクアウトもOK。夏は運河沿いに広がるテラスに座ってくつろぐひとときは気持ちがいい!サンドイッチやパニーノもある。

- 🏠 Zattere, Dorsoduro 922
- ☎ 041-5225293
- 営 6:45(⑤7:30)～24:00(夏季)8:00～21:00(冬季)
- 休 11～1月の④、12/23～1/8
- 予 €2～10 C 不可
- 交 Ⅴ No.52、61、2 Zattere下船すぐ。ザッテレ河岸に面したカフェ

ヴェネツィアでディナーショーが楽しめる

アヴァンスペッターコロ Avanspettacolo Venezia

パリのムーラン・ルージュのようなダンスやバレエ、マジックショー、そしてオペラにカンツォーネ、ポップスの音楽。コミカルなショーと息を呑むパフォーマンスが楽しめるディナー&ショー。劇場へはタクシーでローマ広場から12分、Venezia Mestre駅からは10分。 要予約
日本語予約先 avanspettacolo_venezia@yahoo.co.jp

- URL www.avanspettacolovenezia.it
- 🏠 Via Della Fisica Venezia
- ☎ 041-5470230
- 営 アペリティフ 20:00～ディナー&ショー 21:00～
- 休 無休 予 ディナー&ショー1人 €70～ C M.V.

ショーと料理を楽しめる

ヴェネツィアらしいおみやげ

　ガラスに限らず、ヴェネツィアでは中世から職人による手工芸が発達していた。その伝統は今でもさまざまな分野に受け継がれている。なかでも仮面は、ヴェネツィアで最高の盛り上がりを見せたカーニバルで重要な役割を果たしていた。1979年にカーニバルが再開されてから仮面を作る工房が増え、今や町を代表する主要なおみやげのひとつになっている。そのほかにも共和国の昔から名声を有していたヴェネツィアンレース、マーブルプリント、おみやげはたくさん見つかる。

カ・マカーナ【仮面】　Map P.176 C1

Ca' Macana
●インテリアに最適な仮面
紙を張り合わせて作る仮面は思ったよりも軽い仕上がり。部屋のアクセントになるような個性的な仮面が多く、店内では製作実演も見られる。ヴィネツィアに2店舗あり。

住 Calle delle Botteghe, Dorsoduro 3172
☎ 041-2776142
営 夏季10:00～20:00、冬季10:00～18:30
休 12/25、12/26、1/7～1/21
C A.D.J.M.V.
交 Ⅴ No.1 Ca' Rezzonicoより徒歩3分

ヴェネティア・スタジアム【シルク】　Map P.179 C2

Venetia Studium
●美しいシルクのプリーツスカーフ
シルクやベルベット生地をプリーツ加工したスカーフは、大きさも色もバリエーション豊富で贈り物に喜ばれそうな物ばかり。メルチェリエやリアルト橋近くなど市内に数店舗あり。

住 Calle Larga XXII Marzo, San Marco 2425
☎ 041-5236953
営 10:00～19:40
休 無休
C A.D.J.M.V.
交 サン・マルコ広場より徒歩5分（メルチェリエ通りにも支店あり）

ジュスラム【レース】　Map P.179 C3

Jesvrvm Venezia 1870
●繊細なヴェネツィアンレース
1870年創業、ヴェネツィアで最高級のリネン店。19世紀の機械編み手法による繊細なレースはまさに芸術品。このレースや手刺繍のほどこされたリネン類はテーブルセンターからナイトウエアまで種類豊富。値段は高めだが、オリジナリティー

あふれる商品は魅力的。
住 Calle Larga XXII Marzo, San Marco, Fondamenta della Sensa
☎ 041-5238969 1
営 10:30～13:30、14:00～19:00
休 ⑪祝　C A.D.J.M.V.
交 サン・マルコ広場西端から徒歩5～6分

ラ・ボッテーガ・ディ・ジュリアーナ・ロンゴ【帽子】　Map P.179 A3

La Bottega di Giuliana Longo
●シックな帽子が欲しい人に
1902年創業の帽子屋さん。シックな物からカーニバル用の豪華な物、ゴンドリエーレの帽子、パナマ帽までいろいろ。オリジナルの造花がたくさんついた帽子がおしゃれ。

住 Calle del Lovo, San Marco 4813
☎ 041-5226454
営 10:00～19:00
休 ⑪、8/10～8/20
C A.D.J.M.V.
交 Ⅴ No.1、2 Rialtoより徒歩2～3分。サン・サルヴァドール教会正面の斜め向かい

サンゾーニョ・ギャラリー【カメオ】　Map P.179 B4

Sanzogno Gallery
●ヴェネツィアで最古のカメオ店
商店が建ち並ぶにぎやかな一角、小さな店構えながら充実したカメオが揃う。手頃なものから約100万円もする高価なサイン入りの作家物までと1000点を越す幅広い品揃え。

住 Calle Canonica, San Marco 338
☎ 041-5228877
営 夏季9:30～19:30（⑪祝19:00）、冬季10:00～18:30
休 1/1、12/25、12/26
C A.D.J.M.V.
交 サン・マルコ広場裏手の運河近く。サン・マルコ広場から徒歩1分

スコーラ・サン・ザッカリア　【ギャラリー】　Map P.178 C2

Schola San Zaccaria since 1983

●中世の即興仮面劇の絵画

中世イタリアで流行したコメディア・デラルテという即興仮面喜劇中の人物を独自のタッチで描いたミッシィアイヤ氏のギャラリー。ポスターやカード類もあり。カステッロにも店舗あり（住 Castello, Salizzada dei Greci 3456）。

住 Campo S.Maurizio, San Marco 2664
☎ 041-5234343、348-2242326
営 16:00〜19:00
C A.D.J.M.V.
交 サン・マルコ広場より徒歩6〜7分

ティポグラフィア・バッソ・ジャンニ　【名刺】　Map P.177 A3

Tipografia Basso Gianni

●オリジナルの名刺が作れる

活版印刷でオリジナルの名刺やカードが作ってもらえる。デザインは数多くのサンプルのなかから相談。名刺100枚約€50、3日くらいでできる。

住 Calle del Fumo Fondamente Nuove, Cannaregio 5306
☎ 041-5234681
営 9:00〜13:00、14:00〜18:00
休 日、±午後、8月
C A.M.V.
交 フォンダメンテ・ヌオーヴェ船着場より徒歩3分

バルトレッティ・フォンデリア・アルティスティカ　【文具】　Map P.179 B3

Bartoletti Fonderia Artistica

●こだわりの文具を探すなら

1980年にヴェネツィアに誕生した4兄弟による高級文具店。繊細な細工が施されたペーパーナイフや各種のペン、刻印やその蝋を溶かす道具、革を使った中世風の手帳などデスクまわりの商品が充実。Calle de Rasse, Castello 4618に2号店もオープン。

住 Campo San Fantin, San Marco 1854
☎ 041-5285563
営 9:00〜16:00
C A.M.V.
交 フェニーチェ劇場の対面、サン・ファンティン広場の角

シニョール・ブルム　【趣味】　Map P.176 C1

Signor Blum

●楽しいカラフルな木のオブジェ

動物や建物を模し、カラフルに色付けしたオブジェの店。そのほかヴェネツィアの風景をモチーフにした木組みのパネル絵やそれらの絵はがきなどもすてき。オーダーメイドも可。

住 Campo San Barnaba, Dorsoduro 2840
☎ 041-5226367
営 9:45〜19:30
休 1/1、12/25　C A.D.J.M.V.
V No.1 Ca' Rezzonicoより徒歩3分、サン・バルナバ広場の運河に面した角

ラ・シアルッパ　【趣味】　Map P.178 A1

La Scialuppa Gilberto Penzo

●手作りのゴンドラキット

ゴンドラの設計を手がける、RENZO氏の工房兼ショップ。実際の20分の1の大きさのゴンドラなどの手作りキットがユニーク。

住 Calle dei Saoneri 2da, San Polo 2681
☎ 041-719372
営 8:30〜13:00、15:00〜18:00
休 日
C V.
交 サン・ポーロ広場より徒歩3〜4分

エミリオ・チェッカート　【趣味】　Map P.179 A3

Emilio Ceccato 1902

✉ ゴンドリエーレの制服ゲット

メルチェリア側からリアルト橋を渡ったたもと（左岸）にゴンドリエーレの本物の制服を売る店があります。おみやげ屋でない、おしゃれな作業服屋さんです。ボーダーのシャツ、セーターなど普段着として着こなせるかわいいものばかり。シャツは€24〜と

お手頃でした。メルチェリエにも店舗あり。（山梨県　佐藤聖美 '14）['16]
住 Orafecio 16, San Polo
☎ 041-5222700/5208989
営 10:00〜13:30、14:30〜21:00
　日11:00〜13:30、14:30〜21:00
休 一部の祝　C M.V.
交 リアルト橋の下

ヴェネツィアのお菓子やパスタをおみやげに

お菓子や食料品などのおみやげは、手頃で誰にでも喜ばれるおみやげ。パスタ専門店ではパスタソースも手に入るし、美しいパッケージの菓子類は目にも楽しい。ヴェネツィアは、この町ならではのお菓子も豊富な土地柄だ。便利さと経済性を追求するなら、スーパー巡りははずせない。

ジャコモ・リッツォ【パスタ】 Map P.179 A3
Giacomo Rizzo dal 1905
●カラフルなパスタはおみやげに最適
30種類にも及ぶカラフルなパスタは味も形もさまざま。ゴンドラや仮面の形の物もありかわいらしい。小さなビン入りのオリーブオイルなどもある。

住 San Giovanni Crisostomo, Cannaregio 5778
☎ 041-5222824
営 8:30～13:00、15:30～19:30
休 日
C A.J.M.V.
交 リアルト橋から北（駅方向）へ徒歩2～3分

ダル・マス【お菓子】 Map P.176 A1
Dal Mas
●おいしいおみやげを
駅近く、いつも地元の人でにぎわう、1906年創業のお菓子屋兼バール。店頭には生ケーキ、棚にはヴェネツィア名物のクッキーなどが並ぶ。隣のチョコレートショップには手作りチョコやクッキーが勢揃い。仮面型のチョコや伝統的なクッキ

ーはおみやげに最適。
住 Lista di Spagna 149-150/A, Cannaregio
☎ 041-715101
営 7:00～20:00
休 火
C M.V.
交 S. Lucia駅から徒歩2～3分

リッツォ【食料品】 Map P.176 A1
Rizzo San Leonardo
●いつでも便利な1軒
駅から続く大通りにある食料品店。間口は狭いが、奥に長く続き、ジェラートからパン、飲み物、おみやげ向きのチョコやクッキー、パスタ、ハム、サラミ、総菜まで揃う。手頃なおみやげ探しや小腹がすいたときに便利な店。

住 Rio Tetà San Leonardo 1355, Cannaregio
☎ 041-718135
営 8:00～20:00
休 一部の祝
C M.V.
交 V No.1 Ca' d'Oro下船、徒歩2分

コープ【スーパー】 Map P.174 B1
Coop
●駅に近いスーパー
ローマ広場、ヴァポレット乗り場の一番奥、運河に面してある。間口は狭いが、内部は広々としてヴェネツィアではかなり充実の品揃え。総菜やパン、生鮮食品は奥のスペースに広がる。飲み物や簡単なおみやげまで手頃に調達できるのがうれしい。

住 Piazzale Roma, Santa Croce 49
☎ 041-2960621
営 夏季8:00～21:00、冬季8:30～20:00
休 一部の祝 C A.D.J.M.V.
交 ローマ広場、ヴァポレット乗り場奥

コナド・シティ【スーパー】 Map P.176 A2
Conad City
●食料品や旅の必需品を調達
カ・ドーロ近く、Strada Novaの角に建つ、食料品を中心とした大型スーパー。店内は広く、総菜やチーズ、ハムなどの品揃えも豊富。物価の高いヴェネツィアではありがたい存在だ。

住 Cannaregio 3660
☎ 041-5236970
営 8:00～23:30
休 無休
C A.D.M.V.
交 V No.1 Ca' d'Oroから徒歩1～2分。

ヴェネツィアングラス

　ガラス製品はそれこそピンからキリまで、何十万円とする作家のオブジェからみやげ物屋の店先のチープな置物まで数限りなくある。大きな物は日本まで郵送もしてくれるが、持ち運びを考えると買いやすいのは小さな置物やグラス、写真立て、ボトルの栓、アクセサリーなど。値段も手頃で、旅の記念にはぴったりだ。ちょっと歩けばお店はいくらでもあるが、ここではオリジナリティある商品を取り揃えたお店を選んでみた。

パウリー 【ガラス】　　　　　Map P.179 B3

Pauly

●ヴェネツィアを代表する老舗
1866年創業の老舗。高級感あふれるウインドーと店内には大きなオブジェから、比較的買いやすいグラスやアクセサリーまで多様な物が揃う。

住 Piazza San Marco 73-77, San Marco 316
☎ 041-5235484
営 10:00～19:00
休 無休　C A.D.M.V.
交 サン・マルコ広場・ナポレオンの翼壁下アーケード、サン・マルコ寺院横・レオンチーニ広場

ヴェニーニ 【ガラス】　　　　Map P.179 B4

Venini

●斬新なデザインで有名
現代イタリア、そして現代ヴェネツィアングラスを代表する斬新なデザインと高度な技術の結晶がここの作品。ただし値段もそれなりに覚悟が必要。

住 Piazzetta dei Leoncini 314, San Marco
☎ 041-5224045
営 10:00～19:00
休 ⑪
C A.D.J.M.V.
交 サン・マルコ寺院横、レオンチーニ広場

ラ・クポール 【ガラス】　　　　Map P.179 B4

La Coupole

●アクセサリー類が充実
ヴェネツィアで有名なセレクトショップのガラス店。作家物のオブジェなどの大作から色鮮やかな現代風のヴェネツィアンビーズを使ったブレスレットやリング（€60～）が揃う。個性的なヴェネツィアン・グラスを探すならおすすめ。

住 Piazza S.Marco 289/305
☎ 041-2770739
営 10:00～19:30
休 12/25
C A.D.J.M.V.
交 サン・マルコ広場の一角

アストルフォ・グローリア 【アクセサリー】　Map P.179 B3

Astolfo Gloria

●ガラスのデザインアクセサリー
ムラーノガラスを使ったしゃれたアクセサリーの店。ガラスの輝きと流行を意識したデザインのハーモニーが魅力的。おすすめはブレスレット。メルチェリエにも店舗あり。

住 Frezzeria, San Marco 1581
☎ 041-5206827
営 10:00～19:30
休 一部の㊗
C A.D.J.M.V.
交 サン・マルコ広場より徒歩2分

カルダローネ・マッシミリアーノ 【アクセサリー】　　　Map P.177 A3

Bottega Artistica di Caldarone Massimiliano

✉ オリジナルのヴェネツィアングラスのアクセサリー
ほんの15分くらいで、好きな色でオリジナルアクセサリーをその場で作ってくれます。私はネックレスとブレスレットをお揃いでゲット。値段もブレスレットが€15とリーズナブルでした。とっても気さくなお兄さんがオーナーです。フォンダメンテ・ヌオーヴェの船着場からちょっと路地を入った広場Campo Widmann

にあります。　　　　　　（神奈川県　ぴのこ　'14）

住 Sestiere Cannaregio 5419/B
☎ 041-5286646
営 10:00～12:30、15:00～18:00
休 不定休
C A.M.V.
交 サンティ・アポストリ教会すぐ

リゾラ [ガラス] Map P.178 B2

L' isola

●毎年限定のグラスが人気
ヴェネツィアングラスに現代感覚を取り入
れたことで知られるカルロ・モレッティ氏
の店。斬新な色合わせやデザイン性あふ
れるフォルムが特徴。日本への配送も可。

住 Calle de le Botteghe 2970
☎ 041-5231973
営 10:00〜19:30
C A.J.M.V.
交 サン・マルコ広場西側より徒歩
10分

ヴィットリオ・コスタンティーニ [ガラス] Map P.177 A3

Vittorio Costantini

●繊細な作りの海の生物たち
海の生物をイメージした作品で著名な作
家、コスタンティーニ氏の工房兼ショップ。
本物と見まがうばかりの美しさと繊細さに
ため息。蝶や魚のオブジェひとつ€40く
らいから。

住 Calle del Fumo 5311,
Fondamente Nuove
☎ 041-5222265
営 9:30〜13:00、14:15〜17:30
休 午後、⑧、7月最終週〜8/15
C M.V.(€50〜利用可)
交 フォンダメンテ・ヌオーヴェ船着
場より徒歩3分

バロヴィエール&トーゾ [ガラス] Map P.243 B1

Barovier & Toso

●併設の美術館が興味深い
もともと職人が作業中にのどを潤すため
に作ったというタンブラー「Goti di
Fornasa」が特徴。奥にある美術館には
多くの歴史ある作品が並ぶ。

住 Fondamente dei Vetrai 28,
Murano
☎ 041-739049
営 9:00〜17:00
美術館10:00〜11:00、15:00〜16:00
休 ⑪、⑧、8月、12/23〜1/7 C A.M.V.
交 Ⓥ No.3、4.1、4.2 Colonna船
着場より徒歩3分(ムラーノ島)

シモーネ・ジョヴァンニ・チェネデーゼ [ガラス] Map P.243 B1

Simone Cenedese

●洗練されたデザインの数々
曲線を巧みに使ったシモーネ・チェネデ
ーゼSimone Giovanni Cenedese氏の
作品が並ぶショールーム。現代ムラーノ
グラスの芸術をじっくりと堪能できる。要
予約で工房見学可。

住 Calle Bertolini 6
☎ 041-5274455
営 10:30〜18:00
休 ⑧
C A.D.J.M.V.
交 Ⓥ No.3、4.1、4.2 Colonna船
着場より徒歩4分(ムラーノ島)

ヴェネツィアングラスの賢い購入方法

個人旅行でヴェネツィアに出かけ、三つ星クラス以上のホテルに宿泊すると、フロントの人に「ムラーノ島への無料ツアー」をすすめられることが多い。これはムラーノ島の特定のガラス工場への買い物ツアーとなっている。ヴェネツィアングラスの製造工程の実演を見せた後に、ショールームに案内し、「気に入らなければ購入することはない」というのだが、日本人観光客の多くはその場の雰囲気に飲まれ、思いもかけぬ何万円もするヴェネツィアングラスのセットを購入するということが多い。そこで、次のことを頭の隅においておこう。

❶ヴェネツィアングラスを売っているお店は、ヴェネツィアのいたるところにある。その場の雰囲気に飲まれないようにするためにも、ヴェネツィアングラスの値段を比較検討して買うという気持ちをもとう。

❷ムラーノ島に行くなら、ヴァポレットを利用して自分で行くこと。ムラーノ島のガラス工場では、かなりの店で実演販売をしており、製造工程の見学も容易にできる。

❸ヴェネツィアングラスをおみやげに欲しいと思ったら、ムラーノ島に行く前に、下見をしてみること。サン・マルコ広場の裏手のショッピング街では、さまざまな店がヴェネツィアングラスを扱っている。ヴェネツィアングラスの品質がピンからキリまで、お値段もピンからキリまであることを知っておくこと。

❹最後に、本物のヴェネツィアングラスは案外少ないということを肝に銘じよう。従来日本で、ヴェネツィアングラスと呼ばれて、誰もがそう思っている、赤や青のグラスで、金の縁取りがあり、中央に花が描かれている物は、チェコガラスに金彩を施した物で、ヴェネツィアングラスの特徴を示しているとは言い難い。

ヴェネツィアングラスの特徴は、宙吹きによる形のおもしろさや、レースガラスやムリーネと呼ばれる細かい繊細な模様の生み出す色合いの美しさなどにある。手作りの芸術品であるヴェネツィアングラス、本物を手に入れるためには事前の勉強が必要だ。

ヴェネツィアのブランドショップⅠ（3月22日通りとその付近）

　サン・マルコ広場から西側アーケード内の❶の前を抜けると、サン・モイゼ通りから3月22日通りへと続いている。このあたりがヴェネツィア一番のブランドストリート。サン・モイゼ通りのブランド密集度はかなりもの。もちろん、ヴァラレッソの船着場までの小路も見逃せない。運河を渡った3月22日通りCalle Larga XXII Marzoは広々とした通りでそぞろ歩きも楽しい。

ルイ・ヴィトン 【ブランド】　　Map P.261 ❶

Louis Vuitton

●新着商品も豊富に揃う
機能性と優雅さを併せもった憧れのブランド。この店で扱っているのはバッグと革製品のみ。新着モノグラム・ヴェルニシリーズも。

🏠 San Marco 1345
☎ 041-8844310
営 10:00〜19:30
休 1/1、12/25
C A.D.J.M.V.
交 サン・マルコ広場西端より徒歩1〜2分

ゼニア 【ブランド】　　Map P.261 ❷

Ermenegildo Zegna

●コンサバなイタリア男性御用達
服地メーカーだったゼニアは、派手さはないが長く着られるデザインが魅力の高級紳士服ブランド。イタリア式の対面販売が健在で、体にフィットしたスーツを店員と相談して選ぶ楽しさが味わえる。

🏠 Bocca di Piazza,
San Marco 1242
☎ 041-5221204
営 10:00〜19:00
休 一部の㊗
C A.D.J.M.V.
交 サン・マルコ広場西端より徒歩1〜2分

エトロ 【ブランド】　　Map P.261 ❸

Etro

●色彩とパターンの魔法使いエトロ
1968年創業、独特の色彩とパターンで有名なエトロ。店内はブラックで統一され、飾られている色とりどりの品はまるで美術品のようだ。素材のよさ、時代に左右されないデザインは一生もの。婦人服、男性服、アクセサリーを扱う。

🏠 Calle Vallaresso, San Marco 1340
☎ 041-5232599
営 10:00〜19:00
休 一部の㊗
C A.D.J.M.V.
交 Ⓥ No.1、2 Valaresso船着場より徒歩1〜2分

プラダ 【ブランド】　　Map P.261 ❹

Prada

●都会的で活用的なデザイン
「ポコノ」と呼ばれるナイロン地を使ったバッグのほか、シンプルなカッティングの服や靴が時代を感じさせる。すぐ近くにメンズ店あり。

🏠 Salizzada San Moisè,
San Marco 1464
☎ 041-5283966
営 10:00〜19:30
休 一部の㊗
C A.D.J.M.V.
交 サン・マルコ広場西端より徒歩1〜2分

ヴェルサーチ 【ブランド】　　Map P.261 ❺

Versace

●魅惑的なデザイン
大人っぽいおしゃれ着として絶対人気のワンピースやジャケットが揃う。華やかな色使いにも特徴が。メンズ、レディース、ホームの品揃え。

🏠 Salizzada San Moisè,
San Marco 1462
☎ 041-5200057
営 10:00〜19:00
休 一部の㊗
C A.D.J.M.V.
交 サン・マルコ広場西端より徒歩1〜2分

ミッソーニ 【ブランド】　Map P.261 ⑥

Missoni

● 色の魔術師の織りなすニット

カラーコーディネートの見事さはあまりにも有名。どこにでも着ていける高級ニット。シーズンごとのコレクションが充実し、季節ごとにテーマに沿った新作が展示される。

住 Calle Vallaresso 1318/A, San Marco
☎ 041-5205733
営 10:00～19:30
休 一部の㈷
C A.D.J.M.V.
交 Ⓥ No.1、2 Vallaresso船着場より徒歩1～2分

サルヴァトーレ・フェラガモ 【ブランド】　Map P.261 ⑦

Salvatore Ferragamo

● フェラガモの大店舗

3月22日通りの角にあるフェラガモの大型店舗。定番の靴やバッグのほかに、おみやげにも最適な小物も充実。流行を意識したレディスの服の試着もゆっくりできる。

住 Calle Larga XXII Marzo, San Marco 2093
☎ 041-2778509
営 10:00～19:30、㈰㈷10:30～19:00
C A.D.J.M.V.
交 サン・マルコ広場西端より徒歩3～4分

グッチ 【ブランド】　Map P.261 ⑧

Gucci

● 新作もズラリと並ぶ大型店舗

メルチェリア店に比べて店内はかなり広々としており、入りやすく見やすいのが魅力。アクセサリーからバッグ、靴、スーツなど幅広い品揃え。ミラノやローマで見つからない人気の品が残っていることも。

住 Calle Larga XXII Marzo, San Marco 2102
☎ 041-2413968
営 10:00～19:30、㈰㈷10:00～19:00
C A.D.J.M.V.
交 サン・マルコ広場西端より徒歩3～4分

モンクレール 【ブランド】　Map P.261 ⑨

Moncler

● おしゃれな高級ダウン

フランス生まれの高級ダウンメーカー。ヴェネツィアにもオープンした。メンズ、レディスからサングラス、ブーツなど小物での幅広い品揃えだが、ディスプレイされている商品は一部なので、店員さんに好みを伝えて、商品を見せてもらおう。

住 Calle Larga XXII Marzo, San Marco 2088
☎ 041-2960605
営 10:00～19:00、㈰㈷10:30～19:00
休 一部の㈷
C A.D.J.M.V.
交 サン・マルコ広場西端より徒歩2～3分

3月22日通り周辺
P.176 C2・3

ヴェネツィア

ショッピング ● ブランドショップ（3月22日通りとその付近）

ヴェネツィアのブランドショップⅡ（サン・マルコ広場、メルチェリエ付近）

サン・マルコ広場の時計塔下からリアルト橋まで延びる路地が、メルチェリエと呼ばれる昔からのショッピングゾーンだ。小さなガラス店やみやげ物屋の間にブランド店が点在する。どの店も規模は大きくないが、ヴェネツィアらしいシックな色使いの商品がセレクトされセンスがよい。道なりに歩けば迷うこともないので、ヴェネツィアらしい雰囲気を楽しもう。リアルト橋方面からは、建物に付けられたカサが入口の目印だ。

ポッリーニ 【ブランド】　Map P.263①
Pollini
●シックさとモードを併せもつ
履き心地とデザインにはとても定評があるブランド。イタリアンモードらしい洗練されたスタイルが演出できる。紳士物も充実している。

住 Mercerie Torre dell'Orologio, San Marco 186/187
☎ 041-5237480
営 10:00～19:30、㊐㊗10:00～19:00
C A.D.J.M.V.
交 サン・マルコ広場、時計塔下を抜けてすぐ左側

マンダリナ・ダック 【ブランド】　Map P.263②
Mandarina Duck
●活動的なバッグとして人気
スポーティでキュートなデザインのバッグは機能的で旅行や通学にも便利。そのほか、カーフを使ったエレガントなラインの物もある。

住 Mercerie Torre dell'Orologio, San Marco 193
☎ 041-5223325
営 10:00～19:30、㊐㊗10:30～18:30
C A.D.J.M.V.
交 サン・マルコ広場、時計塔下を抜けてすぐ左側

ドルチェ＆ガッバーナ 【ブランド】　Map P.263③
Dolce & Gabbana
●大胆かつ斬新なデザイン
光る素材やフェミニンな透ける素材がボーイッシュなスタイルにマッチしたデザイン。前衛派を自認する、イタリアンブランドファン必見。上品でセクシーな服が身上だ。

住 San Marco 223/226
☎ 041-5209991
営 10:00～19:00
休 1/1、12/25
C A.D.J.M.V.
交 サン・マルコ広場西端より徒歩3～4分

バリー 【ブランド】　Map P.263④
Bally
●クラシックなデザインが人気
ミュールやデザイン優先の靴のなかで、あくまでも履き心地にこだわるバリーの靴。世界中からの観光客が履き心地を求め立ち寄る店。靴とお揃いのバッグも充実している。

住 Mercerie San Salvador, San Marco 4919
☎ 041-5285839
営 10:00～19:30、㊐㊗11:00～18:30
C A.J.M.V.
交 サン・マルコ広場、時計塔下を抜けて徒歩約3分

コッチネッレ 【ブランド】　Map P.263⑤
Coccinelle
●手頃な革のバッグが充実
流行を取り入れた革のバッグが中心。北イタリア・パルマ生まれのまだ若いブランドながら、品質と値段のバランスのよさで、イタリアでも人気上昇中。日本のデパートなどでも目にするが、イタリアでの買い物がお得。

住 Mercerie, San Marco 4958
☎ 041-2770658
営 10:00～19:30、
㊐㊗10:30～13:30、14:00～19:00
C A.D.J.M.V.
交 サン・マルコ広場、時計塔下から徒歩2～3分

マックス・エ・コ 【ブランド】

Map P.263⑥

Max & Co.

●Max Maraの妹ブランド

マックス・マーラがコンサバ志向なのに比べ、流行を意識したものが多い。ソフトなラインにちょっぴりキュートさやトレンドを加えたデザイン。コーディネートしやすいニットやインナーが特に人気。

住 San Salvador, San Marco 5028
☎ 041-5230817
営 10:00〜19:30、日(祝)11:00〜19:30
C A.D.J.M.V.
交 Ⅴ No.1、2 Rialtoより徒歩4〜5分

フルラ 【ブランド】

Map P.263⑦

Furla

●さりげないおしゃれにぴったり

機能的でありながら、季節やトレンドを取り入れたデザインに定評のあるブランド。手頃な価格が魅力。品揃えが少し異なる2店がある。

住 Mercerie, San Marco 4833
☎ 041-2770460
営 10:00〜19:30、日(祝)11:00〜19:00
C A.D.J.M.V.
交 Ⅴ No.1、2 Rialtoより徒歩4〜5分

ラ・ペルラ 【ブランド】

Map P.263⑧

La Perla

●世界中の女性の憧れ

シルクやレースをふんだんに使った、ファッショナブルなデザインの超高級ランジェリー。そのほかパーティウエアや水着なども揃う。

住 Campo San Salvador, San Marco 4828
☎ 041-5226459
営 10:30〜19:00、日(祝)11:00〜19:00
C A.D.J.M.V.
交 Ⅴ No.1、2 Rialtoより徒歩4〜5分

マックス・マーラ 【ブランド】

Map P.263⑨

Max Mara

●活動的で洗練されたブランド

マックス・マーラの服は、着心地のよさ、しっかりした仕立てに加え、ほどよい流行を取り入れたデザインが特徴。イタリア国内での生産に力を注いでいる。ヴェネツィア店はシックなセンスで日本人好み。

住 San Marco 5033
☎ 041-5226688
営 10:00〜19:30
交 Ⅴ No.1、2 Rialtoより徒歩4〜5分

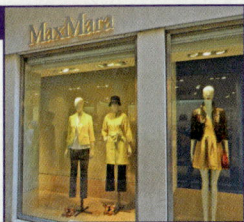

メルチェリエ周辺

P.177 B・C3

ヴェネツィア ● ショッピング ● ブランドショップ (サン・マルコ広場、メルチェリエ付近)

ヴェネツィアのホテル

ヴェネツィアを代表する高級ホテル

　世界中から年中観光客が押し寄せるだけにヴェネツィアのホテルは数多く、大運河とサン・マルコ広場付近に集中している。特にサン・マルコ広場に近い大運河沿いには、共和国時代の宮殿を改造した規模も大きな高級ホテルがずらりと並び、妍を競っている。値段は高く、雰囲気も圧倒されるような豪華絢爛さだが、ヴェネツィアの旅情を満喫したい人には奮発する価値がある。

★★★★★L　グリッティ・パラス　Map P.178 C2
Hotel Gritti Palace

17世紀の共和国総督の住居だった館を改造した、ヴェネツィアならではの歴史と高級感があふれるホテル。内装はヴェネツィアン・ロココ様式でまとめられ、豪華絢爛そのもの。大運河に面したテラスで取る朝食は雰囲気も最高だ。ヘミングウェイやチャーチルなどの有名人がここを常宿にしていたことでも知られる。大運河に面した部屋はスイート3室を含め全部で18室。
URL www.thegrittypalace.com

住 Campo Santa Maria del Giglio, San Marco 2467
☎ 041-794611　Fax 041-5200942
TB €430/1900
室 61室　朝食€53 W-F
C A.D.J.M.V.
交 V No.1 Giglio前

★★★★★　ダニエリ　Map P.177 C4
Hotel Danieli

大富豪で何度も総督を輩出したダンドロ家の14世紀に建てられた宮殿を改造し、1822年よりホテルになった。河岸からの回転扉の入口はさりげないが、中へ入ると吹き抜けのロビーがあり、その内装の豪華絢爛さに圧倒される。建物は3つに分かれている。60室ある運河を望む部屋からの眺めがすばらしい。ここをひいきにしたVIPやスターが多いことでも有名。
URL www.danielihotelvenice.com

住 Riva degli Schiavoni, Castello 4196
☎ 041-5226480　Fax 041-5200208
SB €370/990　TB €380/1800
室 210室　朝食€53 W-F
C A.D.J.M.V.
交 V No.1、2、4.1、5.1、5.2
San Zaccaria下船徒歩1分

★★★★★　メトロポール　Map P.177 C4
Metropole

目の前に運河が広がるスキアヴォーニ河岸に建つ16世紀の邸宅にあるホテル。1900年代初頭のインテリアと当時のアンティークが豊富に飾られ、内部は華やかなヴェネツィアの時代感にあふれている。客室はアールヌーヴォーとアールデコ様式でまとめられ、落ち着いた雰囲気。よい季節には緑の中庭での朝食が格別な一日を約束してくれる。併設のレストランMet (P.247)やクラシックなバーも評判がよい。
URL www.hotelmetropole.com

住 Riva del Schiavoni 4149
☎ 041-5205044　Fax 041-5223679
SB €215/1300　TB €215/1300
室 67室　朝食€35 W-F　C A.D.J.M.V.
交 V No.1、2、4.1、5.1、5.2
San Zaccaria下船徒歩3分

SS シャワー付きシングル料金　SB バス付きシングル料金　TS シャワー付きツイン料金　TB バス付きツイン料金　JS ジュニアスイート料金

264

ヴェネツィアの注目ホテル

この町らしい4つ星ホテル

世界的観光地のヴェネツィアには超高級ホテルが多い。でも多くの旅行者には高嶺の花。そこで、この町らしい旅情と雰囲気が味わえるちょっと高級なおすすめホテルを紹介。アイ・レアリとウナ・ホテルは小運河に面して静かな立地。ロンドラ・パレスはサン・マルコ広場近くで便利。

★★★★ アイ・レアリ　　Map P.179 A4

Ai Reali

17世紀の貴族の邸宅を改装し、当時の面影を感じさせるクラシックで華やかな雰囲気のホテル。にぎやかなリアルト橋のそばだが、小さな運河にかかる橋を渡った場所に位置し、ホテル付近は静か。ショッピングや観光へのアクセスもとてもよい。客室は、古きよきヴェネツィアを思わせるクラシックな調度品や家具、そして美しいシルクのはられた壁、大理石のバスルームなど贅を尽くしている。最上階にはスパもあり、ゆったりとリラックスした滞在に宿泊したい。部屋が選べる直接予約がおすすめ。
URL www.hotelaireali.com

住 Campo della Fava 5527, Castello
☎ 041-2410253　Fax 041-2415562
SB €180/500　TB €190/500
室 30室　朝食込み　W-F
C A.M.V.
交 リアルト橋から徒歩3分

★★★★ ロンドラ・パラス　　Map P.177 C4

Hotel Londra Palace

Danieliの並び、スキアヴォーニ河岸に建つ4つ星ホテル。1800年代ロココ調のインテリアで内装は華やかさに満ちている。部屋もエレガントな内装でジャクージ、バスローブ、ドライヤー、ミニバーなど設備も完備している。少し高めになるが、運河に面したUSの部屋(35室)からの眺めは最高。
Low 11/1〜12/28、7/1〜8/31頃
URL www.londrapalace.com

住 Riva degli Schiavoni, Castello 4171
☎ 041-5200533　Fax 041-5225032
SB €240/600　TB €250/755
室 52室　ビュッフェ式の朝食込み　W-F
休 1/4〜1/27　C A.D.J.M.V.
交 V No.1、2、4.1、5.1、5.2
San Zaccaria下船徒歩1分

★★★★ ウナホテル・ヴェネツィア　　Map P.177 A3

UNA Hotel Venezia

カ・ドーロとフォンダメンテ・ヌオーヴェのほぼ中ほど、観光客の少ない静かな界隈にある。運河に面した歴史ある邸宅を近代的に改装したホテル。客室はヴェネツィア風にまとめられ、優雅で機能的。特別な看板はないが季節の鉢植えが彩りを添える外観で、近づけばわかるはず。ヴァポレットの乗り場カ・ドーロからは橋をひとつ渡るだけ。
URL www.unahotels.it

住 Ruga Do Pozzi, Cannaregio 4173
☎ 041-2442711　Fax 041-2442712
TS TB €116/299
室 34室　朝食込み　W-F
C A.D.J.M.V.
交 V No.1 Ca'd'Oro下船、徒歩6〜7分

265

サン・マルコ地区とカステッロ地区

　ヴェネツィアの観光の中心地サン・マルコ地区は高級ホテルが建ち並び、華やかな雰囲気がいっぱい。サン・マルコから東側に続くカステッロ地区は地元の人が多い。やや庶民的な界隈で、規模の小さな手頃なホテルが点在している。細い路地が続くので、荷物はコンパクトにするのが鉄則。経済的なホテルにはエレベーターがないことが多いので、心配なら最初にエレベーターの有無を確認しよう。

★★★★ モナコ・エ・グランド・カナル　Map P.179 C3

Monaco e Grand Canal

サン・マルコ広場に近い、ヴァポレットの停留所Vallaressoからすぐ。ヴェネツィアらしい光と雰囲気にあふれたロマンティックなホテル。一部の客室や大運河に面したテラスからはジューデッカ島を望むすばらしい風景が広がる。
URL www.hotelmonaco.it

住 Calle Vallaresso 1332, San Marco
☎ 041-5200211
Fax 041-5200501
SB €100/410　TB €135/800
室 97室　朝食込み　W-F
C A.D.J.M.V.
交 サン・マルコ広場から徒歩3分

★★★★ サトゥルニア&インターナショナル　Map P.179 C3

Hotel Saturnia & International

サン・マルコ広場から徒歩5分、イタリアを代表するブランドショップが並ぶ3月22日通りに面してある。建物はピサーニ家の住居だった14世紀の館を改造しており、落ち着いたなかにも華やかさが感じられるインテリアがすてき。
Low 1/1～3/15(カーニバル期間を除く)

URL www.hotelsaturnia.it
住 Via XXII Marzo, San Marco 2398
☎ 041-5208377　Fax 041-5207131
SB €135/450　TB €180/600
室 87室　ビュッフェの朝食込み　W-F
C A.M.V.
交 V No.1、2 Vallaresso下船徒歩5分

★★★★ ビザンツィオ　Map P.177 B4

Hotel Bisanzio

スキアヴォーニ河岸をサン・マルコ広場から東に5分ほど行った所、ピエタ教会横の細い路地の奥、突き当たりにあり、静かな雰囲気で落ち着ける。フロントはこのクラスのホテルにしてはゆったりとしている。
Low 11～3月(クリスマス、新年、カーニバルを除く)

URL www.bisanzio.com
住 Calle della Pietà, Castello 3651
☎ 041-5203100　Fax 041-5204114
SS SB €80/300　TS TB €100/330
室 40室　朝食込み　W-F
C A.D.J.M.V.
交 V No.1、2、4.1、5.1、5.2 San Zaccaria下船　徒歩4分

★★★★ コンコルディア　Map P.179 B4

Hotel Concordia

サン・マルコ寺院に向かって左側奥にあり、唯一サン・マルコ広場に面したホテル。広場に面した部屋は全部で15室。入口は反対側の通りに面してあり、階段を上った2階がフロント。内部は改装されており、各客室の設備も完備。広場のにぎわいが感じられる1階には広場に面してレストランとカフェが併設されている。

URL www.hotelconcordia.com
住 Calle Larga, San Marco 367
☎ 041-5206866　Fax 041-5206775
SS SB €110/585(ツインのシングルユース)　TS TB €125/600　JS €250/850
室 49室　朝食込み　W-F　C A.D.M.V.
交 V No.1、2、4.1、5.1、5.2 San Zaccaria下船徒歩3分

★★★ フローラ　Map P.179 C3

Hotel Flora

ホテル・サトゥルニア向かいの路地を入った奥にある、家族経営の小さなホテル。特に欧米人に人気が高く、シーズン中は早めの予約が必要だ。ホテル自慢の中庭での朝食が快適。
High 4～10月
URL www.hotelflora.it

住 Calle dei Bergamaschi, San Marco 2283/a
☎ 041-5205844　Fax 041-5228217
SS €100/200　TS €150/295
室 40室　朝食込み　W-F
C A.D.J.M.V.
交 V No.1、2 Vallaresso下船徒歩5分

SS シャワー付きシングル料金　SB バス付きシングル料金　TS シャワー付きツイン料金　TB バス付きツイン料金　SB シャワーまたはバス付きトリプル料金　JS ジュニアスイート料金

★★★ パガネッリ

Hotel Paganelli

サン・マルコ広場の東側、高級ホテルが並ぶ一角にある。大運河に面し、部屋によってはサルーテ教会を正面に望む眺めのよいロケーション。

読者割引 直接予約（ネット、ホテルのホームページで）の上到着時現金払いで10%
URL www.hotelpaganelli.com

Map P.177 C4

住 Riva degli Schiavoni, Castello 4182
☎ 041-5224324　Fax 041-5239267
S €70/260　TS TB €70/300
TB €130/450（ラグーンビュー）W-F
室 19室　朝食込み
C A.J.M.V.
交 V No.1、2、4.1、5.1、5.2
San Zaccaria 下船徒歩1分

★★ ラ・レジデンツァ

Hotel La Residenza

ヴェネツィアを代表するグリッティー族も所有した14世紀の由緒ある館にあるホテル。サロンや客室も古きよきヴェネツィアン・スタイルに飾られている。

読者割引 5%
Low 12月
URL www.venicelaresidenza.com

Map P.177 B4

住 Campo Bandiera e Moro, Castello 3608
☎ 041-5285315
Fax 041-5238859
SS €55/140　TS €85/250
室 14室　朝食込み W-F　C M.V.
交 V No.1、2、4.1、5.1、5.2
San Zaccaria 下船

★★ セレニッシマ

Hotel Serenissima

このクラスのホテルにしては、38室と部屋数も多い。近くに同系列の4つ星ホテルHotel Al Codega（URL www.alcodega.it）あり。

読者割引 直接予約のうえ、本書提示で10%
High 3/25〜6/30、9/1〜10/20、10/31〜11/3
URL www.hotelserenissima.it

Map P.179 B3

住 Calle Goldoni, San Marco 4486
☎ 041-5200011　Fax 041-5223292
S €54/84　SS SB €64/104
T €64/114　TS TB €84/144
室 38室　朝食込み W-F
C A.M.V.
交 V No.1、2 Rialto 下船徒歩7分。
サン・ルカ広場Campo S. Luca近く

★ リーヴァ

Hotel Riva

サン・マルコ広場へも近く、運河と小路に面したプチホテル。小規模で経済的なホテルながら、ヴェネツィアらしさを感じさせてくれる1軒。

✉ 広くて清潔、この町としてはお得感ありのホテルでした。　（KM生　'09）['15]
URL www.hotelriva.it

Map P.179 B4

住 Ponte dell'Angelo, Castello 5310
☎ 041-5227034　Fax 041-5285551
S €75　SS €95　T €100
TS €125/150（運河側）
室 29室　朝食込み
休 11月上旬〜2月上旬　C 不可
交 V No.1、2、4.1、5.1、5.2
San Zaccaria 下船徒歩5分。

★ ロカンダ・シルヴァ

Locanda Silva

幾重にも小さな橋の続く、昔からのヴェネツィアらしいたたずまいを残した一角にある家庭的なホテル。この界隈には小さな経済的ホテルも多い。

読者割引 10%
Low 11〜3月（カーニバル期間を除く）
URL www.locandasilva.it

Map P.179 B4

住 Fondamenta del Rimedio, Castello 4423
☎ 041-5227643　Fax 041-5286817
S €40/70　SS €50/85　T €50/90
TS €70/140　SS €90/160　4S €120/180
室 24室　朝食込み W-F　休 12〜1月
C M.V.　交 V No.1、2、4.1、5.1、5.2 San Marco下船徒歩10分。サン・マルコ広場の東北200m

ヴェネツィアのホテルの選び方は難しい

イタリアの都市のなかでも物価の高いヴェネツィア。ただ、ホテル料金は季節による差が大きく、ローシーズンとハイシーズンではホテルによっては5倍近くの差がある場合も。ハイシーズンは気候のよい春と秋、そしてヴェネツィアの代名詞ともいうべきカーニバルの期間だ。

一方、日本人には旅行しやすい8月や1月の価格設定はやや低め。とりわけ冬は底値だ。厳しい寒さをいとわなければ、4つ星程度の高級ホテルも手頃な料金で宿泊できる。夏は観光客であふれ、歩くのもたいへんな小路も冬は静かで旅情もたっぷり。美術館も空いているので、ゆったりと美術鑑賞を楽しむにはおすすめの季節だ。

サンタ・クローチェ地区とカンナレッジョ地区

サンタ・ルチア駅近く、大運河の左岸がカンナレッジョ地区、右岸がサンタ・クローチェ地区。駅をはじめ空港からのバスが発着するローマ広場からは徒歩圏内で便利な地域だ。大運河に面しては団体客の利用する大型ホテルが多いが、駅から続くLista di Spagnaとそこから続く小路には経済的なホテルが多い。予約なしで、ホテルを探すなら、早めに到着してこのあたりを探してみよう。

★★★★★ カ・サグレード

Map P.177 A3

Ca' Sagredo

カ・ドーロのすぐ近く、1300年代のヴェネツィアの大邸宅にある。大理石の大階段、彫像、ティエポロのフレスコ画が飾り、まるで美術館のよう。一部の客室からは大運河を見渡すことができ、客室は洗練されたヴェネツィアスタイルで、思い出に残るホテル。

- URL www.casagredohotel.com
- 住 Campo Santa Sofia 4198
- ☎ 041-2413111
- FAX 041-2413521
- SB TB €300/500
- 室 42室　朝食€31 W-F
- C A.D.J.M.V.
- 交 V No.1 Ca'd'oroから徒歩1分

★★★★ パラッツォ・ジョヴァネッリ

Map P.176 A2

Palazzo Giovanelli

サン・スタエ教会そばに位置する16世紀の邸宅を近代的に改装したホテル。ベランダから大運河を眺められる部屋もある。ホテルの奥に大運河に面してよく手入れされた庭園があり、季節にはバラの香りに包まれて、飲み物を楽しむことができる。

- 住 Santa Croce, San Stae 2070/a
- ☎ 041-5256040
- FAX 041-2440224
- SB €120/380
- TB €150/650
- 室 41室　朝食込み W-F
- C A.M.V.
- 交 V No.1 San Staeから徒歩1分
- URL www.hotelpalazzogiovanelli.com

★★★★ パパドポリ

Map P.176 B1

Papadopoli

空港からのバスが到着するローマ広場の東側。パパドポリ公園の緑を借景に、目の前には小さな運河が流れる静かで落ち着いた界隈にある。ヴェネツィアスタイルの家具が置かれた客室は、エレガントでロマンティック。植物が茂るエキゾチックな雰囲気のレストランでは土地の料理が味わえる。

- URL www.accorhotels.com
- 住 Santa Croce 245, Giardini Papadopoli
- ☎ 041-710400
- FAX 041-710394
- SB €110/380
- TB €140/480
- 室 97室　朝食€24 W-F
- C A.D.J.M.V.
- 交 ローマ広場から徒歩2～3分

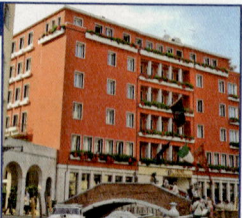

★★★★ ジョルジョーネ

Map P.177 A3

Giorgione

古い邸宅の趣がよく残り、かつての貴族の暮らしを想像できるような愛らしいホテル。ムラーノグラスのシャンデリアをはじめ、この町らしいインテリアで装飾されたあたたかな雰囲気。ジャグージのある中庭は夜にはライトアップされて幻想的。スパを併設。

- URL www.hotelgiorgione.com
- 住 SS.Apostoli, Cannaregio 4587
- ☎ 041-5225810
- FAX 041-5239092
- SB €50/300
- TB €50/700
- 室 76室　朝食込み W-F
- C A.D.J.M.V.
- 交 V No.1 Ca'd'oroから徒歩2分

★★★ アイ・ドゥエ・ファナーリ

Map P.176 A1

Hotel Ai Due Fanali

運河を見渡す小さな広場に建つプチ・ホテル。2002年に全面改装され、内装・設備もグレードアップした。木を多用したインテリアや暖炉のあるサロンなどあたたかな雰囲気。春から秋までは花の咲く屋上での朝食も楽しい。

- 住 Campo San Simeon Grande, Santa Croce 946
- ☎ 041-718490
- FAX 041-2448721
- SB SB €85/228
- TS TB €100/250
- 室 20室　朝食込み W-F
- C A.D.J.M.V.
- 交 サンタ・ルチア駅から徒歩5分
- URL www.aiduefanali.com

サンタ・クローチェ地区とカナレッジョ地区

★★★ アッバツィア
Hotel Abbazia 〔Map P.176 A1〕

アッバツィア（修道院）の名前どおり、古い修道院を改装した日本人旅行客に人気のホテル。木を多用した趣のあるロビーやラウンジに当時の空気を感じる。さらにかわいらしい中庭があり、駅近くとは思えない静かで落ち着いた雰囲気。3つ星ホテルで、かつヴェネツィアのホテルにしては、朝食のメニューが比較的豊富。スタッフは親切と好評。駅から近くに位置し、重い荷物を引いての移動がしやすいのも人気の理由。
読者割引 10%
URL www.abbaziahotel.com

住 Calle Priuli, Cannaregio 68
☎ 041-717333
Fax 041-717949
SS SB €70/230
TS TB €80/270
3B €105/350
室 39室　朝食込み W-F
C A.D.J.M.V.
交 サンタ・ルチア駅からLista di Spagnaを100m、左側

★★★ ロカンダ・ディ・オルサリア
Locanda di Orsaria 〔Map P.176 A1〕

駅に近くて便利で優雅なプチホテル。18世紀のヴェネツィア風インテリアの明るいスーペリアルームからは、隣接の庭園の緑が望めるのがすがすがしい。
High 2/1〜11/30
URL www.locandaorsaria.com

住 Calle Priuli,Cannaregio 103
☎ 041-715254 Fax 041-715433
SS €70/125 TS €80/210
TB €90/230(スーペリア)
3S €80/310 4S €90/340
室 15室　朝食込み W-F
C A.J.V.
交 サンタ・ルチア駅から徒歩5分

★★ グエッリーニ
Hotel Guerrini 〔Map P.176 A1〕

駅から続く大通りの左、小さな門の奥に建つ。表通りから小路に入っているので、便利な場所ながら静か。ホテルの人も親切で部屋は清潔。
High 12〜3月
URL www.hotelguerrini.it

住 Lista di Spagna, Cannaregio 265
☎ 041-715333 Fax 041-715114
S €45/110 SS €60/120
T €60/90 TS €70/160
3B €100/180 4S €120/215
室 33室　朝食込み
休 1/7〜2/5　C A.M.V.
交 サンタ・ルチア駅から徒歩3分

★ ロッシ
Hotel Rossi 〔Map P.176 A1〕

駅近くの小路の奥にあり、静かで落ち着いたホテル。鍵は三重にかかり、安全対策も万全。客室は清潔で、ホテルの人も親切。
読者割引 週末を除くハイシーズンの電話予約で5%
High 3/15〜11/2、年末年始、カーニバル期間
URL www.hotelrossi.ve.it

住 Lista di Spagna, Cannaregio 262
☎ 041-715164 Fax 041-5242342
S €30/60 SS €50/70
T €40/70 TS €50/98
3S €70/112
室 14室　朝食込み W-F
C M.V.
交 サンタ・ルチア駅から徒歩3分

アロッジ・ジェロット・カルデラン
Alloggi Gerotto Calderan 〔Map P.176 A1〕

かつての邸宅を改装した内部は広々としてきれい。共同シャワーが各部屋ごとに分かれているのも使いやすい。冷房完備。夏は1週間以上前に予約を。
読者割引 ハイシーズン（週末とDは除外）の電話予約で5%
High 3/15〜11/2、年末年始、カーニバル期間
URL www.283.it

✉ 宿の人も親切。部屋も毎日ベッドメイキングしてくれ、ホテルと同じでした。（奈良県　pinkstrato '08）['16]
住 Campo S. Geremia, Cannaregio 283
☎ 041-715562 Fax 041-715361
D €21/25 SS €35/70 TS €50/100
3S €72/120 室 36室100床 朝食なし W-F
C 不可　交 サンタ・ルチア駅から徒歩3分

ヴェネツィア　ホテル　● サンタ・クローチェ地区とカンナレッジョ地区

269

ドルソドゥーロ地区とホステル

　ローマ広場の南側、ジューデッカ運河側に広がるのがドルソドゥーロ地区。観光客の姿は少なく、くつろいだ地元の人の姿が見られる落ち着いた地域だ。メストレはヴェネツィアの手前約10km、本土にある町。駅前にホテルが集中している。大きな荷物があったり、早朝に鉄道利用を計画している場合には便利。ヴェネツィアのホステルは、宗教団体が経営しているところが多く、人気がある。

★★★★ カ・ピサーニ　Map P.176 C1

Ca Pisani

静かな小路に面した、16世紀末のパラッツォを1998～2000年に改装したヴェネツィア初のデザインホテル。どこか懐かしい雰囲気とモダンさがミックスされた客室はくつろげる空間だ。アカデミア美術館や船着場にも近く、観光にも移動にも便利。
URL www.capisanihotel.it

住 Rio Terà Foscalini 979/a, Dorsoduro
☎ 041-2401411　Fax 041-2771061
SS SB €135/450　TS TB €150/600
室 29室　朝食込み W-F
C A.D.J.M.V.
交 V No.1、2 Accademia下船徒歩1～2分

★★★★ サン・カッシアーノ　Map P.176 A2

Ca' Favretto San Cassiano

リアルト橋から徒歩10分、カ・ドーロ対岸の大運河に面したホテル。2階のテラスで取る朝食は快適。大運河に面した部屋なら、323号室がおすすめ。
URL www.sancassiano.it

住 Santa Croce 2232
☎ 041-5241768　Fax 041-721033
SB €39.69/140
TS TB €74.97/530
室 36室　朝食込み W-F
C A.D.J.M.V.
交 V No.1 San Stae下船徒歩5分

★★★ アッリ・アルボレッティ　Map P.178 C1

Hotel Agli Alboretti

アカデミア美術館の横にある家庭的なプチ・ホテル。緑が茂る中庭での朝食やくつろぎの時間もうれしい。併設のレストランにはP.グッゲンハイムも芸術家とともによく食事に訪れたという、この町らしい歴史ある1軒。
URL www.aglialboretti.com

住 Rio Terra A. Foscarini, Dorsoduro 884
☎ 041-5230058
Fax 041-5210158
SB €70/198　TS TB €87/248
室 20室　朝食込み W-F
休 1/2～2/5　C A.M.V.
交 V No.1、2 Accademia 下船徒歩1分

★★ アンティカ・ロカンダ・モンティン　Map P.176 C1

Antica Locanda Montin

アカデミア橋から4～5分ほど、町の中心から離れた静かな運河沿いにあり、ダヌンツィオが滞在していたことでも知られる。レストラン併設で夏はブドウ棚の下での食事が人気。3～7日間の料理教室を開催。
URL www.locandamontin.com

住 Fondamenta di Borgo, Dorsoduro 1147
☎ 041-5227151
Fax 041-5200255
T €60/120　TS €75/160
SB €90/190　4S €110/210
室 11室　朝食込み
交 V No.1、2 Accademia下船徒歩4～5分

ジェネレイター・ホステル・ヴェニス   Map P.174 C2

Generator Hostel Venice

YH 本島の向かい、ジューデッカ島にある。かつての穀物倉庫を近代的に改装したユースで、運河に面して建ち、開放的な雰囲気。運河を挟んだサン・マルコ広場方面の美しい夜景も楽しめる。受付時間は14:00～24:00。15泊まで。レストラン、バール、無料のロッカー完備。202ベッド。

e-mail venice@generatorhostels.com
URL www.generatorhostels.com
住 Fondamenta della Zitelle, Giudecca 84/86
☎ 041-8778288　D €17/50
SS €50/300　4S €100/450　朝食€4.50
(7:00～10:00)、夕食€10.50(19:00～22:30)
予約はURLから。W-F　C D.M.V.
交 V No.1、4.1 Zitelle(Ostello)下船

カーサ・カブルロット   Map P.174 B1

Casa Caburlotto

YH サンタルチア駅からもローマ広場からも近く、修道院を改装した建物でYHとか宿舎という感じですが、朝食付きでシングル€40はホテル代の高いヴェネツィアではうれしい。バス・トイレは共同ですが、清潔でした。無料W-Fあり。
　　　　　　　(KIYO　'14)['16]

URL www.monasterystays.com
住 Fondamenta Rizzi Santa Croce 316
☎ 041-710877　Fax 041-710875
休 11/16～1/31
SS €35～　TS €57～　朝食込み
室 64室　94床(門限23:00)
交 ローマ広場から7～8分

オステッロ・サンタ・フォスカ   Map P.174 A2

Ostello Santa Fosca

YH 古い教会の一部を利用した100人以上収容の大型YH。キッチン利用可。チェックイン9:00～12:00、15:00～20:00。21:30以降のチェックインは事前連絡を。有料の場合あり(€15)。

URL www.ostellosantafosca.it
住 Cannaregio 2372
☎ 041-715775
共 D €15～　T €39～
朝食€1 W-F　C M.V.
交 V No.1 S. Marcuola
下船。駅から徒歩10分

サン・ジュゼッペ   Map P.179 B4

Istituto San Giuseppe

YH 運河のそばにひっそりとたたずむ、宗教団体営の宿泊施設。部屋は質素ながら各部屋にシャワーが付き、清潔で過ごしやすい。家族連れなどに最適。
URL www.monasterystays.com

住 Castello 5402
☎ 041-5225352
Fax 041-5225352
休 12/23～26
SS €38/53　TS €66/88
室 14室　朝食なし
交 メルチェリアから徒歩4～5分

ヴェネツィア市滞在税

ヴェネツィア市滞在税 Imposta di Soggiorno

ヴェネツィアのホテルなどに宿泊の際、1泊当たりひとり最大€5、最長5泊まで課税される。シーズン(ローシーズンはハイシーズンの70%)、地域(3ゾーン)、ホテルのランクにより税額は細分化されている。支払いは直接ホテルへ。

シーズナリティ

ハイシーズン：2/1～12/31　ローシーズン：1/1～1/31

地域＝ゾーン

A：歴史地区＝ヴェネツィア本島、ジューデッカ島、サンクレメンテ島
B：リド島、ブラーノ島、ムラーノ島
C：本土地域(島しょ部以外)＝メストレなど　　※シーズナリティ、税額については今後変更の場合あり

ホテルランクと地域のハイシーズン課税額(ローシーズンは70%)

(ひとり1泊当たりの税額、最大5泊まで課税)

単位：ユーロ

施設 ＼ ゾーン	A 歴史地区など	B その他、島しょ部	C 本土地域
5つ星ホテル	5	4.50	3.50
4つ星ホテル	4.50	3.60	3.10
3つ星ホテル	3.50	2.80	2.40
2つ星ホテル	2	1.60	1.40
1つ星ホテル	1	0.80	0.70
ヴィラなどの歴史的建造物	4	3.20	2.80
B&B	3	2.40	2.10

※10歳以下免除。11～16歳は半額。　　　　　　　　　　　　　　2015年7月改訂

ヴェローナ 🏛世界遺産 P.15 B3

Verona

ロマンティックな恋物語が似合う町

アディジェ川に架かるスカリジェロ橋

🏛 **世界遺産**

ヴェローナ
登録年2000年　文化遺産

ヴェローナへの行き方

🚃 **電車で**

● ミラノから
中央駅

鉄道fs FRECCIABIANCA
……1時間23分
R ……1時間55分
ヴェローナ・ポルタ・ヌオーヴァ駅

● ヴェネツィアから
S.L.駅

鉄道fs FRECCIABIANCA、EC
……1時間10分
RV ……1時間27分
R ……2時間13分
ヴェローナ・ポルタ・ヌオーヴァ駅

■ブラ広場の❶IAT
🏠 Via degli Alpini 9
☎ 045-8068680
開 9:00～19:00
　日㉃10:00～18:00
地 P.275 B3

■中央郵便局
🏠 Via del Pontiere 3
☎ 045-8059811
開 8:30～17:30
　±8:30～13:00
休 日㉃
地 P.275 C3

■ヴェローナ・ホテル組合
Cooperativa Albergatori
Veronese
🏠 Via Sommacampagna 63h
☎ 045-8009844
料 無料
URL www.veronabooking.com
※ヴェローナとその周辺のホ
テルを紹介

バスの切符
■1枚　€1.30(90分間有効)
　　　　車内購入€2
■10枚綴り　　　€11.70
■1日券　　　　　€4
駅から町の中心へはバス11、
12、13番で約5分。約1.5km
で徒歩なら約20分。

✉ バスでシルミオーネへ
駅前LN026番のバス停か
らデセンツァーノ(所要1時間
15分、切符€4)、シルミオー
ネ(1時間、€3)行きのバスが
あります。切符は上記のバス
カウンターのほか、車内でも
購入可。　　　(KIYO '14)

　緩やかな丘に抱かれ、アディジェ川がゆったりと蛇行するヴェローナ。ガルダ湖からの風が、町を優しく横切る。古代ローマ時代から芸術、文化、農業、商業の中心地として、北イタリアの繁栄の鍵を握っていた町であった。

　ローマ時代の名残は、アレーナ、テアトロ・ロマーノ、ボルサーリ門などに見ることができる。中世においては、自治自由都市として神聖ローマ皇帝に対抗した「ロンバルディア同盟」の一員であったが、もともとは皇帝派の都市であった。

　その後、野心的なスカラ家を領主としていただく領主制国家(13～14世紀)となり、特にカングランデⅠ世の時代には繁栄を極め、教皇派の町・フィレンツェを追われた、皇帝派のダンテを受け入れた。この時代、聖なる物と世俗的なる物が、バランスよく建築され、サン・ゼーノ・マッジョーレ教会をはじめ、サンタナスターシア教会、カステルヴェッキオ、スカラ家の廟などが造られた。

　その後、ミラノの支配を経て、15世紀からはヴェネツィアの支配下におかれるが、数多くの芸術家に活躍の場を提供し、その才能を開花させた町でもあった。ヴェローナ派と呼ばれるピサネッロPisanelloやヴェロネーゼVeroneseなどの画家だけでなく、ヴェローナの主要建築物を手がけたミケーレ・サンミケーリMichele Sanmicheliやコンシリオの回廊を造ったフラ・ジョコンドFrà Giocondoなどがいる。

「ロメオとジュリエッタ」の伝説が町のいたるところに残る。ジュリエッタの墓が残るカプチン派修道院

ロメオとジュリエッタの
ヴェローナ

Romeo e Giulietta

ジュリエッタの家のバルコニーでムード満点の恋人たち

ロメオの家の外壁

この町を語るときに欠かせないのが、シェークスピアの名作「ロメオとジュリエッタ」。真憑性(しんぴょう)はともかくも、この町には彼らの遺物が今も多く残る。この美しい古都は、ロマンティックな想像をいっそう膨らませ、夢物語を現実の物として仕立ててしまったのだろうか。

ちなみに、シェークスピアは、ヴェローナを訪れたことはなかったという。

スカラ家の廟のあるVia Archeに、ロメオもその一員であったモンテッキ家(Via Arche Scaligere 4)がある。1300年代に建てられた、今では崩れそうに古い家だ。(中には入れない)。

このすぐ近く、エルベ広場を抜けるとジュリエッタの家がある。ツタのからまる13世紀の建物で、小さな中庭にはジュリエッタの像が立ち、ロメオと愛を交わした大理石のバルコニーは、今も残っている。

ここから、アレーナのあるブラ広場に戻り東に延びる、Via degli Alpini、Via Palloneを通り、橋の手前を右に折れたLungadige Capuletiの右にあるかつてのカプチン派の修道院(現在はフレスコ

右胸に触ると幸せな結婚ができる(?)、ジュリエッタの像

画博物館Museo degli Affreschi)の中に、ジュリエッタの墓はある。中庭にある地下埋葬所の石造りの古い狭い一室に、赤大理石の石棺が置かれる。フタもなく、中は空だがひととき美しいジュリエッタを思い描いて……。

ジュリエッタの墓

■ジュリエッタの家
住 Via Cappello 23
☎ 045-8034303
開 8:30～19:30
　(月)13:30～19:30
料 €6(共通券→P.282)
地 P.275 B3

■ジュリエッタの墓
住 Via del Pontiere 35
☎ 045-8000361
開 8:30～19:30
　(月)13:45～19:30
料 €4.50(フレスコ画博物館と共通)、(共通券→P.282)
地 P.275 C3
※切符売り場は18:45まで

1 · 2 · A · B · C

Via Vasco De Gama
P.te Catena
Lung d'Adige Catena
P.te Catena
Lungadige Attiraglio
Via F. T. d. Uberti
Via C. Merioni
トレントへ 92km
Via C. XXIV Maggio

P.za Vittorio Veneto

Via Cristoforo Colombo
Via C. Ederle
Via IV Novembre

Via Pancaldo
トレントへ 92km

Bastione di Spagna
Via Tommaso Da Vico

Bastione di S. Procolo
Via Risorgimento

P.ta Fura

Via Raterio
P.te Risorgim
Viale della Repubblica

C.so Milano
ブレーシャへ 66km

アル・カルミエーレ al Calmiere
サン・ゼーノ・マッジョーレ教会
S. Zeno Maggiore

P.ta S. Zeno
Bastione di S. Zeno

P.za S. Zeno
S. Procolo
P.za Arsenale

Via P.ta S. Zeno
P.za Corrubio
Via Barbarani
Via S. Giuseppe
レガステ・サン・ゼーノ通り
Regaste S. Zeno

Adige アディジェ川
Cangrande

カーザ・ベルベッリーニ
Casa Perbellini
P.za Pozza

Circonvall Interna S. Zeno P.ta Palio

Via Scarsettini
Lungadige Cangrande

Via Silvio Pellico
Vicolo Lungo S. Bernardino
スカリジェロ橋
Ponte Scaligero

Viale Col. Galliano

サン・ベルナルディーノ教会
S. Bernardino

S. Zeno in Oratono

カステルヴェッキオ（市立美術館）
Castelvecchio (Civico Museo d'Arte)
Corso Castelvecchio

L. go Don Bosco

Bastione di S. Bernardino

P.za S. Francesco d'Assisi

Via A. Scalzi

S. Teresa d. Scalzi
V. Marin

Via B. da Campione

Stradone Porta Palio
Via Marconi

パリオ門
P.ta del Palio

P.za S. Spirito
Via Valverde

Alitalia

Circonv. Interna
Piazza R. Simoni

グランド・ホテル
Grand Hotel

Bastione di S. Spirito

Via Albera
Via Palladio

Alfredo Oriani

Via A. Locatelli

コルソ・ボルタ・ヌオーヴァ通り
Corso Porta Nuova

H

空港へ 10km

Via Citta di Nimes
Via Luciano Del Cero

Baluardo d. Rifornimenti

P.ta Nuova

Via delle Coste

トレニタリア
ウェローナ・ポルタ・ヌオーヴァ駅
Stazione Porta Nuova F. S.

P.te P.ta Nuova

マントヴァへ 39km

P.ta S. Giorgio •
Via S. Alessio
S. Stefano

4

サン・ジョルジョ・イン・ブライダ教会
S. Giorgio in Braida

サント・ステファノ教会
S. Stefano

Viale Nino Bixto
Via de Mille
V. F. Anzani
Via Prato Santo
Via G. Mazzi

参事会図書館
Biblioteca Capitolare

ドゥオーモ
Duomo
P.za d.Duomo

P.te Garibaldi

サン・ピエトロ城
Castel S. Pietro

考古学博物館
Museo Archeologico

テアトロ・ロマーノ（ローマ劇場）
Teatro Romano

ヴィッラ・フランチェスカッティ
Villa Francescatti
YH

Ponte di Pietra
ピエトラ橋

Rio Redentore

Via Redentore

P.za Brá
Molinari

サン・ジョヴァンニ・イン・ヴァッレ教会
S. Giovanni in Valle

プロテツィオーネ・デッラ・ジョーヴァネ
Protezione della Giovane

P.te Navi

ミニスカルキ・エリッツォ博物館
Museo Miniscalchi Erizzo

Via Garibaldi
Via Duomo

Gall. d'Arte
Moderna

サンタ・アナスターシア教会
S. Anastasia

Lung. Re Teodorico

A

サンタ・マリア・イン・オルガノ教会
S. Maria in Organo

コンシリオの回廊
Loggia del Consiglio

スカラ家の廟
Arche Scaligere
アルケ
Arche

ジュスティ・デル・ジャルディーノ館
Pal. Giusti d.
Giardino

サンテウフェミア教会
S. Eufemia

ガッビア・ドーロ
Gabbia d'Oro
V. Rosa

シニョーリ広場
P.za d. Signori

モンテッキ家（ロメオの家）

Acqua Morta

S. Giov.
in Foro

エルベ広場
P.za d. Erbe

ダル・ドゥーカ
dal Duca

Pal. d.
Capitano

Lung. Adige

P.te Nuovo

サン・ロレンツォ教会
S. Lorenzo

ランベルティの塔

コムーネ宮（市庁舎）
Pal. Comune

サン・トマッジョ・カントゥアリエンセ教会
S. Tommaso Cantuarience

Via Carducci

Lung. Giusti

Via Muro Padri

カーサ・エスヴァエル
Casa Esvael

ボルサリ門
P.ta d. Borsari

ドディチ・アポストリ
Dodici Apostoli

ジュリエッタの家
Casa di Giulietta

S. maria
d. Paradiso

Corso Cavour

Ss.
Apostoli

Via A. Cantore

イル・デスコ
Il Desco

Interrato

ベヴィラックア館
Pal. Bevilacqua

ロカンダ・クアトロ・クオーキ
Locanda 4 Cuochi

Via Mazzini

Via Cappello

Lung. Rubele

Lung. Sanmicheli

ボローニャ
Bologna

Via Stella

Via Scala

トルコロ
Torcolo

Pal.d.Honorij

S. Nicolo

A
d
i
g
e

B

音楽祭切符売り場

アレーナ
Arena

サン・フェルモ・マッジョーレ教会
S. Fermo Maggiore

P.te Navi

Via S. Paolo

S. Paolo

Via XX Settembre

ブラ広場
P.za Bra

Via Roma

Portoni di Bra

博物館
Museo
Lapidario

Gran
Guardia

市庁舎
Gran Guardia
Nuova

Via Leoncino

Pal. Dal
Verme

サン・フェルモ大通り
Str. S. Fermo

S. Pietro
Incarnario

ポンペイ宮殿（自然博物館）
Pal. Lavezola Pompei

Lung. P.ta Vittoria

Via degli Alpini

Str. Maffei

Università

Piazza
Cittadella

P.ta d.
Vittoria Nuova

V. Bentegodi

V. Tezone

Via Pallone

P.te Aleardi

P.le Cimitero

Via F. Torbido

ヴィチェンツァ
51 km

V. Battisti
V. Montanari
V. Ss. Trinità
V. Minatore
V. Don Bertoni

Via d. Pontiere

フレスコ画博物館
Museo d. Affreschi

C

墓地
Cimitero
Monumentale

Ss. Trinità

Via d. Zappatore

ジュリエッタの墓
Tomba di Giulietta

Via Campenti

Campo Marzo

Giardini
Pubblici
Raggio di
Sole

Bastione d. Trinità
Via Franco Faccio

Circony

Raggio

di

Sole

Lungadige Campagnola

Gattarossa

N

ヴェローナ
Verona

0   100   200m

3

4

275

ヴェローナの歩き方①

● アレーナ　　　　　P.276
● エルベ広場　　　　P.276
● シニョーリ広場　　P.277
● サンタナスターシア教会
　　　　　　　　　　P.278
● カステルヴェッキオ
　　　　　　　　　　P.279

■ アレーナ
🏠 Piazza Brà
☎ 045-8003204
🕐 8:30～18:30(閉場19:30)
　(月)13:30～18:30(閉場19:30)
💰 €10(共通券→P.282)
※オペラシーズン中は開場時間短縮の場合あり

野外オペラの舞台は迫力満点。
夏のアレーナ

NAVIGATOR

　駅から町の中心へは約1.5km、徒歩なら20分ほどかかるのでバスを利用しよう。アレーナのあるブラ広場近くへは11、12、13番、夜間は、91、92番など。アレーナより北の旧市街は徒歩で十分だ。
　駅前から続くポルタ・ヌオーヴァ大通りCorso Porta Nuovaから、1389年建造の2重アーチのブラ門をくぐると町の中心ブラ広場Piazza Bràに到着する。左にはカフェが弧を描いて建ち並び、右側には緑の公園とアレーナが見える。
　カフェが途切れた所から始まる歩行者天国のマッツィーニ通りを散策しながらエルベ広場に向かおう。
　ヴェローナ滞在には2日は欲しい。1日目はルート①で主要見どころを回り、2日目はサン・ゼーノ・マッジョーレ教会をはじめとする教会巡りのルート②をたどる。
　時間がない人はルート①にサン・ゼーノ・マッジョーレ教会を加えるのがいい。

おもな見どころ

ルート①／主要見どころ巡り

ヴェローナのシンボル　　　　MAP P.275 B3

アレーナ(円形闘技場) ★★★
Arena/Anfiteatro Romano
アレーナ/アンフィテアトロ・ロマーノ

夜のアレーナはロマンティック

　古代ローマの円形劇場で、コロッセオに次ぐ規模と壮大さを誇る。1世紀に、城壁外に建設されたが、3世紀に防衛の目的でガッリエーレによってここに移された。楕円形に広がるアレーナの大きさは、長さ約152m、幅約128m。平土間の広さは、およそ3200平方メートル。
　夏には、壮大な野外オペラが上演されることで世界的に有名だが、44段の階段座席が舞台横から設営され、何と、1万8000人を収容することができる。
　アレーナの外側は、れんがとヴェローナ産の赤い切石による、2層になった72のアーチが取り巻いている。一段と高くそびえる、4つのアーチは、アーラと呼ばれる建造当時にはあった、2重の囲いの一部で、ほかの部分は地震などにより消失してしまった。

歴史ある憩いの広場　　　　MAP P.275 A3

エルベ広場 ★
Piazza delle Erbe
ピアッツァ・デッレ・エルベ

16世紀のフレスコ画で飾られたマッツァンティ家の家並み

　ローマ時代、フォロ・ロマーノがあった場所。今は、窓辺に花の美しい古い民家やカフェ、塔に囲まれた開放的な広場となっている。広場の中央には、白いテントの屋台が並び、庶民的で活気がある。ヴェローナが誇る1枚の絵のような美しさが残る名物広場となっている。
　かつては、野菜(エルベ)だけが売られていたことから、この名がついたが、今では、野菜、肉、花、みやげ物屋の屋台が並ぶ。
　マッツィーニ通りを抜け左に広がる広場手前からの建造物の説明をしよう。必見は1401年の市場の柱。16世紀のさらし台(ベルリーナ)の通称をもつ、大理石の小堂。1368年のボニーノ・カンピオーネの作といわれるヴェローナのマドンナの噴水。広場の奥には、サン・マルコの獅子を上部に頂く円柱が建つ。

広場を取り囲む建物にも、記念すべき物が多い。アルベルト・デッラ・スカーラ I 世により1301年に建設された、ロマネスク様式の**商人の館**Casa dei Mercanti（西側）。

広場の奥に建つのは、ヴェローナのバロック様式の代表作と呼ばれるのにふさわしい堂々とした**マッフェイ宮殿**Palazzo Maffei（北側）。1688年に建設された上部を囲む回廊には、ヘラクレス、ゼウス、ビーナスなど6体の彫像が飾られている。その隣には**ガルデッロの塔**Torre del Gardelloがある。

ヴェローナ像の右側の建物（Caffè Filippini）には、アルヴェルト・カヴェッリが16世紀に描いたフレスコ画で飾られた**マッツァンティ家**Casa Mazzanti（東側）がある。さらに同じ側には、1172年に建設が始められ、15世紀に完成した高さ84mの**ランベルティの塔**Torre dei Lamberti（塔からの眺めよし）が市庁舎に建っている。

ランベルティの塔に上ろう

静けさあふれる空間

MAP P.275 A3

シニョーリ広場
Piazza dei Signori ★★
ピアッツァ・デイ・シニョーリ

コンシリオの回廊（左）とスカラ家の宮殿（右）

庶民的で活気あふれるエルベ広場とは対照的な、静かで落ち着いた広場。中央に立つのは、スカラ I 世の下、この地で亡命生活を送ったダンテの像。ジョットも一時逗留した。

優美な建物で囲まれた広場を見てみよう。まず目を引くのが、広場の後方、ダンテやジョットが過ごしたという、かつての**スカラ家の館**Palazzo di Cangrande。14世紀に建てられ、たびたび改修が行われたが、現在はオリジナルに近い状態に復元された。**大きな扉口**は1532年のサンミケーリの作。中庭には、ルネッサンス期の井戸とアルティキエーロのフレスコ画がわずかに残っている。

その左側にあるのは、ヴェネツィアン・ルネッサンス初期のフラ・ジョコンドの秀作、**コンシリオの回廊**Loggia del Consiglio。ここにかつては、議会がおかれていた。8つのアーチがエレガントな曲線を描き、壁面には多色の美しい上塗りが施され、両開きの窓が並んでいる。端正な屋根の上に並ぶのは、ヴェローナの名士の像で、アルベルト・ダ・ミラーノの作。

回廊の右側には、12世紀の**市庁舎**Palazzo del Comuneがある。16世紀には、大部分が破壊されてしまったが、美しいロマネスク様式の中庭にはゴシック様式の優美な階段が残る。

市庁舎の中庭にある優美な階段

■ランベルティの塔
🏠 Via dalla Costa 2
☎ 045-9273027
🕐 11:00〜19:00
💰 ㊊€5、他の曜日は現代美術館GAM＝Galleria d'Arte Moderna Achille Fortiとの共通券で€8（共通券→P.282）
🗺 P.275 A3（コムーネ宮脇）

ランベルティの塔から
エルベ広場を眺める

✉ **絶景、ランベルティの塔へ**
エレベーターを利用し、さらに階段を少し上がると美しいヴェローナの街並みが一望できます。
（兵庫県 30年ぶりのドロミテ '14）

✉ **バスの逆回りにご注意**
ポルタ・ヌオーヴァ駅前からブラ広場方面へのバス（11、12、13番）は駅前のバスターミナルAから乗車しましょう。C乗り場にも同じ番号のバスがありますが、逆方向です。
（京都府 YUMI）

✉ **早朝はタクシー予約を**
6:30にアレーナのタクシー乗り場に行くと1台もおらず、来る気配もありませんでした。バスは走っていたものの、バスの切符を販売しているタバッキはまだ閉まっていて乗ることができませんでした。駅までスーツケースを引っ張って走りました。早朝にタクシーを利用する場合は、前日の手配がいいです。または、ホテルで呼んでもらいましょう。
（埼玉県 かわた '14）

■スカラ家の廟
開 8:30〜19:30
  （月）13:30〜19:30
料 €4.50（共通券→P.282）

スカラ（階段）模様の鉄格子が囲む、マスティーノⅡ世の廟

■サンタナスターシア教会
住 Piazza S.Anastasia
☎ 045-592813
開 3〜10月　　9:00〜18:00
  （祝）　　　13:00〜18:00
  11〜2月　10:00〜13:00
  　　　　　13:30〜17:00
  （日）（祝）13:00〜17:00
料 €2.50（共通券→P.282）

正面右上に注目！
ピサネッロの「聖ゲオルギウスと王女」は内陣（主祭壇）右側、柱の上部にある。かなり高い位置にあるので、オペラグラスなどがあると便利。これは、一度壁から剥がされてカンヴァスに移され、このもとの場所に戻された。

✉ **ピサネッロとビデオ**
ピサネッロのフレスコ画の下には解説ビデオが流れていて、日本語はないものの高くてよく見えない細かいところまで詳細に見ることができました。　　　　　　(aida '14)

水盤を支える「せむし像」

死者の栄華を語る、美しき墓　　　　**MAP** P.275 A3

スカラ家の廟
Arche Scaligere　　　　　　アルケ・スカリジェーレ ★

シニョーリ広場の東側にある、12世紀の小さなロマネスク様式のサンタ・マリア・アンティカ教会S. Maria Anticaの前にある。ヴェローナの領主たちの墓碑として建てられた物。

スカラ家の紋章（スカラ=階段）を形取った1300年代の鉄の柵で囲まれている。スカラ家は1260〜1387年ヴェローナを支配した。ほとんどの墓碑が、石棺に横たわる死後の体と躍動感のある勇ましい騎馬像で表されている。

柵の中、教会入口の左すぐ脇には**マスティーノⅡ世の墓**Arca di MastinoⅡ。その奥は、レース編みのような繊細な尖塔で飾られた、最も美しく華やかな**カンシニョリオの墓**Arca di Cansignorioで、ボニーノ・ダ・カンピオーネ作。地面に置かれた質素な石棺も、スカラ家の人々の墓。柵から少し離れ、教会の扉の上にあるのは、**カングランデの墓**Arca di Cangrandeだ。

ピサネッロの傑作が残る　　　　**MAP** P.275 A4

サンタナスターシア教会 ★★
S. Anastasia　　　　　　サンタナスターシア

サンタナスターシア教会のファサード（正面）

ゴシック様式のこの町で一番大きな教会。1290〜1481年に、殉教者聖ピエトロを記念して、ドメニコ会修道士によって建立。かつてここに聖アナスターシアにささげられた小さな教会があったので、こう呼ばれる。

正面は未完成で、現在は損傷も激しい。正面の2枚の木製の扉は1300年代の物。右側のレリーフは、聖ピエトロの生涯を描いている。アディジェ川に面して、多角形の後陣があり、ほっそりした美しい鐘楼(1481年)が脇にそびえ立っている。この場所からのアディジェ川の眺めはすばらしい。

内部は、12本の赤大理石の円柱によって、3身廊に分割されている。色大理石が美しい模様を描く床は、ピエトロ・ダ・ポルレッツァ（15世紀）の作。アーチ状に渡る天井には、図案化された花が描かれている。

価値ある芸術品のなかでも以下のものはとりわけ目を引く。最初の柱の下部にあるふたつのせむし像Gobbi。風刺的、人間の苦痛の表現とも奇怪ともいえるが、違和感はない。後陣右側2番目の**カヴァッリ礼拝堂**には1390年代北イタリアで最も知られたアルティキエーロの**奉納フレスコ画**Adorazione della Vergineがある。3人の聖人に導かれて、カヴァッリ家の騎士が聖母に慈悲を乞う姿が描かれている。

3身廊の美しい内部

内陣右側、ペッレグリーノ礼拝堂Cappella Pellegriniには、ピサネッロによる『聖ゲオルギウスと王女』S. Giorgio che parte per liberare la donzella dal dragoの有名なフレスコ画がある。騎士ゲオルギウスが、竜に人身御供にされそうになった王女を助ける伝説で、その出発場面が描かれている。不思議な幻想性にあふれる、静かな画面が見る人を魅了する。

聖堂内陣の右壁には、トゥローネによる『最後の審判』Giudizio Universaleの大きなフレスコ画がある。

翼廊左側、ロザリアの礼拝堂Cappella del Rosarioにはヴェネツィアーノの『聖母子』Madonna col Bambinoがある。

MAP P.275 A3

様式美が混在する

ドゥオーモ
Duomo
ドゥオーモ

初期キリスト教時代のバジリカのあった場所に建てられた。ロマネスク（12世紀）とゴシック（15世紀）の混合様式。3重になった三角の屋根、そびえる塔のためか不思議な存在感がある。

正面には、ロマネスク式教会特有の柱廊玄関があり、ニコロ（12世紀）の手による1対のライオン像が上下で柱を支えている。そのほかにも中世の叙事詩のなかの伝説上の英雄や聖人、動物などが彫られている。右側には、12世紀のロマネスク様式の鐘楼があるが、サンミケーリ・ファジュオーリの手が加えられ完成したのは16世紀のこと。

内部は、幾何学模様の床、赤大理石の複合式角柱から力強いアーチが天井に伸び、この柱により3つの身廊に分割される。主祭壇は、サンミケーリによる列柱に囲まれている。ここは、14〜16世紀の絵画、彫刻の宝庫で、壁面いっぱいにだまし絵が広がり、見事な迫力だ。必見は、左側最初のカルトラーリ礼拝堂Cappella Cartolariで、ティツィアーノがヴェローナで唯一制作した『聖母被昇天』Assunta（1535〜1540）。あたたかなフレスコ画だ。また、主祭壇奥には初期キリスト教時代の聖堂が残り、7世紀のローマ彫刻の傑作と呼ばれる洗礼盤Fonte Battesimaleやモザイクが残っている。

さまざまな建築様式をもつ
ドゥオーモ

領主の城にある必見美術館

MAP P.274 B2

カステルヴェッキオ ★★
Castelvecchio
カステルヴェッキオ

アディジェ川に沿って堂々と建つ、中世ヴェローナ市民建築の代表的な建物。カステルヴェッキオとは古い城の意味。れんが造りで、6つの見張り塔、銃眼のある城壁をもち、スカラ家のカングランデⅡ世によって、1354〜57年にかけて建てられた。

要塞としての役割をもった城

ガルダ湖へのプルマン

ガルダ湖行きのAPTV社のプルマン（湖の東側を北上する路線。ガルダを経由してリーヴァ・デル・ガルダが終点）は、ポルタ・ヌオーヴァ駅前のプルマン乗り場が始発で、アレーナ近くのポルタ・ヌオーヴァ大通りにも停車。旧市街からはここからの乗車が便利。6:28〜22:08までほぼ30分〜1時間間隔の運行。ガルダまで所要約1時間、リーヴァまで約2時間。
APTV社 ☎ 045-8057911
URL www.aptv.it

■ドゥオーモ
住 Piazza Duomo
☎ 045-592813
開 3〜10月　10:00〜17:30
　　(日)(祝)　13:30〜17:30
　　11〜2月　10:00〜13:00
　　　　　13:30〜17:00(土16:00)
　　(日)(祝)　13:30〜17:00
　　通年(土)は〜16:00
※12/25は観光客拝観不可
料 €2.50(共通券→P.282)
服装チェックあり。短パン、ノースリーブなど拝観不可。

■カステルヴェッキオ
（市立美術館）
住 Corso Castelvecchio 2
☎ 045-8062611
開 8:30〜19:30
　　(月)13:30〜19:30
料 €6(共通券→P.282)
※切符売り場は18:45まで

カステルヴェッキオ、
サン・ゼーノ教会へのバス
ポルタ・ヌオーヴァ駅前からカステルヴェッキオへはバス21、22、23、24番、カステルヴェッキオからサン・ゼーノ教会へはバス31番（約20分間隔の運行）。駅前からサン・ゼーノ教会へはバス73番。逆ルートの(日)(祝)は93番。町なかへ入れば歩いても、さほど時間はかからない。

ステファノ・ダ・ヴェローナの
『バラ園の聖母』

傑作盗難被害

2015年11月19日、閉館30分前に覆面男3人が侵入し、ガードマンを拘束して15作品、約20億円が盗難被害にあってしまった。本書で紹介しているものではピサネッロの『ウズラの聖母』、マンテーニャの『聖家族』が被害に遭った模様。

ヴェローナの歩き方❷

●サン・ゼーノ・マッジョーレ教会
　　　　　　　　　　P.280
↓
●サン・ベルナルディーノ教会
　　　　　　　　　　P.281
↓
●サン・フェルモ・マッジョーレ教会
　　　　　　　　　　P.281
↓
●テアトロ・ロマーノ
　　　　　　　　　　P.282
↓
●サン・ジョルジョ・イン・ブライダ教会
　　　　　　　　　　P.282

■サン・ゼーノ・マッジョーレ教会

🏠 Piazza San Zeno
☎ 045-592813
🕐 3～10月　　8:30～18:00
　　㊐12:30～18:00
　　11～2月　　10:00～13:00
　　　　　　　　13:30～17:00
　　㊐12:30～17:00
💰 €2.50（共通券→P.282）
サン・ゼーノ・マッジョーレ教会の入口は青銅の正面扉からではなく、教会左の回廊付き中庭側から入る。

内陣と主祭壇

現在内部は、**市立美術館**Civico Museo d' Arteとなっており、おもに14～18世紀のヴェネツィア派やヴェローナ派の絵画、彫刻が収蔵されている。

まず目を引くのが、1300年代のヴェローナ彫刻の傑作と呼ばれる大きな**カングランデⅠ世騎馬像**Statua equestre di Cangrande。そのほかの必見の作品は、ステファノ・ダ・ヴェローナの『バラ園の聖母』Madonna del Roseto、ピサネッロの『ウズラの聖母』Madonna della Quaglia、カロートの『戯画を持つ少年』Ritratto di ragazzo con disegno、マンテーニャの『聖家族』Sacra Famiglia con Una Santa、ジョヴァンニ・ベッリーニの『聖母子』Madonna col Bambino、C.クリヴェッリの『聖母の受難』Madonna della Passione、ティントレットの『ミューズと女神たちのいさかい』La Contesa fra le Muse e le Pieridiなど。このほかにもヴェロネーゼ、ティントレットの作品があり、"小さな宝石箱"ともいうべき愛らしい美術館となっている。

国際ゴシック派の画家たちの
秀作の揃う市立美術館

ルート❷／教会巡り

ヴェローナの信仰の中心　　　　　　　　**MAP** P.274 A・B1

サン・ゼーノ・マッジョーレ教会 ★★★
San Zeno Maggiore
　　　　　　　　　　　　　　　　　サン・ゼーノ・マッジョーレ

サン・ゼーノ・マッジョーレ教会の
ファサードと鐘楼

静かな広場に面して建つ堂々とした教会。右に11～12世紀の鐘楼が高くそびえ、左には修道院の塔がある。イタリアン・ロマネスクの傑作で、この町ではアレーナと並ぶ代表的建築物。大きなバラ窓（「運命の車輪」と呼ばれる）が際立つ、あたたかな象牙色のエレガントなファサード。正面扉には、ニコロによる（1138年）、新旧の聖書など から題材を取った価値ある24枚の青銅製のレリーフがある。

内部は、暗く堂々としており、アーチ状の柱が連なる3身廊となっている。中央奥には内陣、そこから階段を下りると地下納骨所がある。正面の**『十字架刑』**Crocifissoは、ロレンツォ・ヴェネツィアーノの作。身廊右側（本来の入口前）には、12世紀の大きな八角形の洗礼盤がある。続く壁には、13～15世紀のフレスコ画が残っている。主祭壇に向かう上部には、7つのアーチの上に**『キリストと12使徒』**Cristo

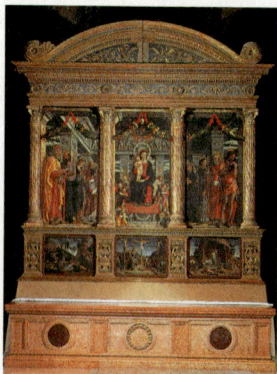

マンテーニャの力量が発揮された傑作
『聖母と諸聖人』

280

e Apostoli(13世紀)の像が並んでいる。

　この教会で最も貴重なのが、主祭壇のマンテーニャによる三幅対祭壇画『聖母と諸聖人』Madonna e santi。豊かな色彩にあふれ、周囲の彫刻との調和のなかで、まばゆいばかりに輝いている。なお、下に描かれた裾絵の部分は、フランス人により持ち去られ、現在はルーヴルの所蔵。残されている物はコピー。主祭壇左には、『サン・ゼーノ像』(14世紀)がある。

　身廊左側(現在の入口)からは、回廊付き中庭へと通じている。

回廊が印象的な

サン・ベルナルディーノ教会 ★★
San Bernardino

サン・ベルナルディーノ

MAP P.274 B1・2

モローネの間に描かれたフレスコ画

1451～66年の間に建造され、ゴシックからルネッサンスへ移行する建築様式が表現されている建物。教会の前には、回廊付きの庭が広がり、正面扉はロンバルディア様式(1474年)の物。

　内部は、2身廊に分かれ15～16世紀のヴェローナ派の絵画で飾られている。正堂内陣右側のエレガントなペッレグリーニ礼拝堂は、サンミケーリの手による代表的ルネッサンス建築。主祭壇には、F.ベナーリオ(1426年)による大きな三幅対祭壇画がある。また主祭壇近くの高所にあるオルガンの扉には、モローネによるリュートを弾く天使や聖人が描かれている。

　さらに中庭から2階へ上ると、モローネとその弟子により壁面にフレスコ画が描かれたかつての図書館であるモローネの間Sala Moroneだ。

サン・ベルナルディーノ教会

ふたつの建物を重ねた教会

サン・フェルモ・マッジョーレ教会 ★
San Fermo Maggiore

サン・フェルモ・マッジョーレ

MAP P.275 B4

サン・フェルモ・マッジョーレ教会

ふたつの異なる建物を2層に重ねた興味深い建築様式の教会。ファサードは力強く、背の高い窓、2色の異なった石で交互に組まれた独特のもので、ロマネスクとゴシックの混合様式。正面左上部には、スカラ家の1300年代の医者の石棺がある。左側中央のサンティッシモ礼拝堂には、1600年代のさまざまな絵が残る。中央祭壇の飾り壁には、カロートによる『聖母と聖人』Madonna e Santiをはじめ、ピサネッロの『受胎告知』Annunciazioneなどのフレスコ画があり必見。

ピサネッロ『受胎告知』の描かれた礼拝堂

✉ **バス情報をゲット**
ポルタ・ヌオーヴァ駅構内のバスチケットカウンターに置いてあるTIMETABLE＝ORARIO時刻表の冊子にはバスの路線とバス停がすべて記載されていて、バスでの移動に役立ちました。　(KIYO　'14)

✉ **カステルヴェッキオのビューポイント**
カステルヴェッキオの切符がなくても中庭は入場できました。カルロ・スカルパの設計のすばらしさはこの中庭だけでも堪能できますよ。静けさに浸れる空間でした。
　市立美術館に入場すると砦の上に登ることができます。対岸の景色、スカリジェロ橋やアディジェ川を眺められる穴場のビューポイントでした。
　　　　　　　　(かび　'15)

■ **サン・ベルナルディーノ教会**
🏠 Stradone A.Provolo 28
☎ 045-596497
🎫 無料
※宗教儀式の際は拝観不可
モローネの間の見学は、中庭正面左の受付に申し出る。見学後は喜捨を忘れずに。

■ **サン・フェルモ・マッジョーレ教会**
🏠 Stradone San Fermo
☎ 045-592813
🕐 3～10月　　10:00～18:00
　　　　⑧13:30～18:00
　11～2月　　10:00～13:00
　　　　　　13:30～17:00
　　　　⑧13:00～17:00
🎫 €2.50(共通券→P.282)

281

■ポンペイ宮殿
（自然博物館）
住 Lungadige P.ta Vittoria 9
☎ 045-8079400
開 9:00～17:00
　 (土)(日)(祝)14:00～18:00
休 (金)
料 €4.50(共通券→P.282)

■テアトロ・ロマーノ
（考古学博物館）
住 Rigaste Redentore 2
☎ 045-8000360
夏のテアトロ・ロマーノでは、Estate Teatrale Veroneseと銘打ったバレエやジャズが楽しめる。
※2016年1月現在、修復のため休館中。ローマ劇場のみ見学可 (開 8:30～19:30、(月)13:30～19:30 休(月)午前 €1)

📧 おすすめスポット
　テアトロ・ロマーノの最上階からはすばらしい眺めが広がります。すごく感動しました。
（埼玉県 岡部篤子 '09）

お得な共通カード

ヴェローナ・カード
Verona Card
　アレーナ、ランベルティの塔、ジュリエッタの家、ジュリエッタの墓、スカラ家の廟、テアトロ・ロマーノ、カステルヴェッキオ、サン・ゼーノ、ドゥオーモ、サンタナスターシア、サン・フェルモなどの主要見どころを網羅した共通券。特別展での割引もあり。このカードを提示すれば、市バスAMTも無料。
24時間券＝€18
72時間券＝€22
各見どころ、❶、タバッキなどで販売。

📧 すてき！スカリジェロ橋！
　まるで要塞のようなスカリジェロ橋はヴェローナの人気観光スポットでした。私のおすすめは早朝と夜。朝霧の中、人影の少ない橋はおとぎ話に出てくるようでした。夜のライトアップも美しかったです。
（かび '15）

📧 門を眺めてみよう
　旧市街にはローマ時代からルネサンス時代までのすばらしい門が残っています。ガーヴィ門、ボルサリ門、獅子門は紀元前1世紀のもの、サン・ゼーノ門、バリオ門、ヌーヴァ門はサンミケーリ設計の16世紀のものです。散策途中に目を留めてみるのもおもしろいと思います。
（かび '15）

■サン・ジョルジョ・イン・ブライダ教会
住 Lungadige San Giorgio
☎ 045-8340232
開 ミサ等の前後のみ拝観可

化石ファン必見　　　　　　　　　　　MAP P.275 B4

ポンペイ宮殿 ⭐
Palazzo Lavezzola Pompei　　　パラッツォ・ラヴェゾーラ・ポンペイ

　サンミケーリの最も美しい建物といわれる。現在は、自然博物館 Museo Civico di Storia Naturaleになっており、ヴェネト州およびイタリアの動物史を一堂に見ることができる。

ヴェローナの町を一望する　　　　　　MAP P.275 A4

テアトロ・ロマーノ（ローマ劇場）
Teatro Romano　　　　　　テアトロ・ロマーノ

　1世紀に建造され、その後大理石で改築された。夏には芝居、バレエが上演される。階段上からのアディジェ川と町並みは絶景。隣接するかつてのサン・ジェロラーモ修道院の中に、現在は考古学博物館 Museo Archeologicoが

舞台が造られたテアトロ・ロマーノとアディジェ川

おかれている。展示品は、エトルスク、ギリシア、ローマ時代のモザイク、彫刻、ガラス、テラコッタなど。修道院は1400年代の回廊付き中庭をもち、教会内の天井には、カロートなどによるフレスコ画、ヴェローナ派によるルネッサンス様式の三幅対祭壇画が残る。

名品が彩る、荘厳なる空間　　　　　　MAP P.275 A3

サン・ジョルジョ・イン・ブライダ教会 ⭐
San Giorgio in Braida　　　サン・ジョルジョ・イン・ブライダ

　アディジェ川が大きく蛇行する場所に大きなクーポラ(サンミケーリ作)を頂いて建つ教会。1477～1536年の間に建てられた、ヴェローナのルネッサンス様式を代表する教会。
　内部は、1身廊で壮厳な調和のある空間が広がっている。数々の価値ある絵で飾られているが、必見なのは扉の上部のティントレットの『幼子イエスの洗礼』Battesimo di Gesù。オルガン近くには、モレットの『聖母と聖人』Madonna e Santeやヴェロネーゼの傑作『聖ジョルジョの殉教』Martirio di S. Giorgioがある。

　教会右側には、ルネッサンス様式の回廊付き中庭、教会前には、3つのアーチをもつサンミケーリ作(1525年)のサン・ジョルジョ門Porta S. Giorgioがある。

サン・ジョルジョ・イン・ブライダ教会

夏の風物詩 アレーナの野外オペラ

「カルメン」の華やかな舞台

6月中旬から8月下旬、週末を中心に上演される。ヴェローナの町に夜のとばりが下りる頃、アレーナを埋め尽くした人々のろうそくがキラキラきらめき始め、ドラの音とともにオペラの開幕。舞台上のスケールの大きさ、登場人物の多さは、芸術鑑賞というよりも、派手なスペクタクルという雰囲気。開演前や幕間にはアイスクリーム売りやプログラム売りが現れ、野球場のようでもある。

1年前には演目も決まり、世界各地からの引き合いも多いので、思いどおりの席の切符の入手はかなり難しい。舞台正面の土間席は€120～226、舞台周囲の階段席（指定席）が€75～123で、土間席は早くから旅行代理店などを通じて予約しないと入手が難しい。階段自由席の最後部席（€22～30）は、当日でも入手可。土間席の前のほうでない人には、オペラグラスまたは双眼鏡は必携。なお、階段席の人は石段の上に座るので、有料の貸し座布団がある。

席は、希望の日時、演目、座席、枚数を告げクレジットカードのNo.を照会して URL やコールセンターで予約することも可能。この場合は、開演1時間前までに切符売り場に出向いて、必ず切符を受け取ること。

しかし、旅行者は宿泊予定のホテルで頼むのが、最も簡単でよい席を手に入れられる方法だ。しばらく旅行して、ヴェローナに戻ってオペラ見物をするのなら、ホテルの予約とともにホテルで切符の予約（定価の10%ぐらいの手数料を取られることもある）をしてもらおう。あるいは、自分でアレーナの切符売り場へ。アレーナ周辺に出没するダフ屋から買う場合は、必ず思い切り値切ること。

「アイーダ」の舞台セットが出番を待つ

オペラ実用情報

✉ **切符はネットで**
オペラの切符はネット購入後、入手方法としてチケットレスを選ぶことができます。すると、pdfで書類がメールで送られてくるので、これを印刷して公演当日に持参すると入場ゲートのバーコードリーダーが読み取って入場できます。切符を受け取る手間が省けるのでおすすめです。　　　　　　　　　　（兵庫県　レオ　'15）

✉ **どの席にする?**
直前でも前方の土間席以外ならけっこう空席があります。とにかくスケールが大きいので雰囲気を楽しむのなら階段席でもいいです。ただ、舞台からはかなり離れています。階段席はかなりの急傾斜で上がり下りは大変なので、年配者は避けるのが賢明です。オペラを楽しみたいなら土間席を。土間席は一応ドレスコード席ということで、短パンやビーチサンダルは禁止。　　　　　（兵庫県　30年ぶりのドロミテ　'14）

✉ **昼と夜、寒暖の差にご注意**
2014年7/9「トゥーランドット」の切符をアレーナの当日券売り場で座席表を見て入手。日中は晴天でしたが、夕方から本格的な雨。公演中止かと思いましたが、21:00には雨が上がって予定通り公演が始まりました。日中雨でも簡単にあきらめなくてもいいです。ただ、昼と夜の気温差は本当に想像以上なので気をつけて。　（滋賀県　ゆうこ　'14）

■ **アレーナのオペラ❶**
Ente Arenaと切符売り場

🏠 Via Dietro Anfiteatro 6/b
☎ 045-8005151（コールセンター）
📠 045-8013287
🕐 シーズン前　9:00～12:00
　　　　　　　15:15～17:45
　　⊕　　　　9:00～12:00
　　シーズン中　10:00～21:00
　　シーズン中の上演のない日
　　　　　　　10:00～17:45
🗺 P.275 B3
アレーナの翼壁の前。
クレジットカードで下記 URL や上記電話にて購入も可能。
URL www.arena.it
※イタリア各地の旅行会社でも購入可。 URL に旅行会社のリストあり。ミラノ中央駅中2階の通路にある旅行会社では、モニターを見て席を確認して購入可。

第94回
アレーナ音楽祭
Arena di Verona
Festival 2016 プログラム

● オペラ「カルメン Carmen」
　作曲:G.ビゼー
　'16年6/24
　　　7/1,6,9,13,16,29
　　　8/5,11,17,20,23,27
● オペラ「アイーダ Aida」
　作曲:G.ヴェルディ
　'16年6/25,30
　　　7/3,7,14,17,24,28,31
　　　8/7,9,14,18,21,24,28
● オペラ「ラ・トラヴィアータ La
　Traviata」
　作曲:G.ヴェルディ
　'16年7/5,8,12,15,22,26,30
● オペラ「トゥーランドット
　Turandot」
　作曲:G.プッチーニ
　'16年7/23,27
　　　8/12,19,25
● オペラ「イル・トロヴァトーレ Il
　Trovatore」
　作曲:G.ヴェルディ
　'16年8/6,10,13,26

✉ **上演時間と必携品**
開演は21:00頃。雨や突風によっては突然休憩になったりするので、終演は1:00頃になることもあります。オペラに行く日は、日中休んでおきましょう。また、夏とはいえ夜は冷えるし、8月下旬は天候も不安定になるので、カーディガンや簡単な雨具の持参を。また、遠い舞台を見るためにオペラグラスやオペラガイドを読むためのペンライトもあると便利。
　　　　　　（在英国　紺野早苗）

283

　世界遺産に登録され人気上昇中のヴェローナ。ホテルやレストランは数、内容ともに充実しているものの、ほかの町に比べ物価が高い印象だ。また、アレーナ音楽祭の6月下旬〜9月上旬（特に週末）と毎年4月上旬に5日間開催される国際的なワイン見本市Vinitalyの際は、観光客やビジネスマンが集中してホテルの料金はハイ・シーズン料金となり、部屋も取りにくい。この季節に旅行する場合は早めにホテルを予約しよう。3つ星以上のホテルにはレストランが併設されていることが多く、宿泊者以外も利用できる。

✳ ドディチ・アポストリ
Dodici Apostoli　　　P.275 B3

創業260年近い老舗。店内は重厚でエレガントな雰囲気。ローマ時代に遡るワイン庫には数多くのワインが揃う。洗練された郷土料理をはじめ、季節のトリフやキノコを使った料理も充実している。

できれば予約

- 🏠 Vicolo Corticella San Marco 3
- ☎ 045-596999
- 営 12:15〜14:30、19:15〜22:00
- 休 ⓓ夜、㊊、1月の第1週
- 🍴 €67〜（コペルト€7）、定食€67
- C A.D.J.M.V.

✴ アルケ
Arche　　　P.275 A3

ヴェネト地方由来の魚料理が中心。スカラ家の廟の近く。1879年まで続いた、ロメオの家の一部が、入口外側になっている。1877年から続く家族経営。重厚でエレガントな雰囲気。

要予約

- 🏠 Via Arche Scaligere 6
- ☎ 045-8007415
- 営 12:30〜15:00、19:30〜22:00
- 休 ⓓ夜、㊌、1月
- 🍴 €45〜60、定食€25
- C A.D.J.M.V

🍴 オステリア・ダル・ドゥーカ
Osteria dal Duca　　　P.275 A4

田舎家風のあたたかいインテリアのなか、ヴェローナの郷土料理が手頃な料金で楽しめる。ポレンタをはじめ、ロバ肉asinoや馬肉cavalloなども勢揃い。いずれもクセはなく、食べやすい。

できれば予約 **日本語メニュー**

- 🏠 Via Arche Scaligere 2
- ☎ 045-594474
- 営 12:00〜14:30、18:30〜22:30
- 休 ㊋昼、ⓓ
- 🍴 €25〜40（コペルト€2）、定食€35
- C A.M.V.
- ✕ ロメオの家の隣

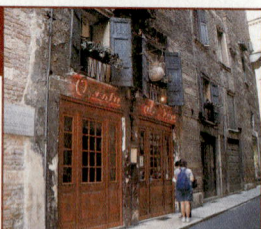

✳ カーサ・ペルベッリーニ
Casa Perbellini　　　P.274 B1

サン・ゼーノ広場に面したミシュランの2つ星レストラン。「革新と伝統」がコンセプト。料理は定食が2種類でその1つは提示された素材から2品を選択€110と賞味メニュー€135。**要予約**

- 🏠 Piazza San Zeno 16
- ☎ 045-8780860
- 営 12:30〜14:00、19:00〜22:00
- 休 ⓓ夜、㊊、夏季のⓓ昼、2月の10日間と8月の20日間
- 🍴 €110〜150、定食€50（平日の昼）
- C A.D.M.V.

✳ イル・デスコ
Il Desco　　　P.275 B4

伝統料理を基本とした創作料理。町一番の店として地元の人や観光客に人気。ミシュランの1つ星。

要予約

- 🏠 Via Dietro San Sebastiano 7
- ☎ 045-595358
- 営 12:30〜14:00、19:30〜22:30
- 休 ⓓ、㊊、12/25〜3週間
- 🍴 €100〜140、定食€140
- C A.D.J.M.V.
- ✕ ジュリエッタの家の近く

🍴 トラットリア・アル・カルミエーレ
Trattoria al Calmiere　　　P.274 B1

サン・ゼーノ広場にテーブルが並ぶ、ヴェローナの典型的なトラットリア。料理も郷土料理が中心で魚・肉料理がバランスよくメニューに並ぶ。

- 🏠 Piazza San Zeno 10
- ☎ 045-8030765
- 営 12:30〜14:30、19:30〜22:00
- 休 ⓓ夜、㊊
- 🍴 €28〜65、定食€23、28
- C A.D.M.V.

🍴 ロカンダ・クアトロ・クオーキ
Locanda 4 Cuochi　　　P.275 B3

アレーナのすぐ近く、上記の2つ星レストランCasa Pellegriniのシェフらによる1軒。季節の素材と料理法こだわった伝統的な郷土料理が手ごろな料金で味わえる。

- 🏠 Via Alberto Mario 12
- ☎ 045-8030311
- 営 12:30〜14:30、19:30〜22:30
- 休 ㊊、㊋昼、1/26〜2/10
- 🍴 €28〜45、定食€24
- C A.D.M.V.

★★★★★ ガッビア・ドーロ
Hotel Gabbia d'Oro　　P.275 A3

洗練された雰囲気の落ち着いたプチ
ホテル。エルベ広場の近くながら、町
の喧騒は感じさせない。ロビーや部屋
は、ヴェローナの歴史ある雰囲気をも
つ田舎家風。部屋も広めで、ゆったり
している。サービスはエレガント。

URL www.hotelgabbiadoro.it
🏠 Corso Porta Borsari 4/a
☎ 045-8003060　Fax 045-590293
SB (TBのシングルユース) €165/290
TS €245/385　JS €350/980
🏠 27室　朝食 €23 W-F C A.M.V.

★★★★ グランド・ホテル・ヴェローナ
Grand Hotel Verona　　P.274 C2

ロビーなどにはアンティークが飾られ、
緑あふれる庭園も気持ちよいホテル。
ゆったりとビュッフェの朝食を楽しもう。
High 音楽祭と主要見本市の期間
URL www.grandhotel.vr.it
✉ オペラで遅くなっても明るい広い道をまっす

ぐ帰れてよかった。(滋賀県 ゆうこ '14)['16]
🏠 Corso Porta Nuova 105
☎ 045-595600　Fax 045-596385
S €120/280　TS €170/330
🏠 57室　朝食込み W-F C A.D.M.V.
🚌 駅から徒歩10分、バスなら11、12番

★★★ ボローニャ
Hotel Bologna　　P.275 B3

アレーナの近くにある、伝統的なホテル。
内部は機能的で快適。評判のよいレス
トラン併設。ビュッフェの朝食がよい。
Low 11/1〜12/29、1/1〜3/20
URL www.hotelbologna.vr.it

🏠 Piazzetta Scalette Rubiani 3
☎ 045-8006830　Fax 045-8010602
S €90/300　TS €90/400
🏠 31室　朝食込み W-F
C A.M.V.
🚌 駅からは11、12、13番のバスで

★★ トルコロ
Hotel Torcolo　　P.275 B3

町の中心にあるアンティークな雰囲気と清潔感
が気持ちよいホテル。静かな小さな広場に面し、
フロントの人もあたたかく家庭的な雰囲気。評
判のよいレストラン併設。
読者割引 3泊以上で5%
Low 1、2、3、10、11月

URL www.hoteltorcolo.it
🏠 Vicolo Listone 3
☎ 045-8007512　Fax 045-8004058
SS €55/111　TS €75/168
🏠 19室　朝食€8〜14 W-F C A.D.J.M.V.
休 1/7〜1/19頃　🚌 ブラ広場近く

プロテツィオーネ・デッラ・ジョーヴァネ
Protezione della Giovane　P.275 A3

🅨🅗 カトリック国際協会の運営で
ユース並みの料金で、部屋は
広くてきれい。女性のみの利用。宿の
人も優しい感じ。門限は23:00だが、オ
ペラのときは終了時刻まで延長可。
URL www.protezionelagiovane.it
🏠 Via Pigna 7

☎ 045-596880
Fax 045-8005449
D €22　SS €35/40
T €60　TS €64/70
C 不可　🕐 9:00〜20:30
🚌 エルベ広場から7〜8分。
W-F

ヴィッラ・フランチェスカッティ
Ostello della Gioventù Villa Francescatti　P.275 A4

🅨🅗 場所は少しわかりにくいが、
美しく清潔なホステル。門限
24:00だが、オペラに行く場合は特別
に延長してもらえる。5泊まで。
e-mail info@villafrancescatti.it
URL www.ostelloverona.it
🏠 Salita Fontana del Ferro 15

☎ 045-590360
Fax 045-8009127
D €18　予約不要。予約の受付
はファミリールームおよび10人以上
のみ。朝食込み。夕食€8(要予約)
🚌 ローマ劇場近く。駅からはバス
73番でPiazza Fra'Giovanni下車。

B&B スパーニャ
B&B Spagna　　P.274 C2外

✉ €40で、部屋は広くて清潔。
バス・トイレは共同ですが、少人
数なのでほとんど貸し切り状態で
した。キッチンの使用も可で冷蔵
庫の中の物も自由に飲食可能。
まるでアパートを借りているようで
自由で快適でした。場所は駅の裏

手ですが、バスで5分程度、徒歩
なら20分程度、料金と設備を考え
たら悪くないと思います。無料
W-F あり。　　(KIYO '14)
e-mail spagnabeb@libero.it
🏠 Stradone S.Lucia 33/A
☎ 348-390127

B&B カーサ・エスヴァエル
B&B Casa Esvael　　P.275 B3

✉ アパートメントの2階で「暮ら
す」気分を体験できるのがおすす
め。客室は重厚な雰囲気でポット
のサービスもありました。広いサロ
ンも共有で利用できコーヒーも無
料で飲めるし掃除も行き届いてい
ました。アレーナまで徒歩10分程

度なので、オペラで遅くなっても
歩いて帰れました。
(兵庫県 30年ぶりのドロミテ '14)
URL www.casaesvael.it
🏠 Corso Cavour 16
☎ 339-5997895
S €70/90　T €90/130 W-F

※ヴェローナの滞在税… ● €0.50　★★ €1　★★★ €1.50　★★★★ €2　★★★★★ €3
S シャワー共同シングル料金　SS シャワー付きシングル料金　SB バス付きシングル料金　T シャワー共同ツイン料金　TS シャワー付きツイン料金
TB バス付きツイン料金　3S シャワーまたはバス付きトリプル料金　D ドミトリー料金　JS ジュニアスイート料金

●郵便番号　　35100

パドヴァへの行き方

🚃 電車で
●ヴェネツィアから
　S.L.駅
　　　鉄道fs FRECCIABIANCA, EC
　　　　　　……26分
　↓ RV…26分・R…49分
　パドヴァ
●ミラノから
　中央駅
　　　鉄道fs FRECCIABIANCA, EC
　　　　　　……2時間7分
　↓ R　　　…3時間38分
　パドヴァ

🚌 バスで
●ヴェネツィアから
　ローマ広場
　　　SITA社、ACTV社
　　　　　　……約1時間
　パドヴァ
※SITA社 アウトストラーダ経
　由、ほぼ30分間隔の運行
※ACTV社 リヴィエラ・デル・ブレ
　ンタ経由、25～55分間隔の運行

■パドヴァ駅の❶
🏠 Piazzale Stazione Ferroviaria 13A
☎ 049-2010080
🕐 9:00～19:00
　　㊐㊗10:00～16:00
休 1/1、12/25
地 P.287 A2
ホテル案内、両替も可。駅を
出て、駅舎に向かい左。

パドヴァの歩き方

●スクロヴェーニ礼拝堂
　　　　　　　　P.288
●市立博物館　　P.289
●エレミターニ教会　P.289

●エルベ広場と
　シニョーリ広場周辺
○ラジョーネ宮　P.290
○洗礼堂　　　　P.291
○パドヴァ大学　P.290

●サンタントニオ聖堂
　　　　　　　　P.292

パドヴァ

P.15 B3
Padova

パダナ平野のなかに位置する芸術都市

サンタントニオ聖堂とガッタメラータ騎馬像

　活気あふれる商業と工業の中心地。パダナ平野と東方を結ぶ重要な拠点として、文化と芸術の中心となってきた。

　ローマ皇帝ティトゥス（40～81年頃）の伝説の生まれた地であり、12～13世紀の都市国家の時代には、歴史の渦に巻き込まれたが、この時代は宗教的文化、芸術が充実した時でもあった。

　1222年に大学が設置され、アルプスを越えてやってきた学生やダンテ、ペトラルカなどの一流の教授を受け入れた。この頃、ラジョーネ宮、サンタントニオ聖堂、エレミターニ教会が建てられ、スクロヴェーニ礼拝堂のジョットのフレスコ画が描かれた。

世界遺産に登録された植物園

　1405年ヴェネツィアの支配下におかれた。15世紀には、ドナテッロやマンテーニャが活躍し、近隣の町をおさえ芸術、文化の中心だったが、その後はヴェネツィアにその座を譲った。

　現在のパドヴァは、郊外に大きく広がり、農業の中心地として、また服飾、繊維、食品業などの工業が主要な産業となっている。世界的な見本市が開かれることでも有名だ。

History & Art

パドヴァの聖人、サンタントニオ

　イタリアでも聖地として名高い、サンタントニオ聖堂。数百年の抗争の続いた13世紀の初め、平和を説いた、ポルトガル・リスボン出身フランチェスコ会の修道士の聖アントニオ・ディ・パドヴァの墓として彼の死後間もなく建設された聖堂だ。

　聖堂周辺にはろうそくをはじめ、宗教儀式に用いるさまざまな品を売る商店が軒を連ね日本の門前町の様相だ。広場には聖地詣での団体のにぎやかな姿、内部では熱心に祈りをささげる人々の姿が絶えない。

　生活のよりどころである宗教というものを実感、再認識させてくれる場だ。

バッサーノ・デル・グラッパへ 42km

Via I. Avanzo

Via Fra' Paolo Sarpi

バス・ターミナル

Via Codalunga

グランディタリア
Grand'Italia

トレニタリア
パドヴァ駅
Staz. Padova

Via d. Pace

ヴェネツィアへ 40km

A

アル・カゾン
Al Cason

Via Beato Pellegrino

Via del Verdara

P.le Mazzini

Via Gatta

Corso del Popolo

V. Foscolo

V. Tommaso

R バスティオーニ・デル・モロ
Bastioni del Moro

Via B.Pellegrino

Via S. Sofia

Via Raggio di Sole

Via Citolo da Perugia

Via Mazzini

Via Golta

Corso del Popolo

V. Trieste

Via Scrovegni

P.ta Savonarola

Via del Savonarola

カルミネ信者会
Scuola d. Carmine

Via d. Carmine

ジャルディー二
Giardini
Arena

Via S. Massimo

Via G. Belzoni

ヴィチェンツァへ 33km

カルミネ教会
I Carmini

P.za Petrarca

スクロヴェーニ礼拝堂
Cappella d. Scrovegni

市立博物館
Museo Civico

Via d. Morgagni

Corso Milano

サン・ピエトロ
San Pietro

サンタントニオ
S.Antonio

ヨーロッパ
Europa

エレミターニ教会
Eremitani

P.za Eremitani

アンティコ・ブローロ
Antico Brolo

サン・ロッコ信者会
Scuola S. Rocco

P.za Insurrezione

Riviera dei Ponti Romani

V.S. Prosdocimo

V. Nicolò

V. Tadi

Corso Milano

V. Em.Filib.

P.za Garibaldi

Via Altinate

サンタ・ルチア教会
S. Lucia

V.S. Lucia

Via Dante

V. Verdi

P.za S. Lucia

P.za
Frutta

カフェ・ペドロッキ
Caffè Pedrocchi

サンタ・ソフィア教会
S. Sofia

シニョーリ広場
P.za dei Signori

カピタニオ館 柱廊
Loggia della Gran Guardia

市庁舎
Munic

P.za
Cavour

アイ・ポルテーギ
Ai Porteghi

ラジョーネ宮
(サローネ)
Pal. d. Ragione

パドヴァ大学(ボー)
Università(Bo)

Via C. Battisti

Via Cesare Battisti

洗礼堂
Battistero

エルベ広場
P.za d. Erbe

アンテノールの墓
Tomba di Antenore

ラ・フィネストラ
La Finestra

ドゥオーモ
Duomo

Pal. Vescovile

Via S. Martino e Solferino

サン・フランチェスコ通り

イジェア
Igea

Via Euganea

V.S. Martino

Via Vescovado

プレフェットゥーラ
Prefettura

Via del Santo

Via G. Gattelli

Via Marsala

S. M.
d. Servi

サン・フランチェスコ教会
S. Francesco

B

Via C. Grossi

Via S. Tomaso

Riviera Tito Livio

Riv. Tiso Livio

Via XX Settembre

Via d. Rogati

クエストゥーラ
Questura

Via G. Galilei

ジュスティニアー二館
Pal. Giustiniani

V. Ospedale Civile

Pronto
Soccorso

チェントロ・オスピタリア・チッタ・ディ・パドヴァ
Centro Ospitalia Città di Padova

Via Cristoforo Moro

P.za
Castello

P.za
T.Folengo

Oratorio
S. Michele

ドナテッロ
Donatello

ガッタメラータ騎馬像
Mon. a Gattamelata

Piazza
del
Santo

サンタントニオ聖堂
S. Antonio

P.le
Pontecorvo

Riviera Pietro Paleocapa

YH

Via Sammichele

サン・ジョルジョ礼拝堂
Orat. S. Giorgio

サンタントニオ信者会
Scuola d. S. Antonio

Via Dimesse

アル・ファジアーノ
Al Fagiano

Biblioteca
Civica

Via P. Paoli

Via Acquette

Via Belludi

Via Cavalletto

Via A. Cavalletto

Via Marin

Via Cerato

植物園
Orto Botanico

キオッジャへ 43km

F. Bacchiglione

Via G. Barbarigo

Via A. Cadorna

Via S. Maria in Vanzo

プラート・デッラ・ヴァッレ
Prato della Valle

Via Cavazzana

Via M. Sanmicheli

N

0 200 400m

サンタ・ジュスティーナ教会
S. Giustina

C

Via Aless.Manzoni

Via 4 Novembre

Corso Vittorio Emanuele II

Via Giosuè Carducci

Via Margherta

Via S. Fermia

Via Giordano Bruno

Via G. Fabbri
d'Acquapendente

Via M. Sanmicheli

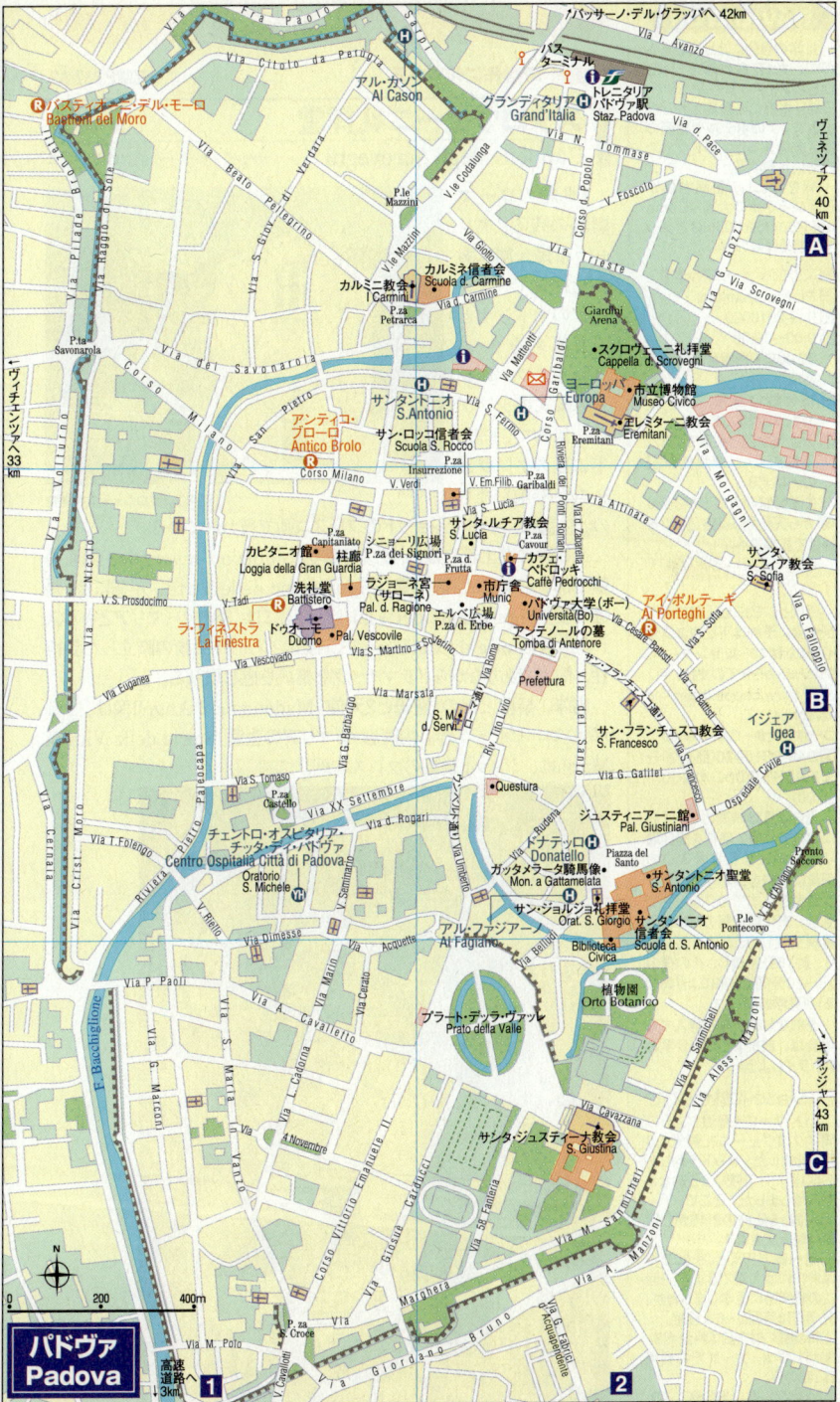

パドヴァ
Padova

高速道路へ ↓3km

P.za
S. Croce

1

2

見学の目的により異なるものの、丸1日あれば十分だ。ヴェネツィアからも近いので、日帰り旅行にも最適だが、ヴェネツィアのホテルや物価の高さを考えると、パドヴァでの宿泊が賢明だ。

駅を背にし、正面右側から延びるポポロ大通りCorso del Popoloを600mほど真っすぐ進めば町の中心だ。

■スクロヴェーニ礼拝堂
🏠 Piazza Eremitani
☎ 049-2010020
🕐 9:00～19:00
　22:00まで開館延長の場合あり。
休 博物館のみ月、復活祭、1/1、12/25、12/26
料 市立博物館と共通で€12、予約料€1。博物館が休の月は€8

市立博物館の入口（切符売り場）から入り内部通路（公園）を抜けて礼拝堂へ。

スクロヴェーニ礼拝堂の予約方法
原則として3日以上前に予約が必要。予約は下記ウェブサイトまたはコールセンターへ。クレジットカードでの支払い可。
URL www.cappelladeglisc rovegni.it
コールセンターCall Center
☎ 049-2010020(受付月～
⊕9:00～19:00、⊕9:00～18:00)

当日は見学時間の1時間前に切符売り場で切符を受け取り、5分前には礼拝堂入口の係員に切符を提示する。見学は最大25人までのグループで見学。文化財保護のため、「温度調整室」でビデオを見ながら、約15分待機し、その後の15～20分間（季節により異なる）が見学時間。

予約なしに切符を購入する場合は、前日または当日早めにトライしよう。

✉ ジョットに魅せられて
パドヴァに4連泊し、その間スクロヴェーニ礼拝堂へ6回行きました。ネット予約したのは1回だけで残りは予約なしで入場しました。そこで
①開館15分前の8:45から切符は購入できます。
②朝一番で行くと、9:00または9:15には入場できます。3回この時間帯に見学しましたが、見学者は毎回2～6人程度。
③博物館の休館日は料金€8。
④パドヴァ・カードでの利用は1回のみ。
　　（神奈川県　鳥山剛　'09）

ジョットの傑作に包まれる

スクロヴェーニ礼拝堂
Cappella degli Scrovegni
★★★

MAP P.287 A2

カッペッラ・デッリ・スクロヴェーニ

簡素なスクロヴェーニ礼拝堂

1世紀のローマ劇場の残る、アレーナ市民公園にある礼拝堂で、アレーナのマドンナという異名をもつ。ロマネスク・ゴシック様式のシンプルな建物で、1305年にE.スクロヴェーニが奉納したもの。内部は、すべてジョットのフレスコ画で覆われている。

入口扉の壁上部には、『最後の審判』Giudizio Universale、側面の壁下部、右側には『徳の姿』Figurazione delle Virtù、左側には『悪徳の姿』Figurazione dei Vizi。その上には、38枚の『マリアとキリストの生涯』Storie di Maria e di Cristo。ジョット芸術の際立った芸術性、簡素でありながらドラマチックな構成を感じ取れる。

内陣、祭壇上部の『聖母と2天使』Madonna e 2 Angeli像は、ジョヴァンニ・ピサーニ作。内陣席の『マリアの生涯』Storie della Vita di Mariaは、ジョット後期のフレスコ画。

ジョット作『最後の審判』は入口の壁に描かれる

市立博物館 ★★
Musei Civici Eremitani

ムゼイ・チヴィチ・エレミターニ

スクロヴェーニ礼拝堂に隣接する博物館。1階には、ローマ時代の考古品が展示される。2階は、**絵画館**Pinacotecaおよび**ボッタチン博物館**Museo Bottacinになっている。ボッタチン博物館には、4万点に及ぶ貨幣、メダルや家具、彫刻などを展示。

必見なのは絵画館で、1300〜1700年代のヴェネツィア派の作品が多数収蔵されている。重要な作品は、ジョットの板絵に描かれた『**十字架刑**』Crocifisso、ジョヴァンニ・ベッリーニ『**若き評議員**』Giovane Senatore、ジョルジョーネ『**白鳥のレダ**』Leda col cigno、『**牧神の風景**』Scena pastorale。ティツィアーノの『**神話の光景**』Scene mitologicheなど。

ジョルジョーネ派の作といわれる『白鳥のレダ』

パドヴァの市立博物館の収集は見事

エレミターニ教会 ★★
Eremitani

エレミターニ

ロマネスク・ゴシック様式で、1276年に建造が始まり、1306年にフラ・ジョヴァンニ・デッリ・エレミターニによって完成された。木製の美しい天井、外側の柱廊が見事。1944年に空爆を受け、戦後修復された。

内部は大きな1身廊で、三弁模様の木の天井で飾られ、14〜16世紀の墓碑と彫刻が多く残る。**ヤコポ・ダ・カラーラの墓**Jacopo da Carrara（左側）には、ペトラルカのラテン語の詩句が刻まれている。右側は、ウベルティーノ・ダ・カラーラの墓。どちらも1300年代の物。

右側、奥のオヴェターリ礼拝堂Cappella Ovetariには、マンテーニャなどのフレスコ画が残る。爆撃により消失した物もあるが、祭壇裏手の『**聖母被昇天**』Assunta、『**聖クリストフォロの殉教**』Martirio di S. Cristoforoはマンテーニャの作。祭壇飾り壁のテラコッタ『**聖母子と聖人**』Madonna col Bambino e Santiは、N.ピッツォロの作。

聖壇内陣の『**聖アゴスティーノの生涯**』Storie di S. Agostinoおよび内陣内のフレスコ画は1300年代の物。

礼拝堂は第2次世界大戦の空爆による被害が痛々しい。『聖クリストフォロの殉教』は、若き日のマンテーニャの傑作

■**市立博物館**
スクロヴェーニ礼拝堂と同様。

■**エレミターニ教会**
🏠 Piazza Eremitani 10
☎ 049-8756410
🕐 7:30〜12:30
　 15:30〜19:00
　 夏季⊞回曶　9:00〜12:30
　　　　　　 16:00〜19:00
　 冬季⊞回曶 10:00〜13:00
　　　　　　 16:30〜20:00

戦後修復されたエレミターニ教会

✉ **予約なしでOK**
スクロヴェーニ礼拝堂に8:45に到着して9:15からの券を購入。前日に駅そばの❶で翌日の券を購入できるか聞いたところ、当日の9:00からと言われました。荷物はクロークに預けますが、ビニールの袋を渡され、貴重品は持って入れます。
（埼玉県　SATOMI '15）

NAVIGATOR
町はいくつかの広場を中心に構成され、広場と広場をポルティコが結んでいる。市場の立つ広場をのぞき、歴史を感じさせる風情ある石畳の小路を行くのも楽しい。

ヴェネト州　パドヴァ

バスの切符
- ■1枚(75分間有効) €1.30(車内購入€2)
- ■1日券 €3.80

■ラジョーネ宮
- 住 Piazza delle Erbe
- ☎ 049-8205006
- 開 2/1～10/31 9:00～19:00
  11/1～1/31 9:00～18:00
- 休 (月)、1/1、5/1、8/15、12/25、12/26
- 料 €4(特別展の場合€9)

✉ **ラジョーネ宮の入口**
1階アーケード柱廊横の階段(2ヵ所のみ)を上がると、途中に切符売り場があります。
(神奈川県 須山實 '07)

近郊の特産物が売られるメルカート。ハチミツの屋台が人気

▶パドヴァ大学
- 住 Via Ⅷ Febbraio 2
- ☎ 049-8273044
- 開 教室はガイド付き見学のみ
  3～10月
  (火)(木)(土)9:15,10:15,11:15
  (月)(水)(金)15:15,16:15,17:15の出発
  11～2月
  (火)(木)(土)10:15,11:15
  (月)(水)(金)15:15,16:15
- 休 (日)、1/1～1/6、4/25、5/1、6/2、6/13、8/14、8/15、12/8、12/25、12/26、12/27
- 料 €5、学生€2
  見学者に応じ、英、伊、独、仏語での説明あり。所要約45分
  ※切符は見学15分前にCortile Nuovo(カフェ出口そば)で。
  ※校内に入った左側には大学グッズの売店あり。

大学の中庭と柱廊

巨大な木馬とフレスコ画が飾る

MAP P.287 B2

ラジョーネ宮(サローネ) ★★
Palazzo della Ragione (Salone)
パラッツォ・デッラ・ラジョーネ(サローネ)

サローネSaloneとも呼ばれる、この町の人々に最も親しまれている建物。1218～19年の間にパドヴァの行政府の法廷として建てられ、1306年に改築された。周囲を飾るアーチの続く柱廊

サローネと呼ばれるラジョーネ宮の前、エルベ広場の朝のにぎわい

と、緩やかなアーチを描く竜骨状の屋根は、ジョヴァンニ・デッリ・エレミターニの設計で、1306年に付け加えられた。内部の2階は、長方形の大きな建物で、幅27m、奥行き78m、高さ27m。

広いサロンは、宗教および占星術に題材を取ったフレスコ画で飾られている。フレスコ画の原画は、ジョットとその学派によるものと伝えられる。サロンの奥にある大きな木製の馬は、ドナテッロによるガッタメラータ(→P.292)のコピー。

1階、アーケードおよび柱廊には、50以上もの商店が並び、かつてはヨーロッパ最古の商業センターであった。何世代にもわたり、エルベ広場Piazza delle Erbeでは、果物、野菜、花、衣服の市が開かれている。

町の歴史と栄光を伝える

MAP P.287 B2

パドヴァ大学
Università di Padova
ウニヴェルシタ・パドヴァ

別名ボーBoとも呼ばれているのは、ここに同名のホテル(旅籠)があったことに由来する。イタリアおよびヨーロッパでも古い大学で、その伝統・文化・歴史は1222年に遡る。多くの外国人の学生、教授が過ごしたが、とりわけ1500年代には、ガリレオがここで18年間教えた。

歴史を感じさせるパドヴァ大学

建物は、1500年代のマニエリズム様式。美しい中庭、柱廊(ポルティコ)、ロッジアで彩られ、内部の壁画は大学の紋章で飾られている。興味深いのは、中庭からの階段で通じる2階のアウラ・マーニャAula Magnaと解剖教室Teatro Anatomicoだ。前者は、壁面の紋章の装飾と天井を埋め尽くしたフレスコ画がすばらしい。後者は、楕円形の階段教室になっており、幾重にもなった見学台が特徴的だ。

歴史と活気あふれる市の広がる

MAP P.287 B1

シニョーリ広場
Piazza dei Signori

ピアッツァ・デイ・シニョーリ ★★

1300年代のエレガントな大理石の柱廊Loggia della Gran Guardia がアクセントを添える。奥には旧総督官邸Palazzo del Capitanio、その正面には大きな時計塔がそびえる。これはイタリア最初の時計塔で1437年に再建された。時計塔をくぐると総督の中庭Corte Capitaniatoが続き、1500年代の建物に面している。中庭は、フレスコ画や彫刻で飾られている。建物の2階は、1500年代の大広間Sala dei Gigantiになっている。内部は、王や英雄を描いた16世紀の絵で飾られている。角にあるのは、1300年代のペトラルカの肖像。

気品ある建物が取り囲む広場

簡素な外観

MAP P.287 B1

ドゥオーモ
Duomo

ドゥオーモ

1522年に再建。れんがを積み上げた粗削りな物。円筒形の屋根の乗る洗礼堂が隣接している。

ドゥオーモとロマネスク様式の洗礼堂はびっくりするほど簡素だ

美しいフレスコ画に圧倒される

MAP P.287 B1

洗礼堂
Battistero

バッティステロ ★★

13世紀に建てられたロマネスク様式。四角形の建物に円筒形の大きな屋根が乗る。

内部は、壁面、天井とも1300年代の洗練されたフレスコ画で覆われている。ジュースト・デ・メナブオイの手になる傑作。明るく細やかな描写で、遠近法が巧みに使われている。クーポラの内側、キリストを取り囲むようにたくさんの聖人が並ぶ。クーポラの下にもメナブオイの手により旧約・新約聖書の物語が描かれる（修復が完了して、かつての驚くべき美しさが再現された）。

洗礼堂はジョットの影響を受けたメナブオイのフレスコ画で飾られる

■町の中心の❶
カフェ・ペドロッキそば

住 Vicolo Pedrocchi
☎ 049-2010080
開 9:00〜19:00
休 ⑧⑧
地 P.287 B2

■カフェ・ペドロッキ 2階

住 Piazzetta Pedrocchi
☎ 049-8781231
開 9:30〜12:30
　 15:30〜18:00
休 ⑧、1/1、5/1、12/25、12/26
料 €4
地 P.287 B2
1階はカフェが営業中。2階のPiano Nobileは町の歴史を刻む貴重な場だ。

NAVIGATOR

エルベ広場の見学後は、パドヴァ大学東側のサント通りVia del Santoをさらに500mほど進むと、サンタントニオ聖堂に到着する。この通りの左右には宗教祭事の品々を売る店が並び、にぎわいを見せるのもこの町ならでは。

■ドゥオーモ

住 Piazza Duomo
☎ 049-662814
開 10:00〜18:00

■洗礼堂

☎ 049-656914
開 10:00〜18:00
休 1/1、12/25、復活祭の⑧
料 €3

■中央郵便局

住 Corso Garibaldi 25
☎ 049-8772209
開 8:30〜18:30
　 ⊕8:30〜12:35
休 ⑧⑧
地 P.287 A2
市立博物館のすぐ西側。

✉ パドヴァ観光いろいろ

パドヴァ大学で大学グッズを購入したかったのですが、⊕⑧はお休みでした。スクロヴェーニ礼拝堂はやはり早起きして見るのがいいです。2〜4人程度でゆったり鑑賞できました。オルト・ボタニコはやはり春から秋がおすすめ。11月は花も少なく、ちょっとさびしかった。
（静岡県　片桐宏美　'11）

ヴェネト州　パドヴァ

291

熱心な信者の続く、聖地

サンタントニオ聖堂 ★★★
Basilica di S. Antonio
バジリカ・ディ・サンタントニオ

■サンタントニオ聖堂
住 Piazza del Santo
☎ 049-8225652
圏 4/1～10/27 6:30～19:30
　10/28～3/30 6:30～18:30
聖地であるため、タンクトップ、半ズボン、ミニスカートなどは厳しくチェックされ、入場できないので注意すること。

サンタントニオ聖堂の回廊

■サント広場の❶
（季節営業）
住 Piazza del Santo
☎ 049-20100800
圏 9:00～17:00

サント（聖なる地）とも呼ばれている聖堂で、イタリアで最も有名な聖地。ロマネスク・ゴシック様式でパドヴァの聖アントニオ（1195年、リスボンに生まれ、さまざまな奇跡を行い、パドヴァ近郊のチェッラで1231年に亡くなった）の墓のために建てられた。正面はゴシック様式で、ビザンチン様式の8つのドームの回教寺院風の尖塔が付く異国風の巨大な聖堂。1232年に着工し、16世紀に完成された。

イル・サントと呼ばれ、イタリア中からの巡礼者を集めるサンタントニオ聖堂

　広い内部は、太い柱で分割され、広い周歩廊が内部を取り囲んでいる。豊かな装飾の施された内部には身廊右、第1礼拝堂にガッタメラータの墓（15世紀）、翼廊右、1300年代のサン・フェリーチェ礼拝堂は、美しいゴシック様式で、ジャコボ・アヴァンツォのフレスコ画（1377年）、『聖ジャコモの伝説』Leggenda di S. Giacomo、『十字架刑』Crocifissioneなどで飾られている。

　聖堂内陣の主祭壇は、ドナテッロのブロンズで飾られており、前部装飾と台座は、『音楽の天使と聖アントニオの奇跡』Angeli musicanti e Miracoli di S. Antonioのレリーフ。祭壇裏には、『キリスト降架』Deposizioneがレリーフで描かれる。祭壇左側には、装飾豊かなブロンズ製の燭台（1515年）があり、ブリスコの作。聖堂内陣の長い壁面には、旧約聖書を題材としたブロンズ製の12のレリーフがあり、B.ベッラーノとA.ブリスコの作。

門前町の様相。祭壇に供えるろうそくが売られる聖堂広場

　周歩廊の第5礼拝堂は、F.パロディの設計（彫刻も1689年のパロディ作）。豊富な宝物が収められている。聖アントニオの聖骨箱（13～15世紀）や（船型）香炉（15世紀）、聖アントニオの遺品など。

　翼廊左側の聖アントニオの礼拝堂Cappella di S. Antonioは、1500～49年に建てられた物。壁面には、聖人の生涯が9枚のレリーフで描かれている。T.およびA.ロンバルドとサンソヴィーノの作品。

NAVIGATOR
　サンタントニオ聖堂の見学後は、さらに南に進み、緑のあふれる植物園やプラート・デッラ・ヴァッレを訪れよう。駅からはかなりの距離を歩いたので、帰りはプラートからバスに乗るのもいい。

ドナテッロの傑作彫像

ガッタメラータ騎馬像 ★★★
Monumento al Gattamelata
モニュメント・アル・ガッタメラータ

ヴェネツィア共和国の備兵隊長であったエラスモ・ダ・ナルニ、別名ガッタメラータの騎馬像で、ドナテッロの傑作。堂々とした英雄が、生きいきと馬にまたがっている。

ドナテッロの傑作、『ガッタメラータの騎馬像』

14世紀最大のフレスコ画

MAP P.287 B・C2

サン・ジョルジョ礼拝堂とサンタントニオ同信組合 ★★
Oratorio San Giorgio／Scuola del Santo
オラトリオ・サン・ジョルジョ／スクオーラ・デル・サント

サンタントニオ教会の右側にある、サン・ジョルジョ教会の礼拝堂。マルケージ・ルーピ・ディ・ソラーニャ一族の礼拝堂として1377年に建てられた。小さいながらも内部一面、アルティキエーロとその弟子によるフレスコ画で覆われ

サン・ジョルジョ教会と礼拝堂

ている。14世紀最大の、同一主題を巡って描かれたフレスコ画といわれる。正面には、『キリストの十字架刑』、その上部には『キリストの載冠』、

サンタントニオ同信組合の参事会員室を飾る
若きティツィアーノの傑作『母の無罪を話す赤ん坊』

入口上部には『受胎告知』、『東方三博士の礼拝』などキリストにまつわる、おなじみの場面が描写に富んだひとつのドラマとして巧みに描かれている。

2階の司教座聖堂参事会員室Sala Capitolareには、1500年代のヴェネツィア派の画家たちによる、聖人の生涯を描いた18枚のフレスコ画がある。ティツィアーノ（1511年の作）やティエポロ（1512年の作）などが名高い（入口入って右側の2点および左の角の2点がティツィアーノの作品）。

市も立つ、市民の憩いの場

MAP P.287 C2

プラート・デッラ・ヴァッレ ★
Prato della Valle
プラート・デッラ・ヴァッレ

サンタ・ジュスティーナ教会の北西隣にある、広大な楕円形の公園（広場）。古代にはローマ劇場のあった場所に、18世紀に建造された。緑の多い公園の中央には堀が広がり、80体に上る彫像が周囲を縁取っている。日中には市が開かれ、夕方からは市民の憩いの場ともなってにぎわいを見せる。

美しい彫像が彩る緑地帯、
プラート・デッラ・ヴァッレ

■サン・ジョルジョ礼拝堂
🏠 Piazza del Santo
☎ 049-8789722
🕐 通年午前　　　　9:00～12:30
　　4/1～9/30　　14:30～19:00
　　10/1～3/31　 14:30～17:00
💰 €3、礼拝堂と同信組合
　　€5

お得な共通券

パドヴァカード2種
Padovacard
対象：スクロヴェーニ礼拝堂（予約料€1は込み）、市立博物館、ラジョーネ宮、ドゥオーモ洗礼堂、サン・ミケーレ礼拝堂Oratorio S. Micheleなど12ヵ所で無料。このほか、パドヴァおよび近郊各見どころやブレンタ運河のボートツアー、シティ・サイトツーリングバスでも割引あり。さらに、APS社市内および近郊バスやAPS社駐車場、貸自転車が無料。1枚で14歳以下の子供の同伴可。
💰 48時間券：€16
　　72時間券：€21
販売場所：❶や各見どころの切符売り場、駅や駐車場のAPS社の窓口など。

ヴェネト州
パドヴァ

🏠 Prato della Valle
☎ 049-8220445
🕐 8:00(夏季7:30)～12:00
　 15:00～18:00
　 ㊐㊗ 8:00(夏季6:30)～13:00
　 15:00～20:00

🏛 **世界遺産**

植物園
登録年1997年　文化遺産

ゲーテも称賛した棕櫚の木

■植物園
🏠 Via Orto Botanico 15
☎ 049-8272119
🕐 4～9月　　9:00～19:00
　 10月　　　9:00～18:00
　 11～3月　 9:00～17:00
🚫 6～11月の㊊、1/1、12/25
💴 €10、65歳以上€8、学生€1、
　 パドヴァカード提示で€5

ヴェロネーゼの作品の残る

MAP P.287 C2

サンタ・ジュスティーナ教会
Santa Giustina
サンタ・ジュスティーナ ★

サンタ・ジュスティーナ聖堂

16世紀に建てられた、8つのクーポラを抱く大きな教会。柱廊で分割された3身廊。後陣の聖職者席Coroは1566年の作。祭壇の飾り壁(1575年)は、ヴェロネーゼ作。翼廊左側のアーチの部には、ピサーナ派のレリーフがある。

ヨーロッパ最古の植物園

MAP P.287 C2

植物園 世界遺産
Orto Botanico
オルト・ボタニコ ★★

1545年、パドヴァ大学薬学部付属の薬草園として設立。A.モローニにより配列(設計)されたヨーロッパ最古の植物園で、イタリアをはじめヨーロッパ、南方の植物までが揃い、希少植物も少なくない。図書館、大学の植物コレクション部門も併設されている。1585年に植えられた棕櫚の木は、1786年に訪れたゲーテを引き付け、そして今も緑の葉をそよがせている。

希少植物の研究で有名な植物園

🍴🏨 **RISTORANTE HOTEL**　　**パドヴァのレストラン&ホテル**

　学生と巡礼者の町なので、ホテルもレストランも近くのヴェネツィアなどと比べてかなり手頃だ。町は大きく、ホテルは町の外側をはじめ各所に分散している。レストランは旧市街に多い。より手軽なピッツェリアなども充実している。

❌ アイ・ポルテーギ
Ai Porteghi　　P.287 B2

店内は、木を多用したあたたかみのある雰囲気。季節や土地の産物にこだわった魚・肉料理が味わえる。チーズやワインも充実。
✉ 本当にすてきなお店でおいしく、お値段もリーズナブル。お店の人もとても感じが

よく心地よくすごせました。(静岡県　片桐宏美 '11)['16]
🏠 Via Cesare Battisti 105
☎ 049-660746
🕐 12:00～14:00、19:30～22:30
🚫 ㊐、㊊昼、8/15前後1週間
💴 €30～60(コペルト€4)
　 定食€12(昼)　🅒 A.J.M.V.

❌ ラ・フィネストラ
La Finestra　　P.287 B1

季節の味わいを大切にした経験豊かなシェフの料理が味わえる。おすすめは、大エビのクロカンティ、辛味ソースGamberoni Croccanti、子羊のパイ包み、タイム風味Carre di Agnello in crosta。
🏠 Via dei Tadi 15
☎ 049-650313
🕐 12:30～15:00、19:30～23:00
🚫 ㊐夜、㊊、㊋㊌㊍の昼、1月の1週間、8月10日間
💴 €53～63(コペルト€3)
　 🅒 A.D.M.V.

🍷 アンティコ・ブローロ
Antico Brolo　　P.287 A1

15世紀末の家具が置かれた店内は、エレガントで落ち着いた雰囲気。夏には緑の庭に開かれたテラスでの食事も気持ちよい。野菜や魚料理が充実している。
要予約

🏠 Corso Milano 22
☎ 049-664555
🕐 12:30～14:30、19:30～23:30
🚫 ㊐昼
💴 €30～(コペルト€2.50)
　 🅒 M.V.

🍷 バスティオーニ・デル・モーロ
Bastioni del Moro　　P.287 A1

クラシックな雰囲気のなか、魚料理を中心としたヴェネト地方の料理が楽しめる。ここも夏の間、庭園で食事ができる。ワイン、チーズの品揃えも充実。
できれば予約

🏠 Via P. Bronzetti 18
☎ 049-8710006
🕐 12:30～14:30、19:45～22:30
🚫 ㊐、8/5～8/20
💴 €25～45、定食€35
　 🅒 A.D.M.V.

❋レ・カランドレ
Le Calandre
[地図外]

⊠ パドヴァ近郊、最年少でミシュランの3つ星を獲得したシェフのレストラン。素材を生かした味わいはどこか日本料理に通じるものを感じました。（在ミラノ とも '09）['16]

[できれば予約]
URL www.alajmo.it

住 Via Liguria 1, Sarmeola di Rubano, PADOVA
☎ 049-630303
営 12:00～14:00、20:00～22:00
休 圓月、水昼、1/1～1/20、8/7～8/31
♐ €135～225、定食€135～225
C A.D.J.M.V.
交 駅からバス10番Sarmeola行きで

★★★★ グランディタリア
Grand'Italia
P.287 A2

20世紀初頭の貴族の館を改装したホテル。ロビーは当時の優雅な雰囲気を残しエレガントにまとめられ、客室は明るく近代的。白を基調にしたロココ風の朝食室も素敵。駅前に位置し、便利。
URL www.hotelgranditalia.com

住 Corso del Popolo 81
☎ 049-8761111
SB €50/200
TB €69/300
室 61室 朝食込み W-F
C A.D.M.V.
交 駅からすぐ

★★★★ ヨーロッパ
Hotel Europa
P.287 A2

スクロヴェーニ礼拝堂の南側に位置し、観光やショッピングに便利な立地。客室はモダンな雰囲気でビジネス客の利用が多い。レストラン併設。
URL www.hoteleuropapd.it

住 Largo Europa 9
☎ 049-661200
Fax 049-661508
SB €69/144
TB €89/180
室 80室 朝食込み W-F
C A.D.M.V.
交 スクロヴェーニ礼拝堂から300m

★★★★ ドナテッロ
Hotel Donatello
P.287 B2

客室からはサンタントニオ聖堂が望める、居心地のよいホテル。併設レストランのテラスでの食事が気持ちよい。無料ガレージあり。
URL www.hoteldonatello.net

住 Via del Santo 102
☎ 049-8750634
Fax 049-8750829
SS €120 TS TB €190
室 40室 朝食込み W-F
休 12/20～1/6
C A.D.J.M.V.
交 駅からバス8番またはMetro BusでS. Antonio下車

★★★ サンタントニオ
Hotel S. Antonio
P.287 A2

中心街からややそれているものの、見どころへも徒歩で十分。駅からも徒歩圏で、スクロヴェーニ礼拝堂見物には、最も近い宿。そのぶん静かで、お値頃感もある。
[Low] 1、7、8、12月
URL www.hotelsantantonio.it

住 Via San Fermo 118
☎ 049-8751393
Fax 049-8752508
SS €40/42 SB €63/69
TS TB €80/94
室 33室 朝食込み W-F
休 12/23～1/16、8/7～8/22
C M.V.
交 駅から800mまたはバス6番で

★★★ アル・カソン
Hotel Al Cason
P.287 A1

半世紀以上続く家族経営のホテル。内装はモダンなしつらえ。併設のレストラン（8月休業）では€25程度で食事ができる。レンタカー派にもおすすめ。冷房完備、無料ガレージもあり。
URL www.hotelalcason.com

住 Via Frà Paolo Sarpi 40
☎ 049-662636
Fax 049-8754217
SS €49/180
TS €59/200
室 48室 朝食込み W-F
C A.D.M.V.
交 駅から環状線道路を500mほど西に進む

★★★ イジェア
Hotel Igea
P.287 B2

朝夕、教会の鐘の音が聞こえ、運河も近くて、旅情に浸るには十分過ぎるほど。室内は明るく、清潔で快適。
[読者割引] 2泊以上で10%
[Low] 1、7、8、12月
URL www.hoteligea.it

☎ 049-8750577
Fax 049-660865
SS SB €65/73
TS TB €90/105
3S €100/120
室 54室 朝食込み W-F
C A.D.J.M.V.
交 駅からバス5・6・24番でOspedale病院下車
住 Via Ospedale Civile 87

★★ アル・ファジアーノ
Hotel Al Fagiano
P.287 B2

サンタントニオ聖堂の近く、ちょっとモダンなホテル。全室テレビ、電話、エアコン付き。町の中心にあり便利。
[読者割引] 3泊以上10%
[Low] 1、7、8、11、12月
URL www.alfagiano.com

住 Via A. Locatelli 45
☎ 049-8753396
SS €50/60
TS TB €80/95
3S €90/120
室 37室 朝食€7 W-F
C A.D.V.
交 駅からトラムまたは3、12、18番でSanto下車

チェントロ・オスピタリア・チッタ・ディ・パドヴァ
Ostello Centro Ospitalià Città di Padova
P.287 B1

[YH] 受付7:00～9:30、15:30～23:00、門限23:30。予約は電話かファクス、メールで。インターネット・ポイント、貸自転車あり。1室6ベッド、ファミリールーム4人から。
URL www.ostellopadova.it

住 Via A. Aleardi 30
☎ 049-8752219
Fax 049-654210
D €17～19
TS €92（4人部屋利用）
朝食込み（7:30～8:30）
W-F C M.V.
交 駅からトラムに乗り、Prato della Valle下車

※パドヴァの滞在税　★€1　★★€1.50　★★★€2　★★★★～★★★★★€3（2016年4月～1年間は免除の見込み）
S シャワー共同シングル料金　SS シャワー付きシングル料金　TS シャワー付きツイン料金　TB バス付きツイン料金　D ドミトリー料金

ブレンタ川にヴィッラを訪ねて

パドヴァ周辺は今も多くのヴィッラが残る。いくつかは美術館やレストランとして利用されているが、私邸のため、あるいは管理上の問題から内部を公開しない所も多い。また公開していても、予約のみ、あるいは決められた日のみという場合も多い。ツアーに参加する場合は問題はないが、個人で訪ねる場合はヴェネツィアやパドヴァの❶で確認を。

■ **ヴィッラ・ピサーニ**
Museo Nazionale di Villa Pisani
住 Via Doge Pisani 7, Stra
☎ 049-502074
開 4~9月　　9:00~19:00
　 10~3月　　9:00~16:00
休 ㊊(㊗を除く)、1/1、12/25
料 €7.50、18~25歳€3.75
　 庭園のみ€4.50、18~25
　 歳€2.25
※庭園の木立ちの迷路は4~10月の㊊9:00~13:00、15:30~19:15の公開(荒天時は除く)

✉ **パドヴァからヴィッラ・ピサーニへ**
駅前左側のバスターミナルではなく、そのさらに左奥のSITA社のバスターミナル13番からヴェネツィア行きのバスが発着します。約20分弱のSTRAで下車し、バス通りをそのままバスの進行方向に約10分歩くと、左手に建物の入口があります。バスは約30分ごとの運行。切符は運転手から購入。（バルセロナ '12）
※ここで紹介したヴィッラへは、パドヴァやヴェネツィアからACTV社の53番のバスでも行ける。切符は事前にキオスクなどで購入のこと。['16]

ヴェネツィアとパドヴァを結ぶブレンタ運河は、ローマ時代からの歴史をもち、ふたつの都市間の交通手段として、また、16世紀から18世紀にかけて船遊びの場として愛されてきた。ゴルドーニやバイロンも好んで訪れ、心地よい川遊びの様子を謳っている。運河の周囲には、ヴェネツィア共和国の繁栄の下、豪奢で豊かな人々の生活をしのばせるヴィッラが点在している。

ヴィッラ・ピサーニ
Villa Pisani

祝祭の間、天井には『学問と芸術に取り囲まれたピサーニ家の栄光』がある

11ヘクタールの広大な土地にヴェネツィアで成功を収めたピサーニ家がその力を誇示するために建てた物で、114室を有する最大のヴィッラ。建設が始まった1735年はアルベージ・ピサーノがヴェネツィア総督に選出された時代であり、ピサーニ家の絶頂期でもある。運河が大きく蛇行する川べりに建つこのヴィッラはパッラーディアン様式の二階建てで、正面には8本のコリント様式の柱の上に大きな三角形のティンパヌム、その上には彫像が乗っている。

このヴィッラで一番の見どころであり、一番重要な広間はティエポロの豊かなフレスコ画で飾られた広い祝祭の間Salone delle feste（舞踏の間Salone da ballo）だ。ピエトロ・ヴィスコンティ設計のこの広間はオーケストラが陣取る黄金の華麗なバルコニーを配し、明るく、輝くような豪華さに包まれている。天井は廊下の2倍の高さを有し、ティエポロが1760年から1762年にかけて作成したフレスコ画『学問と芸術に取り囲まれたピサーニ家の栄光』Gloria della Famiglia Pisani attorniata dale Arti e dale Scienzeが描かれている。巧みな遠近法と明るい色彩を用い窓からの光を受けて、まるで現実の空へ続くかのような躍動感を感じられる。

2008年にイタリアで最も美しい庭に選ばれた庭園はパドヴァの建築家によりヴィッラの建築以前に設計された。一年中花々が咲き誇り、優雅に流れるブレンタ川を眺められるよう設計された庭には生垣でできた迷路もある。

ヴィッラ・ピサーニ

ヴィッラ・フォスカリ
Villa Foscari

ヴィッラ・フォスカリ

　ここがラ・マルコンテンタLa Malcontenta(不満のご婦人)と呼ばれる由来は、たくさんの愛人を作りフォスカリ氏の怒りを買った夫人がここに居を強いられご機嫌が悪かったから。1555年にA.パッラーディオが建設した彼の傑作のひとつ。

　3階建ての1階は台所、歴史をしのばせる2階は大きなサロンを囲うようにオーロラの間、バッカスの間、半神獣の間、ジャイアンツの間の4部屋からなっている。それぞれの間は名前どおりのフレスコ画で飾られ、オーロラの間の画のなか、扉から入ろうとしている女性が伝説の夫人「ラ・マルコンテンタ」といわれている。

ヴィッラ・ヴィッドマン
Villa Widmann

ヴィッラ・ヴィッドマン

　運河に面したヴィッラは質素な印象を受けるが、内部および裏に続く庭園は当時の伸びやかな雰囲気がそのままに残りすばらしい。1719年にアンドレア・ティラーニがセリマン家のために建築したが、その後オーストリアの絨毯商のヴィッドマンが1740年にこのヴィッラを購入、そして彼好みのロココ調に改造した。

　入ってすぐの舞踏の間は化粧漆喰で縁取られジュゼッペ・アンジェリの優雅なフレスコ画が描かれている。だまし絵の手法を取り入れたフレスコ画の主題は「ヴィッドマン一族の栄光」、「エレナの掠奪」だ。

■ヴィッラ・フォスカリ
Villa Foscari
(別名ヴィッラ・マルコンテンタVilla Malcontenta)
住 Via dei Turisti 9, Mira
☎ 041-5470012
開 5/1〜10/31
火土のみ　9:00〜12:00
料 €10

オーロラの間のフレスコ画

■ヴィッラ・ヴィッドマン
Villa Widmann
住 Via Nazionale 420, Mira Porte
☎ 041-5600690
開 10:00〜13:00
　 13:30〜16:30
休 月、祝
料 €5.50

庭園の彫像

イル・ブルキェッロツアー　Il Burchiello

　バスと船を乗り継いで、ブレンタ運河を巡り、周囲に点在するヴィッラを訪ねるツアー。3月中旬〜10月末のみ運行され、火曜・金曜・日曜はパドヴァ発でヴィッラ・フォスカリ、ヴィッラ・ピサーニ、ヴィッラ・ヴィッドマンなどを訪ねる。火曜・木曜・土曜はヴェネツィア発で見学場所は同様。乗客の顔ぶれにより、伊・英・独・仏語などでのガイドがある。

　料金は1日ツアーで€99、6〜17歳€55。半日ツアー€65。昼食€22〜29。ヴェネツィア出発の場合は、昼食時の船着場周辺にはバールなどがないので、昼食付きがベターかも。このほか、ツアーは各種あり。

　予約は、必ず前々日までに。ヴェネツィアやパドヴァの旅行会社なら、どの旅行社でもO.K.だし、ホテルでも手配してくれる。予約の際には、全額を支払って、クーポンをもらい、それをガイドに提示して乗船する。

　1日ツアーの場合は出発時間(8時〜9時頃)が早いので、集合時間と場所を予約の際によく確認すること。ヴェネツィア出発はパドヴァ、パドヴァ出発はヴ

ェネツィアでの解散(夕方6時〜7時頃)になる。船からバスへの乗り換え時には、大きな荷物はじゃまになるので注意。

　(訪問ヴィッラ、ルートはその日の天候などによって変更される場合もある。)
ネットからの予約は URL www.booking-on-line.com
ツアーの詳細は URL www.ilburchiello.it
URL www.battellidelbrenta.it
上記2社は同グループで、ほぼツアーは同じ。
(住 Via Porciglia 34, PADOVA ☎ 049-8760233)

　このほか、Delta Tour (住 Via Toscana 2/2, Padova ☎ 049-8700232 URL www.deltatour.it)でも催行。　　　　　　　　　　['16]

水門が開くのを待つ

🏛 世界遺産
ヴィチェンツァ市街とヴェネト州のパッラーディオのヴィラ
登録年1994/1996年
文化遺産

ヴィチェンツァへの行き方

🚃 電車で

● ヴェネツィアから
S.L.駅
　鉄道fs FRECCIABIANCA
　　　　　……43分
▼ RV　……45分
▼ R　……1時間15分
ヴィチェンツァ

● ヴェローナから
　鉄道fs FRECCIABIANCA
　　　　　……24分
▼ RV　……39分
▼ R　……54分
ヴィチェンツァ

■ ヴィチェンツァの ℹ

🏠 Piazza Matteotti 12
☎ 0444-320854
🕐 9:00～13:30
　 14:00～17:30
🗺 P.299 A2

✉ ガッレリア・ディタリア美術館
ヴィチェンツァ
Galleria d'Italia Vicenza
　イタリア最大手の銀行の所有する美術品を展示する美術館。室内はスタッコ装飾やフレスコ画で天井まで優雅に飾られ、宮殿の趣。ティエポロ、カナレット、グアルディ、ロンギなどのすばらしい絵画とロシア以外では世界最大のロシア・イコンのコレクションを展示しています。　　（長野一隆　'14）
🏠 Contra' S.Corona 25
☎ 800-578875
🕐 10:00～18:00
休 🈷、一部の㊗
料 €5
🗺 P.299 A1・2

ヴィチェンツァ 🏛 世界遺産

P.15 B3
Vicenza

パッラーディオの夢の詰まった華麗な町

　パッラーディオの町ヴィチェンツァは、町の小道に面して華麗な館が昔のままの姿をとどめ、イタリアでも屈指の美しい町である。豊かな色使い、静かな小道、ヴェネト地方の家並み……町

パッラーディオ設計のバジリカが目立つヴィチェンツァの町

はどこも絵画的な美しさで彩られている。
　町の歴史は、自治都市の時代を経て、ヴェローナ、パドヴァに勝利しながらも、1404年には、ヴェネツィアの支配下におかれた。
　16世紀に始まった建築上の革新は、この町でパッラーディオの手によって花咲き、今やヴィチェンツァは"パッラーディオの町"という呼称をもっている。
　さて、この町の建物の建築様式の移り変わりを簡単に追ってみる（下記コラム参照）と、初期においては、ヴェネツィアン・ゴシック様式、1400年代のヴェネツィアおよびエミリア・ルネッサンス様式と続き、1500年代にアンドレア・パッラーディオ（1508～80）の登場となる。パッラーディオは、古典様式を取り入れながらも、革新的かつ光あふれるパッラーディアン様式という建築様式を完成させ、この町のみならずヨーロッパ各地の建築に大きな影響を与えた。
　このパッラーディアン様式の典型が、バジリカ、キエリカーティ宮、オリンピコ劇場などに見られる。パッラーディアン様式は、パッラーディオの死後（1580年ヴィチェンツァで死去）、ヴィンチェンツォ・スカモッツィなどに引き継がれ、1800年代まで続いた。

パッラーディオの足跡を訪ねて
アンドレア・パッラーディオ大通り　Corso Andrea Palladio　　*column*

　ヴィチェンツァの町を東から西へ横切る大通り。商店の間を、14～18世紀の建物や教会が建ち並び興味深い。町の城門前にある、カステッロ広場から歩き始めよう。
　No.13（13番地以下同）大きなボニン・ティエーネ邸。パッラーディオが建築を始め、弟子のV.スカモッツィが完成。
　No.45、1440年代末のルネッサンス様式のカプラ邸。No.47、15世紀のヴェネツィアン・ゴシック様式のティエネ邸サンタ・コローナ。No.67、15世

紀のヴェネツィアン・ゴシック様式のエレガントなブラスキ邸。No.98、柱廊のあるコムーネ邸でスカモッツィの傑作。美しい中庭をもつ。No.147、ダ・スキオ宮は黄金宮殿 "Ca d' Oro" とも呼ばれ、14～15世紀のヴェネツィアン・ゴシック様式建築の宝石。左側には、新古典様式のサンタ・マリア教会。No.165～167、パッラーディオの家とも呼ばれている。これらの家の正面は、パッラーディオが1560～70年に付加したもの。

ヴェネツィアの2本の柱が立つ
シニョーリ広場

おもな見どころ

町の中心広場

MAP P.299 B2

シニョーリ広場
Piazza dei Signori ★

ピアッツァ・デイ・シニョーリ

　調和の取れた、町の記念碑の中心にある広場。南側には、パッラーディオの大傑作バジリカ。その脇には、ほっそりとしながらも大胆な82mの**広場の塔**Torre di Piazza（12〜15世紀）が建つ。広場の奥には、ヴェネツィアの2本柱が建ち、一方には、聖マルコの獅子像（1473年）が乗り、もう片方にはレデントーレが乗る。

　北側には、**カピタニアートのロッジア**Loggia dei Capitaniato（ヴェネツィア共和国総督官邸）がある。3つのアーチが連なり、漆喰で化粧された物でパッラーディオの作品（1571年）。これに面して、1500年代のモンテ・ディ・ピエタ宮がある。

バジリカと広場の塔

■シニョーリ広場の❶
住 Piazza dei Signori 8
☎ 0444-544122
地 P.299 B1・2
※'16年1月現在、休止中

バスの切符
■1枚€1.30（90分有効）
鉄道駅からマッテオッティ広場まではバス1、2、5、7番で。徒歩で10〜15分程度。

ヴェネト州

ヴィチェンツァ

ヴィチェンツァ
Vicenza

299

NAVIGATOR

駅は町の南側、中心街へは徒歩で10分ほどだ。小さな町でもあり、徒歩で十分。駅を出たら、正面の緑の木立の続く通りを進もう。左正面に公園、右側に見える城門が旧市街への入口だ。ここから続く町一番の目抜き通りのA.パッラーディオ大通りの左右に見どころが点在している。シニョーリ広場からオリンピコ劇場やキエリカーティ宮のあるマッテオッティ広場へと進もう。本文で取り上げた、バジリカやキエリカーティ宮以外の多くのパッラーディオの建築物は、今もオフィスなどに利用されているので、外からのみの見学。予定に合わせて、じっくり、あるいは素早く見学しよう。パッラーディアン様式の建物は、A.パッラーディオ大通り、コントラ・ポルティ通りContrà Portìに集中している。

■バジリカ
住 Piazza dei Signori
☎ 0444-323681
開 催事のみの開館
※入口はシニョーリ広場の❶の対面あたり。

■絵画館
住 Piazza Matteotti 37/39
☎ 0444-222811
開 冬季10:00～17:00
　 夏季10:00～18:00
休 ⑨、1/1、12/25
料 €5、共通券€15

✉ ヴィチェンツァの絶景ポイント
ヴィッラ・ヴァルマラーナ・アイ・ナーニの前の道を少し進むとY字路があり、右の石畳の道Via G.Battista Tiepoloを突き当りまで行き右折すると、すぐにアルプスを背景にしたヴィチェンツァ市街を一望する絶景ポイントに出ます。そのまま進み長い階段を下るとP.299の地図記号2の右横の道Viale Risorgimento Nazionaleに出ます。ゆっくり歩いて30分ほどです。　（森本喜晴　'15）

パッラーディオの代表建築　　　　　MAP P.299 B1・2

バジリカ ★★
Basilica
バジリカ

青銅色の屋根の下に、輝くような大理石の柱が並ぶ町最大の建築物。バジリカとは「聖堂」の意味だが、中世の北イタリアでは、裁判所や集会所を指した。ルネッサンス期にもとからあったバジリカの改修のためにコンペが行われ、ジュリオ・ロマーノらの案を廃し、ローマで古代建築を学んで帰郷したばかりのパッラーディオが選ばれ、彼の技量を世に知らしめた最初の傑作といわれている。

かつての「バジリカ」を内包した建築物

　1617年の完成までに約60年の歳月がかけられた。1・2階には高い天井のロッジアが配され、二重の柱が支えるアーチと丸窓や手すりが連続する、優雅で軽やかな空間が広がる。2階の広大な「審議の間」Sala del Consiglioは幅52m、高さ25mを誇り、竜骨構造の天井が乗る。2007年からの修復が終了し、2012年10月に再オープン。

パッラーディオによる堂々たる邸宅　　　MAP P.299 A2

キエリカーティ宮 ★★
Pinacoteca Civica di Palazzo Chiericati
ピナコテーカ・チヴィカ・ディ・パラッツォ・キエリカーティ

　1、2階には荘厳な柱が並び、その上にいくつもの彫像が乗る姿はバジリカによく似ているが、より軽やかで優雅な面持ちの邸宅。1550年頃に建てられ、パッラーディオ初期の傑作とされ、内部に1855年から市立絵画館がおかれている。内部の構造や装飾なども当時のまま残されているので、パッラーディオの建築様式や時代性を知ることができる場だ。優美なフレスコ画やスタッコ装飾にも目を留めよう。13～18世紀の彫刻や絵画が中心で、時代別に3つのセクションに分けて展示されている。時代順に見逃せない物を挙げると、絵画館の宝であるパオロ・ヴェネツィアーノの『多翼祭壇画』Il Polittico、ハンス・メムリングの『キリスト磔刑』Crociffisione。ヴィチェンツァの芸術家の粋を集めた『サン・バルトロメオ教会の祭壇』Monumentali pale d' altare della chiesa di San Bartolomeo、バッサーノ（ヤコポ・ダル・ポンテ）の『聖母と聖人に跪くヴィチェンツァの統治者たち』I Rettori di Vicenza Silvano Cappello e Giovanni Moro iginocchiati dinnanzi alla Madonna in trono tra I santi Marco e Vicenzo。ヴァン・ダイク『4世代の男』Le Quattrio età dell'Uomo、ルーカ・ジョルダーノ『カナの結婚』Nozze di Cana、ティエポロ『無原罪の御宿り』Immacolata Concezione など。

パッラーディオ設計のキエリカーティ宮

天才の偉業を一堂に集めた　　　　　　　MAP P.299 A1

パッラーディオ博物館 ★
Museo Palladiano
ムゼオ・パッラディアーノ

映像が使われた展示方法

町の中心近く、パッラーディオが都市型の住居として手がけた豪壮なバルバラン宮Palazzo Barbaranにある。パッラーディオ博物館はこの邸宅の一角を占め、彼の生涯や手がけた建築物の設計図、模型などが展示され、彼の建築哲学やその流麗な様式を知ることができる。また、マルチガイドにより、世界中に点在している彼の様式を踏まえた建築物を映像で見ることができるのも楽しい。

古代の夢を誘う　　　　　　　　　　　MAP P.299 A2

オリンピコ劇場 ★
Teatro Olimpico
テアトロ・オリンピコ

パッラーディオ最後（1580年）の作品で、スカモッツィによって、1584年に完成された。木と漆喰で造られ、その形は古代の古典劇場のよう。舞台を囲んで、楕円に広がる階段席。その上には彫像。舞台は、遠近法を巧みに利用して、奥行きの深さを錯覚させる。舞台正面の門の奥には大通り、さらにその左右に路地が続き、天井の青空が高さと荘厳さを感じさせる。

これは、古代エジプトのテーベの町の様子で、スカモッツィのデザイン。舞台の下には、オーケストラボックスがある。舞台の上には、ギリシア式の円柱が乗り、また階段座席の柱の上には、28体の彫像、そして、その下の柱の間をも23体の彫像が飾っている。現在も1600年代のオペラを中心に上演される現役の劇場だ。

古い趣のある庭園から内部に入ると、オペラが流れる室内は、肖像画や舞台衣装など、舞台にまつわる小さな品々が飾られて、当時の雰囲気に浸れる。

オリンピコ劇場内部

■パッラーディオ博物館
住 Contra' Porti 11
☎ 0444-323014
開 10:00〜18:00
休 ㊊
料 €6（特別展の場合€10）、共通券€15

バジリカ近くのパッラーディオ像

お得な共通入場券
ビリエット・ウニコ
- ヴィチェンツァ・カード
Biglietto Unico
-Vicenza Card
料 €15
　オリンピコ劇場、キエリカーティ絵画館、考古学博物館、パッラーディオ博物館、サンタ・コローナ教会などに共通。7日間有効。
◆共通入場券はオリンピコ劇場の窓口で販売。

■オリンピコ劇場
住 Piazza Matteotti
☎ 0444-222800
開 9:00〜17:00
休 ㊊、1/1、12/25
料 €11、共通券€15

遠近法を使った舞台

郊外にパッラーディオの傑作『ラ・ロトンダ』を訪ねる

パッラーディオの傑作『ラ・ロトンダ』

パッラーディオのヴィッラのなかでも一番有名な物。1550年にパッラーディオが建築に着手し、1600年に入って弟子のスカモッツィが完成させた。パッラーディアン様式の特徴が外部、内部ともに見られる。
■Villa Capra Valmarana"La Rotonda"
開 2月の最終㊏〜11月の第2㊐　10:00〜12:00、15:00〜18:00
　内部は㊌㊏のみ　※㊐を中心とした特別公開（外観・内部）あり。
　詳細はURL www.villarotonda.it
休 ㊐、1/1、12/25　料 €5（庭園のみ）　€10（庭園および内部）
交 ヴィチェンツァ駅よりバス8番で、10〜15分
※冬季は予約Fax 049-8791380で外観のみ見学可能

ヴェネト州

ヴィチェンツァ

301

左欄（サイドバー）

■ドゥオーモ
住 Piazza del Duomo
開 10:30～11:45
　 15:30～18:00
　 (日)(祝)15:30～17:15
　 18:00～19:15

✉ ラ・ロトンダから
　 足を延ばして
駅前からバス8番でラ・ロトンダと同じバス停Riviera Bericaで下車します。ラ・ロトンダへ行く道を進み、手前の階段を上って真っすぐ進むとヴィッラ・ヴァルマラーナ・アイ・ナーニVilla Valmarana ai Naniに着きます。
住 Via S. Vastian 12
☎ 0444-1543976
開 ～2016年3/6
　　　　10:00～12:30
　　　　14:00～16:00
　 2016年3/8～
　　　　10:00～12:30
　　　　15:00～18:00
　 (土)(日)(祝)10:00～18:00
休 (月)、一部の(祝)
料 €10、学生€7
邸内の壁面一面にはG.B.ティエポロと息子のG.D.ティエポロのフレスコ画が描かれています。緑の庭園も広がり、いにしえの優雅なヴィッラの雰囲気を満喫できます。
（神奈川県　10月の旅人）[16]

■サンタ・コローナ教会
開 9:00～12:00
　 15:00～18:00
休 (月)　料 €3、共通券€15

サンタ・コローナ教会

■サン・ロレンツォ教会
開 7:00～12:00
　 15:30(夏季16:00)～19:00

サン・ロレンツォ教会

本文

異なる時代様式が溶け合う美しい教会　　MAP P.299 B1

▶ドゥオーモ
Duomo
ドゥオーモ

第2次世界大戦で被害を受けたが、現在の形は11～16世紀に建てられた物。ゴシック様式の美しい正面は、色とりどりの大理石と飾りアーチで装飾されている。エレガントな後陣は、ルネッサンス様式。付属の鐘楼は、ローマ時代の基礎の上にロマネスク様式（11世紀）で建てられた。

内部は、ゴシック様式で、広い1身廊。屋根は交差ヴォールト。礼拝堂および聖堂内陣は、フレスコ画で飾られている。右側の第3祭壇のマッフェイの『三位一体』Trinitàは必見。

さまざまな様式の混合、ドゥオーモ

ベッリーニの傑作が飾る　　MAP P.299 A2

▶サンタ・コローナ教会 ★★
Santa Corona
サンタ・コローナ

傑作『イエスの洗礼』

ドメニコ派の教会。1261年に建築が始まり、大理石造りの壮大な入口とエレガントな鐘楼をもつ。内部は、ゴシック様式の3身廊。聖堂内陣はルネッサンス様式の上に増築された、ロレンツォ・ダ・ボローニャの作と思われる。右側、第3祭壇には、ヴェロネーゼの『東方三博士の礼拝』Adorazione dei Magiがある。内陣席は、15世紀の寄せ木細工。身廊左側の美しい建築様式の第5祭壇には、ジョヴァンニ・ベッリーニの傑作である『イエスの洗礼』Battesimo di Gesùがある。

エレガントなゴシック空間

テラコッタで包まれる　　MAP P.299 A1

▶サン・ロレンツォ教会 ★
San Lorenzo
サン・ロレンツォ

フランチェスコ派の壮大な教会で、テラコッタで覆われたゴシック様式（13世紀）。正面の大扉には、14世紀の装飾豊かな彫刻が施され、脇には墓石のアーチがある。

内部には、円柱と14～16世紀の墓が並び、翼廊右側の祭壇のレリーフは有名だ。後陣左側の礼拝堂のフレスコ画はモンターニャ作。回廊付き中庭は、1400年代の物。

🍴 RISTORANTE　　ヴィチェンツァのレストラン

❌ アリ・スキオッピ
Agli Schioppi　　**P.299 B1**

19世紀の館を昔ながらに装飾した一風変わった店内もおもしろい。季節感と土地の味わいを大切にした料理が味わえる。お店のおすすめはポルチーニ茸とベックの温サラダInsalatina Tiepida di Porcini e Speckや土地産のトリフのパスタTagliolini al Tartufo dei Colli Bericiなど。

できれば予約

🏠 Contrà Piazza del Castello 26/28
☎ 0444-543701
🕐 12:00～14:00、19:00～22:00
休 ⑬夜、⑭、6～8月の約1ヵ月
予 €27～45(コペルト€3)
C A.D.M.V.

🔶 ポンテ・デッレ・ベレ
Ponte delle Bele　　**P.299 B1**

サルヴィ公園の近くに位置する、チロルの山小屋風のインテリアのトラットリア。郷土料理が中心で、お店のおすすめは、バッカラ(干ダラ)のクロスティーニCrostini di BaccalàやビゴリのラグーあえBigoli al raguなど。

🏠 Contrà Ponte delle Bele 5
☎ 0444-320647
🕐 12:00～14:15、19:15～22:15
休 ⑬、8/8～8/25、7、8月の⑯
予 €24～44(コペルト€2)、定食€28、35
C A.D.J.M.V.

🔶 アル・ペステッロ
Al Pestello　　**P.299 A1・2**

オリンピコ劇場の近く、観光の途中に立ち寄るのにも最適。サラミの一種のブレサオラBresaolaのグラッパ風味やソバ粉のパスタ=ビゴリBigoliなどのヴィチェンツァ料理が味わえる。夏はテラス席での食事も楽しい。

🏠 Contrà Santo Stefano 3
☎ 0444-323721
🕐 12:15～14:00、19:15～22:00
休 ⑬昼、⑭
予 €25～48(コペルト€2)、定食€55
C M.V.

🏨 HOTEL　　ヴィチェンツァのホテル

★★★★ カンポ・マルツィオ
Hotel Campo Marzio　　**P.299 B1**

駅から町へと続く大通りに面し、周囲には公園が広がる。内部は明るくモダンな雰囲気。客室は、ビジネスマン向けの物から女性好みのロマンティックな部屋、設備が充実した広々としたスタイリッシュな部屋までさまざま。駐車場無料。

読者割引 ローシーズンの週末5%

Low 1～3月、7、8月、11/1～12/30
URL www.hotelcampomarzio.com
🏠 Viale Roma 21
☎ 0444-545700　Fax 0444-320495
SS €70/95　TS TB €120/155
室 35室　朝食込み W-F
C A.M.V.
交 駅の北側、公園の端にある

★★★ クリスティーナ
Hotel Cristina　　**P.299 B1**

規模は小さいながら、落ち着いた雰囲気の家族経営のホテル。清潔で居心地がよく、旅の疲れを取るにはぴったり。中心街や駅へも徒歩圏。無料貸し自転車のサービスあり。

読者割引 2泊以上で10%
URL www.hotelcristinavicenza.it

🏠 Corso S. Felice 32
☎ 0444-323751
Fax 0444-543656
SS €75/110　TS TB €95/160
3B €180　室 33室　朝食込み W-F
休 12/24～1/6頃　C A.D.J.M.V.
交 サルビ公園Giardino Salvi西、駅から500m

★★★ キー・ホテル
Key Hotel　　**P.299 B2**

スタディアムStadioの前に位置する。オリンピコ劇場から徒歩10分程度。ホテル・コンチネンタルが名称変更。客室はモダンで明るく、快適。テラスからは町並みを望むことができる。

High 4～7、9～11月

URL www.key-hotel.it
🏠 Viale G. G. Trissino 89
☎ 0444-505476
Fax 0444-513319
SS €59/179　TB €62/189
室 56室　ビュッフェの朝食込み W-F
交 駅からはバス3、15番で

★★ ドゥエ・モーリ
Hotel Due Mori　　**P.299 B1**

町の中心にあり2つ星ホテルとしては部屋、雰囲気ともによいと読者に好評。同場所にグレードアップした同経営のホテルもオープン。

URL www.hotelduemori.com
🏠 Contrà Do Rode 24/26

☎ 0444-321886
Fax 0444-326127
SS €53
T €65　TS €90
室 30室　朝食€7 W-F
休 7/23～8/15
交 シニョーリ広場西側

※ヴィチェンツァの滞在税　YH €0.50、B&B €2、その他は1泊料金で区分け、～€15 €1、€15.01～25 €1.50、€25.01～70 €2、€80～ €2、€70.01～130 €2.50、€130～ €3　14歳以下免除

P.15 B3

バッサーノ・デル・グラッパ

Bassano del Grappa

ポルティコに飾られたグラッパ山麓の古都

バッサーノ・デル・グラッパへの行き方

🚃 電車で

●ヴェネツィアから
S.L.駅
　　鉄道fs R
　　　…1時間11分～1時間18分
バッサーノ

●パドヴァから
　　鉄道fs R(Castelfranco
　　乗り換え、直通あり)
　　　………約1時間
バッサーノ

🚌 バスで

●ヴィチェンツァから
↓　F.T.V.社…約1時間
バッサーノ
※約1時間ごとの運行

●パドヴァから
　　CTM社
　　　………1時間
バッサーノ
※約30分ごとの運行
バスは㊏㊐㊗はかなりの減便となる

プルマンの時刻表
FTV社
URL www.ftv.vi.it

■バッサーノの🅸IAT
🏠 Piazza Garibaldi 34
☎ 0424-519917
🕐 9:00～13:00
　14:00～18:00
🈲 1/1、復活祭の㊐、12/25
🗺 P.305 B2

■市立博物館
🏠 Piazza Garibaldi
☎ 0424-522235
🕐 9:00～19:00
　(㊐㊗)10:30～13:00
　　　15:00～18:00
🈲 ㊐、1/1、復活祭の㊐、12/25
💰 €5(ストゥルム邸との共通券€7)

NAVIGATOR

町の中心はガリバルディ広場付近だが、古都の面影を深く残すのは、マルティーリ大通りからポンテ・ヴェッキオ(コペルト橋)へ抜ける界隈。特にブレンタ川沿いの通りから眺める、コペルト橋とその周辺の風景は、まるで1枚の絵のようだ。古い家々の窓辺を飾る赤いゼラニウムの花と遠くにはグラッパ山などの山並み。右側には、ドゥオーモの尖塔。絶好のカメラアングルでもある。ヴォティヴォ教会前から続くヴィットリア橋からの眺めもよい。
市立博物館にあるヤコポ・ダ・ポンテJacopo da Ponteの傑作を見学して、コペルト橋西側の陶器店を冷やかしても半日もあれば十分な町だ。

バッサーノは、特徴のあるポルティコ(柱廊)で飾られた町で、ルネッサンス期とヴェネツィアン・バロック様式の建築群が旅人の目を楽しませてくれる。ある家の正面には、美しい絵が描かれ、赤い屋根の家の窓には花々が咲き競う。屋根付きの橋のポンテ・ヴェッキオ周辺の美しさはひときわ印象的だ。

グラッパ山とバッサーノ・デル・グラッパの町

近郊の農家の特産品は、アスパラガスで、5月には、アスパラガスの市が立つ。17世紀に源を発する彩色陶器(グラッパ焼)も有名だ。町のいたるところにグラッパ焼の陶器屋が目につく。アンティーク調の家具や鋳鉄製品も名高い。イタリア産のリキュール、グラッパGrappa酒もこの地の名産。家具・陶器市は、7月中旬～9月にボナグロ宮Pal. Bonaguroで開催される。

おもな見どころ

バッサーノの傑作が充実

MAP P.305 B2

市立博物館とサン・フランチェスコ教会 ★★

Museo Civico / San Francesco　ムゼオ・チヴィコ／サン・フランチェスコ

市立博物館

42mもの高さを誇る町の塔Torre Civicaが見下ろす、美しいガリバルディ広場の東に14世紀初頭のエレガントな柱廊式玄関が正面を飾るサン・フランチェスコ教会がある。内部には14世紀のフレスコ画が残り、後陣の彩色十字架は14世紀のグルリエント作。教会脇の入口を抜けると、かつての付属修道院の17世紀の美しいキオストロ(回廊)が広がり、ここに博物館がおかれている。

1828年に開館し、ヴェネト州で最古の博物館。町の名前を取ってバッサーノと呼ばれたヤコポ・デル・ポンテJacopo del Ponteとその一派の豊富な収集品を誇る。

キオストロには石碑などが展示され、2階の絵画館は広いスペースに多大なコレクションが並ぶ。13～20世紀のヴェネトおよびイタリア絵画が中心。とりわけ広い展示室がバッサーノに充てられている。『エジプ

バッサーノの作品が見事

トへの逃避『Fuga in Egitto、『聖ヴァレンティーノの聖ルチッラへの洗礼』S. Valentino battezza S. Lucilla、『聖マルティーノの愛徳』Carità di Martinoなどが必見。

また、カノーヴァをはじめとするネオクラシックの彫刻家たちに広いスペースが取られ、デッサン、粗型、石膏と続く一連の彫刻作業を知ることができるのも楽しい。

MAP P.305 B1・2

ロッジアが飾る広場

リベルタ広場
Piazza della Libertà
ピアッツァ・デッラ・リベルタ ☆

北側には15世紀のロッジア（回廊）、裏手には18世紀の市庁舎と13世紀に着手されたものの18世紀に完成されたサン・ジョヴァンニ・バッティスタ教会が周囲を取り巻く、風情ある広場。隣接するガリバルディ広場とともに町の中心だ。

屋台が立つ広場

■サン・フランチェスコ教会
圖 8:00～12:00
　　16:00～18:00

✉ ヴィチェンツァから
ヴィチェンツァ駅そばのバスターミナルからプルマンで約1時間（切符はバスターミナル内の窓口で。行きに往復分の切符購入が便利）。終点の駅前下車が、見どころへも近い。落ち着いた美しい町で、12月にはクリスマスマーケットもオープン。

グラッパ博物館はバールの地下にある、第1次世界大戦のこの地の歴史博物館。バールの人にあいさつして、見学（無料）。お酒のグラッパについて知りたいなら、橋の反対側（東）には1779年の創業当時からの歴史を刻むナルディーニ社のグラッペリアがあり、そこから少し坂を上るとポーリ社の販売所兼ミニ博物館がある。ポーリ社では日本語のビデオ上映もある。簡単に知識を得られるのがうれしい。試飲しておみやげに購入するのもいいし、グラッペリアではゆっくりと味わうことができる。
（東京都　C&M '12）

バッサーノ・デル・グラッパ
Bassano del Grappa

左サイドバー

■グラッパ博物館
Museo della Grappa
Museo degli Alpini
住 Ponte Vecchio
開 9:00～19:30
料 無料
地 P.305 A1

■ポーリ・グラッパ博物館
Poli Museo della Grappa
住 Via Gamba 6
☎ 0424-524426
開 9:00～12:30
　　14:00～19:00
休 1/1、復活祭の㊐、12/25
料 無料
URL www.grappa.com
※ポーリ社のショールーム兼
　博物館。試飲€1～。日本
　語のDVD視聴あり

■ストゥルム邸／陶器博物館
住 Via Ferracina
☎ 0424-524933
開 9:00～13:00
　　15:00～18:00
　　㊏㊐10:30～13:00
　　　　15:00～18:00
休 ㊊、1/1、復活祭の㊐、12/25
料 €5

「栄光の間」

メイン欄

パッラーディオの設計による　　　　　　　　　　　MAP P.305 A1

ポンテ・ヴェッキオ（コペルト橋） ★★
Ponte Vecchio(Coperto)
ポンテ・ヴェッキオ（コペルト）

ブレンタ川に架かる木製の屋根付き(Copertoとは覆いのある、屋根付きとかの意味)の橋。橋は何度か、架け替えられており、第2次世界大戦後の1948年に架け直され今にいたる。橋のたもとには、第1次世界大戦の当地での様子などを展示したアルピーニ博物館（グラッパ博物館）がある。

歌にも登場するヴェッキオ橋
（ポンテ・コペルト）

陶器ファン必見　　　　　　　　　　　　　　　　MAP P.305 B1

ストゥルム邸 ★
Palazzo Strum
パラッツォ・ストゥルム

ブレンタ川を見下ろすテラスが広がる、18世紀の貴族の邸宅にある美術館。展示室のひとつである「栄光の間」Salone d'Onoreは美しいフレスコ画とエレガントなロココ様式のスタッコ装飾で飾られており、邸宅全体に優雅な空間が広がる。

1階には18世紀の印刷技術を伝えるレモンディーニ博物館Museo Remondiniが小さな一角を占め、2階には当地バッサーノをはじめ、イタリア、ヨーロッパの18～20世紀の陶器を展示。季節や時代を感じさせる愛らしいバッサーノの陶器から気品あるヨーロッパの名陶ものまで並び、地下にはおもに現代陶器を展示している。

ヨーロッパの名陶品の数々

レストラン&ホテル欄

🍴🏨 **RISTORANTE HOTEL** 　バッサーノ・デル・グラッパのレストラン&ホテル

🍴 カルデリーノ
Cardellino dal 1861 　P.305 B1

リベルタ広場とストゥルム邸の間にありわかりやすい。この地方ならではのインテリアの店内で伝統的郷土料理が味わえる。スローフード協会の「イタリアのオステリア2012」に選ばれた1軒。

住 Via Bellavitis 17
☎ 0424-220144
営 12:00～14:00、18:45～22:00
休 ㊍
予 €25～35（コペルト€2.50）、定食€30、35
C A.D.J.M.V.

🍴 ダ・バウト
Da Bauto 　P.305 B2外

50年以上も続く家族経営の1軒。肉類の炭火焼きや初夏の季節には特産のアスパラガスがおすすめ。
できれば予約

住 Via Trozzetti 27
☎ 0424-34696
営 12:30～14:00、19:30～22:00
休 ㊐(4～5月、10～11月を除く)、7月 予 €35～65（コペルト€3.50）、定食€35、45、60 C A.M.V.

★★★ アル・カステッロ
Al Castello 　P.305 A1

ポンテ・ヴェッキオから約200m。古い町並みのなかに建つプチホテル。この土地ながらの太い梁の渡る天井をはじめ、土地の雰囲気もいっぱい。シングルは1室のみ。
読者割引 3泊で5%
High 4/1～10/30

URL www.hotelalcastello.it
住 Via Bonamigo 19
☎ 0424-228665
Fax 0424-228722
SS €45/60
TS TB €85/130
11室 朝食€6 W-F
C A.D.J.M.V.

★★★ ブレンネロ
Hotel Brennero 　P.305 A2

駅にも近く、鉄道利用者には便利。クラシックな雰囲気で心休まる、家族経営のホテル。駐車場も完備し、レンタカー利用者にもおすすめ。
読者割引 ローシーズンの3泊以上で10%

URL www.hotelbrennero.com
住 Via Torino 7
☎ 0424-228538
Fax 0424-227021
SS €40/50 TS TB €60/80
28室 朝食€6 W-F
C A.D.M.V.
交 駅から200m

※バッサーノ・デル・グラッパの滞在税　ホテル一律€1、ホテル以外€0.50

SS シャワー付きシングル料金 SB バス付きシングル料金 TS シャワー付きツイン料金 TB バス付きツイン料金

ドロミテ山塊

Dolomiti

ドロミテ山塊
登録年2009年　自然遺産

クローダ・ダ・ラーゴ Croda da Lago とベッコ・ディ・メッツォディ山 Becco di Mezzodi。Photo©Stefano Zardini

冬からカーニバルの繁忙期を終えると、初夏（7月上旬〜中旬頃）までプルマンをはじめロープウエイやリフトは再び休業に入る。一部のリフトが春スキーを楽しむ人のためにオープンする程度。この期間はあまり移動せずに楽しめるドロミテの旅を計画しよう。

5月頃から牧草地をタンポポやアネモネが埋め尽くし、遠目からも鮮やかな絨毯が一面に広がる。初夏に向かう6月末頃からは、山草が可憐な花を付け始め、アルペンローズのピンクが山を染め上げる頃には夏の到来だ。

春 Primavera

4月の終わりから5月、ドロミテの遅い春は雪解けを待ってやって来る。萌え始めた牧草地の緑と青い空の下の雪山が、緑と白の美しいコントラストを見せる。まだ、肌寒い日はあるものの、訪れる人の少ない遊歩道は静寂に包まれ、誰をも詩人にしてくれる。寒さと雪を避けて下界に下りていた馬や牛も牧草地に戻り、ゆっくりと草を食む姿が見られる。

コルティナの南側からの眺望、遊歩道を下ればすぐ。緩やかな丘にときにはパラグライダーが舞い降りる

ドロミテの

ラ・ストュアの夏の風景 Photo©D.G.Bandion

チンクェトッリからリフトで上がるアヴェラウ山小屋 Rifugio Averau（2416m）。おいしい料理と遠くにマルモラーダ山のパノラマが楽しめる

Estate 夏

ドロミテが最もにぎわうのが8月。リュックを背負い、ストックを手にトレッキングやハイキングに出かける登山姿が多い。初心者からベテラン向けまでのハイキングやトレッキングルートはよく整備され、番号でルートが示されている。詳細な地図はもちろんのこと、上級者ルートにはチェーンで体を結ぶフェッラータも含まれるので、ルートに合わせて装備を整えて出かけよう。山小屋では飲み物のほか、本格的な食事も楽しめるので、かなり身軽に出かけられるのもうれしい。歩くのが苦手なら、ロープウエイやリフトで山小屋まで上がり、張り出したテラスで刻一刻と表情を変えるドロミテの山々を眺めて過ごすのも一興だ。

華やかな民俗衣装の楽団が練り歩く「バンドの日」。この日は町のいたるところで音楽が奏でられる。スケジュールは URL www.corpomusicalecortina.it

ロッククライミングの人々が集うチンクエトッリ Cinque Torri(2361m)

Autunno 秋

　8月中頃にはそろそろ秋の気配が感じられ、足早に短い秋が訪れる。標高の高い場所やお天気によってはそろそろ暖炉に火がつけられる。プルマンをはじめリフトやロープウエイは、9月の第2日曜あたりを目安に夏の運行を終了させる。スキーシーズンまでは、山小屋やホテルも休業となる所が多い。この期間に旅行をする場合は、町にゆっくり滞在して周囲を散策することを計画するのがベターだ。大きく移動して観光をするなら、レンタカーやタクシーなどを予定しよう。
　唐松林が黄色に染まる頃には、落ち葉の下には秋の味覚「野生のキノコ」がかくれんぼ。町の人たちにとっては忙しい季節がひと段落して、「キノコ狩り」に繰り出すお楽しみのシーズンだ。ひととき静かな日々が訪れる秋を待ち望む人も少なくない。
　9月には、まれに初雪を見ることがあるものの、標高にもよるが一般的に雪が降り始めるのは11月になってから。その頃には町ではクリスマス・マーケットが開かれ、クリスマスのイルミネーションや飾り付けの準備が始まる。

四　季

　冬のドロミテがよりいっそうの華やかさを増すのは、スキーのハイシーズンとなるクリスマスからエピファニアの期間(12/24〜1/6頃)。ドロミテ1のリゾート地、コルティナ・ダンペッツォの目抜き通りのコルソ・イタリアでは、毛皮のロングコートをまとい優雅に散策する人々でにぎわう。スキーをしない人には、ホテルのサウナやエステでリラックスしたり、スキーなしで行ける山小屋を訪ねて雪景色を楽しむ人の姿がみられる。
　リフト券が共通のドロミテ・スーパー・スキー・エリア全域では、総滑走距離は1220kmにも及

クリスタッロ山(2932m)の途中にあるソン・フォルカ山小屋 Rifugio S.Forca。晴れた日には張り出したテラスでゆったり過ごすのが楽しい

ぶ広大なゲレンデが広がっている。
　町なかやゲレンデ近くにはスキースクール、レンタルショップなどがあり、手ぶらでスキーを楽しむことも可能だ。
　スキーツアーやオフピステを楽しみたいなら、スキースクールやアルペンガイドに尋ねてみよう。コースにあわせて送迎込みの料金が設定され、人数が揃えば経済的だ。
　スキーシーズンは11月末〜4月末。ほとんどのスキー場には人工降雪機もスタンバイしている。

雪化粧をした山々と冬のコルティナ遠望

冬 Inverno

ドロミテ山塊を歩く

黄金の盆地、コルティナの町と周囲の山々

ドロミテへの行き方

ドロミテへはまずボルツァーノを目指し、ドロミテでプルマンの時間を確認してプランニングした後、各町へ出発するのがベター。ボルツァーノからは各町へのプルマンが多く運行している。

鉄道fsは、ボルツァーノ→キウーザChiusa→ブレッサノーネ→フォルテッツァFortezza→ブルーニコ→ドッビアーコを運行。

🚆電車で
● ヴェローナから
ポルタ・ヌオーヴァ駅
 鉄道fs FRECCIARGENTO
 ······1時間29分
 EC ······1時間29分
 RV ······1時間40分
 R ······2時間13分
ボルツァーノ
● ボルツァーノから
↓鉄道fs R RV ···約40分
フォルテッツァFortezza
（乗り換え）
 鉄道fs R
 ······1時間15分
 （30分～に1便）
ドッビアーコ

西は、アディジェ川とその支流のイサルコ川、南西はブレンタ山塊、東はピアーヴェ川の谷、北はリエンツァ川に囲まれた地域をドロミテ山塊と呼ぶ。このドロミテの名は、18世紀に、この山塊の地質構成を研究したフランス人地質学者、ドロミューDolomieuの名前に由来するといわれる。そのため、これらの山塊を構成する石灰質の岩石をドロマイトと呼ぶ。

ドロミテ山塊の山々の姿は、垂直に切り立った一種異様な光景と独特な赤茶色の岩肌が非常に印象的だ。これは、ドロマイトの性質と浸食作用により生まれたものだという。

トレッキングが楽しい

ドロミテ街道

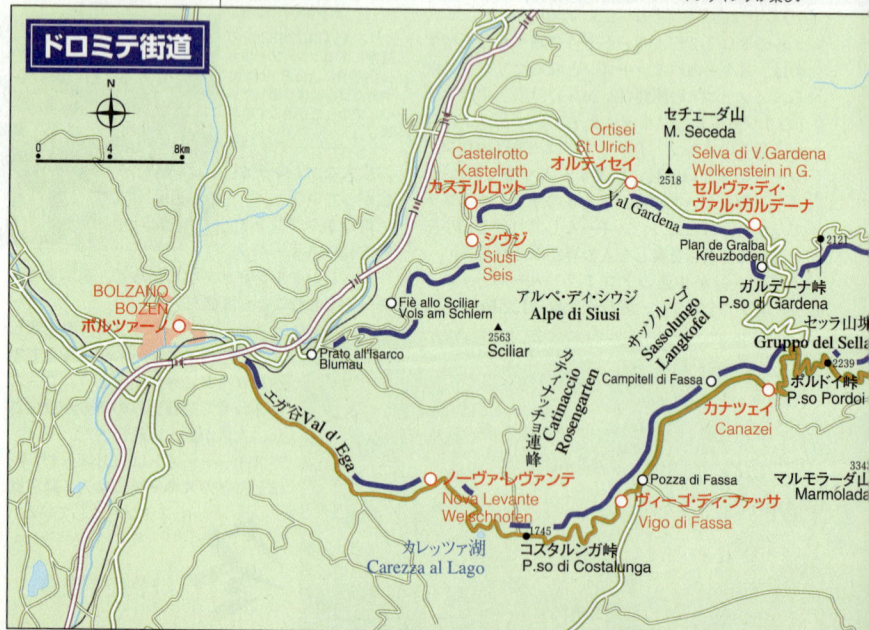

N

0 4 8km

セチェーダ山
M. Seceda

Ortisei
St. Ulrich
オルティセイ

Castelrotto
Kastelruth
カステルロット

2518

Selva di V.Gardena
Wolkenstein in G.
セルヴァ・ディ・
ヴァル・ガルデーナ

Val Gardena

シウジ
Siusi
Seis

Plan de Gralba
Kreuzboden

2121

BOLZANO
BOZEN
ボルツァーノ

Fiè allo Sciliar
Vols am Schiern

アルペ・ディ・シウジ
Alpe di Siusi

ガルデーナ峠
P.so di Gardena

Prato all'Isarco
Blumau

2563
Sciliar

サッソルンゴ
Sassolungo
Langkofel

セッラ山塊
Gruppo del Sella

2239

カティナッチョ連峰
Catinaccio
Rosengarten

Campitell di Fassa

ポルドイ峠
P.so Pordoi

カナツェイ
Canazei

ノーヴァ・レヴァンテ
Nova Levante
Welschnofen

Pozza di Fassa

ヴィーゴ・ディ・ファッサ
Vigo di Fassa

3341
マルモラーダ山
Marmólada

カレッツァ湖
Carezza al Lago

1745
コスタルンガ峠
P.so di Costalunga

🚌ドロミテ周遊 観光バスの旅

峠を走るバス

　ドロミテ周遊バスの運行は夏季のみで、曜日によりコースは異なる。2日以上前の予約および予約金が必要(参加者が少ないと中止になる場合もある)。

　コースは、巡るコースにより、大(Grande)、中(Medio)と分かれ、各週に1便くらいの運行になっている。ひとつが中止になっても、ほかの物に振り替えれば周遊はできる(年によりルート変更の場合あり)。

　また、ボルツァーノやドッビアーコなどから1日1ヵ所くらいを観光して回るのだったらSAD社などの路線バスでも行ける。ただし、便数は多くないので、目的地でトレッキングなどの計画がない場合は、帰りのバスまでには、かなりの待ち時間が必要。

　一方、ドロミテ周遊バスは、ガイド付きで、参加者により、独、伊、英語などで簡単な説明をしてくれる(独語のみの場合もあり)。大、中、小と分かれたツアーのうち、中と小はドロミテ山塊の西側が中心。大は、駆け足なので、コルティナやドッビアーコに滞在する予定があるのならば、東側は別の日に回る方法が効率的だ。ボルツァーノからは、中および小のコースを選ぶのがおすすめだ。

ドロミテで宿を取る場合には、予約が必要

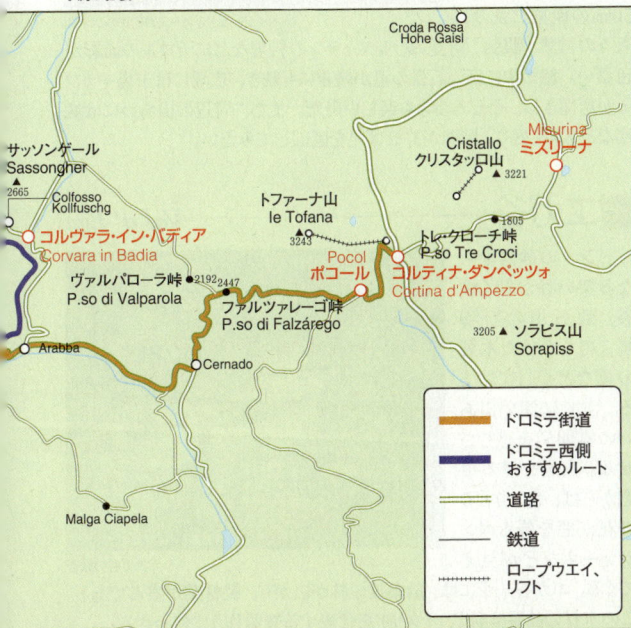

地図の凡例
■	ドロミテ街道
■	ドロミテ西側おすすめルート
	道路
	鉄道
‥‥	ロープウエイ、リフト

ドロミテ周遊観光バスの問い合わせ先

　ドロミテ周遊バスはMartin Reisen社の運行。詳細は、Martin Reisen社や各町の❶に問い合わせる。ほとんどの❶で申し込み可能。催行は6〜9月頃。

　'16年夏季のコースと出発時間と料金。催行は参加人数などによるので、❶などで確認してから事前申し込みを。メラーノ、ボルツァーノ発着。

● 大　Grosse Dolomitenfahrt/
Grande Gite delle Dolomiti
㊡8:30〜18:00、€28
フォッサ峠→ポルドイ峠→ガルデーナ峠

● 中　Ins Herz der Dormiten Weltnaturebe
(Mittlere Dolomitenfahrt)/
Nel Cuore delle Dolomiti
㊡9:00〜18:00、€27

○**Martin Reisen社**
☎ 0473-563071
Fax 0473-563988
URL www.martinreisen.com

ロープウエイやリフトの運行期間

　毎年少しずつ異なるので、運行開始や終了間際に旅行する場合は事前に確認を。
URL www.dolomitisupersummer.comに地区別のロープウエイ、リフトの運行期間、営業時間の一覧あり。

✉ ボルツァーノを基点にドロミテ周遊

　ドロミテ観光の基点はボルツァーノが便利です。

　さて、上記のMartin Reisen社はドロミテ以外にもさまざまなツアーを行っています。
○ヴェローナの野外オペラ(7〜8月の指定日)
15:00〜、€71〜
○ベルニナ・エクスプレス
5:30〜、€130
○ガルダ湖
㊡ 8:30〜18:00　€33
などに参加するのもおもしろそうです。

　さて、私は「ドロミテのハートツアー」に参加しました。前日に❶で予約してもらい、集合時間と場所を教えてもらいました。❶にあるツアーのパンフもツアー中の案内もドイツ語のみなので、あらかじめ予習して行くことをおすすめします。あとは集合時間をしっかり確認すれば大丈夫です。ドイツ人が多いせいか、集合時間に遅れる人などいなかったので、気持ちよいツアーができました。㊗㊐にはツアーは中止となることが多いようなので注意を。
(愛知県 どんちゃん '12)['16]

地図の地名

Croda Rossa
Hohe Gaisi

サッソンゲール
Sassongher
▲2665

Colfosso
Kollfuschg

○ コルヴァラ・イン・バディア
Corvara in Badia

ヴァルパローラ峠 ●2192 2447
P.so di Valparola

○ Arabba

Cernado

Cristallo
クリスタッロ山
▲3221

Misurina
ミズリーナ

トファーナ山
le Tofana
▲3243

Pocol
ポコール

●1805
トレ・クローチェ峠
P.so Tre Croci

コルティナ・ダンペッツォ
Cortina d'Ampezzo

ファルツァレーゴ峠
P.so di Falzárego

3205 ▲ ソラピス山
Sorapiss

Malga Ciapela

おみやげとして売られる
エーデルワイス

ドロミテ山塊の起点は?

イタリアの北東に広がるドロミテの山々。西の基点は、ボルツァーノBolzano。東の基点は、コルティナ・ダンペッツォCortina d' Ampezzoだ。北西には、美しい古都ブレッサノーネBressanone、北東には、山登りの基地となるドッビアーコDobbiaco。ここから10kmほど東に向かえば、オーストリアのチロル地方だ。

アルト・アディジェ州のホテル・インフォメーションおよび予約などに便利
URL www.suedtirol.info

ボルツァーノ発コスタルンガ峠行きのプルマン
(6月中旬〜12月中旬の夏季時刻表より)
※毎年この季節、同様のスケジュールであることが多いが、現地での確認を忘れずに
●ボルツァーノ発バス180番コスタルンガ峠Passo CostalungaまたはPera di Fassa、Vajolet行きに乗車 (1時間に1便程度、一部Ponte Nova*で要乗り換え、直通は2時間に1便程度。下記は直通便)

ボルツァーノ発	9:35	
ノーヴァ・レヴァンテ	10:10	
カレッツァ湖着	10:22	
カレッツァ湖発11:27(平日のみ)または12:22		
コスタルンガ峠着11:34		12:31
コスタルンガ峠発13:34 15:34 17:31(最終)		
ボルツァーノ着 14:25 16:25 18:25		

※コスタルンガ峠からオルティセイへは1〜2回の乗り換えが必要で所要1時間52分〜2時間54分なので、ボルツァーノに宿泊して別の日にオルティセイへ移動するのがおすすめ。ボルツァーノ→オルティセイは約1時間。
*Ponte Novaでの乗り換えはバスターミナルではなく、幅のある道路脇のバス停。シーズンには多くの人が乗り換えをするので、迷う心配はない。

ドロミテ山塊
西側ルート

ここでは、ドロミテ山塊の西側を中心に周遊するMartin Reisen社のツアー、Medio giro delle Dolomitiのルートを基に観光地を案内する (車利用の場合も周遊ルートとしては、ベストの物だ)。このツアーは、メラーノ、ボルツァーノを朝の9時前後に出発し、18時過ぎに戻るものになっている。このルートで見落とした東側は、日を改めてドッビアーコおよびコルティナ・ダンペッツォを基点に回ろう。

■ボルツァーノ(P.336) —— *Bolzano*

ドロミテ山塊周遊の拠点となる町のひとつ。ドロミテ山塊の入口に位置し、中心のコルティナ・ダンペッツォとを結ぶドロミテ街道はかつてイタリアとドイツを結んだ通商路だ。
オーストリアへも50kmの距離にあり、

ドイツ的なドゥオーモが町のシンボル

人々の言葉、服装、町並み、レストランの料理などにチロルの面影が色濃い。緑の中に細い石畳の道が幾重にも続き、広場には市場やカフェが店開きし、そぞろ歩きも楽しい町だ。また、周辺の山あいには城塞なども多く残り、時間が許せば足を延ばしてみたい。

■エガ谷 —— *Val d' Ega*

ピンクの砂岩からなる深い谷が続く峡谷。敷石用の石切場、朽ちかけた木製の橋などが目に留まる。すでに深い山あいの雰囲気を感じさせる。山道を登る車窓からは、色とりどりの花が窓を飾るペンションなどが見え

エガ谷の峡谷

てくる。エガ谷一帯には、針葉樹の林が広がり、製材業が盛んである。この木材の品質は高く、イタリアを代表する楽器作りに使われる。

■ノーヴァ・レヴァンテ —— *Nova Levante*

夏でも雪を頂くカティナッチョCatinaccioの山がそびえ、教会の鐘楼との調和が愛らしい。チロル的な美しい家並みが続き、観光産業が村を支えている。

落ち着いた保養地

■カレッツァ湖 —— *Carezza al Lago*

針葉樹の森に囲まれた小さな湖。遠く望むカティナッチョやラテマール山Latemarの切り立った山々には雪が残る。標高1520mの湖は、エメラルド色、またはペパーミントグリーンと色を変える。輝く水は、澄み切り、湖面には森の木々が姿を映す。雪解け水のように夏でも冷たい水をたたえる湖の周囲は、遊歩道となっている。

ドロミテ山塊の中でも、神秘的かつすがすがしい絵画的な風景に出合うためにも必訪の場所だ。

ラテマール山と針葉樹林のコントラストが美しい

■コスタルンガ峠 —— *Passo di Costalunga*

このあたりは、切り立った山々にも緑がはうように茂り、草刈りのあとの香りが鼻をかすめる。かつての海の堆積物の断層である、砂岩、石灰質（ドロマイト）が見える。この峠からは、カティナッチョとラテマールの山が望める。また、ロープウエイを使えば3002mのカティナッチョ山の山頂へも行くことができる。

見渡しのよいコスタルンガ峠

ボルツァーノからコルティナ・ダンペッツォまで見どころを巡って、約2日間の道のりをレンタカーで回るのが楽しい。とはいえ、傾斜が厳しく、それほど広くはない山道でのすれ違い、ときには牛が大手を振って歩く放牧地の間を走ることもある。カーブの続く、長い坂道の上り下りを余裕で運転できる人にはおすすめだ。駐車場はどこもよく整備されている。

「地球の歩き方」がおすすめするのは、周遊バスを使ってのドロミテ遊覧の旅。ボルツァーノ、ドッビアーコ、セルヴァ、オルティセイ、メラーノからは1日周遊バスが出ている。

✉ カレッツァ湖

写真のとおり、たいへん美しく感動的でした。ボルツァーノからバスで50分くらい。プルマンのターミナルからの乗車が簡単です。道路標識などはイタリア語とドイツ語の併記でした。
（愛媛県 Hisashi '15）

トイレ情報

見どころそばのバス停近くには、山小屋を兼ねたバールや食堂がある。飲み物でも注文して、トイレはそこで借りるのがよい。何も注文しないときは、トイレ使用料としてレジで€0.50〜1程度の支払いを求められるのが普通だ。レジ近くに書かれているので、チェックしてみよう。

■ヴィーゴ・ディ・ファッサ—*Vigo di Fassa*

ファッサ渓谷の山々が取り囲み、緑のなかにゆったりとした光景が広がる。ホテルやキャンプ場も多く、カティナッチョの山々への登山の基地である。ロープウエイもある。針葉樹で覆われた山々の斜面からは小さな滝が清涼なしぶきを上げている。

コスタルンガ峠を下るとヴィーゴ・ディ・ファッサだ

■カナツェイ—————*Canazei*

夕日を浴びたセッラ連峰

■ポルドイ峠のロープウエイ
Funivia del Pordoi
☎ 0462-601130
🕐 5月中旬〜10月中旬
　 9:00〜17:00
💴 往復€17
　 上りのみ€10
　 下りのみ€8
※スキーシーズンの運行あり

ドロミテ山塊の中心に位置し、カティナッチョCatinaccio、セッラSella、マルモラーダMarmoladaの山々に囲まれている。ロープウエイ乗り場の左側には、サッソルンゴSassolungo（3179m）、右側には夏でも雪をかぶったマルモラーダ山（3343m）の高峰が望める。

リゾートブームで有名になったこの町は、マルモラーダ連峰の周遊、登山、スキーの基地であり、夏冬ともににぎわう。

ホテルが軒を並べるカナツェイの町

■ポルドイ峠—————*Passo Pordoi*

自転車でやってきた!

ポルドイ峠のロープウエイ乗り場
　観光バスが停まる駐車場に面して乗り場がある。ある程度の人数が集まるまで待たされることがあるが、手軽に高峰登山の気分が味わえる。降りた所には山小屋や展望台があり、サッソルンゴやカティナッチョ、マルモラーダなどの山並みを一望するすばらしいパノラマが広がる。トレッキング・ロードは整備され、頂上部からガルデーナ峠やカナツェイへも抜けられるが、この場合はしっかりとした装備で出かけよう。

坂道を上がり続けたバスは、ドロミテ街道で最も標高のあるポルドイ峠（2239m）に到着する。ここからロープウエイに乗れば、標高2950mのサッソ・ポルドイSasso Pordoiへも行ける。遠くには垂直に切り立ったドロミテ特有の光景が広がる。

夏でも小雪の舞うほどの寒さに、最高標高を納得する。マルモラーダ連峰のパノラマがすばらしい。バスを降りた広場近くの山でも、草丈は短く、冷たい風に耐えているようだ。鳥さえも風に運ばれ、風の力の激しさを実感。

とはいえ、ここまで自転車をひたすらこいでやってくる人たちもいて、イタリア人のタフさにもびっくりする。

雄大な山のなかに広がる緑の谷間を下ると、しだいに明るい緑の牧草地へと変化してゆく。遠くの山々の麓には、針葉樹林の濃緑色が広がり、さまざまな緑のコントラストが見事。放牧の牛たちのカウベルが響く。

ドロミテ街道の最高標高、ポルドイ峠（2239m）も、観光ブームですっかり開けた

■コルヴァラ・イン・バディア
Corvara in Badia

アラッバArabbaを経由して、コルヴァラ・イン・バディアに入る。この村よりガルデーナ峠Passo di Gardenaに向かう道の前方右側には、サッソンゲールSassongher(2665m)の山がそびえる。

サッソンゲール山とコルヴァラの町

■ガルデーナ峠 ──── *Passo di Gardena*

つづら折りの山道を行く車窓からは、1枚の絵のような光景が広がる。彫刻刀で切り取ったような険しい崖からは、雪解け水の細かい滝がしぶきを上げ、眼下には、緑のやわらかな丘が広がる。小さな花々

ガルデーナ峠からの眺め。ノコギリのようなPizzes da Cir

が咲き競い、農家が点在する牧歌的な南チロルの夏が広がる。

空を切り取ったように天に伸びた山々。ところどころに見える緑と雪のコントラスト……と実にすがすがしい風景だ。

■セルヴァ・ディ・ヴァル・ガルデーナ
Selva di Val Gardena

切り立ったセッラ山Sella(3152m)の谷底にある村。ホテルの並ぶ保養地であるが、ここの重要な産業は200年もの歴史を誇る木彫り彫刻の民芸品。バスでは通過してしまうが、目抜き通りのみやげ物屋の店先には、農夫やキリストの木彫りの品が見える。

木彫り彫刻の店

ここから左側に、1970年のスキーの世界選手権が行われた斜面を見てオルティセイへ向かう。

ドロミテのプルマンの時刻表は下記で検索可

プルマン
URL www.sii.bz.it
URL www.sad.it
URL www.dolomitibus.it

バス
URL www.sasabz.it

✉ **ドッビアーコ(→P.317)のおすすめYH**

🏠 Ostello della Gioventù Dobbiaco
オステッロ・デッラ・ジョヴェントゥ・ドッビアーコ
URL www.ostello.bz
URL www.jugendherberge.it
🏠 Via Dolomiti 29
☎ 0474-976216
Fax 0474-973754
料 D €24.50~27.50
TS 1人€33.50~37.50
(1泊のみの場合はプラス€2.50)朝食込み
D の2食付き€33~37
D の3食付き€39.50~42.50
南チロル地方の4つの私営YHがグループになったもので、会員証不要で誰でも泊まれます。駅前の広大な敷地に堂々と建つYHでまるで5つ星ホテルのような外観。プルマンの停留所もあって移動に便利。
(東京都　津崎園子 '08)['16]

✉ **ドロミテ観光の基点は?**

やはりオルティセイでしょうか。私たちは毎日ボルツァーノからMobilカードを使ってオルティセイ経由で出かけました。オルティセイのバス乗り場は狭い所に人が多く、いろいろなバスが集まってくるので、注意して行き先確認のうえ、乗車を。
(愛知県　mie '13年7月)

マルモラーダ山　Marmolada　　　*column*

ドロミテ山塊の最高峰(3343m)、氷河とスキー場がある。フェダイア湖Lago di Fedaiaの南側のマルガ・チャペラMaruga Ciapelaからロープウエイに乗れば、標高3265mまで行ける。コルティナの山々をはじめ、オーストリア・アルプスまでが望める美しいパノラマが広がる。

カナツェイからポルドイ峠への道は、夏には赤いケシの花、デージー、エリカのようなピンクの小さな花々が咲き乱れる。山あいを流れる小川の清冽なせせらぎを耳にしながら進むと、マルモラーダ連峰の眺望が広がり始める。

夏でも雪をかぶったマルモラーダ山とフェダイア湖

オルティセイへの行き方

🚌 バスで

● ボルツァーノから

SAD社のプルマン直通で所要57分〜1時間13分
夏季 ほぼ1時間に1便あり
↓
オルティセイ

🚃🚌 電車とバスで

● ボルツァーノから

Ponte Gardena駅まで17分、ポンテ・ガルデーナ駅前からオルティセイ行きのバスで約35分
↓
オルティセイ

■オルティセイの❶

住 Via Rezia 1 Palazzo dei Congressi1階
☎ 0471-777600
開 8:30〜12:30
　 14:30〜18:30
　 ⑧10:00〜12:00
　 17:00〜18:30
休 12/25

ホテル紹介や両替のほか、ドロミテバスツアーの受付や、民族衣装によるお祭りFesta Folcloristicaの入場券も販売している。

■ガルデーナ渓谷博物館

住 Via Rezia 83
☎ 0471-797554
開 10:00〜12:00
　 14:00〜18:00
　 7〜8月　10:00〜18:00
休 7〜8月の⑧、5/18頃〜6/30、9/1〜10/10の⑥・⑧、12/20〜3/31の⑧⑥⑧、4/1〜5/18頃、1/1、12/24・12/25、12/31、4月中旬〜5月
料 €7、65歳以上€5.50、26歳までの学生€2.50、生徒€1.50

■オルティセイ

Ortisei/St.Ulrich

モミの木の森が周囲に広がるガルデーナ渓谷Val Gardenaの中心地。石畳の続く坂道に民芸品やかわいらしいカフェが続く。エレガントでチロル的な雰囲気に満ちた町。

サン・アントニオ広場

ロープウエイでアルペ・ディ・シウジAlpe di Siusiやセチェーダ山M. Seceda（2518m）へ登ることができる。サッソルンゴSassolungoのパノラマがすばらしい。冬にはスキーの中心地となり、夏には民俗衣装に身を包んだ町の人々による音楽や踊りが楽しめる。特に老若男女、子供たちまでもチロルの民俗衣装を着て集う祭り（7月中旬〜8月初旬の日曜日に開催）は必見。ゆっくり滞在したいドロミテ街道沿いの町だ。

華やかな山あいのリゾート

ガルデーナ渓谷博物館Museo della Val Gardenaは、ガルデーナ渓谷の村々で作られた彫刻、絵画をはじめ、この地の鉱物、植物、動物が展示され、この土地の自然や文化を知ることができる。目抜き通りの中ほど、大きな彫刻のあるにぎやかなサン・アントニオ広場Piazza S. Antonioの北側にある。

また、この町の重要な産業である木彫り製品がArt 52に展示してある（開 9:00〜22:00　入場無料）。

オルティセイ発ポルドイ峠行きのプルマン（夏季(6月中旬〜9月初旬)時刻表より）

オルティセイ発
ポルドイ峠Passo Pordoi行きに乗車

オルティセイ発(8:00代3便、9:00代1便、次は13:27発)

	8:38	8:57	（経路が異なるので所要時間に違いあり）
ポルドイ峠着	10:04	11:05

ポルドイ峠発 13:15　15:40　16:05　16:35　17:35(最終)
↓　　　↓　　　↓　　　↓　　　↓
オルティセイ着14:43　17:53　17:33　18:03　19:03

（ボルツァーノ↔オルティセイ間は1時間に1便程度あり。シウジ経由）

オルティセイ発
カナツェイ行きのプルマン

オルティセイ発	8:38	16:57	のみ
	↓	↓	
カナツェイ着	10:33	18:23	

■SAD社　URL www.sad.it
■Sii社　URL www.sii.bz.it

背後にドロミテ連峰を抱く、
ドッビアーコ

ドロミテ山塊
東側ルート

ドッビアーコまたはコルティナ・ダンペッツォを基点とすると交通の便もよく便利。できれば、ドッビアーコ、コルティナ・ダンペッツォに数泊ずつ分けて宿泊すれば、よりゆったりとした観光が楽しめる。

■ドッビアーコ————*Dobbiaco/Toblach*

オーストリアとの国境へも東へ10kmほどの町で、セストSesto、トレ・チーメTre Cime、ブライエス湖L. di Braiesなどへの基点となる町。

長期滞在者向きの、ゆったりとした田舎風の町で、サウナ、室内プールなどの充実した宿泊施設のあるホテル、民宿などがある。

町は、鉄道駅近くに広がるドッビアーコ・ヌオーヴォDobbiaco Nuovo（新市街）とオーストリア・バロック様式の大きな教会の建つ、バロッキ広場Piazza Parocchi周辺の旧市街とに分かれている。新市街には、新しい施設をもつ大型ホテルが多い。鉄道駅から、旧市街へ延びるVia Dolomiti、Via S. Giovanniには、❶やしゃれたカフェ、みやげ物屋、スキーウエアや最新ファッションを売るブティックなどがあり、そぞろ歩きが楽しい。

夏には各種の祭りがあり、訪れる人を楽しませてくれるが、特に7月中旬〜下旬にかけて催される「グスタフ・マーラー週間」が有名。1900年初頭、この地に滞在したマーラーを記念した音楽祭だ。

ドッビアーコの新市街

ドッビアーコへの行き方

🚃🚌 **電車とバスで**

●ボルツァーノから
鉄道利用（fs線またはSAD社利用でFortezza乗り換えで所要約2時間15〜20分。30分〜1時間に1便。
ドッビアーコ
※ヴェネツィアからコルティナ行きのプルマン（→P.323）を利用し、コルティナでSAD社のドッビアーコ行きに乗り継ぎあり。夏季はヴェネツィア→ドッビアーコ便も運行。

■ドッビアーコの❶
🏠 Vie Dolomiti 3
（Dobbiaco Nuova）
☎ 0474-972132
🕐 9:00〜12:00
　15:00〜18:00
　㊐10:00〜12:00
🈺 冬季㊏㊐

🏨 **HOTEL**　　ドッビアーコのホテル

★★★★ クリスタッロ
Hotel Cristallo

3代にわたって続く家族経営のホテル。客室からは雄大なドロミテの眺めが広がる。サウナ、温水プール、レストランなど設備も充実。
URL www.hotelcristallo.com

🏠 Via S. Giovanni 37
☎ 0474-972138　Fax 0474-972755
SS €75/150　TS TB €130/250
SU €150/300
36室　朝食込み W-F
休 3/30〜5/26、10/3〜12/18
C M.V.　交 旧市街

★★★ グラッツシュヴァルト
Arthotel Gratschwirt

家族経営のホテル兼レストラン。チロル風の雰囲気のなかで郷土料理が味わえる。ホテルにはサウナや緑の庭が続き、ゆったりとした滞在に。近くにバス停設置。
読者割引 3泊以上で応相談
URL www.gratschwirt.com

🏠 Via Grazze 1（バロッキ広場から国道沿いに1.5km）
☎ 0474-972293　Fax 0474-972915
SS €45/80　TS €90/160
TB €138/210　29室　朝食込み
W-F　休 復活祭〜6/20、11月
C A.D.J.M.V.

※ドッビアーコの滞在税　YH、★〜★★★€1、★★★★€1.30、★★★★★€1.70
SS シャワー付きシングル料金　TS シャワー付きツイン料金　TB バス付きツイン料金　SU スイート料金

317

■ドッビアーコ湖———*Lago di Dobbiaco*

町の南側には、ドッビアーコ湖Lago di Dobbiacoがある。町から歩いても30分ほど。緑の林を抜けると、散歩にも、昼寝にもうってつけのドッビアーコ湖に到着する。町にあるホテルの多くでは、レンタサイクルもしているので、サイクリングで行くのもよい。

林の中にある、ドッビアーコ湖

■ブライエス湖———*Lago di Braies*

ドッビアーコ湖からバスで約30分。標高1493m、険しい山々に囲まれた白砂の広がる湖。周囲には、遊歩道がありゆったりとした散歩が楽しめる（ただし、多くの人はトレッキングシューズ着用）。透明な水をたたえる湖は、神秘的かつ寂寞たる雰囲気をもつ。

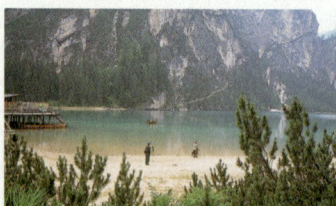

灰色のドロマイトの岩壁が印象的なブライエス湖

✉ ドロミテ東側観光に便利な
MobilecardとMuseummobil
カード（→P.340）

モバイルカードはアルト・アディジェ州内（＝Sudtirol）の公共交通機関に有効なカード。ボルツァーノからコルティナ・ダンペッツォ間のプルマン、ボルツァーノからトレント間のfs線のR、RVなどをはじめ、州内を走るプルマン、列車、市内バス、レノン鉄道、レノンのロープウエイなどに利用可能（一部のロープウエイ、リフトは除外）。使い方によってはかなりお得感があり、切符購入の手間が省けて便利。私は美術・博物館も無料になるMuseummobilカードを購入。専用のビニールケースに入っていて持ち運びもグッド。州内80ヵ所の美術・博物館なども無料なので、欲張って見学しました。乗り物では乗車のつど、改札口に入れてヴァリデーションを。
（東京都　Joli '14）

✉ おすすめカード
モバイルカードは便利でお得です。3日券€23でした。
（長野県　安井信雄 '13）

🚌 ドロミテ巡りの路線バス
ドッビアーコから
ドッビアーコ駅前、❶の前の停留所、旧市街のPOST-POSTAホテル前やバロッキ広場（バスターミナル）などから乗車。バロッキ広場には、一度に各路線のバスが集まり、しばらく停車するので、乗り間違いもなく便利。
バスはドッビアーコ周辺を走るAutolinee社と南チロルの大きな範囲を網羅するSAD社、SAS社などが運行しており、切符はいずれも車内で購入。

ドロミテ山塊
東北部

Brunico
Bruneck
ブルーニコ

Monguelfo
Welsberg

Dobbiaco
Toblach
ドッビアーコ

S. Cándido
Innichen
サン・カンディード

Villabassa
Niederdorf

ブライエス
Bráies
Prags

Dobbiaco
Nuovo

ドッビアーコ湖
Lago di
Dobbiaco

Marebbe
Enneberg

ブライエス湖
Lago di Bráies

Val di Landro

Croda Rossa
Hohe Gaisl

Tre Cime
di Lavaredo
Drei Zinnen
トレ・チーメ・
ディ・ラヴァレード
▲2999

Cristallo
クリスタッロ山
▲3221

Misurina
ミズリーナ

ミズリーナ湖
Lago di
Misurina

トファーナ山
le Tofana
▲3243

ヴァルパローラ峠
P.so di Valparola
▲2192 2447

Pocol
ポコール

▲1805
トレ・クローチ峠
P.so Tre Croci

コルティナ・ダンペッツォ
Cortina d'Ampezzo

Gr.po dei Cadini

ファルツァレーゴ峠
P.so di Falzárego

Cernado

3205 ▲ ソラピス山
Sorapiss

	道路
	鉄道
	ロープウエイ、リフト

■ミズリーナ湖 ——————*Lago di Misurina*

ミズリーナ湖の遊歩道を歩こう

ミズリーナ湖への行き方

🚌 バスで
●ドッビアーコから
　↓ …………… 約30分
　ミズリーナ　　SAD社
　夏季のみ1日6〜7便
●ミズリーナから
　↓ …………… 約25分
　トレ・チーメ　SAD社
　夏季のみ1日6〜7便
※事前にバス時刻を確認すること

ドッビアーコ湖から岩がちの森の中に続く道路をしばらく走ると、急に風景が開けて、湖に到着する。

ミズリーナ湖は、ドッビアーコとコルティナ・ダンペッツォのほぼ中間あたりにあり、訪れる観光客も多い。湖には、ペダルボートが浮かび、湖畔には、ホテルやレストラン、ピッツェリア、みやげ物屋が並び、ドロミテ山塊のなかでも、観光地化が進んでいる。とはいえ、湖には、カモが泳ぎ、丘の上で放牧されていた牛が水を飲みに湖に下りてきたりする。牧歌的な雰囲気は十分に残っているミズリーナ湖だ。

湖の周囲には遊歩道が通っていて、散策（1周約1時間）もできる。

湖の正面、北側には、トレ・チーメ・ディ・ラヴァレードの3つの岩峰がそびえている。南側に見えるのはソラピス山Sorapiss。

ミズリーナ湖畔

■トレ・チーメ・ディ・ラヴァレード
—————*Tre Cime di Lavaredo(2999m)*

トレ・チーメとは、3つの頂きの意味。その名のとおり、3つの高い頂きが並ぶ絶景。ドッビアーコからのバス利用が便利。ドッビアーコに滞在したならば、まず一番に訪れたい名所だ。バスで約40分で、トレ・チーメの麓に到着。バスの駐車する広場の奥の山小屋風のレストランの裏手から登山路が始まる。

約1時間歩くと、トレ・チーメを近くに見渡せる展望台に着く（もちろん、バス停近くからも、トレ・チーメは見えるが、この山道を歩くと、より近く裏側から眺められる）。

登山路は、それほど厳しくなく、ときには乳母車やマウンテンバイク

トレ・チーメ側から周囲の峰々を望む

✉ おすすめプライエス湖
　ミズリーナ湖は観光地化され、湖の透明度も低く、残念な印象でした。プライエス湖は湖面に山々が写し出されるほど透明度が高く、神秘的で地元のハイカーもこちらのほうが多かった。ドッビアーコからのバスも30分に1本程度と多いので、トレ・チーメやミズリーナ湖に行った後でプライエス湖へ行くことも可能です。1周2時間程度、左回りのコースが高低差が少ない。
　　　　　　　（3happy '15）

✉ 登山の準備を
　P.320に「トレ・チーメの展望台までなら、運動靴で十分歩ける」とありますが、やはりトレッキングシューズが必要だと思います。山小屋Rifugio Lavaredoから先の登山道は滑りやすい大小の石で覆われており、滑ってけがしたり、足首をひねって捻挫する可能性があります。山小屋までなら、運動靴でも十分ですが、トレ・チーメの相貌と展望台（といってもやや広い空間）から見るそれとは雲泥の差がありました。
　　　　　　　（邪想庵 '12）
　トレ・チーメのハイキングコースは砂利道なので、折りたたみ式のストックがあると歩きやすいです。
　　　（大阪府 オーマ・オーバ '11）

左からピッコラ、グランデ、
オッチデンターレの3つの頂

さえも通ってゆく。狭い登山路の始まるあたりには、小さな山小屋の屋外カフェがあったり、乳牛が放し飼いにされている。

標高が高くなるにつれ、今まで見かけなかった高山植物も目に飛び込んでくる。左側の岩肌では、ロッククライミングをする人たち。最後にやや急な坂を登って、展望台へ到着。目前には、トレ・チーメの3つの頂が広がる。夏でも雪の残る山々を見下ろし、太陽の光によって岩肌が、オレンジに、ブルーにと色を変える姿は、まるで彫刻を施したオブジェのようだ。四方に広がるドロミテの山々の雄姿は、いつまで見ても見飽きることがない。

トレ・チーメの3つの頂は、展望台に立ち左からピッコラPiccola、グランデGrande、オッチデンターレOccidentale(小、大、西)というシンプルな名前がついている。ここから、左側に小さく見える頂は、プンタ・フリダPunta Frida(2772m)、右側のずんぐりとした山は、サッソ・ディ・ランドロSasso di Landro(2536m)。

周辺の山岳ルート図

展望台から先の登山道の標識に従って行けば、ドッビアーコやセストへも通じている。子供や年輩の人も歩ける道だが、ドロミテ・アルプスを抜けるのだから安易な装備で歩くことは慎むべきだ。必ず、地図、食料およびトレッキング用の靴などを着用のこと。

登山道の標識

トレ・チーメの展望台までなら運動靴で十分歩ける。ここからゆっくり帰り、バスの停車場脇の山小屋で、お昼やお茶を楽しめる。山小屋からの眺めもすばらしい。

トレ・チーメの展望台までは、ドロミテ登山の気分に浸れる絶好のおすすめルートでもある。

SAD社の夏季時刻表
6月中旬〜12月中旬より
ドッビアーコから
●バス442番
ドッビアーコ→ブライエス湖
ドッビアーコ発6/30〜9/7は7:01〜19:01に30分に1便、その他の期間は1時間に1便。所要27分
●バス444番
ドッビアーコ→トレ・チーメ
→ミズリーナ湖
ドッビアーコ　8:05、9:05、9:35*、10:05、13:05、15:05、16:05発
↓
トレ・チーメ　8:22、9:22、9:52、10:22、13:22、15:22、16:22
↓
ミズリーナ湖　8:35、9:35、10:05、10:35、13:35、15:35、16:35
*⦿月⦿〜⦿金⦿の平日のみ
●コルティナ行き(所要50分)
7:05*、9:05、11:05、14:05、16:05、18:05
●コルティナ発ドッビアーコ行き
8:05*、10:05、13:05、15:05、17:05、19:05
*⦿月⦿〜⦿金⦿の平日のみ
●コルティナ→ミズリーナ湖→トレ・チーメへのバス(DB社)
コルティナ　10:00　14:05
↓　　　　　↓
ミズリーナ湖 10:35　14:40
↓　　　　　↓
トレ・チーメ 11:00　15:05
●帰路
トレ・チーメ発コルティナ行き
11:40、14:30、16:50(最終)
URL www.cortinaexpress.it

■SAD社
URL www.sad.it

🚌 ドロミテ巡りの路線バス
コルティナ・ダンペッツォから

コルティナの町の東側のバスターミナルAutostazioneより出発。切符はターミナル内の切符売り場(昼休みあり)およびターミナル脇の新聞売り場やバールなどで購入。

最寄りのfs駅のカラルツォCalalzoへは、1時間にだいたい1便の運行で、所要約55分。(休日の運行は半分以下なので注意)

もうひとつの最寄り駅ドッビアーコへは1日約6便の運行で、所要約50分。

ミズリーナ湖へは約30分。このバスにさらに30分ほど揺られるとトレ・チーメへ到着する。1日に5〜6便ほどの運行だが、午前中早めにコルティナを出発すれば、ゆっくりトレ・チーメ、ミズリーナ湖を見て巡ることができる。

バスは、Dolomiti Bus、SAD、Autolineeの各社が入り組んで運行しているので、行き先および、往復切符を購入した場合には会社名に注意。

コルティナ・ダンペッツォ
P.15 A4

Cortina d'Ampezzo

ドロミテの真珠、黄金の盆地と称される

春のドロミテ、コルティナの町遠望

コルティナ・ダンペッツォへの行き方

🚃🚌 電車とバスで
- ●ヴェネツィアから
  S.L.駅、メストレ駅、
  （パドヴァ駅）
  鉄道R RV+R+R
  2時間51分〜2時間56分
  (Conegliano, Ponte
  Nelle Alpi-Polpet,
  などで要乗り換え)
  カラルツォCalalzo
  ↓バス　　　約1時間
  コルティナ・ダンペッツォ

🚌 バスで
- ●ヴェネツィア
  メストレ、空港から
  ※1 Cortinaexpress社
  約2時間20分
  コルティナ・ダンペッツォ
- ●ヴェネツィア
  ローマ広場、メストレ駅そば
  ※2 ATVO社
  2時間35分〜2時間45分
  コルティナ・ダンペッツォ
  季節により毎日または週末
  のみ1日1〜2便(→P.323)
  ※ヴェネツィアからコルティ
  ナ・ダンペッツォへのプル
  マン(P.323)

デンマーク国王の像

ドロミテ山塊東側の中心都市、コルティナ・ダンペッツォ。標高1224〜3243mのアンペッツォの谷底に位置し、町にいながらにしてドロミテらしい山々の景観を目にすることができる。トレッキングやハイキングを楽しむ人々でにぎわう夏をはじめ、世界中からのスキー客が集う冬のハイシーズンは華やかな高級リゾート。かつてのイタリア王家のサヴォイア家やデンマーク王室の人々も愛した地でもある。

コルティナ・ダンペッツォ
Cortina d'Ampezzo

ヴェネツィアのローマ広場
では、ヴァポレット乗り場を背
にした広場中ほど右側。メス
トレでは駅を背に右に200m
ほど進んだ右側（同場所から
空港行きのプルマンも発着）。
☎ 0421-5944
URL www.atvo.it

■ローマ広場の🛈
🏠 Corso Itaria 81
☎ 0436-869086
🕐 9:00～13:00
　14:00～19:00
　⽇祝10:00～13:00
🗺 P.321 B2

コルティナから
ドロミテ各地へのプルマン

トレ・チーメ、ミズリーナ湖(季
節運行：7月上旬～9月上旬の
み)をはじめ、オルティセイ、ド
ッビアーコ、ボルツァーノ、ベ
ッルーノなどへのバス便も運
行している。
　プルマンのバスターミナル
窓口(☎8:15～12:30、
14:30～18:30、⼟8:15～
12:30、14:30～17:30、⽇祝
8:15～12:30)で切符の購入
(fs線も可)、時刻表調べができ
る。荷物預けもあり。
　プルマンも市内バスも車内
での切符購入は割高。乗車前
に購入を。オレンジ色の市内
バスの切符は€1.20。1日券€5、
1週間券€14(1回乗り、車内
購入€1.80)。ローマ広場
Piazza Romaが市バスのタ
ーミナル。

■古生物学博物館
■民俗博物館
🏠 Via Marango 1,Alexander Hall
☎ 0436-875502
🕐 15:30～19:30
　12/25～2/10は
　10:30～12:30も
休 ⽉
🎫 共通券€8、10～18歳、
　65歳以上€5
古生物博物館と同じ敷地内。
※民俗博物館は入口から左下
の建物。日本語のオーディ
オガイドあり。

ショッピング情報

　プルマンが発着する広場で
は毎週⽕と⾦の午前に小さな
市場が開かれる。コルソ・イタリ
アを中心にブランドショップや高
級セレクトショップ、スポーツ用
品店、スーパーLa Cooperativa、
みやげ物屋などもあり充実して
いる。ほとんどのお店の営業
時間は9:00～12:30、15:30～
19:30。昼休みが長い。

おもな見どころ

おしゃれな目抜き通り

MAP P.321 B1・2

コルソ・イタリア
Corso Italia

コルソ・イタリア

季節には花があふれ、
のんびりとした散策が
似合うコルソ・イタリア

　町を貫く目抜き通り、コルソ・イタリア。歩行者天国となっている
石畳の坂道で、左右に華やかなブティックが並び、途中の**教区教会**
SS.Filippo e Giacomoの美しい鐘楼がより山岳都市の風情を盛り上げ
ている。周囲の山々や季節には花々で飾られたホテルなどを眺めながら

の散策が楽しい。ローマ広場には小規模ながら充実
した**近代美術館**Museo d'Arte Moderna "Mario
Rimoldi" がおかれている。
近代美術館横の建物にはス
キースクールの事務所、スキ
ーのレンタルショップもある。

教区教会 　　　　　　　　　近代美術館

ドロミテの歴史を知る

MAP P.321 B1

古生物学博物館と民俗博物館
Museo Paleontologico e Museo Regole d'Ampezzo

ムゼオ・パレオントロジコ・エ・ムゼオ・レーゴレ・ダンペッツォ

　コルソ・イタリアを上り、左折した橋のたもと、近代的な建物内に、
かつてドロミテが海の底だった数億年前からの歴史を知る**古生物学**
博物館がある。古生代の化石、山塊の地質学研究を展示。この入口
左には**民俗博物館**Museo Regole d'Ampezzoがあり、数百年前の
農民の生活が再現され、生活に根付いた鉄細工、金銀の透かし細
工をはじめ日用品や民俗衣装が展示されている。

近代的なホール内にある古生物学博物館

祭りの日には民俗衣装が登場する

遊歩道
Passeggiata
パッセジャータ

かつては鉄道が通った陸橋

コルソ・イタリアをほぼ下りきると左の高みに陸橋が見えてくる。これはかつてコルティナとドッビアーコを結んだ鉄道の陸橋。線路跡は現在は遊歩道として整備されている。プルマン乗り場からファローリア山へのロープウエイ乗り場の前を進むか逆方向はホテル・コルネリオの前の道を進もう。

ドロミテの自然が身近に感じられる遊歩道

山塊の山々や牧草地が身近に感じられ、気ままに徒歩や自転車で進むのが楽しい。

360度のパノラマが広がる
ファローリア山
Monte Faloria
モンテ・ファローリア

町からひとっ飛びで山頂へ

プルマン乗り場の駅舎を背に右に進み、駐車場を過ぎるとロープウエイ乗り場がある。コルティナの町と緑の谷を見下ろし、途中駅で乗り換えてロープウエイは2123mの山頂近くへと運んでくれる。2341mの山頂へは徒歩かランドクルーザー（有料）で向かおう。

ロープウエイ乗り場の案内板

ロープウエイの終点には山小屋があるので、ランチやお茶を楽しむのもいい。

ロープウエイ情報
●コルティナ←→トファーナ
（6月下旬～9月中旬）
片道……€18
往復……€24
※山頂駅へは2回乗り換え。山塊の雄姿のみならず、天気がよければ、ヴェネツィアまでも望む絶景が広がる。乗り場へは徒歩またはバス8、8A番で。
●コルティナ←→ファローリア
（6月中旬～9月中旬、8/1～8/22はハイシーズン）
※Cortina→Mandres（乗り換え）→Faloriaと進む。
往復……€18.50
※標高2341mとトファーネよりは低いものの、ここからもすばらしい山塊が望める。乗り場はバスターミナル脇。9:00～17:20の約30分ごとの運行。夏季6月中旬～9月上旬、冬季スキーシーズンのみ。

✉ ❶で地図をゲット
コルティナの❶には、とても詳しいハイキング・マップと日本語のガイドブックが用意されています。たいへん役立ちました。（邪想庵 '12）

✉ コルティナのガイド協会
町の中心の教会広場にあります。内部にクライミングボードがあり、ガイドさんの確保で夕方から子供たちが€3～5程度の料金で登っていました。地図やビデオの映像などもあります。私は岩登りをやるので、トレ・チーメのチマグランデのノーマルルート（ガイド代€330）、チンクエトッレの一番高いタワーの5級のルート（ガイド代€240）にガイドさんを雇って登りました。（匿名匿住所 '09）

コルティナへのプルマン

※1●コルティナエクスプレスCortinaexpress
ヴェネツィア・メストレ発　14:00　17:00
ヴェネツィア空港発　14:15　17:15
コルティナ着　16:20　19:20
€27　URL www.cortinaexpress.it
※2●ATVO社のプルマン
ヴェネツィア・ローマ広場　7:50　10:50*
ヴェネツィア・メストレ発　8:05　10:40
ヴェネツィア空港発　8:20　11:20
コルティナ着　10:35　13:25
*は空港で要乗り換え
€27（要予約）　6/1、6/8、6/15、9/7、9/1、9/28運休
URL www.atvo.it
ローマ広場切符窓口
☎ 0421-594671　🕐 6:40～19:35
※2　2016年の運行日:ローマ広場7:50発は1/1～3/3、6/1～9/30、12/8～12/11、12/17～12/1の毎日（12/25は除く）、4/1～5/29、10/1～12/4の㊏㊐㊗。10:50発は1/1～

2/28、6/18～9/11、12/8～12/11、12/17～12/31（12/25は除く）の毎日。
切符は要予約（乗車日指定の事前購入）。切符売り場（→P.322）

✉ コルティナへのプルマン
電車でCalalzoまで行き、そこからバスという行き方がありますが、2～3回の乗り換えが必要ですし、列車は単線のため、一度遅れだすとどんどん遅れてしまい、乗り換えのバスに30分の余裕があっても乗れませんでした。
メストレからプルマンCortina Expressを利用することを絶対おすすめします。復路はこれを使いましたが、とても快適で移動時間もかなり短縮されました。このプルマンはマルコ・ポーロ空港からも利用できます。（Barchetta '12）

夏と冬のスキーシーズンの季節営業としているホテルが多い。最も混雑するのが8月とクリスマス～1/6頃、復活祭の休暇期間。繁忙期は1週間単位での予約が優先される。早めの予約が入れられればベストだが、短期滞在の個人客は直前の予約でも可能性があるので、トライしてみよう。URL www.cortina.dolomiti.orgで多くのホテルの料金や営業期間が検索できる。3つ星以上のホテルでは2食付きのハーフペンショーネで料金設定していることがほとんど。

ティヴォリ
Tivoli　　P.321 A1 外

町からはやや離れているものの、ドロミテ山塊の眺めがすばらしい1軒。お味もミシュランの1つ星で保証付き。

要予約

🏠 Località Lacedel 34
☎ 0436-866400

営 12:30～14:00、19:15～22:00
休 ⑪（8月とクリスマス休暇時は除く）、ローシーズンの⑭曜、10、11月　🍴 €70～140（コペルト€5）、定食€85、105　C A.D.J.M.V.
交 町からボルドイ峠方向へ2km

ダ・ベッペ・セッロ
Da Beppe Sello　　P.321 A1

ここもドロミテ山塊を望みながら食事ができる。家族経営のあたたかい雰囲気のなか、郷土料理が味わえる。ホテルも併設。

要予約

🏠 Via Ronco 68

☎ 0436-3236
営 12:30～14:00、19:30～22:00
休 ⑭、4月～5月中旬、10～11月　🍴 €40～80（コペルト€5）　C A.M.V.
交 町から1km

タヴェルナ・ディ・コルネリオ
La Taverna di Cornelio　　P.321 A2

下記のホテル・コルネリオ内の気取らない雰囲気のレストラン。料理は伝統的なイタリア料理で肉も魚も揃う。おすすめは、おばあちゃんのラザーニャ。改装のため2016年は休業、2017年に再開予定。

🏠 Via Cantore 1（ホテル・コルネリオ内）
☎ 0436-2232
営 12:00～14:30、19:00～22:00　休 4月、11月
🍴 €30～60（コペルト€3）、定食€30、55　C M.V

★★★★　ベルヴュー ＆ スパ
Bellevue & Spa　　P.321 A1

町のメインストリートに建つ、三角屋根が印象的なホテル。外観も内部もチロル地方の伝統風な木作りで旅の気分を盛り上げてくれる。レストラン、フィットネス、スパ併設。
URL www.bellevuecortina.com

🏠 Corso Italia 197
☎ 0436-883400
SB €110/300
TB €130/320
🛏 66室　朝食込み W-F
C A.D.M.V.
交 バスターミナルから300m

★★★★　アンコラ
Hotel Ancora　　P.321 B2

1826年創業のコルティナ最古のホテル。花々があふれるベランダや入口近くの飾り格天井、400年前の陶製ストーブ、チロル風の客室など各所に伝統を感じさせる。
併設レストランは、料理の評価が高い。
URL www.hotelancoracortina.com

🏠 Corso Italia 62
☎ 0436-3261　Fax 0436-3265
SS €110/210　TB €160/360
TB 利用のハーフペンショーネ1人€100～
🛏 49室　朝食込み W-F
休 4/1～5/12、10/20～12月初旬
C A.D.J.M.V.　交 ローマ広場すぐ

★★　モンターナ
Hotel Montana　　P.321 B2

✉ バスターミナルにも近く、繁華街に位置して便利です。チロル風のこぢんまりした宿。　（愛知県　大沢和哉 '07）['16]
✉ きれいな部屋を割引もあって格安で宿泊できておすすめです。（平藤義裕 '13 9月）['16]
読者割引 ローシーズンで10%
High クリスマス～お正月、復活祭期間、2、8月

URL www.cortina-hotel.com
🏠 Corso Italia 94
☎ 0436-862126　Fax 0436-4286
S €30/45　SB €45/85
TB €80/169　TB €100/190
🛏 30室　朝食込み W-F
休 11月　C D.J.M.V.

★★★　コルネリオ
Hotel Cornelio　　P.321 A2

✉ バスターミナルのすぐ脇なので、移動に便利でした。家族経営でアットホームな雰囲気です。（匿名匿住所 '09）
改装のため2016年は休業、2017年に再開予定。
URL www.htelcornelio.com

🏠 Via Cantore 1
☎ 0436-2232
☎ 0436-867360
SS €80/120　TB €110/240
🛏 20室　朝食込み W-F
休 4月、11月　C M.V.

★★　オアシ
Hotel Oasi　　P.321 B2

長年続く家族経営のホテル。チロル風のインテリアと清潔であたたかい雰囲気。バスターミナル脇なのも便利。
読者割引 3泊以上で5%
High 12～3月、7、8月
URL www.hoteloasi.it

🏠 Via Cantore 2
☎ 0436-862019
Fax 0436-879476
SS €50/80　TB €80/150
JS €100/200
🛏 10室　朝食込み W-F
休 10月　C M.V.

※コルティナ・ダンペッツォの滞在税　★～★★ €1.50、★★★ €2、★★★★ €2.50、★★★★★ €3　最長15泊、12歳以下免除
SS シャワー付きシングル料金　SB バス付きシングル料金　TS シャワー付きツイン料金　TB バス付きツイン料金

ドロミテ地方観光のコツ

観光シーズンは短い

　ドロミテ地方の観光シーズンは夏(6月下旬〜9月上旬)と冬(12月初旬〜5月頃)のスキーシーズンだ。ロープウエイやリフトはこの期間のみの運行がほとんど。ホテルも季節営業の所が少なくない。

■バスのスケジュールは現地で確認

　便数の多い少ないはあるものの、ドロミテ周辺はバス便がよく整備されている。ただ、午前中から午後の早い時間に集中していることが多い。午後はトレッキングなどの帰路に利用することを想定しているため、最終便は夕方の早い時間帯がほとんど。出発前に帰りのバス便のスケジュールを立て、目的地に到着したら、再度帰りのバス便を確認しておこう。大きな町まで出ないとタクシーもないので、バスの乗り遅れには十分注意しよう。
　なお本文中のバス・スケジュールは夏季(7月〜9月上旬または12月中旬)の物。

プルマンバスは3社が運行。
乗り間違えないように

■ホテル

　ホテルは2食付きを提供する所が多い。2食付きはメッザ・ペンショーネMezza Pensione(ハーフペンショーネ)、3食付きはペンショーネ・コンプレータPensione Completa(フルペンショーネ)だ。観光局では食事付きは3泊からの受け付けと言われることもあるが、直接交渉すると1泊からでもOKなことも多い。2食付きは、夕食のために外出する必要がないので、思いのほかゆっくりと過ごせる。また2食付きは朝食のみと料金にさほど差がないので経済的でもある。ホテルはほかのイタリアの町に比べ、設備や清潔さでかなり値頃感がある。やはり名の知られた大きな町よりも小さな町の方が手頃な料金で提供している。3つ星程度から上のクラスは温水プールやサウナを完備している所も多い。

ときにはホテルのバルコニーから山を眺めるひとときを

■服装計画

　夏の日中は半袖、短パンでもOKだ。ただし、夜や標高の高い山では長袖が必要になる。標高の高い山々に登るリフトは風を受けてかなり寒い。長ズボンをはき、薄手のセーター、長袖のジャケット、軍手などがあるといい。急な気候の変化に対応するため、小さくたためるウインドブレーカー(できれば上下セパレーツの雨具)、軍手、簡易カイロなどがあると安心できる。山とはいえ、リフトやロープウエイなどで上って下りてくる場合は靴はスニーカーで大丈夫。ただし、滑りやすいのが難点。トレッキングなどを予定している場合は専用のシューズを用意しよう。町にはトレッキングシューズや登山用ストックを販売している店がある。最低限の飲み水とおやつは用意しておこう。日差しは強いので、帽子、サングラス、日焼け止めを持参しよう。

山の天気は変わりやすい。
重ね着できる一着を

■歩き方

　山小屋はよく整備され、高い山や峠でも飲み物をはじめ、温かい食事や宿泊施設を提供している。❶などで配布している登山地図には山小屋の位置が記載されているので、長く歩く予定ならば確認しておこう。夏季以外は営業期間も調べておくと安心だ。トレッキングやハイキングロードもよく整備され、目的地や次の山小屋までの目安となる距離や時間が記載された標識も多い。ルートを外れなければ危険は少ない。加えて、午後の早い時間には下山することを心がけよう。

山小屋には
土地の名物料理も

ドロミテを歩く人へのおすすめパス　長期滞在ならお得なカード2種類

ヴァルガルデーナカード
VALGARDENA CARD

　オルティセイからガルデーナ峠、セッラ峠間のバス、ロープウエイ、リフトに乗り放題のカード。3日間有効で€60。オルティセイの❶、ホテル、ロープウエイ乗り場などで販売。詳細はURL www.valgardena.it

ドロミティ・スーパーサマー・カード
Dolomiti Supersummer Card

　ドロミテのロープウエイ、リフトなどが乗り放題(バスは含まない)のカード。3〜4日券€70、5〜7日券€95など。詳細はURL www.dolomitisupersummer.com(ロープウエイなどの運行期間・時間も検索可)

世界遺産として注目を集めるドロミテは、日本人にも人気のエリアだ。雄大な山々は眺めるだけでもいいが、誰もが次はもっと近くに行って見たいと思うはず。そこで、読者の方が歩いたドロミテ2014～2015年の投稿をまとめてご紹介。プランニングの参考に。次の夏はリュックと登山靴を旅のお供に出かけてみよう！

アルペ・ディ・シウジからオルティセイへ 花いっぱいの絶景ハイキング

　ボルツァーノのバスターミナル8:20発のプルマンでシウジのロープウエイ乗り場へ（所要45分）。ロープウエイでコンパッチョへ上がると、7月でもヒヤッとするほど涼しい。ロープウエイの駅でもらった地図はハイキングコースに番号が付けられ、わかりやすい。高山植物やワタスゲの群落がすばらしく、花の多さではマッターホルン・ハイキングよりドロミテ・ハイキングのほうが上のように感じました。ほとんど平坦で歩きやすい道ですが、オルティセイのロープウエイ乗り場手前は登りが少しきついです。途中、サルトリアのホテル・レストランで絶景を楽しみながら食べたパスタとレモネードの味は最高でした。しかも、スイスに比べて安いのがうれしい……。14:30にはオルティセイの町を散策し、❶でボルツァーノへの直通プルマンバスの時間を聞き、夕方にはホテルへ戻れました。モバイルカードも有効でした。　　　（滋賀県 ゆうこ '14）

秋のアルペ・ディ・シウジへ

　4日間の滞在でしたが、モバイルカードの7日券を購入し、今回も充実のバス利用でした。ミラノからカステルロットに入り3泊、ボルツァーノ泊の旅程です。
　カステルロット→シウジ・ロープウエイ乗り場→アルペ・ディ・シウジ（コンパッチョ）へ進みました。天候に恵まれ（10/17）、ポカポカの小春日和で半袖姿のハイカーたちもいるほど。360度のパノラマもすばらしく、刈り上げられた草原のなか、黄色に色づいたカラマツ、針葉樹の緑、そしてサッソルンゴの雄姿を眺め、サルトリアを目指してハイキングをしました。サルトリア・コンパッチョ間は20分に1便程度（切符€2）バスがあるので、疲れたらバスという手もあります。（KIYO '14）

アルペ・ディ・シウジ 私の行き方

　バスでボルツァーノからカステルロットへ行き、カステルロットからコンパッチョへの直通バス（10番、切符€10）で。シウジやオルティセイより時間短縮となりました。切符は車内で購入。コンパッチョの❶で地図をもらってハイキングロードの番号と照らし合わせて歩くとわかりやすいです。　　（KIYO '14）

ボルツァーノからの日帰り旅

　7月半ば、4泊5日でボルツァーノに滞在し、アルペ・ディ・シウジ、オルティセイ、トレ・チーメへ。
　①ボルツァーノからアルペ・ディ・シウジの麓までバスで40分。ロープウエイを使うと、アッという間に到着。ロープウエイ窓口にある地図を取り、まずルート決め。かなりたくさんのルートがあり、道に番号が振られているので迷うことなく、時間と体力に応じて選べます。道は整備されているので、老若男女が美しい山を遠くに眺めながらハイキングができます。
　②小雨が降って登山はちょっとという日にはバスで1時間ちょっと、アルペ・ディ・シウジの先にあるオルティセイの町へ。おみやげ屋、サラミ屋、飲食店が並ぶにぎやかな通りがあり、チロル地方ならではのいい雰囲気です。町の中心は小さいので半日あれば十分です。ロープウエイも通っているので、シウジから上ってオルティセイへ降りるルートも可能です。
　③トレ・チーメ（→P.319、P.320、P.415の記述を参考にして）へ行きました。この旅の大本命だったのですが、期待を裏切らないすばらしい所で、一番のおすすめです。気をつけることはボルツァーノを9:00の電車だと、バスの乗り換えに2時間の待ち時間が生じます。7時か8時で行くと、10分以内の待ち時間で済み、スムーズに到着。所要3時間でした。乗り換えのバス停もfs駅の目の前で、乗る人も多いので、迷うことはありません。トレ・チーメは山の麓を一周すると4時間半はかかります。ぜひ早めに出発して壮大な景色を楽しみながらゆっくり歩いてほしいです。
　山は空気が薄く、7月半ばとはいえ寒かったので上着は必携。ロッククライミングでもしないかぎり、靴はスニーカーでも可能ですが、登山靴の人が圧倒的でした。私は、山を走るトレイルランシューズで行きました。
　サウスチロル・モバイルカードはシウジのロープウエイには使えませんでした。購入時にもらったパンフレットは、あまりにざっくりとした情報で詳細はまったく載っていませんでした。現地に行けば情報が得られると思っていたら大間違いで、「地球の歩き方」の皆さんの細かい投稿が頼りになりました。
　　　　　　　　　　　　（山好きの旅人 '14）

ドロミテ・ドライブ

　車があれば、旅の楽しみが広がります。ドロミテはカーブが多くアップダウンがあるので、オートマ車が楽でかつ安全です。大きな都市にはオートマ車があるので早めに予約。私はヴェローナから利用しました。狭い道路を運転している日本人にとっては、ドロミテでの運転はさほど難しくありません。
　高速道路は日本と同様に料金所でチケットを受け取り、出るときに支払う。出口は係員と機械の2種があるが、係員のほうが料金を直接確認できるのでいいと思う。追い越し車線は追い越しのためのものなので、追い越したら走行車線に戻るのがマナーです。皆かなり

スピードを出しているので、スピードに自信のない人はマイペースで。急がされることはないし、後ろにぴったりとついて来る車は追い越す機会をうかがっているだけなので、マイペースで走っていれば抜いてくれる。後続車があまりにも続く場合は、広い場所で避けて道を譲るくらいの余裕を。対向車線のスピードも日本よりかなり速いので、無理な追い越しは危険だ。速度制限は厳しいので、速度表示にも気をつけること。町なかでは30〜40km、カーブの多い所は60km程度。信号がない横断歩道を渡ろうとする人がいたら必ず停止して歩行者優先を。これを怠ると罰金が科せられる場合あり。　　　　（兵庫県　30年ぶりのドロミテ　'14）

どこで車をゲット?

　町なかのレンタカー事務所は長い昼休みをとるが、空港の大手レンタカー会社を利用すれば問題ない。運転に慣れるまで、交通量の少ない空港周辺を一回りすることもできるので、空港でのレンタルがおすすめです。　　　　（兵庫県　30年ぶりのドロミテ　'14）

アルペ・ディ・シウジの おすすめホテル

Ⓗスポーツホテル・ゾンネ
Sporthotel Sonne
住 Piz 6 Alpe di Siusi
☎ 0471-727000
URL www.sporthotelsonne.com

　部屋からは雄大なドロミテ山塊とのどかな牧草地が望めます。夕食は本格的でスタッフも親切。ロープウエイで上がってすぐの所にあり、ロープウエイの乗り降りは荷物があると手伝ってくれるので問題はない。ホテルの周囲には数多くのトレッキングロードが広がるので、オルティセイなどに宿泊するより、よりドロミテの自然が楽しめます。プールやサウナもあるので3〜4泊してゆっくり過ごしたい。
　車の場合は乗り入れ禁止区域に指定されているので宿泊予約の書類（ドイツ語）をゲートで提示。通行不可の時間帯があるが、チェックインする場合は何時でもOK。チェックイン後はホテル発行の通行許可証が必要で、9:00〜17:00は通行不可。1人2食込み€112〜（バルコニー付きのⒿⓈ45㎡）、W-Fあり
　　　　（兵庫県　30年ぶりのドロミテ　'14）

これはダメ!!

　トレ・チーメでは、すばらしい1日を過ごすことができました。ただ、居合わせた団体客のひとりがポケットから小さなはさみを出して高山植物を採取していました。禁止中の禁止行為です。絶対にやめましょう。
　　　　（兵庫県　30年ぶりのドロミテ　'14）

フネスの谷へ

　フネスの谷Val di Funesとサンタ・マッダレーナ村S.Maddalenaへ行ってきました。
　オルティセイから歩いて峠越えもできますが、体力に自信がない人はバスでの往復がおすすめ。ブレッサノーネ駅前からバス340番で約30分で到着。村内のふたつの教会を中心にハイキングができます。多少の高低差はありますが、所要3時間程度。St.Johann教会とドロミテの山を背景にした風景が絵のように美しいです。村には❶はないので、HPからあらかじめ地図を印刷して行くと便利。
URL www.villnoess.com（英語あり）
トップページからValley of trails→The hiking in val di Funesで検索可　　　　（3happy　'15）

コルティナ・ダンペッツォから やってみよう!!

ヴィア・フェラータ Via Ferrata
　ヴィア・フェラータとは、自身のハーネスと岩肌に打ち付けられたワイヤロープを結んでワイヤロープをたどる登山法です。ドロミテのヴィア・フェラータは第一次世界大戦に国境線守備の軍事目的で造られたものです。このワイヤロープをたどることで、経験の少ない登山者でも岩場や崖のコースに挑戦することができます。
　私たちはトファーナ山頂（3243m）へのコースに参加しました。ロープウエイを3回乗り継いで一気に3200mまで上がり、そこから山頂を目指しました。眼下に広がる絶景を見ながらのスリル満点の体験ができました。
　コースは初心者から上級者向けまであり、コルティナ・ダンペッツォのコルソ・イタリアの中心にあるガイドオフィスで相談に乗ってもらえます。ヘルメット、ハーネス（安全帯）などの装備は参加費に含まれおり、ランチを持参するだけでOK。
　事前予約は必要ですが、天候にも左右されるので、参加料の支払いは当日ツアーの催行が決まってからなので安心する。日本語はありませんが、英語でガイドしてくれます。基本ハイキングなので、簡単な日常会話ができれば大丈夫だと思います。
ヴィア・フェラータについて
URL www.guidedolomiti.com/jp/ferrata（日本語）
山岳ガイド
URL www.guidecortina.com/en（英語）
料金€270〜300（3〜5人）、所要3.5時間〜6時間など
　　　　（東京都　澤村三保子　'15）

North Italy

トレンティーノ＝アルト・アディジェ州

フリウリ＝ヴェネツィア・ジュリア州

Trentino-Alto Adige
Friuli-Venezia Giulia

トレンティーノ＝
アルト・アディジェ州の魅力

●面積　：13,619km²
●人口　：105万1950人
●州都　：トレント／ボルツァーノ
●行政区：
　トレント県、ボルツァーノ県

◆山岳リゾートの魅力がいっぱい

　1948年に制定されたトレンティーノ＝アルト・アディジェ特別自治州。トレンティーノ県は、公会議で有名なトレントが県都。この地域は、司教領として800年近くの歴史をもち、宗教都市として発展してきた。ナポレオンの支配を経て、19世紀まではオーストリアのハプスブルグ家の支配を受けた。山岳・森林地帯が、州の半分を占める特性を生かして、現在では観光産業が盛ん。登山やスキーのメッカとして、または山岳保養地として整備されている。一方、アルト・アディジェ県は、ボルツァーノを県都とする2ヵ国語地域で、イタリア語とともにドイツ語が日常的に使われている。ドイツ語では南チロル地方と呼ばれ、アルプスの南斜面を形成する。ドロミテ山塊もこの州にあり、本格的な山岳地帯。広々とした谷の脇には緩やかな斜面が広がる。奇観を見せる岩石群と起伏する草原や牧草地の高原。その間に散らばる宝石のような湖。イタリア一風光明媚な州。

ドイツ語が飛び交うボルツァーノ。
ドゥオーモも北方風

オーストリア
AUSTRIA

スイス
SVIZZERA

Brunico

メラーノ
Merano
P.346

ブレッサノーネ
Bressanone
P.350

オルティセイ
Ortisei

南チロル地方
SÜDTIROL

Siusi

コルティナ・ダンペッツォ
Cortina d'Ampezzo

トレンティーノ＝
アルト・アディジェ州
Trentino-Alt Ádige

ボルツァーノ
（ボーデン）
Bolzano/Bozen
P.336

カナツェイ
Canazei

Sóndrio

Campo Carlo Magno

S. Martino
di Castrozza

Parco Naz. delle
Dolomiti Bellunesi

マドンナ・ディ・カンピーリオ
Madonna di Campiglio

ベッルーノ
Belluno

ロンバルディア州

トレント
Trento
P.332

Feltre

Vittório

ヴェネト州

Riva d. Garda

ベルガモ
Bérgamo
イセオ湖

ガルダ湖

バッサーノ・デル・グラッパ
Bassano d. Grappa

Ásolo

トレヴィーゾ
Treviso

Castelfranco
Cittadella

フリウリ＝ヴェネツィア・ジュリア州の魅力

● 面積　：7,846km²
● 人口　：122万9360人
● 州都　：トリエステ
● 行政区：
　ゴリツィア県、ポルデノーネ県、トリエステ県、ウーディネ県

◆ 歴史に翻弄された魅惑の州

　イタリアの東端にあり、北部はプレアルプス山地の裾野から、南のアドリア海まで続く小さな州。現在の州の産業は、農業から工業へと転換し、ポルデノーネの家電、モンファルコーネの造船が有名。またグルメ垂涎のサン・ダニエレのハムは、この州の特産だ。歴史を遡ると、紀元前2世紀の頃には、ローマの行政区に編入され、アクイレイアがローマの港として発展した。その後はロンゴバルド族が内陸部を支配。海岸部はビザンチンの支配を経て、11世紀にはアクイレイアの総司教の力が強まり、北イタリア最大の教会領として発展する。その後は周辺地域の政治体制の変化により支配者が目まぐるしく変わり、イタリア領になったのは第1次世界大戦後。ローマ時代の考古学遺跡はアクイレイアに、ビザンチンの初期キリスト教の建造物はグラードで見ることができる。総司教の時代の建造物としては、アクイレイアの聖堂が有名。

優美なティエポロの作品が町を彩る、ウーディネ

Friuli-Venézia Giulia

トレンティーノ＝
アルト・アディジェ州
フリウリ＝ヴェネツィア・
ジュリア州

オーストリア
AUSTRIA

フリウリ＝
ヴェネツィア・
ジュリア州
Friuli-Venézia Giúlia

San Daniele
Cividale d.Friuli
ウーディネ
Udine
P.353
Pordenone
Palmanova
Portogruaro
アクィレイア
Aquiléia
Lignano
Sabbiadoro
グラード
Grado
Monfalcone
トリエステ
Trieste
P.357
Gorizia

スロヴェニア
SLOVENIA

ドイツ　チェコ
トレンティーノ＝　　　　スロバキア
アルト・アディジェ州　　オーストリア　ハンガリー
スイス　　　　　　　　フリウリ＝
　　　　　　　　　　ヴェネツィア・
　　　　　　　　　ジュリア州　　クロアチア
ミラノ　　　　　　　　　スロヴェニア
　　　　　　　　　　　　　　　ボスニア
リグリア海　　　　　　　　　　ヘルツェゴビナ
コルシカ島　　　　イタリア共和国
（仏領）　　アドリア海　　　　モンテネグロ
　　　　ローマ　　　　　　　アルバ
　　　　ティレニア海　　　　　　ニア
サルデーニャ島
　　　　　　　地中海
　　　　　　　シチリア島　　イオニア海
チュニジア

トレンティーノ＝アルト・アディジェ州
フリウリ＝ヴェネツィア州

- A14　高速自動車道路
- E16　主要幹線道路
- その他の道路
- 鉄道
- 国境
- 州境
- ✈ 飛行場
- ∴ 遺跡

N

0　　　　　　30km

トレント

美しい自然と歴史に彩られた町

●郵便番号　38100

トレントへの行き方

🚃 電車で

● ボルツァーノから
　鉄道fs FRECCIARGENTO
　　　……29分
　｜EC　……31分
　｜R　……37〜55分
　▼トレント

● ヴェローナから
　鉄道fs FRECCIARGENTO
　　　……54分
　｜EC　……57分
　｜R…1時間2分〜1時間21分
　▼トレント

■トレントの🛈
🏠 Via Manci 2
☎ 0461-216000
開 9:00〜19:00
地 P.332 A1

NAVIGATOR

トレントのおもな見どころは、中心部に集中しているため、徒歩で回れる。駅を出ると、まず、ダンテ広場Piazza Danteが目に入る。ここから5分ほどでドゥオーモ広場に到着する。町を歩くと、塔と宮殿が多いことに気づくはずだ。最大の見どころは、町の北東部にそびえる、ブオンコンシリオ城Castello del Buonconsiglio。マンチ通り、さらにはサン・マルコ通りを東に進むと、城に突き当たる。途中、右に見える美しい緑のうろこ屋根は、サン・ピエトロ教会Chiesa di S. Pietroの物。

緑の木立と岩山が眼前に広がり、町の西側にはゆったりとアディジェ川が流れる古都、トレント。アルプス以北とイタリアを結ぶブレンネロ街道の重要拠点であったこの町は、オーストリア風の優雅なたたずまいを残している。季節にはバラが咲き誇り、緑の梢が広がる公園、鮮やかなフレスコ画で飾られた宮殿、おしゃれなショッピング・ストリートなどが広がり、散策が楽しい町並みだ。

トレントの名が世界史の表舞台に登場したのは、16世紀のこと。ルターの宗教改革運動に対抗するため、ローマ法王らによるトレント公会議が開催された。

現在は、トレンティーノ＝アルト・アディジェ州の州都としてビジネスの拠点。また、ボンドーネ山などへの登山やスキーの基地としてにぎわいを見せる。

クリスマスマーケット

トレント
Trento

332

歴史と文化の中心広場

MAP P.332 B1

▶ドゥオーモ広場 ★★
Piazza del Duomo

ピアッツァ・デル・ドゥオーモ

町の中心、ドゥオーモ広場。壮麗な建物に囲まれた広々とした空間だ。周囲にはカフェが広がり、人々の憩いの場でもある。広場の中心には18世紀のネプチューンの噴水が水を上げる。正面にドゥオーモ、その東（左）にプレトリオ宮殿（司教区博物館）、道をへだてて、フレスコ画で飾られたレッラ邸Casa Rellaが建つ。

ネプチューンの噴水が飾る、ドゥオーモ広場

1階はカフェが店開きするレッラ邸

美しいバラ窓のロマネスク・ゴシック様式

MAP P.332 B1

▶ドゥオーモ ★★
Duomo

ドゥオーモ

11～12世紀に建設に着手され、12～13世紀に現在の形となり、16世紀に重厚な塔が付け加えられた。荘厳な石造りの内部は三廊式で、高い屋根を支える交差ヴォールトの束ね柱が並ぶ。主祭壇脇には、13～15世紀のフレスコ画が残る。木製のキリストの磔刑（たっけい）像が飾られたクローチフィッソ礼拝堂Cappella del Crocifissoの前で公会議の決定の発布が行われた。前方からは、6世紀の初期キリスト教の聖堂であった地下教会へと通じている。

町の中心、ドゥオーモ

司教区博物館のあるプレトリオ宮殿

■ドゥオーモ
🏠 Piazza del Duomo
☎ 02-88792473
🕐 8:00～12:00
　 14:30～19:00
🎫 地下遺構€1.50

公会議の歴史の証人

MAP P.332 B1

▶司教区博物館 ★★
Museo Diocesano Tridentino

ムゼオ・ディオチェザーノ・トリデンティーノ

歴史あるドゥオーモのとりわけ貴重な品々を展示している。16世紀のフランドルのタペストリー、14～15世紀のトレント地方の木彫りの祭壇や彫像、トレント公会議の資料や会議の様子を描いた絵画、聖職者の豪華な衣装や飾り、司教杖などを展示。
　上階からはドゥオーモへと通じており、ドゥオーモ内部を上から俯瞰（ふかん）して眺めることができる。

■司教区博物館
🏠 Piazza Duomo 18
☎ 0461-234419
🕐 夏季10:00～13:00
　 　 14:00～18:00
　 冬季 9:30～12:00
　 　 14:00～17:30
🚫 ㊋、1/1、1/6、復活祭の㊐、6/26、8/15、12/25
🎫 €5、大学生、65歳以上€3、12～18歳€1

プレトリオ宮内の司教区博物館内部

■ブオンコンシリオ城
住 Via Bernardo Clesio 5
☎ 0461-233770
開 5月中旬～11月初旬
　　10:00～18:00
　　11月初旬～5月中旬頃
　　9:30～17:00
休 围(祝)を除く)、1/1、12/25
料 €8、アクィラの塔+€1
　　要予約、オーディオガイド
　　付

便利でお得な
トレントロヴェレートカード
Trentorovereto Card
　トレントと周辺の見どころ、交通機関、レンタルサイクルなどに幅広く適用される共通券。カンティナ見学と試飲、レストランや商店でも10%の割引あり。地図と見どころのパンフレットがセットになっている。48時間有効で€20。販売は各見どころや❶で。
URL www.trentorovereto.it
['16]

『12の月』のある
アクィラの塔と中庭

✉ 便利なトレント
ロヴェレートカード
　とても便利なカードです。私たちはこの券でロープウエイに乗って高台へ行きました。何にもない集落でしたが、眺めはよく、近くにブドウ畑、その先にトレントの町、遠くに雪山を眺めてすがすがしい気分になりました。トレントロヴェレートカードは周辺の町へのバス便にも使えるそうです。ボンドーネ山へ行ってみたかったのですが、「5月では何もない。雪は終わって、花はまだ咲いていない」と言われてしまいました。
（東京都　ミズ　'08）['16]

高台の集落、サルダーニャ
Sardagna行きのロープウエイ

美しい中庭を包む優雅な城　　　**MAP** P.332 A2

ブオンコンシリオ城 ★★
Castello del Buonconsiglio
カステッロ・デル・ブオンコンシリオ

　かつて、領主司教の居城として用いられた。向かって左側、円柱塔のある部分は旧城Castelvecchioと呼ばれ、代々の司教の肖像を描いた部屋などがある。13世紀に建築され、15世紀にゴシック・ヴェネツィアン様式に改められた。右側、ルネッサンス様式の部分は、マーニョ宮Palazzo Magnoと呼ばれ、16世紀の建築。部屋ごとに工夫を凝らした天井

ブオンコンシリオ城の雄姿

画が見もの。城は複数の建物からなり、堀に囲まれ、ロッジアと花の咲く中庭が周囲を飾っている。『12の月』のあるアクィラの塔は、城の入口から庭園を横切った右側が入口。城の右端のアクィラ塔Torre Aquila内部には、フレスコ画の連作『12の月』(3月欠落)が、詩情豊かに描かれている。題材は、中世の農民、貴族の日常生活。

優雅な面影を残すストリート　　　**MAP** P.332 B1

ベレンツァーニ通り
Via Belenzani
ヴィア・ベレンツァーニ

　ドゥオーモ広場から続く通り。広々とした通りの左右は、フレスコ画で飾られたルネッサンス様式の館が点在する。20番地に15世紀のジェレミア館Palazzo Geremia、その向かいには現在の市庁舎であるトゥン館Palazzo Thun、32番地にはアルベルティ・コリコ宮Palazzo

美しいベレンツァーニ通り

Albert-Colicoなど。14～15世紀に、この町で大きな影響力をもった有力家系の邸宅で、壁画は神話の物語や当時の生活を描いている。

優美な鐘楼が飾る　　　**MAP** P.332 B1

サンタ・マリア・マッジョーレ教会
Santa Maria Maggiore
サンタ・マリア・マッジョーレ

　16世紀建築のルネッサンス様式。トレント宗教会議の話し合いが幾度となく行われた場所でもある。主祭壇には、ピエトロ・リッキによる「聖母被昇天」、大理石製の合唱席は16世紀半ばの傑作と称されている。

トレント宗教会議の開かれたS.M.マッジョーレ教会

そのほかの見どころ

　科学博物館MUSE Museo delle Scienzaが2013年7月に開館。レンツォ・ピアーノによる美しい近代的な建物で、展示も斬新で大人も子供も楽しめる博物館。ドロミテの地質学的発展、氷河、気候、動・植物の生態系などを知ることができる。

　町から約20km離れたボンドーネ山Monte Bondoneでは冬はスキーが楽しめる。6～9月には、高山植物園Giardino Botanico Alpinoがオープンし、200種以上もの高山植物を見ることができる。

■S.M.マッジョーレ教会
闓 8:00～12:00、14:30～18:00

■科学博物館MUSE
住 Corso del Lavoro e della Scienza 3
☎ 0461-270311
闓 10:00～18:00
　㈬10:00～21:00
　㈯㈰9:00～19:00
休 ㈪(㈷を除く)、1/1、12/25
料 €10 地 P.332 B1外
URL www.muse.it
※ドゥオーモ広場から徒歩10分

🍴🏨 RISTORANTE HOTEL　トレントのレストラン&ホテル

🍴 ビッレリア・フォルスト
Birreria Forst　　P.332 B1

トレントの目抜き通りにある、ビッレリア兼レストラン。地下の醸造所からのできたてのビールが味わえる。カウンターと広いサロンは、南チロル風の装飾で美しい。料理はおいしくボリューミーで、ひと皿で十分。デザートも充実。フォルストビール直営店で、ビール好きにはたまらない。

住 Via Paolo Oss Mazzurana 38
☎ 0461-235590
闓 7:00～24:00(料理提供は、12:00 ～15:30頃、19:00～22:30頃)
休 無休
予 €20～35
C M.V.
交 ドゥオーモ広場から4～5分

🍴 スクリーニョ・デル・ドゥオーモ
Scrigno del Duomo　　P.332 B1

1階のワインバーではワインと軽い食事が楽しめ、2階はエレガントなレストラン。季節の土地の味わいを大切にしたメニューは20日程度で変わる。チーズやサラミも充実の品揃え。ドゥオーモそば。

住 Piazza Duomo 29
☎ 0461-220030
闓 11:00～14:30、19:30 ～23:30
休 ㈰㈪、1月の20日間、8月
予 €35～60、定食€35～ 60、ワインバー€30～60
C A.D.J.M.V.

🍴 カンティノータ
Cantinota　　P.332 A2

町の中心にある、土地の伝統的料理が味わえる店。16世紀の酒蔵を改装した店内には、ピアノバーやエノテカ、ターヴォラ・カルダもあり、手頃に食事したいときにも便利。

住 Via San Marco 22/24
☎ 0461-238527
闓 12:00～15:00、18:30 ～24:00
休 ㈭
予 €20～60(コペルト€3)、定食€25(ワイン1杯付)
C A.D.M.V.

⭐⭐⭐⭐ グランド・ホテル・トレント
Grand Hotel Trento　　P.332 A1

トレント駅前に位置する緑の多いダンテ広場の対面に建つホテル。楕円形で赤茶色の大きな建物なので、すぐにわかるはず。近年内部の改装がなされた部屋は、シンプルで清潔。町一番のホテルにしてはお値ごろで泊まれ、駅からも近くて便利。サービスもいい。
URL www.grandhoteltrento.com

住 Piazza Dante 20
☎ 0461-271000
SB €95/230
TB €115/250
室 130室　朝食込み W-F
C A.D.M.V.
交 駅から300m

⭐⭐⭐⭐ アクイラ・ドーロ
Hotel Aquila d'Oro　　P.332 B1

ドゥオーモ広場の北側にあり、便利。清潔。朝食込み。シャワーまたはバス付き。駅からは、バスNo.Aで2つ目の停留所下車。
Low 1、2、8、11月
URL www.aquiladoro.it

住 Via Belenzani 76
☎ 0461-986282
Fax 0461-986292
SS €70/145
TS TB €90/200
室 19室　朝食込み W-F
C A.J.M.V.

⭐⭐⭐ アメリカ
Hotel America　　P.332 A2

駅に近くて便利で、ダンテ広場の緑も間近に迫る。居心地のよい1軒。客室は近代的な雰囲気。
URL www.hotelamerica.it

住 Via Torre Verde 50
☎ 0461-983010
Fax 0461-230603
SS SB €70/137
TS TB €100/195
室 67室　朝食込み W-F
C A.D.M.V.
交 駅から400m

S シャワー共同シングル料金　SS シャワー付きシングル料金　TS シャワー付きツイン料金　TB バス付きツイン料金　SJ スイート料金

●郵便番号　39100

NAVIGATOR

古都ボルツァーノには、細
い石畳の道が走り、ポルティ
コ（柱廊）の続く通りや花々の
飾られた窓をもつ民家や美し
い中庭のある館が町にアク
セントを与えている。通りに面し
た建物には、フレスコ画が描
かれ、濃い緑色をした鋳物の
看板が優美なカーブを描く。
　ポルティチ通りには、ドイ
ツ風のケーキを食べさせてく
れるしゃれたカフェやブティッ
ク、手刺繍の品を売る店など
が多い。細い路地を抜けてエ
ルベ広場に到着すれば、果物、
野菜の市場が広がる。

ボルツァーノ／ボーツェン　P.15 A3
Bolzano/Bozen
ドイツの堅実さとイタリア的な明るさの混じった

　アルプスの山々に囲まれ、美しい
水をたたえるイサルコ川に沿って広が
るボルツァーノの町。アルト・アディ
ジェ州、ボルツァーノ県の県都であり、
人口約10万人。
　新聞、テレビ、ラジオには、ドイツ
語とイタリア語が使われ、住民の約
70％はドイツ語、約25％はイタリア
語、約5％の住民はラディーノ語（ドロ
ミテ山塊、フリウリ地方などで使われ
るロマンス語のひとつ）を話す。

市場が楽しいボルツァーノ

　イタリアと北ヨーロッパを結ぶ要として、交易路の中心として発
展し、現在でも、自動車道、鉄道の接点になっている。昔からの
商業活動に加え、果実栽培やワイン作りの農業は20世紀になって
大発展し、イタリアの果実の大生産地となっている。
　毎年9月には国際見本市が、4月にはワインの展示試飲会が開催され
る。5月には民俗色の濃
い祭り、夏季の8・9月
には、ブソーニBusoni
国際ピアノコンクールが
行われ、内外の音楽愛
好家が集う。

パラソルの下で、
短い夏を満喫

おもな見どころ

人々の集う、町の中心広場　　　　　MAP P.337 A・B1

ヴァルター広場
Piazza Walther
ヴァルター広場

　町の人々の憩いの場ヴァル
ター広場。中央には、中世ドイツ
の詩人ヴァルターWalther von
der Vogelweideの像。ウィー
ン風の面影の残るノスタルジッ
クなカフェでコーヒーをすすり、
子供たちはアイスクリームに舌
鼓。ときには、広場に張り出し
たしゃれた青空レストランで食
事をするのも楽しみだ。

中世ドイツの詩人
ヴァルター像のあるヴァルター広場

ドゥオーモ
Duomo

ドゥオーモ

町の中心、ヴァルター広場にそびえ建つ、14〜15世紀のゴシック様式の教会。エレガントな後陣をもち、この地方独特の多色で勾配のある屋根が乗っている。透かし細工のような尖塔状の飾りの付いた鐘楼62m（1519年建造）が際立っている。正面玄関とその周囲を飾るレリーフは14〜15世紀の物。

正面には、ロマネスク様式のバラ窓があり、玄関の獅子像も15世紀のロマネスク様式。光あふれる内部は、フレスコ画（14〜15世紀）で飾られ、アーチの下の「十字に架けられたキリスト像」は14世紀中頃の物。後陣には、18世紀のグラツィエ礼拝堂があり、ここにはカール・ヘンリチKarl Henriciによるフレスコ画と13世紀のロマネスク様式の彫刻がある。

多色勾配の屋根が美しいドゥオーモ

■ドゥオーモ
住 Piazza Parrocchia
開 月〜土10:00〜17:00

ボルツァーノからの1日観光
復活祭から10月までの間、ガルダ湖、コルティナ、ドロミテ渓谷などを周遊するガイド付きツアーが出発している。この地ならではの渓谷美や小さな美しい町々を効率よく巡るには便利。曜日により行先は異なる。また2日以上前に予約が必要。詳細は❶へ。
（→P.311）

✉ 本物のザッハトルテを
ヴァルター広場の一角にザッハトルテの支店があります。カフェではないので、お茶はできませんが、イタリアでザッハトルテを購入できるのがうれしい。
住 Piazza Walther 21
☎ 0471-975221
（3Happy '15）

トレンティーノ＝アルト・アディジェ州

ボルツァーノ

ロンコロ城へ

Castel Maréccio

S.Giovanni in Villa

オスヴァルドへの散歩道
Passeggiata S. Osvaldo

グリエスへ
1km

P.le d. Vittoria

タルヴェラ橋
Ponte Talvera

P.za d. Madonna

自然史博物館
Museo di Scienze Naturali

考古学博物館
Museo archeologico dell'Alto Adige

エルベ広場
P.za delle Erbe

フランチェスカーニ教会
Chiesa dei Francescani

市立博物館
Museo civico

フォースターブロイ
Forsterbräu

旧市庁舎
ポルティチ通り V.d. Portici

ポルティチ

ルナ・モンドシャイン
Luna-Mondschein

P.za Grano

P.za Argentieri

メルカンティーレ博物館
Museo Mercantile

フューゲル
Vögele

V.d. Mostra

フォッペン
Hopfen & Co.

カイザークラウン
KaiserKron

ヴァルター広場
P.za Walther

オステッロ・ボルツァーノ
Ostell. della Gioventù Bolzano

レジーナ
Hotel Regina

ドメニカーニ教会
Chiesa d.Domenicani

ドゥオーモ
Duomo

バスターミナル
Staz. Autoline

トレニタリア
ボルツァーノ駅
Staz. F.S.

パークホテル・ラウリン
Parkhotel Laurin

ラウリン
Laurin

Teatro Comunale

Piazza Verdi

Ponte Druso

Ponte Loreto

メラーノへ
29km

ボルツァーノ
Bolzano

200m

左サイドバー

■ドメニカーニ教会
住 Piazza Domenicani
開 9:30〜17:00
　㊐12:00〜18:00
休 ミサの時間

ボルツァーノ空港↔
町のバス
　バス10A、108番で所要15
〜20分。切符€1.50。約15
分間隔の運行。空港からバス
停まで約500m。タクシーは
空港出口に乗り場あり、レン
タカー会社も空港内にある。

✉ 食べたぞ!!
　エルベ広場近くにはビール
屋さんをはじめ、たくさんの
レストランやバール、お菓子
屋さんがあります。レストラン
で骨つきの豚のスネ肉Stinco
di Maiale（原始人みたい……
…）を豪快に食べたら、場所
を移してオーストリア風の大
きなケーキをパクリ。周囲の
山々は美しいし、手頃でおい
しい食べ物もいっぱい。楽し
い滞在でした。
　　　　（東京都　ぴのこ　'14）

✉ ワインの町、
　　ボルツァーノ
　ボルツァーノ周辺の丘では
ブドウが栽培され、町を取り
巻くようにカンティナ（ワイン
醸造所兼販売所）が点在し、
ワインの町としても有名です。
町の中心の❶から徒歩15分く
らいのところ（地図P.337 A1
外）のCantina Muri Griesと
いうワイナリーでは試飲して
から買え、1本€10前後のお
いしいワインでした。
Cantina Muri Gries
住 Piazza Gries 21
☎ 0471-282287
URL www.muri-gries.com
　　（愛知県　どんちゃん　'12）

荷物預け
　fs駅構内とプルマンのター
ミナルにある。

そぞろ歩きが楽しい
ポルティチ通り

メインコンテンツ

ジョット派のフレスコ画が残る

MAP P.337 B1

ドメニカーニ教会
Domenicani
ドメニカーニ ★

　ゴシック様式の教会。ボルツァーノにおけるイタリア風の古い教会であったが、第2次世界大戦で破壊され再建された。
　内部は、フレスコ画（14〜15世紀）で飾られ、入口右側のサン・ジョヴァンニ礼拝堂Cappella di S. Giovanniには、貴重なフレスコ画が残る。『死の凱旋』Trionfo della Morteは、1340年頃のジョットの影響を受けたパドヴァ派の物。隣接のゴシック様式の回廊（入口19/a番地）には15世紀のフレスコ画があり、サン・カテリーナ礼拝堂Cappella di S. Caterinaには、ジョット派のフレスコ画がある。

再建されたドメニカーニ教会

教会と色とりどりの屋台が囲む

MAP P.337 A1

エルベ広場
Piazza delle Erbe
ピアッツァ・デッレ・エルベ ★★

　日曜日を除く毎日、特徴のある建物に沿って、果物や野菜の市場が広がる。18世紀のブロンズ製のネプチューンの噴水が華やかさを添え、広場の奥にはゴシック様式のフランチェスカーニ教会Chiesa dei Francescaniが建つ。この教会のヴェルジネ礼拝堂Cappella della Vergine（1337年）には、1500年代の木彫りの装飾豊かな祭壇がおかれている。また優美な列柱の並ぶ回廊は、14世紀の物。14世紀のフレスコ画も残る。

色とりどりの果物や野菜の並ぶエルベ広場

歴史ある館の並ぶ、目抜き通り

MAP P.337 A1・2

ポルティチ通り
Via dei Portici
ヴィア・デイ・ポルティチ ★

　ボルツァーノの町を真っすぐ東西に抜けて走るアーケードがポルティチ通りだ。町の商業の中心として主要な店は、みなここに集まっている。アーケードに沿って並ぶ建物は、15〜18世紀の物。39番地にあるバロック様式の建物は、商業上の問題を解決するための役所だったメルカンティーレ館Palazzo Mercantile。

現在はメルカンティーレ博物館（入口は裏）

世界最古のアイス・マンのミイラを展示 MAP P.337 A1

考古学博物館 ★★
Museo Archeologico dell'Alto Adige
ムゼオ・アルケオロジーコ・デッラルト・アディジェ

旧石器時代から10世紀頃までのアルト・ア
ディジェ州の歴史を伝える品々を展示。この
博物館の主役は、1991年にシミラウム氷河か
ら発見された凍結ミイラのオーツィOetzi／エ
ッツィÖtzi。別名アイス・マンと呼ばれ、猟
師の姿をしたこのミイラは、背中に傷がある
ため戦いで死亡したともいわれている。約
5300年前に死亡し、そのまま氷河に閉じこめ
られていたため、その姿、
持ち物がよく保存されて
いることで名高い。オー
ツィの姿、衣装、斧や槍といった持ち物をはじめ、当
時の様子もビデオなどで再現され、紀元前の当時の
様子をよく知ることができる。

アイス・マン見学の人が絶えない
考古学博物館

アイス・マンと呼ばれるミイラ

● そのほかの博物館 ●

ドロミテの自然を知ろう MAP P.337 A2

自然史博物館 ★
Museo di Scienza Naturali dell'Alto Adige
ムゼオ・ディ・シエンツァ・ナトゥラーリ・デッラルト・アディジェ

アルト・アディジェ州の動植物などの生態
系の展示をはじめ、海底から隆起して形成さ
れたドロミテ山塊の発展の様子などを展示。展示はわかりやすく、
動物の剥製なども多数あり、大人も子供も楽しめる。

パネル展示が楽しい

ボルツァーノの豊かな歴史を展示 MAP P.337 A1

メルカンティーレ博物館 ★
Museo Mercantile
ムゼオ・メルカンティーレ

1635年に設立されたかつての商取引の役所
にあり、この町の商業活動の歴史を展示した博物館。商業活動の取り
決めを定めた重厚な会議室、この地方ならではの陶製ストーブが置か
れたサロンなどのほか、布地の見本帳、コイン、絵などを展示。

格調ある会議室

町の歴史と伝統を展示 MAP P.337 A1

市立博物館 ★
Museo Civico
ムゼオ・チヴィコ

考古学および民俗学的資料（民俗衣装、民
具など）が陳列されている。絵画館には、アデ
ィジェ地方の芸術家たちのバロック期の作品や13〜16世紀の貴重
な木彫彫刻などがある。

陶製ストーブが見事

■考古学博物館
住 Via del Museo 43
☎ 0471-320110
開 10:00〜18:00
休 7、8、12月を除く⑱、1/1、
　5/1、12/25
料 €9
　家族券Family Card（大人
　2人＋14歳以下）€18
　入館は閉館1時間前まで

✉ 考古学博物館は行列
　6月の火曜日（前日は休館日）
の午前中は入館待ちの行列が
できていました。係の人によ
ると30〜45分待ちとのことで
した。　（東京都　Joli '14）

人気の散歩道
タルヴェラ橋
Ponte Talvera
ポンテ・タルヴェラ
タルヴェラ川に架かるこの
橋の周辺は、花と緑があふれ
る遊歩道が続き川沿いの散歩
に最適の場所になっている。
地 P.337 A1

■自然史博物館
住 Via Bottai 1
☎ 0471-412964
開 10:00〜18:00
休 ⑱、1/1、5/1、12/25
料 €5、学生、65歳以上
　€3.70、6歳以下無料

■メルカンティーレ
　博物館
住 Via Portici 39
☎ 0471-945702
開 10:00〜12:30
休 ⑱ 料 無料

■市立博物館
住 Via Cassa di Risparmio 14
☎ 0471-997960
開 10:00〜18:00
休 ⑱、1/1、12/24、12/24、
　12/31
料 無料

ボルツァーノカード
Bolzano-Bozen Card
市内の主な美術・博物館8
つとアルト・アディジェ州の
80の美術・博物館が無料。さ
らに4〜10月の市内ガイド付
きツアー、5〜10月の❶主催
の自然公園へのエクスカーシ
ョン（トレ・チーメ、ファネス・
センネス・ブライエス、シラ
ー山塊・カティナッチョなど）
に参加可能（要予約）。観光局
の自転車、アルト・アディジ
ェ州内交通機関、ボルツァー
ノのロープウエイなどの交通
機関も無料で利用可。
料 大人€38、6〜14歳€20
　3日間有効。ヴァルター広
　場の❶で販売。
詳細は URL www.bolzano-
bozen.it（一部日本語あり）

トレンティーノ＝
アルト・アディジェ州

ボルツァーノ

■ロンコロ城

住 Via Sarentino
☎ 0471-980200
開 10:00～17:30(冬季17:00)
休 (月)(祝)　料 €8
家族券Family Card(大人
2人+14歳以下)€16
町からはバス平日12番、(月)(祝)
14番で(ヴァルター広場から
無料のシャトルバスあり)。

✉ ロンコロ城への無料バス
❶の前の道路(シュロの木
が目印)に看板があります。30
分間隔でミニバンがやってき
ます。下車後、かなり急な坂
道を上って城へ到着。帰りの
便は切符窓口でリクエストが
必要です。私たちは最終便の
バス(閉館時間より早い!?)に
間に合うように早足で見学。
市バスは少ないです。
(東京都　Joli　'14)

●ボルツァーノ郊外●

険しい山にそびえ建つ

MAP P.337 A1 外(北へ2.5km)

ロンコロ城
Castel Roncolo

カステル・ロンコロ ★

緑の中に孤高に建つ
ロンコロ城

サレンティーナ峡谷Val Sarentinaへの道を2.5km歩くと到着する。ボルツァーノ周辺で一番有名な城。標高361m、こんもりとした緑の山の中腹にある。1237年に建てられ、19世紀に再建された。内部には14～15世紀の騎士物語のフレスコ画が残る。

オリジナルのフレスコ画が残る

便利なモバイルカード Mobilcard Alto Adige／SÜDTIROL

アルト・アディジェ州内の列車、バス、プルマン、ボルツァーノからのロープウエイなどが乗り放題になるカード。①Mobilcard交通機関のみ、②Museumobil Card①＋美術・博物館券、③Bikemobil Card①＋貸し自転車(夏季のみ)の3種類がある。
①1日券€15、3日券€23、7日券€28(14歳以下のJunior券は半額)
②3日券€30、7日券€34(14歳以下のJunior券は半額)
③1日券€24、3日券€30、7日券€34(14歳以下のJunior券は半額)
州内の交通機関の切符窓口、❶などで販売。
詳細はURL www.mobilcard.info

🍴🏨 RISTORANTE HOTEL　　ボルツァーノのレストラン&ホテル

観光局❶でホテルの相談にのってもらえる。滞在型なら、ゆったりと郊外に宿泊するのもおすすめだ。多くの3つ星以上のホテルではレストランを併設している。手頃で充実した定食が用意され、町の人の利用も多い。連泊するなら、食事代込みのハーフペンショーネ(2食込み)を利用すれば、さらに経済的だ。ただ、ハーフペンショーネは最低2～3泊から利用可能なことがほとんど。手軽に食事するなら、ワイン・ハウスやビヤホールもいい。オーストリア風の郷土料理が楽しめる。

🍴 レストラン・ラウリン
Restaurant Laurin　　P.337 B2

夏には緑の庭園にテーブルが広がり、洗練された避暑地の雰囲気がいっぱい。魚介類を使った料理も充実しており、若いシェフの作り出す味わいはどこか東洋風のテイストも感じさせる。

住 Via Laurin 4(Hotel Laurin内)
☎ 0471-311000
営 12:00～14:30、19:00～22:30
休 (日)(夏季は除く)、1/6～2/7
予 €43～85(コベルト€2.50)、定食€35
C A.D.J.M.V.

🍴 カイザークラウン
Restaurant Kaiserkron　　P.337 B1

町の中心にある、おしゃれでエレガントな1軒。料理は土地の素材を大切にした地中海風。おすすめは、ドイツ風ポテトニョッキSchlutzkrapfen、牛肉のタリアータTagliataなど。　要予約

住 Piazza della Mostra 1
☎ 0471-980214
営 12:00～14:15、19:00～21:30
休 (日)、(祝)、3/27、28、4/25
予 €48～83(コベルト€2)
C D.J.M.V.

🍴 フューゲル
Vöegele　　P.337 A1

木造りの田舎家風のあたたかい雰囲気の中、郷土料理が味わえる。チーズの品揃えも充実している。
できれば予約

住 Via Goethe 3
☎ 0471-973938
営 11:00～16:00、17:00～24:00
休 (日)、(祝)
予 €23～60(コベルト€1)
C M.V.

⊗ フォースターブロイ
Forsterbräu
P.337 A1

イタリアでよく目にするビールメーカーFORST社によるレストラン。ヴァルター広場の裏手、描き絵と季節の花で美しく装飾された館にあり、店頭に張り出したテラスでの食事が気持ちいい。土地の伝統的な料理が充実。量もタップリ。

- 🏠 Via Goethe 6
- ☎ 0471-977243
- 🕐 12:00～14:30、18:30～22:00
- 休 ⑪（12月を除く）
- 🍴 €30～65
- C M.V.

⊗ フォッペン&コー
Hopfen & Co.
P.337 A1

エルベ広場の脇にある気取らない雰囲気のビッレリア。夏は開放的な道沿いのテーブル席でビールを飲む人や食事をする人でいつもにぎやか。店内は落ち着いた民俗風のインテリア。小窓から地下でビールを醸造するのが見られるのも珍しい体験だ。

- 🏠 Piazza dell'Erbe 17
- ☎ 0471-300788
- 🕐 9:30～翌1:00
- 休 一部の⑪
- 🍴 €20～30(コペルト€1)、定食 €25、30
- C A.M.V.

★★★★ パーク・ホテル・ラウリン
Park Hotel Laurin
P.337 B2

緑あふれる公園の脇に建つ、1910年に建設されたアールヌーヴォー様式の館にある伝統あるホテル。冬には暖炉が燃える重厚なバーをはじめ、落ち着いた洗練された雰囲気に。📧駅からもバスターミナルからも近くて便利でした。中庭のカフェでは木漏れ陽のなか、木々や花に囲まれてお茶を楽しむことができました。　(滋賀県　ゆうこ　'14)['16]

- URL www.laurin.it
- 🏠 Via Laurin 4
- ☎ 0471-311000
- Fax 0471-311148
- SB €107/231
- TB €157/309
- SU €379～
- 🛏 100室　朝食込み W-F
- C A.D.J.M.V.
- 🚉 駅から150m

★★★★ ルナ・モンドシェン
Hotel Luna-Mondschein
P.337 A2

木々に囲まれた気持ちのよい庭園があり、くつろぎのひとときや朝食に最適。客室内は重厚な雰囲気で広くて快適。グルメに評価の高いレストランルナLunas併設。

- Low 1～3月
- URL www.hotel-luna.it
- 🏠 Via Piave 15
- ☎ 0471-975642
- Fax 0471-975577
- SS €105/123
- TS TB €148/195
- JS 220
- 🛏 78室　朝食込み W-F
- C A.D.M.V.
- 🚉 駅から500m

★★★ レーヴァルド
Hotel Lewald
P.337 B1外

長く続く家族経営のホテル兼チロル料理のレストラン。夏は庭園での食事が気持ちよく、手頃な定食もあって町の人にも人気。2食付きは1人1泊€80くらい。滞在型の旅に最適。チェックインは18:00まで。駐車場無料。読者割引 5%、2泊で10%、3泊で12%

- URL www.lewald.it
- 🏠 Via Maso della Pieve 17
- ☎ 0471-250330
- Fax 0471-251916
- SS €55/95
- TS TB €50/150
- SU €84/170
- 🛏 14室　朝食込み
- W-F
- C A.D.J.M.V.
- 🚉 駅からバス110、112番で約20分

★★★ レジーナ
Hotel Regina
P.337 B2

鉄道駅のほぼ正面に位置し、移動にも観光にも便利な立地。室内は広く、窓は二重窓なので、騒音や寒さも入らず快適。読者割引 直接予約の3泊以上で10%

- 🏠 Via Renon 1
- ☎ 0471-972195
- Fax 0471-978944
- SS €70/95
- TS €100/150
- 🛏 37室　朝食込み W-F
- C A.J.M.V.
- 休 12/23～12/25
- URL www.hotelreginabz.it

オステッロ・デッラ・ジョヴェントゥ・ボルツァーノ
Ostello della Gioventù Bolzano
P.337 A・B2

YH 📧 会員証不要で誰でも泊まれるYH。駅から徒歩5分。近代的な建物で室内も機能的で使いやすい。　(東京都　津崎園子　'08)['16]

- 🏠 Via Renon 23
- ☎ 0471-300865
- Fax 0471-300858
- 受け付け8:00～翌4:00(門限)
- 🍴 D €22.50/24.50
- SS €30/32(1泊の場合＋€2)朝食込み W-F
- C A.D.J.M.V.
- URL //bozen.jugendherberge.it

※ボルツァーノの滞在税　キャンプ、YH～★★★ €0.70、★★★ €1、★★★★～★★★★★ €1.30　14歳以下免除

S シャワー共同シングル料金　SS シャワー付きシングル料金　SB バス付きシングル料金　TS シャワー付きツイン料金　TB バス付きツイン料金　SB バス付きトリプル料金　D ドミトリー料金　SU スイート料金

ボルツァーノ駅を右に見て（北東方向へ）大通りを約600m進み、レノンのロープウエイ乗り場から乗車、所要12分で終点。ロープウエイを降りると、目の前にレノン鉄道のソプラボルツァーノ駅Sprabolzano駅。ここからレノン鉄道に乗車し、所要16分で終点コッラルボCollalbo駅。

■レノン・ロープウエイ
Funivia del Renon
6:30〜22:38
(日祝)7:10〜22:45
※毎月の第1(月)は整備のため14:48が最終。以降はバスが運行

■レノン鉄道
Treno del Renon
6:08(日祝)7:24〜22:20
※約30分〜1時間間隔の運行。木造の車両は午前中(9:30〜11:30頃)のみの運行
ロープウエイ
往復€10、片道€6
レノン鉄道との共通券
往復€15、片道€9

レノン鉄道の列車

開通100周年の記念列車は木製。午前中のみ運行

※1日でレノン鉄道を経由してピラミデ、コルノ・デル・レノン(リットゥナー・ホルン)を観光する場合は最初に(午前中または午後なら早い時間)コルノ・デル・レノンへ向かおう。早い時間の方が天候は安定している。
※レノン・ロープウエイ、レノン鉄道、コルノ・デル・レノンへのバスはMobilカード利用可。コルノ・デル・レノンのロープウエイは利用不可。

ソプラボルツァーノ
レノンの町へ

標高262mのボルツァーノからロープウエイは眼下に深い緑と遠くに切り立つ山々を映し、一気に1000mを上がる。到着したレノンの町は緑があふれるすがすがしい小さな集落。森のなかを100年以上の歴史を誇る愛らしい**レノン鉄道**が走り、緑のなかを進めば、珍しい自然のオブジェ＝**ピラミデ・ディ・テッラ**が現れる。ここからさらに、バスとロープウエイを乗り継げば容易に3000m級の山々を一望するすばらしいパノラマが楽しめるコルノ・デル・レノン(リットゥナー・ホルン)へと運んでくれる。

コルノ・デル・レノンのパノラマ展望台(P.343)。ドロミテの眺望がすばらしい

レノン行きのロープウエイ。絶景が広がる

愛らしいレノン鉄道に乗って
Treno del Renon

外観も内部も木造りの愛らしい列車は、20世紀はじめオーストリア・ハンガリー帝が夏の別荘への交通機関として建設し、1907年に完成。ヨーロッパ唯一という狭ゲージの列車はロープウエイを降りたソプラボルツァーノSoprabolzano/OberbozenとコッラルボCollalbo/Klobensteinを16分で結ぶ。列車はモミの木が茂る森の木立や牧草地を抜け、小さな駅に停車してゆっくりと進む。車窓からはドロミテ山塊のすばらしい雄姿が広がる。列車のたたずまいも車窓からの風景もどこかおとぎ話のように牧歌的だ。

かわいらしいソプラボルツァーノの駅

コッラルボの駅舎も美しい

狭ゲージの列車の前方から

自然のオブジェ、ピラミデ・ディ・テッラへ
Piramide di Terra/Erdpyramiden

レノン鉄道を終点コラッボで下車したら、ピラミデを見に行こう。駅から徒歩で20〜30分。町のいたる所にピラミデへの案内板があるので、迷う心配はない。夏には花があふれる住宅街を抜け、睡蓮が咲く池を眺めて進もう。標識に従い、アスファルトの道から右に緑の遊歩道に入り、し

ドロミテの山を背景に牧草地と教会。下の谷にはピラミデが

ばらく進むと、谷間に細長い三角錐の上に石を帽子のように乗せた

ピラミデ

細長いピラミッドの林が現れる。これは氷河時代からの自然の風化作用と浸食によって造りだされたもの。谷間の荒涼としたピラミデ、奥に広がる緑の牧草地、遠くに望むドロミテの山々と、不思議なコントラストが美しい光景を造り出している。崖崩れが進み、遊歩道の一部には木作りの張り出したテラスが設けられている。時間があれば、3番目のテラスまで進んで景観を楽しもう。

コルノ・デル・レノン／リットゥナー・ホルンへ
Corno del Renon/Rittner Horn

コッラルボからのバスは約10分で終点TreVie/Pemmern 1538mに到着。ここからロープウエイに乗ってCima Lago Nero 2070mへ。遠くからカウベルの音が聞こえ、眼下には放牧地の緑が広がり、牛たちが草を食む姿を眺めて約7分で到

ロープウエイ下車後この目印を右に進もう

着。山頂駅から左へ進むと、道は蛇行してレノン山Corno del Renon/Rittner Horn 2270mへと続いている。途中の道は季節にはシャクナゲやアルペンローズが咲く、フラワーロード。今回は右のチエロロンダCielorondaへ進もう。目的地は徒歩5分の丸いテーブルを囲んで椅子が置かれたパノラマ展望台。大自然のなかに現代アートのようにテーブルが鎮座するここからは360度の絶景パノラマが楽しめる。右から平らな塊のような山はシラー山塊Scilar 2564m、カティナッチョのアンテルモイアCatinaccio d'Antermoia 3004m、その隣に遠くにマルモラーダMarmolada 3343m、サッソ・ピアットSasso Piatto 2964m、サッソルンゴ Sassolungo 3179m、その奥にセッラ山塊Gruppo del Sella 3151m と3000m級の山々が続く。周囲には灌木が茂るハイキングロード Sentiero Panoramicoがあり、1周約1時間。

NAVIGATOR
ピラミデ・ディ・テッラ
Piramide di Terraへの行き方
コッラルボ駅を背に左に進む。住宅街のいたるところに標識があるので、それに沿って進もう。徒歩で所要約30分。ピラミデ・ディ・テッラ周辺は遊歩道となっており、3ヵ所に木造りの展望台が設けられている。
※ボルツァーノから下記駐車場まではバス165番も運行。所要約30分。逆方向もあり。

アルペンローズが美しい

NAVIGATOR
コルノ・デル・レノン／リットゥナーホルンCorno del Renon/ Rittner Hornへの行き方
コッラルボ駅を背に右に進み、すぐの坂道を下ると駐車場。駐車場Parcheggio Kaiserauに面した道路からバス166番（市バスと異なるバスで、表示がない場合があるので、バスの運転手に確認を）終点Tre Vieで下車。所要約10分、終点がロープウエイ乗り場。バスは6/15〜11/2の運行で1時間に1便。ロープウエイを降りると、道は左右に分かれるので、右方向へ進むと5分ほどで展望台。

■**コルノ・デル・レノン・ロープウエイ Funivia Corno del Renon**
営 5/17〜11/2 8:30〜17:30 （10/6以降〜16:30）
料 往復€13、上り€9、下り €4.50
60歳以上往復€11.50、子供€7.50
URL www.renon.com
山頂駅に隣接して、レストラン兼バールのガストハウス・チーマ・ラーゴ・ネロGasthaus Cima Lago neroが営業。ここからの眺めはよく、休憩がてらのお茶や食事にも最適。

山頂駅の山小屋の食事

ドロミテの展望台

アルペ・ディ・シウジの休日

のんびり馬車が進む自然公園内は、忙しい日常とはまるで別世界

北をガルデーナ渓谷、西をイサルコ渓谷、南をティレス渓谷に接し、緩やかで広大な丘陵地帯が広がるアルペ・ディ・シウジAlpe di Siusi。周囲を谷に切り取られ、ぽっかり浮いたような緑の丘陵をドロミテの山々が王冠のように連なる様子は、まさに「ドロミテの展望台」の呼び名がふさわしい。サッソルンゴSassolungo、サッソ・ピアット Sasso Piatto、シリアル山塊Gruppo dello Sciliar、カティナッチョCatinaccioの山々が縁取る。ヨーロッパ最大の放牧地と呼ばれる丘は、夏には色とりどりの草花と緑で覆われる。遠くに響くカウベルの音、青々とした牧草を刈り取るすがすがしい緑の匂い、眼前には谷へと急激な落差を見せる山々。心を開放させ、どこか高揚感さえ感じさせる光景が広がる。

ヨーロッパ最大の放牧地を歩く

シウジからのロープウエイの終点駅からほど近いのが、集落の中心地コンパッチョCompaccio/Compatsch。まずは坂道を上ってパノラマ・リフトSeggiovia Panoramaに乗ろう。2011mまで約10分。リフトの降車場を背にして右手に断崖のようにそびえるのがペッツ山Monte Petz（2563m）、その隣に槍のようにそびえるのがサントネール山Santner（2413m）。遠くには雪をかぶったマルモラーダ山、さらに天気がよければスイスアルプスまで望むことができる、すばらしい光景が広がる。周囲には湿地帯に遊歩道が続いており、周辺を散策してコンパッチョに戻ると一周約1時間30分。移り変わる風景を楽しみながら散策しよう。

「野生の草花の宝庫」とも呼ばれる放牧地には可憐な花が咲く

サッソルンゴ Sassolungo Langkofel 3181m

セッラ山塊 Gruppo di Sella Sellagruppe

カティナッチョ Catinaccio Rosengarten 2981m

Saltria 1700m

Williamshütte

Panorama 2011m

COMPACCIO COMPATSCH 1895m

Skistube

Panorama 2130m

S. Cristina St. Christina

Compaccio 2130m

オルティセイ Ortisei St. Ulrich

Puflatsch

Marinzen

Panider Sattel

St. Michael St. Michele

Castelrotto 1060m Kastelruth

シウジ Siusi 1004m Seis

アルペ・ディ・シウジ
Alpe di Siusi

すばらしい風景が広がる、カティナッチョ連峰の麓にあるヴァエル小屋

カティナッチョ連峰の山小屋 ヴァエル小屋へ

ボルツァーノからバスで約1時間、パオリーナからリフトで簡単にアクセスできるカティナッチョ連峰の麓へトレッキングに出かけよう。雄大な景色とおいしいランチが待っている。

モミの木を見下ろし、山々を一望するパオリーナのリフト

ボルツァーノからのバスの車窓には30分もすると、右に夏でも雪を頂くラテマール山、左にカティナッチョ連峰が現れる。カレッツァ湖を過ぎると、下車するパオリーナのバス停も近い。バス停を下りたら、道を渡るとリフト乗り場。約12分でパオリーナ小屋Rifugio Paolinaに到着。小屋の張り出したテラスからの眺めもすばらしい。ここからヴァエル小屋まではトイレはないので、ここで利用しよう（使用料€0.50）。

ラテマール山塊やマルモラーダ山を眺めながら歩く

目的地のヴァエル小屋Rifugio Ronda di VaelまでルートNo.539を進む。標識では所要30分だが、1時間を見込んで出発しよう。最初は急坂を上るが、ここを過ぎると眺望のよい歩きやすいトレッキングロードが続く。足元には季節の草花、右に雄大な山々の姿を眺めて約30分でブロンズ製のワシの記念碑Christomannos（2280m）に到着だ。山を縁取る道からは右にラテマール、正面にチゴレードの山々の眺めがすばらしい。ここから約30分で目的地に到着だ。

記念撮影や休息のポイント、クリストマンノスのワシの記念碑。碑の前にはベンチあり

標識もしっかり設置してある。所要時間は1.2～2倍して考えよう

ヴァエル小屋への行き方

ボルツァーノのバスターミナル（駅前は2分後）からバス180番で所要約50分。直通は2時間ごと、Ponte Nove乗り換えの場合は1時間に1便あり。Paolinaで下車すると、左にリフト乗り場があり、所要12分でパオリーナ小屋に到着。トレッキングロードN.539で徒歩約1時間でヴァエル小屋に到着。

■ローダ・ディ・ヴァエル小屋 2283m
Rifugio Roda di Vael
🏠 Str.de la Veisc 89,
POZZA DI FASSA
☎ 0462-7664450
📅 6月中旬～10月中旬
URL www.rodadivael.it

■リフト・パオリーナ
Sessellift Paolina
📅 6月上旬～10月中旬
　8:30～12:15
　13:30～17:30
💴 往復€12.50　片道€8.50
※モバイルカード利用不可

カティナッチョの麓、料理自慢のヴァエル小屋でランチを楽しもう！

にぎやかなヴァエル小屋前。青い空に山々が映えて美しい

ヴァエル小屋はカティナッチョ山塊のセッラ・デッラ・チャンパツSella del Ciampaz 2283mに位置し、このあたりではおいしい料理が楽しめる山小屋として知られている。民俗衣装のサービス係の姿も楽しい。おすすめ料理はスペックのクヌーデル（カネデルリ）Caneandeli di Speck。パンケーキとジャムを合わせたカイザーシュマーレンKaiserschmarrenは小屋の自慢の味。山小屋ではパンは別注文が一般的。

帰りは元の道を戻ろう。下りは30分でパオリーナ小屋に到着だ。

345

メラーノ

P.15 A3
Merano

温泉の湧く、洗練された避暑地

メラーノへの行き方

🚃 電車で

● ボルツァーノから
　　鉄道fs R.
　　　……約31〜33分
　↓
　メラーノ
※平日約30分、⽇㊗約1時
　間に1便、終電22:03

🚌 バスで

● ボルツァーノから
　　バス201番
　　　…………1時間
　↓
　メラーノ
※約1時間に1本

■ メラーノの🛈

住 Corso d. Libertà 45
☎ 0473-272000
開 4〜10月
　⽉〜⾦ 9:00〜18:00
　⼟ 9:00〜16:00
　⽇㊗ 10:00〜12:30
　11月
　⽉〜⾦ 9:00〜17:00
　⼟ 9:30〜13:00
　12月
　⽉〜⾦ 9:00〜17:00
　⼟ 9:30〜16:00
　⽇ 10:00〜14:00
　㊗ 10:00〜12:30
　1〜3月
　⽉〜⾦ 9:00〜13:00
　　　 14:30〜17:00
　⼟ 9:30〜12:30
休 11月、1〜3月の⽇㊗、1/1、
　11/1、12/25
地 P.346 B2

アルト・アディジェ地方の中心ボルツァーノから北に約30km。パッシリオ川の畔に広がるメラーノは洗練された保養地としても有名。また、湯治の保養地、冬はスキーの基地としてイタリア人にはよく知られている。

2000m級の山々に囲まれた、すがすがしいメラーノの町

町の周囲には2000m級の山々がそびえ、リフトやゴンドラで簡単に山頂に到着でき、夏はハイキングやトレッキングを楽しむ人々でにぎわう。また、周囲にはエレガントさと躍動感にあふれる古いお城がたくさんあることでも知られるこのあたりでは、1日ハイキングを兼ねてお城巡りをするのもよい。スキー場としては、メラーノの東側のMerano2000が有名。標高2350mから、延べ40kmの斜面が広がり、ダイナミックなスキーが楽しめる。

メラーノのほとんどのホテルは温水プールやテニスコートなどを備え、リゾート型のゆったりとした滞在が楽しめる。

ショッピングも楽しい町

おもな見どころ

サンタクロースの聖人を祀った

`MAP P.346 A2`

ドゥオーモ ⭐
Duomo　　　　　　　ドゥオーモ

坂道を上がった高みに建つ、エレガントな鐘楼が付属した、14〜15世紀に建てられたゴシック様式の教会。建物正面の外壁は14〜15世紀のフレスコ画、レリーフなどで飾られている。内部はゴシック様式で飾られている。

鐘楼が目を引くドゥオーモ

15世紀のたたずまいが残る

`MAP P.346 A2`

プリンチペスコ城 ⭐
Castello Principesco　カステッロ・プリンチペスコ

ポルティチ通りに建ち、市庁舎Municipioの裏手にある。1480年にオーストリアのシジスモンド皇太子のために建てられた物で、内部も当時のまま保存されている。

城正面のリフトは、高さ475mのベネデット山へ通じている。

古きよきメインストリート
`MAP P.346 A1・2`

ポルティチ通り ⭐⭐
Via dei Portici　　ヴィア・デイ・ポルティチ

ドゥオーモから西に続く坂道の通り。昔のこの町の面影をよく残し、真っすぐな道の両脇にポルティコ（柱廊）が続き、商店が並んでいる。

楽しく、活気あるポルティチ通り

女性の服装の歴史を一堂に集めた博物館
`MAP P.346 A2`

婦人服飾品博物館 ⭐
Museo della Donna"Evelyn Ortner"　ムゼオ・デッラ・ドンナ"イブリン・オートナー"

19世紀後半から近年までの女性の服装の歴史を知る博物館。洋服のほか、デザイン画、アクセントになった装飾品、ボタンなども展示。期間により周辺各地の祭りなどに使用される民族衣装なども展示され、生活の一面も教えてくれる。

NAVIGATOR

駅から町へ向かう遊歩道や公園、川沿いの遊歩道と町なかには緑があふれ、人々はその緑のなかをゆったりと散策している。

とりわけ、気候が穏やかになり、木々が緑に輝き、花々が咲き誇る春から秋にかけては、川沿いの遊歩道や、公園に人々は集う。古い町並みの核ともいえるのがPortici通り。

■ドゥオーモ
🏠 Piazza Duomo
🕐 冬季㊗午後

■プリンチペスコ城
🏠 Via Gal. Galilei
☎ 0473-250329
🕐 10:30〜17:00
　　㊐㊗10:30〜13:00
🚫 ㊊、1/7〜2/28
💰 €5
※2016年1/7〜3/27は修復工事のため閉場

■婦人服飾品博物館
🏠 Via dei Portici 68
☎ 0473-231216
🕐 10:00〜17:00
　　㊏10:00〜12:30
🚫 ㊐
💰 €4.50

ヴィン・ブリュレのカップはデポジット

クリスマス・マーケットの名物のひとつ、**ヴィン・ブリュレ**Vin Brule＝ホット・ワイン。大鍋で赤ワイン、ハーブや砂糖などを軽く煮たてたもの。甘くて温かい飲み物は寒い季節には美味!!カップは陶器が一般的でデポジット制。飲み終わってカップを戻すと、カップ代を返してくれる。

メラーノのクリスマスマーケットMercatino di Natale di Merano

かわいい屋台が並ぶ

数あるクリスマス・マーケットのなかでも、飲食店の屋台の数とその充実ぶりが群を抜く、メラーノ。パッシリオ川沿いの遊歩道の左右に60店ほどの屋台がズラリと並ぶ。人気の水車小屋の**窯焼きピッツァ**や、昔からの名物の**リンゴのチョコレートがけ**を味わってみよう。
場所　パッシリオ川沿いの遊歩道
開催期間　2016年11/25〜2017年1/7　10:00〜19:30頃、
　　　　　　12/24　10:00〜15:30、12/25は休み、
　　　　　　12/31　10:00〜16:00、1/1　10:30〜19:30

緑のメラーノを散歩する

メラーノのおみやげ

山登りやスキー用品の店が充実している。

チロル風の民俗衣装、織物、木彫り製品、柳細工、ワラ製品が特産。特産品の展示・即売所がVia Cassa di Risparnio 22にある。

またスペックSpeckというチロル風の乾燥肉も特産。ポルティチ通りには、みやげ物屋やお菓子屋が軒を連ねる。

メラーノ2000

スキーおよび夏の山歩きのためのロープウエイとリフト。

ロープウエイおよびリフトを利用する場合は、●などで地図を入手し、希望コースのリフトなどを利用し、山歩きでは番号で表示されたルートを外れないこと。ルートに沿って歩けば山頂にも容易にたどり着け、2000mの山々からはすばらしいパノラマが広がっている。山の途中にはレストハウスも存在するので、飲み物のほか、食事もできる。

駅から1または1A番のバスで終点がロープウエイ乗り場。(所要約20分、20～30分間隔の運行、切符€1.50)バスの切符は駅の売店で往復買っておこう。バスの車内や終点では購入不可。

ロープウエイで登れば、そこは2000m。好きなコースを歩こう。天気に恵まれれば、30分も歩くと、東の方向にドロミテ山塊が見えてくる。

圃4月中旬～6/30、9/1～11/8頃　9:00～17:00
　7～8月　8:30～18:00
圏ロープウエイ Funivia
　片道　　€13.50
　往復　　€18.50
URL www.merano2000.com
※スキーシーズンは運行

✉ メラーノ2000へ

ふたつの行き方があります。ひとつは駅前1Aのバスで終点まで行きHingrerseilbahnに乗る方法ともうひとつはFalzeben行きに乗り、そこからFalzeben seilbahnに乗る方法です。私は後者を利用しました。おすすめのハイキングコースは、2番と4番を組み合わせるもので、ほとんどが平らなコースです。草原の草花が咲き乱れ、雪山が望めます。帰りはHaflangからメラーノまでバスで戻ります。シャクナゲの咲く6月中旬から7月頃がよいシーズンのように感じられました。
(神奈川県　6月の旅人 '06)['15]

緑の木陰でカフェを

パッシリオ川沿い遊歩道　★★
Passeggiata Lungo Passirio　　　パッセジャータ・ルンゴ・パッシリオ

パッシリオ川の右岸に沿ってポプラ並木の続く遊歩道。川風が気持ちよい緑陰にはベンチが置かれ、おしゃれなカフェもテーブルを広げている。人々はおしゃべりや散歩をゆっくりと楽しんでいる。

ポプラと白樺の並木が続く、パッシリオ川沿い遊歩道

冬の散策に最適な

冬の遊歩道　★
Passeggiata d' Inverno　　　パッセジャータ・ディンヴェルノ

エレガントなポスタ橋

パッシリオ川沿い遊歩道のポスタ橋Ponte della Postaを過ぎ、ローマ橋Ponte Romanoまでの間の遊歩道。屋根のかかった遊歩道になっており、地中海性の植物が植えられ、冬の間も散歩が楽しめるのでこの名前がついている。

アーケードの下が冬の遊歩道と呼ばれるもの

冬と夏の遊歩道の間を、パッシリオ川が流れる

冬の遊歩道の対岸は夏の遊歩道。緑のなかに、ハプスブルグ家のエリザベート(シシー)像がある

ブドウ畑が広がるさわやかな谷間の遊歩道

タッペイネールの遊歩道　★★
Passeggiata Tappeiner　　　パッセジャータ・タッペイネール

町の北側、ベネデット山の麓から高台のトッレ城Castel Torreまで続く遊歩道。ガリレイ通りVia Gal. Galileiから曲がりくねった坂を上がって、小高い遊歩道に入ると、公園やブドウ畑が続き、すばらしいパノラマが広がる。ここからは木陰が色濃い夏の遊歩道Passeggiata d'Estateの景観がすばらしい。

MAP P.346 B1

湯治センター
Centro Termale

チェントロ・テルマーレ

高低2つの水源から流れ出る温泉はほとんど入浴に使われ、リューマチ、婦人病系疾患などに効能があるという。2006年に複数の温水プールや庭園をもつ、療養、美容施設として再オープン。

おしゃれな雰囲気の湯治センターのプール

■湯治センター
住 Piazza Terme 9
☎ 0473-252000
圏 9:00(サウナ13:00)〜22:00
料 2時間券€18、1日券€25（含サウナ）
広大な緑のなかに複数のプールやフィットネスやエステ施設が点在する、近代的で優雅な施設。
URL www.termemerano.it

RISTORANTE HOTEL
メラーノのレストラン＆ホテル

シシー
Sissi

P.346 A2

店内は伝統と斬新さを感じさせるしつらえ。料理はピエモンテ料理をベースに新感覚を盛り込んだもの。眺めのよさも魅力。ミシュランの1つ星。

☎ 0473-231062
営 12:15〜14:30、19:00〜22:30
休 ⽉、⽕昼
予 €56〜85（コペルト€3.50）、定食€74、90
C A.M.V.
住 Via Gal. Galilei 44
交 プリンチペスコ城そば

アルテミス
Artemis

P.346 A1外

避暑地にふさわしいエレガントさにあふれる1軒。一面のガラス越しに広がる眺望と庭園も見事。料理は郷土料理と地中海料理が味わえる。

☎ 0473-446282
営 12:00〜14:00、18:30〜21:00
休 11月中旬〜3月下旬
予 €35〜60、定食€45
C M.V.
交 タッペイネールの遊歩道の中頃
住 Via G. Verdi 72(Hotel Villa Tivoli内)

★★★★ アウロラ
Hotel Aurora

P.346 A・B1

町の中心に位置し、町歩きにも遊歩道の散策にも便利な立地。エレガントな雰囲気で、ビストロやレストランも併設。サウナをはじめ、マッサージ室や日焼け室もあり。ハーフペンショーネ1人€100〜150。
URL www.hotel-aurora-meran.com

住 Passeggiata Lungo Passirio 38
☎ 0473-211800
fax 0473-211113
SS €59/259
TE TS €99/399　JS €139/499
室 35室　ビュッフェの朝食込み W-Fi
C M.V.　休 2月
交 テアトロ橋そば

★★★ ウェストエンド
Hotel Westend

P.346 B1

遊歩道に続く19世紀の館にあるホテル。遊歩道に面した気持ちのよい庭やテラスでのんびり過ごしたい。家族経営のあたたかいサービスと長い伝統を感じさせるクラシックな調度が印象的。
読者割引 10%
URL www.westend.it

住 Via Speckbacher 9
☎ 0473-447654
fax 0473-222726
SS €60/100
TS TE €100/210
室 20室　朝食込み W-Fi
C A.D.J.M.V.
交 駅から500m

★★★★ カステル・ルンデッグ
Hotel Castel Rundegg

P.346 B2

緑の庭園に包まれた、12〜16世紀の館。客室からの眺望もすばらしく、室内は優雅で洗練された雰囲気。プールなどの施設も充実。ハーフペンショーネは1人€130〜185。
URL www.rundegg.com

住 Via Scena 2
☎ 0473-234100
fax 0473-237200
SS €125/180
TE €240/460
室 30室　朝食込み W-Fi
C A.D.M.V.
交 ❶より1km

オステッロ・デッラ・ジョヴェントゥ・メラーノ
Ostello della Gioventù Merano

P.346 B1

YH 南チロル地方の4つの私営YHがグループになったもので、会員証不要で誰でも泊まれます。駅から徒歩10分。近代的な建物です。
（東京都　津崎園子　'08）['16]
URL merano.jugendherberge.it

住 Via Carducci 77
☎ 0473-201475
fax 0473-207154
料 D €25.50
S €28　朝食込み W-Fi
C A.M.V.

※メラーノの滞在税　キャンプ、YH〜★★ €0.70、★★★ €1、★★★★〜★★★★★ €1.30　14歳以下免除
SS シャワー付きシングル料金　BS バス付きシングル料金　TS シャワー付きツイン料金　TE バス付きツイン料金　D ドミトリー料金

左カラム

● 郵便番号　39042

ブレッサノーネへの行き方

🚃 電車で
● ボルツァーノから
　　鉄道fs EC RV R
　　‥‥‥‥‥ 約30分
ブレッサノーネ
※鉄道駅は、町の南西にあり中心まで1km

🚌 バスで
● ボルツァーノから
　　SAD社
　　‥‥‥‥‥ 約50分
平日7便、㊐㊗5便
ブレッサノーネ
※バスは❶近くの駐車場に停まるので便利。
リフトまたはロープウエイを乗り継げば、2000m級の山へも簡単に登れる

■ブレッサノーネの❶
🏠 Viale Ratisbona 9
☎ 0472-836401
🕐 8:30～12:30
　　14:00～18:00
休㊏午後、㊐㊗
地 P.351 A1

✉ ブレッサノーネの荷物預け
　駅のキオスクで荷物を預けられます。夜も比較的遅くまで開いていました。
　　　　　　（3Happy '15）

■ドゥオーモ・キオストロ（中庭）
🏠 Piazza Duomo
🕐 夏季 7:00～18:00
　冬季12:00～15:00

駅から町へのバス
　駅前からはPizzini社のバスで所要約5分。切符€1.50。平日約15分間隔、㊐㊗30分間隔の運行。徒歩で10～15分。

神童モーツァルトが訪れた町
　1771年2度目のイタリア旅行の折に当地に滞在したモーツァルト親子は、当時の司教シュバウアー伯爵の歓迎を受けたという。大聖堂のミサにてモーツァルト親子が奏楽を行ったとの記録が、ブレッサノーネの宮廷記録書にはあるという。
　ブレッサノーネにはそんな彼らを記念して、"モーツァルトの通りViale Mozart"がある。

右カラム

ブレッサノーネ／ブリクセン P.15 A3
Bressanone(Brixen)
アルト・アディジェ地方の古都

標高559m。イサルコ川とリエンツァ川の合流する美しい古都。中世からバロック期の建造物が多く、司教座がおかれたため、豪華な大司教館が今に残る。ドゥオーモのパイプオルガンでは、少年のモーツァルトが演奏したという。ブレンネル峠を越えて南に近づいたモーツァルトも、穏やかで明るい南チロルの太陽を楽しんだに違いない。12月のクリスマスマーケットが有名だ。

山裾にも広がる、ブレッサノーネの町

おもな見どころ

モーツァルトも訪れた　　MAP P.351 A2

ドゥオーモ広場とパロッキア広場
Piazza Duomo & Piazza della Parrocchia
ピアッツァ・ドゥオーモ&ピアッツァ・デッラ・パロッキア

ドゥオーモ内部は、広々とした明るいバロック空間

　ドゥオーモは、ロマネスク様式で13世紀に建立された物。1745～90年の間にバロック様式で再建され、ふたつの高い鐘楼と大きな堂々としたファサードをもち、内部は広々とした明るい物となった。
　ドゥオーモの右には、回廊付き中庭Chiostroがある。ロマネスク・ゴシック様式（13～14世紀）の物。対の柱で飾られ、アーチを描く天井には、14世紀の美しいフレスコ画がある。隣にある洗礼堂Battisteroは13～14世紀の建築で、内部は同時代のフレスコ画で飾られている。
　ドゥオーモの左にあるのは、教区教会サン・ミケーレ教会S.Michele(15世紀)が立つパロッキア広場。美しい鐘楼と尖塔に飾られ、「白亜の塔」Torre Biancaとも呼ばれている。

高い2本の鐘楼を持つドゥオーモ

MAP P.351 A2

大司教館と司教区博物館 ★★

Palazzo dei Principi Vescovi & Museo Diocesano

パラッツォ・デイ・プリンチーピ・ヴェスコーヴィ&ムゼオ・ディオチェザーノ

広場から続く大司教館

ドゥオーモから続く広場の一角、小さな水堀にかかる橋の先にあり、堂々としたたたずまいはまるで要塞のような大司教館だ。1565年、時の枢機卿アンドレア・ドーストリアの下で建設が始まり、続いてふたりのドイツ人司教伯の時代を経て、17世紀に完成した。18世紀のファサードから中庭に入ると、3段の柱廊のアーチが美しい幾何学模様を描く。

アーチに置かれた24体のテラコッタ像はハプスブルグ家の人々の姿で、後期ルネッサンス時代のもの。

内部にはアルト・アディジェ地方のロマネスクからゴシック期の木彫り彫刻、絵画、貴重なドゥオーモの宝物を展示。とりわけ名高いのが、プレゼービオ・コレクションだ。キリスト降誕の場を表現した模型で、イタリアのクリスマス飾りに欠かせないもの。この地を治めたカール・フランツ司教伯のホーフブルグ家のコレクションからユーモラスな現代のテラコッタ製までが展示されている。

大司教館中庭

プレゼービオ

司教区博物館

■大司教館司教区博物館 プレゼービオ博物館 Museo dei Presepi

住 Piazza Vescovile
☎ 0472-830505
開 3/16～10/31のみ
　12/1～1/6はプレゼービオ
　のみ
　10:00～17:00
休 ㊊、12/24、12/25
料 €7

花と静寂の場、大司教館に続く公園

NAVIGATOR

市庁舎のある町の中心は、四方500mほどに広がったこぢんまりとしたもの。ドゥオーモと司教区博物館、大司教館を中心に、のんびりと散歩をしたい。パロッキア広場から続く、ポルティチ・マッジョーリ通りは、昼間でも薄暗く、静かな界隈で、中世の人々が眺め、歩いた当時の雰囲気を残している。

ブレッサノーネ

✉ **12月のブレッサノーネ**
ドゥオーモ広場ではクリスマス市が開かれていました。大きなモミの木の下にはたくさん屋台が並び、馬ゾリが走り、音楽隊が音楽を奏でます。幸福感あふれるクリスマス市でした。町の人も親切で過ごしやすく、駅からも徒歩圏内です。ただ、この時期のレストランは予約しないとムリです。
（東京都　3姉妹　'15）

✉ **交通便利なブレッサノーネ**
ボルツァーノ以外にも、オルティセイ、カステルロット、シウジなどからバスがあります。オルティセイからは350番、カステルロット、シウジからは171番でいずれも所要約1時間です。　　（KIYO　'14）

ポルティチ・マッジョーリ通り
Via dei Portici Maggiori
ヴィア・デイ・ポルティチ・マッジョーリ

北イタリアらしい小窓の付いた家並み、ポルティチ・マッジョーリ通り

パロッキア広場から続く風情ある石畳の通りで、左右にはアーチを描く柱廊が続く。狭間と張り出し窓が特徴的な14〜17世紀の建物が連なり、中世の面影が色濃い。カフェやおしゃれな商店も多く、ウインドーショッピングやそぞろ歩きが楽しい界隈だ。14番地は旧市庁舎で、『ソロモンの審判』Giudizio di Salomoneの絵が描かれている。

ブレッサノーネのクリスマスマーケット

にぎわうパロッキア広場

規模は大きくないものの、手作り感のあるクリスマス・マーケット。馬に引かれたソリや馬車が広場の回りを駆け抜け、子供たちはメリーゴーランドで遊ぶ。時には民俗衣装の町人によるアルプホルンが響き、お祭り気分を盛り上げてくれる。揚げたてをジャムとともに食べる**ストゥルーベン**Straubenやチーズが溶ける**ティルトル**TiltInなどの名物にもトライしてみよう。
場所　ドゥオーモ広場から続くパロッキア広場
開催期間　2016年11/25〜2017年1/6(12/25)10:00〜19:00頃、12/24、12/31は10:00〜16:00　12/25は休み、1/1は12:00〜19:00

🍴🏨 RISTORANTE HOTEL　ブレッサノーネのレストラン&ホテル

❌ オステ・スクーロ・フィンスターヴィルト
Oste Scuro-Finsterwirt　P.351 A2

郷土料理を中心とした創作料理。アンティークの飾られたチロル風の室内で味わうチロル料理は思い出に。
🏠 Vicolo del Duomo 3（ホテルGoldener Adler内）
☎ 0472-835343
🕐 11:45〜14:15、18:45〜21:15
休 ⊘夜、(月)、1月の2週間、6月の2週間
子 €40〜60(コペルト€1.50)、定食 €40〜60
C A.D.J.M.V.
🚶 ドゥオーモそば

オステッロ・デッラ・ジョヴェントゥ・ブレッサノーネ
Ostello della Gioventù Bressanone　P.351 A2

YH ✉ 会員証不要で誰でも泊まれるYH。朝食がすごくよかった。部屋も広くてきれい。2食付もあり。
（東京都　津崎園子　'08）['16]
URL brixen.jugendherberge.it
🏠 Via Bruno 2
☎ 0472-279999
📠 0472-279998
🚿 シャワー共同1人
D €24.50
SS €34.50　朝食込み
昼・夕食各€11 W-F

★★★★ エレファント
Hotel Elephant　P.351 A1 外

16世紀、オーストリア皇太子にささげられたゾウが逗留したというエピソードがある郵便馬車の中継所を改装した歴史あるホテル。アンティーク家具に囲まれたエレガントな雰囲気。庭園に温水プールあり。レストラン併設(1/9〜1/26休)。3泊から2食付のハーフペンションベが1人€50。
URL www.hotelelephant.com
🏠 Via Rio Bianco 4
☎ 0472-832750　📠 0472-836579
SB €94/122　TB €110/133
JS €116/150　44室　朝食込み
W-F C A.D.M.V.
🚶 ドゥオーモから400m

★★★★ グリュナー・バウム
Grüner Baum Hotel　P.351 A2

チロルスタイルのホテル。庭には温水プール、サウナもあり。スキーバスの運行、レンタサイクルなどもあり、滞在型におすすめ。2食付のハーフペンションベは1人€86〜146。
URL www.grunerbaum.it
🏠 Via Stufles 11
☎ 0472-274100
📠 0472-274101
SS €89/137　TB €110/250
80室　朝食込み W-F
休 11月
C A.D.M.V.

352

※ブレッサノーネの滞在税　キャンプ、YH〜★★ €0.70、★★★ €1、★★★★〜★★★★★ €1.30　14歳以下免除
SS シャワー付きシングル料金　SB バス付きシングル料金　TS シャワー付きツイン料金　TB バス付きツイン料金　JS ジュニアスイート料金　D ドミトリー料金

ウーディネ

P.15 A4

Udine

優美なフレスコ画の巨匠、ティエポロの町

カステッロへ続く落ち着いた道

ロマネスク・ゴシック様式の記念物が残る、周囲を丘に囲まれた美しい古都。アクイレイアの大司教座を1238年に移して以来、発展した。1420年からは、ヴェネツィアの支配下におかれた。

1700年代には、ティエポロが数々の色鮮やかな作品を残した。それらは、大司教館、ドゥオーモ、ドゥオーモ脇のプリタ礼拝堂に見られる。

現在は、フリウリ地方の中心。産業は農業のほか、ビールとグラッパなどの食品と機械工業の分野が有名。若者の姿が目立つのは、大学と軍隊があるから。

大司教館に残るティエポロの作品

● 郵便番号　　33100

ウーディネへの行き方

🚃 電車で

● ヴェネツィアから
S.L駅
　│　鉄道fs RV
　│　　……1時間49分
　│ R　……2時間15分
ウーディネ
● トリエステから
中央駅
　│　鉄道fs RV R
　│　…59分〜1時間24分
ウーディネ
※駅は町の南にあり、中心までは約1km。
駅からはバス1番で約10分（切符€1.25）

※トリエステからAPT Goriziaのプルマンで1時間30分。平日13〜20便、⑧㉁9便。切符€6.80。
URL www.aptgorizia.it

フリウリ=ヴェネツィア・ジュリア州

ブレッサノーネ／ウーディネ

Udine（地図）

- 現代美術館 Galleria d'Arte Moderna
- P.ta S. Lazzaro
- P.le Diacono
- Viale S. Daniele
- P.le Osoppo
- Viale A. Caccia
- Cavalcavia Simonetti
- ウーディネ Udine
- P.le Oberdan
- サンタ・マリア・デッレ・グラツィエ教会 S. M. d-grazie
- 大学 Università(Lingue)
- アントニーニ館 Palazzo Antonini
- Piazza 1o Maggio
- 大学 Università
- カステッロ（市立博物館・古典美術館） Castello (Museo Civico)
- V. Mercatovecchio
- （公営質屋） Monte di Pietà
- サンタ・マリア・カステッロ教会 S. M. di Castello
- Cappella Manin
- サン・ジャコモ教会 S. Giacomo
- 市庁舎 Palazzo del Comune
- サン・ジョヴァンニの柱廊 Porticato di S.Giov.
- 大司教館（司教区博物館） Pal. Arcivescovile (Museo Diocesano)
- リベルタ広場 P.za della Libertà
- 県庁 Prefettura
- フリウリ芸術・伝承博物館 Museo Arti e Tradizioni Pop.
- Tempio Ossario d. Caduti
- ドゥオーモ Duomo
- プリタ礼拝堂 Oratorio d. Punta
- タヴェルネッタ Tavernetta
- レジスタンス記念碑 Monumento alla Resistenza
- P.le XXVI Luglio
- P.za XX Settembre
- P.za Venezia
- フリウリ自然史博物館 Museo Friulano (Storia Nat.)
- サン・フランチェスコ教会 S. Francesco
- Tribunale
- Alitalia
- アンバッサドール・パレス Ambassador Palace
- マドンナ・デル・カルミネ教会 Modonna d. Carmine
- P.le Annunzio
- バスターミナル Staz. Autolinee
- トリノタリア ウーディネ駅 Staz. F.S.
- トリエステ 72km
- P.ta Grazzano

353

ウーディネの ℹ️

住 Piazza I Maggio 7
☎ 0432-295972
開 通年午前 9:00～13:00
　夏季　　14:30～18:30
　冬季　　14:00～18:00
地 P.353 A2

✉ 見どころも、
アクセスも魅力的

ウーディネは町全体が非常に魅力的ですが、フリウリ州の観光拠点としても便利な位置にあります。世界遺産のアクイレイアまで直通バスで57分、トリエステまでRVで1時間8分、そのほかの観光地へも30分以内で行けます。
FVGカードも便利です。入場の際に小銭で支払うわずらわしさがなく、また、世界遺産のチヴィダーレへの列車も無料です。72時間券を購入しましたが、1.5倍以上はタダになった計算で、本当にお得だったと思います。
（東京都　TAK3　'14）

お得な共通入場券

フリウリ・ヴェネツィア・ジュリア州を旅するなら
フリウリ・ヴェネツィア・ジュリア(FVG)カード
Friuli Venezia Giulia Card

ウーディネ、トリエステをはじめ世界遺産のアクイレイアのバジリカなどのほとんどの入場料、各町のガイド付きツアー、一部のバスやロープウエイなどが無料になるカード。劇場や商店でも割引が受けられる。種類は3種類あり、フリウリ・ヴェネツィア・ジュリア州内の各 ℹ️ で販売。

48時間券	48ore	€18
72時間券	72ore	€21
7日券	7giorni	€29

🌐 www.turismofvg.it
☎ 800-016-044（イタリア国内フリーダイヤル）

町の中心の美しい広場　　　MAP P.353 A・B1

リベルタ広場　　★★
Piazza della Libertà　　ピアッツァ・デッラ・リベルタ

イタリア屈指の美しき広場

町の中心にあり、にぎやかな周囲の繁華街のなかで、静かな時の流れる空間となっている。カステッロ(城)が小高い丘の上にそびえ、その麓の美しい建物に囲まれ調和を保っている。時計塔を抱く、柱廊(ポルティコ)は、サン・ジョヴァンニ教会。教会に続く階段状の坂道にあるのは、ボッラーニの門Arco Bollani（1556年）で、パッラーディオの設計だ。時計塔の正面に一段と高くそびえるのは市庁舎。このほか、16世紀の噴水やさまざまな彫像が広場に気品を与え、季節の花の美しさと相まって、イタリア屈指の美しい広場となっている。

優雅な柱廊の続く　　　MAP P.353 B1

市庁舎　　★
Palazzo del Comune　　パラッツォ・デル・コムーネ

リオネッロのロッジア

市庁舎は、リオネッロのロッジアLoggia del Lionelloとも呼ばれる。N.リオネッロの設計により、1448～56年の間に建てられたエレガントなヴェネツィアン・ゴシック様式。1階は、一段高くなりポルティコに囲まれている。右側角のニッチには、B.ボンによる聖母像(1448年)が立つ。

ムーア人が時を告げる　　　MAP P.353 A1

サン・ジョヴァンニの柱廊　　★
Porticato di San Giovanni　　ポルティカート・ディ・サン・ジョヴァンニ

サン・ジョヴァンニの柱廊

サン・ジョヴァンニ教会の柱廊(ポルティコ)は、16世紀のルネッサンス様式で、中央に時計塔(1527年)が建つ。翼をもつライオン像の上には、時計と鐘があり、ふたりのムーア人が鐘を打ち時を告げる。

History & Art

大司教座とウーディネ

ロンゴバルド族の侵入により、アクイレイア、コルモンス、チヴィダーレと移転を続けた大司教座(地方ごとのカトリック教会の司教の最高位者)がウーディネに拠を定めたのは13世紀のこと。以来、この町はフリウリ地方の中心として発展を遂げてきた。15世紀にはヴェネツィアの支配下におかれて、文化・芸術が成熟し、18世紀にはティエポロが町を彼の美しい色彩で埋め尽くした。19世紀には、ほんの一時期であるもののオーストリア領に併合された歴史をもつ。

ティエポロの作品で埋まる

MAP P.353 B1·2

ドゥオーモ
Duomo

ドゥオーモ ★

ドゥオーモのファサード

1300年代にゴシック様式で建築され、1700年代に修復された。正面（ファサード）は、ゴシック特有の細かな彫刻を施した尖塔のある様式で飾られている。土台部分、とりわけ鐘楼は、八角形の洗礼堂の上に1400年代に建てられた物。

内部の身廊と外陣の交差部と聖堂内陣は、バロック様式の化粧漆喰（スタッコ）、彫像、フレスコ画で飾られている。ティエポロの描いた著名な作品は、主祭壇右の**第1礼拝堂**の『三位一体』Trinitàをはじめ、同**第2礼拝堂**、**第4礼拝堂**に見られる。第1、第4礼拝堂近くの壁面のオルガンの扉は、アマレットの作。

ティエポロの描いた礼拝堂

身廊奥、彫刻の施された1737年の説教壇近くの、彩色された欄干のあるふたつのオルガンのうちの右側は、ポルデノーネの作品。左側は、F.フロレアーニとG.B.グラッシの作品（現在のものはコピーで、オリジナルは聖具室にある）。

一度外に出て正面左へ回るとドゥオーモ博物館Museo del Duomoの入口がある。1300年代の聖ニコロの礼拝堂でもあり、『聖ニコロの生涯』Vita di S. Nicolòのフレスコ画（ヴィターレ・ダ・ボローニャ作）が、壁に描かれている。

ティエポロの世界が広がる

MAP P.353 B1·2

プリタ礼拝堂
Oratorio della Purità

オラトリオ・デッラ・プリタ ★★

ティエポロ（父）の傑作、
『聖母被昇天』

ドゥオーモの東南方向、通りを狭んであるのがプリタ礼拝堂。1757年に建てられ、一時は劇場として利用されていた。内部はティエポロ一族の作品で覆いつくされた空間だ。天井にはG.B.ティエポロ（父）2度目のウーディネ滞在の傑作と称されている『聖母被昇天』Assunta、祭壇には『無原罪の御宿り』Immacolataがある。左右の壁面、金を背景にした浮き彫り彫刻（レリーフ）のように見えるのはモノクロームのフレスコ画。息子のジャンドメニコ・ティエポロにより聖書の物語の8つの場面が描かれている。

ティエポロ（子）の作品

NAVIGATOR

落ち着いた美しさに安らぎを感じてしまうリベルタ広場付近は、市民の憩いの場であり、洗練されたカフェが多い。繁華街でもあり主要な商店なども、このあたりに集中している。

リベルタ広場からカステッロに続く静かな石畳の坂道Salita al Castelloを歩いてみたい。広場から、15世紀のボッラーニ門Arco Bollaniをくぐると急な坂道になり、美しく優美なゴシック・ヴェネツィアン様式の柱廊が、丘の頂上のカステッロへと続く。カステッロの脇には、この町最初の教区教会（7世紀頃）である、サンタ・マリア・カステッロ教会がある。カステッロの裏手からは、広大な5月1日広場に下ることができ、広場の隅に❶がある。

■**ドゥオーモ**
🏠 Piazza Duomo
🕐 8:00〜12:00
　16:00〜18:00
■**ドゥオーモ博物館**
🕐 10:00〜12:00
　16:00〜18:00
🈳 ⑪午前、1/1、復活祭の⑪、12/25　🈔無料
※博物館はドゥオーモを正面に見た左奥（外側）に入口あり

ティエポロ一族の作品空間、
プリタ礼拝堂

■**プリタ礼拝堂**
Oratorio della Purità
🏠 Piazza Duomo
☎ 0432-506830
🕐 10:00〜12:00
　⑪16:00〜18:00

カフェでひと休み
リベルタ広場周辺にはカフェが多い。ぜひのぞいてみたいのが、**カフェ・コンタレーナ**Caffe Contarena。20世紀はじめに建てられたもので、内部はアールデコ。町の豊かな歴史を感じさせてくれる。
🏠 Via Cavour 11
☎ 0432-512741
🕐 8:00〜21:00
　㊎〜⑪8:00(⑪8:30)〜翌2:00

町を見下ろすシンボル

カステッロと博物館
Castello & Castello Musei
カステッロ&カステッロ・ムゼイ ☆

城の裏手は広大な緑の広場

■大司教館／
　司教区博物館

大司教館（右）

歴代の大司教の肖像画

1500年代の優美な城。アクイレイアの大司教の城跡に建てられた物。G.フォンタナの設計でG.ダ・ウーディネによって改修された。

切符売り場を抜け、テラスに出ると左右に展示室が続き、5つの美術・博物館がおかれている。右にリソルジメント博物館Museo del Risorgimento、左に考古学博物館Museo Archeologico、階段を上がると古典美術館Galleria d'Arte Antica、素描・印刷美術館Galleria dei Disegni e delle Stampe、写真博物館Museo Friulano della Fotografio。いずれもウーディネおよびフリウリ地方からの発掘品や歴史がわかる展示品が並び、この町の興味を深めてくれる。

貴重なロンゴバルト族の宝飾品

城の中央部には、議会の大広間Salone del Parlamentoがあり、一時期フリウリ議会がおかれていた。内部は、G.B.ティエポロの作品で飾られている。『剛毅と英知』La Fortezza e la Sapienzaは必見。

古典美術館の
ティエポロの作品

若きティエポロの代表作が残る

司教区博物館
Museo Diocesano e Galleria del Tiepolo
ムゼオ・ディオチェザーノ・エ・ガッレリア・デル・ティエポロ ☆☆

18世紀の大司教館。室内装飾を若き日のG.ティエポロが担当し、700もの作品を残した場所だ。その傑作とされるのが、最上階Piano Nobileの賓客のギャラリーGalleria degli Ospiteの一連のフレスコ画だ。細長い通路の壁と天井いっぱいに軽やかで優しい色彩のフレスコ画が劇的なドラマを繰り広げる。続く赤の間Sala Rossaには天井画が残る。

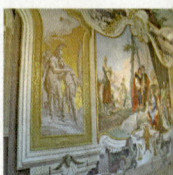
自然光のなか輝く「賓客のギャラリー」のフレスコ画。
旧約聖書から「イサクの犠牲」ほか

🍴 🏛 RISTORANTE HOTEL	ウーディネのレストラン&ホテル

❌ ホスタリア・アッラ・タヴェルネッタ
Hostaria Alla Tavernetta　P.353 B2

「クラシックで懐かしい味、でもそれだけじゃない」。フリウリ州の郷土料理が自慢の人気店。店内は、オーナー夫妻の人柄を感じさせる、温かみあふれる楽しげな雰囲気。山の幸、海の幸ともにメニューは豊富でボリュームも満点。

★★★★ アンバッサドール・パレス
Hotel Ambassador Palace　P.353 B2

駅と町の中心の中ほどの静かな界隈にある。クラシックな雰囲気を生かしながらも近代的なしつらえで快適。レストランも好評。

トリエステ

P.15 B4

Trieste

さまざまな支配を経た、古きよき港町

イタリア半島の付け根の東端にある、フリウリ＝ヴェネツィア・ジュリア州の州都。商業と工業の中心地。ローマ、アクイレイア、ヴェネツィアの支配を経て、14世紀後半からは、オーストリア

カステッロより港を望む

の保護下にあった。1719年にハプスブルグ家のマリア・テレジアとジュゼッペII世の下、オーストリア・ハンガリー帝国の軍港となり、その後自由港として発展した。海上交通は増大し、この当時、新市街と港を結ぶ石畳の道が整備された。その後、ドナウ川沿いの国々の船が寄港する、地中海有数の港として発展した。

町のいたるところに散らばった博物館、邸宅、カフェなどが、町の歴史の古さを物語る。

雪は少ないものの、冬季は強い季節風ボーラBoraが吹く。

●郵便番号 　34100

トリエステへの行き方

🚃 **電車で**
● **ヴェネツィアから**
メストレ駅
　│ 鉄道fs
　│ FRECCIABIANCA…1時間35分
　▼ RV…1時間53分〜2時間47分
トリエステ(中央駅)
● **ウーディネから**
　│ 鉄道fs RV…1時間8分
　▼ R……59分〜1時間24分
トリエステ(中央駅)

■ **トリエステの ℹ**
🏠 Via dell'Orologio 1
　（ウニタ広場との角）
☎ 040-3478312
🕐 5〜9月　9:00〜19:00
　10〜4月　9:00〜18:00
　㊗️　　 9:00〜13:00
　　　　 14:00〜18:00
🚫 1/1、12/25
🗺 P.357 B2

✉ **夏のお楽しみ情報**
7〜8月には、ローマ劇場、ウニタ広場、カステッロで連日コンサートが開催され、ウニタ広場は無料です。ローマ劇場は道路から見え、ライトアップされて、夜も鑑賞できます。
(増田洋 '12)

トリエステ Trieste

0　200　400m
N

バスに乗るなら

中央駅からウニタ・ディタリア広場へはバス8、30番で。

バスの切符　　60分券€1.35
　　　　　　　75分券€1.55

NAVIGATOR

駅を出て、カヴール通りから海沿いを抜けて、まずは町の中心のウニタ・ディタリア広場付近へ。近くのヴェルディ劇場や市庁舎は、隆盛を誇った19世紀のネオクラシック様式の建物として名高い。カルドゥッチ通りは、あか抜けたショッピング通りになっている。カフェが多く、人々は夏も冬もカフェに集うのが、この町の伝統でもある。

近代的なトリエステ駅

近代的な駅構内にはスーパーもあり、長距離を移動する際にパニーノなどの軽食や飲み物などを調達するのに便利。駅正面の広場に市バスのバス停、タクシー乗り場は、ホームを背にした左（スーパー側）に出るとある。

✉ 便利なスーパー

トリエステの駅中にスーパーがあり、品揃えも日本のコンビニのようで、すぐに食べられるお総菜類がたくさん売っています。入口近くにイートインコーナーがあり、電子レンジもありました。私はスーパーで昼食を買って海沿いのベンチで食べました。（ゆうちゃん　'12）

ウニタ・ディタリア広場の裏手にたたずむローマ劇場

■サン・ジュスト聖堂

🏠 Piazza della Cattedrale 3
☎ 040-309666
🕐 7:30～12:00
　　15:00～19:00
　(日)(祝) 8:00～13:00
　　　　15:00～20:00

簡素だがモザイクが美しい内部

おもな見どころ

海に面した優雅な広場　　　　　　　　　MAP P.357 B2

ウニタ・ディタリア広場とその周辺 ★★
Piazza dell' Unità d' Italia
ピアッツァ・デッルニタ・ディタリア

19世紀末に造られた、港に面して広がる大きな物で、町の人々の集う中心的な広場。港を背に左側には政庁舎（1904年）、右側にはロイド保険トリエステ館Palazzo del Lloyd Triestino（1883年）とバロック様式のピッテリ邸Palazzo Pitteri（1790年）。奥には、市庁舎。正面の柱は、自由港を設けたカルロVI世のコロンナColonna di Carlo VI。明

海に面したすがすがしい広場

るく陽気な噴水（1750年）は、4大陸の像と商業の天使で飾られている。

噴水そばから左に曲がれば、かつて証券取引所（ボルサ）があったことから名づけられた、にぎやかなボルサ広場やヴェルディ劇場へと通じている。広場を抜けて左折し、テアトロ・ロマーノ通りVia del Teatro Romanoを進むと右に、2世紀に造られたローマ劇場Teatro Romanoがある。

美しいモザイクに圧倒される　　　　　　MAP P.357 B2

サン・ジュスト聖堂 ★
Basilica di San Giusto
バジリカ・ディ・サン・ジュスト

町のシンボル、サン・ジュスト聖堂

サン・ジュストの丘に建つ、町のシンボルであり、最高の文化財ともいえる聖堂。5～6世紀のローマ時代のふたつのバジリカ跡に、サン・ジュスト教会（右）とアッスンタ教会（左）のふたつを結合させて1300年代に再建した物。正面は、1300年代のゴシック様式で、高部を大きなバラ窓が飾る。入口左側の、低くどっしりとした鐘楼は、14世紀の物で、ローマ時代の神殿入口跡を使った物。壁龕の聖ジュスト像は、1300年代の物。

内部は、柱の並ぶ5身廊で、非対称的。中央身廊の彩色された竜骨状の天井は、16世紀の物で、右側にはクーポラが目を引く。

後陣右には、1200年代のフレスコ画と著名なモザイク『キリストと聖ジュストと聖セルヴォロ』Cristo fra i Ss. Giusto e Servolo。後陣中央にはC.カドリンによる、近代のモザイク（1932年）、カルパッチョのタブロー『聖母と聖人』Madonna e Santi（1540年）。後陣左には『聖母と大天使聖ミカエルとガブリエル』Madonna fra gli arcangeli Michele e Gabriele。床には、5世紀の聖堂のモザイクが残る。

358

海と町を一望する

カステッロ（サン・ジュスト城）
Castello

カステッロ

緑の海岸線とにぎやかな港を望む

町を見下ろす丘の上、古代には城壁があったとされる場所にフェデリコ2世の命により、1471〜1630年にかけて建てられた城。堅牢な城ながら戦いの場として使われたことはなく、見晴らしのよい町の監視場としての役割を担っていた。実際、城のテラスや城壁からは町と海を見渡すすばらしい風景が広がる。

内部は武器庫Armeriaがおかれ古武器を展示。中庭から階段を下りると（16世紀の堡塁地下）テルジェスティーノ石碑博物館Lapidario Tergestinoがある。テルジェスティーノとは、この丘にあった紀元前1世紀のローマ植民地のことで、当時の石碑、彫像、モザイクなど多数を展示している。

通路を利用した武器庫

華やかな歴史を伝える邸宅美術館

レヴォルテッラ美術館
Museo Revoltella/Galleria d'Arte Moderna

ムゼオ・レヴォルテッラ／ガッレリア・ダルテ・モデルナ

当時のままに書籍の残る書斎

商才に長けた実業家（スエズ運河会社の副社長も務めた）で、社会貢献、芸術保護に力を注いだ男爵レヴォルテッラの邸宅。

建物は1853〜1859年にベルリンの建築家フリードリヒ・ヒツィヒによって建てられたネオクラシック様式の3階建て。内部は家主の好みと財力を示すかのように、まさに豪華絢爛。1階のネオ・バロック様式の書斎、大階段から続く2、3階の大理石の彫像やレリーフ、寄せ木張りの床、輝くシャンデリヤなど、見事な装飾が広がる。

邸宅と続くブルンネール館Palazzo Brunnerには美術館がおかれている。

華やかに装飾されたサロン

■カステッロ
（サン・ジュスト城）
住 Piazza Cattedrale 3
☎ 040-309362
開 4〜10月　　10:00〜19:00
　 11〜3月　　10:00〜17:00
料 共通券€6
中央駅からバス24番で。

✉ お得に観光するなら
フリウリ・ヴェネツィア・ジュリア・カード（→P.354）がお得で便利です。市内バスや近郊へのプルマン、州内の列車に利用でき、ほとんどの美術、博物館で利用できます。私たちは、これとカフェ6ヵ所券Trieste in Tazzina（48時間有効、€3）ですごく歩き回りました。トリエステは歩き甲斐のある、歴史と文化、美しい建物にあふれたすばらしい町でした。でも、2日間でコーヒー6杯は、ちょっとつらいかも。
（東京都　C&M　'11）['16]

✉ 便利なバス
ミラマーレ城（→P.360）へはバス6番が城のすぐ下に到着します。サン・ジュスト聖堂へは24番（バス停はリベルタ広場南側）の終点です。
（東京都　匿名希望　'15）

■レヴォルテッラ美術館
住 Via A. Diaz 27
☎ 040-6754350
開 10:00〜19:00
　 （切符売り場〜18:15）
休 ㊋
料 €7

History & Art

変遷の町、トリエステ

　19世紀初めのトリエステでは、海運業の発展にともない、保険会社、船会社、造船所がいっそうの発展を遂げ、美しい新古典様式の建物がいたるところに建設され、町は急激に発展した。また、18世紀の自由港時代には、政治的亡命者も受け入れた伝統をもつ新進の町であった。

　その後、第1次世界大戦後はイタリア領となり、さらに、第2次世界大戦後には英米とユーゴスラビアの共同管理地区になり、1954年に再度イタリア領となった。

■市立サルトリオ博物館
住 Largo Papa Giovanni XXIII
開 (火水木) 9:00～13:30
　(金土) 13:00～18:00
　(日) 10:00～18:00
休 (月)、1/1、復活祭の(日)、
　4/25、5/1、8/15、12/25
料 €6

■ミラマーレ城
TEL 040-224143
開 9:00～19:00
料 €8
地 地図外
駅前のバス停から36番のバス
(約25分ごと)、または6番で
約15分。

■ミラマーレ城公園
開 8:00～19:00(冬季15:00)
料 無料
地 地図外

✉ ミラマーレ城への
　バス停
　駅のタクシー乗り場と同じ所
に36番/6番のバス停がありま
す。ミラマーレ城方面は道を挟
んだ反対側です。ホテル・ロー
マの前にも36番/6番のバス停
があります。城行きはホテル正
面の横断歩道を渡った所のバ
ス停です。　　(ゆうちゃん '12)

ミラマーレ城へのバス
　バス36番(夏季のみ)は終点
下車。城までは海沿いの道を
1.3kmほど歩く。夏は海水浴
客でにぎわう浜辺から湾の風
景を楽しめる坂道を上がる。

陶器を一堂に集めた

MAP P.357 B1

市立サルトリオ博物館

Civico Museo Sartorio

チヴィコ・ムゼオ・サルトリオ

　1700年代に建てられた建物(1800年代に修復)の中に、19世紀の
富裕なトリエステの家をモデルに内装されている。
　内部には、トリエステ、イタリア、ヨーロッパ全土の**陶器コレク
ション**(15～19世紀)がある。そのほか、絵画(16～18世紀)なども展
示される。

海を見下ろす豪華な白亜城

ミラマーレ城 ★★

Castello di Miramare

カステッロ・ディ・ミラマーレ

　市の北西6kmにある海に面した古城ミラマーレ城Castello di
Miramareは、オーストリア皇太子F.マクシミリアン大公の華麗な城。
　内部は歴史博物館となっており、王族由来の品々や豪華な家具、絵画、陶磁器などの調度もそのままに残る。また、岬の突端に位置した城の周囲には、よく整備されたイタリア式庭園が広がり、すばらしい景観が楽しめる。

華麗なミラマーレ城

🍴🏨 RISTORANTE HOTEL　　トリエステのレストラン&ホテル

🍴 ダ・ペーピ
Buffet Da Pepi　　P.357 B2

ブッフェBuffetとは、トリエス
テ独特の朝から晩まで通して
営業している気軽な食堂のこ
と。町でも古いこの店は1897
年創業。豚肉ひとすじで、店
内ではゆでた豚肉を切り分け
る姿も見られる。ひととおり味
わいたいなら盛り合わせ=ミ

ストMistoがおすすめ。お味
見程度ならパニーノを。
住 Via C.di Risparmio 3
TEL 040-366858
営 8:30～22:00
休 (日)、7月下旬の2週間
予 €10～(コペルト€1.50)、
定食€22

★★★★ ドゥーキ・ダオスタ
Hotel Duchi d'Aosta　　P.357 B2

古きよき時代を伝える白亜
の宮殿にあるホテル。クラ
シックな雰囲気の客室の設
備は近代的で全室にジャク
ージ設置。
✉ 広場に続くホテルのテラ
スでのひとときもすてきな思い
出。(東京都　清美 '12)['16]

URL www.magesta.eu
住 Piazza Unità d'Itaria 2
TEL 040-7600011
Fax 040-366092
SB €110/268　TB €119/500
室 53室　朝食込み W-F
C A.D.M.V.
交 イタリア統一広場の一角

★★★★ サヴォイア・エクセルシオール・パラス
Starhotel Savoia Excelsior Palace　　P.357 B1

海岸通りに面した、歴史あ
る白亜のホテル。内部はモ
ダンと重厚さがマッチした
華やかな雰囲気。部屋によ
っては、客室から海と遠く
にミラマーレ城を眺めるこ
とができる。レストラン併設。
読者割引 10%、3泊以上30%

High 4～10月
URL www.starhotels.it
住 Riva del Mandracchio 4
TEL 040-77941
Fax 040-638260
TS TB €150/199
室 144室　朝食込み W-F
C A.D.J.M.V.

★★★ ローマ
Hotel Roma　　P.357 A2

駅近くで便利。1800年代の
建物を改装した快適なホテ
ル。朝食も充実。もう少し経
済的なアパートResidenza
(朝食なし)も併設。
読者割引 ローシーズンの
(金)～(日)2泊以上で10%

URL www.hotelromatrieste.it
住 Via C. Ghega 7
TEL 040-370040
Fax 040-3483574
SS €69/95
SB €89/120
室 40室　朝食込み W-F
C A.D.J.M.V.
Low 11/1～2/28、7/1～8/31

標高2447mのファルツァレーゴ峠。
チンクエ・トッリ(5つの頂)や遠くにはマルモラーダ山を望む

Consigli
per il VIAGGIO

旅の準備と技術

北イタリアを知ろう！……………………………P.362
北イタリアの世界遺産……………………………P.364
旅の準備
　旅の必需品………………………………………P.368
　日本で情報を入手する…………………………P.370
　旅のお金…………………………………………P.371
日本からのアクセス………………………………P.372
イタリアに着いたら………………………………P.373
イタリア国内の交通
　列車………………………………………………P.374
　長距離バス（プルマン）………………………P.377
　レンタカー………………………………………P.378
　イタリアドライブ事情…………………………P.379
総合インフォメーション
　電話………………………………………………P.380
　郵便………………………………………………P.381
　両替について……………………………………P.382
　キャッシングを活用しよう！…………………P.383
ホテルに関するすべて……………………………P.384
北イタリアで食べる………………………………P.392
　北イタリア メニュー・ア・ラ・カルト………P.396
北イタリアでショッピング………………………P.400
　タックスフリー（免税）ショッピング………P.401
旅のイタリア語……………………………………P.402
北イタリアを安全快適に旅するために…………P.409
　トラブルに遭ってしまったら…………………P.412
イタリアをたつ……………………………………P.413
旅の伝言板…………………………………………P.414

北イタリアを知ろう！

北イタリアの物価

サン・マルコ広場のカフェ。安くはないがヴェネツィアの旅情に浸れる貴重な場所

商・産業活動が盛んな北イタリア。ミラノなどの大都市は観光地というよりも、ビジネス都市という感覚だ。東京同様、高価な物、場所がある一方で、物価の安い場所もあるので、自分のお財布に合わせた滞在も可能だ。

ただ、世界的観光地のヴェネツィアは、土地が限られていることもあって手頃なホテルやレストランをほかの町のように探すのは容易なことではない。経済的に旅行するなら、必ず事前にYHや宗教施設などに予約を入れて利用したい。サン・マルコ広場のカフェでの優雅なくつろぎのひとときやゴンドラ・セレナーデは外せないというなら、ヴェネツィアでは多少の予算オーバーには目をつぶり、ほかの町で節約するのもひとつの方法だ。

しかし、北イタリアはミラノやヴェネツィアなどのように、物価が高い町ばかりではない。小都市、中都市になると、同程度でもずいぶんホテルやレストラン代も安くなる。北イタリアは鉄道、バス路線も充実しているので、少し郊外に宿を取るのもいい。

さらに足を延ばした地方では経済的なホテルでも北イタリアらしい清潔感がうれしい。都市ばかりに目が行きがちだが、地方の魅力を文化的にも経済的にも楽しみたい北イタリアの旅だ。

北イタリアの気候

夏の日暮れが遅いイタリアのなかでも、緯度が高い北イタリアではよりいっそう、夜の訪れが遅くなる。夜の9時頃までも薄明るいのでゆっくり観光に使うことができる。夏は、欲張り観光客にはうれしい季節だ。

ローマやフィレンツェなどの中部イタリアを旅行する場合は東京と同程度の服装で十分だが、北イタリアではやや寒さ対策が必要だ。とりわけ、冬は石作りの建物内部は冷えるので、コートやセーターは必携だ。夏の観光の際はくだけた服装になりがちだが、イタリア全土がそうであるように、ショートパンツ、ミニスカート、ノースリーブ、ランニング、ビーチサンダルでは教会内部には入れない。女性なら、肌が隠せる大判スカーフなどもあると便利。

初春と晩秋は気候がやや不安定となるので、簡単な防寒具と傘も用意したい。

北イタリアとひと口でいっても、避暑と避寒でにぎわう年中穏やかな湖水地方、夏でもスキーのできるアルプス地方……とずいぶん気候が違う。各地の特徴を見てみよう。

真夏の観光時にも、薄い上着かスカーフが1枚あると便利。パドヴァの聖地サンタントニオに入場するために上着をはおる観光客

北イタリア各地のおもな伝統行事

2月～3月	カーニバル（ヴェネツィア）	7月	救世主の祭り（ヴェネツィア）
5月	海との結婚式（ヴェネツィア）	9月第1日曜日	歴史装束のレガッタ（ヴェネツィア）
	ミッレミリア・クラシックカーレース（ブレーシャ～ローマ間）	9月	弦楽器音楽祭（クレモナ）
5～6月	中世4大海運共和国レガッタ	10月第2日曜日	秋祭り（メラーノ）
	（ヴェネツィア、アマルフィ、ピサ、ジェノヴァの持ち回り）		

各地方の様子

●アルプス近く

北のアルプス側は長い冬と短い夏が特徴だ。標高が100m上がると気温が約0.7度下がるといわれるので、高地に滞在、あるいは通過するだけでも、それなりの服装計画が必要だ。ドロミテ山塊では、夏でもときには小雪が舞うので、暖かい上着は必携だ。スキー一色となる冬は、スキーをするしないにかかわらずスキーウエア程度の防寒具を用意したい。ただし、冬季は観光バスは休止となる。ホテルも季節営業が多く、スキー客の滞在するクリスマスから復活祭頃までと6月頃から晩秋まで営業する所が多い。目的に合わせて旅行期間を選ぼう。

また、ハイキングやトレッキングなどを予定している場合は登山靴やストック、ザック、食料なども用意したい。

夏でも雪の舞うポルドイ峠（ドロミテ山塊）

●湖水地方

ひとことで湖水地方といえども気候は異なる。北のコモ湖周辺は冷涼だ。春には、天候が荒れ、雨の場合は体感温度はかなり低くなるし、よく晴れた夏の日でも夕暮れはかなり寒さを感じさせる。夜のそぞろ歩きや遊覧船に乗る場合は晴れた日中でも、風を通しにく

い羽織る物が1枚あると重宝する。

一方、ドロミテ山塊が壁となって北からの風を遮るガルダ湖周辺は、地中海性気候となり、冬でも平均気温2〜3℃、夏23〜25℃と温暖で過ごしやすい。同様にマッジョーレ湖周辺も温暖だ。ただし、遊覧船に乗る場合は羽織る物を1枚バッグに入れておこう。

地中海性気候のガルダ湖にはレモネリア（レモン栽培の畑）が残る。レモネリアの前のプールで日光浴

●平野部

ミラノ周辺から南東に広がる、広い範囲のロンバルディア平野は晩秋から冬にかけては、朝と夜には霧に包まれることが多い。どこか幻想的でロマンを誘うが、空港が霧に包まれて、発着不能になることもときにはあるので、ちょっと厄介なもの。レンタカーを利用する場合は、霧が晴れるのを待って運転したい。

また、雪が降ることもあるので、冬季の旅行には底が滑らない防水加工の靴があるといい。

ロンバルディア平野の中心都市、マントヴァの夏は暑い。湖で釣りをする人々

ヴェネツィアのアクア・アルタ

地球温暖化が原因のひとつともいわれるアクア・アルタ（高潮）。とりわけ、低地のサン・マルコ広場周辺の浸水の程度が大きい。水たまりというよりも、水位が1mほどにもなる年もあり、通路には簡易橋が渡されて、行き来する。ホテルでは長靴をレンタルしてくれる場合もあるし、安い長靴も売られている。午後には水が引くので、それほど心配することはないが、水にぬれてもいい靴が一足あると心強い。なお、アクア・アルタは冬に多いが、春から初夏にも出現する。確実に予測するのは難しいので、おもしろい体験として楽しもう。一般的にヴェネツィアは、冬はかなり寒く、夏は暑くて湿気が多い。

アクア・アルタのヴェネツィア

さまざまな文化が花開いた北イタリア。
知られざる世界遺産を訪ねる旅へ。
（紹介は登録順）

詳しくはインターネットで
日本ユネスコ URL www.unesco.or.jp

カモニカ渓谷の岩石画
Rock Drawings in Valcamonica

登録年：1979年

氷河の浸食によってできた滑らかで大きな岩の表面に農耕、航行、戦い、魔力、文字などの線刻画14万点が描かれている。紀元前8000年頃の石器時代から始まり、紀元前16年のローマ侵略まで営々と歴史が刻まれている。しかし、ローマ侵略後この文化は間もなく消滅し、いまだに多くの謎に包まれている。

おおらかに「家」を描いた線刻画

イセオ湖畔をかすめて列車は進む

行き方

ブレーシャからEDOLO行きの列車で所要約2時間〜2時間40分。カーポ・ディ・ポンテCapo di Ponte下車、バス停から徒歩約20分で線刻画のあるナクアネ岩壁彫刻国立公園Parco Nazionale delle Incisioni rupestri di Naquaneへ到着。

ヴィチェンツァ市街とヴェネト州のパッラーディオのヴィッラ
City of Vicenza and the Palladian Villas of the Veneto

登録年：1994/1996年

P296、P.298参照

古代ローマ建築に学んだ建築家パッラーディオ。堂々と風格ある彼の革新的な建築はパッラーディアン様式と呼ばれ、ヴェネト地方のみならず、ヨーロッパ各地、アメリカへも広がっていった。現在、ヴィチェンツァの町をはじめ、ヴェネツィアからパドヴァへと続くブレンタ川のリヴィエラによく残っている。

パッラーディオの代表作バジリカは、ヴェネト・ルネサンス様式の特徴をもつ

パッラーディオの傑作に数えられる『ラ・ロトンダ』はヴィチェンツァの近郊に残る

クレスピ・ダッダの町
Crespi d' Adda

登録年：1995年

19世紀後半、アッダ川のほとりにクリストフォロ・クレスピが紡績工場を建設。当時の産業革命の気運とは逆に、労働者の幸福を願う一大ユートピアを目指したものだった。教会、幼稚園や学校、病院、墓地、水力発電設備までをも備えた、労働者にとって画期的な理想郷。

クリストフォロ・クレスピの影像

工場と労働者のための住宅が緑の多い敷地に整然と並ぶ

CRESPI D' ADDA
(CAPRIATE SAN GERVASIO)
villaggio operaio fine ottocento
SITO DEL PATRIMONIO MONDIALE DELL' UNESCO
Parco Adda Nord

近代産業を支えた文化遺産としてクレスピ・ダッダは選ばれた

ひときわ目を引く紡績工場。クレスピ一族の理想を伝えるにふさわしい堅実な建築群は今も健在

クレスピ家の館は「キャッスル」と呼ばれていた

敷地の一角には共同墓地も残る

行き方

ミラノから地下鉄2線ゲッサーテ駅でトレッツォTrezzo行きの市バスATMに乗りVia Biffi下車(所要約25分)、徒歩約20分。
集落は川沿いに広がり、周囲には案内板も立っている。クレスピ・ダッダは当時の景観をよく残すものの、多くの部分は個人所有などになっており、観光施設ではないため通常は内部見学はできない。内部見学は要予約でガイド付きツアーを実施。詳細はURL www.villaggiocrespi.it(日本語あり)

パドヴァの植物園
Botanical Garden (Orto Botanico), Padova

登録年：1997年

P.294参照

　パドヴァ大学の付属薬草園として創設されたヨーロッパ最古の植物園。運河の脇、うっそうとした緑に包まれ、その広さは約2000㎡。1585年に植えられ、植物園最古の巨大な棕櫚（しゅろ）の木は、ゲーテがエッセイにも綴（つづ）ったもの。

緑に囲まれた静寂の空間

アマゾン原産の珍しい植物なども展示される

市民の憩いの場でもある「植物園」

ゲーテも見たという棕櫚の木

アクイレイアの遺跡とバジリカ
Archaeological Area and the Patriarchal Basilica of Aquileia

登録年：1998年

ローマ・モザイクの残るバジリカと鐘楼

　初期ローマ帝国の都市、アクイレイア。ナティーソ川に沿って築かれた町は海路、陸路で東のバルト海沿岸諸国とヨーロッパを結び、商業と戦の前線基地として繁栄を遂げた。その輝かしい歴史は、フォロ、住居群跡、港をはじめとする考古学遺跡に刻まれている。

　また、キリスト教が公認された313年の「ミラノ勅令」後間もなく、教会が建設され、キリスト教伝道の場としても大きな役割を果たした。バジリカに残るヨーロッパ最大のモザイクは、中央ヨーロッパに伝播したキリスト教の教えをよく伝えている。縦横65m×29mという床モザイクは全体が9つに分割され、デザインは寓意に満ち、精妙で美しい。モザイクはまた、文字を知らない人々にキリスト教を教える道具として使われ、絵柄それぞれが宗教的な意味合いを持つといわれている。

行き方

　鉄道fs線の最寄り駅はチェルヴィニャーノ-アクイレイア-グラード駅Cervignano-Aquileia-Grado。ヴェネツィアのメストレ駅からRV利用で1時間16分。駅からはSAF社のグラードGrado行きプルマンでアクイレイア下車、所要約10～20分。見どころはバス停近くに集中している。プルマンは30分～1時間に1便程度の運行。ただし、日祝はかなりの減便となる。

ローマのフォロの保存状態もよい

レーティッシュ鉄道　アルブラ線/ベルニナ線とその景観
Rhaetian Railway in the Albula/Bernina Landscapes

登録年：2008年

P.141参照

氷河が流れ落ちる谷を見ることができる絶景の駅、アルプ・グリュム

スイス最大の私鉄会社レーティッシュ鉄道のトゥズィス（スイス）からサンモリッツを結ぶアルブラ線とサンモリッツからイタリアのティラーノまでを結ぶベルニナ線。約100年の歴史と伝統、そして周辺に広がる景観が世界遺産に登録された。登録範囲はスイスとイタリアに渡り、イタリア領はベルニナ線の南端の短い区間だ。

ベルニナ線は1910年に開通したアルプスを南北に縦断する絶景の鉄道路線。通常のレールを用い、アルプスの最高地点を走る列車としてその高い技術は、後に続く鉄道計画のモデルになったといわれている。4000m級のベルニナ山群や氷河がきらめくアルプス、そしてのどかな緑の谷へと2253mから429mまでの高低差を走り抜ける。

行き方

ティラーノTiranoへはミラノ中央駅からR利用で2時間30分。レッコから約1時間50分。
ティラーノとサンモリッツ間は所要約2時間30分。夏季は1～2時間に1便程度の運行。季節運行や特定日のみの運行も多いので、日帰りする場合は事前に帰路の時刻表の確認を（パスポート必携）。通常列車のほか、天井までをガラスで覆ったパノラマ車両（ハイシーズンは要予約）も連結している。

北イタリア、その他の世界遺産

ミラノ、サンタ・マリア・デッレ・グラツィエ教会および修道院とレオナルド・ダ・ヴィンチの「最後の晩餐」
Church and Dominican Convent of Santa Maria delle Grazie with "The Last Supper" by Leonardo da Vinci
登録年：1980年　　　　P.62参照

ヴェネツィアとラグーン（潟）　*Venice and its Lagoon*
登録年：1987年　　　　P.180参照

トリノのサヴォイア王家住居
Residences of the Royal House of Savoy
登録年：1997年

ヴェローナ　　　　*City of Verona*
登録年：2000年　　　　P.272参照

ピエモンテとロンバルディア州の聖地サクロ・モンテ
Sacri Monti of Piedmont and Lombardy
登録年：2003年　　　　P.163参照

ジェノヴァ、レ・ストラーデ・ヌオーヴェとロッリの邸宅群
Le Strade Nuove and The system of Palazzi dei Rolli
登録年：2006年

マントヴァとサッビオネータ　*Mantua and Sabbioneta*
登録年：2008年　　P.123、P.132参照

ドロミテ　　　　*The Dolomites/Le Dolomiti*
登録年：2009年　　　　P.307参照

すばらしい景観が堪能できるドロミテ山塊

ロンゴバルト族の繁栄（568～774年）を伝える地
The Longobards in Italy,Place of power
登録年：2011年　　　　P.113参照
（チヴィダーレ・デル・フリウリ、ブレーシャほか、イタリア全土での複数ヵ所登録）

アルプス山脈周辺の先史時代の湖上家屋遺跡
Prehistoric Pile dwellings around the Alps
紀元前5000～500年にかけてアルプス山脈周辺の湖畔や川辺に建てられた湖上家屋の遺跡群
登録年：2011年
（北イタリア、スイス、オーストリア、フランス、ドイツ、スロヴェニアにまたがる共同登録で全111ヵ所。イタリア19ヵ所）

ピエモンテ州のブドウ畑の景観
The Vineyard Landscape of Piedmont: Langhe-Roero and Monferrato
登録年：2014年

旅の準備と技術

情報　北イタリアの世界遺産

367

旅の必需品

事前に申請や手続きが必要な、海外旅行に欠かせないパスポート、会員証、保険などについて考えてみよう。

外務省パスポートA to Z
URL www.mofa.go.jp/mofaj/
toko/passport

■東京都パスポート案内センター（24時間テレホンサービス）
東京 ☎・FAX
03-5908-0400

旅券発給手数料
10年旅券　1万6000円
5年旅券　1万1000円（12歳未満6000円）
　収入印紙や現金（各自治体により異なる）で納付。旅券受け取り窓口近くに売り場がある。

**パスポートや
カードのサイン**
　パスポート申請の際に記入する「所持人自署」。日本の印鑑代わりとなる大切なもの。ローマ字でも、漢字表記でもよい。漢字だと、外国ではまねされにくいので安心感がある。また、クレジットカード利用時には、カードの裏面同様のサインが要求されるので、サインはひとつに統一しておくと迷わない。

■イタリア大使館
🏠 〒108-8302
　東京都港区三田2-5-4
☎ 03-3453-5291
🕐 ビザ関係業務
　㊊～㊎9:30～11:30
※ビザの書式や情報は URL で入手可能
URL www.ambtokyo.esteri.
　it/ambasciata_tokyo

見どころの割引
　'16年現在、イタリアの見どころの一部では学生やシルバー割引などを実施している。ただし、EU諸国の人のみを対象としていることが多いので、日本人は残念ながら対象外となることが多い。下記のウェブサイトでチェックしてみよう。

■国際学生証ISIC
URL www.univcoop.or.jp
（日本語）
URL www.isic.org（日本語）
　トップページから国際学生証の割引サービスの検索可能。

パスポート（旅券）

　政府から発給された国際的な身分証明証がパスポート。日本からの出国、他国へ入国するために必要な物だ。パスポートは有効期間が5年（濃紺）と10年（エンジ）の2種類がある。パスポートの申請から取得までは1～2週間かかる。直前に慌てないよう、早めに取得しておこう。
　※イタリア入国の際には、パスポートの有効残存期間が90日以上必要。

心踊るヴェネツィアへ

◆申請場所
　住民登録をしてある各都道府県庁の旅券課またはパスポートセンター。

◆必要書類
　一般旅券発給申請書（旅券申請窓口で配布）、戸籍抄本または謄本、住民票（住基ネット利用者は不用）、顔写真、本人確認用書類など。

◆受領方法
　パスポート名義の本人が申請窓口で受け取る。

　詳細は、パスポートアンサーや地元のパスポートセンターなどで確認を。

ビ　ザ

　日本のパスポート所持者は、イタリアでの90日以内の滞在には不要。ただし、原則として有効残存期間が90日以上あること。予防接種も必要ない。仕事などでイタリアに91日以上滞在する場合は、ビザと滞在登録が必要。ビザの取得はイタリア大使館、領事館で。滞在登録は到着後現地で。

滞 在 登 録

　イタリアに91日以上滞在する場合は、目的地に到着後8日以内に地方警察Questuraで滞在登録をしなければならない。
クエストゥーラ

国際学生証 ISIC
International
Student
Identity
Card

　国際的に学割が利用できるのが国際学生証。数は多くないが、一部の博物館、美術館などの見どころや劇場などで、入場料が割引や無料になる。種類は、学生Studentと生徒Scholarの2種で、対象、有効期限が異なる。申請は、主要大学の生協などで。

国際青年旅行証
IYTCカード

学生でなくても、26歳未満なら取得できるカード。国際学生証と同様の特典を受けられる。申請は東京都YH協会などで。

国際ユース
ホステル会員証

海外のYHユースホステルを利用する際に必要な物。直接イタリアのYHでも作成できる場合もあるが、原則として自国で作成することになっている。人気の高いYHでは国際YH会員証の呈示がないと宿泊できない場合もあるので、事前に準備しておこう。会員証の申請は、日本YH協会、全国のYH協会、大学生協などで。

中世の塔がユースホステルに

国外運転免許証
International
Driving Permit

イタリアでレンタカーを利用する人は必要だ。その際には、日本の免許証の呈示も求められることもあるので一緒に持っていこう。レンタカー会社によっては年令や運転歴によって貸出し制限があるので注意。申請は住民登録をしている都道府県の公安委員会。

そ の ほ か

パスポートのコピー。パスポートの盗難の危険を避けるため、大都市の一部の銀行ではコピーで両替を受け付ける所もある。クレジットカード利用の際に、身分証明書の呈示を求められることもある。また、イタリアでは60歳または65歳以上でシルバー割引を実施している見どころもあるので、パスポートのコピーを持っているとよい。

また、紛失や盗難に備えて、クレジットカードの番号、有効期限、緊急連絡先、航空券の番号などを控えて、別に保管しておくといざというときに心強い。

海外旅行傷害保険

必要に応じて、傷害死亡、後遺症、傷害治療費用の基本契約のみにするか、盗難に対する携行品保険や救援者費用保険などの特約までを含めるか検討しよう。保険の掛け金は旅行期間と補償金額によって変動する。申し込みは、各地の保険会社、旅行会社、各空港内保険カウンターなどで。

✉ **春は雨**
　春は雨が多く、靴がビショビショになりました。防水の靴があるといいです。
　（兵庫県　K・W　'13）

✉ **虫さされの薬**
　夏だからか蚊がいました。音もなくやって来てチクリ。虫さされ薬がとても役立ちました。
　（神奈川県　リョウチャン　'13）
　ヴェネツィア、ミラノなど、夏でなくても蚊が出没します。

■**IYTCカードの申請先**
東京都ユースホステル協会
🏠 〒111-0052
　東京都台東区柳橋2-21-4
☎ 03-3851-1121
URL tokyo-yha.org（会員登録可）
　このほか、各YH、大学生協、地球の歩き方 T&E・新宿
☎03-5362-7300などでも可。

■**日本ユース**
ホステル協会
🏠 〒151-0052
　東京都渋谷区代々木
　神園町3-1
　国立オリンピック記念
　青少年総合センター
　センター棟3階
☎ 03-5738-0546
URL www.jyh.or.jp（会員登録可）
　各県のYH協会などでも入会手続き可。

国外運転免許証の情報
警視庁
URL www.keishicho.metro.tokyo.jp

国外運転免許証の有効期間は発給日より1年間

ネットで申し込む海外旅行保険

損保ジャパン日本興亜の「新・海外旅行保険【off！(オフ)】は旅行先別に料金が設定されており、同社の従来商品に比べ安くなることがあるのが特徴。また、1日刻みで旅行期間を設定でき、出発当日の申し込みが可能なのも便利。「地球の歩き方」ホームページからも申し込める。
URL http://www.arukikata.co.jp/hoken/

日本で情報を入手する

旅の楽しみは、出発までの浮き立つ気分でのプランニング。訪れる町々へ思いをはせるひとときは格別だ。必要かつ快適で楽しい旅行のための情報収集ができる機関を紹介。

イタリア政府観光局ENIT

イタリア各地の旅の情報を提供しており、インフォメーション担当スタッフが電話／ファクスで質問に応じてくれるが、あまり細かい情報は現地から届いていないこともあるので、直接イタリアで入手すること。

紙資料の送付受付は、基本的に総合案内のみ。各地の資料は、各観光局のサイトからダウンロードする必要があるが、一部の資料は観光局サイト内でもダウンロードが可能（詳細は観光局サイトを確認）。個別地域の紙資料が日本に届いた際は、そのつど、観光局サイトまたはフェイスブックで公開される。同封する返信用封筒や切手料金も資料ごとに案内される。

イタリア大使館

留学などで3ヵ月以上の長期滞在を望む人は、領事部でビザを取得すること。(→P.368)

イタリア文化会館

イタリアの芸術、言語、文学、文化などを日本に紹介するための機関。付属の図書館は一般公開されている。

またイタリア留学に関する問い合わせにも応じている。何を学びたいのかを具体的に記した手紙に返信用切手を同封して会館宛てに送れば返事をくれる。ただし、イタリアの専門学校は10月、公立学校は11月の開講なので、年内の留学を希望する人は6月中に手続きを終えておくのが望ましい。

(財)日伊協会

イタリアを愛する人たちの集う、民間レベルの文化交流機関。日本で最も歴史のある語学講座には、年間4000人近い受講者がある。協会会員には、文化セミナー、語学講座の年会費免除、年4回発行されるイタリア情報満載の会報の送付などの特典がある。イタリア留学相談、情報提供、留学セミナーを行い、留学希望者には強い味方だ。

アリタリア-イタリア航空

飛行機の中から"気分はイタリア"したい人のアリタリア。イタリア国内線についての情報も入手できる。

アリタリア-イタリア航空機内

レンタカー

町が点在する田舎巡りでは、レンタカーが活躍する。日本で事前予約をすると、割引や特典が受けられて、イタリアで申し込むよりお得。また、利用航空会社や所有クレジットカードによる割引もあるので、申し込みの際に確認しよう。

■イタリア政府観光局 ENIT
🏠 〒108-8302
　東京都港区三田2-5-4
　(イタリア大使館内)
☎ 03-3451-2721
🕐 (月)～(金)　9:30～17:30
休 (土)(日)(祝)(大使館閉館日に準ずる)、年末年始
URL visitaly.jp
URL www.facebook.com/Italia.jp
※訪問は事前予約、および入館には身分証明書が必要

■在大阪イタリア総領事館
🏠 〒530-0005
　大阪府大阪市北区中之島
　2-3-18　中之島フェスティバルタワー17階
☎ 06-4706-5820

■イタリア文化会館
🏠 〒102-0074 東京都千代田区九段南2-1-30
☎ 03-3264-6011
🕐 (月)～(金)　10:00～13:00
　　(月)　　　14:00～18:30
　　(火)(木)(金)　14:00～18:00
　　(水)　　　14:00～19:30
　　(土)　　　10:00～13:30
　　　　　　　14:00～16:30
休 (日)(祝)、年末年始、5月の連休頃、7月末～8月
URL www.iictokyo.esteri.it

■(財)日伊協会
🏠 〒107-0052 東京都港区赤坂7-2-17赤坂中央マンション2階
☎ 03-3402-1632
🕐 (月)～(金)　10:00～13:00
　　　　　　　14:00～17:30
URL www.aigtokyo.or.jp

■アリタリア-イタリア航空
🏠 〒107-0052
　東京都港区赤坂4-15-1
　赤坂ガーデンシティ2階
☎ 03-3568-1411
URL www.alitalia.com
※窓口業務は行わない

■レンタカー
● ハーツ
📠 0120-489882
URL www.hertz.com
● エイビスレンタカー
📠 0120-311911
URL www.avis-japan.com

旅のお金

イタリアは、旅するのにお金があればあるだけ楽しい国だ。階級社会が依然として健在で、金持ちは高級品を身に着け、お金のない人たちはそれなりの服装をしていて、それが当たり前という意識も残っている。そんなわけで、外国人の私たちも持ち物や服装で判断されてしまうのだが、余裕があるなら、ときにはイタリアの金持ち階級御用達のホテルやレストランも利用してみたい。

お金は何で持っていくか

必要なお金をどういう形で持っていくか検討してみよう。現金、CC（クレジットカード）が考えられるが、各々メリットとデメリットがある。

現金

家から空港までの往復の交通費などには日本円がいるし、少額のユーロはイタリアに着いた瞬間から必要だ。現地の空港や駅の両替所に行列するのが嫌な人は日本で購入できる（三菱東京UFJ銀行やその系列のトラベルコーナーのほか、各取扱い銀行、郵便局、空港内の両替所など）。ただし、紛失や盗難に遭ったらアウト。日本円はどこでも両替できるし、商店によっては支払いにも使える場合もある。

クレジットカード

いちいち両替の必要がなく、現金を持ち歩かなくてもよいのがクレジットカード。イタリアでも多くのホテルやレストラン、商店で利用できる（ただし、経済的なホテルやレストラン、少額の買い物などでは使えないことがある）。レンタカーやホテルの予約時にも、呈示を求められ、一種の支払い能力の証明ともなっているので持っていると安心だ。しかし、クレジットカードの種類によってはほとんど通用しない可能性もあるし、ときとして読み取り不能の場合もあるので、できれば複数の国際カードを持っていこう。

キャッシングなど

クレジットカードやデビットカード、海外専用プリペイドカードを使って現地でユーロを引き出せる。24時間利用可能な自動現金預払機ATM/CDは空港、駅をはじめ、銀行など町のいたるところにある。カードのマークの印があれば利用できる。

クレジットカードの場合はまずカードを作成し、キャッシング利用および暗証番号の登録をしよう。カードにより利用限度額があるので確認しておこう。(→P.383)

個室型のカードキャッシング・ブースがおすすめ

1ユーロ=129.70円
('16年2月三菱東京UFJ銀行調べ)

ユーロの入手先

ユーロの現金は銀行、郵便局、トラベルコーナー、成田や関空の空港内両替所などで。ただし、すべての支店で可能ではないので、まず最寄りの支店で情報の入手を。
●三菱東京UFJ銀行
　Free 0120-860777
　URL www.bk.mufg.jp

おもなCC

URLから、各種取り扱いカード、入会申し込み、トラブルの対処法などがわかる
●アメリカン・エキスプレス
　URL www.americanexpress.co.jp
●ダイナースカード
　URL www.diners.co.jp
●JCBカード
　URL www.jcb.co.jp
●VISA
　URL www.visa.co.jp
●Masterカード
　URL www.mastercard.com/jp/gateway.html

両替機よりATM機が主流

両替機はめっきり見かけなくなったが、ATM機はどんな田舎にもあり、最近は両替機よりもATM機が主流。キャッシングができるカードを持っていると、急に現金が必要になっても困らない。

カードでキャッシング

利率や手数料が気になるカードでのキャッシング。通常はその日の円貨換算レートに、3〜5％程度の上乗せと出金手数料105円が加算される。両替の煩わしさや現金を持ち歩く不安を考えれば、カードでのキャッシングは便利で安全。カードの種類によって、利率は変わるので気になるようなら、事前にチェックしてみよう。

✉ **ATMでのキャッシングが一番!!**

ATMでのキャッシングが手数料も最小で、一番妥当な方法です。カードホルダーは、両替屋や銀行ではなくATMに限ります。　（三浦仁　'14）

日本からのアクセス

北イタリアへ

最短のルートで時間を節約するか、予算や好みに合わせた航空会社を選ぶかで、おのずからルートは決まる。直行便のミラノとヴェネツィア行き以外は乗り換えの必要があるが、上手に接続便を選べば、日本からの直行便とさほど時間的には差はない。到着が夜間遅くになる場合は、事前にホテルなどを予約しておこう。

✈ 日本から空路で入る

日本からのイタリア直行便が到着するのはミラノ・マルペンサ空港。北イタリアの旅を始めるには最適なロケーションだ。成田空港からは約12時間30分のフライト。アリタリア航空'16年冬季スケジュールの場合、成田発13:55でミラノ着18:25。日本をたったその日にイタリアでディナーを楽しむこともできるし、翌日からの観光に備えてゆったり体を休めるのもいい。

北イタリアの町では、北イタリアのハブ空港であるミラノ・マルペンサ空港が規模、発着便ともに群を抜いている。世界的観光地であるヴェネツィアのマルコ・ポーロ空港には国内線、ヨーロッパ線のほか、北米線も乗り入れている。このほか、トレヴィーゾ、トリエステ、ベルガモ、ヴェローナに空港はあるが、国内線やLCC（格安航空）便を主としており、日本から出発の場合はあまり利用する機会はなさそうだ。

空港と町の間は公共交通で結ばれており、最寄り駅から北イタリアの鉄道の旅が始められる。

■北イタリアの各空港名および市内までの距離と交通手段

各空港名	市内までの距離	交通手段
●ミラノ／ マルペンサ空港 Malpensa	約46km	●中央駅までプルマンまたはfs線 ●中央駅または地下鉄カドルナ駅 （私鉄ノルド駅）まで列車
●ミラノ／ リナーテ空港 F. Forlanini-Linate	約10km	●中央駅までプルマン ●サン・バビラまでバスX73番 または73番
●ヴェネツィア／ マルコ・ポーロ空港 Marco Polo	約12km	●ローマ広場Piazzale RomaまでATVO社のプルマンまたはバス5番 ●メストレ駅前までバス15番
●トレヴィーゾ／ トレヴィーゾ空港 Aeroporto di Trevis Antonio Canova	約42km	●市内までバス6番 ●プルマンでヴェネツィア・メストレ駅まで55分、ローマ広場まで1時間10分
●トリエステ／ロンキ・ デイ・レジオナーリ Ronchi dei Legionari	約32km	●市内までバス51番 ●ウーディネまでバス51番 （1時間間隔で所要50分）
●ベルガモ／ オリオ・アル・セリオ空港 Orio al Serio	約12km	●プルマンで市内ターミナルまで ●ミラノ中央駅までプルマンで所要約60分（20分間隔の運行）
●ヴェローナ／ ヴァレリオ・カトゥッロ Valerio Catullo	約12km	●プルマンまたはバスでポルタ・ヌオーヴァ駅まで所要15〜20分

ヨーロッパ内の飛行時間
パリ→ヴェネツィア　約1時間40分
パリ→ミラノ　約1時間30分
ロンドン→ヴェネツィア　約2時間
ロンドン→ミラノ　約1時間
アムステルダム→ヴェネツィア　約1時間50分
アムステルダム→ミラノ　1時間45分〜2時間

ミラノからの飛行時間
ヴェネツィア　約50分〜1時間
トリエステ　約1時間20分
ローマ　約1時間10分

ミラノ各空港からの交通手段
詳しくはP.33参照

ヴェネツィア空港からの交通手段
詳しくはP.181参照

**ミラノ中央駅から
マルペンサ空港へ
下車ターミナルの確認を**
空港から市内行きのプルマンは、途中見本市会場そばで停車する（下車する人がいる場合のみ）ことがあるが、ミラノ中央駅が終点。一方、中央駅から空港行きのプルマンは、おもにチャーター便や格安航空LCCが発着するターミナル2に停車後、ターミナル1が終点だ。日本へのフライトを利用する場合は終点のターミナル1で下車しよう。

✉ **マルペンサ空港・ミラノ中央駅間の列車**
空港・中央駅間の直通列車に乗ってみました。中央駅ではfs線ホームからの発着ですが、実際の運行を手がけるのは、トレノルド社。空港駅の乗り場や切符売り場はノルド線のマルペンサ・エクスプレスと共通です。中央駅ではfsの切符売り場や自販機で切符購入可、中央駅発着とカドルナ駅発着の2系統があるので、目的地により使い分けられ便利そうです。
（埼玉県　大西慎一郎　'12）

✉ **マルペンサ空港からのタクシー**
フライトが8時間以上遅れ、ミラノ・マルペンサ空港到着が早朝3:00頃。タクシーでミラノ中央駅近くのホテルまで€105.40でした。「歩き方」には空港・市内間は一律€90と以前にありましたが、メーターは作動していたものの、上記の料金でした。深夜はこの適用がないのかも知れません。
（東京都　はま　'14）

イタリアに着いたら

ミラノ・マルペンサ空港から市内へ

日本やヨーロッパからの航空便はおもにマルペンサ空港へ到着

　ミラノには空港がふたつある。マルペンサ空港とリナーテ空港だ。日本からの直行便、ヨーロッパの各空港からの便はおもにマルペンサ空港に到着する。リナーテ空港には一部のイタリア国内便、ヨーロッパ線が到着する。航空券にはマルペンサ空港MXP、リナーテ空港LINと表記されているので一度確認しておこう。マルペンサ空港はミラノの北西約46km、リナーテ空港は南東約10kmに位置している。マルペンサ空港は広大な近代的空港。飛行機到着後、バスまたはモノレール、徒歩で空港内に向かう。

国内線への乗り換え
　一般に1階のパスポート・コントロールを通らずに、2階通路からパスポート・コントロール、手荷物検査を経て、乗り継ぎ便が発着するサテライトへ移動する。空港内は広いので、早めの移動を。

✉ **マルペンサ空港ターミナルを間違えないで**
　帰路、ミラノ中央駅からのプルマンをターミナル2で下車してしまいました。成田行きはターミナル1なので焦りましたが、入口近くからターミナルを結ぶ無料のシャトルバスが運行しています。7分ごとの運行のようです。
（埼玉県　かわた　'14）

ミラノ マルペンサ空港
Milano Malpensa Airport
Terminal 1

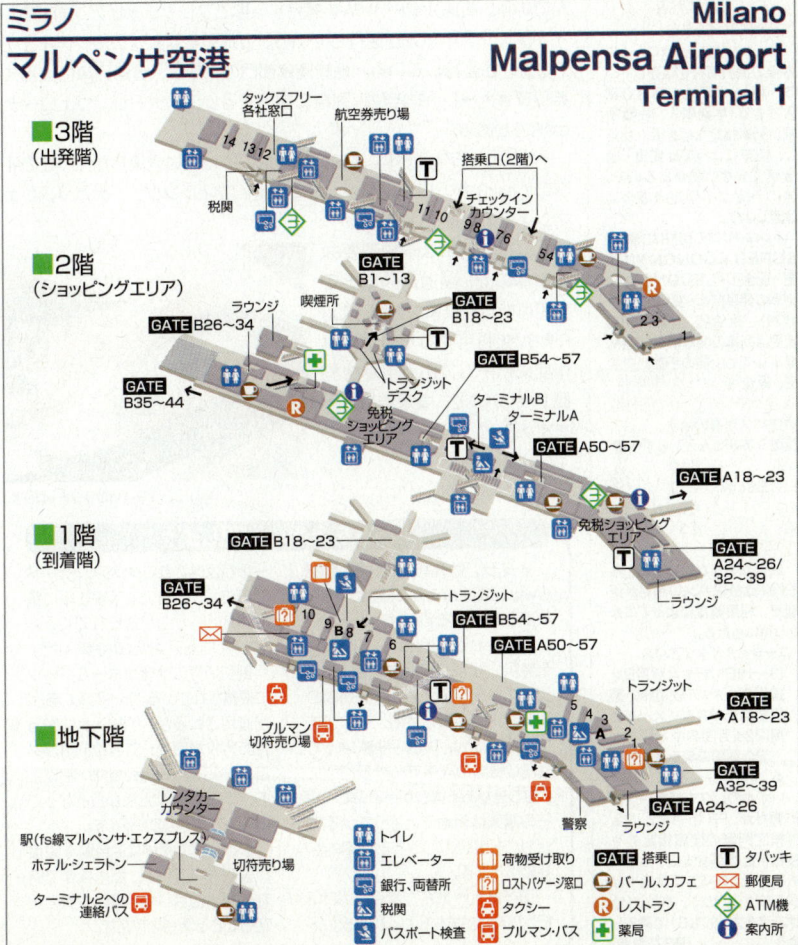

- ■3階（出発階）
  - タックスフリー各社窓口
  - 航空券売り場
  - 14 13 12
  - 税関
  - 搭乗口（2階）へ
  - 11 10
  - チェックインカウンター
  - 9 8 7 6
  - 5 4
- ■2階（ショッピングエリア）
  - GATE B1～13
  - ラウンジ
  - 喫煙所
  - GATE B18～23
  - GATE B54～57
  - 2 3
  - 1
  - GATE B26～34
  - トランジットデスク
  - GATE B35～44
  - 免税ショッピングエリア
  - ターミナルB
  - ターミナルA
  - GATE A50～57
  - GATE A18～23
- ■1階（到着階）
  - GATE B18～23
  - トランジット
  - 免税ショッピングエリア
  - GATE B26～34
  - 10 9 B 8 7 6
  - GATE B54～57
  - GATE A50～57
  - GATE A24～26/32～39
  - ラウンジ
  - トランジット
  - GATE A18～23
- ■地下階
  - プルマン切符売り場
  - 5 4 3 A 2 1
  - GATE A32～39
  - 警察
  - ラウンジ
  - GATE A24～26
  - レンタカーカウンター
  - 駅（fs線マルペンサ・エクスプレス）
  - ホテル・シェラトン
  - 切符売り場
  - ターミナル2への連絡バス

凡例:
- トイレ
- エレベーター
- 銀行、両替所
- 税関
- パスポート検査
- 荷物受け取り
- ロストバゲージ窓口
- タクシー
- プルマン・バス
- GATE 搭乗口
- パール、カフェ
- R レストラン
- 薬局
- ✉ 郵便局
- T タバッキ
- ☆ ATM機
- i 案内所

イタリア 国内の交通

🚃 列車　Treno （トレノ）

イタリア鉄道Ferrovia dello Statoフェッロヴィア・デッロ・スタートは略してfs（トレニタリアTRENITALIAとも呼ばれる）。ミラノから、イタリアの各都市へ向かうにはたいへん便利だ。ときとしてストSCIOPERO（ショーペロ）があるものの、運行時間の遅れはそれほどない。安心して利用できる交通機関だ。

イタリア鉄道の時刻表などの検索サイト
URL www.trenitalia.com
NTV社（高速列車イタロ）
URL www.italotreno.it

主要列車は全席指定
R（レジョナーレ）、RV（レジョナーレ・ヴェローチェ）を除き、ほぼすべての列車で座席指定制となった。切符なしで乗り込むと車内検札の際に€50以上の罰金が徴収される。予約変更は簡単で（発車前ならほぼ無料、発車後でも€3程度）なので、早めに駅窓口や係員に相談しよう。

変更・返金不可の場合あり 割引切符の購入前に
トレニタリア、イタロともに各種の割引切符を販売している。ネットや現地の窓口で購入できる（早期購入、枚数制限、列車指定あり）。ただし、切符によっては変更・返金ができない物があるので、旅の予定が不確定の場合は注意しよう。
トレニタリアの切符は3種類、**SUPER ECONOMY**は変更・返金不可。**ECONOMY**、列車の発車前なら変更（要手数料）、返金不可。**BASE**、変更は列車の発車前なら無料。発車後でも少額の手数料で変更、返金可。

各種列車のパス追加料金
鉄道パス所有の場合。
距離、等級にかかわらず一律
AV　　　　€10
ES、EScity　€10
EC　　　　€3～10
IC　　　　€3

便利な鉄道パス
鉄道がおもな移動手段となる旅には鉄道パスの利用が便利だ。利用頻度によってはかなり得にもなる。
・ユーレイルイタリアパス
（3～10日の好きな利用日を選択）イタリア鉄道fsの路線で利用できるパス。有効期間2ヵ月間の中で好きな上記の期間の乗車日が選べるフレキシータイプのパス。
いずれのパスも特急料金は不要だが、FRやFAなどの全席指定列車の座席指定券や寝台料金は別途支払い必要がある。以上のパスは現地では購入しづらいので、事前に「地球の歩き方 旅T&E」で購入しよう。（P.376参照）

列車の種類と料金

トレニタリアの列車は大きく分けて、長距離部門と地域運輸部門に分かれる。イタリア国内の主要都市間を結ぶ高速列車としてフレッチャロッサ（FR）、フレッチャルジェント（FA）がある。FRはローマ～ミラノ間を最短3時間で結んでいる。高速列車FRやFAを補完する形でフレッチャビアンカ（FB）、インテルシティ（IC）が運行している。夜行列車はインテルシティナイト（ICN）が運行している。地域運輸部門の列車は、普通列車に該当するレジョナーレ（R）と快速列車に該当するレジョナーレ・ヴェローチェ（RV）がある。

トレニタリア社以外の高速列車では、2012年に登場したNTV社のイタロ（.italo）が、ローマを中心にミラノ、フィレンツェ、ナポリ、ヴェネツィア間で運行している。

RとRVの列車は予約不要な列車なので、鉄道パスのみで利用可能だ。乗車券を購入し、RやRVを利用する場合は、乗車前にホームにある自動検札機（→P.375）で、乗車券に刻印をすること。

FR-AV「フレッチャロッサ」

ネットを上手に利用しよう

イタリア鉄道の時刻表は URL www.fsitaliane.itで検索が可能。英語もあるので利用は簡単。表紙のBiglietto/Ticketsに出発駅、到着駅、利用日を入力すれば、該当路線の各列車の所要時間、列車の種類、料金が表示され、そのまま購入できる仕組みだ。路線によっては同じ種類の列車でも所要時間にかなり差がある場合があるので、切符の購入は現地でと思っている場合も、一度眺めてみると効率的な移動ができる。

切符購入へ進んだ場合は、ID（8桁）の入力が求められ、折り返しメールが返信されてクレジットカードでの支払いとなる。手続き後に領収書Ricevutaが送られてくるので、プリントアウトして持参しよう。

割引切符の情報もホームページに掲載されている。15～30%の割引が適用されるが、イタリア中で1ヵ月35万枚が適用分で枚数制限がある。30%引きの適用は発車15日以上前、15%は7日以上前からとなっているので、早めのトライを。

また、駅の構内には自動券売機が設置されている。簡単操作で時刻表調べをはじめ、座席位置の指定もできる便利な存在だ。

374

切符の買い方と予約

切符の購入と予約は、**駅の窓口**か駅構内の**自動券売機**、fsのマークのある**旅行代理店**で。窓口に長蛇の列がある場合もあるので、前日までに切符の手配をしておくのが賢明だ。

切符Bigliettoの販売窓口は、**国内**Nazionale、**国際線**Internazionale、**予約のみ**Prenotazioneと分かれている。販売窓口では、切符購入とともにその列車の座席予約ができる。

切符を買うときは、行き先、人数、おおよその出発時刻を告げれば買うことができる。しかし、言葉が心配なわれわれとしては、事前に**列車の種類、列車番号、出発日時、行き先**、客車の**等級、往復**か**片道**かを紙に書いて窓口で示そう。

ミラノ中央駅のfs線切符売り場

切符の読み方(指定券の場合)

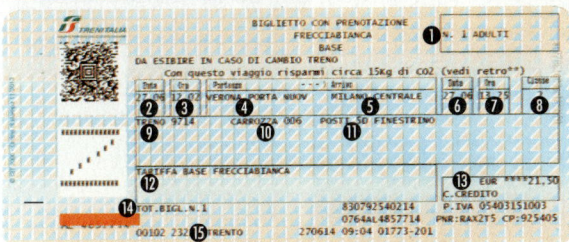

①乗車人数(Adulti:大人、Ragazzi:子供) ②乗車日 ③発車時間 ④乗車駅 ⑤下車駅 ⑥下車日 ⑦到着時間 ⑧客車の種類(1等、2等) ⑨号車 ⑩座席番号(Finestrino:窓側Corridoio:通路側) ⑫備考欄(これはフレッチャビアンカのベース料金と記載) ⑬料金 ⑭総切符枚数 ⑮発行駅・日時

列車の乗り方

まず、目的の列車が何番線の**ホーム**Binario_{ビナーリオ}に入るか、駅構内の時刻表や行き先掲示板で確認しよう。

R(レジョナーレ)など、時間指定のない切符の場合は、列車に乗る前に、改札口やホーム入口にある**自動検札機**Obbliteratrice_{オブリテラトリーチェ}で、日時を刻印しよう。切符を持っていても、刻印を忘れると罰金だ。

指定席券を持っている場合は、自分の**予約**Prenotato_{プレノタート}した指定の**車両と席**へ。入口に近い(先頭)車両が1両目とは限らないので、ホームの途中にある列車の連結位置を示すボードで確認しておくと、自分の乗り込む車両の位置がわかりやすい。R(レジョナーレ)の場合は、座席指定ではないので好きな席へ着こう。

R(レジョナーレ)など、時間指定のない切符の場合は、自動検札機での刻印を忘れずに

切符購入ひとこと会話

入手したい切符や予約を紙に書いて、窓口で見せよう。「切符と予約をお願いします」とまずはひとこと。「ビリエット・エ・プレノタツィオーネ・ペル・ファヴォーレ」"Biglietto e prenotazione, per favore."

■日付(乗車希望日)
2016年8月14日
data 14/Agosto/'16(イタリアでは日・月・年の順に書く。月は日本と同様に数字でもOK)

■列車番号
Numero del Treno
(わかれば。時刻表の冊子や駅構内に張り出してある時刻表に掲載してある)

■行き先 per~
ミラノへ per Milano
(~からは、da~/ベルガモからda Bergamo)

■発車時間
Ora di Partenza

■1・2等の区別
1等 Prima Classe
2等 Seconda Classe

■片道・往復の区別
行きのみ solo andata
往 復 andata e ritorno

■切符枚数
Numero (i) di Biglietto (i)
(複数形は語尾が i になる)

■大人 Adulto(i)
子供 Ragazzo(i)
(複数形は語尾が i になる)

切符が買えたら、日付、発車時間、人数などを確認しよう。最後に「グラツィエGrazie」とごあいさつ。

✉ fs線割引切符の購入

現地の駅員さんに教えてもらったのですが、券売機で購入する場合も割引切符が簡単に購入できます。切符の種類表示の画面でPROMOを選択しましょう。残席があればお得です。　(あなご '16)

時刻表キーワード
Arrivi 到着
Partenza 出発
Binario ホーム
Orario/Ore 時間
Rit.(Ritardo) 遅れ/遅延

✉ 列車の種類と速さは同一!?

列車の種類が同じなら目的地への所要時間はほぼ同じと考えていました。ところが、時間帯によってかなり違い、近距離ならRで移動してもＩＣとそう変わらない場合がありました。より効率的に移動するなら、fs線のURLで時刻表を検索すると、料金と各列車の所要時間が表示されますヨ。
(東京都　鉄子未満　'09)['16]

時刻表の読み方

駅構内に張ってある、出発Partenzaの黄色の時刻表や鉄道❶に置かれた、配布用の鉄道の時刻表なども参照に利用列車を選ぼう。また、切符売り場の窓口でも、相談に乗ってくれる。

時刻表は、ヨーロッパを旅するなら**ヨーロッパ鉄道時刻表Europian Timetable**（ダイヤモンド社より年2回発行）、イタリアの多くの都市を旅行するなら、駅の売店などで販売している**イタリア鉄道fsの時刻表In Treno Tutt'Italia ORARIO**などを購入して利用しよう。

ヴェネツィア-ミラノ間の時刻表を例に取って読み方を解説しよう。

Km	Provenienza	VE354	20608	9712	VE360	VE356	9792	2096	9464	5492	9714	1700	2098
		2 10 11	2 12	R 12	2 13	2 11	R 12	12 14 15	R 12	2	R 12	12 4	12
	Provenienza	■	■	■	■	■	■	■	Roma	■	■	■	■
0	**Venezia S. Lucia**	·	08.41	08.50	·	·	© 09.50	·	·	× 10.00	10.50	† 11.03	× 11.03
7	**Venezia P.Marghera**	·	｜	｜	·	·	｜	·	·	｜	｜	｜	｜
9	**Venezia Mestre** a	·	08.53	▸ 09.00	·	·	▸ 10.00	·	·	10.11	▸ 11.00	11.14	11.14
	Venezia Mestre	·	08.55	▸ 09.02	·	·	▸ 10.02	·	·	10.13	▸ 11.02	11.16	11.16
18	Mira-Mirano	·	09.03	·	·	·	·	·	·	10.22	·	｜	｜
22	Dolo	·	09.08	·	·	·	·	·	·	10.27	·	｜	｜
26	Vigonza-Pianiga	·	09.13	·	·	·	·	·	·	10.32	·	｜	｜
32	Ponte di Brenta	·	09.19	·	·	·	·	·	·	10.37	·	｜	｜
37	**Padova** a	·	09.28	09.15	·	·	10.15	·	·	10.49	11.15	11.37	11.37
	Padova 55-226-230-M35	09.10	09.30	09.17	× 09.51	× 09.55	10.17	·	·	10.58	11.17	11.39	11.39
47	Mestrino	·	09.38	｜	10.15	·	｜	·	·	11.06	｜	｜	｜
53	Grisignano di Zocco	·	09.44	｜	10.24	·	｜	·	·	11.11	｜	｜	｜
60	Lerino	·	09.50	｜	10.35	·	｜	·	·	11.18	｜	｜	｜
68	**Vicenza** a	09.50	09.57	09.33	× 10.50	× 10.35	10.33	·	·	11.25	11.33	11.59	11.59
	Vicenza 215-216	09.50	09.59	09.35	·	·	10.35	·	·	11.27	11.35	12.01	12.01
75	Altavilla-Tavernelle	·	｜	｜	·	·	｜	·	·	11.36	｜	｜	｜
84	Montebello	·	｜	｜	·	·	｜	·	·	11.46	｜	｜	｜
90	Lonigo	·	｜	｜	·	·	｜	·	·	11.52	｜	｜	｜
95	S. Bonifacio	·	10.14	｜	·	·	｜	·	·	11.59	｜	12.24	12.24
104	Caldiero	·	｜	｜	·	·	｜	·	·	12.06	｜	｜	｜
110	S. Martino Buonalbergo	·	｜	｜	·	·	｜	·	·	12.12	｜	｜	｜
116	Verona Porta Vescovo	·	10.28	｜	·	·	｜	·	·	12.18	｜	12.36	12.36
120	**Verona P.N.** 202-204 a	10.35	10.36	10.00	·	·	© 11.00	·	·	× 12.24	12.00	† 12.41	× 12.41
	Verona P.N. 50	*11.15*	*11.15*	F ·	·	·	F *11.15*	·	F ·	*13.15*	× F *12.09*	*13.15*	*13.15*
	Bolzano Bozen a	*12.48*	*12.48*	R ·	·	·	R *12.48*	·	R ·	*14.48*	× R *14.22*	*14.48*	*14.48*
120	**Verona P.N.**	·	·	E 10.02	·	·	© E 11.02	12.06	E 12.15	·	E 12.02	† 12.43	× 12.43
137	Castelnuovo del Garda	·	·	C ｜	·	·	C ｜	｜	C ｜	·	C ｜	｜	｜
142	**Peschiera d.Garda**	·	·	C ｜	·	·	C 11.17	12.21	C ｜	·	C ｜	12.56	12.56
156	Desenzano-Sirmione	·	·	I 10.22	·	·	I ｜	｜	I ｜	·	I 12.22	13.06	13.06
160	Lonato	·	·	A ｜	·	·	A ｜	｜	A ｜	·	A ｜	｜	｜
167	Ponte S. Marco-Calcinato	·	·	B ｜	·	·	B ｜	｜	R ｜	·	B ｜	｜	｜
184	**Brescia** a	·	·	I 10.37	·	·	I 11.37	12.43	G 12.50	·	I 12.37	13.25	13.25
	Brescia 194-196	·	·	A 10.39	·	·	A 11.39	12.45	E ·	·	A 12.39	13.27	13.27
195	**Ospitaletto-Travagliato**	·	·	N ｜	·	·	N ｜	｜	N ·	·	N ｜	｜	｜
201	**Rovato** 186	·	·	C ｜	·	·	C ｜	12.56	T ·	·	C ｜	13.37	13.37
207	Chiari	·	·	A ｜	·	·	A ｜	13.02	O ·	·	A ｜	13.43	13.43
214	Calcio	·	·	｜	·	·	｜	13.08	·	·	｜	｜	｜
221	Romano	·	·	｜	·	·	｜	13.14	·	·	｜	13.51	13.51
225	Morengo-Bariano	·	·	｜	·	·	｜	13.19	·	·	｜	｜	｜
230	Vidalengo	·	·	｜	·	·	｜	13.24	·	·	｜	｜	｜
234	**Treviglio** 185-190-M10	·	·	｜	·	·	｜	13.30	·	·	｜	14.02	14.02
240	Cassano d'Adda	·	·	·	·	·	·	｜	·	·	·	·	｜
242	Trecella	·	·	·	·	·	·	｜	·	·	·	·	｜
244	Pozzuolo Martesana	·	·	·	·	·	·	｜	·	·	·	·	｜
247	Melzo	·	·	·	·	·	·	｜	·	·	·	·	｜
251	Vignate	·	·	·	·	·	·	｜	·	·	·	·	｜
254	Pioltello-Limito	·	·	｜	·	·	｜	13.45	·	·	｜	14.15	14.15
-	**Milano Lambrate**	·	·	｜	·	·	｜	13.53	·	·	｜	14.28	14.28
-	**Milano Greco Pirelli** a	·	·	·	·	·	·	·	·	·	·	·	·
-	**Milano Porta Garibaldi** a	·	·	·	·	·	·	·	·	·	·	·	·
267	**Milano Centrale** a	·	·	11.25	·	·	© 12.25	14.00	·	·	13.25	† 14.35	× 14.35
	Milano Centrale 27	·	·	·	·	·	*13.10*	·	·	·	*14.10*	*15.10*	*15.10*
	Como S. Giovanni a	·	·	·	·	·	*13.48*	·	·	·	*14.43*	*15.43*	*15.43*
	Chiasso a	·	·	·	·	·	*13.55*	·	·	·	*14.49*	*15.49*	*15.49*
	Milano Centrale 11	·	·	11.40	·	·	*13.18*	*14.18*	·	·	*14.05*	*15.18*	*15.18*
	Torino Porta Nuova a	·	·	13.20	·	·	*15.10*	*16.10*	·	·	*15.05*	*17.10*	*17.10*
	Milano Centrale 26	·	·	12.25	·	·	*13.10*	Ⓐ *14.25*	·	·	Ⓐ *14.25*	*15.05*	*15.05*
	Pavia a	·	·	12.57	·	·	*13.33*	*14.57*	·	·	*14.57*	*15.31*	*15.31*
	Genova P. Principe a	·	·	*14.15*	·	·	*14.40*	Ⓐ *16.14*	·	·	Ⓐ *16.14*	*16.42*	*16.42*
	Destinazione	■	■	■	■	■	■	■	■	■	■	■	■

12
Venezia -Padova -Vicenza -Verona -Brescia -Treviglio -Milano

◉ **RELAZIONE METROPOLITANA Venezia S.L. - Padova q.M35, Treviglio - Milano q.M10.**

f Fermata a: P.le esterno stazione FS corsia 1.
i Fermata a: Centro ferm. SITA
j Fermata a: Centro fermata SITA
k Fermata a: Torri di Quartesolo centro fer
l Fermata a: Autostazione FTV
4 Non sono ammesse le comitive con biglietto scontato.
10 Si effettua dal lunedì al venerdì fino al 5/7; nei lavorativi escluso il sabato dal 12/9.
11 Diretta via autostrada.
12 Si effettua la domenica fino al 14/7 e dal 25/8 al 15/9.
13 Ai viaggiatori in possesso di biglietti Trenitalia non e' consentita la salita/discesa nelle fermate diverse da quelle indicate nel presente orario.
14 Treno con servizio di trasporto biciclette al seguito del viaggiatore dal martedì alla domenica fino al 9/8 e dal 11/8 al 22/9.
15 Servizio di Trenord. Per informazioni: CONTACT CENTER tel.800 500 005; www.trenord.it.

①テーブル番号
（路線図との対照番号）
②行先、路線
③列車番号
④列車の種類
- ***FR/FrR*** フレッチャロッサ
- ***FA/FrA*** フレッチャルジェント
- ***FB/FrB*** フレッチャビアンカ
- ***EC*** エウロシティ
- ***EN*** エウロナイト
- ***IC*** インテルシティ
- ***ICN*** インテルシティ・ノッテ
- ***RV*** レジョナーレ・ヴェローチェ
- ***R*** レジョナーレ

⑤連結している車両の種類ほか
- ♿ 車椅子用車両
- ✕ 食堂車
- ☕ 簡易（バール）食堂車
- 🚲 自転車用車両
- 12 1･2等車両
- 2 2等車両のみ
- R 任意予約
- Ⓡ 予約義務
- 38 注釈参照
- 寝台車
- クシェット
- ⚒ 平日のみの運行

⑥駅名
⑦到着時間
⑧発車時間
⑨距離
⑩始発駅
⑪掲載ページ以降の終点

ユーレイルパスや国別パスなど、鉄道パスに関するお問い合わせは

地球の歩き方 旅プラザ・新宿　☎03-5362-7300
地球の歩き方 ヨーロッパ鉄道カウンター・大阪　☎06-6345-4401

ヨーロッパ鉄道パスの販売は、地球の歩き方 T&E 新宿、ヨーロッパ鉄道カウンター 大阪にて扱っております。

イタリアでの移動には長距離バス（プルマン）は欠かせない。レンタカーも便利な存在だ。移動の『足』を検討してみよう。

🚌 長距離バス（プルマン）

本書で取り上げた見どころのなかには、鉄道が通っていなかったり、あっても便が悪かったりする場所も少なくない。こういう町では**プルマン**Pullmanと呼ばれる中・長距離バスが人々の足となっている。

ドロミテ山塊をはじめとする北イタリアの山岳地域や湖水地方、湖周辺の小さな町を訪ねる旅には欠かせない存在だ。道路はよく整備されているので、プルマンの旅は快適で楽しい。土地の生活と密着しているプルマンでは人々の暮らしぶりがうかがえるのもおもしろい。

計画の立て方　残念ながらイタリアのバスの全路線を網羅した時刻表なるものは存在しないので、何日もかけていくつもの場所を巡るバス旅行の計画をすべて事前に立てることはいささか難しい。本書の各都市の解説にはできる限りのバス情報を入れてはあるが、鉄道とは違って各地方の自治体や会社が運行するので、ダイヤや料金の変更も生じやすい。したがってバスで移動したいときには、**まずツーリストインフォメーションか関連バス会社の案内所（バスターミナル周辺にあることが多い）**を訪れて最新の情報を入手することが大切だ。少し大きな町のインフォメーションなら、その町を起点にしたバス路線と時刻表が備えられている。その際に注意したいのは、ほとんどの路線で**日曜・祝日には運休または運行便数が大幅減になる**ということ、また土曜はほかの平日とは違ったダイヤで走ることも多い、ということだ。

バス会社のウエブサイトから時刻表の検索ができるので、本書掲載の URL から大まかな計画を立てることが可能だ。ただし、一部の URL は更新が遅いこともあるので、現地に着いたら最新の時刻表を確認しよう。また、北イタリアの特徴として、夏季と冬季のスケジュールがかなり異なり、学校の休暇期間も減便となる。

利用の仕方　切符の購入に関しては、日本と違ってワンマンカーの運転手が車内で売ることは原則的にしないから、**乗車前に正しい切符を手に入れておく必要がある。**切符は、**アウトスタツィオーネ**Autostazioneと呼ばれるバスターミナルに設けられたボックス（案内所を兼ねることもある）や、小さな町ならバス発着所周辺の**バール**Barや**たばこ屋（タバッキ**Tabacchi）などで売られている。

また、日曜・祝日の便を利用するなら、当日は切符を売る窓口や代理販売をしているバールが閉まっていることが多いので、前日までにあらかじめ切符を手に入れておこう。

乗車したら、バスの出入口近くにある自動検札機に切符を入れて、鉄道と同様に日付と時間を刻印しよう。車掌または運転手が必ず切符を確認するので、切符を持っていても刻印を忘れると注意されるだけでなく、罰金を請求される場合もあるので注意。

大きな荷物は車体横へ
スーツケースなどの大きな荷物はプルマンの車体横のトランクルームへ入れる。終点前で降りる場合、下車の際には荷物があることを運転手に告げよう。
●荷物を取らなければなりません
デーヴォ リティラーレ イ ミエイ バガーリ
"Devo ritirare i miei bagagli."

車中ひとこと会話
●〜で降りたいのですが
ヴォレイ シェンデレ
"Vorrei scendere 〜"
●〜へ行きたいのですが
ヴォレイ アンダーレ
"Vorrei andare〜"
●どこで降りたらいいか教えてください
ペル ファヴォーレ ミ ディーカドーヴェ
"Per favore, mi dica dove
デーヴォ シェンデレ
devo scendere."

✉ 列車内では荷物は自己管理
イタリア旅行中、ミラノ〜ローマ、フィレンツェ〜ヴェネツィア間を列車で移動しましたが、この車内で2件の荷物の置き引き事件が発生しました。イタリアの列車内で寝るのは危険だと感じました。常に自分の荷物は管理しておく必要があります。　　　　　（KD '14）

ドロミテ山塊を周遊するには、プルマンが強い味方。3社が運行中

切符が車内で売られる場合
中・長距離のプルマンでは、切符売り場の設置されていない町などでは、車内で販売されることもある。乗車前に確認を。

主要な駅の近くにはプルマン乗り場がある

　レンタカーなら各社の緊急
連絡先を聞いておこう。

日本での予約(レンタカー)
ハーツ
Free 0120-489882
URL www.hertz.com
エイビスレンタカー
Free 0120-311911
URL www.avis-japan.com

覚えておきたい交通用語
● SENSO UNICO 一方通行
● DIVIETO DI ACCESSO
　　　　　　　　　　進入禁止
● LAVORI IN CORSO
　　　　　　　　　道路工事中
● PASSAGGIO A LIVELLO
　　　　　　　　　　踏切注意
● DIVIETO DI SORPASSO
　　　　　　　　　追越し禁止
● SOSTA VIETATA
　　　　　　　　　　駐車禁止
● PERICOLO
　　　　　　　　　　　　危険
● RALLENTARE
　　　　　　　　スピード落とせ
● CURVA PERICOLOSA
　　　　　　　　　カーブ注意

車の損得
　ガソリンは1ℓ€1.20くら
い。高速道路アウトストラー
ダの通行料金はミラノ・ロ
ーマ間約600kmで€53.20。
　　　　　　　　　　['16]

🚙 レンタカー

　町なかは乗り入れ禁止ゾーンや一方通行も多いので、大きな町を車で移動するのはそれほどやさしくない。ミラノの町なかなどは運転を避けたほうが賢明だ。町と町を移動したり、交通の便の悪い見どころへの足として使いたい。また、湖水や海辺の町などは夏季は渋滞することも少なくない。
　レンタカーは現地での申し込みが可能だが、身元照会に時間がかかるし、希望の車種がすぐに配車されるとも限らない。日本で予約しておくと、割引などのサービスもあるし、受付、配車もスムーズにいくのでおすすめだ。利用の際は**日本の自動車免許証も持参のこと。**
　大手の会社の貸し出し条件は、
①**支払いはクレジットカード**
②**21〜25歳以上(会社により異なる)で、運転歴が1年以上(年齢の上限を設定している場合もあるので事前確認を)**
③**有効な日本の免許証および国際免許証を持っていること**

　イタリアの道路網はよく整備され、なかでも"**アウトストラーダ**"と呼ばれる高速道路(有料)は走りやすく快適そのもの。しかし北イタリアを車で回る楽しみの真髄は、小さな町と町を結び、美しい山岳地帯や湖水を望む街道を行くことにあるのではないだろうか。幹線道路を除いて交通量はそれほど多くはないし、ほとんどの町で旧市街への車の乗り入れ制限があるにしても、周辺にはPの表示とともに駐車場が整えられているので、さほど心配するには及ばない。

有料の駐車場では
駐車時間を自己管理しよう

レンタカー利用の注意点

● **レンタカーの事務所はどこ?**
　イタリア各都市のレンタカー事務所の多くは空港内や駅などの近くにあるが、けっこうわかりづらい場所にあったりもする。町の人は場所を教えてくれるが、かなりの距離がありタクシーを利用せざるをえない場合もある。日本では細かい場所まではわからないことがほとんど。空港で借りて返すのが時間のロスもなく、迷子になる心配もない。
● **事前にギアチェンジの練習を!**
　イタリアでは、マニュアル車が主流。日本のオートマ車に慣れた人は、ギアチェンジの練習が必要になる。坂道や長い下り坂の多いドロミテ地方などの運転を予定している人は、特に注意が必要だ。各レンタカー会社にはオートマ車の数は多くなく、料金も割高。オートマ車を利用する場合の予約はお早めに。
✉ **ドライブ　注意事項**
①**料金所でもつり銭確認を**
　アウトストラーダの料金所は係員と機械の2種類があります。料金€18.20だったので、係員に€20札を出すと、おつりは€0.80だけ。€1足りない! とアピールしたものの、後ろの車に早く行け!とクラクションを

鳴らされました。でも、頑として主張したところ、ぶつぶつ言いながらおつりをよこしました。こんな所でと呆れましたが、どんな所でも「つり銭は即確認」は徹底するしかありません。
②**レンタカー事務所でも長い昼休み**
　長い昼休みがあるとは承知していましたが、レンタカー事務所も13:00〜15:00まで昼休みで、返却までしばらく待たされました。　　　　　(ketm '11)
✉ **ミラノ中心街で車両通行税導入**
　ミラノ中心街のホテルにレンタカーで到着。短時間で荷物を降ろしてレンタカーを返却しに行こうとすると、ホテルの人に€5の支払いを求められました。こんな短時間で駐車禁止!?実は、2013年からミラノの中心街に入る車には、€5の税金が課されることになったそうです。一般的な支払い方法はタバッキでArea Cチケットを買い、カードをスクラッチしてIDをゲット、それを電話で専門機関に通知する必要があります。HPもすべてイタリア語でした。カメラでナンバープレートを撮っているので、税金徴収からは逃げられないとか……。これからミラノでレンタカー利用を予定している人はご注意を。
　　　　　　　　　　　　(東京都 オジー '13)

イタリアドライブ事情

● 高速道路での追い越し

イタリアの高速道路アウトストラーダAutostradaは日本やアメリカに比べ車線幅が狭く、カーブに見合った勾配があまりないので、追い越しや追い抜きの場合は十分気をつける必要がある。特にカーブでトラックを追い越したり追い抜いたりするのは、感覚が狂いやすいので避けたほうが無難。追い越し、追い抜きはあくまでも直線で。

● 制限速度と最低速度

イタリア半島を縦横に走る道路には次の種類があり、各道路ごとに異なる制限速度が設けられている。

【最高速度】

アウトストラーダ（有料自動車道）	130km/h
スーパーストラーダ（幹線国道）	110km/h
ストラーダ・オルディナーレ（一般道）	90km/h

● どの車線を走行するの？

2車線の場合は右側が走行車線、左が追い越し車線。一番右の狭い部分は日本同様緊急避難用で走行禁止。3車線の場合は、左から乗用車の追い越し車線、真ん中が乗用車の通常走行および、バスとトラックの追い越し車線、右はバスとトラックの走行車線だ。

● 地名をメモしておこう

日本人にとって注意しなければならないのが地名だ。目的地に向かう通過地点の地名はあらかじめメモしておくと安心だ。San〜、Monte〜、Villa〜、Castello〜などの地名はいたるところにあり間違えやすい。

● 緊急時

レンタカー利用の場合は、緊急連絡先に連絡する。アウトストラーダでは、2kmごとに緊急通報のSOSボックスが備えられている。上のボタンが故障用、下が緊急用だ。通報すると近くのセンターから緊急車が来る。

● 道路地図

レンタカーの場合は付近一帯を掲載した地図をくれる。ただ、これが希望の場所を網羅しているとは限らないので、やはり書店などで地図を求めよう。ACI（Automobile Club d'Italia）やAGOSTINI、Michelinなどが定評がある。

● ガソリンの入れ方

ガソリンを入れる場合はまず、ガソリン車かディーゼル車かを確認。イタリア語でガソリンはBenzinaベンズィーナ、ディーゼル油はGasolioガソリオ。英語でガソリンなどと言うと、大変なことになりかねない。蓋の裏側には指定燃料が刻印してあるが、間違える店員がいないとも限らない。見届けておくのが賢明だ。

● 無人のガソリンスタンド

給油をしてくれるガソリンスタンドの多くは、20:00には閉店する。この時間を過ぎたら給油は24時間営業のセルフのスタンドで。セルフは、紙幣やクレジットカードのみを受け付け、投入額や指定額に見合った量だけが給油される。紙幣やCC投入口は給油機の近くかまとめて専用機がある。まず、紙幣を入れ、表示金額を確認して、目的の燃料ボタンを押す。次に給油機からホースを外し、ホースの先端を車のタンクの口に入れてホースのハンドルを引き続け、所定量が入れば自動的にストップする。タンクの蓋を忘れずに締めて終了。操作方法は難しくはないが、機械の故障も少なくないので注意。旅行中のドライブなら、1日の走行距離の目安も立つので、昼間に有人スタンドで給油するのがおすすめだ。レンタカーは満タンにして返したほうがよい。返却時に満タンでないと、ガソリン代に加えて、手数料を請求されるので注意。FPOガソリン代先払い制度を申し込んだ場合は満タンで返却する必要はない。

● 駐車

町なかでは **P** の表示のない場所には駐車しないこと。パーキングメーターがある場合は、日本同様指定の料金を投入し、レシートを外から目につく所に置く。係員のいる所もある。駐車違反は約€40の罰金だ。

● スピード違反と飲酒運転

イタリアでの高速運転は快適とはいえ、スピード違反は厳しい。ネズミ取りも多いので注意しよう。スピード違反はアウトストラーダでは140〜150kmで€30の罰金、以降180kmで€50の罰金に免許没収と処罰は厳しい。酔っ払い運転も認められず、いっせい取り締まりもある。

湖水周遊道路はのんびりと走ろう

テレコムイタリアのテレホンカード。左肩を切り取って使う

プリペイド・テレホンカード
まず無料通話ダイヤルへ電話し、スクラッチ部分に隠れた番号を入力。続いて電話番号を入力。トーン信号の電話ならホテルの部屋でも使用可

テレホンカードのみ使用可能な最新型の電話器

クレジットカードを使った通話で高額請求!?
　会社によっては、第三国を経由しての国際通話となるため、「かなり高額。10分程度の通話で約5000円請求された」との投稿あり。

✉ **中央駅で便利な売店**
　ミラノ中央駅1階のHudson News（新聞や雑貨の店）で、国際電話用プリペイドテレホンカードと切手を購入できました。覚えておくと便利です。
　　　　　（con padre　'12）

携帯電話を紛失した際の、イタリア（海外）からの連絡先（利用停止の手続き。全社24時間対応）
au
（国際電話識別番号00）+81+3+6670-6944 ※1
NTTドコモ
（国際電話識別番号00）+81+3+6832-6600 ※2
ソフトバンク
（国際電話識別番号00）+81+92+687-0025 ※3
※1 auの携帯から無料、一般電話からは有料。
※2 NTTドコモの携帯から無料、一般電話からは有料。
※3 ソフトバンクの携帯から無料、一般電話からは有料。

電話

　電話機は、駅、バールの店先、町角などに設置されている。日本と同様に硬貨またはカードを入れて、番号をプッシュ。硬貨を使う場合は、あらかじめ多めに入れておこう。通話後に、下のボタンを押すと残りの硬貨は戻ってくる仕組みだ。ただし、日本と同様に硬貨を利用できる電話は少なくなりつつある。旅の始めにテレホンカードを1枚購入しておくと安心だ。空港などには、クレジットカードで支払うことのできる電話機もある。

各種テレホンカード

　テレホンカードCarta Telefonica（カルタ・テレフォニカ）はキオスクやタバコ屋、自動販売機などで販売。発行会社により利用方法が異なる。一般的なTelecom Italia社のものは、€3、€5、€10の3種類で、ミシン目の入った角の一ヵ所を切り離して利用する。日本同様、カードを公衆電話に挿入するとカード残高が表示され、相手番号をプッシュすると通話ができる。

プリペイドカード

　現地でもイタリアの各社が販売している。日本国内の空港やコンビニエンスストアであらかじめ購入し、現地で利用するものとしては、KDDI（スーパーワールドカード）、NTTコミュニケーションズ（ワールドプリペイドカード）がある。

　イタリアではテレコムイタリアのテレホンカードのほか、公衆電話やホテルの客室からも利用できる**プリペイド式の格安な国際電話専用カードCarta Telefonica Prepagata Internazionale（カルタ・テレフォニカ・プレパガータ・インテルナツィオナーレ）**などもある。これは、通話の前にカードに記載された無料通話ダイヤルへ電話し、続いてカードのスクラッチ部分の数字の入力などの手続きが必要だ。手順は自動音声案内でアナウンスされるものの、イタリア語のみの場合もあるので、購入時に確認しよう。タバッキなどで販売。

インターネット

　多くのホテルで無線LAN（Wi-Fi）によるインターネット接続が可能。無線LAN対応のPC、スマートフォン、タブレットを持参すればメールの送受信やインターネットができる。無料の場合が多いが、有料の場合もあるので、利用する場合はホテル予約前に確認しておこう。

　ホテルによっては設置されているPCが自由に利用できる場合もあるが、日本語対応になっていないことが多い。

Wi-Fi

　カフェやバール、市バスや一部のバスターミナル、空港、列車内などでも無料Wi-Fiが利用可能。Wi-Fi表示があったらトライしてみよう。カフェなどでは、パスワード入力の必要な場合はレシートに記載してあったり、直接お店の人に聞く必要がある場合も。

　町なかではミラノ県によるフリーWi-FiサービスOpen Wi-Fi Milanoなど、各自治体によるサービスも始まった。上記は1日60分の利用制限あり。

郵便

町によりやや異なるが、一般的に大都市の中央郵便局Posta Centraleは、月曜から金曜まで8:00～19:00の営業。土曜は正午まで。日曜・祝日は休み。そのほかの支局は、平日は8:00～14:00、土曜は正午まで営業。切手は郵便局かタバッキで買うこと。

日本宛郵便物

宛名は日本語でよいが、航空便なら "Posta Prioritaria" または "Per Via Aerea" (Air Mail) と書くのを忘れないように。イタリアでは書き忘れたら、該当の切手が貼ってあっても、船便にされてしまう。

赤か黄色の郵便ポストにはふたつの投函口があり、左側が「市内宛て」per la città、右側が「他地域宛て」per tutte le altre destinazioniになっているので、日本への郵便は右側の口へ。

小包は、郵便局により取り扱いの有無や重量が異なり、また窓口時間が短いので、最初にホテルなどで確認してから出かけよう。箱に詰めた場合は、ガムテープでしっかり封印をしよう。小包用の各種のダンボール箱は、小包取り扱い局で販売している。航空便の日本への所要日数は7日前後。

青いポストは国際郵便専用
ポスタ・プリオリタリア利用なら日本へもほぼ一週間で到着

美術館・博物館など

国立の施設の休館日は原則として月曜および国定祝日。開館時間は、9:00～14:00という所が多いが、19:00頃まで開館する所も増えてきた（曜日によっては24:00までの開館延長の所もある）。屋外のモニュメントなどは9:00～日没1時間前までが普通。ただし、開館時間はよく変更になるので、現地で確認するのが望ましい。午前中ならまず開いているので見学のスケジュールは午前に組むとよい。

航空便はポスタ・プリオリタリアで

Posta Prioritaria

より速く、簡単、経済的にと、登場した新システム。必要な切手と専用シール（エティケッタ・ブルーetichetta blu）を貼るかPosta Prioritariaと書けばOK。イタリア国内で翌日、ヨーロッパなら3日、日本へは一週間前後で到着する。

日本向け航空郵便料金
Posta Prioritaria

はがき	€2.30
封書(20gまで)	€2.30
封書(21～50g)	€4

郵便局でのひとロガイド

切手	francobollo(i) フランコボッロ(リ)
はがき	cartolina(e) カルトリーナ(ネ)
手紙	lettera(e) レッテラ(レ)
航空書簡	aerogramma(e) アエログランマ(メ)
速達	espresso(i) エスプレッソ(シ)
小包	pacco(pacchi) パッコ(パッキ)
航空便	per via aerea ペル・ヴィア・アエレア
船便	per via mare ペル・ヴィア・マーレ

宗教施設の拝観上の注意

教会など宗教施設の拝観では、タンクトップ、ショートパンツなど露出度の高い服装だと入場できない場合もあるので注意すること。また、信者の迷惑にならないよう謙虚な態度を忘れないように。教会内を走ったり、大声を上げたりするのは論外。

液体物の機内持ち込み

機内持ち込み手荷物の規則

あらゆる液体物（歯磨き、ジェルおよびエアゾールを含む）は100mℓ以下の容器に入れ、再封可能な容量1000mℓ（20cm×20cm）以下の透明プラスチック製袋（ジップロックなど）に余裕をもって入れる。袋は1人1つまで。ただし、医薬品、乳幼児食品（ミルク、離乳食）などは除外されるが、処方箋の写し、乳幼児の同伴など適切な証拠の提示を求められる。

機内持ち込み手荷物については、利用航空会社や国土交通省航空局のホームページを参考に。

URL www.mlit.go.jp/koku/03_information/13_motikomiseigen/index.html

同日乗り換えの場合は、機内手荷物制限にご注意

化粧品などの液体物は、最初からスーツケースなどに入れてチェックインしてしまえば問題はない。制限対象となるのは、左記の通り機内持ち込みみをするもの。また、チェックイン後に免税店で購入した酒類や化粧品は、そのまま持ち込むことができる。

ただし、乗り換えをする場合は、免税店で購入した物も含めて、経由地で100mℓを超える物は廃棄、100mℓ以下の場合はパッケージを開けて再封可能な袋に入れることが求められる。同日に乗り換えを予定している人は注意しよう。免税品については、経由地により、やや異なることがあるので、購入前に免税店で確認しよう。

両替ひとこと会話

■どこで円 (トラベラーズチェック) を両替できますか?
ドーヴェ・ポッ・カンビアーレ・リ・イェン・ジャッポネースィ?
Dovè posso cambiare gli yen giapponesi?

■この円 (ドル) を両替したいのですが?
ヴォレイ・カンビアーレ・クゥエスティ・エン (ドーラリ)?
Vorrei cambiare questi yen (dollari)?

■今日の為替レートはどうなっていますか?
クゥアレ・エ・イル・カンビオ・ディ・オッジ?
Quale è il cambio di oggi?

✉ 両替 最初に受け取り額の確認を

　町なかでの両替は不利とは聞いていましたが、日曜だったためやむなく両替しました。手数料20%以上で、€1=110円くらいの時に€1=約150円で換金されてしまいました。空港では、最初に受取額を示して確認してくれましたが、町の両替所ではすぐに手続きをしてしまい、文句を言うと「もう手続きしてしまったからダメ!」の一点張りでした。両替の際は、最初に受取額の確認を。
(千葉県 石井あゆみ '12)

両替レート表の読み方

　縦にズラリと国別の通貨が並び、その横に下記の項目に分かれてレートが書いてある。

buying rate………購入レート
selling rate………販売レート
cash……………………現金
T/C……トラベラーズチェック
commission……………手数料

　つまり、円 (YENまたはJPYと表記) の現金cashを両替する場合は、その両替所の購入レートbuying rateを見る。この購入レートを見比べて両替しよう。ただ、このレートがよくても、手数料commissionが高ければ、有利とはいえない。

両替について

　日本同様、イタリアもクレジットカードの普及とキャッシング網の広がりは急ピッチ。今や両替所は空港や大規模の駅、一大観光都市にほぼ集中している感がある。とはいえ、イタリアに降り立った途端必要なのが現地通貨のユーロだ。両替について考えてみよう。

両替はどこで?

　空港からのバスをはじめ、地下鉄、入場料、バールでの支払いなど、こまごまとした支払いに現金が必要だ。

　日本でなら、空港内の両替所が便利。イタリアでは銀行 (両替業務を行わない所もある)、両替所、郵便局、旅行会社、ホテルなどで行っている。入口などに大きく両替カンビオCAMBIOと表示してあるので、すぐにわかるはずだ。

有利に両替するなら

　両替レートはほぼ毎日変わり、これに加え両替手数料が取られることがほとんど。窓口や店頭に両替レートが掲示されているので、両替前に必ずチェックしよう。日本円からユーロに両替する場合は、buying rateが高い所が有利。手数料commissionもかなりの割合になるので確かめよう。

　両替率は店や町により異なり、同じ銀行でも支店により違う。有利に両替するなら、いろいろ見て比較検討しよう。両替所と銀行のレートは競争原理が働いている町なかではさほど差がない場合が多いが、空港などは町なかに比べて両替率は悪い。ホテルのフロントでの両替もかなり率が悪いと心得よう。

営業時間

　空港の両替所はほぼフライトに合わせて営業している。町なかの両替所は一般商店並みに9:00〜19:00頃の営業だ。銀行は月曜から金曜までの8:30〜13:30、15:00〜16:00頃。

ATMブースの利用法

　24時間利用できるATMは道路に面して設置してあることがほとんどだ。しかし、カード被害などから利用者を守るため、ブース形式のものもある。常に扉が閉められており、クレジットカードなどを扉のノブ近くにあるカード挿入口に入れると、扉が開く仕組み。

キャッシングが便利で安全

✉ 現金は盗難の心配がありますし、両替は無駄な時間が取られたり、ときとして率の悪さに憤慨することもあります。クレジットカードや銀行カードからのキャッシングは両替率も安定していますし、おかしな手数料を取られることもないので、安心して使えます。旅行は、数万円の円とカードだけで十分だと思います。ATM機はどこでも24時間利用できます。ホテルやレストランの支払いをカードですれば、さほど現金の必要性はないと思います。ただ、旅行直前に航空券などの大きな買い物をした場合は、限度額を超えていないか確認しておくことをおすすめします。

　イタリアのATMは引き出し額を画面から選択することが普通で、1回の引き出し額は€30〜250程度の設定です。
(東京都 山水澄子) ['16]

キャッシングを活用しよう！

イタリア中どこにでもあり、24時間利用可能な自動現金支払い機ATMを賢く利用。いずれも事前に暗証番号の登録が必要だ。

クレジットカードでキャッシング

主要カードまたはカードにCIRRUSやPLUSの印がある物なら、同様のマークの付いたATMで可能。ATM使用料と利息を取られる。また、各クレジットカードで規定された利用限度額の制限もある。

自分の口座から現地で引き出す方法

国際キャッシュカードまたはデビットカードがあり各銀行や郵便局で発行している。カードにより、保留設定（引き出し限度額）の事前手続き、発行手数料、使用ごとの手数料、残高照会費用、口座管理料などがかかる。

海外専用プリペイドカード

海外専用プリペイドカードは、外貨両替の手間や不安を解消してくれる便利なカードのひとつだ。多くの通貨で国内での外貨両替よりレートがよく、カード作成時に審査がない。出発前にコンビニATMなどで円をチャージし（預け入れ）、その範囲内で渡航先のATMで現地通貨の引き出しができる。各種手数料が別途かかるが、使い過ぎや多額の現金を持ち歩く不安もない。2016年2月現在、発行されているのはおもに下記のとおり。

- クレディセゾン発行「NEO MONEY ネオ・マネー」
- アプラス発行「GAICA ガイカ」
- JTB発行「MoneyT Global マネーティーグローバル」
- リコーリース発行「リコーグローバルマネーカード」

ATM機の使い方

クレジットカードや銀行カードを使って現地でユーロを引き出してみよう。日本でカードを作る際に、暗証番号の登録、またカードによっては引き出し額の設定が必要だ。

機械は各種あるが、おおむね以下のとおり。数字脇のボタンは
赤:キャンセル **黄**:訂正 **緑**:確認

❶ATM機にクレジットカードのマークまたはカードによっては裏面のCIRRUS、PLUSの印があるかを確認。

❷カードを入れる。

❸画面にタッチして各言語（伊・英・仏・独）からガイダンスの言語を選択。

❹暗証番号を入力し、緑のボタンを押す。

❺画面にタッチして希望金額を選ぶ。レシートを希望する旨の表示にYESまたはNOをタッチ。

❻現金の受取口が開いたら、30秒以内に取り出す。

POSTAMAT

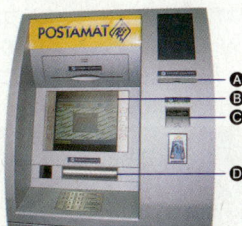

Ⓐレシート受取口 Ⓑタッチ画面
Ⓒカード挿入口 Ⓓ現金受取口

現金は素早く取る

旅行前に暗証番号の登録と確認を

クレジットカードを利用する際に暗証番号PIN CODEの打ち込みを求められる。旅行前に暗証番号の登録や確認を。暗証番号の入力ができない場合は、パスポートなどの身分証明書の呈示が必要な場合あり。

警備は万全!?

イタリアの銀行は警備が厳しい。銀行の入口は二重扉になっており、最初の扉を入ると一瞬の間隔離された状態になり、安全が確認されると、緑のランプがAVANTIと表示される。緑のランプが点灯すると次の扉が開く仕組みだ。大きな荷物を持っていたりすると、緑のランプがつかない。この場合はガードマンの指示に従い、入口脇に設置されたロッカーなどに荷物を入れればOKだ。

24時間利用できるATMは道路に面して設置してあることがほとんどだ。しかし、カード被害などから利用者を守るため、ブース形式の物も増えてきた。これは常に扉が閉められており、クレジットカードなどを扉のノブ近くにあるカード挿入口に入れると、扉が開く仕組みだ。

✉ 日本での両替もおすすめ

イタリアでのキャッシングもいいですが、手持ちの現金を両替したい場合もあります。そんな時は、成田空港や関空などにある両替所が便利で安全です。イタリアのようにおかしな手数料を取られることもありません。出発まで余裕がある場合や為替変動の激しい時は、こまめにレートをチェックして銀行、金券ショップ、最近ではFXもおすすめです。
（滋賀県　お父さん　'14）

ホテルに関する すべて

NEW ホテル予約の技を学ぼう！

ホテル インフォメーション

■インフォライン
Infoline
☎ 800-008777(イタリア国内
　通話無料ダイヤル)
☎ 050-76721
Fax 02-2610236
URL www.initalia.it

■ヴェネツィア・ホテル
　協会AVA
Associazione Veneziana
Albergatori
田 Giudecca 212
　(ヴェネツィア)
☎ +39-041-522-2264
URL www.veneziasi.it
● ローマ広場、サンタ・ルチ
ア駅構内、空港などにカウ
ンターを設置。

2011年より滞在税導入
　ミラノやヴェネツィアをはじ
め自治体により宿泊の際に滞
在税がかかる。詳細は各町の
ホテルページを参照。

ホテルでも早割り
　ホテル(多くが3つ星以上)に
よっては、早め(3ヵ月前くらい
から)の予約で30%程度の割引
をしている場合がある。各ホ
テルのホームページに掲載さ
れているので、早めに調べて
みよう。利用条件は、連泊、
予約変更不可、予約確定時点
でカード決済など、いろいろあ
るのでこれも必ずチェック。

プラグ変換アダプターを
持参しよう
　イタリアの電圧は220V、50
Hz。日本からの電化製品はそ
のまま使えない。変圧器とプ
ラグ変換アダプターが必要の。
　ドライヤーなどは、デパー
トなどの旅行用品売り場で販
売している電圧の切り替えが
自動的にできる物が便利。プ
ラグ変換アダプターは必須。
　イタリアのコンセントにはC
タイプ(丸い2本)のプラグ変換
アダプターが必要だ(→P.12)。

　全世界の文化財の40%をもっている国イ
タリアは、観光が外貨稼ぎの上位を占める
という観光立国。また、普通の生活をして
いるイタリア人なら夏休みに最低2〜3週間
のバカンスを過ごすというお国柄だ。いき
おい宿泊施設は充実している。世界のお金
持ちの憧れの的である、古きよき昔を伝え
る最高級ホテルから、若者向けの経済的な
ドミトリーまでと、宿の層の厚さでイタリアの右に出る国は少ない。

エレガントなヴェネツィアン様式の
ホテルの一室

予約方法に変化が!!
　数年前までは旅の途中で飛び込み、または電話、FAXの直接予約でホテ
ルをとる、という手法がメインだった。しかし現在ではインターネットで
のオンライン予約が主流になり、手持ちのパソコンやスマートフォンなど
で気軽にたくさんの情報や写真が比較検討できるようになった。クラシッ
クな邸宅を改装したホテルから、モダンでおしゃれなホテルまで、好みの
ホテルは選び放題！お気に入りのホテルに出合えれば旅はいっそう楽しく
なる。

イタリアの宿泊施設

ホテルの カテゴリー

　イタリア語でホテルは、アルベルゴAlbergo、
しかしホテルHotelを名乗る宿も多い。こうした
宿の多くは、州または各地の観光協会によって
星5つから星1つまでの5段階のランクに分けられ、各ランクごとに料金の
上限と下限が設けられていたが、ヨーロッパ統合を機にこの料金帯の設定
は廃止されることになった。カテゴリーは残ったが、これはそれぞれのホ
テルの設備のレベルを示すものにとどまり、料金の目安ではなくなった。
　カテゴリーはホテルの大きさや部屋数ではなく設備を基準に決められ、
★★★★★Lはデラックス、★★★★★は1級、★★★は2級、★★が3級、
★が4級となっている。また、料金に
はIVAと呼ばれる税金がすでに含まれ
ているのが一般的だ。

イタリアを代表する作曲家ヴェルディの常宿だった
「グランドホテル・エ・デ・ミラン」(P.95)。このスイ
ートルームは「ジュゼッペ・ヴェルディ」と呼ばれる

個人旅行者は4〜3つ星 あたりを中心に

　イタリアのデラックス(ルッソクラス、5つ星L)
ホテルは**ヨーロッパの格式と伝統を誇る**、クラ
シックで落ち着いた雰囲気の物が多い。4つ星の
ホテルは豪華ではないが、快適な設備と居心地のよさを売り物にし、**クラ
シックタイプの宿とアメリカタイプの近代的な宿**とがある。最も層が厚
く、その分選択肢もさまざまなのが3つ星のクラスで、**必要な設備と機能**

性を備え、部屋のタイプもシャワー付きのシングルからバス付きトリプルまで、人数と予算に応じて選べることが多い。2つ星や1つ星ホテルは造りも規模も質素で、値段が安いだけに、多くを望むことはできないが、探せばけっこう快適な部屋を見つけることも可能だ。

重厚なレストランやバーを備えたホテルが多い、北イタリアの町。モンツァのホテル「デ・ラ・ヴィッレ」(P.105)

レジデンス・ホテルや話題のアグリトゥーリズモ

ペンショーネやロカンダもほぼこの5つのカテゴリーの中に分類されているが、ペンショーネPensioneは家庭的な規模のこぢんまりした宿、ロカンダLocandaはさらに経済的な宿泊所だと考えればよい。このふたつをあわせてベッド&ブレックファストBed & Breakfast(B&B)と呼ぶことも多い。**B&B**は家族経営の小規模な宿。チェックイン時に玄関と部屋の鍵を受け取り、スタッフが常駐することは少ない。朝食は事前に用意されていることが多い。1週間以上の長期滞在なら**レジデンス・ホテル Residence Turistico**も楽しい。キッチンや調理用具が完備され、イタリアに暮らす気分で滞在できる。最近イタリアでも人気のある、**アグリトゥーリズモ Agriturismo**の農家滞在（民宿）もほぼ3日以上の滞在から楽しめる。

近頃のユースホステル

イタリア全土に約100軒もあるユースホステル／オステッロ・デッラ・ジョヴェントゥOstello della Gioventù。利用価値は大きい。

大きな部屋にずらりと並んだ2段ベッド……とプライバシーがなくて落ち着かない。そんなことが昔話のように、**最近のYHは設備が充実**している。1〜4人で利用できる個室（トイレやシャワー付きも）、食堂、談話室も完備。洗濯機と乾燥機もあるので頭を悩ます旅の汚れ物も

ユース好きの大人も多いヨーロッパ（ヴェネツィアのYH）

一気に解消。予約はそれほど必要ではないが、多くのYHではネット予約を行っている。YHを利用する際には会員証が必要。YH会員証は現地で作成可の場合もあるが、原則は自国で作成することになっている。手数料が必要。

会員証の提示が厳格

若い人のために

以上のほかには、ボローニャ、フィレンツェ、ミラノ、ローマなどには**学生用宿舎カーサ・デッロ・ストゥデンテ Casa dello Studente**などがある。
女性のためには、**宗教団体の施設ペンショナート Pensionato**があり、3〜4人のドミトリー形式で、年齢制限や門限もあるが、ひとり旅の女性には強い味方となる（本書でもできるだけ掲載したが、現地の❶でも紹介してくれる）。また、川や海沿い、山あいには、**キャンプ場カンペッジョ Campeggio**も整備されている。

ミラノ中央駅近くの人気のホステル

私営YH

ミラノやヴェネツィアなど大きな町には私営YHも多く、こちらは単にHostelホステルと呼ばれることが多い。下記はイタリアの1400軒もの私営YHと手頃なホテルとB&Bを掲載するサイト。
URL www.italian-hostels.com
写真や料金、評価なども掲載され、ネットから予約が可能。その際、デポジットとしてカードで料金の10%が引き落とされ、宿泊料に充当される。

■アグリトゥーリズモのサイト
Turismo Verde
URL www.turismoverde.it
Agriturismo
URL www.agriturismo.com
※アグリトゥーリズモの団体はいくつかある。イタリア全土のアグリトゥーリズモについて、情報と各アグリトゥーリズモのリンクとが、州別に掲載されている

■イタリアYH協会
Associazione Italiana Alberghi per la Gioventù
受付窓口
🏠 Via Nicotera 1
(ローマ)
☎ 06-4871152
URL www.aighostels.it
※各地のYH情報の入手や予約も可。共和国広場近く

■日本ユースホステル協会
🏠 〒151-0052
東京都渋谷区代々木神園町3-1
国立オリンピック記念青少年総合センターセンター棟3階
☎ 03-5738-0546
URL www.jyh.or.jp
※海外オンライン予約可

✉ とりあえずは直接予約！
最近大人気というYHが気になり、ネットで検索。しかしどの予約サイトで調べても満室表示。どういうことかと直接YHのHPを見てみたらあっさり予約できました。どうやらお安めの宿は予約サイトを通さないほうが予約がとりやすく、価格も安い！　よく考えたら納得ですよね。
（東京都　タラバガニ　'15)

ボルツァーノの名門ホテル
「パーク・ホテル・ラウリン」の
庭園（P.341）

ホテルの予約

ネットを上手に活用しよう

　旅の印象を左右するホテル。出発前に日本でじっくり選びたいもの。数あるホテル予約サイトはたくさんのホテルを一度に見られ、日本語で概要を知ることができ、予約、決済までできるので便利で簡単。クレジットカードさえあれば、ほんの数分で予約が完了する。

◉まずは、ホテル探し▶まずは日本語で予約できる適当な予約サイト（P.386ソデ）を開いて、希望地、宿泊日、人数などを入力してみよう。膨大な量のホテルが表示されるので、ホテルのカテゴリー、予算、ロケーション、設備などで絞り込み、さらに利用した人のコメント（ユーザー評価、クチコミ）を参考に自分にあったホテルをいくつか見つけよう。

　本書では、駅に近い利便性のあるホテル、特色のあるホテル、などを紹介しているので参考にしよう。

◉料金よりロケーションに注目▶予約サイトではホテルのランクや料金に目が行き、それで比較しがちだが、ロケーションにより価格差が生じる。郊外ならかなり格上のホテルでも値頃感があるが、観光途中にホテルに戻るのは難しいし、慣れない交通手段を使うのが煩わしいと思うなら、やはり主要駅の近くや見どころの近くに宿をとるのが便利だ。ホテル予約サイトではその町独自の地域名で表示されることが多く、日本人にはあまりなじみがないので、場所の確認は重要だ。

　ここで「地球の歩き方」の出番。該当都市の地図を開いて、位置と交通機関をチェックしよう。鉄道駅や地下鉄駅の近くと表示されても、大都市では鉄道駅がいくつもあるし、観光地からかなり離れた場所は見どころへの移動時間がかかるし、飲食店が少なかったりして不便だ。

◉比較が大事▶自分の希望が具体化して、いくつか目ぼしいホテルが見つかったら、ホテル比較サイト（トリバゴ URL www.trivago.jpなど）や口コミサイトなどで料金、内容を比較してみよう。いちばんスタンダードな部屋の料金が表示され、500円から5000円程度の幅がほとんど。最安値を選ぶのが人情だが、表示料金のみの支払いで済まない場合があるのが厄介なところ。ここでもうひと手間が必要だ。

◉予約画面まで進んでみよう▶サイトの予約画面に進むと、さらにログインするために、名前、パスワードの入力などが必要で、比較検討するだけなのに面倒な気がするが、最後に表示される料金が最初の料金と異なることがあるので重要だ。手数料、税金などと表示され、エクストラの料金が加算される場合がある。そのサイトの独自のものだが、同じサイトでもすべてのホテル、期日で同一でないこともあるので、マメにしてみることが後で後悔しないためにも大事。比較サイトで高めの料金設定でも、手数料がかからない場合はそちらのほうが安い場合もある。

　もうひとつチェックしたいのが、予約条件（キャンセル）について。格安プランは申し込みとともにクレジットカードで決済され、返金されない「ノー・リファウンド」のことが多いし、予約取り消しができても宿泊日の2週間前など決められていることがほとんど。「早期割引」として、割引率が高いのは確かだが、一度でもキャンセルしたら、格安プランを申し込んでも

✉ ホテル選び

　イタリアは石畳の道が多く、ヴェネツィアはさらに階段も多いので大きなスーツケースは苦労します。特に非力な女性はホテル選びに「位置」は重要です。また、YHはエレベーターがない所が多かったです。夏だったので、経済的な宿でエアコンがない場合は窓を開けていないと寝られず、窓を開けていると蚊が入ってくるので、虫除けスプレーなどがあるといいです。小さな懐中電灯と騒音に備えて耳栓があると便利。
　　　　（愛知県　ヒロコ414　'13）

✉ シーズンによって料金差が大きいヴェネツィアのYH

　オステッロ・ヴェネツィアはドミトリーで、1人1泊土曜€40、日曜€20、月曜€19。土曜は高くてちょっと後悔しました。節約するなら、まずはスケジュール管理を。
　　　　（埼玉県　匿名希望　'14）

日本語でイタリアのホテル・ホステル検索と予約が可能なウエブサイト

地球の歩き方
海外ホテル予約
URL hotel.arukikata.com

ブッキング・ドット・コム
URL www.booking.com
予約がしやすく、料金が現地払いのホテル予約サイト。

エクスペディア
URL www.expedia.co.jp
米国に本社がある世界最大級のホテル予約サイト。

アップルワールド
URL www.appleworld.com
口コミ情報やユーザー投稿写真が多い。

ヴェネレ・ドット・コム
URL www.venere.com
ヨーロッパのホテル中心。イタリアの小さな町のホテル情報もある。

ホステルワールド
URL www.japanese.hostelworld.com
ホステルのドミトリーや、格安ホテルの手配が可能。経済的に旅したい人におすすめ。

元の木阿弥だ。

●「あと○室」に惑わされない▶ 予約サイトでは「残り○室」などと表示される場合があるが、「泊まれない!!」などとあせる必要はない。ホテルは客室の何割かを予約サイトに向けているので、他の予約サイト、ホテルのホームページでなら予約できる可能性は高い。

●旅行日程を検討▶ 格安プランを利用する場合は、キャンセルを避けるためにも旅行日程がはっきりしていることが前提だ。また、ホテルは宿泊時期や曜日によって料金が異なることも承知しておこう。観光に最適なシーズンには料金は高めに設定されているし、ビジネス客の多い都市（ミラノなど）では、平日は高めで金曜〜日曜の宿泊はやや安め、逆にイタリア人に人気の都市は週末が高めということもある。また、大きな行事（見本市、お祭り、大規模なコンサートなど）がある場合も料金は高めだ。旅程が未確定なら、日をずらせば最安値で利用できる場合もあるので検討の価値あり。

●ホテルのホームページをチェック▶ ホテルが絞り込まれたら、**そのホテル独自のホームページ**で料金、部屋の種類（広さ、サービス）などを比較してみよう。部屋のタイプがより具体的に表示されるので、選択肢の幅が広く、料金による部屋の差もわかるので、納得して部屋選びができ、自分の旅を作る実感が高まるはず。

5つ星ホテル「メトロポール」（P.264）の朝食室

また、**連泊割引**などもあるので、こちらもチェック。さらに**キャンセル**や**支払い方法**もチェック。キャンセルについては24〜48時間前まで無料が多く、比較的緩やかだが、ここでも「早期割引」予約の場合は、予約時に即決済・変更不可の場合が多い。

ホテルのサイトと予約サイト、どちらがお得!?

予約サイトでもホテルのホームページからでも、**予約即決済の場合**は、為替レートで料金が異なる。早期割引で予約したものの、旅行期間中に円高傾向になれば現地での支払いが得だし、その逆もある。支払い通貨として円とユーロが選べる場合もあるが、それも同様だ。

●予約サイトのメリット、デメリット▶日本語で比較・検討、予約までできるのがうれしい利点。予約サイトによっては予約をすると**割引クーポン**が発行され、次回利用できる特典がある場合もある。8〜10%程度の割引なので、やや高めのホテルならかなりお得感がある。ただし、利用できるのは1万円以上のホテルなどの下限設定がある。

デメリットは、**お仕着せ感**が強いこと。部屋の利用人数で料金は決まっているので、部屋を選ぶことはできないし、ふたりで1室利用の場合はベッドがツインなのかダブルなのかは申し込み時点では不明。最後のメッセージ欄に希望を書いておいても、その通りになるかはホテルに直接問い合わせるか、チェックインするまでわからない。

また、**手数料、税金**などという名目で説明不十分な料金が加算されたり、サイトではキャンセル料無料としながら、ホテル側のキャンセル料として請求される場合もある。サイト予約でトラブルが生じるのは、キャンセルや予約変更の場合が多いので、安易なスケジュールの変更は避けるのが賢明だ。また予約したものをキャンセルして新たに予約をとった場合などは、確実にキャンセルとなっているかを確認しておこう。

✉ **手数料無料って本当!?**

ホテル予約サイトでは、手数料無料といいますが、ここで予約するとTAXが10%程度加算されます。滞在税は別途支払う必要があるので、これはなんでしょうか？ いわゆる手数料??（東京都 辛口花子 '13）

料金は何種類?

予約サイト、ホテルのホームページのどちらでも客室料金が何種類か表示される場合がある。通常料金として、①変更やキャンセルが可能なもの。②長期滞在割引（ホテルによっては2泊程度から）、③予約即決済、予約変更不可のものがある。③の場合、いかなる理由でも返金されないので注意しよう。

✉ **違いを実感**

ホテル予約サイトで予約しました。女ふたり旅でしたが、ほとんどのホテルでダブルベッドの部屋を割り当てられてしまいました。「ツインに換えて」と頼んでも、「予約にはそんなことは書いてない」と冷たく言われてしまいました。

ホテル独自のホームページから予約したチェーンホテルでは予約確認書を持って行ったつもりが、予約途中のもので予約が入っていませんでした。でも、対応はよく、すぐに部屋は確保でき、ランクアップもしてくれて快適でした。ホテル予約サイトと独自のホームページからの予約では違うんだなァと思いました。（埼玉県 佐山由紀子 '13）

北イタリアの高級ホテルには、すばらしいレストランを併設している所が多い。ホテル「デ・ラ・ヴィッレ、モンツァ」（P.105）

19世紀のヴィッラをホテルに改装したオルタ湖畔のホテル「ヴィッラ・クレスピ」(P.163)

必ず料金の確認を

　予約のためFaxを送付すると、予約可能の旨と希望する客室の料金などの詳細が送付されてきます。ただし、ごくまれに予約可能の返事だけがあり、チェックイン当日に料金が知らされることもあります。この場合、希望よりも高額の部屋になる場合があるようです。予約の際は、部屋やサービスの内容のほか、必ず料金の確認を。　　（編集部）

円orユーロ、どっちが有利！？

　予約サイトでの円表示は問題ないが、一部のホテルのホームページからの円支払いは不利との投稿あり。€→円→€の一部をホテル独自のレートで計算している模様で、円が一般的なレートより悪く計算されている。

Codice Promozioniってなに？

　チェーンホテルなどのサイトでよく表記されているCodice PromozioniはプロモーションNo.のことでホテル顧客に配られるカードなどに記載されているもの。顧客割引などが表示される。
　入力しなくても次へ進める。

✉ **ホテルのアメニティ・グッズについて**

　今回は2〜4つ星ホテルに宿泊しました。シャンプーはボディシャンプーとの兼用物がほとんどで、歯ブラシはどこにもありませんでした。ドライヤーは使い勝手の善し悪しはあるものの、どこでもバスルームに備え付けてありました。
　　（埼玉県　荒谷真澄　'06）

◉**ホテルのホームページから予約のメリット、デメリット▶**予約のみ日本語OKの場合があるが、デメリットは日本語表示のホームページが少ないこと。ただ、英語表示でも料金と部屋のタイプを確認して申し込むだけなので、さほど不自由はないはず。メリットは部屋を選んで**納得して予約**できること。ベッドのタイプはもちろんのこと、部屋の向きや静かな部屋などのリクエストにもできるだけ添ってくれるはずだ。また、直接予約に対するサービスがある場合もある（駐車場やフィットネスが無料、レイトチェックアウト、ウエルカムドリンクなど）。キャンセルの規定も緩やかだ。直接予約の場合は「地球の歩き方」の割引も利用できるので、メッセージ欄などにその旨を書き込んでおこう（ただし、ホテルのホームページから予約サイトに移動する場合は不可。その場合はメールで予約をしよう）。予約即決済でなければ、チェックアウト時に支払いなので、安心できる。

実際に予約してみよう

◉**ホテル予約サイトからの予約▶**ホテル予約サイトは各種あり、ホテルを世界的に網羅し、国、地域などを絞り込んで好みを見つける。日本語で、ホテルの説明、予約、決済までできるのがありがたい。ただ、サイトにより、手数料、支払い時期、支払い通貨（円またはユーロ）、予約変更の可否、無料の予約変更期間など詳細は異なる。まずは、予約サイトを開けてみよう。

❶都市の特定

　イタリア、ミラノなどと入力。または地図をクリック。

❷時期の特定をし、宿泊人数を入力

　チェックイン、チェックアウトをカレンダーから選択し、宿泊人数を入れよう。

❸ホテルの絞り込み

　❶、❷を入力すると、その時期に宿泊可能なホテルが写真とともにその詳細、料金、泊まった人の評価、人気の高低などが表示される。自分の望む順に並び換えもできるし、さらにホテルのランクを示す星の数、評価、料金、地域、施設（Wi-Fi、スパ、フィットネスジム）など希望するものをリストボックスから選べば、この時点でかなりの数が絞り込まれる。

❹ホテルを選択

　まずは各ホテルの詳細を眺めてみよう。日ごとの料金（朝食込み、または含まず）、部屋の内容や設備（広さ、ノン・スモーキングルーム、エアコン、TV、セーフティボックス、インターネット接続、バスタブ、アメニティなど）がわかる。これで納得したら❺へ進もう。

❺予約画面へ

　部屋数と人数のみが表示されることが多く、さらにスーペリア、スタンダードの部屋タイプ、眺望などで異なる料金が示される場合がある。この際、ベッドのタイプも確認しよう。一般的に2名なら、キングサイズ（ダブルベッド）と表示される。ダブルまたはツインどちらかを選びたい場合は別項でリクエストしておくといい。

　予約に進むと、

●名前　●電話番号　●クレジットカードの番号　●有効期限
●セキュリティコード（カード裏面の署名欄、または表面にある番号）
●カード所持人名　●メール番号　などが要求される。

❻予約確定

　サイトの利用規約に承諾しないと、予約確定画面へは進めない。それほ

ど重要ということ。利用規約には、決済時期、返金の可否、予約変更やキャンセルについて書かれているので、よく読んでおこう。

最後にメッセージ欄があるので、到着時間が遅くなる場合やベビーベッドなどの貸し出し、静かな部屋を希望するならその旨を書いておこう。また、2人部屋としてリクエストした場合、ベッドはキングサイズ、ダブルまたはツインと表示されることが多く、申込み時点では確定できない。ホテルに到着時点で部屋割りが済んでいて特に遅い時間に到着した場合は変更ができない場合がある。友人同士などでツインを望むなら、リクエストしておくといい。

❼予約確認書の受領

予約後は、予約の詳細が書かれた確認メールが送られてくるので、これをプリントアウトして、旅行の際に持っていこう。確認メールが届かない場合は予約が完了していないので、サイトで予約確認をするかホテルへ問い合わせよう。

◉ホテル独自のホームページから予約▶本誌掲載のホテルや予約サイトなどで見つけたホテルを自分で予約してみよう。URL は本誌に掲載されているし、ホテル名、都市名を入力すれば検索するのも簡単だ。

多くの場合、国旗のマークなどが並び、イタリア語、英語のほか、近年は日本語も選ぶことができるものも増えてきた。また、予約フォームのみ日本語が用意されている場合もある。

ホームページを開くと以下のような項目が並んでいるので、開いてみよう。　※イタリア語／英語

● Informazione ／ Information/About us　（総合案内）
● Posizione ／ Location/Map　（場所）
● Servizio ／ Service　（サービス）
● Photo/Facilities ／ Rooms/Virtual Tour/Photo Gallery　（客室や施設を写真で紹介）
● Tariffe ／ Rate/Price　（料金）
● Prenotazione ／ Reservation　（予約）などの項目が並んでいて、ホテルの概要を知ることができる。
● Offerte Speciali/Promozioni ／ Special Offers　とあれば、特別料金が表示されるので、ここものぞいてみよう。

まずは予約用カレンダーでチェックインとチェックアウトの日付、人数を入力し、空室の有無と料金を確認しよう。チェックアウトのカレンダーがなく、○Nottiとあれば宿泊数のことなので数を入れよう。すると、部屋のタイプと料金が表示される。単に宿泊料金の総計が示される場合と日ごとに異なる料金が表示され、その総計が表示される場合がある。また、朝食が含まれているかいないかで料金が異なる場合もある。宿泊希望日に特に高い料金が表示されていたなら、その日を避けてもう一度検索してみてもいい。その場合は新たに条件を入力して再検索Ricercaなどで検索してみよう。

気に入ったら予約Prenotazione/Reservationを選んで予約しよう。予約ページに進む前に、キャンセルや支払いの説明Condizioni di cancellazione e pagamentoが出るので読んでおこう（ホテルによっては予約終了後のキャンセルについて説明がある場合もある）。

✉ 大混雑のミラノ!?

ミラノ中央駅近くのホテルに3泊しました。1日目は落ち着いたホテルだったのですが、翌朝、朝食室に行ってビックリ。10代の女の子を連れた家族連れで大混雑!! 出ているパンやハムでパニーノを盛大に作るお母さんがいたりして、4つ星ホテルとは思えない光景が広がり、席もないほどでした。観光に出かけたドゥオーモ広場もティーンエイジャーとその親であふれ、リナシェンテのフードコートも席がないほどの盛況ぶり。ナゼ?? よく見ると女の子たちの腕には『1D』の文字。アイドル系の写真がついたTシャツを着ている子ばかり……。そこで、気のよさそうな親子に話しかけてみると、「今日の20:00から、サン・シーロでワン・ダイレクションのコンサートよ。」ということでした。このイギリスのアイドルグループは8万人を動員したとか……。ミラノ中に人があふれていたのも納得でした。ビジネスの町、ミラノと思っていましたが、こんな混雑日もあるのですね。コンサートの前日はホテルの宿泊料も少し割高でした。
（東京都　CMM '14　6月）

ホテル予約事務所
ベストウエスタンホテルズ
☎0120-56-3200
URL www.bestwestern.jp
ヒルトン・リザベーションズ・ワールドワイド
☎03-6679-7700
URL www.hilton.co.jp
スターウッド・ホテル&リゾート・ワールドワイド
（シェラトン、ウェスティン、メリディアン、セント・レージスなど）
URL www.starwoodhotels.com

ちょっと違う
イタリア滞在はいかが？

イタリア人の先生の家に滞在しながら、絵画、建築、音楽、料理などと語学を一緒に学べるティーチャーズ・ホームレッスン。マン・ツー・マンでレッスンが受けられる。今はイタリア料理を学ぶコースが一番人気だとか。1週間単位で申し込め、友達同士や夫婦での参加も可能。詳細は東京／大阪／名古屋の窓口まで。
『成功する留学』
URL www.studyabroad.co.jp

ホテルの朝食

イタリア人の朝食はカフェラッテと、コルネットと呼ばれる甘いパンやビスケットなどが基本。経済的なホテルやB&Bなどはほぼこんなメニューなので、タップリ朝食を取りたい人には物足りないかもしれない。

3つ星クラス以上のホテルはビュッフェの場合も多い。この場合は各種パン、飲み物、果物、ヨーグルト、ハム、チーズ、お菓子と充実している。

✉ **水が高い!**

レストランでは水は有料ですし、バールでも高いときがありました。特にヴェネツィアで500mℓが€2以上でした。スーパーを見つけられるまで水代がバカになりませんでした。ちなみにサン・マルコ広場の鐘楼の入口にある自販機は1本€1でした。　　（こころ '13）

✉ **コーラも高い**

コーラが高くてビックリ。どこでも大体€6.50（約900円）。ちなみにコーヒーは€1から。　　（ののこ '14）

✉ **タクシーは小銭を用意**

なぜかタクシーではおつりをもらいそびれることが多かったです。€5の料金に€10を出して€0.50しかおつりをくれない人もいました。イタリア語がわからないのであきらめましたが、それ以降は小銭を用意して自衛しました。
（大阪府　鬼姉 '04）
メーター表示以外に荷物代などを請求される場合もあります。料金を不審に思ったら、尋ねてみましょう。（編集部）

✉ **クレームの伝え方**

ホテルで、スタンドはつかない、冷蔵庫も壊れていて冷えないと散々。こんなときのクレームの伝え方を教えて。
（神奈川県　湯川章子）
いろいろありますが、「調子が悪い」。ノン・フンツィオーナ Non funziona、「壊れている。グアスト guasto」。名詞や動詞をつけなくても、問題の物を指さして告げれば通じます。
（編集部）

○ホームページの予約ページのおもな項目　※イタリア語／英語

Nome / Name　名	Cognome / Last name　姓
Indirizzo / Address　住所	Cap / Zip　郵便番号
Nazione / Nation　国	Telefono / Telephone　電話番号
Indirizzo e-mail / e-mail address　e-mail	

以下はカレンダーやリストボックスからの選択の場合が多い

Data di Arrivo / Arrival date　到着日
Data di partenza / Departure Date　出発日
Numero di camera / Number of rooms　部屋数
Numero di persone(adulti) / Number of Persons　人数
Numero di bambini / Number of Children　子供の人数

クレジットカードの情報も同時に求められることが多い

Carta di credito / Credit card　クレジットカード（種類）
Numero di carta di credito / Account number　番号
Valido a tutto(Scadenza) / Expiration date　有効期限
Intestatario / Name on card　所持人

さらにリクエストしたいことがあれば

Commenti/Messaggi/Richiest speciali /
Message/Special request の欄に記入しよう。送信は Invia / Send。
キャンセルは Reimposta(Cancellazione) / Reset(Cancel) だ。

必要事項を入力すると予約は完了。自動応答システムで予約確認書が瞬時に送付されることが多い。予約応答システムでなくても、1日程度で返信される。返信がない場合はホテルへ確認しよう。宿泊日や料金が載った予約確認書はプリントアウトして持参しよう。

●**FAXで予約▶**ホームページでの予約（→P.389）を参照して、必要事項（クレジットカード情報は不要）を書き込みFAXを送付しよう。宿泊予定日の1ヵ月程度前には送付しておこう。人気の宿はハイシーズンには3ヵ月前でも予約でいっぱいの場合もある。当日〜2日程度で回答が送られてくる。部屋の料金、朝食の有無などのほかに、予約確定のために必要なクレジットカードの情報が求められ、期間内（ホテルにより異なり、一般的に24〜48時間以内）に予約確認をしないと無効などと表記されている。予約する場合は期間内に。回答がない場合は再度問い合わせよう。

現地で探す

宿泊当日に現地でホテルを探す場合は、なるべく早い時間に目的地に着くようにしよう。「地球の歩き方」を見て、直接訪ねるのもいいし、❶で希望のホテル（地域、ランク、料金など）を告げて紹介してもらうのもいい。❶によっては、電話で予約してくれる所もある。

直接訪ねる場合は、**料金**（朝食の有無、wi-fiが無料か有料か、滞在税など）の確認をしたら**部屋**を見せてもらえば納得のホテル選びができるはずだ。気になる人はお湯の出や騒音などをチェックしておこう。

キャンセルについての注意点

メールやFAXで宿泊予約を入れると、ノーショー（無断キャンセル）に備え、クレジットカードの番号と有効期限を聞かれる。さらに、予約の確認後にホテルのキャンセルなどの決まりや予約番号が通知される場合もあるので、よく読んでおこう。

キャンセルは一般的に宿泊予定日の72〜24時間前まで（1週間前というのもある）。予約番号があれば、それを告げよう。無断キャンセルした場合は、通知したクレジットカードから1泊分を引かれ、それ以降の予約もすべてキャンセルされるのが普通。

イタリア ホテル事情

現地でホテルを探す場合はなるべく早い時間に目的地に着くようにしよう。

お風呂について

日本人旅行者が不満をもらすことが多いのがお風呂。イタリア語で**シャワー付きはコン・ドッチャ con doccia**、**バスタブ付きはコン・バーニョ con bagno**と呼ぶが、コン・バーニョとあっても、シャワーしか付いていないことも多い。イタリアでは、どちらも同じという考え方なので、料金もほぼ同じだ。**バスタブ付きの部屋を希望するならコン・ヴァスカ con vasca**と告げたほうが確実だ。予約するときも、バスタブ付きの部屋を希望する人は必ず、念を押すこと。

ただし、経済的なホテルでバスタブ付きの部屋を探すのはほとんど無理と覚えておこう。経済的なホテルでは、お風呂はほとんどなく、共同でシャワーを利用することになる。シャワー代は有料の場合と宿泊料に含まれる（無料）場合があるので、確認すること。共同の場合や給湯設備が古い場合は、お湯が途中で水に変わってしまうこともあるので、そんな場合はほかの人がお湯を使わない早朝や夕方早くが狙い目だ。もちろん、お湯を無駄にしない心がけも忘れずに。

ひとり旅の女性に

女性のひとり旅と見ると、必要以上に親しげな態度にでる宿の主人や従業員もときおり見かける。こんな場合は毅然とした態度で応対し、しつこいときは無視するのが一番だ。ドアには鍵をかけ、室内に人を入れないこと。言葉が通じなくても、嫌なことには、曖昧に笑ったりしないで、ハッキリ拒絶の態度を示すことが大切だ。

ホテルのトイレとビデ

ホテルの部屋にはトイレのほか、普通ビデが付いている。ビデは水と温水の出る蛇口や噴水のような噴き出し口が付き、横と中央あたりに排水口がある物。トイレと形がやや似ているので間違えないように。形状はやや似ているが、トイレは蓋が付いていて、ビデには蓋がない。ビデは温水洗浄器のように、お尻などを洗ったり、温水をためて足を洗うのに使ったりする。ビデの横には、専用タオルが置いてあることが多い。

WI-FI事情

イタリアではほぼすべてのホテルやYHで利用できる。客室を含むホテル内すべて（電波状態は異なる場合多し）で利用できることが多いが、利用エリアがレセプション周辺やロビーだけに限られる場合もある。多くのホテルやYHでは無料で、パスワードはチェックイン時に渡されることが多い。4つ星以上の場合は有料のことがあり、その場合はレセプションで申し込みをする必要がある。料金は時間制、日ごとの場合などいろいろなので、使用前に確認しておこう。

チェックイン時にフロントで、パスワードを渡してくれる

変換プラグ、事前にチェック

最近の携帯電話やデジカメは変圧器が内蔵されているので、海外旅行の際も変換プラグだけを用意すればOKです。私はホームセンターで安い変換プラグを購入して持参したのですが、このプラグが持参した機器に差し込めず使用不能でした。幸い、空港で購入したドライヤーに付属されたプラグを利用できて困りませんでしたが、出発前に確認が必要です。（長野県 ラムネ '10）

チップについて

ヨーロッパでもチップの習慣は薄れていると思います。イタリアのレストランではまったく支払いませんでした。請求書のほとんどがサービス料として10%を請求していたからでした。ホテルでもベッドメーキングに払ったことはありません。（イシン '14）
サービス料をとるところは少ないが、コペルト（席料）を取るところは多い。（編集部 '16）

バスタブ付きを希望する場合には、予約時に確認しておこう

トイレとビデを間違えないように。上がトイレ、下がビデ。温水洗浄便座愛好者には、ビデがあると便利

北イタリアにはおしゃれな中庭
付きレストランが多い

「食」を楽しむことは「イタリアを知る」、一番身近で簡単な方法
だ。水の都ヴェネツィアではアドリア海の豊富な海の幸を味わい、
近代都市ミラノでは新傾向のイタリア料理に舌鼓。地方都市で味
わう庶民的な郷土料理からは、土地の文化や生活が透けて見える。
イタリアを旅するときは、少し「食」にこだわってもみよう。

飲食店の種類とT・P・O

ゆっくりと食事をしたいときに

- Ristorante　　　リストランテ
- Trattoria　　　トラットリア
- Osteria　　　オステリア

　一般に高級店がリストランテ、家庭料理を売り物にした大衆的な店が
トラットリア、居酒屋がオステリアといわれているが厳密な区分はない。
高級か大衆的かという差はあるが、これらの店では、カメリエーレ（給仕
係）が席に案内してくれ、注文から支払いまでをテーブルで済ませる。
　料理は、イタリアの習慣どおり、**前菜またはパスタ、魚か肉料理、デ
ザート**と注文するのが普通だ。
　一般的な営業時間は、昼12:30〜15:00、夜19:00〜23:00頃まで。深夜
に営業している店はほとんどない。

安く簡単に、でもしっかり食べたいときに

- Tavola Calda　　　ターヴォラ・カルダ
- Rosticceria　　　ロスティチェリア
- Self Service　　　セルフサービス

ヴェネツィアでは
バカリを楽しんで

　駅や観光名所周辺や庶民的な界隈に多く、すでに調理され
てカウンターなどに並んでいる料理から好みの物を選ぶシス
テムの店だ。料理はシンプルなパスタ類やローストした肉、サ
ラダなどの簡単な物が多いが、自分の目で料理を選べ、ひと
皿しか食べなくてもよいのが利点だ。普通は、注文した料理と
ともにもらったレシートかトレーに乗せた料理を見せて、レジで支払うシ
ステムだ。

手頃にイタリア名物を

- Pizzeria　　　ピッツェリア

　イタリアを代表する食べ物、ピッツァの店Pizzeriaはふたつのタイプに
分かれている。駅前や人通りの多い界隈にある**アル・ターリョ**Al taglioと
か、**ルースティカ**Rusticaと呼ばれる立ち食い専門の量り売りの店と、テー
ブル席でサービスし、薪(まき)を燃やす本格的なかまどで焼きあげる店だ。
　立ち食い専門店は、午前中から夜遅くまで営業し、カウンターにピッ
ツァが何種類も並んでいる。好みの物を指させば、適当な大きさに切り、
はかりにかけて売ってくれる。
　一方、本格的な**ピッツェリアは夜だけ**（19：00〜翌1：00頃）**営業する**

最近の食事情
　レストランに入れば2皿程度
食べるのが常識だったが、最
近はランチでは1皿と飲み物、
あるいはメインの代わりに前菜
を注文してもOKの場合が多
い。また、日本人は色々な味を
楽しみたいので料理をシェアす
ることが多いが、これも浸透し
た模様。取り分け用の小皿を
持ってきてくれることもしばし
ば。そんな時はチップを置くと
スマートだ。

店が多い。ピッツェリアは、ピッツァを中心に、あまり手の込んでいない、前菜、パスタ類、肉や魚料理、デザートを揃えている店が多い。とはいえ、リストランテのようにコースにこだわることはない。

ほっとひと息つきたいとき

- Bar　　　　　　バール
- Caffè　　　　　カフェ
- Sala da tè　　　サラ・ダ・テ

　一日に何回もコーヒーを楽しむイタリア人にとって、息抜きの場、社交の場として欠かせないのがバールだ。町のいたるところにあり、店構えもシンプルで、どこで飲んでも値段にはそれほど差がない。

　一方、ゆっくり座って紅茶やコーヒーを楽しむカフェやサラ・ダ・テは豪華な雰囲気や町を行く人を眺められるシチュエーションが売り物だ。

　カフェでも立ち飲み用のカウンターがあるし、バールでも座る席がある店も多い。いずれも、**カウンターとテーブル席では料金が違い、その差は2～5倍くらい**。レジ横には立ち飲みと座った料金が併記してあるので、心配ならば最初にチェックしてみよう。

　注文はテーブル席はテーブルで注文し、注文の品を持ってきたときか、自分たちが帰るときにその係の者に払う。**カウンターの場合は、まずレジで注文**して支払い、その**レシート（スコントリーノScontrino）をカウンターに出して、再び注文する**。その際、イタリア人はチップを€0.50程度置くが、あなたは気分次第で。

　カフェやバールはおおむね**早朝から深夜まで**通して営業している。アイスクリーム屋や菓子店を兼ねたサラ・ダ・テのなかには、一般商店並みに早めに店を閉める所も多い。

- Gelateria　　　ジェラテリア

　最近は日本でも「ジェラート」の呼び名が広がってきたが、イタリアはアイスクリーム発祥の地。一度は味わう価値がある。営業時間は昼頃から夜遅くまで。

健康志向で生の果物を使ったジェラートが人気

お酒を楽しみたいとき

- Enoteca　　　　エノテカ
- Birreria　　　　ビッレリア

　エノテカはワインを売る酒屋のことで、ワインバーを指すことも多い。

　ビッレリアはビールを楽しむビアハウス。北イタリアには伝統的にビアハウスが多い。また、イタリアでも近年は作り手のこだわりが生むクラフトビールの人気が高く、種類豊富なビールを集めた店もある。いずれも飲み物と軽いおつまみだけの利用でもいいし、料理も充実しているので手軽なレストランとしても利用できる。

自家製のビールが楽しめるビッレリアは気さくな雰囲気

簡単に食事するなら

　旅行者にとって朝食はホテルで取ることがほとんど。観光の途中、昼・夜の2回の食事をどうするかが問題だ。昼・夜をレストランで食事すると、観光の時間が少なくなるし、ボリュームのある食事が続くと食欲もあまり湧かなくなってくる。昼はバールでパニーノと飲み物で簡単に済ませるのもひとつの方法だ。ただ、これも回数が重なると味気なく感じるもの。そんなときは、カフェやバールなどでサラダひと皿を注文するのがいい。各種生野菜のほか、チーズやハムなどが入り、パンも添えられているので簡単な食事として十分なひと皿だ。イタリア人もオフィスで働く人たちは、サラダでランチということが多い。

山小屋でもおいしいチロル風のデザートが味わえる

✉ トイレはどこで？

　有料トイレは結構ありますが、€1程度を支払うなら、バールでお水を買ったりコーヒーを飲んだりして、無料でトイレを貸してもらうのがおすすめです。有料トイレとバールのトイレに差はありません。
（埼玉県　岡部篤子 '09）

✉ レストランで

　ヴェネツィア、特にサン・マルコ広場では日本語メニューを渡されてもイタリア語のメニューのチェックを。日本語メニューは割高の場合がありました。支払うときは、必ず伝票のチェックをしましょう。食べていない物の記載があり、指摘すると訂正された伝票を持ってきました。

　カフェのテーブル席で現金でおつりをもらう場合は、はっきりとおつりの額を言わないと、€10くらいは平気でチップとして受け取られおつりをくれません。

　イタリアにはチップの習慣は少ないですが、タクシーやレストランなどでは端数はチップとして渡すのがスマートです。
（兵庫県　30年ぶりのドロミテ '14）

●この店（土地）の名物料理は何ですか？
クアーレ・エ・ラ・スペチャーリタ・ディ・クエスト・ロカーレ？
"Quale è la specialità di questo locale ?"

●何がおすすめですか？
ケ・コーザ・ポテーテ・コンシリアルチ？
"Che cosa potete consigliarci ?"

●これはどんなふうに料理したのですか？
コメ・エ・クチナート・クエスト・ピアット？
"Come è cucinato questo piatto ?"

メニュー（イタリアでは、リスタListaと呼ぶ）は店により異なるが、ほぼ次のように構成されている。

❶アンティパスト Antipasto（前菜）

文字どおり食事（パスト）の前（アンティ）に取る軽いひと皿で、ビュッフェ形式に並んださまざまなアンティパストの皿から好きな物を取るようになっている店もある。種類も豊富で、野菜、魚介類、ハム・サラミ類、卵やチーズの料理など、選ぶのに迷うほどだ。一般的には、アンティパストを取れば次のプリモを飛ばしてセコンド（メインディッシュ）にいくことが多い。

ドイツ語圏の前菜

❷プリモ・ピアット Primo piatto（第1皿の料理）

パスタやリーゾ（米）の料理、スープ類はここに含まれる。プリモはイタリア料理の特色でもあり、それだけに実に多くのバリエーションがある。イタリアに来たら、ぜひともいろいろ違った味のプリモを試してみたい。

リゾットは日本人好み

❸セコンド・ピアット Secondo piatto（第2皿の料理）

メインディッシュにあたる料理で、肉や魚が中心である。イタリアでは一般的に魚のほうが肉より値が張ることが多く、魚は鮮魚の場合には"フレッシュ" fresco、そうでなければ"冷凍" congelatoとメニューに書いてある。料理は素材の持ち味を生かしたグリル griglia、ロースト arrostoが中心だが、ワインやトマト味の煮込みのウーミド umido、揚げ物のフリット frittoなど、さまざまな調理法がある。

豪快なシビエ料理も食卓に上る北イタリア

❹コントルノ Contorno（付け合わせ）

サラダをはじめ、ゆで野菜、ポテトなどがある。イタリアは野菜の種類が豊富なのでコントルノも季節や地方によって変化に富んでいる。

❺フォルマッジョ Formaggio（チーズ）

デザートとして取る場合もあるが、セコンドの代わりにして軽く済ます方法もある。チーズ好きの人は"ミスト misto"と呼ばれる盛り合わせを注文してイタリアの代表的なチーズを味わってみるのもよい。土地ならではのチーズを味わうのも、旅の楽しみだ。

❻デザート Dolce

ドルチェ dolce（菓子類）とジェラート gelato（アイスクリーム）、フルッタ frutta（果物）がここに含まれる。

ボルツァーノなどアルト・アディジェ地方のパンは、珍しいし、おいしい！

コペルトとサービス料

イタリア独特の料金形態がコペルト Copertoだ。席料とも訳され、レストランで席に着くと、注文の多少にかかわらず一律に請求される。北部や中部イタリアでは、このコペルトとサービス料 Servizioは廃止の傾向があるが、ヴェネツィアなどの一大観光地ではいまだ健在だ。セットメニューにはすでにこれらの料金が含まれているのが一般的だ。

ワインの注文

イタリア語でワインはヴィーノ Vino。
銘柄にこだわらなければ、ハウスワイン（Vino della Casaヴィーノ・デッラ・カーサ）を1/4リットル（ウン・クアルト un quarto）、1/2リットル（メッゾ・リートロ mezzo litro）と注文しよう。カラファに入った物が出てくる。ハウスワインがボトルの場合は、飲んだだけ請求される場合もある。

コーヒーなり"ディジェスティーヴォ digestivo"と呼ばれる食後酒を注文することもできる。食後のコーヒーはミルクの入ったカプチーノcappuccinoではなく、濃いエスプレッソespressoが普通だ。

クッキーやチョコがコーヒーとともにサービスされることが多い

北部ではビールも最高!

❼ワイン Vino

リストは別にあることが多い。どんな料理を選ぶかによってワインを決めるのが一般的だが、大きく分けて魚や白身の肉（鳥肉や仔牛肉）などには白ワインvino bianco、牛肉や熟成したチーズを使った料理などにはしっかりした味の赤ワインvino rossoがよいとされている。迷ったときには遠慮なく尋ね、料理に合ったワインをアドバイスしてもらうことだ。イタリアではDOCやDOCGのような銘柄ワインでも日本と比べると驚くほど安いが、注文の際には値段も聞いて決めるとよいだろう。

■水

水はミネラルウオーター（Acqua Minerale）を注文することが多い。ガス入りcon gas、ガスなしsenza gasを好みで。

■その他の項目

店によっては、次の項目がメニューや店内の黒板に書かれている。料理選びの目安にしよう。

lo chef consiglio	シェフのおすすめ料理
piatti del giorno	本日の料理
piatti tipici	典型的郷土料理
menu turistico	（旅行者向け）セットメニュー

セットメニューは観光地のレストランに多く、コペルト、サービス料、1皿目、2皿目、付け合わせ、デザート、ときには飲み物までがセットしてある。かなり割安といえるが、メニューにバリエーションがなく、お仕着せ感が強い。

食事が終わったら

食事が終わったら、サービスしてくれた給仕人（カメリエーレ）に「お勘定をお願いします」"il conto, per favore"と頼もう。伝票がきたら、恥ずかしがらずに食べた物と値段、コペルト、税金、サービス料、そして総計を必ず確かめよう。**サービス料が付いていれば、本来チップは必要ないが、そこはあなたの気分次第で。**

帰るときには"Buongiorno."、"Buonanotte."のあいさつをして店を出たい。もしも時間が遅いなら、会計のときに頼んでタクシーを呼んでもらおう。**チップについて（→P.12）**

イタリアワインの格付け

イタリア・ワインは上位から順に、
●統制保証原産地呼称
 D.O.C.G.
 （ディー・オー・チー・ジー）
●統制原産地呼称
 D.O.C.
 （ディー・オー・チー）
●生産地表示典型ワイン
 I.G.T.
●テーブルワイン
 V.d.T.
に格付けされている。
土地の料理には土地のワイン、まして生産地の真っただ中にいるのならローカル・ワインをぜひ味わいたいもの。

コペルトとパーネ代、支払いは必要?

コペルト（P.394）は席料（テーブルチャージ）、パーネPaneはパン代のこと。これは店により請求される場合とそうでない場合がある。請求される店の場合は、食事をしたら、必ず支払う物。パンには手をつけなかったから、支払わないというのは通用しない。イタリアならではのことなのでとまどう人がいるかもしれないが、これがイタリアの常識だ。店頭のメニューには、コペルトやパーネの料金が表示してあるし、請求しない店もある。気になるなら、最初にチェックしよう。コペルトの多寡は店のランクにより異なり、高い店では食前酒やアミューズ・グール（突き出し）がサービスされる場合もあるので、一概に高いとは言い切れない。

395

北イタリア メニュー・ア・ラ・カルト

ミラノとロンバルディア州

北にはスイスに連なるアルプスの山々がそびえ、その麓には美しい湖水地方が広がる。湖水の清涼な水はポー川につながり、肥沃なパダナ平野を作り上げる。豊かな平野では稲作と豚と牛の飼育が盛んで、その恵みである米、肉類、バター、生クリームを多用することが料理の特徴だ。ほかの北イタリアの州同様、ポレンタもよく食卓に上る。州都ミラノは、イタリアでも指折りの美食の町。現代人にマッチしたさまざまな料理が楽しめる。

前菜　アンティパスト Antipasto

Nervitt
ネルヴィ

ネルヴィ

ゆでた仔牛のスジ肉のスライスをオリーブ油、香味野菜などでマリネした物。庶民的な1品。

Bresaola
ブレサオーラ

ブレサオーラ

乾燥牛肉。脂が少ない牛肉を塩漬けにし自然乾燥させた物。柔らかくデリケートな味わい。薄くスライスし、オリーブ油、レモンなどで食す。

さまざまな乾燥肉の盛り合わせ。北部イタリアの定番前菜

第1皿の料理　プリモ・ピアット Primo piatto

Risotto alla Milanese
リゾット　アッラ　ミラネーゼ

ミラノ風リゾット

ミラノ料理の代表選手。サフランの香りと黄色の色合いが目にも鮮やか。タップリのバターとチーズが入りリッチなひと皿。小牛の骨付き脛肉を輪切りにして煮込んだオッソブーコOssobucoと一緒にサービスされることも多い。

サフランの黄金色が美しいリゾット・アッラ・ミラネーゼ

Risotto al Salto
リゾット　アル　サルト

ミラノ風リゾット

前述のリゾットをフライパンで丸く焼きあげた物。

Marbini(Marubini) in Brodo
マルビーニ　イン　ブロード

詰め物をしたパスタのスープ

トルテッリーニをはじめ詰め物をしたパスタはバターやクリーム系のソースであえることが多いが、冬の定番は熱いスープに浮かべて、パルミジャーノチーズをかけた物。地方や町ごとに形や名前が変わり、Marbiniはクレモナ、Agnoli/Agnoliniはマントヴァでの呼び方。

冬のクレモナでの一番のおすすめは、熱々のマルビーニMarbini

第2皿の料理　セコンド・ピアット Secondo piatto

Cotecchino
コテッキーノ

コテッキーノ

隣の州、エミリア・ロマーニャ州の特産品でもある。豚の肉、脂、皮などをミンチにして腸詰にしたソーセージ。ゆでてサービスされる。冬の定番料理のボッリート・ミストにも欠かせない1品。

クリスマスから新年の伝統料理でもある。豚の足に詰めた物は、ザンポーネと呼ばれる

Lumache in Umido

ルマーケ イン ウーミド

カタツムリの煮込み

　殻を取ったカタツムリのトマト味の煮込み。ニンニク風味でクセもなく食べやすい。ポレンタを添えることも多い。ポレンタは煮上がったばかりのクリーム状のまま、あるいは冷まして固めたあと、揚げたり、焼いたりしてサービスされる。

珍しい1品だが食が進む、ルマーケ・イン・ウーミド

Faraona disossata Ripiena con Funghi e Castagna

ファラオーナ ディソッサータ リピエーナ コン フンギ エ カスターニャ

ホロホロ鳥のロール、キノコと栗の詰め物

Tagliata di Manzo

タリアータ ディ マンツォ

牛肉のタリアータ

　牛のステーキを切り分けた(tagliata=切った)ひと皿。イタリア中で食べられる人気のある料理。ローズマリーで風味をつけたり、サラダや薄切りのチーズを添えたり、さまざまにアレンジされる。オリーブ油と塩で。

Bollito Misto

ボッリート ミスト

ボイルド・ミートの盛り合わせ

　牛肉、鶏、タン、ソーセージなどをゆでた盛り合わせ。ドライフルーツに甘い蜜をからませカラシで風味をつけたクレモナ特産のモスタルダ・ディ・クレモーナMostarda di Cremonaやグリーン・ソースSalsa Verdeサルサ・ヴェルデを添える。

豪快な肉料理の代表、ボッリート・ミスト

ヴェネツィア／ヴェネト州

　水の都ヴェネツィアでは、海の幸が食卓をにぎわせ、とりわけ目の前のラグーンや近海で取れたものはノストラーノnostrano（私たちの物、故郷の物）として珍重される。各種の魚介をさまざまに料理して盛り合わせた「海の幸の前菜盛り合わせ」や「クモ蟹のサラダ」は日本人好みの味。また、山間部のバッサーノ・デル・グラッパはアスパラガスと火酒グラッパの産地。内陸のヴィチェンツァでは干し鱈（バッカラ）の料理が有名。ここでも付け合せにはポレンタが外せない。

前菜　　　　　　アンティパスト Antipasto

Granseola alla Veneziana

グランセオーラ アッラ ヴェネツィアーナ

クモ蟹のサラダ ヴェネツィア風

　カニの身をオリーブ油、レモンなどで調味し、甲羅に入れた豪華な料理。ヴェネツィアの代表料理。

ヴェネツィアを代表する前菜。アドリア海で採れたクモ蟹のおいしさを堪能しよう

Antipasto di Mare/Grand Misto di Pesce

アンティパスト ディ マーレ／グラン ミスト ディ ペッシェ

魚介類の前菜盛り合わせ

　季節の魚介類をさまざまに料理した盛り合わせ。店により、種類、味わい、値段もさまざま。イカの墨煮、バッカラ・マンテカート、サルデ・インサオールなどはヴェネツィアの定番。

土地柄を反映した各種の魚介類の味わいが楽しめるひと皿

Spaghetti alla Scogliera
Spaghetti alla Pescatore
スパゲッティ　アッラ　スコリエーラ／スパゲッティ　アッラ　ペスカトーレ

魚介類のスパゲッティ

エビ、イカ、貝類などタップリの魚介類が入ったスパゲッティ。トマト味のものが多い。日本人好みの1品。お店や値段により内容にかなり差があるのも事実。

アドリア海産シーフードで作ったパスタは絶品

Spaghetti al Nero di Seppie
スパゲッティ　アル　ネーロ　ディ　セッピエ

イカ墨のスパゲッティ

日本でもおなじみのイカ墨のスパゲッティ。イカの墨煮はリゾットとして調理されるほか、ポレンタを添えて2皿目の料理にもなる。多くの町でも見かけるが、本来はヴェネツィア料理。

見かけは悪いが、おいしさが口に広がるイカ墨のスパゲッティ

Bigoli in Salsa
ビゴリ　イン　サルサ

ビゴリのいわしソースあえ

ビゴリは太い手作りパスタの一種で小麦粉以外にも、全粒粉、そば粉などで作られる。イン・サルサはニンニク、玉ねぎ、アンチョビーを炒めたシンプルなソースであえた物。

トルキオと呼ばれる器具で押し出して作る、伝統的パスタ

Grigliata Mista
グリリアータ　ミスタ

魚のミックスグリル

季節の新鮮な魚のミックスグリル。オリーブ油とレモン、塩で食す。何人かで注文すると、魚も大きく見事なひと皿になる。

イカやエビなども入るとバラエティーに富んでおいしく食べられる

Fritto Misto di Mare
フリット　ミスト　ディ　マーレ

魚介類のミックスフライ

小イカ、小エビなどのミックスフライ。どこでも手頃な値段で用意されている1品。レモンと塩で食す。

ヴェネツィアの定番料理。日本人好みの1品でもある魚介類のミックスフライ。高級店では品よくアレンジされる魚介類のフライ

Zuppa di Pesce
ズッパ　ディ　ペッシェ

魚介類のスープ

エビ、白身の魚、イカ、貝類などが入った具だくさんのスープ。トマト風味が一般的。プリモとしてもセコンドとしても通用するひと皿。

店により、使われる魚介類はさまざま。スープはスプーンや添えられたパンに浸して味わおう

Baccalà alla Vicentina con Polenta
バッカラ　アッラ　ヴィチェンティーナ　コン　ポレンタ

干ダラのミルク煮

干し鱈バッカラを戻して、香味野菜、アンチョビーなどで煮込み、牛乳、チーズなどで味付けた1皿。バッカラの代表料理であり、ヴィチェンツァの定番料理。

粥状のポレンタを添えるのがきまり

Stracotto d'Asino con Polenta
ストラコット　ダシノ　コン　ポレンタ

ロバ肉のシチュー、ポレンタ添え

ロバ肉を赤ワイン、トマトなどでじっくり煮込んだシチュー。ヴェローナをはじめロンバルディア州のマントヴァなどでもロバ肉はよく食べられる。

トレンティーノ=アルト・アディジェ州の料理

　国境を接したオーストリアの影響を感じさせる料理が多い。多くの町のレストランでドイツ風のザワークラウトとソーセージCrauti ai wurstel（クルーティ アイ ヴューステル）や風乾牛肉の薄切りSpeck（スペック）、パン、チーズ、肉、野菜などで作ったさまざまなタイプのお団子Knödel（クネーデル）や牛肉のトマト煮のパプリカ風味Gulasch（グーラッシュ）などを見かける。ボルツァーノやメラーノでは、生クリームをたっぷり使ったクラシックなオーストリア風のケーキに驚くことだろう。

Knödel
クネーデル
クネーデルのスープ

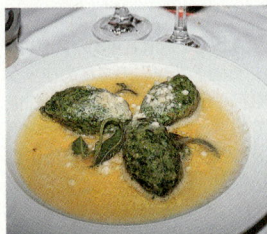

クネーデル仕立てにしたプリモ・ピアットが珍しい

Gulasch
グーラッシュ
グーラッシュ（牛肉のトマト煮パプリカ風味）

牛肉のシチュー。パプリカの粉で風味と少しの辛さをプラス

Strudel（デザート）
シュトゥルーデル
アップルパイ

リンゴ、レーズン、ナッツなどを巻き込んだ日本でもなじみのあるデザート

フリウリ=ヴェネツィア・ジュリア州の料理

　この州も、国境を接したオーストリア、旧ユーゴスラヴィアの影響が大きい。内陸部では、豚肉やソーセージSalsiccio（サルシッチョ）やサラミSalami（サラーメ）などの豚肉加工品がよく食卓にのぼる。とりわけ、名高いのが、サン・ダニエルの生ハムProsciutto di S. Daniele（プロシュート ディ サンダニエーレ）。また、オーストリアのレバークヌーデルLeberknödel（レバークヌーデル）とほぼ同じGnocchi（ニョッキ）もよく食べられる。海沿いの町ではヴェネツィア同様に魚介類のスープBrodetto（ブロデット）が有名だ。

Frico（前菜）
フリコ
素朴なチーズスフレ

ポテト・ピューレ、卵、チーズを使って焼き上げた、フリウリの農民料理

Salami con Cipolla e Aceto（第2皿の料理）
サラーミ　コン　チポッラ　エ　アチェート
サラミの玉ねぎとお酢風味

厚めのサラミと玉ねぎを、酢を加えて煮、脂っこさを和らげた1品。同様に生ハムをバターでソテーしたProsciutto al Saltoもある

Gubana（デザート）
グバーナ
フリウリ風レーズンパン

ナッツやレーズンを巻き込んだ甘いパン菓子。グラッパをたっぷり染み込ませて食べるのが地元のやり方

北イタリアで
ショッピング

●まずは「ブォンジョルノ」でごあいさつ

イタリアでは気持ちよく買い物するために、お店に入るときはごあいさつがルール。昼間なら "Buongiorno" 午後は "Buonasera"。ブランド店では英語がかなり通じるし、サイズや色などの簡単な単語なら日本語が通じる場合もある。楽しく店員さんとコミュニケーションしながら買い物するなら、やっぱり言葉は大切。日本で勉強しておこう。さて、お店に入って見ているだけなら、商品に手を出さず、声をかけられたら、「見ているだけ」「これを見せて」などはっきり意思表示を。煮え切らない態度の日本の女性に、内心怒っている店員さんもいるという風のうわさもあり。もちろん、お店を出るときは、買い物をしても欲しい物がなくても、やっぱり同様に "Buongiorno" "Buonasera" で、ごあいさつを。

あいさつをしよう!

●1対1の対面販売が主流

イタリアは日本と違って、自由に商品に触れられるデパートのような近代的かつ大型店舗は少ない。今も対面販売が歴然と存在している。普通の商店もブランド店でも、自分で勝手に商品に触ったり、バッグの中に手を入れて値札を探して値段を調べたりするのはご法度。値札を出そうとガサガサやっていると、「お客様、おやめください」なんてきついアッパーカットが飛んでくる。

●店員さんはお見事なプロ

体や足を見ただけで、ピッタリのサイズを持ってきてくれる店員さんも多く、その技量には脱帽。そんな人なら自分に似合う物をアドバイスしてくれるし、コーディネートもすてきで、簡単に似合うイタリアンファッションをゲットできてしまう。店員さんを信頼してみよう。もちろん、支払いはあなただから、納得した物を。商品知識も豊富なので、新商品やレア物情報も聞き出せるかも。それには好印象も大切。

●お直しするなら、早めに買い物

イタリアサイズがピッタリという人は多くないかも。裾上げなどなら数日あればできるし、やっぱり安い。日本で直すと微妙にラインが違う場合もあるから、店員さんにジャストサイズを確認してもらって、お直しもしてしまおう。これには最低3日くらいかかるので、観光の前、初日にショッピングもいいかも。

●買った荷物を預けて身軽に

ショッピングストリートには、お目当てのお店がめじろ押し。まだまだ買い物したかったら、買った商品は預けて次のお店へ。荷物はホテルヘデリバリーしてくれる場合もあるけど、イタリアではまだ少ない。荷物には名前を書いて保管してくれる。買い物が終わったら、全部集めて、タクシーでホテルへゴー。特に、ブランドの袋はお金を持っている証拠だし、ブランド店とはいえ店内で店員さんに荷物に注意と言われるご時世。お買い物に夢中になるときや、ゆったりとしたソファに座ってくつろいでお連れを待っている間も、やっぱり荷物は少なめが鉄則。

●絶対タックスフリーを活用(→P.401)

EU以外に住む外国人観光客の特権のタックスフリー。加盟店で税金込み154.94ユーロ以上の買い物をすれば、税金分として総額の実質13〜14%が戻ってくるというありがたい制度。ぜひ利用しよう。

●修理のために領収書をキープ

現地調達したいとしいブランドバッグなどが壊れたりしても、まだまだ修理して使いたい。そんなとき、日本の正規のお店に持ち込むと、領収書や保証書(時計など)の提示を求められることが多い。後々のため、これらの書類は取っておこう。

●コピー商品の持ち込み禁止

ミラノなどの大都市では、大きな袋を持った他国からのお兄さんたちが、路上にあの人気商品を並べて、工場直売といって売っている。確かに安いけど、知的財産権を侵害するコピー商品の日本への持ち込みは禁止。カラビニエーリ(お巡りさんの1種)の巡回で、場所を変えるところを見ると、イタリアでもかなりヤバイ品物。

※コピー商品のバッグについては、ヴェネツィアでは「知らずに買っても€1万の罰金」というチラシが配布されています。絶対に手を出さないように!

(編集部 '16)

400

タックスフリー（免税）ショッピング

～ショッピングの楽しみがますます充実～

タックスフリー加盟店が増え、適用額も引き下げられて、より身近で便利になったタックスフリーショッピング。これは、観光客が免税ショッピング加盟店で一定額買い物をした場合、税金（4〜22%）の払い戻しを受けられるお得なシステムだ。

TAX-FREEの看板を掲げていない取扱い商店もあるので、まずは154.94ユーロ以上の買い物（総計でよい）をする予定の場合は、支払いの前に尋ねてみよう。また、このシステムを利用する場合はパスポート番号が必要となるので、番号をあらかじめ控えておくか、盗難防止のためにコピーを持っているとよい。

対象

欧州連合（EU）以外の国を居住地とする人が個人使用のために品物を購入し、未使用の状態で個人荷物とともにイタリアから持ち出す場合に、IVA（税金）の払い戻しを受けられる。

適用最小限度

1店についての購入額の合計がIVA（税金）込みで154.94ユーロ以上。

買い物時の手順

(1)TAX-FREE取り扱い免税ショッピング加盟店で買い物をする。
(2) 支払いの際、パスポート番号を告げ、免税申請書を発行してもらう。このチェック（1枚か2枚、店舗により異なる）はレシートとともに出国時まで保管しておく。

出国時の手順

出国時には、税関の専用カウンターで税関スタンプを受けないと（'15年12月現在、一部例外あり）、免税払い戻しは受けられないので、空港には早めに出かけよう。イタリア出国後、ほかのEU国内を経由する場合は、最後の訪問国で同様の手続きをすることになる。

1）購入品をトランクに入れた場合

航空会社のチェックインカウンターで搭乗手続きをし、搭乗券（ボーディングパス）を受け取り、トランクに日本行き（もしくはEU圏外の目的地）のタグを貼ってもらう。このトランクを税関オフィス（出発ロビーのパスポートコントロール手前にあることが多い。ミラノのマルペンサ空港では出発階、チェックインカウンター12番そば）に運び、免税申請書、パスポート、搭乗券を呈示し、税関スタンプをもらう。（このとき、購入品確認のためにトランクを開けさせられる場合も）。再び、チェックインカウンターに戻り、トランクを預けて、搭乗手続きを完了させる。ミラノ・マルペンサ空港をはじめローマなどでも税関窓口脇にトランクなどを航空機に流すターンテーブルが新設され、チェックインカウンターへ戻る必要はない。

2）購入品を手荷物として機内に持ち込む場合

チェックインカウンターですべての搭乗手続きを終え、パスポートコントロールを通過後、出国ロビー側の税関に行き、手荷物として持っている購入品を見せて、スタンプをもらう。（ミラノのマルペンサ空港ではパスポートコントロール出口そば。ローマのフィウミチーノ空港では、パスポートコントロールの近く）。

払い戻し

1）現金の払い戻し

税関でスタンプをもらった免税申請書と購入店のレシートを、空港免税店内の「免税現金払い戻しTax-free Cash Refund」カウンターに提出し、払い戻しを受ける。ミラノのマルペンサ空港では、税関窓口そばに払い戻しカウンターがある。

2）現金以外の払い戻し

免税申請書の裏に記載されている「非現金」払い戻し＝クレジットカードを指定し、店内で渡された所定の封筒に入れて、免税事務局へ郵送する。この場合は、90日以内に書類が事務局に届かなければ無効となるので注意。クレジットカードのない場合や振り替え不能の場合は円建て小切手が自宅に郵送される。

また、現金の払い戻しを行わず、クレジットカードなどへの入金のみの場合もある。書類裏面を読み、また郵送用封筒と書類は会社を間違えて入れないように。ほかの手続きなどは、各社共通。

以上の手順、払い戻し場所などは、変更が少なくないので、早めに出かけて確認を。

マルペンサ空港の免税手続き

イタリアで購入した商品については、税関手続きは不要で、直接タックスフリー各社の窓口（4:30〜23:30）で手続きを。イタリア以外で購入した商品の場合は税関（5:15〜6:30、7:10〜24:00）で免税書類にスタンプを受けてから、タックスフリー各社の窓口で手続きを。いずれも、チェックインカウンター12番窓口近くにある。この窓口ではクレジットカードへの振込みや払い戻し手続きができる。現金を希望する場合は、手荷物検査を抜けた出発ロビーの払い戻し窓口へ。

季節によっては、税関に長蛇の列ができることがあり、また手続きの変更もあるので、余裕をもって出かけよう。　　　　　　（'15年12月）

旅のイタリア語

日本人には聞き取りやすく、発音しやすいイタリア語。何日か滞在しているうちに、自然に「こんにちはBuon giornoブォンジョルノ」などと、簡単な言葉が口から出てくるはず。私たちが会話集からイタリア語のそのフレーズを使うときは、ゆっくり書いてあるとおりに発音してみよう。駅などで、日にちや枚数などを指定するような場合は、間違いのないようフレーズを紙に書いて渡すのもひとつの方法だ。そして、「すみません」、「ありがとう」の言葉と笑顔を忘れずに。

基 礎 編

あいさつ

チャオ! やあ! じゃ、またね!	チャオ!	Ciao!
こんにちは!	ブォンジョルノ!	Buongiorno!
こんばんは!	ブォナセーラ!	Buonasera!
おやすみなさい!	ブォナノッテ!	Buonanotte!
さようなら!	アッリヴェデルチ!	Arrivederci!

呼びかけ

すみません!	スクーズィ!	Scusi!
	(人を呼び止めて何か尋ねるときなど)	
すみません!	パルドン!	Pardon!
	(『失礼!』『ごめんなさい!』の意味で)	
すみません!	ペルメッソ!	Permesso!
	(混んだ車内や人込みで「通してください」というとき)	
ちょっとお聞きしたいのですが!	センタ!	Senta!

敬 称

男性に対して	シニョーレ (シニョーリ)	Signore (複Signori)
既婚女性に対して	シニョーラ (シニョーレ)	Signora (複Signore)
未婚女性に対して	シニョリーナ (シニョリーネ)	Signorina (複Signorine)

※姓名や肩書きなどの前につける敬称だが、単独でも呼びかけに使うことができる。

依頼と感謝

すみませんが……	ペルファヴォーレ	Per favore
ありがとう!	グラッツィエ!	Grazie!
どうもありがとう!	グラッツィエ ミッレ!	Grazie mille!
どういたしまして!	ディ ニエンテ!	Di niente!
どうぞ／どういたしまして	プレーゴ	Prego

謝罪と返事

すみません!	ミ スクーズィ!	Mi scusi!
	失礼! ごめんなさい!(あやまるとき)	
何でもありませんよ	ノン ファ ニエンテ	Non fa niente.

〈はい〉と〈いいえ〉

はい／ええ	スィ	Si.
はい、ありがとう	スィ グラッツィエ	Si, grazie.
いいえ	ノ	No.
いいえ、けっこうです	ノ グラッツィエ	No, grazie.

〜したい

ヴォレイ
Vorrei〜 (私は)〜が欲しい(〜がしたい)のですが。

英語の "I would like〜" にあたる表現で、そのあとにbiglietto(切符)、gelato(アイスクリーム)、camera(部屋)などがくれば「〜が欲しい」という意味になり、andare(行く)、prenotare(予約する)、cambiare(替える)などがくれば「〜がしたい」という表現になる。

切符を1枚ください。
ヴォレイ ウン ビリエット
Vorrei un biglietto.

アイスクリームをひとつください。
ヴォレイ ウン ジェラート
Vorrei un gelato.

1部屋予約したいのですが。
ヴォレイ プレノターレ ウナ カメラ
Vorrei prenotare una camera.

〜できる?

ポッソ
Posso〜? (私は)〜できますか(してもよいですか)?

英語の "Can I〜?" にあたる表現

クレジットカードで払えますか?
ポッソ パガーレ コン ラ カルタ ディ クレディト
Posso pagare con la carta di credito?

応 用 編

ホテルで

シャワー(付き/なし)の(ツイン/シングル)が欲しいのですが。
ヴォレイ ウナ カメラ ドッピア シンゴラ コン センツァ ドッチャ
Vorrei una camera(doppia/singola)(con/senza)doccia.

1泊いくらですか?
クアント コスタ ペル ウナ ノッテ
Quanto costa per una notte?

朝食は込みですか?
インクルーザ ラ コラツィオーネ
Inclusa la colazione?

(静かな/もっと安い)部屋はありますか?
アヴェーテ ウナ カメラ トランクィッラ メノ カーラ
Avete una camera(tranquilla/meno cara)?

部屋を見せてくれますか?
ポッソ ヴェデーレ ラ カメラ
Posso vedere la camera?

(3晩/1週間)泊まりたいのですが。
ヴォレイ リマネーレ トレ ノッティ ウナ セッティマーナ
Vorrei rimanere(3 notti/una settimana).

OKです。この部屋をお願いします。
ヴァ ベーネ プレンド クエスタ カメラ
Va bene. Prendo questa camera.

インフォメーションで

町の地図が欲しいのですが。
スクーズィ ヴォレイ ウナ マッパ デッラ チッタ
Scusi, vorrei una mappa della città.

ツインの部屋を5泊取りたいのですが。
スクーズィ ヴォレイ ウナ カメラ ドッピア ペル チンクエ ノッティ
Scusi, vorrei una camera doppia per 5 notti.

催し物のインフォメーションが欲しいのですが。
ヴォレイ デッレ インフォルマツィオーニ デッリ スペッターコリ
Vorrei delle informazioni degli spettacoli.

ミラノの美術館のリストが欲しいのですが。
ヴォレイ ウナ リスタ デイ ムゼイ ディ ミラノ
Vorrei una lista dei musei di Milano.

観 光

切符売り場はどこですか?
ドーヴェ ラ ビリエッテリーア
Dov'è la biglietteria ?

あなたが列の最後ですか?
レイ エ ルルティモ デッラ フィーラ
Lei è l'ultimo della fila ?

学生割引はありますか?
チ ソーノ リドゥツィオーニ ペル ストゥデンティ
Ci sono riduzioni per studenti ?

無料パンフレットはありますか?
エ ポッシービレ アヴェーレ ウン デプリアン グラトゥイト
È possibile avere un dépliant gratuito ?

館内の案内図はありますか?
チェ ウナ ピアンティーナ デッリンテルノ エディフィーチョ
C'è una piantina dell'interno edificio ?

オーディオガイドを貸してください。
ヴォレイ ウナウディオグイーダ ペル ファヴォーレ
Vorrei un'audioguida, per favore.

日本語の物をお願いします。
イン ジャッポネーゼ ペル ファヴォーレ
In giapponese, per favore.

使い方を教えてください。
コメ スィ ウーザ
Come si usa ?

(ガイドブックなどを指して)これはどこにありますか?
ドーヴェ スィ トローヴァ クエスト
Dove si trova questo ?

ここで写真を撮っていいですか？　　E ポッシービレ ファーレ ウナ フォート
E possibile fare una foto?

トイレはどこですか？　　ドーヴェイル バーニョ トイレット
Dov'è il bagno(toilet)?

食　事

今晩ふたりで予約したいのですが。　　ヴォレイ プレノターレ ベル ドゥエ ベルソーネ ベル スタセーラ
Vorrei prenotare per 2 persone per stasera.

私たちは4名ですが、空いているテーブルはありますか？　　シアーモ イン クアットロ アヴェーテ ウン ターヴォロ リーベロ
Siamo in quattro avete un tavolo libero?

今晩20:00に2名で予約をしておいたのですが。　　アッビアーモ プレノタート ベル ドゥエ ベルソーネ アッレ オット
Abbiamo prenotato per 2 persone alle 8.

両替、銀行

こんにちは。3万円を両替したいのですが。　　ブォンジョルノ ヴォレイ カンビアーレ トレンタ ミラ イエン
Buongiorno. Vorrei cambiare 30 mila yen.

円がいくらか（レートが）わかりますか？　　ポッソ サペーレ クアント ファ ロ イエン
Posso sapere quanto fa lo yen?

ここではクレジットカードでキャッシュサービスが受けられますか？　　スィ ポッソーノ リティラーレ コンタンティ コン ラ カルタ ディ クレディト
Si Possono ritirare contanti con la carta di credito?
※なお、両替の窓口でパスポートの提示とイタリアでの住所(ホテルの名でよい)を求められることもあるので準備しておこう。

パスポートを見せてください。　　イル パッサポルト ベル ファヴォーレ
Il passaporto, per favore.

ヴェネツィアではどこに滞在していますか？　　ドーヴェ アビタ ア ヴェネツィア
Dove abita a Venezia?

あなたのサインをお願いします。　　ラ スア フィルマ ベル ファヴォーレ
La sua firma, per favore.

郵便局／電話局

この(手紙／はがき)の切手が欲しいのですが。　　ヴォレイ フランコボッリ ベル クエスタ レッテラ カルトリーナ
Vorrei francobolli per questa (lettera／cartolina).

この小包を日本に送りたいのですが。　　ヴォレイ スペディーレ クエスト パッコ イン ジャッポーネ
Vorrei spedire questo pacco in Giappone.

2.30ユーロの切手を10枚欲しいのですが。　　ヴォレイ ディエチ フランコボッリ ダ ドゥエ エウロ トレンタ
Vorrei 10 francobolli da €2.30.

日本に電話したいのですが。　　ヴォレイ テレフォナーレ イン ジャッポーネ
Vorrei telefonare in Giappone.

いくら払えばよいですか？　　クアント パーゴ
Quanto pago?

基 本 単 語

月

1月	gennaio	ジェンナイオ
2月	febbraio	フェッブライオ
3月	marzo	マルツォ
4月	aprile	アプリーレ
5月	maggio	マッジョ
6月	giugno	ジューニョ
7月	luglio	ルーリオ
8月	agosto	アゴスト
9月	settembre	セッテンブレ
10月	ottobre	オットーブレ
11月	novembre	ノヴェンブレ
12月	dicembre	ディチェンブレ

曜日

曜日		
日曜	domenica	ドメーニカ
月曜	lunedi	ルネディ
火曜	martedi	マルテディ
水曜	mercoledi	メルコレディ
木曜	giovedi	ジョヴェディ
金曜	venerdi	ヴェネルディ
土曜	sabato	サーバト
今日	oggi	オッジ
明日	domani	ドマーニ
昨日	ieri	イエーリ

健　康

一番近い薬局はどこですか?
ドーヴェ ラ ファルマチーア ピュウ ヴィチーナ
Dov'è la farmacia più vicina?

何か風邪薬が欲しいのですが。
ヴォレイ クアルケ メディチーナ ペル イル ラフレッドーレ
Vorrei qualche medicina per il raffreddore.

(頭/胃/歯/おなか)が痛いのです。
オ マル ディ テスタ ストマコ デンティ パンチャ
Ho mal di (testa/stomaco/denti/pancia).

熱があります。/寒けがします。/下痢しています。
オ ラ フェッブレ オ フレッド オ ラ ディアッレーア
Ho la febbre./Ho freddo./Ho la diarrea.

具合がよくありません。医者を呼んでください。
スト マーレ ミ キアーミ ウン メディコ ペル ファヴォーレ
Sto male. Mi chiami un medico, per favore.

英語を話す医者に診てもらいたいのですが。
ヴォレイ ウン メディコ ケ パルラ イングレーゼ
Vorrei un medico che parla inglese.

移　動

ミラノまで2等の往復を1枚ください。
ヴォレイ ウン ビリエット ディ セコンダ クラッセ アンダータ エ リトルノ ペル ミラノ
Vorrei un biglietto di seconda classe andata e ritorno per Milano.

インテルシティの座席をふたつ予約したいのですが。
ヴォレイ プレノターレ ドゥエ ポスティ スッリンテルシティ
Vorrei prenotare due posti sull'Intercity.

いつまで有効ですか?
フィーノ ア クアンド エ ヴァリド
Fino a quando è valido?

※列車に乗り込んだら、座席に着いたり、コンパートメントに入る際に先客がいたら必ずあいさつをしよう。降りるときにも同様に。

こんにちは。この席は空いていますか?
ブォンジョルノ エ リーベロ クエスト ポスト
Buongiorno. È libero questo posto?

この列車はミラノに行きますか?
クエスト トレーノ ヴァア ミラノ
Questo treno va a Milano?

トラブル・事故

助けて! 泥棒!
アユート アル ラードロ
Aiuto! Al ladro!

すぐに警察を呼んでください。
ミ キアーミ スビト ラ ポリツィーア ペル ファヴォーレ
Mi chiami subito la polizia, per favore.

(財布/パスポート)を盗まれました。
ミ アンノ ルバート イル ポルタフォーリオ イル パッサポルト
Mi hanno rubato (il portafoglio / il passaporto).

誰か英語を話す人はいますか?
チェ クアルクーノ ケ パルラ イングレーゼ
C'è qualcuno che parla inglese?

交通事故に遭いました。警察を呼んでください。
オ アヴート ウンインチデンテ ミ キアーミ ラ ポリツィーア ペル ファヴォーレ
Ho avuto un'incidente. Mi chiami la polizia, per favore.

救急車を呼んでください。
キアーミ ウナ アンブランツァ ペル ファヴォーレ
Chiami un' ambulanza, per favore.

ユーロの読み方

　ユーロは小数点以下2位までが使われる。ユーロの下の単位は¢=セント(イタリア語では、チェンテージモcentesimo、一般的には複数形のチェンテージミcentesimiとして使う)。€1(1ユーロ)が100¢(100チェンテージミ)だ。2016年2月現在€1は130円前後なので1¢は約1.3円。
　例えば、€20.18を日本語でイタリア的に読むと、「にじゅう. (ビルゴラ)・じゅうはち ユーロ」または

「にじゅうユーロ、じゅうはちチェンテージミ」と読む。途中に. 小数点(ビルゴラ)が入っているが、これは読まないことが多い。また、小数点以下でも日本語のように「いち・はち」とは読まない。
　€20.18はヴェンティ・ディチョット・ユーロまたはヴェンティ・ユーロ・ディチョット(チェンテージミ)などと読まれる。

405

これは便利! ショッピングのための イタリア語

空港免税店も充実の品揃え

買い物の会話 ❶

これを試着したいのですが。	ヴォレイ プロヴァーレ クエスト Vorrei provare questo.
あなたのサイズはいくつですか?	ケ ターリア ア Che taglia ha?
この服に合うジャケットを探しているのですが。	チェルコ ウナ ジャッカ ケ ヴァーダ ベーネ コン クエスト ヴェスティート Cerco una giacca che vada bene con questo vestito.
これは好みではありません。	クエスト ノン ミ ピアーチェ Questo non mi piace.
派手(地味)すぎます。	エ トロッポ ヴィストーゾ ソブリオ È troppo vistoso(sobrio).
別のを見せてください。	メ ネ ファッチャ ヴェデーレ ウナルトロ Me ne faccia vedere un'altro.
いくらですか?	クアント コスタ Quanto costa ?

基本単語

靴

紳士靴	scarpe da uomo	スカルペ ダ ウオーモ
婦人靴	scarpe da donna	スカルペ ダ ドンナ
サンダル	sandali	サンダリ

靴の部分

ヒール	tacco(複tacchi)	タッコ(タッキ)
高い	tacchi alti	タッキ アルティ
低い	tacchi bassi	タッキ バッシ
靴底	suola	スオーラ
甲	tomaia	トマイア
幅	larghezza	ラルゲッツァ
きつい	stringe / stretta	ストリンジェ／ストレッタ
ゆるい	larga	ラルガ
留め金	fibbie per sandali	フィッビエ ベル サンダリ

数字

0	zero	ゼーロ
1	un、uno、una、un'	ウン、ウーノ、ウーナ、ウン
2	due	ドゥエ
3	tre	トレ
4	quattro	クワットロ
5	cinque	チンクエ
6	sei	セイ
7	sette	セッテ
8	otto	オット
9	nove	ノーヴェ
10	dieci	ディエチ
11	undici	ウンディチ
12	dodici	ドディチ
13	tredici	トレディチ
14	quattordici	クワットルディチ
15	quindici	クインディチ
16	sedici	セディチ
17	diciassette	ディチャセッテ
18	diciotto	ディチョット
19	diciannove	ディチャノーヴェ
20	venti	ヴェンティ
100	cento	チェント
1000	mille	ミッレ
2000	duemila	ドゥエミーラ
1万	diecimila	ディエチミーラ
10万	centomila	チェントミーラ

買い物の会話　❷

もっと安いのを見せてください。	メ ネ ファッチャ　ヴェデーレ　ウノ　メーノ　カーロ Me ne faccia　vedere　uno　meno　caro.
高すぎます。	エ　トロッポ　カーロ È　troppo　caro.
ちょっと考えてみます。	ヴォレイ　ペンサルチ ウン ポ Vorrei pensarci un po'.

キッチュなキッチン用品

〈ズボンやスカート、袖が〉長(短)すぎます。	ソーノ　トロッポ　ルンギ　コルティ Sono troppo lunghi(corti).
この部分を短くできますか?	スィ　ポトゥレッベ　アッコルチャーレ　クエスタ　パルテ Si　potrebbe　accorciare　questa　parte?
どのくらい(時間が)かかりますか?	クアント　テンポ チ ブゥオレ Quanto tempo ci vuole ?
これをください。	プレンド　クエスト(ア) Prendo　questo/a.

衣料品の種類

上着	giacca	ジャッカ
スカート	gonna	ゴンナ
ズボン	pantaloni	パンタローニ
シャツ	camicia	カミーチャ
ブラウス	camicetta	カミチェッタ
ネクタイ	cravatta	クラヴァッタ
スカーフ	foulard / sciarpa	フラー／シャルパ
セーター	maglia	マーリア

衣料品の素材

木綿	cotone	コトーネ
絹	seta	セータ
麻	lino	リーノ
毛	lana	ラーナ
皮革	pelle	ペッレ

皮革製品の種類

手袋	guanti	グアンティ
書類カバン	portadocumenti	ポルタ ドクメンティ
ベルト	cintura	チントゥーラ
財布	portafoglio	ポルタフォーリオ
小銭入れ	portamonete	ポルタモネーテ

皮革製品の素材

ヤギ	capra	カプラ
キッド(子ヤギ)	capretto	カプレット
羊	pecora	ペーコラ
カーフ(子牛)	vitello	ヴィテッロ

色の種類

白	bianco	ビアンコ	紫	violetto	ヴィオレット
黒	nero	ネーロ	赤	rosso	ロッソ
茶	marrone	マローネ	青	blu	ブルー
ベージュ	beige	ベージュ	紺	blu scuro	ブルー スクーロ
ピンク	rosa	ローザ	グレー	grigio	グリージョ
緑	verde	ヴェルデ	黄	giallo	ジャッロ

これは便利!

町歩きのための イタリア語

珍しい高原鉄道に乗ってみる

道を尋ねる

日本語	イタリア語
〜へ行きたいのですが。	ヴォレイ アンダーレ ア Vorrei andare a〜.
地図上で教えてください。	ミ インディーキ イル ペルコルソ スッラ ピアンティーナ Mi indichi il percorso sulla piantina.
歩いて行けますか?	チ スィ プオ アンダーレ ア ピエディ Ci si può andare a piedi?
歩いてどのくらいかかりますか?	クアント テンポ チ ヴゥオレ ア ピエディ Quanto tempo ci vuole a piedi?

バスの中で

日本語	イタリア語
このバスは〜へ行きますか。	クエスタウトブス ヴァ ア Quest'autobus va a 〜.
私は〜へ行きたいのですが、降りる場所を教えてください。	ヴォレイ アンダーレ ア ミ ディーカ ドーヴェ デーヴォ シェンデレ Vorrei andare a〜,mi dica, dove devo scendere.

タクシーの中で

日本語	イタリア語
〜ホテルまで行ってください。	ミ ポルティ アッロテル Mi porti all'Hotel 〜.
〜まで、だいたいいくらくらいですか?	クアント コスタ ピュウ オ メーノ フィーノ ア Quanto costa più o meno fino a〜?

基本単語

日本語	イタリア語	読み
駅	stazione	スタツィオーネ
列車	treno	トレーノ
旅行案内所	ufficio di informazioni turistiche	ウフィッチョ ディ インフォルマツィオーニ トゥーリスティケ
教会	chiesa	キエーザ
広場	piazza	ピアッツァ
公園	giardino / parco	ジャルディーノ／パルコ
橋	ponte	ポンテ
交差点	incrocio / crocevia	インクローチョ／クローチェヴィア
停留所	fermata	フェルマータ
始発駅・終点	capolinea	カポリーネア
バス	autobus / bus	アウトブス／ブス
プルマン	pullman	プッルマン
プルマン(長距離バス)ターミナル	autostazione	アウトスタツィオーネ
地下鉄	metropolitana	メトロポリターナ
タクシー	tassi / taxi	タッシー／タクシー
タクシー乗り場	posteggio dei tassi	ポステッジョ デイ タッシー

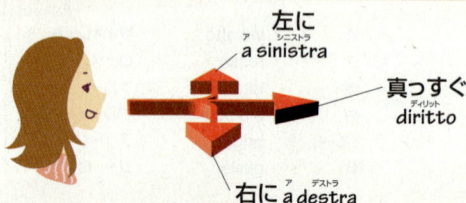

左に
ア シニストラ
a sinistra

真っすぐ
ディリット
diritto

右に
ア デストラ
a destra

遠い　ロンターノ lontano
近い　ヴィチーノ vicino

⚠ 北イタリアを安全快適に旅するために

比較的治安がよいと思われた北イタリア。しかし、観光客の犯罪被害が増加中だ。身体に危害が加えられることは多くないものの、スリ、置き引きが多い。新聞や雑誌などを手にした子供のスリ集団、赤ん坊を抱いた女、ときには授乳中の女など、日本人にとっては意外な人物がスリだが、これはイタリアで見られるスリの定番スタイル。このほか、美人やハンサムが気を引くように寄ってきたり、あるいはピンク雑誌を手に近づく色仕掛け攻撃もある。また、不特定多数の人が出入りするホテルや商店内での盗難などの被害もある。バーゲンシーズン中などの混雑した店内では、デパートやスーパーはもとよりブランド店でも荷物に注意したい。店員が頻繁にお客に注意を呼びかけているほどだ。

観光客ばかりではなく、ビジネスマンも狙われる。ミラノの見本市（フィエラ）会場周辺ではスリのほか、衣服にアイスクリームや液体などを付着させる古典的手法の被害も減らない。

犯罪被害は一瞬のスキを狙われる。しかし、ここで事前に相手の手口を予習すれば、被害は激減！間違いなし。もちろん、危険な場所や人物に近づかない、不用意な夜の外出は避ける、大金や貴重品は持ち歩かないなど、旅の常識はお忘れなく（→P.416）。

背中にかけられたナゾの液体

アイスクリームや色の濃い物、臭いの強い液体などを背広やリュックにかけ、別の人間が親切そうに近づいてきて汚れを指摘したり、汚れを取ってくれようとし、その間に背広やリュックから財布などを盗んでいく。

〈実例〉　仕事でミラノの見本市へ出かけたときのこと。地下鉄のドゥオーモ駅で見本市のあるフィエラへの乗り換えがわからないでいると、「同じ方向だから」と親切に言ってくれる人がいました。彼と歩いていると、突然誰かが私の背中をたたき、「背中が汚れていますよ」と言ってきました。見てみると、背中一面に白い液体がかけられていました。落とそうとしても取れず、反射的に着ていた

背広の前を閉じ、鞄をチェックしました。そして、立ち止まらず歩きながら、汚れを落とそうとしました。結局彼と別れて地下鉄に乗り、目的地には着きましたが、あまりの汚れに仕事を始められず、ホテルへタクシーで戻り、着替える羽目になってしまいました。

冷静になって考えてみると、道案内をしてくれた男と「汚れていますよ」と声をかけてきた男はグルだったのでしょう。外国人に声をかけて安心させ、もうひとりが汚れを落とすフリをして背広を脱がせて、財布をスル、という手口だったのでしょう。幸い立ち止まらなかったので、金銭的な被害はなかったのですが、スーツの汚れはクリーニングでも落ちず、着られなくなってしまいました。　　　　　　　　　　（大阪府　Y.Y）

対策
① 町なかで不用意に話しかけてくる人物には要注意。
② もし、被害に遭っても洋服は脱がない。バッグも開けない。
③ なるべく早く、声をかけてきた人物から離れる。

子供のスリ集団

新聞やダンボールを持って近づいてきて、こちらが何事かと気を取られている間にポケットやバッグから財布をスッていく。

〈実例〉　ミラノのドゥオーモ広場でスリに遭遇しました。赤ちゃんを体にくくりつけた母親数人と幼い子供が群れをなして近づいてきました。母親たちは私たちにまとわりつき、体にベタベタと触ってきます。気持ち悪いので追い払おうとした瞬間、子供がポケットに手を滑り込ませてきたのです。ポケットからはハンカチがすられただけでしたが、素早いお手並みにビックリ。
　　　　　　　　　　　　　（在スイス　YUKI N.）
〈実例〉　サン・マルコ広場からアルセナーレへ向

かう途中、露店が並ぶ広い海岸通りへ出た所でスリに出くわしました。同行者を何気なく見ると、腰に下げていたデジカメを外そうとする見知らぬ少年がいるではないですか。思わずその手を取ると、悪びれもせずニヤッと笑い、どこかへ行ってしまいました。ゴンドラ乗りが捕まえて、どこかへ連れて行ったようではありましたが……。あまりの自然さに驚きつつ、目のつくところにデジカメや財布などをさらすのはとても危険だと思いました。また、「サングラスをかけていると、目線を気にせずあやしそうな相手を観察できる」という意見を参考にして、旅行を機会にサングラスを購入したのですが、回りを警戒するのに大活躍でした。　　　　　　　　　　（岡山県　ごう　'07夏）

セクシースリにご注意

<実例> ミラノの地下鉄1号線のロレート駅でスリに遭遇。途中で気づいたので、バックパックのフタにあるチャックを開けられただけでした。犯人は黒人の女子高生くらいの4人組で、場所は階段の下りの途中。現場を見たので犯人をにらんでいると、いきなり下着に手を入れて胸を上下に揺らし始めました。一瞬そっちに気を取られた瞬間、ヤバイと思い後ろを見ると2～3人が背後にピッタリとくっついてきました。すぐに止まって、その場を回避しましたが、下手をすると本当に被害に遭っていたかもしれません。イタリアに限らず、チャックの取っ手はチャック内にしまっておきましょう。相手はいろいろな弱点をついてスリを仕掛けてくると変な意味!?で感心してしまいました。 (新潟県 カトケン '11)

> **対策** ①同情は禁物。「子供の新聞売りかしら」などとは思わない。
> ②スリ集団が目についたら、しっかり視界に入れて近づかれないようにする。最寄りの商店などに入ってやり過ごすのもいいし、にらみつけるのも効果的。
> ③取り囲まれたら躊躇せず、殴る、蹴るくらいのまねをして大声で助けを呼ぶ。
> ④上着やズボンのポケット、ウエストポーチなどは最も狙われる。貴重品は入れない。

ホテル内での盗難

ホテル内での盗難の投稿も寄せられている。客室に置いたスーツケースの中からの貴重品の盗難をはじめ、ダイニングでの朝食中に料理を取りにいっている間に椅子に置いたバッグがなくなる例もある。ロビーでの集合待ちや添乗員の説明の途中、あるいはおしゃべりに夢中になっているときなどに被害が発生している。

<実例> チェックアウトの日、出発の準備をしてから朝食に行きました。その30分ほどの間に部屋に残したカバンの財布から一部の現金が抜き取られました。ホテルの朝食の際には、部屋番号を伝えるのですが、ホテルスタッフと共謀した者が取ったと思われます。外出時や夜間、貴重品はセーフティボックスに入れていたのですが、チェックアウト前の油断した一瞬を狙われてしまいました。巧妙な手口のため、気づいたのは列車の中でのことでした。 (神奈川県 Fumi)

> **対策** ①ホテル内、また昼間とはいえ油断しないこと。
> ②スーツケースに貴重品を入れて、部屋に置かない。スーツケースの鍵を過信しない。
> ③パスポートや貴重品はセーフティボックスに預ける。預ける際に心配なら、開封されないような用具や方法をとる。
> ④信用できるホテルを選ぶ。

両替金や買い物の際のおつりのごまかし

買い物の際のつり銭や両替金をごまかされることも少なくない。

> **対策** ①イタリア式のつり銭の出し方に慣れておく。9.81ユーロの買い物をして、20ユーロ札で支払うと、まず0.09ユーロ（9チェンテージミ）、続いて0.10ユーロ（10チェンテージミ）、さらに10ユーロという具合に単位の小さい硬貨や紙幣から順に返してくる。最初に暗算でおつりを計算しておくと、ゴマかされたときにすぐに気づく。
> ②おつりがすべてカウンターなどに並ぶまで待って、金額を確認してから財布にしまう。一度触れてしまうと、まして財布に入れてしまっては、間違いを指摘しても認められない。
> ③両替の場合も（いくら長蛇の列ができていても）その場でレシートと金額を確認すること。特に両替やおつりをごまかそうと意図している場合、新旧の紙幣を交ぜたり、必要以上に細かな紙幣や硬貨を交ぜてくることがある。そして、確認に手間取る者に対し、あとがつかえているから早くどくように言うのが彼らの手口だ。焦らず、その場で確認してから財布に入れること。
> ④両替や支払いをするときは、お札の金額を相手の目の前で確認する。

ネットで申し込む海外旅行保険

損保ジャパン日本興亜の「新・海外旅行保険【off！(オフ)】は旅行先別に料金が設定されており、同社の従来商品に比べ安くなることがあるのが特徴。また、1日刻みで旅行期間を設定でき、出発当日の申し込みが可能なのも便利。「地球の歩き方」ホームページからも申し込める。
URL http://www.arukikata.co.jp/hoken/

車上狙い

駐車中にドアが開けられて、車内荷物が取られる。レンタカーがパンクし、（あるいはワザとパンクさせられ）、複数の人数が親切そうに近づいてきて、ひとりがパンク修理を手伝う間にほかの者が車内の貴重品を取って行く。

〈実例〉　車を借りて走りだして約10分。「スモーク、スモーク！」と叫んだ車が前に停車しました。人が降りてきたので、そちらに気を取られている隙に、助手席に置いた小型のカバンを取られてしまいました。犯人はレンタカー会社の混雑した受付周辺ですでに獲物を品定めしていたに違いありません。また、事故などを装って近づいてくる人物もいるので、車を停車したら、念のため窓を閉めて、ロックもしておくといいでしょう。
（千葉県　伊藤敬二）

対策
① 故障やパンクの際は緊急連絡先に連絡する。
② 車内に貴重品を置いて駐車しない。外から見える場所には地図や日本の雑誌、ガイドブックなど、ひとめで外国人観光客とわかる物は置かない。
③ 心配なら、車はなるべく係員のいる駐車場に停める。
④ 旅の荷物を全部詰めたトランクなどを持って移動しない。
⑤ 駐車中はもちろんのこと、走行中・停車中も常時ドアロックをかけておく。

置き引き

両手で荷物を持っているとき、写真を撮るのに夢中になっているとき、切符を買う間、電話の最中、地図で場所を確認している間など、ほんの一瞬のスキが狙われる。

〈実例〉　ミラノの中央駅でのこと。列車の行き先表示がなかったので、近くのイタリア人に聞き、発車5分前に重い荷物を持ってホームを移動。ようやく目指す列車に乗り込むと、先ほどホームを教えてくれた男が窓ガラスを猛烈にたたいて何やら叫んだ。列車を間違えたのかと、デッキに行き外を見ると誰もいない。オカシイと思いながら戻ると、席に置いてあったボストンバックが消えていた。敵は2人組だったのか……。対面に座った老人に聞くと、「知らん。イタリアでは荷物から離れたらダメだ」とひとこと。不特定多数の人が行き来する場所では、一瞬のスキに注意しよう。
（神奈川県　一色徹）

対策
① 荷物は自分の体から離さない。床に置く場合も足で挟んでおく。
② 不用意に話しかけてくる人物とその動きには十分注意を払う。
③ ファストフードの店内やカフェなどでも、椅子の背中側に荷物やバッグを置かない。
④ 日本の感覚で待合室や車内で寝ないこと。

無料ガラス工場見学のワナ

ヴェネツィアでホテルのすすめるガラス工場見学に行き、高い買い物をさせられたという投稿がある。製造過程の見学は多くの工場で見せてくれ、職人の前に置かれた寄付箱にチップを入れるだけでOKで、出入りも自由だ。ホテルに集合して、貴重な時間を拘束されてまで行く必要はない。また、ときには押し売りもどきの販売員もいるので注意。

〈実例〉　ムラーノ島のガラス工場へ行き、高い買い物をしました。宿泊ホテルで「サービスの一環です。ガラスの制作過程とショールームが見学できます。楽しいですよ。」と言われ、疑うことなく出かけました。まずは格幅のよい紳士が出てきて、日本の一流デパートなどでも販売していること、工場直営なので安い、20年間の保証付きなどと、説明しました。迷っている私たちに、今度は一見誠実そうな日本人の販売員と変わりました。その人は「ワイングラスはセット売りなので、バラ売りはできません。でも、ちょうどセット崩れがあります」などと、上手に購買意欲をそそります。そして、現地通貨ではなく、すべて円換算で値段を言うので、何となく安いような気がしてしまったのです。結局買ってしまったのですが、翌日本島のほかのお店をのぞいて見ると、ずっと安いし、バラ売りが普通でした。帰国後受け取った商品も、金箔は剥げ、選んだ商品とは違っていたようでした。旅行会社で予約したホテル、そのホテルの紹介、そして、それなりの店の規模、親切な対応と、悪質なサギ行為と理解するには難しい状況です。どうぞ、皆さんも気をつけて。
（匿名希望）

対策
① 買い物を急がない。
② 店員の口車に簡単に乗らないよう、事前に相場をリサーチしておく。
③ 工場見学に行く際は財布やカードは持たない。
④ ホテルのすすめる工場見学へは行かない。

トラブルに遭ってしまったら

　十分に注意していても、不幸にもトラブルに巻き込まれてしまうこともある。こんなときには、素早く気持ちを切り替えて、前向きに次の行動を起こそう。

　また、盗難などに備え、パスポート番号、発行日、航空券の番号、クレジットカード番号、緊急連絡先などを書き留めて保管しておこう。

●「盗難証明書」の発行

　盗難の被害に遭ったら、警察に届け出て「盗難証明書Denuncia di Furto」を作成してもらおう。これは、なくなった物を探してもらう手続きというよりも、保険請求やトラベラーズチェックなどの再発行のための手続きのひとつだ。証明書の発行は各町の**中央警察Questura Centrale**の外国人向け窓口のほか、駅で被害に遭った場合は**駅の警察**で発行してくれる。やや時間はかかるが、英語の話せる係官もいるし、日本語の書式がある場合もあるのでそれほど難しくない。

●パスポートの紛失・盗難

　パスポートをなくした場合は旅行を中止しなければならない。旅行を続ける場合は、**日本大使館**や**総領事館**でパスポートを取り直すこととなる。日本に帰国する場合でも、「帰国のための渡航書」が必要となる。パスポートの新規発給には、約1週間から10日、帰国のための渡航書には、1〜3日かかる。

　必要な書類は、日本大使館や総領事館に用意してあるが、このほか、**日本国籍を証明する書類（戸籍謄本または抄本）と旅程が確認できる書類、写真2枚（4.5×3.5cm）、手数料が必要**なので、万一に備えて用意しておこう。地元警察発行の盗難証明書は、どのような状況でなくしたかによって必要か否かあるようなので、在イタリア日本大使館で尋ねること。また、受付時間なども確認してから出かけよう。

●航空券について

　現在、各航空会社ともeチケットと呼ばれるシステムを導入している。これは従来の紙の航空券を発券せずに、航空券の予約データを航空会社で電子的に管理するもの。利用者が携帯するのはこの控えなので、今までのように航空券を紛失するという心配はなくなった。万一、控えを紛失しても搭乗は可能だがチェックインをスムーズにさせるためにも帰国まで捨てないこと。控えの再発行も可能。ただし、入国の際に出国便の予約証明が必要な場合、eチケットの控えがないと入国できないので注意。詳細は各航空会社か購入した旅行代理店まで。従来の紙の航空券を紛失した場合は、至急航空会社に連絡を取ること。

●クレジットカードの紛失・盗難

　盗まれて、すぐ使われることが多いので、当該カードを無効にし、再発行の手続きをするために最寄りの連絡事務所にすぐ連絡する。盗まれたカードが使われた場合は、基本的に保険で補てんされるが、迅速に連絡しよう。普通、24時間体制で受け付け。

●落とし物

　交通機関の中では、見つかることは少ないが、**遺失物預かり所Ufficio oggetti smarriti**で尋ねてみよう。

クレジット会社の緊急連絡先

● **アメリカン・エキスプレス**
　☎ 800-871-981
　☎ 800-871-972
　（ゴールドカード）

● **ダイナースカード**
　☎ 00-81-45-523-1196へコレクトコールで。
　イタリアから日本へのコレクトコール：
　KDDIスーパージャパンダイレクト
　☎ 800-172242

● **JCBカード**　☎ 800-780285
● **VISA**　☎ 800-781769
● **三井住友VISA**　☎ 800-12121212
● **MasterCard**　☎ 800-870866
● **《セゾン》カード**　☎ 800-878280

☎ 800〜はイタリア国内無料通話ダイヤル

在イタリア日本大使館（ローマ）
Ambasciata del Giappone
🏠 Via Quintino Sella 60, ROMA
☎ 06-487991　📠 06-4873316
URL www.it.emb-japan.go.jp

日本総領事館（ミラノ）
Consolato Generale del Giappone
🏠 Via private C.Mangili 2/4, MILANO
☎ 02-6241141　📠 02-6597201　🗺 P.31 BC2
URL www.milano.it.emb-japan.go.jp

イタリアをたつ

リコンファーム

　帰国便の予約確認（リコンファーム）は、**出発時刻の72時間前までに**、利用航空会社に電話するか、現地の支店に出向いて行う。忘れると予約が自動的に取り消されることがあるので注意。航空会社の支店は土曜・日曜は閉まっているので、週初めにフライトを予定している人は週末にやきもきしないように早めに済ませてしまおう。

出国

　利用航空会社により、日本への出発空港は異なる。ヨーロッパの主要都市あるいは、ローマやミラノから日本への直行便を利用することがほとんどだろう。国際線なら2時間前、国内線なら1時間前にはチェックインしよう。タックスフリーを利用した人や格安航空券を使う人は、もう少し余裕をもって出かけよう。

楽しい思い出を胸に

Dogana　　税関関連の情報

通貨の持ち込み・持ち出し制限
　ユーロ、外貨とも持ち込み制限はない。ただし、持ち出しはユーロ、外貨を含めて1万ユーロ相当額まで（トラベラーズチェックを含む）。総額1万ユーロ相当以上を持ち込む場合は、出国時にイタリア国内での収入と見なされないように、事前に申告しておこう。申告は荷物受取所にある申請所Controllo Valutaコントロッロ・ヴァルータで、V2ヴィ・ドゥーエという書類に必要事項を記入し、証明印をもらう。書類は出国時まで保管しておくこと。

リコンファームは必要？
　航空会社やチケットの種類によるが、リコンファームが不要の場合がほとんど。切符の受け取り時に確認を。

忘れずに機内で
　'07年夏より、無税・課税にかかわらず、「携帯品・別送品申告書」の提出が必要となった。書類は機内で配布されるので、必要事項を記入し、税関審査まで持っておこう。1家族1枚で可。

イタリアからの輸出
　みやげ物については規制はない。骨董品、美術品の持ち出しは、環境文化財省 Ministero dei Beni Culturali e Ambientaliの許可証が必要。
　生ハムやサラミ、豚肉ミンチの詰め物をしたパスタなどの豚肉加工品の日本への持ち込み不可。
　バッグなどブランド品のコピー商品も持ち込み不可。

ユーロが大量に残ったら
　ユーロ、外貨の1万ユーロ相当を持ち出すにはV2（左記参照）が必要。大量のユーロを外貨にするときは、両替時のレシートが必要な場合もある。

日本への帰国にあたっての免税範囲（成人ひとり当たり）

品　　　名		数量または価格	備　　　考
酒　　類		3本	1本760ml程度のもの
たばこ	「紙巻きたばこ」のみの場合	200本	①日本に居住している人は、「日本製たばこ」「外国製たばこ」それぞれ200本まで免税。 ②外国居住者が輸入するたばこについては、外国製、日本製それぞれ400本まで免税。
	「葉巻きたばこ」のみの場合	50本	
	そのほかの場合	250g	
香　　水		2オンス	1オンスは約28cc（オーデコロン、オードトワレは含まれない）。
そのほかの品目	1品目ごとの海外市価の合計額が1万円以下の物	全量	例えば、1コ1000円のチョコレート9コや1本5000円のネクタイ2本は免税。また、この場合には1万円以下の物は免税額20万円の計算に含める必要はない。
	そのほかの物	20万円（海外市価の合計）	①合計額が20万円を超える場合には、20万円以内に納まる品物が免税になり、その残りの品物に課税される。 ②1個で20万円を超える品物、例えば、25万円のバッグは25万円の全額について課税される。

413

旅の伝言板

北イタリアを賢く旅するために。読者の声に耳を傾けよう！

旅のアドバイス

あいさつは大事

　今回の旅行であいさつが非常に重要だと感じました。日本と違い、下手でも客のほうから「ボンジョルノ！」と言うと、相手から笑顔が返ってきます。店員はこちらが何か言うまで無表情で、ずっと見てくるので早めにあいさつするとスムーズです。その後はたいがい親切にしてくれました。　　　（埼玉県　かわた　'14）

寒い冬のお役立ちグッズ

　何しろ冬の北イタリアは寒い。11月でも早起きしての行動には厚着が必要でした。足ポカシートが役に立ちました。　　　（静岡県　片桐宏美　'11）

病気やけがで困ったときに便利
メディコールイタリア往診日本語サービス

Pronto800 ☎ 800-510-155（フリーダイヤル、24時間365日対応）、携帯からは39-328-2320721（有料）
　旅行中におなかが痛くなってホテルの部屋から出られないときに日本語で電話相談ができ、ホテルにお医者さんを往診に寄越してくれました。日本語で対応してもらえ、帰国後に海外旅行保険も適用されてかかった費用も返金されました。往診代€250〜（現地払い）、通訳代€200（電話のみ、カード払い可）
※保険の種類によっては、適用除外の場合あり。保険会社への手続きは本人が行います。
　　　（東京都　チャンキー　'12）

私の安全対策

　大きな都市ではスリが多い。スリは美しい女性の場合もあり、風体が悪い人ばかりではありません。スリは財布のありかをちゃんと見ているので、お金を払った後、無造作にバッグに仕舞わないこと。バッグの奥、さらにファスナーつきの袋に入れるなど、簡単に財布を抜かれないような工夫を。私は、バッグの閉口部ファスナーを反対側に取り付けた金具にロックできるようにして、さらに財布をバッグの内ポケットにロープでつないでおきました。また、イタリア人は相対的に親切ですが、原則として向こうから差しのべる親切には近づかないこと。ただし、こちらがわからないことは怖がらずに頼んでみましょう。自動販売機の使い方がわからなかったとき、買い終えた人に頼むと、手伝ってもらえました。スリや置き引きはよその国から入ってきている人が多いのです。　　　（兵庫県　30年ぶりのドロミテ　'14）

ハッピーアワーを有効利用

　ミラノを中心に、夕食を軽く済ませたいときに便利なシステムがあります。ハッピーアワーとかアペリティーボ（本来は食前酒の意味）と呼ばれるもので、アペリティーボに付けるおつまみをちゃんとした料理にグレードアップし、しかもビュッフェ形式で食べ放題にしたところ大ヒット。夕方になると各バールの前にHappy HourやAperitivoの看板が並びます。だいたい€6〜の飲み物を注文するだけで、マリネや野菜の煮込みなどが食べ放題。今では刺身やモッツァレッラチーズの専門店などもあり、ディナーとしても通用します。値段はマチマチなので、にぎわっているバールをのぞいてみてください。ブレラ地区やトリノ通りの南、ナヴィリオ地区あたりが狙い目かも。　　　（レオ　'13）
※夕方18:00頃からの2時間程度の時間限定メニューであることが一般的。また、店により満足度がかなり違うので、人気のお店を探そう。

旅の提案

イタリアのクリスマス・マーケット

　イタリアのクリスマス・マーケットの本場は南チロル（トレンティーノ＝アルト・アディジェ州の北半分）。ボルツァーノ、メラーノ、ブレッサノーネ、ブルニコ、ヴィピテーノで開かれます。特に小さな町のクリスマス・マーケットは小さくても個性的ですてきなのですが、行きにくいのが難点です。
　列車で比較的手軽に行けるのがボルツァーノ。クリスマス・マーケットの規模も大きく、食べ物の屋台、クリスマス・オーナメントの屋台がたくさん並んでにぎわいます。特にガラスでできたクリスマス・ボールを売る屋台が充実しているので、クリスマス飾りを探している方はぜひ訪ねてみてください。町中もクリスマスらしくロマンティックにとても美しくライトアップされている所が多いので、よい思い出になると思います。　　　（在ローマ　Kasumi♪　'14）
　トレントでは、毎年11月第3土曜から12/25までクリスマス・マーケットがフィエラ広場Piazza Fieraで開かれます。イタリアでは名高く、各地からのバスツアーも組まれるほどです。規模はあまり大きくないですが、とてもあたたかみにあふれた趣のあるものです。　　　（匿名希望　'14）
※クリスマス・マーケットは町により異なり、11月末から12/23頃まで。（→P.347、352）

列車情報

列車のシャワーは期待薄!?

　ミュンヘン・ヴェネツィア間を夜行寝台列車を利用、最もグレードの高いシャワー、トイレつきの個室を利用しました。列車は満席で、すぐにシャワーを利用し

ようとしましたが、ほかの乗客も同じことを考えていたのか、お湯はポタポタ程度。「明朝やればいいや」と思い、翌朝再トライすると一滴も出ず、顔すら洗えなくなってしまいました。仕方なく、隣のクシェット洗面台を利用しました。こんなことがあるので、繁忙期はムリして一番高い部屋を予約する必要はないなと思いました。ちなみに、他の路線の寝台車は下車するまで温水を利用できました。　　（長野県　小杉弘一　'15）

列車の予約と車内購入

　バスを使って旅行しましたが、座席指定が必要な列車を多く利用しました。一番確実な予約方法は駅の窓口ですが、シーズンは長蛇の列。自動券売機は予約のみでも利用できます。また、乗車券やバスがあれば、車内で座席料金と車内購入手数料€8～10を払って利用することも可。車内購入でプラスされる€8～10を高いかどうかは、駅に並ぶ時間を観光に有効に使えると考えれば料金は無駄にはないはず。
　　　　　　（兵庫県　30年ぶりのドロミテ　'14）
※車内購入は季節や時間帯により、空席がない場合や続きの席がとれないリスクもあることを忘れずに。

プロモーションでお得!!

　'14年6月の毎週土曜は、イタリア鉄道「2×1、2人で1人料金」というプロモーション料金でとてもお得でした。ヴェネツィアのサンタ・ルチア駅の窓口で購入しましたが、1等切符を購入するつもりが「2等でいいわよ。もうちょっと時間はかかるけど、こっちが安いわよ」と、窓口の係の人が親切で助かりました。
　　　　　　　　　（東京都　ルンルン　'14）

ヴェネツィア(→P.171)

大打撃!!　ヴァポレットの運休

　観光の足として欠かせないヴァポレットですが、私が訪れたときにゴンドラレースが開催されていて、大運河が通行止めになってしまいました。Ospedaleで強制下船となり、そこから徒歩でサン・マルコ広場へ向かいました。ヴァポレットの利用を予定していたので、狭い道を迷いながら歩いて大幅な時間のロスになってしまいました。移動手段が船しかないだけに大打撃!!　ゴンドラの予約時間やフライトを予定している人は注意です。　　　　　　（yukarin　'15）
※運休などはヴァポレットの運行会社のホームページ URL www.actv.itで確認可。トップページに、経路変更のある日は目立つような表示があるのでチェックを。ただし、詳細（区間、時間など）はイタリア語のみなので、ホテルなどで確認を。

ヴァポレット24時間券最大活用法と注意

　ヴェネツィアに行ったら絶対にヴァポレット券を買って楽しんでほしいです。滞在期間にもよりますが24時間

券で十分満喫できました。町中をひととおり船上から眺められますし、夜景の中を船に乗るのも最高です。私たちは「ムラーノ島」と「ブラーノ島」のふたつの島も満喫。ガラス工房があるムラーノ島では、本島よりも安く雑貨が買えますのでおみやげはここまで我慢しておいて損はないです。カラフルな家並みとレースで有名なブラーノ島ではカーニバルの時期には「子どもカーニバル」のイベントが開かれ、小さな子どもたちがかわいらしい仮装をしてたくさん集まっているので絵になります。
　また、注意点ですが、24時間はかなり正確に厳しく取り締まっています。制限時間内に乗ればよいと思っていたのですが、乗っている間に時間切れになっていれば罰金が取られます。私たちは時間切れで乗っていたので、検札係と口論となりました。罰金は払わずに済みましたが、最寄りの乗り場で降ろされました（苦笑）。　　　　　（ぽっちゃり・ぽっきー　'16）

国境を越えて

トリエステ(→P.357)からスロヴェニアへ

　トリエステからスロヴェニアのピランへ高速船で行きました。Molo Ⅳ（MAP P.357 A2）からの出航、所要30分、切符€8.80。帰りの便は19:25発なので、ピランからコペルへバスで移動し、コペルの町を観光後トリエステへ戻りました。所要30分ほどでした。乗船の際は乗船名簿の作成のため切符の購入に時間がかかります。早めに行くことをおすすめします。パスポート必携。航路は夏季のみ、☆運休。時刻表などは URL www.tiesteline.itで。　（東京都　匿名希望　'15）

ドロミテ山塊(→P.307)

ドロミテ散策、詳細報告

　私たちはスイス・サンモリッツから列車とバスを乗り継いでボルツァーノへ入りました。イタリアですぐにMobilカード7日券€28を購入。日々の移動とコルティナまでに利用し、非常に便利でお得でした。購入の際に時刻表ももらいました。

ボルツァーノから足を延ばして

● ドッビアーコへ
　バスだと2回乗り換え（所要90分）が必要です。列車の場合フォルテッツァForteza乗り換えで所要2時間。列車の方が便利です。Mobilcard利用可。

● トレ・チーメTre Cimeへ

ドッビアーコ		9:10発
トレ・チーメ	10:00着	15:02発
ミズリーナ湖	15:25着	16:25発
ドッビアーコ	16:50着	

山の天気を心配して先にトレ・チーメへ。1周4時間程度のハイキング後ミズリーナ湖に寄りました。1時

間くらいで湖1周できます。花が咲き乱れ、遠くに雪山を望むすばらしい景色が広がっていました。

●ボルドイ峠へ

ボルツァーノ		列車	8:00発
ポンテ・ガルデーナ Ponte Gardena	8:18着	バス350番	8:25発
オルティセイ	8:55着	バス471番	9:09発
ボルドイ峠	10:34着	バス471番	13:15発
セッラ峠小屋 Rif.Passo Sella	13:52着		14:52発
オルティセイ	15:28着	バス170番	16:35発
ボルツァーノ	17:50着		

　ボルドイ峠で3時間近くとれるので、裾野をハイキング。一面黄色い花でおおわれてきれい。ゴンドラで頂上へ向かうと、雪が多い。少し雪のなかを歩きましたが、寒いです。帰りにセッラ峠小屋で下車。サッソルンゴSassolungoの山容がすばらしい。見る場所により台形に見えたりします。電話ボックスを吊るしたような2人乗りゴンドラはスリルがあり非常に楽しい。目前にボルドイ峠が眺められる最高のロケーションでした。この日はオルティセイを散策して早めに帰路に着きました。

●前日の経験から3日目再度サッソルンゴに会いに

ボルツァーノ		バス170番	8:10発
オルティセイ	9:23着		9:29発
セッラ峠 Passo Sella	10:17着		
セルヴァ・ガルデーナ Serva Gardena			15:10発
オルティセイ	15:29着	バス170番	17:35発
ボルツァーノ	18:50着		

　セッラ峠到着後、コルロデラまで歩く。往復2時間弱。サッソルンゴの周りのハイキングコースをセルヴァSelvaのゴンドラ乗り場まで歩く。すばらしい大パノラマです。途中、Comici小屋で昼食。帰りにシウジ高原の予定が大幅に遅れ、滞在時間はわずかになりましたが、シウジ側から見たサッソルンゴの山容もすばらしかった。　　　　　　　（愛知県　mie　'13年7月）

季節の変わり目には、リフト運行時間の確認を

　ボルツァーノからパオリーナ（→P.345）を目指しましたが、リフトは'14年10/19にはすでに運行は終了。たくさんの観光客が残念そうに見上げていました。季節の変わり目は、❶などで運行状況の確認がベターです。でも、180番、185番のバスは車窓からカティナッチョ連峰、ラテマール山塊が眺められるすばらしい絶景を走るバスルートでした。（→P.311）（愛知県　mie　'14）

トラブル報告（→P.409）

まだある。ツアーのオプショナルツアーで

　オプショナルツアーでヴェネツィア市街観光に参加しました。市街の見どころを回って最後にガラス工房

見学とあったので、不審には思いましたが、他のツアー参加者も一緒だったので参加しました。ガイドさんとは工房でお別れ、その後は流ちょうな日本語を話すイタリア人による説明が始まりました。場所がムラーノ島でないだけで、P.411に書いてある場面が目の前で展開されていくことにあっけにとられました。ジョークまじりの日本語を話すイタリア人と円換算での説明、最初に50万、70万円するセットを見せ、ペアグラス、ネックレスなどと次々に見せて触らせていきました。

　深く考えなければわかりやすく楽しく説明してくれ、それがヴェネツィアングラスと信じればよい買い物になるのでしょうが、不信感を一度抱いてしまえばすべてが信じられなくなりました。長居をしてはいけないと思い私は部屋を出ました。　　（ちあき　'14）

地下鉄、fs線の券売機前で

　ミラノ中央駅の地下鉄の切符売り場でのこと。自動販売機のところで、女性が切符の買い方を教えてくれたので、そのとおりに購入しようとしたところ、「コインはダメ、€5紙幣もダメ、€10紙幣を出して」と言うので、怪しいと思ったのですが、後で「金をくれ」と言われても無視するつもり€10札を挿入。すると、€1.50の切符と€3.50のコインしか出てきません。彼女の動きを見ていたつもりでしたが、€5紙幣を素早く抜き取ったようでした。「金が足りない」と言うと、他の女性が割り込んできて「親切にありがとう」と言うふうで彼女に€1を渡して彼女と話し込み始めました。こちらは構わずさらに「金が足りない」と言うと、その€1を私にくれ、「For the baby, finish!」と言って逃げて行きました。彼女は妊娠していた模様……。少し観光して、戻るとまた彼女がいたので、「私の€5を返せ」と言うと、回りから同じような女性が3人現れ、こちらの言い分にはひるます「さっさと行け」。駅員に言うと「警察に言ってくれ」と言うし、警察官詰所では被害に遭った者が順番待ち。これで諦めました。おかしいと思ったら「ちょっと待て!」と自分に言い聞かせて行動しましょう。（だーさん　'14）
※ミラノ中央駅を始め、大きな駅では地下鉄、fs線を問わず切符の自販機前で同様の被害があります。女性だけでなく、男性、子供の場合もあり。自販機前で話しかけて来る人物には注意を。

地下鉄でのスリ

　地下鉄のミラノ中央駅でスリに遭いました。車両に乗りこむと、男が主人の足元にサングラスを落とし、それを拾いながら主人のジーパンの足元を引っ張りました。そのスキに別の男が主人のジーンズのポケットに入っていた財布を抜き取りました。この間、私と両親はグルの女性のグループにブロックされて車内に入ることができませんでした。犯人は4～5人のグループだったようです。財布がないことに気づいた主人が、ジーンズを引っ張った男をホームに引きずり降ろしてボディチェック。しかし、財布は見つからず……。「あそこに財布が落ちている」などと指さしますが、そこにもありません。結局、財布を抜き取った男が財布を差し出してき、中身も無事で事なきを得ました。
　　　　　　　　　　　　　　（埼玉県　rabi　'15）

建 築 ・ 美 術 用 語

アーキトレーブ　角柱・付け柱・円柱の上に乗った梁。

アーケード　角柱や円柱に乗ったアーチ形の構造物。

アーチ　石やれんがを放射状に積んで半円にした構造物。上部がとがっているのが、尖頭アーチ。

ヴォールト(穹窿)　半円筒形や、交差した半円筒形に石やれんがを積んだ曲面天井。

エクセドラ　壁面から半円形に引っ込んだ部分。

エトルリア美術　現在のトスカーナ地方から興ったエトルリア人による紀元前7～3世紀の美術。初期の物はギリシアの強い影響を受けているが、後にリアリスティックな表現を生み出して、ローマ美術に引き継がれた。

オーダー　ギリシアの神殿建築から生まれた円柱とその上に乗る部分の様式のことで、下記の3つのほかにトスカーナ式とコンポジット式がある。柱頭を見れば区別できる。
　　ドーリス式：杯型
　　イオニア式：両端が下向きの渦巻き型
　　コリント式：重なったアカンサスの葉型

回廊(キオストロ)　教会本堂に隣接した修道院の中庭を囲む廊下。

ギリシア十字形　十字部分のそれぞれの長さが等しい形。

クーポラ(円蓋)　半球状の天井または屋根。

クリプタ　教会の床下の地下または半地下に造られた聖堂・礼拝堂・埋葬所で、通常はヴォールト天井をもつ。

外陣　教会堂の内部で、身廊と側廊からなる部分。信者が礼拝する空間。
　　単廊式：側廊がまったくない物
　　三廊式：身廊の両側に側廊がひとつずつ
　　五廊式：身廊の両側に側廊がふたつずつ

後陣(アプシス)　内陣の奥にあり、平面が半円形で天井が4分の1球形になった部分。

格天井　骨組みによって区分された窪み(格間)のある天井。

国際ゴシック様式　おもに絵画と彫刻の分野で1400年前後にヨーロッパ中を支配した、宮廷風の優雅さと美しい色彩の洗練された様式。

ゴシック様式　天に高く屹立する多数の尖塔が特徴の教会建築を中心とした12～14世紀の様式。絵画では、チマブーエに続きジョットが、感情表現や空間表現に新たな地平を拓いた。シエナ派は独自の優美なスタイルを作り上げた。

コズマーティ様式(コズマ風)　大理石やガラスなどを用いた幾何学模様で教会を装飾する12～13世紀の様式。コズマとは当時ローマで活躍した、モザイク技術に長けた一族の名前。

三角破風　切妻屋根の両端部分や窓の上の三角形の壁。

シノピア　赤い顔料による、フレスコ画の下絵。複数はシノピエ。

身廊　バジリカ式教会堂の中心軸となる空間。

スコラ・カントルム　聖歌隊席。

スタッコ(装飾漆喰)　石膏を混ぜて塗る壁面や天井の仕上げ材料。さまざまな模様や像を彫刻する。

聖具室(祭器室)　教会の内陣に続く、聖具保管所および聖職者の更衣室。

前室(ナルテックス)　初期キリスト教会の本堂正面を入った玄関部。

前柱廊(ポルティコ)　建物正面に造られた、柱で支えられた吹き放ちの玄関部。

側廊　バジリカ式教会堂の身廊を挟む両側の空間。

大聖堂(ドゥオーモ)　司教座(cattedra)のある位の高い教会堂。その町で一番重要な教会。カッテドラーレ。

束ね柱　中心となる柱の周囲に細い柱を数本束ねた形の柱。

多翼祭壇画　多数のパネルに描かれた絵を組み合わせてひとつにした祭壇画。

タンパン(テュンパノン、ティンパヌム)　中央入口の上部にあるアーチ形(または三角形)の部分。

付け柱(柱形、片蓋柱)　壁から浅く突き出たように見える角柱。

テラコッタ　粘土を焼いて造った、建築用装飾や塑像。通常は素焼きの物を指す。

天蓋(バルダッキーノ)　柱で四隅を支えられた、祭壇を覆う装飾的な覆い。

テンペラ　全卵や卵黄、にかわなどと顔料を混ぜて造った絵の具。それによる画法、絵画。

トラス　各部材を接合して、三角形の集合形態に組み立てた構造。

ドラム　垂直状態の円筒形の構造物。

内陣　教会堂の内部で、外陣と後陣の間の部分。主祭壇がおかれる神聖な所。

ネオクラシック様式　新古典様式。18世紀後半から19世紀前半に流行。グレコローマンを理想とした統一感・調和・明確さを特徴とする。

ネクロポリス　古代の死者の埋葬地。墳墓群。

軒蛇腹　建物の最上部で前方に張り出した帯状の装飾部分。

狭間(メトープ)　フリーズ上部に四角い空間を挟んで交互に並ぶ装飾石板。グエルフィ狭間：教皇派に属することを示し、石板は四角。ギベッリーニ狭間：皇帝派に属することを示し、石板はツバメの尾型。

バジリカ様式　教会堂の建築様式で長方形の短辺の一方を正面入口とし、もう一方に後陣を半円形に張り出させたものが基本形。

パラッツォ　宮殿、大規模な邸宅、公共建築物。

バラ窓　ゴシックの聖堂に多く見られる、バラの花のような円形の窓。

バロック様式　劇的な効果を狙った豪華で動きのある17世紀の様式。

ピサ様式　建築におけるロマネスク-ゴシック様式の1タイプ。ファサードでは何層もの小さいアーケードが軽やかな装飾性を示し、内部は色大理石の象嵌細工などが施されている。

ビザンチン様式　4～11世紀、東西ローマ帝国で発達した様式で、その建築は外観は地味だが内部は豪華なモザイクや浅浮彫りで飾られている。プランとしてはバジリカ様式、集中式、ギリシア十字形が特徴。

ファサード　建物の正面部分。

フォロ　古代ローマの都市にあった公共広場。商取引、裁判、集会などに使われた。

フリーズ　建物外壁の装飾帯。彫刻のある小壁面。

プラン　建物の見取り図、平面図、設計図。

フレスコ　壁に塗った漆喰が乾かないうちに絵を描く技法。絵の具が染み込んで固定するために退色しにくい。

壁龕(ニッチ)　壁をくり抜いて作った窪み。彫像などを置いて飾るための空間。

ペンデンティブ　平面が正方形となる建物の上部にクーポラを乗せるために造られた、四隅の球面三角形。

ポルタイユ　正面入口を囲む部分。

歩廊　教会やパラッツォなどの建築で、床を石・瓦で仕上げた廊下。回廊。

マニエリスム　16世紀初頭にイタリアで生まれた技巧的でアカデミックな傾向。

メダイヨン　建物に付けられた楕円形または円形の装飾。

モザイク　大理石や彩色されたガラスの小片を寄せ集めて絵や模様を描く技法。

翼廊　教会堂内部で、外陣と直交する内陣の一部。

ラテン十字形　直交する十字の一方が長い形。

ランタン　クーポラの頂上部に付けられた、採光のための小さな構造物。

ルネッサンス様式　調和のある古代建築を理想とした15～16世紀の様式。明快でボリューム感のある外観をもち、内部はフレスコ画などで飾られた。絵画・彫刻においても、同じ理想のもとに感情表現・技法ともにおおいに発展し、その中心はフィレンツェだった。

ロッジア　教会建築・世俗建築で、建物本体と屋外をつなぐ、アーケードを備えた通廊。単独の建造物としてのロッジアもある。開廊。

ロマネスク様式　11～12世紀に広くヨーロッパで普及した様式で、建築では正面は小アーケードで飾られローマなどでは内部にコズマーティ様式の装飾が施された。

索 引

INDEX

ミラノ　　26

ア
アンブロジアーナ絵画館 ……… 69
ヴィットリオ・エマヌエーレⅡ世の
ガッレリア …………………… 48
ヴィッラ・ネッキ・カンピーリオ 51
王宮 ……………………………… 47

カ
カ・グランダ …………………… 72
GAM(ガム)近代美術館 ……… 60
旧王宮 …………………………… 59
旧マッジョーレ病院 …………… 72
考古学博物館 …………………… 65

サ
「最後の晩餐」 ………………… 62
サン・シンプリチャーノ教会 … 59
サンタ・マリア・デッレ・グラツィエ
教会 …………………………… 63
サンタ・マリア・プレッソ・サン・
サティロ教会 ………………… 68
サンタ・マリア・プレッソ・サン・
チェルソ教会 ………………… 71
サンタンブロージョ聖堂 ……… 64
サンテウストルジョ教会 ……… 70
サン・ナザーロ・マッジョーレ教会 72
サン・マウリツィオ教会 ……… 65
サン・ロレンツォ・マッジョーレ教会
………………………………… 70
自然史博物館 …………………… 60
スカラ座 ………………………… 49
スカラ広場 ……………………… 49
スフォルツァ城 ………………… 65
スフォルツァ城博物館 ………… 66
1900年代美術館 ………………… 47
センピオーネ公園 ……………… 66

タ
ドゥオーモ ……………………… 45
ドゥオーモ博物館 ……………… 46
トリノ通り ……………………… 68

ナ
ナヴィリオ運河 ………………… 71

ハ
バガッティ・ヴァルセッキ博物館 … 50
ブップリチ公園 ………………… 59
ブレラ絵画館 …………………… 54
ブレラ通り界隈 ………………… 54
ボスキ・ディ・ステーファノ邸美術館
………………………………… 51
ポルディ・ペッツォーリ美術館
…………………………… 50,52

マ
マンゾーニの家 ………………… 49
メルカンティ広場 ……………… 48
モンテ・ナポレオーネ通り …… 52

ラ
レオナルド・ダ・ヴィンチ記念国立
科学技術博物館 ……………… 63

湖水地方　　145

オルタ湖 …………………… **162**
オルタ・サン・ジュリオ … **162**
サクロ・モンテ ………………… 163
サン・ジュリオ島 ……………… 163

ガルダ湖 …………………… **166**
ガルドーネ・リヴィエラ … **169**
アンドレ・ヘラー植物園と市立公園 … 170
ヴィットリアーレ ……………… 170
シルミオーネ ……………… **168**
スカラ家の城塞 ………………… 168
ローマ時代の遺跡 ……………… 169
デセンツァーノ・デル・ガルダ 167

コモ湖 ……………………… **148**
コモ ………………………… **149**
サンタッポンディオ教会 ……… 151
市立博物館 ……………………… 151
ドゥオーモ ……………………… 150
ドゥオーモ広場/ブロレット … 149
ラリオ湖畔通り ………………… 150
チェルノッビオ …………… **155**
トレメッツォ …………………… 154
ベッラージオ ……………… **153**
メナッジョ ………………… **155**

マッジョーレ湖 …………… **156**

ストレーザ ……………………… 157
湖畔 ……………………………… 157
パッランツァ ……………… **161**
ターラント邸庭園 ……………… 161
ボッロメオ諸島 …………… **158**
ペスカトーリ島/スペリオーレ島 … 159
ベッラ島 ………………………… 158
マードレ島 ……………………… 159
ロカルノ …………………… **160**

ルガーノ湖 ………………… **164**
カンピオーネ・ディタリア … **164**
マドンナ・デイ・ギルリ教会 … 165
ルガーノ …………………… **164**

ヴェネツィア　　174

ア
アカデミア橋 …………………… 210
アカデミア美術館 ……………… 210
アルセナーレ …………………… 226
オルセオロ運河 ………………… 206

カ
海洋史博物館 …………………… 226
カ・ドーロ ……………………… 221
カナル・グランデ ……………… 188
カフェ・フローリアン ………… 207
カ・フォスカリ ………………… 238
カ・ペーザロ …………………… 233
カ・レッツォーニコ …………… 239
クエリーニ・スタンパリア絵画館 … 228
国立マルチャーナ図書館 ……… 205
コッレール博物館 ……………… 206
コンタリーニ・デル・ボーヴォロ階段 … 223

サ
魚市場 …………………………… 220
ザッテレ ………………………… 217
3月22日通り …………………… 209
サン・ザッカリア教会 ………… 225
サン・サルヴァドール教会 …… 219
サン・ジャコモ・リアルト教会 … 220
サン・ジョヴァンニ・クリソストーモ
教会 …………………………… 222
サン・ジョルジョ・マッジョーレ
教会 …………………………… 207
サン・スタエ教会 ……………… 233

418

サンタ・マリア・グロリオーサ・
デイ・フラーリ教会 ············· 234
サンタ・マリア・デイ・ミラーコリ
教会 ··············· 230
サンタ・マリア・デッラ・サルーテ
教会 ··············· 216
サンタ・マリア・フォルモーザ広場
··············· 227
サンタ・マリア・マーテル・ドミニ
広場 ··············· 233
サンティ・ジョヴァンニ・エ・
パオロ教会 ··············· 228
サント・ステーファノ教会 ········· 209
サン・バルナバ広場 ··············· 239
サン・ポーロ広場 ··············· 234
サン・マルコ寺院 ··············· 197
サン・マルコ小広場 ··············· 205
サン・マルコ広場 ··············· 196
サン・モイゼ教会 ··············· 209
鐘楼 ··············· 205
スキアヴォーニ河岸 ··············· 225
スクオーラ・グランデ・デイ・
カルミニ ··············· 238
スクオーラ・グランデ・ディ・
サン・ロッコ ··············· 236
スクオーラ・グランデ・サン・ジョヴ
アンニ・エヴァンジェリスタ ····· 236
スクオーラ・ダルマータ・サン・ジョル
ジョ・デッリ・スキアヴォーニ ······· 227

タ
溜息の橋 ··············· 204
ドゥカーレ宮殿 ··············· 200
時計塔 ··············· 206

ハ
ピエタ教会 ··············· 226
フェニーチェ劇場 ··············· 209
フォンダメンタ・ヌオーヴェ ········· 230
プンタ・デッラ・ドガーナ ········· 216
ペギー・グッゲンハイム美術館 ····· 217

マ
マドンナ・デッロルト教会 ········· 231
メルチェリエ ··············· 219

ラ
リアルト橋 ··············· 219
牢獄 ··············· 204

ヴェネツィア周辺の島巡り ······ 240
ジューデッカ島 ··············· 240
トルチェッロ島 ··············· 244
ブラーノ島 ··············· 245
ムラーノ島 ··············· 242
リド島 ··············· 241

ドロミテ山塊　307
アルベ・ディ・シウジ ··············· 344
ヴィーゴ・ディ・ファッサ ········· 314
エガ谷 ··············· 312
オルティセイ ··············· 316
カナツェイ ··············· 314
ガルデーナ峠 ··············· 315
カレッツァ湖 ··············· 313
コスタルンガ峠 ··············· 313
コルヴァラ・イン・バディア ······· 315

コルティナ・ダンペッツォ　321
古生物学博物館 ··············· 322
コルソ・イタリア ··············· 322
ファローリア山 ··············· 323
民俗博物館 ··············· 322
遊歩道 ··············· 323
セルヴァ・ディ・ヴァル・ガルデーナ
··············· 315
ドッビアーコ ··············· 317
ドッビアーコ湖 ··············· 318
トレ・チーメ・ディ・ラヴァレード
··············· 319
ノーヴァ・レヴァンテ ··············· 313
ブライエス湖 ··············· 318
ボルツァーノ ··············· 312、336
ボルドイ峠 ··············· 314
マルモラーダ山 ··············· 315
ミズリーナ湖 ··············· 319

そのほかの町
ヴィチェンツァ ··············· 298
オリンピコ劇場 ··············· 301
キエリカーティ宮 ··············· 300
サンタ・コローナ教会 ··············· 302
サン・ロレンツォ教会 ··············· 302
シニョーリ広場 ··············· 299
ドゥオーモ ··············· 302
バジリカ ··············· 300
パッラーディオ博物館 ··············· 301

ヴェローナ ··············· 272
アレーナ ··············· 276
エルベ広場 ··············· 276
カステルヴェッキオ ··············· 279
サン・ジョルジョ・イン・ブライダ
教会 ··············· 282
サン・ゼーノ・マッジョーレ教会
··············· 280
サンタナスターシア教会 ········· 278
サン・フェルモ・マッジョーレ教会
··············· 281
サン・ベルナルディーノ教会 ····· 281
シニョーリ広場 ··············· 277
ジュリエッタの家 ··············· 273
ジュリエッタの墓 ··············· 273
スカラ家の廟 ··············· 278
テアトロ・ロマーノ（ローマ劇場）
··············· 282
ドゥオーモ ··············· 279
ポンペイ宮殿 ··············· 282
ランベルディの塔 ··············· 277

ウーディネ ··············· 353
カステッロ ··············· 356
サン・ジョヴァンニの柱廊 ········· 354
司教区博物館 ··············· 356
市庁舎 ··············· 354
博物館 ··············· 356
ドゥオーモ ··············· 355
プリタ礼拝堂 ··············· 355
リベルタ広場 ··············· 354

クレモナ ··············· 118
アラ・ポンツォーネ市立博物館
··············· 121
バイオリン博物館 ··············· 120
サンタ・マルゲリータ教会 ········· 122
洗礼堂 ··············· 120
ドゥオーモ ··············· 120
トラッツォ ··············· 119

サッピオネータ ··············· 132
インコロナータ教会 ··············· 133
カステッロ広場 ··············· 133
古代劇場 ··············· 133
庭園宮殿 ··············· 133
ドゥカーレ広場 ··············· 132
ドゥカーレ宮殿 ··············· 132

トリエステ･････････････････**357**
ウニタ・ディタリア広場とその周辺････358
カステッロ（サン・ジュスト城）････359
サン・ジュスト聖堂･･････････････358
市立サルトリオ博物館･･･････････360
ミラマーレ城･･･････････････････360
レヴォルテッラ美術館･･･････････359

トレント･･････････････････**332**
サンタ・マリア・マッジョーレ教会･･･334
司教区博物館･･･････････････････333
ドゥオーモ･････････････････････333
ドゥオーモ広場･････････････････333
ブオンコンシリオ城･････････････334
ベレンツァーニ通り･････････････334

パヴィア･･････････････････**134**
ヴィスコンティ城･･･････････････136
コペルト橋････････････････････136
サン・ピエトロ・イン・チェル・
　ドーロ教会･･･････････････････137
サン・ミケーレ・マッジョーレ聖堂･･･135
大学･････････････････････････136
ドゥオーモ･････････････････････134

パヴィア修道院･･････････････**138**

バッサーノ・デル・グラッパ･･････**304**
コペルト橋････････････････････306
サン・フランチェスコ教会･･･････304
市立博物館･･･････････････････304
ストゥルム邸･･････････････････306
ポンテ・ヴェッキオ･････････････306
リベルタ広場･････････････････305

パドヴァ･･････････････････**286**
エレミターニ教会･･･････････････289
ガッタメラータ騎馬像･･･････････292
サン・ジョルジョ礼拝堂とサンタン
　トニオ同信組合･･････････････293
サンタ・ジュスティーナ教会･･････294
サンタントニオ聖堂･････････････292
シニョーリ広場･････････････････291
植物園････････････････････････294
市立博物館･･･････････････････289
スクロヴェーニ礼拝堂･･･････････288
洗礼堂････････････････････････291
ドゥオーモ･････････････････････291

パドヴァ大学･････････････････290
プラート・デッラ・ヴァッレ･･･････293
ラジョーネ宮（サローネ）･･･････290

ブレーシャ････････････････**113**
カピトリーノ神殿･･･････････････117
サンタ・ジュリア博物館･････････116
ドゥオーモ･････････････････････115
トジオ・マルティネンゴ市立絵画館
　･････････････････････････････117
ブロレット･････････････････････115
ロッジア･･･････････････････････114
ロトンダ･･･････････････････････115

ブレッサノーネ／ブリクセン･････**350**
司教区博物館･･･････････････････351
大司教館（プリンチーピ・ヴェスコ
　ーヴィ宮）･･･････････････････351
ドゥオーモ広場････････････････350
パロッキア（教区教会）広場･･････350
ポルティチ・マッジョーリ通り････352

**ブレンタ川（運河）沿いにヴィッラ
を訪ねる**･････････････････**296**
ヴィッラ・ヴィッドマン･････････297
ヴィッラ・ピサーニ･････････････296
ヴィッラ・フォスカリ･･･････････297

ベルガモ････････････････**106**
ヴェッキア広場･･･････････････107
カッラーラ絵画館･････････････111
コッレオーニ礼拝堂･･･････････110
ゴンビト通り･････････････････107
サン・ヴィジリオの丘･････････110
サンタ・マリア・マッジョーレ教会･･109
ジャコモ・マッテオッティ広場･･･112
洗礼堂･･･････････････････････112
ドゥオーモ（カッテドラーレ）････109
ドニゼッティ博物館･･･････････110

ボルツァーノ／ボーツェン･･････**336**
ヴァルター広場･･･････････････336
エルベ広場･････････････････338
考古学博物館･･･････････････339
自然史博物館･･･････････････339
市立博物館･････････････････339
ドゥオーモ･･･････････････････337
ドメニカーニ教会･･･････････････338

ポルティチ通り･･･････････････338
メルカンティーレ博物館･･･････339
ロンコロ城･････････････････340

ボルミオ････････････････**140**

マントヴァ･･････････････**123**
アルコ宮･･･････････････････130
エルベ広場･････････････････125
学術劇場･･･････････････････128
サン・ジョルジョ城･･･････････128
サンタンドレア教会･･･････････125
ソルデッロ広場･････････････126
テ離宮････････････････････129
ドゥオーモ･････････････････126
ドゥカーレ宮殿･････････････127
フランチェスコ・ゴンザーガ司教区
　博物館･･････････････････130
マンテーニャの家･･･････････130

メラーノ････････････････**346**
タッペイネールの遊歩道････348
ドゥオーモ･････････････････347
湯治センター･･･････････････349
パッシリオ川沿い遊歩道･･･348
婦人服飾品博物館･･･････････347
冬の遊歩道････････････････348
プリンチペスコ城･･･････････347
ポルティチ通り･････････････347

モンツァ････････････････**104**
王宮･･････････････････････105
公園･･････････････････････105
ドゥオーモ･････････････････104

地図索引

MAP INDEX

北イタリア ……………………14

ミラノの地図と見どころ ルートマップ

ミラノ ……………………26
ミラノ中心部 ……………………28
ドゥオーモ広場周辺部 ……………30
ミラノ中央駅周辺 ……………………31
ミラノ中央駅構内 ……………………36
ミラノ地下鉄路線図 ……………………38
ルート1 ドゥオーモ周辺 ………44
ルート2 ブレラ絵画館周辺 ………53
　ブレラ絵画館見取り図 …………56
ルート3 「最後の晩餐」から～ス
　フォルツァ城周辺 …………61
ルート4 旧マッジョーレ病院付近
　……………………67

ロンバルディア州

ロンバルディア州 ……………………24
モンツァ ……………………104
ベルガモ ……………………108
ブレーシャ ……………………114
クレモナ ……………………119
マントヴァ ……………………124
サッビオネータ ……………………132
パヴィア ……………………135
　パヴィア修道院見取り図 ……138

湖水地方

北イタリア湖水地方 ……………146
コモ湖 ……………………148
　コモ ……………………149
　ベッラージオ ……………………153
マッジョーレ湖 ……………………156
　ストレーザ ……………………157

オルタ湖とマッジョーレ湖南側 ‥162
　カンピオーネ・ディタリア ……165
ガルダ湖 ……………………166
　シルミオーネ ……………… 168
　ガルドーネ・リヴィエラ ……170

ヴェネツィアの地図と見どころ ルートマップ

ヴェネツィア ……………………174
ヴェネツィア中心部 ……………176
サン・マルコ周辺部 ……………178
ヴェネツィア周辺 ……………………181
ヴェネツィア・サンタ・ルチア駅構
内 ……………………182
ヴァポレット運航図 ……………186
ルート1 サン・マルコ広場 ……**194**
　サン・マルコ広場 ……………196
　サン・マルコ寺院見取り図 ……198
　ドゥカーレ宮殿見取り図 ……202
ルート2 サン・マルコ広場～アカ
　デミア美術館～サルーテ
　教会にかけて …………**208**
　アカデミア美術館見取り図 ……212
ルート3 メルチェリエ通り～リア
　ルト地区にかけて ……**218**
ルート4 スキアヴォーニ河岸～カス
　テッロ地区にかけて ……**224**
　サンティ・ジョヴァンニ・エ・パオ
　ロ教会見取り図 ……………228
ルート5 サン・ポーロ地区～大運
　河にかけて …………**232**
　サンタ・マリア・グロリオーサ・
　デイ・フラーリ教会見取り図 ‥234
　3月22日通り周辺 ……………261
　メルチェリエ周辺 ……………263
ヴェネツィア周辺の島巡り

リド島 ……………………241
ムラーノ島 ……………………243
ブラーノ島 ……………………246

ヴェネト州

ヴェネト州 ……………………172
ヴェローナ ……………………274
パドヴァ ……………………287
ヴィチェンツァ ……………………299
バッサーノ・デル・グラッパ ……305

ドロミテ山塊

ドロミテ街道 ……………………310
ドロミテ山塊東北部 ……………318
コルティナ・ダンペッツォ ……321
アルペ・ディ・シウジ ……………344

その他の州

トレンティーノ＝アルト・アディジ
ェ州 ……………………330
フリウリ＝ヴェネツィア・ジュリア
州 ……………………331
トレント ……………………332
ボルツァーノ ……………………337
メラーノ ……………………346
ブレッサノーネ ……………………351
ウーディネ ……………………353
トリエステ ……………………357

技術編

ミラノ・マルペンサ空港見取り図
……………………373

写真提供：スカラ

P.50左上、P.52右上、P.55左下、P.55右上、P.56左上、P.56右、P.57上、P.57左中、P.57左下、P.57右下、P.58右上、P.58左中、P.62上、P.62下、P.64下、P.69中、P.69下、P.70左下、P.104、P.110左上、P.111右、P.111左下、P.117下、P.127左下、P.128下、P.129下、P.132、P.202左、P.202右、P.203上、P.203中、P.203下、P.206中、P.212上、P.212中、P.212右下、P.213左上、P.213左下、P.213右上、P.213右下、P.214左上、P.214下、P.214中、P.214右、P.215左下、P.215右下、P.216中、P.221下、P.222下、P.225左上、P.227上、P.227中、P.228右上、P.229左下、P.229右下、P.229右下、P.235左上、P.235左下、P.235右下、P.236下、P.237左上、P.237中、P.242下、P.280左上、P.280右下、P.288下、P.289上、P.289下、P.291下　©SCALA

地球の歩き方
シリーズ年度一覧

イタリア

地球の歩き方ガイドブックは1～2年で改訂されます。改訂時には価格が変わることがあります。表示価格は本体価格(税別)です。
●最新情報は、ホームページでもご覧いただけます。URL www.diamond.co.jp/arukikata/

地球の歩き方　ガイドブック

A ヨーロッパ

A01	ヨーロッパ	2015～2016	¥1800
A02	イギリス	2015～2016	¥1700
A03	ロンドン	2016～2017	¥1700
A04	湖水地方&スコットランド	2014～2015	¥1700
A05	アイルランド	2015～2016	¥1700
A06	フランス	2016～2017	¥1700
A07	パリ&近郊の町	2015～2016	¥1700
A08	南仏プロヴァンス コート・ダジュール&モナコ	2016～2017	¥1600
A09	イタリア	2016～2017	¥1700
A10	ローマ	2016～2017	¥1700
A11	ミラノ、ヴェネツィアと湖水地方	2016～2017	¥1600
A12	フィレンツェとトスカーナ	2015～2016	¥1600
A13	南イタリアとマルタ	2015～2016	¥1700
A14	ドイツ	2016～2017	¥1700
A15	南ドイツ フランクフルト ミュンヘン ロマンティック街道 古城街道	2015～2016	¥1600
A16	ベルリンと北ドイツ ハンブルク・ドレスデン・ライプツィヒ	2016～2017	¥1700
A17	ウィーンとオーストリア	2016～2017	¥1700
A18	スイス	2016～2017	¥1700
A19	オランダ ベルギー ルクセンブルク	2015～2016	¥1600
A20	スペイン	2016～2017	¥1700
A21	マドリッドとアンダルシア&鉄道とバスで行く世界遺産	2015～2016	¥1600
A22	バルセロナ&近郊の町とイビサ島・マヨルカ島	2016～2017	¥1600
A23	ポルトガル	2015～2016	¥1600
A24	ギリシアとエーゲ海の島々&キプロス	2016～2017	¥1700
A25	中欧	2015～2016	¥1800
A26	チェコ ポーランド スロヴァキア	2016～2017	¥1700
A27	ハンガリー	2015～2016	¥1700
A28	ブルガリア ルーマニア	2015～2016	¥1700
A29	北欧	2015～2016	¥1700
A30	バルトの国々	2015～2016	¥1800
A31	ロシア	2014～2015	¥1900
A32	シベリア&シベリア鉄道とサハリン	2015～2016	¥1800
A34	クロアチア/スロヴェニア	2016～2017	¥1600

B 南北アメリカ

B01	アメリカ	2015～2016	¥1800
B02	アメリカ西海岸	2016～2017	¥1700
B03	ロスアンゼルス	2016～2017	¥1700
B04	サンフランシスコとシリコンバレー	2015～2016	¥1700
B05	シアトル&ポートランド	2015～2016	¥1700
B06	ニューヨーク	2015～2016	¥1750
B07	ボストン	2016～2017	¥1800
B08	ワシントンD.C.	2015～2016	¥1700
B09	ラスベガス セドナ&グランドキャニオンと大西部	2015～2016	¥1700
B10	フロリダ	2016～2017	¥1700
B11	シカゴ	2016～2017	¥1700
B12	アメリカ南部	2014～2015	¥1800
B13	アメリカの国立公園	2016～2017	¥1800
B15	アラスカ	2015～2016	¥1700
B16	カナダ	2015～2016	¥1700
B17	カナダ西部	2016～2017	¥1600
B18	カナダ東部	2015～2016	¥1700
B19	メキシコ	2015～2016	¥1800
B20	中米	2016～2017	¥1900
B21	ブラジル ベネズエラ	2016～2017	¥2000
B22	アルゼンチン チリ	2015～2016	¥2000
B23	ペルー ボリビア エクアドル コロンビア	2016～2017	¥2000
B24	キューバ&カリブの島々	2015～2016	¥1800
B25	アメリカ・ドライブ	2015～2016	¥1700

C 太平洋/インド洋の島々&オセアニア

C01	ハワイI オアフ島&ホノルル	2015～2016	¥1700
C02	ハワイII ハワイ島 マウイ島 カウアイ島 モロカイ島 ラナイ島	2015～2016	¥1600
C03	サイパン	2015～2016	¥1400
C04	グアム	2015～2016	¥1400
C05	タヒチ/イースター島/クック諸島	2015～2016	¥1700
C06	フィジー/サモア/トンガ ツバル/ニウエ/ウォリス&フトゥナ	2015～2016	¥1600
C07	ニューカレドニア/バヌアツ	2015～2016	¥1700
C08	モルディブ	2015～2016	¥1700
C10	ニュージーランド	2016～2017	¥1700
C11	オーストラリア	2016～2017	¥1800
C12	ゴールドコースト&ケアンズ	2015～2016	¥1600
C13	シドニー&メルボルン	2016～2017	¥1600

D アジア

D01	中国	2016～2017	¥1800
D02	上海 杭州 蘇州	2016～2017	¥1700
D03	北京	2016～2017	¥1600
D04	大連 瀋陽 ハルビン 中国東北地方の自然と文化		
D05	広州 アモイ 桂林 珠江デルタと華南地方	2015～2016	¥1700
D06	成都 九寨溝 麗江 四川 雲南 貴州の自然と民族	2016～2017	¥1700
D07	西安 敦煌 ウルムチ シルクロードと中国西北部	2016～2017	¥1700
D08	チベット	2014～2015	¥1900
D09	香港 マカオ 深圳	2015～2016	¥1700
D10	台湾	2016～2017	¥1700
D11	台北	2016～2017	¥1500
D12	韓国	2015～2016	¥1500
D13	ソウル	2016～2017	¥1500
D14	モンゴル	2015～2016	¥1800
D15	中央アジア サマルカンドとシルクロードの国々	2016～2017	¥1900
D16	東南アジア	2016～2017	¥1700
D17	タイ	2016～2017	¥1700
D18	バンコク	2015～2016	¥1600
D19	マレーシア ブルネイ	2016～2017	¥1700
D20	シンガポール	2016～2017	¥1500
D21	ベトナム	2016～2017	¥1700
D22	アンコール・ワットとカンボジア	2016～2017	¥1700
D23	ラオス	2016～2017	¥1800
D24	ミャンマー	2015～2016	¥1700
D25	インドネシア	2016～2017	¥1700
D26	バリ島	2016～2017	¥1700
D27	フィリピン	2016～2017	¥1700
D28	インド	2015～2016	¥1800
D29	ネパールとヒマラヤトレッキング	2013～2014	¥1900
D30	スリランカ	2016～2017	¥1700
D31	ブータン	2016～2017	¥1800
D32	パキスタン	2007～2008	¥1780
D33	マカオ	2016～2017	¥1500
D34	釜山・慶州	2015～2016	¥1400
D35	バングラデシュ	2015～2016	¥1700
D36	南インド	2016～2017	¥1700

E 中近東 アフリカ

E01	ドバイとアラビア半島の国々	2016～2017	¥1900
E02	エジプト	2014～2015	¥1700
E03	イスタンブールとトルコの大地	2016～2017	¥1800
E04	ペトラ遺跡とヨルダン レバノン	2014～2015	¥1700
E05	イスラエル	2014～2015	¥1700
E06	イラン	2014～2015	¥2000
E07	モロッコ	2016～2017	¥1800
E08	チュニジア	2015～2016	¥1700
E09	東アフリカ ウガンダ エチオピア ケニア タンザニア	2014～2015	¥1900
E10	南アフリカ	2016～2017	¥1700
E11	リビア	2010～2011	¥2000
E12	マダガスカル モーリシャス セイシェル	2015～2016	¥1900

女子旅応援ガイド　aruco

1	パリ	'15～16	¥1200
2	ソウル	'16～17	¥1200
3	台北	'16～17	¥1200
4	トルコ	'14～15	¥1200
5	インド	'14～15	¥1200
6	ロンドン	'16～17	¥1200
7	香港	'15～16	¥1200
8	エジプト		¥1200
9	ニューヨーク	'15～16	¥1200
10	ホーチミン	'15～16	¥1200
11	ホノルル	'16～17	¥1200
12	バリ島	'16～17	¥1200
13	上海		¥1200
14	モロッコ	'14～15	¥1200
15	チェコ	'14～15	¥1200
16	ベルギー	'16～17	¥1200
17	ウィーン	'14～15	¥1200
18	イタリア	'15～16	¥1200
19	スリランカ	'15～16	¥1200
20	クロアチア	'14～15	¥1200
21	スペイン	'15～16	¥1200
22	シンガポール	'16～17	¥1200
23	バンコク	'16～17	¥1200
24	グアム	'15～16	¥1200
25	オーストラリア	'16～17	¥1200
26	フィンランド	'15～16	¥1200
27	アンコール・ワット	'15～16	¥1200
28	ドイツ	'15～16	¥1200

地球の歩き方　Resort Style

R01	ホノルル&オアフ島	¥1500
R02	ハワイ島&オアフ島※	¥1700
R03	マウイ島&オアフ島※	¥1700
R04	カウアイ島&オアフ島※	¥1500
R05	こどもと行くハワイ	¥1400
R06	ハワイ ドライブ・マップ	¥1800
R07	ハワイ バスの旅&レンタルサイクル	¥1100
R08	グアム※	¥1500
R09	こどもと行くグアム	¥1400
R10	パラオ	¥1600
R11	世界のダイビング完全ガイド 地球の潜り方	¥1900
R12	プーケット サムイ島 ピピ島/クラビ※	¥1700
R13	ペナン ランカウイ クアラルンプール※	¥1700
R14	バリ島※	¥1700
R15	セブ&ボラカイ※	¥1700
R16	テーマパークinオーランド※	¥1800
R17	カンクン カリブ・マヤ コスメル※	¥1700
R18	ケアンズとグレートバリアリーフ※	¥1700
324	バリアフリー・ハワイ※	¥1750

※は旧リゾートシリーズで発刊中

地球の歩き方 Plat

01 パリ	￥1200
02 ニューヨーク	￥1200
03 台北	￥1000
04 ロンドン	￥1200
05 グアム	￥1000
06 ドイツ	￥1200

地球の歩き方 BY TRAIN

1 ヨーロッパ鉄道の旅	￥1700
3 ドイツ&オーストリア鉄道の旅	￥1800
ヨーロッパ鉄道時刻表 2016年冬号	￥2200

地球の歩き方 トラベル会話

1 米語+英語	￥952
2 フランス語+英語	￥1143
3 ドイツ語+英語	￥1143
4 イタリア語+英語	￥1143
5 スペイン語+英語	￥1143
6 韓国語+英語	￥1143
7 タイ語+英語	￥1143
8 ヨーロッパ5ヵ国語	￥1143
9 インドネシア語+英語	￥1143
10 中国語+英語	￥1143
11 広東語+英語	￥1143
12 ポルトガル語(ブラジル語)+英語	￥1143

地球の歩き方 成功する留学

アメリカ留学	￥1900
イギリス・アイルランド留学	￥1900
アメリカ大学・大学院留学	￥2500
カナダ留学	￥1600
ワーキングホリデー完ペキガイド	￥1600
オーストラリア・ニュージーランド留学	￥1600
成功するアメリカ大学留学術 世界に飛びだそう! 目指せ!グローバル人材	￥1429
中・高校生の留学	￥1500

地球の歩き方 BOOKS

●中学受験・教育関連の本

中学受験 お母さんが教える国語	￥1800
中学受験 お母さんが教える国語 親子で成績を上げる魔法のアイデア	￥1300
こんなハズじゃなかった中学受験	￥1500
中学受験 なぜ、あの子は逆転合格できたのか?	￥1500
中学受験 叫ばせて!	￥952
中学受験 わが子を算数嫌いにさせない家庭学習の進め方	￥1429
中学受験 小6になってグンと伸びる子、ガクンと落ちる子	￥1500
中学受験 偏差値が届かなくても受かる子、充分でも落ちる子	￥1500
中学受験 名門中学の子どもたちは学校で何を学んでいるのか	￥1650
はじめての中学受験 第一志望合格のためにやってよかった5つのこと	￥1500
中学受験 進路で迷ったら中高一貫校を選びなさい 6年間であなたの子供はこんなに変わる	￥1200
娘にリケジョになりたい!と言われたら 文系の親に知ってほしい理系女子の世界	￥1400
中学受験 親が後悔しない、子供に失敗させない進学塾の選び方	￥1200

●日本を旅する本

大江戸 歴史事件現場の歩き方	￥1500
沖縄 南の島の私の隠れ家	￥1500
東京23区おみやげさんぽ	￥1100
武智志穂のかわいい京都＊しあわせさんぽ	￥1429
おいしいご当地スーパーマーケット	￥1600
出雲の民窯 出西窯の歩み	￥1429
銀座 創業100年を超える老舗の贈り物	￥1500
史跡と建築で巡る 銀座の歩き方	￥1300
地球の歩き方 小笠原 父島・母島	￥1600
京都 ひとりを楽しむまち歩き	￥1200
青森・函館めぐり クラフト・建築・おいしいもの	￥1300

●御朱印でめぐる

御朱印でめぐる鎌倉の古寺 三十三観音完全掲載 改訂版	￥1500
御朱印でめぐる京都の古寺	￥1500
御朱印でめぐる奈良の古寺 改訂版	￥1500
御朱印でめぐる江戸・東京の古寺	￥1500
御朱印でめぐる高野山	￥1500
日本全国 この御朱印が凄い! 第壱集 増補改訂版	￥1500
日本全国 この御朱印が凄い! 第弐集 都道府県網羅版	￥1500
御朱印でめぐる全国の神社 ～開運さんぽ～	￥1300

●個性ある海外旅行を案内する本

世界の高速列車Ⅱ	￥2800
世界の鉄道	￥3500
着こなせ! アジアン・ファッション (WE LOVE ASIAN FASHION)	￥1500
WE LOVE エスニックファッション ストリートブック	￥1500
エスニックファション シーズンブック ETHNIC FASHION SEASON BOOK	￥1500
へなちょこ日記 ハワイ嗚咽編	￥1500
もっと賢く・お得に・快適に 空の旅を楽しむ100の方法	￥1200
假屋崎省吾的、地球の歩き方 花の都、パリを旅する	￥1700
ニューヨーク おしゃべりノート	￥1200
ニューヨークおしゃべりノート2	￥950
台湾おしゃべりノート	￥1200
ブルックリン・スタイル ニューヨーク新世代アーティストのこだわりライフ&とっておきアドレス	￥1600
アロハ検定 オフィシャルブック	￥2200
絶対トクする! 海外旅行の新常識	￥1000
パリの街をメトロでお散歩	￥1500
アパルトマンでパリジェンヌ体験 5日間から楽しめる憧れのパリ暮らし	￥1700
地球の歩き方フォトブック 世界の絶景アルバム101 南米・カリブの旅	￥950
地球の歩き方フォトブック 旅するフォトグラファーが選ぶスペインの町33	￥1500
宮脇俊三と旅した鉄道風景	￥2000
自分と世界がハッピーになる! 成功する海外ボランティア21のケース	￥1400
キレイを叶える♡週末バンコク	￥1500
『幸せになる、ハワイのパンケーキ&朝ごはん』～オアフ島で食べたい人気の100皿～	￥1500
撮り・旅! 地球を撮り歩く旅人たち	￥1600
秘密のパリ案内Q77	￥1500
女ふたり 台湾、行ってきた。	￥1100
台北メトロさんぽ MRTを使って、おいしいとかわいいを巡る旅♪	￥1380
美しき秘密のイタリアへ 51の世界遺産と小さな村	￥1800
北欧が好き! フィンランド・スウェーデン・デンマーク・ノルウェーのすてきな町めぐり	￥1100

●話題の本

グーグル・アドセンスの歩き方 増補改訂版	￥2000
パラダイス山元の飛行機の乗り方 1日11回搭乗の「ミリオンマイラー」が教えるヒコーキのアレコレ	￥1300
パラダイス山元の飛行機のある暮らし	￥1300
「世界イケメンハンター」窪咲子のGIRL'S TRAVEL	￥1400
香港トラムでぶらり女子旅	￥1500
さんぽで感じる村上春樹	￥1450
70年代小学生歳時記 ぼくらの年中行事 春・夏・秋・冬	￥1300
発達障害グレーゾーン まったり息子の成長日記	￥1500
鳥居りんこの親の介護は知らなきゃバカ見ることだらけ	￥1200
旅したからって何が変わるわけでもないけどね…。旅するハナグマの世界なんとなく旅行記	￥1200
熟年夫婦のスペイン 行き当たりばったり移住記	￥1350
海外VIP1000人を感動させた外資系企業社長の「おもてなし」術	￥1500
理想の旅は自分でつくる! 失敗しない個人旅行のつくり方	￥1500
日本一小さな航空会社の大きな奇跡の物語 業界の常識を破った天草エアラインの「復活」	￥1500

地球の歩き方 JAPAN

島旅01 五島列島	￥1500
島旅02 奄美大島	￥1500
島旅03 佐渡	￥1500
島旅04 利尻・礼文	￥1500
島旅05 天草	￥1500
島旅06 壱岐	￥1500
島旅07 種子島	￥1500

地球の歩き方 GEM STONE

001 パリの手帖 とっておきの散歩道	￥1500
006 風街道 シルクロードをゆく	￥1500
007 クロアチア 世界遺産と島めぐり	￥1500
021 ウィーン旧市街 とっておきの散歩道	￥1500
022 北京 古い建てもの見て歩き	￥1500
023 増補改訂版 ヴェネツィア カフェ&バーカロでめぐる、14の迷宮路地散歩	￥1600
025 世界遺産 マチュピチュ完全ガイド	￥1500
026 魅惑のモロッコ 美食と雑貨と美肌の王国	￥1500
027 メキシコ デザインホテルの旅	￥1600
029 イギリス人は甘いのがお好き プディング&焼き菓子がいっぱいのラブリーな生活	￥1500
030 改訂版 バリ島ウブド 楽園の散歩道	￥1500
031 コッツウォルズ&ロンドンのマーケットめぐり	￥1500
032 フィレンツェ美食散歩 おいしいもの探しの四季の旅	￥1500
033 改訂新版 フィンランド かわいいデザインと出会う街歩き	￥1600
035 8つのテーマで行く パリ発、日帰り小旅行	￥1600
036 改訂新版 グランドサークル&セドナ アメリカ驚異の大自然を五感で味わう体験ガイド	￥1600
037 ベルリンガイドブック 素顔のベルリン増補改訂版	￥1600
038 世界遺産 イースター島完全ガイド	￥1600
039 アイスランド 改訂版 地球の鼓動が聞こえる…… ヒーリングアイランドへ	￥1600
040 マラッカ ペナン 世界遺産の街を歩く	￥1600
041 パプアニューギニア	￥1600
044 南アフリカ自然紀行 野生動物とサファリの魅力	￥1800
045 世界遺産 ナスカの地上絵完全ガイド	￥1600
046 世界遺産 ガラパゴス諸島完全ガイド	￥1700
047 プラハ迷宮の散歩道 改訂版	￥1600
048 デザインとおとぎの国 デンマーク	￥1600
050 美しきアルジェリア 7つの世界遺産を巡る旅	￥1900
051 アマルフィ&カプリ島 とっておきの散歩道	￥1600
052 とっておきのポーランド 増補改訂版	￥1600
053 台北近郊 魅力的な町めぐり	￥1500
054 グリム童話で旅するドイツ・メルヘン街道	￥1600
056 ラダック ザンスカール トラベルガイド インドの中の小さなチベット	￥1700
057 ザルツブルクとチロル アルプスの山と街を歩く	￥1600
058 スイス 歩いて楽しむアルプス絶景ルート	￥1500
059 天空列車 青海チベット鉄道の旅	￥1600
060 カリフォルニア オーガニックトリップ サンフランシスコ&ワインカントリーのスローライフへ!	￥1500
062 イングランドで一番美しい場所 コッツウォルズ	￥1700
063 スイス おトクに楽しむ街歩き	￥1500
064 シンガポール 絶品! ローカルごはん	￥1500
065 ローマ美食散歩 永遠の都を食べ歩く	￥1500

地球の歩き方 MOOK

●海外最新情報が満載されたMOOK本

海外1 パリの歩き方[ハンディサイズ]	￥1000
海外2 イタリアの歩き方	￥1000
海外3 ソウルの歩き方[ハンディサイズ]	￥1000
海外4 香港・マカオの歩き方[ハンディサイズ]	￥1000
海外6 台湾の歩き方[ハンディサイズ]	￥1000
海外6 台湾の歩き方[ハンディサイズ]	￥1000
海外8 ホノルルの歩き方	￥1000
海外8 ホノルルの歩き方[ハンディサイズ]	￥1000
海外9 ホノルルショッピング&グルメ[ハンディサイズ]	￥1000
海外10 グアムの歩き方[ハンディサイズ]	￥1000
海外11 バリ島の歩き方[ハンディサイズ]	￥1040
海外13 パリ発、フランス旅vol.2	￥1380
ハワイ ランキング&マル得テクニック!	￥690
ソウル ランキング&マル得テクニック!	￥790
パリ ランキング&マル得テクニック!	￥790
台湾 ランキング&マル得テクニック!	￥690
ニューヨーク ランキング&マル得テクニック!	￥790
香港 ランキング&マル得テクニック!	￥790
海外女子ひとり旅☆パーフェクトガイド	￥890
ハワイ スーパーマーケットマル得完全活用ガイド	￥890
弾丸トラベル★パーフェクトガイド vol.4	￥925
成功する留学 留学ランキング&テクニック50	￥700
世界のビーチBEST100	￥890
クックパッド&地球の歩き方 世界のおいしいおかず	￥790

●国内MOOK

沖縄の歩き方[ハンディサイズ]	￥917
北海道の歩き方[ハンディサイズ]	￥926
2 京都[ハンディサイズ]	￥900
9 福岡タウンと九州ベストルート	￥914
10 広島・宮島・せとうち	￥933
13 信州[ハンディサイズ]	￥926

ダイヤモンドセレクト（雑誌）

今、こんな旅がしてみたい! 2016	￥824

「さまざまな顔」をもつ北イタリアの町をゆっくりと旅してみませんか

豊かな自然を背景に、イタリアの歴史と文化を担ってきた北イタリアの都市は、さまざまな顔で私たち旅人を迎えてくれます。ヴェネツィア、ミラノの魅力はもとより、珠玉のような小都市が、頑固なまでに独自の魅力を保っています。本書では、ドイツ語が飛び交うドロミテ山間の村から、ポプラ並木の美しい豊かなロンバルディアの町、歴史と芸術に彩られた重厚なヴェネト地方、国境の町トリエステや比類ない美しさの古都ウーディネなどを取り上げました。本書を片手に、これらの町をあまり急がずに旅していただけたら、と思います。「よいご旅行を！」"Buon viaggio!"

取材・執筆・撮影

飯島操（レ・グラツィエ）、飯島千鶴子（レ・グラツィエ）、林桃子（レ・グラツィエ）
笠井修（撮影）、平尾光佐子

STAFF

制　作：小山田浩明		Producer：Hiroaki Oyamada	
編　集：飯島千鶴子（レ・グラツィエ）		Editor：Chizuko Iijima(Le Grazie Co., Ltd.)	
デザイン：凸版印刷株式会社（TANC）		Design：Toppan Printing Co., Ltd.(TANC)	
表　紙：日出嶋昭男		Cover Design：Akio Hidejima	
地　図：ジェオ、ピーマン		Map：GEO, P・MAN	
イラスト：ワン・デザイン工房		Illustration：One-design	
校　正：石井千鶴子		Proofreading：Chizuko Ishii	

イタリア語監修[Italian Superviser]：　Susanna Biganzoli, Stefano Fagioni

SPECIAL THANKS TO：イタリア政府観光局（ENIT）

読者投稿

〒160-0022　東京都新宿区新宿3-1-13　京王新宿追分ビル5F
㈱地球の歩き方T&E「地球の歩き方」サービスデスク
「ミラノ、ヴェネツィアと湖水地方編投稿」係
FAX.03-5362-7891　URL www.arukikata.co.jp/guidebook/toukou.html
地球の歩き方ホームページ（海外旅行の総合情報）
URL www.arukikata.co.jp
ガイドブック「地球の歩き方」（検索と購入、更新情報）
URL www.arukikata.co.jp/guidebook

地球の歩き方 A11 ミラノ、ヴェネツィアと湖水地方　2016〜2017年版

1994年12月10日　初版発行
2016年　4月22日　改訂第15版第1刷発行

Published by Diamond-Big Co., Ltd.
2-9-1 Hatchobori, Chuo-ku, Tokyo 104-0032, JAPAN
TEL.(81-3) 3553-6667　(Editorial Section)
TEL.(81-3) 3553-6660　FAX.(81-3) 3553-6693(Advertising Section)
Advertising Representative：Kayo Harashima, Email: kayeurope5@gmail.com

著作編集	「地球の歩き方」編集室
発 行 所	株式会社ダイヤモンド・ビッグ社
	〒104-0032　東京都中央区八丁堀2-9-1
	編集部 TEL.03-3553-6667 広告部 TEL.03-3553-6660 FAX.03-3553-6693
発 売 元	株式会社ダイヤモンド社
	〒150-8409　東京都渋谷区神宮前6-12-17
	販売　TEL.03-5778-7240

ご投稿の

(1)以下の<
　＜新　発　見
　　未掲載のし
　＜旅　の　提　案
　　未掲載の記
　　どをご紹介
　＜アドバイス
　　注意したい
　　だく場合
　＜訂正・反論
　　すでに掲載

(2)データは
　ホテル・レ
　所在番地、
　ください。
　ると幸いで

(3)盗作でな
　ほかの旅行
　どの丸写し
　に基づいた
　個人的な恨
　つと思いま

（見本）

あなたの 旅行情報を お送り下さい

　今回のご旅行、いかがでしたか？ この『地球の歩き方』が少しでもお役に立ったなら、とてもうれしく思います。

　編集部では、「いい旅はいい情報から」をモットーに、すでに次年度版の準備に入っています。ご存じのように『地球の歩き方』は、たくさんの旅行者のみなさんからの情報やアドバイスを掲載しています。あなたの旅の体験や貴重な情報を、たくさんの旅人に分けてあげてください。

　ご投稿を、心からお待ちしています。

　ご投稿が、あなたのお名前（ペンネーム）入りで掲載された場合は、お礼として最初の掲載本1冊をプレゼントさせていただきます。（改訂版で、ご投稿が流用された場合を除く）

ご注意

※原稿は原文を尊重しますが、スペースなどの関係で編集部でわかりやすくリライトすることがあります。

※いただいた原稿、地図、写真などは返却できませんので、あらかじめご了承ください。

※お送りいただきましたご投稿は、必ずしも該当タイトルに掲載させていただかない場合もございますので、ご了承ください。

（例）フランス編としてお送りいただいたご投稿を、ヨーロッパ編に掲載

●この投稿で得た「あなたに関する個人情報を含む投稿用紙の内容」は、
　a. 当社発行書籍の企画及び掲載（電子版を含む）
　b. 掲載書籍のご本人への送付
　c. 当社からのアンケート
　d. 当社及び『地球の歩き方』のグループ会社からの各種ご案内（許諾者のみ）

の目的のために利用いたします。それ以外の目的で利用することは一切ありません。

●原則として投稿用紙の取り扱いは社内において行いますが、編集委託会社、データ委託会社、発送委託会社に預託することがあります。
　その際には、委託先においても個人情報保護に努めて参ります。

株式会社ダイヤモンド・ビッグ社

現地最新情報・ご投稿用紙

年齢は「20代」のような表記で掲載することがございます。

フリガナ	(姓)	(名)	性別	ご職業	この投稿用紙がどこまで掲載されていた本のタイトル名
			男・女	（タイトル）	書名 No.

お名前 (姓) 　 (名)

		生年月日（西暦） 　 年 　 月 　 日生 （ 　 ）歳
日本の住所	〒 　 − 　 都道府県 　 市区郡 　 区町村	e-mail 　 電話

ご旅行期間 （西暦） 年 月 日〜 月 日 （ 日間）　同封物はありますか? 追加原稿（ ）点、地図（ ）点、写真（ ）点。

訪問地域 □ヨーロッパ □南北アメリカ □太平洋&インド洋の島々 □オセアニア □アジア □中近東&アフリカ

投稿内容 1, 新発見 2, 旅の提案 3, アドバイス 4, 訂正・反論・追加情報 5, その他

掲載の許諾その1
もし、書誌(ガイドブックシリーズ、電子版を含む)にあなたのご投稿を掲載させていただく場合は、
(a) 実名を載せていい (b) 匿名・ペンネーム（ ）で掲載してほしい (c) 書誌以外への掲載は希望しない。

掲載の許諾その2
書誌以外で掲載させていただく場合は、
(a) 実名を載せていい (b) 匿名・ペンネーム（ ）で掲載してほしい
※書誌以外とは、「地球の歩き方」ホームページ、「地球の歩き方」メールマガジンを指します。

「地球の歩き方」メールマガジンの配信を希望されますか? 　 1, 希望する 　 2, 希望しない

当社及び「地球の歩き方」のグループ会社から各種ご案内(お得な旅行情報、刊行物、展示会やアンケートのお願い、広告主・提携企業等の製品やサービス)の通知を希望されますか?
1, 希望する 　 2, 希望しない

※当社は個人情報を第三者に提供いたしません。また、このサービスはこちらにお申し出いただければ、いつでも中止できます。
「地球の歩き方サービスデスク」FAX, (03) 5362-7891 E-Mail: toukou@arukikata.jp

キリトリセン ✂ ────── キリトリセン ✂ ────── キリトリセン ✂

ご投稿の書き方

(1) 以下の<テーマ>でお書きいただけると幸いです。
<新 発 見>
　未掲載のレストラン・ホテル・お店などのご紹介の場合
<旅の提案>
　未掲載の訪問地、新しい見どころ、ルート、楽しみ方などをご紹介いただく場合
<アドバイス>
　注意したいこと、工夫しておきたいことをご紹介いただく場合
<訂正・反論・追加情報>
　すでに掲載されている記事の修正や追加、異論・反論

(2) データはできるだけ正確に。
　ホテル・レストランなどをご紹介いただく際は、名称、所在番地、行き方、電話・FAX番号などは正確にお書きください。お店のカードや地図などを添えていただけると幸いです。

(3) 盗作でなく、実際の体験記事を。
　ほかの旅行ガイドや雑誌、インターネット上の情報などの丸写しはしないでください。あなたの実際の体験に基づいた具体的な情報をお寄せください。あなたの個人的な印象でも、次号の読者の方にはおおいに役立つと思います。

（見本）

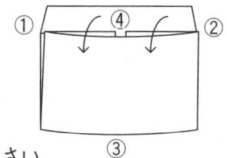

── BY AIR MAIL
── PAR AVION

現地最新情報・ご投稿用紙

〒160-0022
東京都新宿区新宿3-1-13
京王新宿追分ビル5F
（株）地球の歩き方T&E

『地球の歩き方』
サービスデスク・投稿係 行

TOKYO, JAPAN

恐れいりますが切手を貼ってご投函ください。

── お願い 該当するエリアと投稿内容に✓を入れて下さい ──
エリア：□ヨーロッパ　□南北アメリカ　□太平洋＆インド洋の島々　□オセアニア　□アジア　□中近東＆アフリカ
投稿内容：□新発見　□旅の提案　□アドバイス　□訂正・反論・追加情報　□その他

③ ──外──側──に──折──る──

★ **市販の封筒**でもOKです。この投稿用紙をお使いにならず、他の封筒でお送りいただいてもけっこうです。
　〒160-0022　東京都新宿区新宿3-1-13京王新宿追分ビル5F
　（株）地球の歩き方T&E
　『地球の歩き方』サービスデスク「○○○○編」投稿係

★ **FAX**でのご投稿も歓迎します。
　FAX (03)5362-7891

★ **インターネット**からもご投稿いただけます。
　（画像データのご投稿もOKになりました！）
　URL www.arukikata.co.jp/guidebook/toukou.html

封筒の作り方

まず、切り取り部分をハサミで切り取ってください。
①を外側に折ってください。
②を外側に折ってください。
③を外側に折ってください。
④を外側に折ってください。
右のような封筒になります。
セロハンテープでとじてください。
恐れいりますが、必要額の切手を貼ってお送りください。

※採用された場合には、ご投稿が掲載された最初の本を1冊お送りしますので、住所・氏名・年齢・職業・お電話番号をお忘れなくお書きください。

※すでに編集部で取材・調査しているものと同内容のご投稿を多数いただくことがありますが、その場合は編集部による取材記事を優先して掲載しますので、ご了承ください。

あなたの旅行情報をお送り下さい

　今回のご旅行、いかがでしたか？ この『地球の歩き方』が少しでもお役に立ったなら、とてもうれしく思います。

　編集部では、「いい旅はいい情報から」をモットーに、すでに次年度版の準備に入っています。ご存じのように『地球の歩き方』は、たくさんの旅行者のみなさんからの情報やアドバイスを掲載しています。あなたの旅の体験や貴重な情報を、たくさんの旅人に分けてあげてください。

　ご投稿を、心からお待ちしています。

　ご投稿が、あなたのお名前（ペンネーム）入りで掲載された場合は、お礼として最初の掲載本1冊をプレゼントさせていただきます。（改訂版で、ご投稿が流用された場合を除く）

ご注意

※原稿は原文を尊重しますが、スペースなどの関係で編集部でわかりやすくリライトすることがあります。

※いただいた原稿、地図、写真などは返却できませんので、あらかじめご了承ください。

※お送りいただきましたご投稿は、必ずしも該当タイトルに掲載させていただかない場合もございますので、ご了承ください。

（例）フランス編としてお送りいただいたご投稿を、ヨーロッパ編に掲載

●この投稿で得た「あなたに関する個人情報を含む投稿用紙の内容」は、
　a．当社発行書籍の企画及び掲載（電子版を含む）
　b．掲載書籍のご本人への送付
　c．当社からのアンケート
　d．当社及び『地球の歩き方』のグループ会社からの各種ご案内（許諾者のみ）
の目的のために利用いたします。それ以外の目的で利用することは一切ありません。

●原則として投稿用紙の取り扱いは社内において行いますが、編集委託会社、データ委託会社、発送委託会社に預託することがあります。
　その際には、委託先においても個人情報保護に努めて参ります。

株式会社ダイヤモンド・ビッグ社

現地最新情報・ご投稿用紙

※年齢は「20代」のような表記で記載することもございます。

フリガナ		性別	ご職業	この投稿用紙がどこにはさまれていた本のタイトル名			
お名前	（姓）　　　　　（名）	男・女		（タイトル）　　　　　　（ ～ ）年版　No. 着日 ／			
日本のご住所	〒 － 　都道府県　　市区郡　　区町村		生年月日	（西暦）　　　　年　　月　　日生（ ）歳			
			電話				
			e-mail				
ご旅行期間	（西暦）　　年　　月　　日～　　月　　日（ 日間）		同封物はありますか？	追加原稿（ ）点、地図（ ）点、写真（ ）点			
投稿内容	訪問地域	1. 新発見　2. 旅の提案　3. アドバイス　4. 訂正・反論・追加情報　5. その他		□ヨーロッパ　□南北アメリカ　□太平洋&インド洋の島々　□オセアニア　□アジア　□中近東&アフリカ			

「地球の歩き方」メールマガジンの配信を希望されますか？　　　　　　1. 希望する　　2. 希望しない

掲載の許諾その1 | もし、書話（ガイドブックシリーズ、電子版を含む）にあなたのご投稿を掲載させていただく場合は、（a）実名を載せてもいい　（b）匿名・ペンネーム（ ）で掲載してほしい　（c）書話以外への掲載は希望しない。

掲載の許諾その2 | 書話以外※で掲載させていただく場合は、（a）実名を載せてもいい　（b）匿名・ペンネーム（ ）で掲載してほしい　※書話以外とは、「地球の歩き方」ホームページ、「地球の歩き方」メールマガジンを指します。

※当社は個人情報を第三者に提供いたしません。また、このサービスはこちらにお申し出いただければ、いつでも中止できます。
「地球の歩き方」サービスデスク FAX. (03) 5362-7891　E-Mail: toukou@arukikata.jp

当社及び「地球の歩き方」のグループ会社から各種ご案内（お得な旅行情報、刊行物、展示会やアンケートのお願い、広告主・提携企業等の製品やサービス）の通知を希望されますか？

1. 希望する　　2. 希望しない

（地図など記入欄）

ご記入日をどうぞ　　　年　　月　　日（記入）　ご協力ありがとうございました。

インターネットからも、画像（写真）データもご投稿いただけるようになりました。
こちらもご利用下さい。

URL www.arukikata.co.jp/guidebook/toukou.html